Intelligent Retail

Gerrit Heinemann

Intelligent Retail

Die Zukunft des stationären Einzelhandels

Gerrit Heinemann
eWeb Research Center
Hochschule Niederrhein
Mönchengladbach, Deutschland

ISBN 978-3-658-34338-5   ISBN 978-3-658-34339-2   (eBook)
https://doi.org/10.1007/978-3-658-34339-2

Die Deutsche Nationalbibliothek verzeichnet diese Publikation in der Deutschen Nationalbibliografie; detaillierte bibliografische Daten sind im Internet über http://dnb.d-nb.de abrufbar.

Planung/Lektorat: Barbara Roscher
Springer Gabler ist ein Imprint der eingetragenen Gesellschaft Springer Fachmedien Wiesbaden GmbH und ist ein Teil von Springer Nature.
Die Anschrift der Gesellschaft ist: Abraham-Lincoln-Str. 46, 65189 Wiesbaden, Germany

Vorwort

Die Corona-Krise unterteilt Entwicklungen in ein „Davor, Während und Danach" – so die FAZ am 19. August 2020. Wie es nach der Pandemie für den stationären Einzelhandel aussehen wird, lässt sich nur erahnen (Schubert, 2020). Zunehmend wird aber deutlich, dass die Prognosen für Strukturveränderungen in den nächsten zehn Jahren mit Beendigung der Pandemie Ende 2021 bereits eingetreten sein werden. Eines ist klar: Niemand will, dass der stationäre Einzelhandel verschwindet und die Innenstädte veröden. Allerdings stimmen die Bürger[1] mit den Füßen und zunehmend mit dem Daumen ab. Sie sind diejenigen, die über Leben und Sterben im Einzelhandel bestimmen. Wenn sie sich gegen den innerstädtischen Einzelhandel entscheiden, dann gibt es dafür gute Gründe.

Zweifelsohne haben ohnehin sterbende Formate wie z. B. die Waren- und Kaufhäuser kaum Überlebenschancen. Und lokale Händler, die unter einer Digitalallergie leiden und mehrheitlich noch nicht einmal die Voraussetzungen für Online-Geschäfte erfüllen, werden auch nicht überleben können. Nach Schätzungen von DHL sind noch immer 250.000 Händler nicht online und bringen mehrheitlich nicht einmal die notwendigen sowie hinreichenden Bedingungen dafür mit. Aber völlig abgeschrieben werden sollte der stationäre Einzelhandel keinesfalls. Er muss sich nur neu erfinden. Was er dafür tun kann, zeigte letztes Jahr z. B. der Microsoft CEO Satya Nadella mit dem Begriff „Intelligent Retail" auf (NRF Satya Nadella, 2020). Dieser ist vor allem mit Künstlicher Intelligenz (KI) verbunden, geht jedoch weit darüber hinaus. Schon bei Künstlicher Intelligenz im Einzelhandel geht es nicht bloß um Automatisierung und um die Übernahme von Tätigkeiten durch Roboter, sondern darum, dass Instrumente und Maschinen in der Lage sind, selbst zu lernen und Schlüsse zu ziehen. Einem Kunden, der im Geschäft einkauft, sollen anhand dessen, was er sucht, intelligente Empfehlungen gemacht werden können. Dabei geht es um Produktempfehlungen, die

---

[1]In dieser Arbeit wird aus Gründen der besseren Lesbarkeit das generische Maskulinum verwendet. Weibliche und anderweitige Geschlechteridentitäten werden dabei ausdrücklich mitgemeint, soweit es für die Aussage erforderlich ist.

auf den Interessen, vorherigen Einkäufen des Kunden oder auf seinem Suchverhalten basieren. Daran arbeitet auch Google, und zwar lokal bezogen. So verändert sich unser Einkaufs- und Suchverhalten. Und wenn ein Händler das nicht macht, wird er Kunden verlieren. Diese Methoden setzen die großen Online-Marktplätze eben schon sehr lange und erfolgreich ein. Der stationäre Einzelhandel kann das bisher nicht. Deswegen forscht das eWeb-Research-Center der Hochschule Niederrhein derzeit in einem Projekt mit mehreren beteiligten Institutionen wie u. a. dem FZ Jülich und Einzelhändlern an einer Strategie, die mittels Künstlicher Intelligenz eine Verschmelzung von Online- und Offline-Shopping zum Ziel hat. Es geht im Kern darum, den Einzelhandel in den Innenstädten zu retten. Das Forschungsprojekt hat den Namen „ON4OFF" und wird vom NRW Wirtschaftsministerium und vom Europäischen Fonds für regionale Entwicklung gefördert. Erste Ergebnisse werden für 2021 erwartet.

Neben dem Microsoft CEO Satya Nadella auf der NRF im Januar 2020 in New York gab vor allem „ON4OFF" den Anstoß zu diesem Werk, das als Weiterentwicklung meines Buches „Die Neuerfindung des stationären Einzelhandels" zu verstehen ist. Es geht darin um die zentralen Themen, die den Handel der Zukunft prägen, nämlich darum, dass wir intelligente Systeme im Handel brauchen, die wir bisher nicht haben. Wenn der Handel Systeme anwendet, dann sind es bislang eher nichtintelligente. Auch der stationäre Einzelhandel muss heute datenbasiert arbeiten, was bisher kein großes Thema war. Ziel des Buches ist es deswegen vor allem, den stationären Handel erneut wachzurütteln und ihm einen Weg aufzuzeigen, wie er sich nach Corona neu erfinden kann, um gegen die brutale Online-Konkurrenz zu bestehen.

Mein Dank gebührt Frau Barbara Roscher und Frau Birgit Borstelmann vom Springer Gabler-Verlag für die „Motivation" zu diesem Buch sowie die bisher ausgezeichnete Zusammenarbeit.

Abschließend möchte ich gerne darauf verweisen, dass es mein vordringlichstes Anliegen war, mit diesem Buch wiederum eine Brücke zwischen Theorie und Praxis zu bauen und dieses benutzerfreundlich zu gestalten. Sollte ich diesem Anspruch jedoch nicht genügt haben, bitte ich um Nachsicht, aber auch um entsprechendes Feedback.

Gerrit Heinemann

Inhaltsverzeichnis

Über den Autor

 **Prof. Dr. Gerrit Heinemann** ist Professor für Betriebswirt-schaftslehre, Management und Handel an der Hochschule Niederrhein und leitet dort das eWeb Research Center.

Abkürzungsverzeichnis

ACM	Adaptive Case Management
Adm	Administration
AGB	Allgemeine Geschäftsbedingungen
AGOF	Arbeitsgemeinschaft Online-Forschung
AI	Artificial Intelligence
AMD	age-related macular degeneration/altersbedingte Makuladegeneration
API	Application Programming Interface (Anwendungsschnittstelle)
App	Applikation
AR	Augmented Reality
AWS	Amazon Web Services
B2B	Business-to-business
B2C	Business-to-consumer
bevh	Bundesverband des Deutschen E-Commerce- und Versandhandels e. V.
BGB	Bürgerliches Gesetzbuch
BGG	Behindertengleichstellungsgesetz
BGH	Bundesgerichtshof
BID	Business Improvement District
BITKOM	Bundesverband Informationswirtschaft Telekommunikation Neue Medien
BMI	Bundesministerium des Innern, für Bau und Heimat
BMWi	Bundesministerium für Wirtschaft und Technologie
bn	billion
BVH	Bundesverband des Deutschen Versandhandels e. V.
B2B	Business to Business
B2C	Business to Consumer
CAGR	Cumulated Average Growth Rate
CBC	Customer Buying Cycle
CCG	Centrale für Coorganisation
CD	Computer Disc
CDO	Chief Digital Officer
CeBIT	Centrum für Informationstechnologie, Büro- und Telekommunikation

CEO	Chief Executive Officer
CES	Consumer Electronics Show
CGA	Customer Generated Advertising
CI	Corporate Identity
CIC	Customer Interaction Center
CM	Category Management
CMS	Content-Management-System
CNC	Costs New Customer
CPO	Costs per Order
CRM	Customer-Relationship-Management
CS	Customer Service
CTR	Click Through Rate
CU	Corporate Units
d. h.	das heißt
D2C	direct-to-consumer
DAX	Deutscher Aktienindex
DIY	Do It Yourself
DLT	Distributed Ledger Technologie
DOB	Damenoberbekleidung
dpa	Deutsche Presse Agentur
DPDHL	Deutsche Post DHL
DSGVO	Datenschutzgrundverordnung
DSL	Digital Subscriber Line
DSS	Datensicherheit
DWH	Datawarehouse
e	expected
E	Electronic
EAN	Europäische Artikelnummerierung
EBIT	Earnings before Tax and Interests
EBITDA	Earnings before Taxes, Interests, Depreciation and Amortisation
EC	Electronic Cash
ECC	E-Commerce-Center
ECR	Efficient Consumer Response
EDGE	Enhanced Data Rates for GSM Evolution
EGBGB	Einführungsgesetz zum BGB
EH	Einzelhandel
EHI	Euro Handelsinstitut
EKZ	Einkaufszentrum
ERP	Enterprise resource planning
ESL	elektronische Preisschilder (Electronic Shelf Label)
et al.	et alii
EU	Europäische Union

EVP	Endverbraucherpreis
EWR	Europäischer Wirtschaftsraum
EZL	Electronic Shelf Label
FernAbsG	Fern-Absatz-Gesetz
ff.	folgende
FMCG	Fast Moving Consumer Goods
G	Generation
GAFA	Google, Amazon, Facebook, Apple
GCSC	German Center of Shopping Center
GCSP	German Council of Shopping Places
GfK	Gesellschaft für Konsumforschung
ggf.	gegebenenfalls
GMA	Gesellschaft für Markt- und Absatzforschung
GmbH	Gesellschaft mit beschränkter Haftung
GMV	Gross Merchandise Value (or Volume)
GPRS	General Packet Radio Service
GPS	Global Positioning System
GPU	Graphics Processing Unit (Grafikprozessor)
GSM	Global System for Mobile Communications
GUI	Graphical User Interface
HAKA	Herrenkonfektion
HDE	Hauptverband des Deutschen Einzelhandels
HHL	Handelshochschule Leipzig
HML	High Medium Low
HMWVL	Hessisches Ministerium für Wirtschaft, Verkehr und Landesentwicklung
HSDPA	High Speed Downlink Packet Access
HSPA+	High Speed Packet Access+
HTML	Hypertext Markup Language
http	Hyper Text Transfer Protocol
IFA	Internationale Funkausstellung
IFH	Institut für Handelsforschung
IHK	Industrie- und Handelskammer
IKT	Informations- und Kommunikationstechnologien
IMN	International Marketplace Network
IMS	IP Multimedia Subsystem
Inc.	Incorporation
IoT	Internet of Things
IP	Internet Protocol
IPO	Initial Purchasing Offer
IPTV	Internet Protocol Television
ISDN	Integrated Services Digital Network
ISG	Immobilien- und Standortgemeinschaft

ISI	Initiative starke Innenstadt
IT	Informationstechnologie
ITCS	Intermodal Transport Control-Systemen
JSC	Jülich Supercomputing Centre
KB	Kilobyte
kBit/s	Kilobit pro Sekunde
KEP	Kurier-, Express- und Paketdienstleistungen
KI	Künstliche Intelligenz
KMU	Kleine und mittlere Unternehmen
KNN	künstliche neuronale Netze
KPI	Key-Performance-Indikator
KRW	Käuferreichweite
KSK	Kosten-Sonderkommando
LBS	Location-based Services
LEED®	Leadership in Energy and Environmental Design, Programm zur freiwilligen Zertifizierung
LEH	Lebensmitteleinzelhandel
LTE	Long Term Evolution
LUG	Lagerumschlagsgeschwindigkeit
m	million
M	Mobile
Max	maximal
MB	Megabyte
mCRM	Mobile Customer-Relationship-Management
Mio.	Millionen
MIT	Massachusetts Institute of Technologie
ML	Machine Learning
Mrd.	Milliarden
MST	Marktplatz-Schnittstellen-Tool
MW	Mittelwert
NBA	Next-Best-Action-Marketing
NFC	Near Field Communications
NOS	Never Out of Stock
NRF	National Retail Federation
NRW	Nordrhein-Westfalen
OCW	Online City Wuppertal
OECD	Organisation for Economic Co-operation and Development
ÖPNV	Öffentlicher Personennahverkehr
OMS	Order Management System
OS	Operating System
OZG	Onlinezugangsgesetz
p. a.	pro anno

PCI	Peripheral Component Interconnect
PDA	Personal Digital Assistant
PDF	Portable Document Format
PIM	Product information management (Produktinformationsmanagement)
PIMS	Produkt-Informationssystem
POD	Point-of-Decision
POS	Point of Sale
POSH	Point-of-Shopping
ProdHaftG	Produkthaftungsgesetz
P&L	Profit & Loss
QR	Quick Response
RaaS	Retail-as-a-Service
RBL	rechnergestützten Betriebsleitsystems
RCE	Recommendation-Engine-System
RFID	Radio Frequency Identification
ROI	Return of Investments
ROMPO	Research online – purchase mobile – offline
ROPO	Research online – purchase offline
RP	Rheinische Post
RSS	Really Simple Syndication
RTC	Real Time Clock
RTL	Radio Television Luxemburg
S.	Seite
SaaS	Software as a service
SB	Selbstbedienung
SDD	Same Day Delivery
SDIL	Smart Data Innovation Lab
SEA	Search Engine Advertising
Sec	Sekunden
SEM	Search Engine Marketing
SEO	Search Engine Optimization
SHK	Sanitär, Heizung, Klima
SKU	Stock Keeping Unit
SMS	Short Message Service
SoLoMo	Sozialisierung – Lokalisierung – Mobilisierung
Std.	Stunde
SU	Service Units
SZ	Süddeutsche Zeitung
TAB	Tencent, Alibaba, Baidu
TCP	Transmission Transport Protocol
TK	Telekommunikation
TKP	Tausender-Kontakt-Preis

TMG	Telemediengesetz
u. a.	unter anderem
UdSSR	Union der Sozialistischen Sowjetrepubliken
UE	Unterhaltungselektronik
UGC	User Generated Content
UK	United Kingdom
UMTS	Universal Mobile Telecommunications System
UrhG	Urhebergesetz
URL	Uniform Resource Locator
US	United States
USP	Unique Selling Proposition
USP	Umsatz-Sicherungsprogramm
uvm	und viel mehr
VC	Venture Capital
VDA	Verband der Deutschen Automobilwirtschaft e. V.
vgl.	vergleiche
VIP	Very Important Person
VK	Verkauf
VK	Verkaufspreis
VLC	Visible Light Communication
VR	Virtual Reality
VUCA	volatility, uncertainty, complexity, ambiguity
WAMS	Welt am Sonntag
WAP	Wireless Application Protocol
WAT	Web-Analytics-Tool
WAVE	Web Automatic Verification Enrollment
WFMG	Wirtschaftsförderung der Stadt Mönchengladbach
WIK	Wissenschaftliches Institut für Infrastruktur und Kommunikationsdienste
WIMAX	Worldwide Interoperability for Microwave Access
WiWo	Wirtschaftswoche
WLAN	Wireless Local Area Network
WWS	Warenwirtschaftssystem
WWW	World Wide Web
W3C	World Wide Web Consortium
ZAW	Zentralverband der Deutschen Werbewirtschaft
z. B.	zum Beispiel
z. T.	zum Teil

Vom stationären Einzelhandel zum Intelligent Retail

1

Zusammenfassung

Seit COVID-19 sind alle Zukunftsaussagen für den stationären Einzelhandel hinfällig geworden. Sämtliche Prognosen über die Strukturveränderungen des Handels werden schneller Wirklichkeit, als Experten das bislang vorherzusagen vermochten. Wie ein Brandbeschleuniger macht das Virus deutlich, dass nicht Subventionen den Einzelhandel retten können, sondern intelligentes Handeln. Ob der stationäre Handel überhaupt noch Chancen hat, beschäftigt derzeit die Gemüter. In jedem Fall verkörpern stationäre Betriebsformen die älteren Formate im Wheel of Retailing. Demgegenüber gelten E-Commerce und Online-Handel eher als Innovatoren.

Seit COVID-19 sind alle Zukunftsaussagen für den stationären Einzelhandel hinfällig geworden. Sämtliche Prognosen über die Strukturveränderungen des Handels werden schneller Wirklichkeit, als Experten das bislang vorherzusagen vermochten. Wie ein Brandbeschleuniger macht das Virus deutlich, dass nicht Subventionen den Einzelhandel retten können, sondern intelligentes Handeln. Ob der stationäre Handel überhaupt noch Chancen hat, beschäftigt derzeit die Gemüter. In jedem Fall verkörpern stationäre Betriebsformen die älteren Formate im Wheel of Retailing. Demgegenüber gelten E-Commerce und Online-Handel eher als Innovatoren.

1.1 Stand des stationären Einzelhandels im Wheel of Retailing

Der Einzelhandel nimmt in Deutschland eine bedeutende Stellung ein und stellt mit rund 543 Mrd. EUR Nettoumsatz und 3,1 Mio. Beschäftigten die drittgrößte Wirtschaftsbranche dar. Unter Hinzurechnung der Mehrwertsteuer, die Endkunden im Einzelhandel zu entrichten haben, entfällt auf diesen mehr als ein Drittel des privaten Konsums in

G. Heinemann, *Intelligent Retail*, https://doi.org/10.1007/978-3-658-34339-2_1

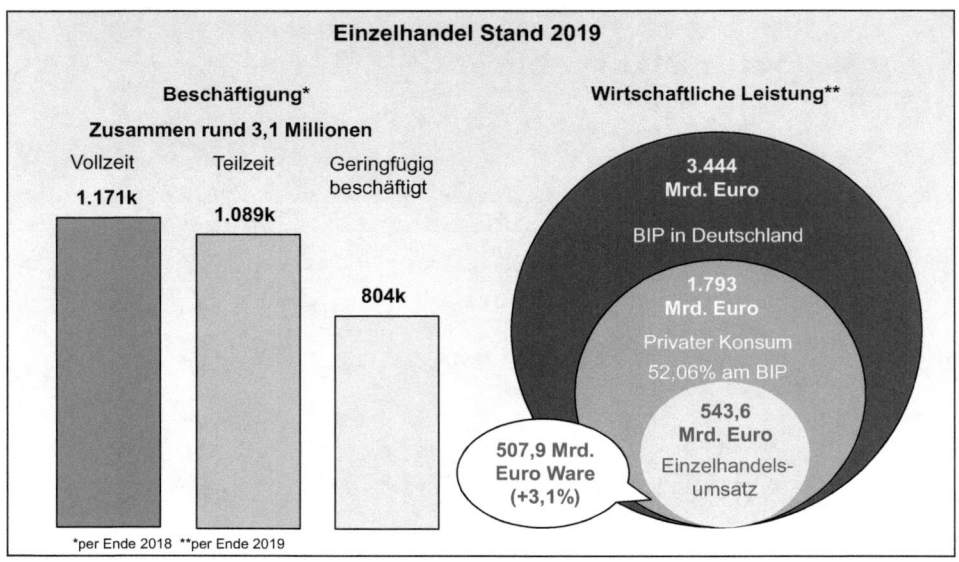

Abb. 1.1 Einzelhandel in Deutschland 2019. (Quelle: eigene Darstellung auf Basis HDE Fakten, 2020; Statista EH, 2020)

Deutschland (Statista EH, 2020; HDE Fakten, 2020) (vgl. Abb. 1.1). Der Einzelhandel stellt die Nahtstelle zwischen Produzent und Verbrauchern dar und unterlag schon immer stetigen Veränderungen. Den Wandel der Betriebsformen des Handels im Zeitablauf erklärt vor allem das Wheel of Retailing von Malcolm McNair aus dem Jahre 1931 als wissenschaftliches Konstrukt (McNair, 1931; Zentes et al., 2017). Demnach durchläuft jedes Format im Einzelhandel einen Lebenszyklus nach drei Phasen, nämlich Entstehung und Aufschwung, Trading-Up sowie Verfall und Rückzug. Dabei ändern sich die Preispolitik und sonstige Instrumente im Zeitablauf. Die Entstehungs- und Aufschwungphase zeichnet sich tendenziell durch eine aggressive Preispolitik aus, während in der Annäherungsphase andere Instrumente im Vordergrund stehen und ein sogenanntes Trading-Up erfolgt (Ahlert et al., 2009). Dahinter steht eine hochwertigere Positionierung mit vergrößertem Leistungsangebot. In der Verfalls- und Rückzugsphase dagegen drängen innovative und disruptive Betriebsformen mit aggressiver Preispolitik auf den Markt, die alte Betriebsformen verdrängen (Wirtschaftslexikon24.com Wheel, 2020). Im Wheel of Retailing sollte grundsätzlich der stationäre sowie der nichtstationäre Einzelhandel unterschieden werden. Betriebsformenübergreifend ist in den letzten Jahren festzustellen, dass der stationäre Handel bis auf wenige Ausnahmen seinen Zenit überschritten hat, während der nichtstationäre Handel nach wie vor stark wächst (Heinemann, 2021). Demnach prägen überwiegend Online-Formate die Entry-Phase, während sich Offline-Formate fast ausschließlich in der Trading-Up oder Vulnerability-Phase befinden (vgl. Abb. 1.2).

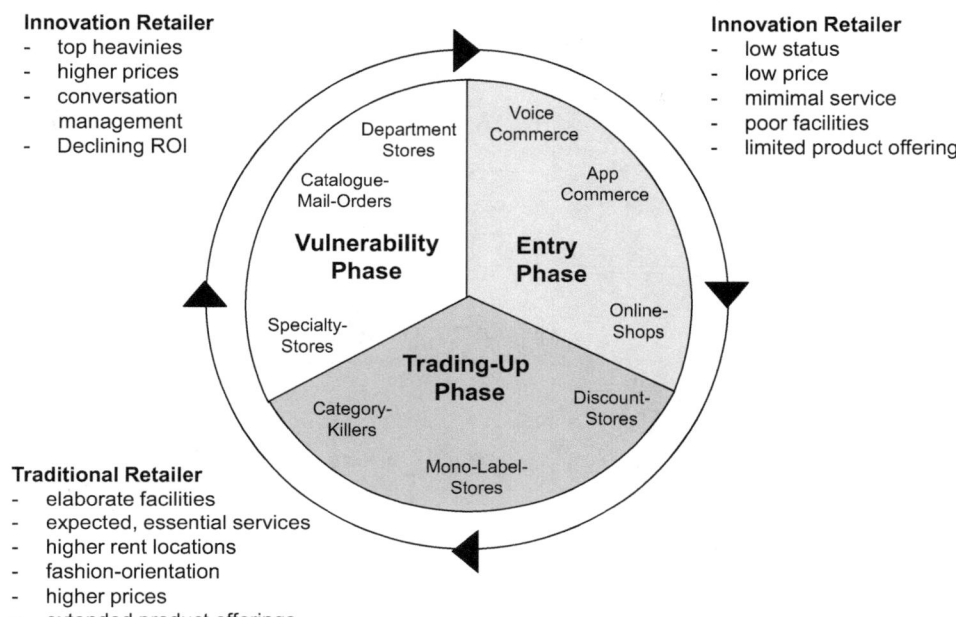

Innovation Retailer
- top heavinies
- higher prices
- conversation management
- Declining ROI

Innovation Retailer
- low status
- low price
- mimimal service
- poor facilities
- limited product offering

Traditional Retailer
- elaborate facilities
- expected, essential services
- higher rent locations
- fashion-orientation
- higher prices
- extended product offerings

Abb. 1.2 Wheel of Retailing. (Quelle: McNair, 1931; Zentes et al., 2017)

Offline: stationärer Handel

Stationärer Handel ist der Sammelbegriff für Betriebsformen des Einzelhandels, bei denen der Verkauf von Waren und Dienstleistungen in offenen Verkaufsstellen und an festen Standorten erfolgt. Dabei handelt es sich um Ladengeschäfte oder in sonstige standortspezifisch fixierte Einkaufsstätten (wie z. B. Kioske, Handel vom Lager, Automatenverkauf oder Tankstellenmärkte). Der stationäre Einzelhandel umfasst alle Handelsbetriebe, die an einem festen Standort über eingerichtete Verkaufsräume verfügen. Kunden suchen diese auf, um einzukaufen und damit an die Ware zu gelangen (Holprinzip) (vgl. Abb. 1.3). Es handelt sich um den Ladenverkauf an Endverbraucher auf einer dafür ausgewiesenen Verkaufsfläche, der vom stationären Vertrieb an Einzelhändler und sonstige gewerbliche Abnehmer (Großhandel) abzugrenzen ist (Wikipedia Verkaufsfläche, 2021). Die Verkaufsfläche ist nur der Teil der Verkaufsstätte, in dem regelmäßig der Verkauf stattfindet. Im engeren Sinne zählen zu ihr nur die Flächen, auf denen die Waren präsentiert werden und die Kunden direkten Zugriff auf die Waren haben (Standflächen für Warenträger, Konsumbereiche usw.). Hinzugerechnet wird die Kassenzone, wo im rechtlichen Sinne die Kaufhandlung stattfindet. Bereiche, die nicht im unmittelbaren Zusammenhang mit der Anbahnung von Kaufverträgen stehen (Flächen für Einkaufswagen, Flächen jenseits der Kassenzonen wie Ein- und Ausgänge, Einpackzonen, Schaufenster usw.) werden gewöhnlich nicht zur Verkaufsfläche gezählt. Im weiteren Sinne – entsprechend der Rechtsprechung des Bundesverwaltungsgerichts

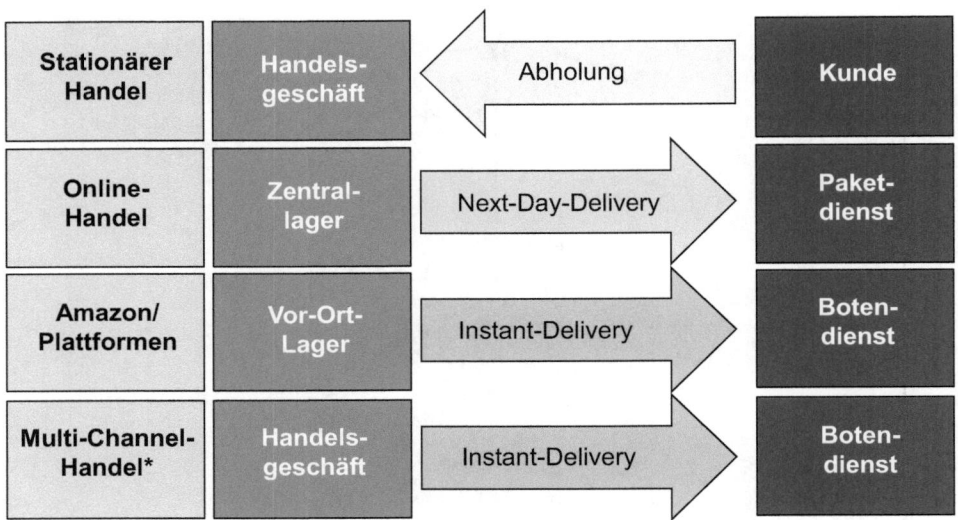

*mit dezentraler Belieferung aus dem Geschäft („Ship from store")

Abb. 1.3 Hol- und Bringprinzipien im Einzelhandel. (Quelle: Steinmüller, 2021)

in Fragen der Auslegung öffentlichen Rechts vom 24. November 2005 – kann auch der einer Verkaufsstätte angehörende Bereich hinter den Kassen zur Verkaufsfläche gezählt werden, was weitreichende Konsequenzen für den stationären Einzelhandel hat, denn die Größe der Verkaufsfläche ist ein entscheidendes Kriterium für die Zulässigkeit und Ausgestaltung von Verkaufsstellen (Wikipedia Verkaufsfläche, 2021). Diese sind von Showrooms bzw. Ausstellungsräumen abzugrenzen, in denen gewöhnlich kein Verkauf und keine Mitnahme von Ware erfolgen (Wikipedia Ausstellungsraum, 2021). Inwieweit Showrooms dem stationären Handel zuzuordnen sind oder lediglich Touchpoints auch von nichtstationären Händlern darstellen, ist eine gemeinhin immer noch ungeklärte Frage, die auch im Rahmen des App-basierten Einkaufs zu klären ist (Heinemann App, 2018).

Zweifelsohne gelten im stationären Handel die Warenhäuser mit ihrer über 150 Jahre alten Tradition als „Dinosaurier". Eigentlich ist schon lange klar, dass diese zum Sterben verurteilt sind. Bei allen sicherlich ernst gemeinten Bekundungen für eine strategische Neuausrichtung wird auch das letzte verbleibende Warenhausunternehmen Karstadt-Kaufhof letztendlich gegenüber den Online-Händlern und Category-Killern immer in der Defensive bleiben. Im Grunde wiederholen sich seit 30 Jahren mehr oder weniger die Konzeptansätze und eigentlich reagierten die Warenhausbetreiber immer nur mit neuen Kosteneinsparungen, wodurch bisher neben dem Zentraleinkauf auch die Controlling-Funktionen (Zentral-, Einkaufs-, Personal-, Filial-Controlling etc.) an Dominanz gewannen. Was blieb, war letztlich die eher passive Strategie des Kostenabbaus in den einzelnen Warenhäusern vor Ort, zu der das überdimensionierte Geschäftssystem in der

Zentrale beitrug. Bis auf eine Karstadt-Neueröffnung 2018 in den Gropius-Passagen in Berlin, die aber wegen einer anderen Berliner Karstadt-Schließung eher als Relokation zu verstehen war, wurden seit Jahren keine neuen Warenhäuser mehr eröffnet. Jeder Handelsmanager weiß ganz genau, dass jedes Format, das nicht mehr multiplizierbar ist, am Ende des Lebenszyklus („Wheel of Retailing") angekommen ist.

Wesentliches Merkmal des stationären Einzelhandels ist, dass dieser bisher unabhängig von Datenverarbeitungsanlagen und, allenfalls indirekt mit dieser gekoppelt, dezentral arbeiten konnte. In seiner klassischen Form ist er nicht an das Datennetz bzw. Internet angeschlossen. Deswegen wird der stationäre Handel in Abgrenzung zum Online-Handel auch zunehmend als Offline-Handel bezeichnet (Wikipedia Offline 2021). Das gehört aber der Vergangenheit an und ist wesentlicher Beweggrund für dieses Buch.

Online: nicht-stationärer Handel

Im Gegensatz zum Offline- oder stationären Handel bezeichnet Online immer auch, in direkter Verbindung mit der Datenverarbeitungsanlage zu arbeiten und mit dieser direkt gekoppelt zu sein (Wikipedia Online, 2021). Online-Handel ist damit stets ans Datennetz bzw. Internet angeschlossen und verbringt die Ware über Paket- oder Botendienste zum Kunden (Bringprinzip) (vgl. Abb. 1.3). Er macht heute den größten Teil des nicht-stationären Handels aus, der auch andere Offline-Betriebsformen umschreibt, die im Wesentlichen auf den Verkauf ohne Filialen mit festem Standort ausgerichtet sind (Enzyklo.de, 2021). Dazu zählen zum Beispiel der Haustürverkauf, das Teleshopping sowie der katalogbasierte Versandhandel. Da viele Handelsunternehmen sowohl im stationären als auch im nicht-stationären Geschäft tätig sind, spielt für ihre Zuordnung das Schwerpunktprinzip eine entscheidende Rolle. Demnach wird der stationäre Handel ausschließlich oder überwiegend von einem festen Platz aus organisiert (Handelswissen Stationärer Handel, 2016), während der Standort im Online-Handel allenfalls für das Zentrallager von Bedeutung ist (Heinemann, 2021). Dieser beinhaltet innerhalb des Bring-Prinzips mehrere Varianten – je nachdem, wie kurz oder lang die Distanzen bis zum Paket- oder Botendienst sind. So ermöglichen Zentralläger überwiegend eine Belieferung am nächsten Tag, während Vor-Ort-Läger bereits Sofortbelieferungen (Instant Delivery) oder Zustellungen am gleichen Tag (Same Day Delivery) ermöglichen. Gleiches gilt für den Fall, dass ein stationärer Händler im Multi-Channel-Ansatz auch online verkauft und seine Kunden vom Ladengeschäft aus beliefert (vgl. Abb. 1.3). Insgesamt gilt für den Online-Handel, dass die massenhafte Verlagerung sozialer Beziehungen ins Netz sowie die weiter stark zunehmende Nutzung des „World Wide Web" als Informationsmedium auch die Umsätze im E-Commerce weiterhin rasant ansteigen lassen. Bereits heute macht der Online-Handel in Deutschland 13,3 % aus und liegt weltweit bereits bei rund 17,5 %, bezogen auf Non-Food sogar bei über 30 % (eMarketer, 2020; bevh, 2021; HDE Prognose, 2020; ECC Club, 2021). Dieser Wert berücksichtigt nicht die hybriden Verkaufszahlen. Diese kommen in erster Linie durch die Vorbereitung stationärer Einkäufe im Internet zustande und erreichen mindestens ein

Drittel der Einzelhandelsumsätze (Zukunftdeseinkaufens, 2018). Demnach werden auf kurz oder lang mehr als 50 % der Non-Food-Einzelhandelsumsätze webbasiert erfolgen, davon mindestens vier Fünftel als reine Online-Umsätze. Der Online-Handel wird damit dem klassischen Einzelhandel in den nächsten Jahren immer mehr und immer schneller Umsätze wegnehmen (HDE Online Monitor, 2020; t3n Online-Umsätze, 2019). Dabei übernimmt der Online-Handel auch immer mehr die Versorgungsfunktion in kleineren und mittelgroßen Städten oder auf dem Lande. Stationärer Handel wird damit in Zukunft voraussichtlich überwiegend an attraktiven Standorten in größeren Städten stattfinden. Den Rest übernimmt zunehmend der Online-Handel (IFH Köln NRW, 2019).

1.2   Online versus Offline und Food versus Non-Food

Auch weltweit entwickeln sich die Online-Handelsumsätze nach wie vor rasant und stiegen in 2020 gegenüber dem Vorjahr um 18,4 % auf 4,10 Trillionen US$ (eMarketer, 2019, 2020) (vgl. Abb. 1.4). Angesichts des derzeitigen digitalen Hypes und des hohen Wettbewerbsdrucks kommen immer wieder Fragen auf, wann das Ende des Online-Booms erreicht sei. Offensichtlich stehen wir aber erst am Anfang der digitalen Revolution, denn nur rund ein Drittel der Einzelhändler und nicht einmal 2 % der produzierenden Unternehmen bzw. Großhändler in Deutschland verkaufen auch direkt online. Vor allem die Corona-Krise gibt dem Online-Handel noch einmal erheblichen Schub. Insofern ist im Online-Handel das Ende des Online-Booms noch lange nicht in Sicht (Heinemann OH, 2021).

Die Entwicklung des Einzelhandels in Richtung „Online versus Offline" stellt sich je nach Warengruppe sehr unterschiedlich dar. Grundsätzlich hinkt der

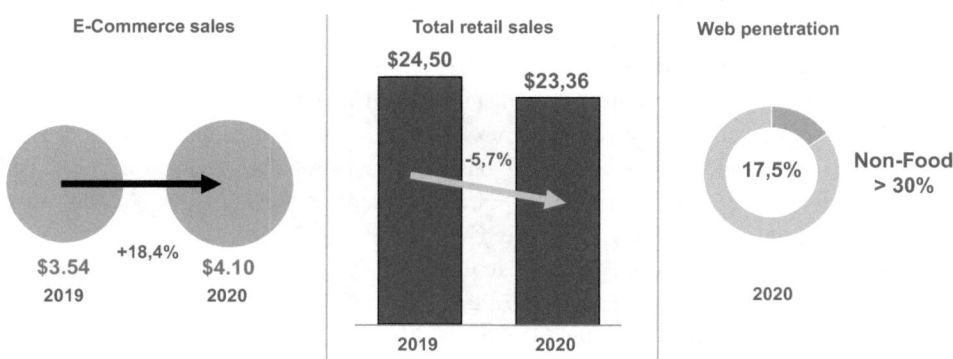

Abb. 1.4 Global retail sales in trillions of USD. (Quelle: eMarketer, 2020)

Lebensmitteleinzelhandel hinter der Online-Entwicklung hinterher, auch wenn die Corona-Krise dem Thema E-Food einen kräftigen Schub gegeben hat. Immer noch befürchtet seit Jahren der deutsche Lebensmittelhandel vergeblich, dass Amazon es nach seinen bisherigen Anläufen schaffen wird, auch den Handel mit Fleisch, Obst und Gemüse umzukrempeln. Der Internetriese konnte in der Lebensmittelbranche bisher kaum Fuß fassen. Nunmehr wurde Amazon Fresh im Rahmen neuer Logistikstrukturen mit dem übrigen Amazon-Geschäft stärker verzahnt, um damit einen erneuten Versuch zu starten. Obwohl allerdings das neue Amazon Fresh stärker integriert wurde und damit schneller werden soll, wird Amazon auch weiterhin an PrimeNow festhalten (Amazon Fresh Exciting, 2020). Ohne Zweifel geht es um einen riesigen Markt, denn mehr als 200 Mrd. EUR gaben die Bundesbürger 2020 ohne Mehrwertsteuer (netto) für Food aus, davon gut 180 Mrd. im institutionellen Lebensmitteleinzelhandel (vgl. Abb. 1.5). Doch während sich die Online-Händler bei Büchern oder bei Bekleidung längst ein großes Stück des Kuchens gesichert haben, spielt der E-Commerce im Lebensmitteleinzelhandel trotz Corona immer noch kaum eine systemrelevante Rolle. Nur rund 1,2 % der LEH-Umsätze entfallen auf das Internet. Ohne Zweifel ist der Online-Handel mit Lebensmitteln ein Wachstumsmarkt (bevh, 2020), aber die Möglichkeiten sind hier immer noch begrenzt. Zwar wurden in 2020 für 2,5 Mrd. EUR netto Lebensmittel per Mausklick gekauft und Corona war ohne Frage ein Katalysator für den Online-Handel mit Lebensmitteln. Allerdings bleibt Online – zumindest in Deutschland – auf absehbare Zeit überwiegend ein Non-Food-Thema (SZ Interview GH, 2020).

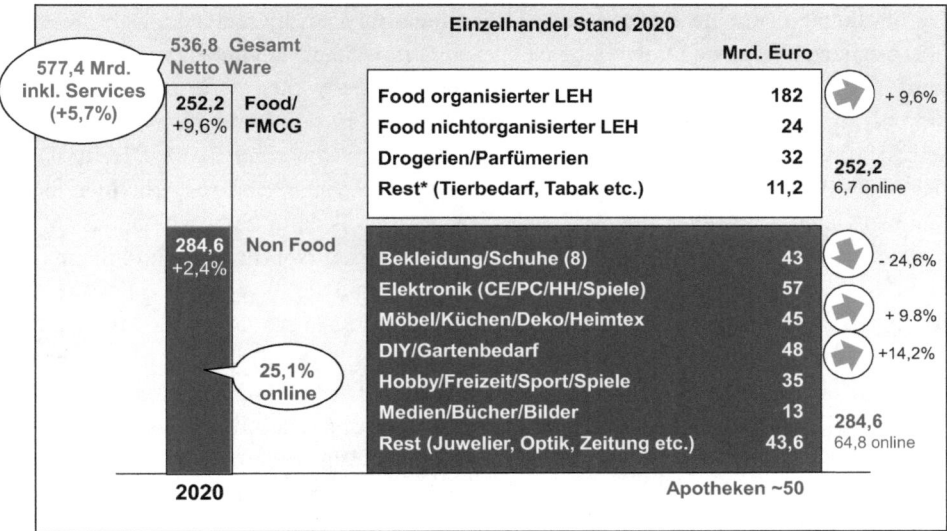

Abb. 1.5 Warengruppenstruktur des deutschen Einzelhandels. (Quelle: eigene Darstellung in Anlehnung an HDE Fakten, 2020; Factbook Einzelhandel, 2019)

Der Lebensmittelversand wird die Supermärkte keinesfalls verdrängen, sondern vorerst eine Nische bleiben. Bei Frischeprodukten ist es einfach ein enormer logistischer Aufwand, die Kühlkette bis zur Haustüre aufrechtzuerhalten. Und der Kunde muss auch zu Hause sein, wenn die Ware eintrifft. Die Lieferdienste können den Käse im Sommer ja nicht ungekühlt vor die Türe stellen oder dem Nachbar geben, in dessen Kühlschrank womöglich auch kein Platz dafür ist. Berufstätige im Homeoffice könnten sicherlich potenzielle Kunden sein, aber nicht die breite Masse. Die meisten Unternehmen beliefern aufgrund dieser Herausforderungen ohnehin nur große Städte, um die Transportwege möglichst kurz zu halten. Insofern ist E-Food insgesamt ein sehr urbanes Angebot, das die Landbevölkerung klar benachteiligt (SZ Interview GH, 2020). Auch der Versand haltbarer Lebensmittel ist nur bedingt rentabel. Die Gewinnmargen in der Lebensmittelbranche sind schon ohne die Versandkosten relativ gering. Viele Kunden sind zudem nicht bereit, entsprechend höhere Preise zu bezahlen. Die Deutschen kaufen Lebensmittel extrem preisorientiert. Es ist kein Zufall, dass hierzulande mit ALDI und Lidl der Lebensmitteldiscount erfunden wurde. Es entstehen mittlerweile zwar auch hochwertigere Supermärkte von Edeka oder Rewe, aber das ist bislang nur eine Ergänzung. Der Großteil der Grundnahrungsmittel wird nach wie vor bei Discountern gekauft.

Zweifelsohne sind Lieferdienste in anderen Ländern etablierter. Während den Zahlen nach im Jahr 2020 in Deutschland rund 1,2 % der Umsätze im Lebensmittelhandel online erzielt wurden, kamen demgegenüber Frankreich und Großbritannien auf mehr als 6 % (bevh, 2020). Andererseits hat kein anderes Land ein so dichtes Netz an Supermärkten wie Deutschland. Die Einkaufsmöglichkeiten sind flächendeckend verteilt, auch in ländlichen Regionen. Das ist zum Beispiel in Frankreich anders. Und in Großbritannien sind die Kunden seit jeher online-affiner als hierzulande. Daher wäre es überraschend, wenn sich das bei den Lebensmitteln schnell umdrehen würde. Dennoch wird der Online-Handel mit Food auch hierzulande weiter zunehmen, aber nicht dominieren. 10 % Marktanteil dürfte das Maximum in den kommenden zehn Jahren sein. Das wäre dann schon ein gigantisches Volumen von rund 20 Mrd. EUR. Dabei liegen zweifelsohne ein paar Lieferdienste gut im Rennen, aber es gibt hierzulande nicht so viele Verbraucher, die bereit sind, einen Aufpreis dafür zu bezahlen, dass Milch, Joghurt und Brot ins Haus gebracht werden. Das mag bei Non-Food funktionieren, aber nicht bei Lebensmitteln. Dort ist die Marge aufgrund des starken Preiswettbewerbs bereits so stark ausgereizt, dass eine Belieferung ohne Aufschlag in der Mehrzahl der Fälle nicht wirtschaftlich zu betreiben ist. Im LEH liegt der durchschnittliche Einkauf bei etwas über zwölf Euro. Einen hohen Mindestbestellwert würden nur wenige Kunden akzeptieren und diese Klientel nimmt zwar zu, aber auf relativ niedrigem Niveau (SZ Interview GH 2020). Wie aus Abb. 1.5 sowie Abb. 2.13 hervorgeht, sind andere FMCG-Warengruppen weiter. So kommt die Warengruppe Drogerie, Kosmetik und Parfümerie auf fast 3 Mrd. EUR Online-Umsatz und damit 9,3 % Online-Anteil. Tierbedarf übertrifft sogar die 23 %-Marke und trägt mit dazu bei, dass FMCG insgesamt auf 6,7 Mrd. EUR Erlöse online kommt. Aber auch das sind „nur" 2,7 % Online-Anteil und verglichen mit Non-Food ein Bruchteil.

Wer Lebensmittel verkauft, hat häufig auch Non-Food-Artikel im Sortiment und setzt darauf, dass die Kunden – sind sie einmal auf der Internetseite – auch andere Waren kaufen. Bevor es allerdings an der Kundenfront in die Offensive geht, muss eine lebensmittelgerechte Logistik aufgebaut sein. Das kostet Milliarden und dauert Jahre, denn die Wege bis zu den Haustüren der Kunden sind lang. Spezialanbieter etwa für Wein oder ungekühlte Delikatessen setzen ihre Waren nach eigenem Bekunden sehr erfolgreich über das Internet ab. Sobald der Online-Händler frische, kühlbedürftige Ware verkauft, hat er als solcher ein logistisches Problem: Er muss sicherstellen, dass die Kühlkette nicht unterbrochen wird, und er muss dafür sorgen, dass er den Besteller antrifft. Denn kein Nachbar wird solch sensible Ware annehmen und in seinem Kühlschrank zwischenlagern. Bei Wein und ausgesuchten Delikatessen ist das anders. Hinzu kommt: Bei diesen Produkten sind die Bestellwerte sehr viel größer als bei Artikeln des täglichen Bedarfs. Die Grenze von 100 € wird hier schnell überschritten. Und die Besteller sind häufig nicht sonderlich preissensibel (SZ 21. Februar 2014; LZ Interview 28. Februar 2014; SZ Interview GH 2020). Dennoch trauen viele Branchenkenner Amazon auch nach drei Jahren „Trial und Error" immer noch zu, das zu ändern, und zwar zulasten der Platzhirsche Edeka, Rewe oder Aldi. Ein leichtes Spiel dürfte die Eroberung des Lebensmittelmarktes aber auch für Amazon nicht werden. So haben die Non-Food-Online-Händler anfangs den stationären Händlern die Kunden immer mithilfe niedrigerer Preise abspenstig gemacht. Im Lebensmittelhandel dürfte das so nicht funktionieren, da dort schon heute ein starker Preiswettbewerb herrscht. Wer das im Internet toppen wollte, wird damit höchstwahrscheinlich massenhaft Geld verbrennen (Die Welt, 2016; Heinemann OH, 2020). Vor allem die Preissensibilität der Kunden sowie die hohe Dichte an Supermärkten und Discountern machen den Online-Lebensmittelhändlern bisher in Deutschland das Leben schwer. Und mehr als drei Viertel der Verbraucher sind mit den Supermärkten in ihrer Nachbarschaft zufrieden und sehen deshalb bislang wenig Sinn darin, Lebensmittel online einzukaufen (ebd.). Die hohen Liefergebühren und Mindestbestellmengen der Lieferdienste stoßen bei ihnen auf wenig Verständnis. Demgegenüber müsste das schon ein 100 Euro-Mindestvolumen sein, um das Geschäft einigermaßen wirtschaftlich darzustellen. Branchenkenner trauen deswegen dem Newcomer Picnic mit seinem Milchmannprinzip am ehesten zu, einen Ausweg aus diesem doppelten Dilemma zu finden, und zwar wegen der gebührenfreien Zustellung sowie des geringen Mindestbestellwerts in Höhe von 35 €. Dennoch bleibt Rewe kontinuierlich dran, den Kölner Handelsriesen für die Stunde X vorzubereiten, und bietet mittlerweile in rund 75 Städten die Möglichkeit zum Online-Einkauf von Lebensmitteln. Damit sind die Kölner Vorreiter unter den etablierten Supermarktketten in Deutschland. Zweifelsohne wird der Online-Handel mit Lebensmitteln in Zukunft an Bedeutung gewinnen, allerdings dürfte er wohl nie die Bedeutung bekommen wie bei Elektronikartikeln oder Büchern. Dieses liegt auch in folgender Schizophrenie begründet: Dort, wo er den größten Mehrwert bieten würde – auf dem Land –, kann er nicht funktionieren, weil dort die Logistikkosten explodieren. In den Ballungsgebieten jedoch, wo er sich rechnen könnte, wie zum Beispiel in Berlin, gibt es an jeder Ecke einen Supermarkt.

1.3   Stationärer Einzelhandel vor, während und nach Corona

Hat der stationäre Handel in Deutschland angesichts der rasanten Entwicklung des Online-Handels überhaupt noch eine Zukunft? Diese Frage beschäftigt derzeit wie kaum eine andere die Handelsexperten und E-Commerce-Forscher. Zunächst aber dürfen wir nicht pauschal über den Handel sprechen. Sieger der Pandemie ist zweifelsohne der Online-Handel. Aber auch der Lebensmitteleinzelhandel inklusive Drogeriebedarf bewegte sich 2020 im deutlichen Plus. Die Baumärkte zählen ebenso zu den Gewinnern. Sie verzeichneten im ersten Corona-Jahr zweistellige Zuwachsraten und tragen mit dazu bei, dass der gesamte Einzelhandel in 2020 sogar zulegen konnte. Ein riesengroßes Problem hat dagegen der innerstädtische Non-Food-Handel, der für rund ein Fünftel des Einzelhandels steht, und dabei insbesondere Parfümerien, Lederwaren, Accessoires sowie vor allem Bekleidung. Hier hat schon der erste Shutdown von März bis Mai 2020 zu nicht aufholbaren Umsatzverlusten geführt (HDE Prognose, 2020). Hinzu kam die Lieferkettenproblematik in der Bekleidungsbranche: Die Lieferungen aus China blieben zum Saisonstart aus und seitdem ist die Warenwirtschaft für Bekleidung praktisch nicht mehr planbar. Viele Händler konnten die Orders für die nachfolgenden Saisons noch stornieren, dadurch fehlte vielfach dann aber neue Ware (TW, 2020). Entsprechend dem „Standortmonitor 2021" des HDE haben die stationären Non-Food-Händler im ersten Halbjahr 2020 insgesamt nominal deutlich verloren, während der Online-Handel im gleichen Zeitraum enorm zulegen konnte (HDE Standortmonitor, 2021). Vor allem die stark rückläufige Einkaufsfrequenz war dabei für den stationären Handel die größte Herausforderung; diese hat sich aber auch in den vergangenen sechs Jahren bereits stark zurück entwickelt (Handelsblatt Lockdown, 2020).

Insbesondere im Vergleich zum Online-Handel ist nicht zu leugnen, dass die Zeiten für den stationären Handel schwierig oder zumindest schwieriger geworden sind: Stationäre Händler kämpfen immer häufiger mit einer rückläufigen Anzahl von Kunden und stagnierenden Umsätzen. Wie Abb. 1.6 zeigt, liegen die Online-Wachstumsraten seit Jahren deutlich über den nominalen Zuwachsraten des stationären Einzelhandels (bevh, 2021; HDE Fakten, 2020; HDE, 2021; ECC Club, 2021). Der Entwicklung des Einzelhandels in Richtung „Online versus Offline" steht allerdings eine Expansion der Verkaufsflächen gegenüber, die den stationären Handel physisch verkörpern. Trotz der enormen Marktanteilsgewinne des Online-Handels sind die Einzelhandelsflächen eher noch gewachsen (Statista EH-Fläche, 2021). So stieg die Gesamtfläche aller Verkaufs-räume zwischen 1970 und 2019 von 39 auf 125,1 Mio. Quadratmeter an und wuchs selbst zwischen 2000 und 2010 in der ersten Online-Boom-Phase noch um 11,5 %. Die Flächenstatistik mit den jahresspezifischen Zahlen ist in Abb. 1.7 dargestellt.

Hinter der Verkaufsflächenentwicklung verbergen sich allerdings erhebliche Struktur-verschiebungen. Insbesondere die Tendenz zu größeren Filialen im Lebensmittelhandel führte bisher zu einer Flächenausweitung, wodurch zum Teil erhebliche Flächenrück-gänge im Non-Food-Handel kompensiert wurden. Auch die anhaltende Neuentwicklung

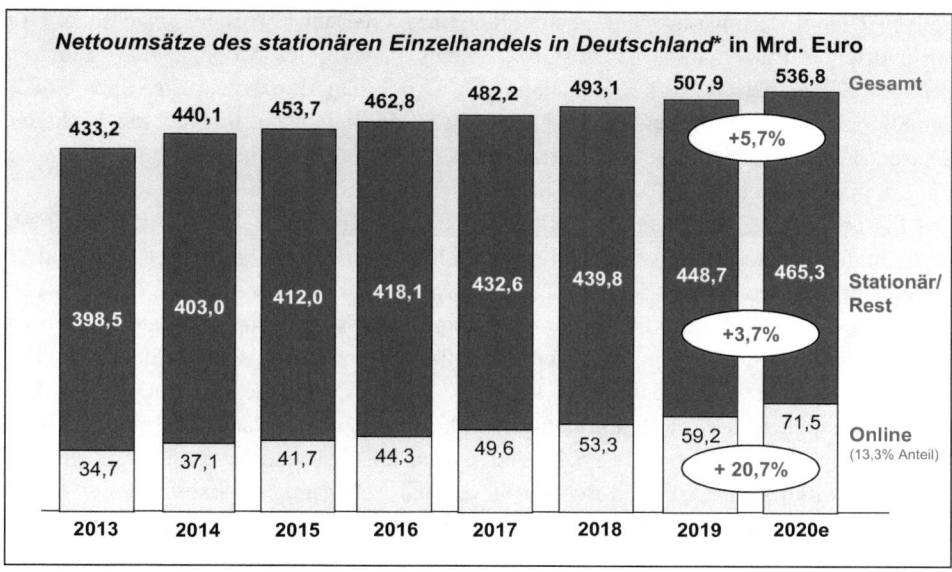

Abb. 1.6 Nettoumsätze des Einzelhandels in Deutschland. (Quelle: bevh, 2021; HDE Fakten, 2020; HDE, 2021; ECC Club, 2021)

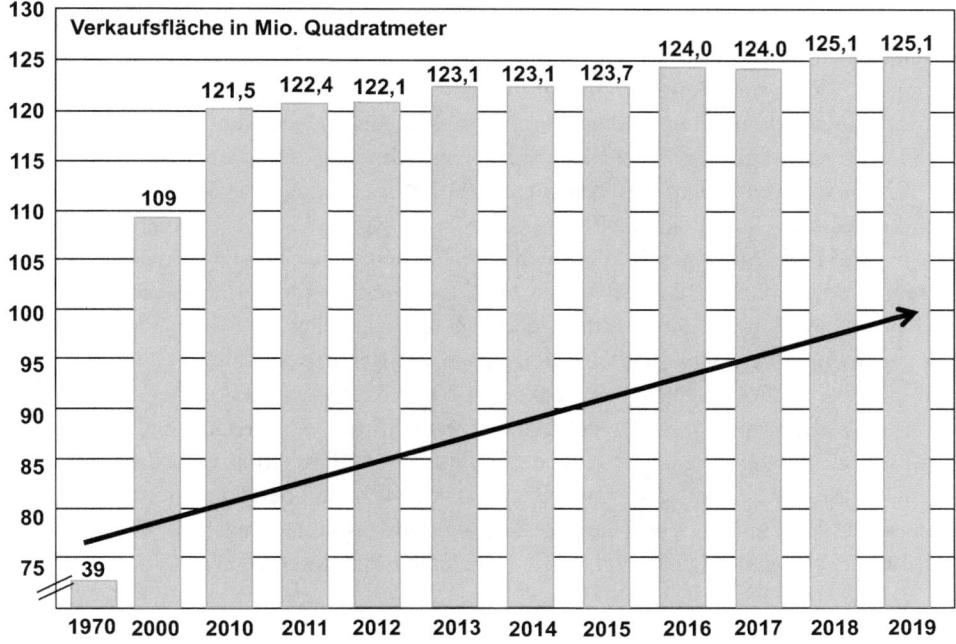

Abb. 1.7 Verkaufsflächenentwicklung des stationären Einzelhandels in Deutschland. (Quelle: Ahrens, 2020; Statista EH-Fläche, 2021)

von Flächen in Einkaufs- und Fachmarktzentren, die ungebrochene Nachfrage von ausländischen Einzelhändlern, die Großflächenexpansion im Möbel- und Baumarktbereich, die weiterhin starke Expansion der Drogeriemärkte sowie die Entwicklung der Shoppingcenter befeuerten das Flächenwachstum. Allein die Flächen der Einkaufszentren sind hierzulande in den letzten zehn Jahren noch einmal um mindestens ein Fünftel gewachsen (GfK, 2015; Statista SC, 2019), stagnieren allerdings seit 2016.

Mit rund 1,45 Quadratmetern Verkaufsfläche pro Kopf liegt Deutschland auf Platz sechs hinter Belgien mit 1,66, Österreich mit 1,62, den Niederlanden mit 1,6 Quadratmetern, der Schweiz mit 1,5 sowie Luxemburg mit 1,47 Quadratmetern (Statista EW, 2019). Dementsprechend prognostizieren Experten, dass in Europa im Jahr 2030 noch 510 bis 550 Mio. Quadratmeter Einzelhandelsflächen vorhanden sein werden, was einer Reduktion von rund 10 % entspricht. Dieser Rückgang dürfte bei der relativ hohen Verkaufsflächenpenetration in Deutschland noch höher ausfallen (Haufe, 2016). Von dieser Entwicklung dürften besonders Fachmarktzentren und Discounter an nicht integrierten Lagen betroffen sein. Ledig lich Pop-up Stores und Lebensmittelvollsortimenter werden möglicherweise expandieren können. Vor allem ländliche Räume werden zunehmend unter Druck geraten, während Oberzentren stabil bleiben. Ihre Ausprägung wird sich jedoch weg vom innerstädtischen Marktplatz hin zum Kristallisationspunkt des urbanen Lebens verändern, wobei die Rolle des Einzelhandels für die Stadt eine völlig andere sein wird (Haufe Catella, 2016; RP Interview GH, 2020).

Wie es jetzt allerdings mit und nach Corona weitergeht, lässt sich nur erahnen. Der stationäre Einzelhandel jedenfalls rechnet vor allem in den Innenstädten mit dramatischen Folgen. Das zeigen Umfragen unter der Händlern, die der HDE im Dezember 2020 und Anfang 2021 durchführte. Demnach lag das durchschnittliche Umsatzminus in den Innenstädten am dritten Adventswochenende bei fast 20 %, der Kundenfrequenzrückgang bei nahezu 30 %. Die Umsätze und Kundenzahl erreichten in 2020 bei weitem nicht das Niveau des Vorjahres, sodass das Weihnachtsgeschäft für die meisten Innenstadthändler verloren war. Rund 55 % der Innenstadthändler sahen per Mitte Dezember 2020 aktuell ihre Existenz bedroht, im Bekleidungshandel waren es sogar 65 %. Rund 80 % der Händler gehen davon aus, dass die staatlichen Hilfsmaßnahmen nicht zur Existenzsicherung reichen. Über 60 % der Einzelhandelsunternehmen in den Innenstädten stehen nach den Umfragen ohne weitere staatliche Hilfen vor dem Aus (Handelsblatt Lockdown 2020; SAZSport 2021). Dementsprechend zeigt der Standortmonitor 2021 des HDE eine deutliche Verschiebung im Handel auf. Bei stark rückläufiger Einkaufsfrequenz in stationären Geschäften wird deswegen vermehrt auf Multi-Channel-Lösungen gesetzt. Damit setzt sich der Trend der letzten Jahre von Offline hin zu Online beschleunigt fort und wird wohl auch nach der Corona-Krise anhalten (Handelsblatt Lockdown, 2020; HDE Standortmonitor, 2021).

1.4   Strukturen und Größenklassen des stationären Einzelhandels

Die Entwicklung des stationären Handels ist differenziert zu betrachten und unterscheidet sich deutlich nach Größe und Konzentrationsgrad. Tendenziell sind die Voraussetzungen größerer Handelsketten bzw. Filialisten besser zu betrachten als die kleiner und lokaler Händler. Insbesondere im lokalen Handel besteht enormer Nachholbedarf, da hier häufig schon die Basisanforderungen an einen professionellen Geschäftsbetrieb nicht erfüllt sind (DHL 250k NO, 2020). Diese sind in der Regel vollumfänglich bei allen großen, national tätigen Filialisten gegeben. Während 49 % aller Händler ausschließlich stationär verkaufen, rüsten in dem Zusammenhang zumindest die großen Filialisten in Deutschland digital weiter auf und bieten ihren Kunden auf den Websites mehr Komfort durch Anzeige der Warenverfügbarkeit im nächstgelegenem Geschäft (ibi Handelsstudie, 2020). Vor allem im Zuge des zweiten Shutdowns erlebte „Click and Collect" einen regelrechten Boom, da der Online-Verkauf für Selbstabholer in den meisten Bundesländern erlaubt war. Die Parfümeriekette Douglas warb z. B. mit dem Slogan „Trotz Lockdown: Abholen in der Filiale" auf ihrer Homepage. Auch Galeria Karstadt Kaufhof versprach „Weihnachtsgeschenke bis zum Schluss". Beide Händler boten ihren Kunden an, noch kurzfristig Ware online zu reservieren und dann kontaktlos an den Abholstationen in den Filialen entgegenzunehmen. Auch etliche Baumärkte nutzten dieses Konzept, um vor Weihnachten noch etwas Umsatz machen zu können (ZDF CC, 2020).

Doch als Antwort auf Amazon & Co. dürfte das bei Weitem nicht ausreichen und auch einige der bereitgestellten Funktionen sind noch deutlich verbesserbar. Artikelverfügbarkeiten im Geschäft werden oft nur dann angezeigt, wenn vorher ein Standort ausgewählt wurde. Auch das Reserve & Collect wird von vielen Anbietern nicht in den Vordergrund gestellt. Die Funktionen sind daher oft schwer auffindbar. Insofern haben auch die großen Händler in Sachen Produktverfügbarkeit und beim Thema Click & Collect noch viel Luft nach oben. Kleine und mittelgroße Unternehmen sollten sich von den großen Filialisten im Einzelhandel nicht abschrecken lassen, sondern von ihnen lernen, um nicht den Anschluss verlieren. Sie müssen ihr Sortiment im Internet und vor allem auf Mobiles sichtbar machen. Dies erfordert nicht unbedingt einen eigenen Online-Shop. Das Anbieten und Darstellen der Produkte auf reichweitenstarken Plattformen wie Instagram z. B. kann wesentlich effizienter sein. Hier lassen sich digitale Warenwirtschaftssysteme und moderne Kassensysteme ohne großen Aufwand nutzen. Die Auffindbarkeit im Netz ist zweifelsohne überlebenswichtig, um für die Kunden sichtbar zu sein (RP Interview GH, 2020). Das geht beispielsweise über einen Instagram-Account, indem man seine Telefonnummer überall dort präsentiert, wo man sie zeigen kann, indem man Tag und Nacht erreichbar ist, alle sozialen Kanäle nutzt und selbst ausliefert. Im ersten Shutdown haben Händler es mit so einer Strategie geschafft, einen Großteil ihrer stationären Umsatzausfälle zu kompensieren. Und dabei ist wichtig zu sagen: Diese Umsätze hätten sie mit einem eigenen Online-Shop oder auf Marktplätzen wie Amazon und eBay so nicht erwirtschaftet. Dazu braucht es auch keine Initiative, die den Händlern stundenlang erklärt, wie das geht. Gefragt ist Eigeninitiative, wie es die „Händler machen mobil" vormachten (Rheinische Post HMM, 2020).

Mit der digitalen Adoption und Transformation wird sich im stationären Handel höchstwahrscheinlich die Spreu vom Weizen trennen. Die Digitalisierung wird dementsprechend über die weitere Konzentration und Konsolidierung im Handel wesentlich mitentscheiden. Bereits heute ist die Konzentration im stationären Einzelhandel überdurchschnittlich hoch. Im Lebensmitteleinzelhandel kommen die fünf größten Anbieter bereits auf mehr als 75 % Marktanteil (Handelsblatt Real, 2020). In etlichen Non-Food-Branchen erreichen die stationären Marktführer alleine jeweils bereits deutlich mehr als 20 %, so wie MediaMarkt-Saturn bei Electronics oder Douglas bei Parfümerien. Die Konzentration wird zukünftig zunehmend von einer Konsolidierung begleitet, denn hoch entwickelte Einzelhandelsmärkte mit einer hohen Verkaufsflächenzahl pro Einwohner und zugleich einer relativ geringen Flächenproduktivität bergen ein hohes Risiko für Schrumpfungsprozesse. Bedroht sind dabei vor allem lokale Händler, die immer noch 94 % aller Handelsbetriebe ausmachen. Wie Abb. 1.8 zeigt, machen diese allerdings nur noch rund ein Fünftel der Einzelhandelsumsätze aus (ZDF, 2020). Die Branche liegt per Ende 2020 bereits völlig am Boden und muss sich komplett neu erfinden. Der Textil- und Bekleidungseinzelhandel hatte allerdings schon vor Corona immense Probleme. Selbst große Ketten mussten ins Schutzschirmverfahren gehen. Und durch den Shutdown im März sind von jetzt auf gleich viele klassische Multi-Label-Bekleidungshändler

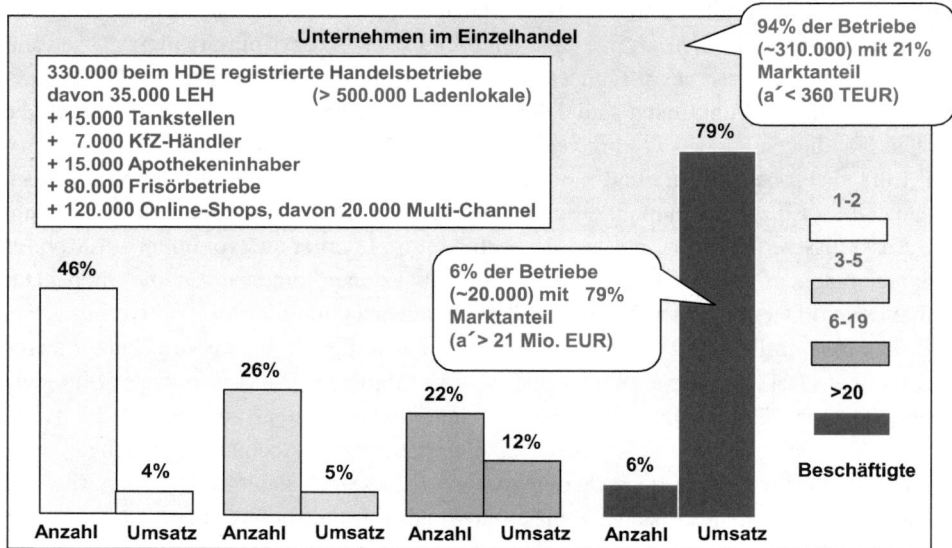

Abb. 1.8 Strukturen des stationären Einzelhandels. (Quelle: eigene Darstellung auf Basis ZDF, 2020; HDE, 2020)

zum Sanierungsfall geworden. Die Unternehmensberatung Hachmeister und Partner prognostizierte schon im April 2020, dass die Branche im Best-Case-Szenario ein Umsatzminus von 28,5 % erziele. Es wurden in 2020 dann zwar „nur" Minus 24,6 %, allerdings im stationären Fashion-Handel rund 30 % Minus. Das große Problem der Branche sind die extremen Warenrisiken der Händler, die durch die Preorders verursacht werden. Saisonware muss sechs Monate im Voraus bestellt werden. Danach ist der Point of No Return erreicht, dann kommt die Ware, liegt auf dem Lager, muss finanziert werden. Wenn Händler dann nichts verkaufen können, müssen sie zusperren. Um ihre Liquidität zu schonen, haben die Händler während des ersten Shutdowns nicht nur ihre Mietzahlungen ausgesetzt – was übrigens Marktstudien zufolge 78 % der Händler gemacht haben – und ihre Mitarbeiter sofort auf Kurzarbeit gesetzt, sondern auch die Vorbestellungen für die Herbst-/Winter-Saison storniert. Dadurch kommen jetzt natürlich auch die Lieferanten in Schwierigkeiten, weil sie ihre Ware nicht loswerden und außerdem auch noch auf die Zahlungen ihrer Händler warten. Diese Spirale nach unten wird sich so durch das komplette Jahr 2021 ziehen und Auswirkungen auf die folgenden Jahre haben. Dadurch, dass die Regierung Maßnahmen fallzahlenbezogen trifft, ist das kommende Jahr kaum noch planbar. Viele Händler wissen nicht mehr, was und wie viel sie ordern sollen. Die einzige Lösungsmöglichkeit – und das ist auch ein Appell an die Branche – besteht darin, das System der Preorders abzuschaffen und die Branche nach Vorbild der vertikalen Handelskonzerne wie u. a. Inditex/Zara neu aufzustellen (Internetworld Interview GH, 2021).

1.5 Standortentwicklung Innenstadt versus Shoppingcenter

Bis heute stellt der stationäre Einzelhandel eine zentrale Funktion der Innenstadt dar, die sich allerdings immer mehr wandelt. Dementsprechend ändern sich sowohl die Stabilität als auch die Qualität der innerstädtischen Einzelhandelslagen zunehmend. Diese Entwicklung wird nicht nur durch den Online-Handel verursacht, sondern wurde bereits mit dem Niedergang der Warenhäuser, die lange Zeit als Magneten für die Innenstadt galten, maßgeblich eingeleitet (Heinemann, 2010). So hat sich die Zahl der Warenhausstandorte in den letzten 25 Jahren mehr als halbiert. Dementsprechend haben die Warenhäuser von 1999 bis 2019 rund 42,5 % ihres realen Umsatzes eingebüßt. Der stationäre Einzelhandel hingegen hat seine realen Umsätze um 11,2 % steigern können, während der Versand- und Online-Handel wiederum seine Umsätze mehr als verdoppelt hat (Statistisches Bundesamt WH, 2020).

Auch der Umsatz der Flagshipstores („Weltstadthäuser") wie das KaDeWe, in dem sich die neuen Eigentümer gerne tummeln, dürfte heute deutlich unter den Zahlen vergangener Jahre liegen. Und auch die Versuche, einzelne Warenhausabteilungen als „Stand-alone"-Fachgeschäfte zu multiplizieren, sind aufgrund der fehlenden Sortimentstiefe kläglich gescheitert. Eindeutige Gewinner unter den Betriebsformen des Handels sind neben den preisaggressiven Discountern der herstellereigene Einzelhandel – eigene

Geschäfte von Adidas, Nike, Puma, Boss & Co. – sowie der Online-Handel. Und vor allem die schnellen Vertikalen, die auch in Zukunft weiter überproportional wachsen dürften: H&M und IKEA haben mit ihren vertikalen Strukturen und einer zunehmenden Nutzung von „Click & Mortar" nicht nur in ihren spezifischen Warensegmenten, sondern – mit jeweils rund vier Milliarden Euro Umsatz – auch von ihrer Umsatzbedeutung her die beiden „Warenhausdinosaurier" in Deutschland annähernd überholt. Inzwischen gibt es kaum noch ein Geschäftsfeld, das nicht von den „Category Killern" besetzt wird. Derartige Filialisten wie u. a. Deichmann (Schuhe), MediaMarkt-Saturn (Elektronik), Peek & Cloppenburg (Mode), Douglas (Parfümerie), Thalia (Bücher) oder DM (Drogerieartikel) erreichen in ihren innerstädtischen Flagshipstores auch mit ihren hochspezialisierten Warengruppen bereits Hausgrößen, die früher ausschließlich den Warenhäusern vorenthalten waren. Dementsprechend konnten die Filialisten besonders den Warenhausunternehmen kontinuierlich Marktanteile abgewinnen und vor allem durch Formatmultiplikationen die Grundlage für weiteres Wachstum legen („viele Schnellboote statt ein großer Tanker"). Weil die Expansion in Shoppingcentern schneller möglich war als in den Innenstädten, haben die großen Handelsketten einen weiteren Trend befeuert, nämlich den Siegeszug der Shoppingcenter. Diese haben ebenfalls die Warenhäuser abgelöst. Wesentlicher Erfolgsfaktor der Warenhäuser war zwar in früheren Zeiten die Idee des „One Stop Shopping". Diese können aber in der heutigen Zeit gigantische Einkaufszentren auf der grünen Wiese und vor allem die Online-Plattformen viel konsequenter umsetzen. Nicht ohne Grund sind die Verkaufsflächen in den Shoppingcentern überdurchschnittlich angewachsen und haben damit den Innenstädten zusätzlich zugesetzt. Diese werden insofern nicht nur vom Online-Handel bedroht, sondern von diesem zusammen mit den Einkaufszentren regelrecht in die Zange genommen.

Im Grunde genommen können Shoppingcenter sogar als „die konsequente konsumorientierte Fortsetzung der Fußgängerzonen" angesehen werden (Stepper, 2015; Roth, 2018). Insofern treten Shoppingcenter nicht nur an die Stelle der Warenhäuser, sondern ersetzen die Innenstadt räumlich durch eine neue stationäre Einzelhandelslage, sofern sie auf der grünen Wiese oder in der Peripherie angesiedelt sind. Rund die Hälfte von ihnen liegt aber in Innenstädten (ECE, 2016, 2020), dabei allerdings überwiegend nicht zentral. Nach den Erhebungen des EHI werden per Ende 2019 in der Bundesrepublik 483 großflächige Shoppingcenter mit jeweils über 15.000 Quadratmetern Gesamtfläche betrieben (Erhardt, 2020) (vgl. Abb. 1.9). Von 2015 auf 2016 stieg die Gesamtfläche der Einkaufszentren um 2,3 % bzw. 340.000 Quadratmeter auf rund 15,2 Mio. Quadratmeter und pendelt sich seitdem auf diesem Niveau ein (Handelsdaten Shoppingcenter, 2016; Roth, 2018).

Bei rund 125,1 Mio. Quadratmetern Gesamtverkaufsfläche in Deutschland beträgt der Flächenanteil der Shoppingcenter damit gut 12 %. Aus Sicht der Filialisten gelten die Standorte in großen Shoppingcentern als die besseren 1 A-Lagen und werden deswegen forciert (ECE, 2016; 2020). Die Mehrheit (76,7 %) der Mieter in Einkaufszentren geht davon aus, dass die Bedeutung von Centern für ihren Erfolg steigen oder zumindest gleich bleiben wird (Wikipedia Einkaufscenter, 2020).

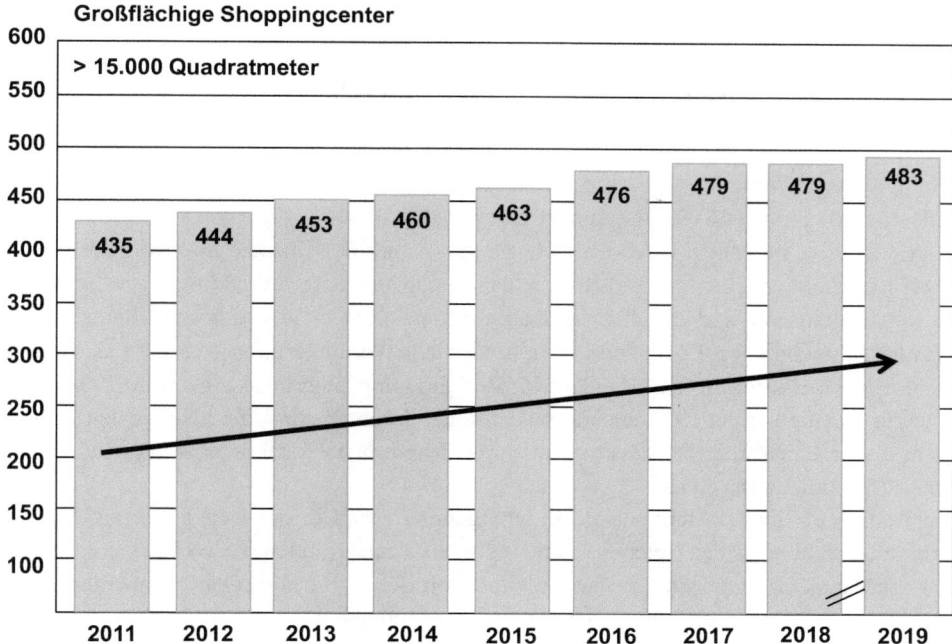

Abb. 1.9 Entwicklung der Shoppingcenter in Deutschland. (Quelle: Statista 2020 auf Basis EHI, 2019; Erhardt, 2020)

Der Entwicklung der Shoppingcenter steht die Aufgabe vor allem kleinerer, regional agierender Möbelfachgeschäfte sowie Textilanbieter in ländlichen, wenig agglomerierten Gebieten gegenüber. Marktbereinigungen betrafen dabei auch Warenhausschließungen sowie die verbreiteten Filialverkleinerungen von Elektrofachmärkten und Buchhandelsfilialen (Busch und Heinemann, 2016; Onlinehändler News, 2019). Von Strukturverschiebungen zeugen außerdem die Entwicklungen der Verkaufsflächen nach Stadtgrößen, wo es zu einer regelrechten Polarisierung gekommen ist. So zählten vor der Corona-Krise die Verkaufsflächen in den zentralen städtischen Einkaufslagen zunehmend zu den Wachstumstreibern im stationären Einzelhandel, während Klein- und Mittelstädte deutlich verloren. Demnach stiegen die innerstädtischen Verkaufsflächen seit 2010 insbesondere in den Oberzentren mit über 100.000 Einwohnern oder gar Metropolstandorten deutlich an, was – bei einer relativ unveränderten Gesamtfläche – in den restlichen Städten und Gemeinden der Republik zu einer Flächenbereinigung von mindestens 10 % geführt haben könnte (Heinemann, 2017). Unter Berücksichtigung der Shoppingcenter-Flächenausweitung dürfte der Rückgang sogar eher bei 15 % gelegen haben. Insgesamt gesehen kompensieren bisher Flächenzuwächse durch Neuprojekte überwiegend die Flächenabgänge durch Ladenschließungen oder Insolvenzen.

Wurden Einkaufszentren früher ausschließlich auf der grünen Wiese errichtet, werden diese seit den achtziger Jahren zunehmend in den Innenstädten geplant und errichtet. Seit einigen Jahren ist durch eine immer größer werdende Dichte von räumlich nahe beieinander gelegenen Einkaufszentren bei gleichzeitigem Kaufkraftverlust der Konsumenten ein Verdrängungswettbewerb zu beobachten, der insbesondere kleinflächige Center unter Druck gesetzt hat. Diese Entwicklung wird durch die Corona-Krise beschleunigt (WiWo Shopping Center, 2014; FAZ SC, 2020). Denn während die Zahl der Shoppingcenter vorerst bestehen bleibt, sind die Umsätze im stationären Non-Food-Einzelhandel rückläufig. Insofern bahnt sich ein harter Verdrängungswettbewerb an, denn vielerorts sind die alten Einkaufszentren nicht mehr die besten Standorte für Händler. Zunehmende Leerstände oder hinderliche Vermieterinteressen sind die Folge. Dennoch wird immer noch viel Geld in den Shoppingcentermarkt investiert, vor allem aber für Revitalisierungen. Fehlende Investitionen könnten sonst eine Negativspirale aus mangelnder Umsatzperformance, Auszug von Mietern, Leerständen, Mietausfällen und Wertverlust auslösen (ebd.).

Die Erneuerungsmaßnahmen in Shoppingcentern sind in der Regel sehr aufwendig. Kleine Verschönerungen reichen nicht mehr aus, um Kunden zu locken. Stattdessen müssen häufig das gesamte Format geändert und die Mieter ausgetauscht werden. Deswegen stehen auch die Shoppingcenter vor der Herausforderung, sich neu zu erfinden (ebd.).

1.6 Intelligent Retail statt Residenzprinzip

Die Art und Weise, wie stationäre Einzelhandelsunternehmen und Kunden miteinander interagieren, kann heutzutage sehr differenziert erfolgen. Klassischerweise werden vier Prinzipien der Kontaktanbahnung unterschieden, und zwar das Residenz-, Domizil-, Treffpunkt- sowie Distanzprinzip (vgl. Abb. 1.10). Im Zuge der Internetnutzung ist allerdings vor allem das Hybridprinzip weit verbreitet, das an dieser Stelle erstmals aufgegriffen wird (Wegener, 2004; Heinemann OH, 2020):

Das **Residenzprinzip** kennzeichnet den klassischen stationären Handel in seiner reinen Form und bedeutet, dass Kunden mit dem Händler in dessen Verkaufsraum in Kontakt treten. Es handelt sich hier um den physischen Verkauf in stationären Verkaufsstellen (zum Beispiel Filialverkauf).

Ein **Domizilprinzip** liegt vor, wenn der Anbieter mit den Kunden in oder an ihren Wohnungen in Kontakt tritt, was den ambulanten Einzelhandel kennzeichnet (zum Beispiel Haustürverkauf).

Von **Treffprinzip** wird gesprochen, wenn der Verkauf an einem dritten Ort unabhängig von Domizil und Residenz erfolgt (zum Beispiel Wochenmärkte oder E-Marktplätze).

Das **Distanzprinzip** steht für den interaktiven Handel, bei dem die Einzelhändler und Käufer physisch nicht in Kontakt treten. Die räumliche Trennung wird dabei durch

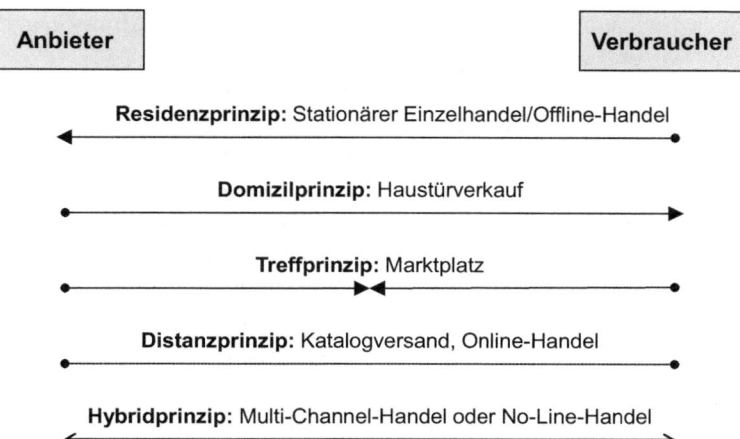

Abb. 1.10   Kontaktprinzipien im Handel. (Quelle: eigene Darstellung in Anlehnung an Wegener, 2004)

Medien wie zum Beispiel einen Katalog oder das Internet überbrückt (zum Beispiel Katalogversand oder Online-Handel).

Das **Hybridprinzip** stellt eine Mischform dar, die sich aus der Internetnutzung zur Vorbereitung oder Unterstützung des stationären Kaufs ergibt (zum Beispiel Multi-Channel-Handel oder No-Line-Experience).

Wesentliches Kriterium des stationären Handels ist nach Residenzprinzip ein real existierendes Geschäft. In dieser „Residenz des Anbieters" finden der Verkauf und die Bezahlung statt, wofür die Kunden die Filiale oder Niederlassung aufsuchen und die Ware gewöhnlich mitnehmen müssen. An einem festen Standort erfolgt somit ein physisches Angebot der Produkte und Services, sodass dieser als entscheidender Faktor für die Wahl des Geschäftes aus Konsumentensicht gilt (Heinemann, 2017). Die reale Präsenz der Waren, die der Kunde dann physisch begutachten und testen kann („Touch and Feel"), ist somit erfolgskritisch für die Einkaufsstättenwahl. Dabei hängt vom Betriebstyp ab, inwieweit Bedienung und Service angeboten werden oder aber ob der Kunde sich selbst bedienen bzw. zumindest eine Vorauswahl treffen muss. Zudem findet im stationären Einzelhandel eine sofortige, unmittelbare Übergabe der gekauften Artikel statt. Einschränkend wirken diesbezüglich sicherlich die festen Ladenöffnungszeiten sowie der erhebliche Zeitverlust, der durch Anfahrt, Parkplatzsuche etc. entsteht.

Ein nicht erfasstes Problem dieser Kontaktprinzipien ist, dass hybride Handels-umsätze, die zugleich online als auch offline zustande kommen, rasant wachsen. Sie werden auch als ROPO-Umsätze („research online und purchase offline") bezeichnet und resultieren aus der Möglichkeit, dass Kunden ihren stationären Einkauf im Internet vorbereiten oder die Waren nach ihrem Geschäftsbesuch dort kaufen. Stationäre Einzel-händler können dieser Entwicklung dadurch Rechnung tragen, dass sie ihren Kunden diese Art des Einkaufs durch einen Online-Shop oder durch Multi-Channel-Services ermöglichen (Heinemann, 2017; Heinemann et al., 2019).

Nach Schätzungen von DHL sind immerhin 250.000 Händler immer noch nicht online und bringen mehrheitlich nicht einmal die notwendigen sowie hinreichenden Bedingungen dafür mit. Aber völlig abgeschrieben werden sollte der stationäre Einzelhandel keinesfalls. Er muss sich nur neu erfinden. Was er dafür tun kann, zeigte letztes Jahr z. B. der Microsoft CEO Satya Nadella mit dem Begriff „Intelligent Retail" auf (NRF Satya Nadella, 2020). Dieser ist vor allem mit Künstlicher Intelligenz (KI) verbunden, geht jedoch weit darüber hinaus. Schon bei Künstlicher Intelligenz im Einzelhandel geht es nicht bloß um Automatisierung und um die Übernahme von Tätigkeiten durch Roboter, sondern darum, dass Instrumente und Maschinen in der Lage sind, selbst zu lernen und Schlüsse zu ziehen. Einem Kunden, der im Geschäft einkauft, sollen anhand dessen, was er sucht, intelligente Empfehlungen gemacht werden können. Dabei geht es um Produktempfehlungen, die auf den Interessen, vorherigen Einkäufen des Kunden, auf seinem Suchverhalten basieren. Daran arbeitet auch Google, und zwar lokal bezogen. So verändert sich unser Einkaufs- und Suchverhalten. Und wenn ein Händler das nicht macht, wird er Kunden verlieren. Mit diesen Methoden arbeiten die großen Online-Marktplätze eben schon sehr lange und erfolgreich. Der stationäre Einzelhandel kann das bisher nicht. Deswegen forscht das eWeb-Research-Center der Hochschule Niederrhein derzeit in einem Projekt mit mehreren beteiligten Institutionen wie u. a. dem FZ Jülich und Einzelhändlern an einer Strategie, die mittels Künstlicher Intelligenz eine Verschmelzung von Online- und Offline-Shopping zum Ziel hat. Es geht im Kern darum, den Einzelhandel in den Innenstädten zu retten. Das Forschungsprojekt hat den Namen „ON4OFF" und wird vom NRW Wirtschaftsministerium und vom Europäischen Fonds für regionale Entwicklung gefördert. Erste Ergebnisse werden für 2021 erwartet (Heinemann FAZ, 2021).

Auch wenn viele es kaum noch glauben: Der stationäre Einzelhandel hat durchaus eine Zukunftschance! Er muss sich nur neu erfinden und sich vom starren Residenzprinzip lösen sowie intelligente Systeme einsetzen. Aber für welche Händler sind solche Techniken eigentlich interessant? Solche Empfehlungen auf Basis von KI-Methoden funktionieren vor allem im beratungsintensiven Fachhandel. Und das ist praktisch der gesamte Non-Food-Bereich: Elektronik, Möbel, Kosmetik, auch der Buchverkauf – alles, was mit Beratung zu tun hat. Müssen also kleine, hochspezialisierte Ladeninhaber, die bisher die Wünsche der Kunden von den Augen abgelesen haben, künftig in der Lage sein zu wissen, was der Kunde will, bevor er den Laden betritt? Das wird kaum funktionieren. Inhabergeführte Geschäfte werden die Citys wohl nicht retten und können solche datenbasierten Empfehlungen auch in der Regel gar nicht geben, weil sie kaum Kundendaten erheben. Aber der filialisierte Einzelhandel, der auch schon online handelt und deshalb mit Kundendaten arbeitet, ist dazu in der Lage (ebd.).

Bedrohung des stationären Handels

al Lebens und damit das Verbraucherverhalten sowie die Kundenerwartungen bestimmt. Sie verändert zudem die Ansprüche an Erlebnisorientierung und Service. Aber auch die Internationalisierung und „Plattformisierung" des Einzelhandels setzt den Traditionshändlern erheblich zu, zumal viele von ihnen immer noch eine digitale Transformation verweigern. Erschwerend kommt hinzu, dass sich im Zuge zunehmender Leerstände sowie ändernder Mobilität auch die Rolle der Innenstädte verändert und damit unabhängiger vom Einzelhandel macht. Die neue Überlebensformel heißt „Kundenzentriertheit", die allerdings nur digitalbasiert funktioniert.

Insbesondere im Vergleich zum Online-Handel ist nicht zu leugnen, dass die Zeiten für den stationären Handel schwieriger geworden sind: Stationäre Händler kämpfen immer häufiger mit rückläufigen Kundenfrequenzen und stagnierenden Umsätzen, während der Online-Handel enorm wachsen und sich zum Wachstumstreiber für die gesamte Einzelhandelsbranche entwickeln konnte. Die ungebremste Verschiebung von Offline- zu Online stellt eine zentrale Bedrohung für den stationären Handel dar. Diese resultiert aus der zunehmenden Digitalisierung, die bereits einen Großteil des alltäglichen Lebens und damit das Verbraucherverhalten sowie die Kundenerwartungen bestimmt. Sie verändert zudem

G. Heinemann, *Intelligent Retail,* https://doi.org/10.1007/978-3-658-34339-2_2

die Ansprüche an Erlebnisorientierung und Service. Aber auch die Internationalisierung und „Plattformisierung" des Einzelhandels setzt den Traditionshändlern erheblich zu, zumal viele von ihnen immer noch eine digitale Transformation verweigern. Erschwerend kommt hinzu, dass sich im Zuge zunehmender Leerstände sowie ändernder Mobilität auch die Rolle der Innenstädte verändert und damit unabhängiger vom Einzelhandel macht. Die neue Überlebensformel heißt „Kundenzentriertheit", die allerdings nur digitalbasiert funktioniert.

2.1   Verschiebung von Offline zu Online

Der Siegeszug des Online-Handels ist ungebrochen. Dieser bleibt vorerst immer noch ein Non-Food-Thema. Vor allem bei Spielwaren, Medien/Büchern, Unterhaltungselektronik und Bekleidung ist der stationäre Handel von der Entwicklung überproportional betroffen. In diesen Bereichen kam es bereits zu erheblichen Flächenreduzierungen, Formatverkleinerungen und Filialschließungen. Vor allem in Klein- und Mittelstädten steigen die Leerstandsquoten enorm. Es ist davon auszugehen, dass in den nächsten Jahren die Verkaufsflächen des stationären Handels insbesondere bei Non-Food deutlich zurückgehen werden.

2.1.1   Systemrelevanz des Online-Handels

Mit hoher Wahrscheinlichkeit wird sich der Substitutionseffekt „Online versus Offline" in den nächsten Jahren kontinuierlich fortsetzen und dem stationären Handel auf Dauer zusetzen. Dies zeigt auch eine Prognose des IFH Köln auf (vgl. Abb. 2.1) (IFH Prognose, 2020; ECC Club, 2021). So stellt der IFH-Branchenreport drei Szenarien für die Entwicklung von 2020 bis 2024 auf, denen jeweils eine unterschiedliche Dynamik zugrunde gelegt wird. Nach 2020 lässt sich sagen, dass eine zunehmende Dynamik zu beobachten ist, sodass bis 2024 von einem durchschnittlichen Wachstum von 15,2 % p.a. auszugehen ist. Demnach werden in 2024 hierzulande bereits 141 Mrd. B2C-Online-Umsatz erzielt (vgl. Abb. 2.1). Auch wenn Medien, Bücher, Elektronik und Spielwaren seit Jahren die höchsten Online-Anteile aufweisen, kann mittlerweile jede Warengruppe als internetaffin angesehen werden. Vor allem den volumenstarken Warengruppen Möbel, DIY/Baumarktbedarf sowie vor allem Lebensmitteln werden hohe Wachstumspotenziale bestätigt, die in den nächsten Jahren gehoben und den Online-Handel zusätzlich befeuern werden (bevh, 2020). Dabei zeigte sich schon früh in der Corona-Krise, dass der Online-Handel für weite Teile der Bevölkerung bereits systemrelevant ist, da bei den Shutdowns die Non-Food-Sortimente und in Quarantänesituationen auch Lebensmittel nur noch online zu kaufen waren.

Wie die Welt im April 2020 berichtete, bezieht sich diese Systemrelevanz vor allem auf Amazon. War der Online-Marktführer schon lange bloß der Lieblingslieferant der

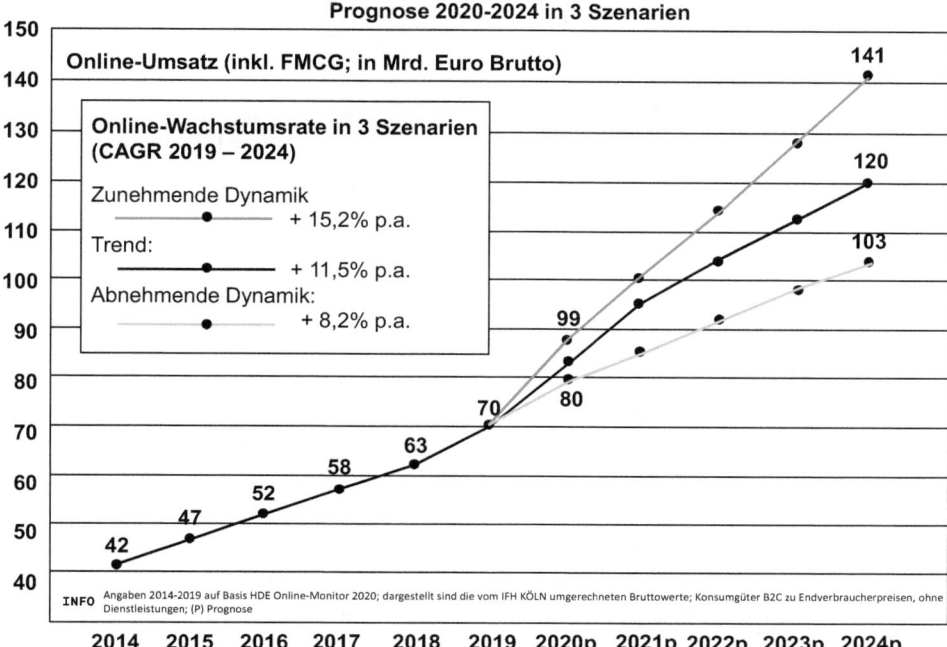

Abb. 2.1 IFH Prognose Online-Handel 2020–2024. (Quelle: IFH Prognose, 2020; ECC Club, 2021)

Deutschen, machte ihn die Corona-Krise vollends unentbehrlich. Es scheint so, als würde sich der US-Konzern verglichen mit der Konkurrenz in einer Art Paralleluniversum bewegen. Unter Berücksichtigung dieser Sonderentwicklung bei Amazon sind die Ergebnisse einer Umfrage des Kölner Handelsforschungsinstituts IFH aus April 2020 mit den von Branchenvertretern beklagten Umsatzrückgängen in Übereinstimmung zu bringen. Demnach werden Online-Einkäufe in der Corona-Krise immer beliebter (Welt Systemrelevanz, 2020). Immerhin 22 % der befragten Konsumenten gaben an, Einkäufe online erledigt zu haben, die sie eigentlich offline tätigen würden. Einen Monat vorher hatten gerade erst 13 % diese Frage positiv beantwortet. Während schon vor Corona rund die Hälfte des gesamten deutschen Online-Handels über den Marktplatz oder den eigenen Einzelhandel des US-Konzerns lief, dürfte sich der Marktanteil nochmals deutlich erhöht haben, denn die Zusatznachfrage dürfte Amazon zum allergrößten Teil allein abschöpfen. Schon vor der Pandemie habe die US-Plattform gezeigt, dass sie mit Wachstumsschüben und Engpässen besser klarkommt als andere Anbieter. In der Corona-Krise ging es allerdings nicht mehr nur um Mengenwachstum, sondern auch um eine qualitativ neue Rolle: Auch wenn es vielen nicht gefällt und es Handelsexperten schon fast nicht auszusprechen wagen: Spätestens seit Corona ist Amazon systemrelevant. Während des Shutdowns Artikel jenseits des Lebensmittelsortiments einkaufen zu können, die man sonst nirgendwo beziehen konnte, testierte Amazon ganz klar ein Alleinstellungsmerkmal (Welt Systemrelevanz, 2020).

Nach einer regelrechten Nahtoterfahrung durch Amazon, die Buchhändler schon vor Jahren gemacht hatten, und dem ersten Schock der massiven Einschränkung des öffentlichen Lebens aufgrund der Corona-Pandemie, sucht der Einzelhandel händeringend nach neuen Lösungen für den Vertrieb der Waren. Eine davon ist zweifelsohne die Eröffnung eines eigenen Online-Shops. Insgesamt deutet eine erhöhte Nachfrage nach Online-Shops darauf hin, dass Einzelhändler ihre Verkaufsplattform nach dem ersten Schock ins Internet verlegen. Vielen Einzelhändlern raubte der Ausbruch des Virus mittelbar die Existenzgrundlage und zeigte ihnen unmissverständlich auf, dass der Online-Handel damit auch für sie systemrelevant geworden war.

Wie aus Abb. 2.2 ersichtlich ist, haben insbesondere die klassischen Sortimente – und allen voran Textil und Bekleidung – schon vor Corona bereits hohe Akzeptanz im Online-Handel gefunden. Mit annähernd 18 Mrd. EUR Nettoumsatz ist Fashion die mit Abstand größte Warengruppe im Online-Handel (bevh, 2021; HDE Onlinemonitor, 2020; HDE, 2021; ECC Club, 2021). Bekleidung/Schuhe liegen im „digitalen Ranking" nach Online-Anteil allerdings „nur" auf Platz 4. Die Spitzenplätze haben mit jeweils über 40 % Online-Anteil Medien/Bücher und die Elektronikwarengruppen inklusive PC/-Zubehör und Haushaltsgeräte eingenommen. Elektronik wird zweifelsohne den

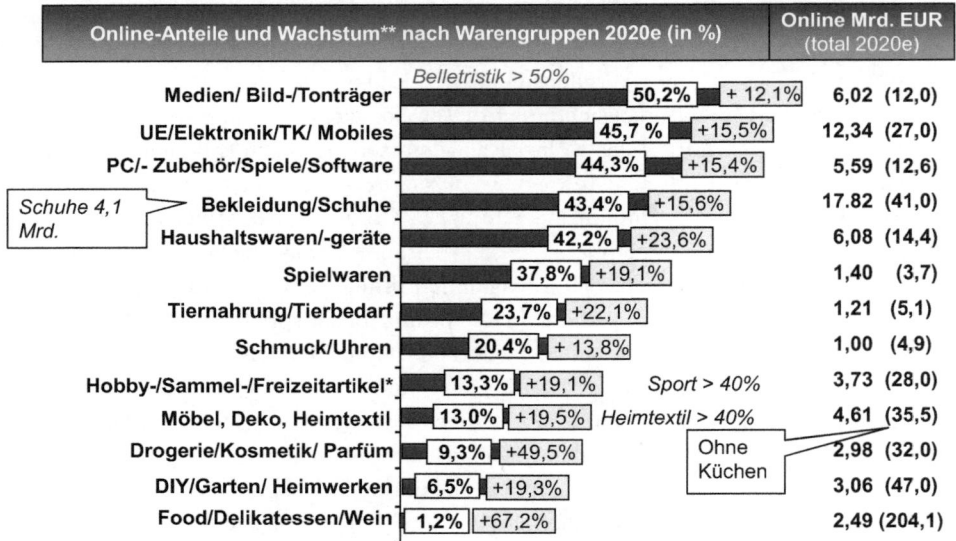

Abb. 2.2 Online-Anteile der Warengruppen 2019 in Deutschland. (Quelle: eigene Darstellung auf Basis bevh, 2021; HDE, 2020, 2021; ECC Club, 2021)

Spitzenplatz im Online-Anteilsranking weiter ausbauen, während Hobby-/Sammel-/ Freizeitartikel inklusive Sport mit rund 13,3 % immer noch einen unterdurchschnittlichen „Non-Food-Online-Anteil" erreichen dürften. Möbel/Deko/Heimtextil kommt auf rund 13 % Online-Anteil. DIY/Garten/Heimwerken fällt mit 6,5 % Online-Anteil bereits deutlich ab und liegt bereits deutlich hinter Drogerie/Kosmetik/Parfüm, die auf 9,3 % kommen (bevh, 2021; HDE Onlinemonitor, 2020; HDE, 2021; ECC Club, 2021) (Abb. 2.2).

Auch stationäre Umsätze sind vielfach Online-Umsätze, und zwar sogenannte Multi-Channel- oder Hybrid-Umsätze, die in den vom bevh ausgewiesenen Online-Zahlen nicht enthalten sind. Diese kommen durch Einkäufe zustande, die in stationären Geschäften ausgeführt werden, jedoch im Internet ihren Ursprung haben.

2.1.2 Frequenzverluste im stationären Handel

Der Online-Handel droht insofern erneut zum Ladenkiller zu werden und wird dem klassischen Einzelhandel auch in den nächsten Jahren immer mehr und immer schneller Umsätze wegnehmen (Heinemann OH, 2021). Viele – vor allem schwache – Händler werden wohl ihre Läden schließen oder aber sich schnellstens neu erfinden müssen. Der HDE spricht von 50.000 Geschäftsaufgaben in 2020. Die Prognosen des HDE stammen noch aus der Zeit vor dem zweiten Shutdown. Deswegen trifft es wohl eher 64.000 Händler – so die ursprüngliche IFH-Prognose bis 2030. Die tatsächlichen Auswirkungen werden allerdings werden erst nach der Corona-Krise sichtbar werden (Internetworld Interview GH, 2021). Bedroht sind dabei vor allem die kleinen, nicht filialisierten Handelsbetriebe mit einem Durchschnittsumsatz von weniger als 320.000 € pro Jahr (ZDF, 2020). Doch selbst wenn es von diesen lokalen Händlern die 200.000 kleinsten mit nur noch rund 250.000 € Durchschnittsumsatz nicht mehr gäbe, wären nur rund 10 % des gesamten Einzelhandelsumsatzes betroffen. An dieser Strukturbereinigung ist nicht nur Corona oder der Online-Handel schuld. Die strukturellen Probleme deuteten sich schon länger an und wurden durch die Krise beschleunigt.

Nach früheren Umfragen des Kölner Instituts für Handelsforschung (IFH) hatte bereits vor fünf Jahren jeder dritte Verbraucher die Anzahl der Fahrten ins Stadtzentrum verringert und stattdessen öfter im Internet eingekauft (Die Welt, 2015). Über 60 % der „normalen" Einzelhändler klagten nach Angaben des Handelsverbandes Deutschland (HDE) bereits damals über sinkende Besucherzahlen in ihren Geschäften (Süddeutsche. de, 2014; dpa, 2014). Demnach kämpfte der Einzelhandel auch vor der Pandemie schon mit sinkenden Frequenzen und dem gewandelten Einkaufsverhalten der Konsumenten.

Und auch in 2018 belegte eine repräsentative Studie, dass diese Entwicklungen hin zu leeren Innenstädten mehr als bedrohlich sei, vor allem im Europavergleich (Blickpunktjuwelier, 2018). Dabei wurde die Frequenzentwicklung in neun europäischen Staaten untersucht und zwar neben Deutschland auch in Frankreich, Großbritannien, Irland, Italien, Polen, Portugal, der Schweiz und Spanien. Ergebnis war, dass die Frequenz im vierten Quartal 2017 in Deutschland um 6,7 % zum Vorjahreswert sank, was mit Abstand der stärkste Rückgang der untersuchten Länder war. Allerdings entwickelte sich die Frequenz in allen genannten Märkten stark negativ. Wie sich die Frequenz in den beiden Jahren bis 2017 in Deutschland darstellte, zeigt Abb. 2.3. Und auch aktuellere Studien aus 2019 von IIHD-Research zeigen noch einmal eine erhebliche Verschlechterung der Innenstadtfrequenzen zwischen 2017 und 2019 auf. Demnach war bereits vor Corona die Passanten-Frequenz in knapp 50 % der stärksten Einkaufsstraßen rückläufig. Nicht ohne Grund war für 47 % der deutschen Händler deswegen der Attraktivitätsverlust der Innenstadt das Top-Thema (nach 42 % in 2017). Wie Abb. 2.4 zeigt, nahmen von 2015 bis 2018 das Shopping und der Schaufensterbummel aus Konsumentensicht als Freizeitbeschäftigung stark ab.

Die Abnahme der Passantenfrequenz verschlimmerte sich zweifelsohne durch COVID-19. Wie der HDE „Standortmonitor 2021" zeigt, geht die Einkaufsfrequenz im stationären Handel noch stärker als je zuvor zurück, während die Ausgaben pro Einkauf im Online-Segment stark dazugewinnen (HDE, 2021). Auch im zweiten Halbjahr 2020 setze sich diese Tendenz fort, wenn auch im Sommer der stationäre Handel wieder verstärkt aufgesucht wurde und sich damit bis zum Herbst wieder eine leichte Stabilisierung für die Innenstadtfrequenzen einstellen konnte. Allerdings bestätigten im September schon wieder 39 % der befragten Shopper, seltener zum Einkaufen in die Innenstädte zu gehen. Dieses lag auch in der Besorgnis um eine zweite Corona-Welle begründet. Insgesamt zeigt der Standortmonitor den stetigen Bedeutungsverlust des Shoppingausflugs in die Innenstadt. Dementsprechend gaben im Oktober 2020 rund 80 % der

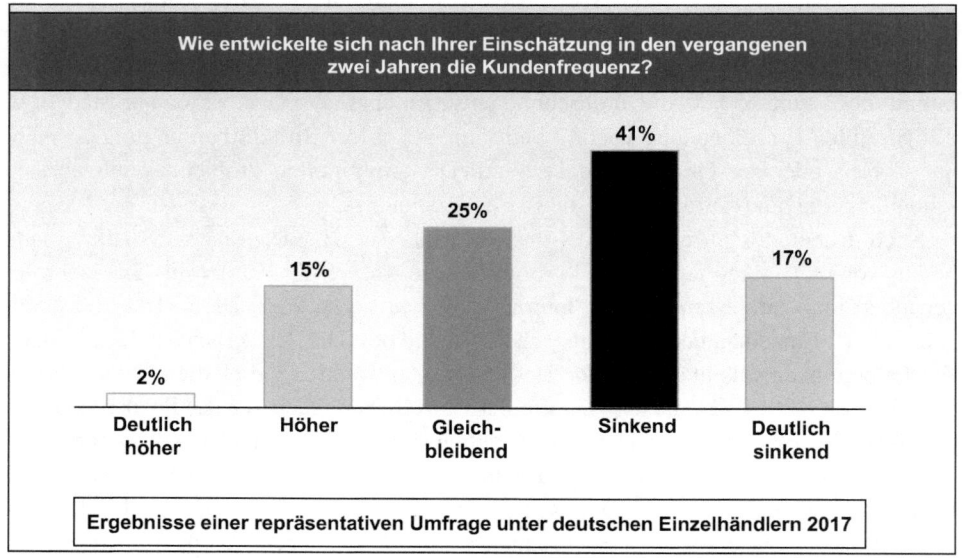

Abb. 2.3 Entwicklung der Innenstadtfrequenz in Deutschland in den beiden Jahren bis 2017. (Quelle: Blickpunktjuwelier, 2018)

Rückläufige Entwicklung des Innenstadt-Shoppings belastet stationären Einzelhandel

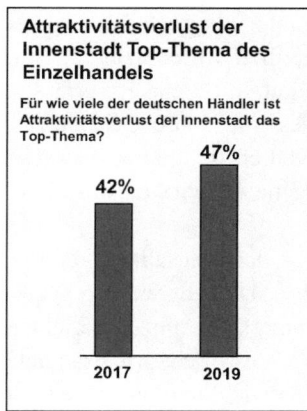

Attraktivitätsverlust der Innenstadt Top-Thema des Einzelhandels

Für wie viele der deutschen Händler ist Attraktivitätsverlust der Innenstadt das Top-Thema?

Freizeitbeschäftigung Shopping verliert an Bedeutung

Entwicklung der Häufigkeit von Shopping und Schaufensterbummel in der Freizeit von 2015-2018

Passantenfrequenz in knapp 50 % der stärksten Einkaufs-Straßen in D rückläufig

Abb. 2.4 Rückläufige Entwicklung des Innenstadt-Shoppings vor Corona. (Quelle: IIHD, 2019)

Kunden an, nur auf der Suche nach bestimmten Produkten stationäre Geschäfte aufzusuchen. Nur noch 22 % der Konsumenten wollten einfach nur Stöbern und gerade einmal 4 % legten noch Wert auf eine ausführliche Beratung im Geschäft. Insofern verwundert nicht, dass die Innenstadtfrequenz in 2020 gegenüber 2019 in den Einkaufsstraßen der deutschen Oberzentren zwischen 20 % (z. B. Darmstadt – Ernst-Ludwig-Straße) und 48 % (z. B. München – Neuhauser-Straße) zurückgingen (TW 2021). Die stark rückläufige Einkaufsfrequenz bleibt auch nach Corona für den stationären Handel die größte Herausforderung, da sich diese nicht nur in den vergangenen sechs Jahren ja auch schon deutlich zurück entwickelt hatte, sondern zusätzlich vom „Jahrzehnt des Zuhauses" betroffen sein wird (Rose, 2020).

2.1.3 Erosion der Innenstädte

Sowohl sinkende Bevölkerungszahlen in einigen Regionen als auch das weiter anhaltende Online-Wachstum setzten schon vor Corona eine Abwärtsspirale für den stationären Handel in Gang. Bei schrumpfender Bevölkerung sinken auch die Einzelhandelsumsätze, so das IFH-Köln (IFH Handelsszenario, 2020). Wenn aber immer mehr Geschäfte in den Innenstädten schließen und diese dann mangels Angebotsvielfalt unattraktiv werden, befeuert das die eh schon steigenden Online-Umsätze nochmals und zwingt weitere Ladeninhaber aufzugeben. Vor allem kleinere Städte haben hier den größten Handlungsbedarf (ibi, 2020; ZDF, 2020). Eine Trendwende ist vorerst nicht in Sicht, auch wenn der Verkauf über das Internet nicht mehr so schnell wie früher wächst.

Die räumlichen Auswirkungen des Online-Handels werden als „junges Thema" bisher nur vereinzelt systematisch untersucht (mg.retail2020, 2015; IFH Handelsszenario,

2020). Es liegen gleichwohl zahlreiche empirische Befunde zur warengruppenspezifischen, räumlichen Orientierung der Verbraucher unter Berücksichtigung des Online- und Versandanteils vor, sowohl aufseiten spezialisierter Berater als auch bei anderen Forschungs- und Beratungsakteuren, die räumlich und zeitlich differenzierbar sind (IFH Handelsszenario, 2020). Gleiches gilt für die räumlich differenziert erfassten Angebotsstrukturen in den Städten. Ebenso werden handelsseitig fortlaufend Daten zum Zusammenhang von Online-Shop und stationärer Verfügbarkeit erfasst und ausgewertet. Die Zurverfügungstellung derartiger Daten für die raumbezogene Auswirkungsforschung ist von hoher Bedeutung für die Güte von Ergebnissen.

Eine Herausforderung bildet dabei auch die Einordnung der Kausalität von Entwicklungen des Online-Handels und räumlichen Erkenntnissen. Die Abgrenzung gegenüber anderen Einflüssen auf Struktur und Funktion der Zentren ist für zielgerichtete Handlungsempfehlungen jedoch unumgänglich. In Abb. 2.5 ist der grundsätzliche Wirkungszusammenhang dargestellt. Die technologische Entwicklung hat bereits in hohem Maße das Konsumenten- und Einkaufsverhalten verändert. Zentraler Treiber für das veränderte Käuferverhalten sind insbesondere die schnelle Entwicklung neuer und leistungsfähiger Informations- und Kommunikationstechnologien und dabei vor allem die Penetration des stationären und mobilen Internets. Gleichzeitig entsteht durch gesunkene Markteintrittsbarrieren eine ganz neue, auch international geprägte Wettbewerbslandschaft. Der stationäre Einzelhandel steht daher fundamentalen Herausforderungen gegenüber, die zu einem grundlegenden Wandel der bislang aus der Handelsbetriebslehre bekannten Betriebsformen führen wird. Diese Entwicklungen treffen in besonderem Maße auf den stationären Einzelhandel zu, der zum einen

Abb. 2.5 Auswirkungen des Internets auf die Innenstädte. (Quelle: Heinemann, 2017)

besonders stark betroffen ist, zum anderen inzwischen eine Vorreiterrolle für andere Branchen eingenommen hat.

Von zentraler Bedeutung ist daher, in einem dualen Ansatz sowohl die Theorien zum Käuferverhalten unter den neuen Möglichkeiten und Rahmenbedingungen zu überprüfen und zu erweitern als auch die Veränderungen der Handelsbetriebsformen zu untersuchen und die institutionelle Handelstheorie diesbezüglich zu überprüfen. Im Ergebnis führt dies zu einem modifizierten, eventuell sogar neuen Käuferverhaltensmodell und zugleich einer Weiterentwicklung der Theorie der Dynamik von Betriebsformen bzw. des „Wheel of Retailing". Dieses dreht sich fortlaufend weiter und nicht ohne Grund hieß es schon immer: „Handel ist Wandel" (Ahlert et al., 2009). Auch die (Re-)Aktion des Handels mit stationären Angeboten verändert sich. (Ehemalige) Pure Player wie Zalando oder JakoO betreiben Ladenlokale. Geschäftsmodelle des Showrooming mit ausschließlichem Online-Kauf im Ladenlokal eröffnen zum Beispiel Möbelhändlern betriebswirtschaftlich neue Spielräume, innerstädtische Lagen zu besetzen. Das Customizing, zum Beispiel für den Sport- und Modehandel, entwickelt sich dynamisch und bietet für die Prognose der räumlichen Implikationen für Mittelstädte ambivalente Ansätze.

Insgesamt ist aber bereits ein beträchtliches Bedrohungspotenzial für Innenstädte entstanden. Dieses ist derzeit an steigendem Leerstand von Einzelhandelsimmobilien festzumachen. Leider gibt es immer noch kaum belastbare Zahlen zu Leerstandsquoten in Deutschland. Die CIMA Beratung und Management GmbH veröffentlichte letztmals für 2009 die mittleren Leerstandszahlen für 113 Klein- und Mittelstädte, die zwischen 10,5 % und 11,5 % lagen (CIMA, 2009). Diese dürften sich seitdem mindestens verdoppelt bis verdreifacht haben und hier mittlerweile eher bei 20–30 % liegen. So ermittelte eine Umfrage in der IHK Hannover bei 62 Städten in 2010 bereits bei knapp der Hälfte der Kommunen Leerstandquoten von mehr als 20 %, die heute wahrscheinlich eher bei 40 % liegen dürften (IHK Hannover, 2010). Die alles entscheidenden Fragen sind, wie der Handel zukünftig in Innenstädten aussehen wird und was Städte und Gemeinden in Bezug auf diese Entwicklung am besten tun können und sollten. Auch der Verknüpfung mit Prozessen wie zum Beispiel dem Weißbuch Innenstadt und Innovationen in Innenstädten kommt eine hohe Bedeutung zu. So ist zu identifizieren, welche Funktionen genau dem „frequenzbedeutsamen" Kern der Leitfunktion Einzelhandel in welcher Hinsicht entsprechen. Im Hinblick auf die Chancen und Handlungsmöglichkeiten ist zudem herauszufinden, welche Aspekte den Einzelhandel flankieren, gleichwertig ersetzen oder ergänzen können, und welche städtebaulichen und ggf. auch raumordnerischen Entwicklungen im Kontext der Urbanitätsleitbilder der europäischen Stadt hierfür von Bedeutung sind (mg.retail2020, 2015).

Immobilienwirtschaftlich zu berücksichtigende Investitions- und Entwicklungsstrategien sind insbesondere die (internationalen) Verschiebungen durch die Immobilienkrise und die seitdem – zum Teil stark – wachsenden Unterschiede der Immobilienmärkte in den Volkswirtschaften Europas. Von nicht minderer Bedeutung ist die Berücksichtigung der Handhabung in der Umsetzung raumordnungs- und bauplanungsrechtlicher Vorgaben und diesbezüglicher städtebaulicher Entwicklungskonzepte in den

Kommunen, zumal das bekannte Thema Ladensterben in deutschen Innenstädten weiter an Relevanz gewinnen wird. Das besagt auch die Studie „Handelsszenario 2030" des IFH-Köln, die kurz vor der Corona-Krise veröffentlicht wurde. Eine immer weiter abnehmende (Innenstadt-) Standortattraktivität sowie stadtinterner und städtischer Wettbewerb werden durch eine zunehmende Anzahl an Geschäftsaufgaben befeuert. Die Frage ist, ob es dem innerstädtischen Handel überhaupt gelingen kann, aus dem Teufelskreis von weniger Innenstadtbesuchern und Ladenschließungen auszubrechen. In jedem Fall aber ist der stationäre Handel angehalten, sich im Spannungsfeld von Convenience, Erlebnis, lokalen sowie digitalen Angeboten neu zu positionieren und sich verstärkt als Freizeitelement neu definieren (IFH Handelsszenario, 2020).

Der Shutdown Light im November 2020 traf den Handel endgültig ins Mark, denn die Frequenz in den Innenstädten hatte sich praktisch schon im Oktober 2020 halbiert. Das war einerseits auf die Angst der Kunden zurückzuführen, die inzwischen kontakttraumatisiert sind. Andererseits drehten auch Kunden ab, wenn sie Schlangen vor den Geschäften sahen, die sich bildeten, weil es aufgrund der Hygienevorschriften zu Kapazitätsproblemen in den Läden kam. Das verursachte eine paradoxe Situation: Die Politik wollte einerseits den stationären Einzelhandel retten, musste aber gleichzeitig vor Kontakten warnen. Hinzu kommt, dass auch die Corona-Krise die Branche digital nicht wachrütteln konnte, was ein Dilemma mit absehbar fatalen Folgen offenbarte. Trotz der Bedrohung waren nur wenige Kaufleute bereit, das vermeintliche „Neuland Internet" zu betreten. Wer schon vor COVID-19 eine Digital-Allergie hatte, dem war auch in der Corona-Krise nicht mehr zu helfen. Dementsprechend sterben seit dem zweiten Shutdown Fachgeschäfte wie die Fliegen. Viele wird es nach Corona nicht mehr geben, denn die Pandemie wirkt auf den Handel wie ein Brandbeschleuniger und Hardcore-Sanierungsprogramm. Der mit dem harten Shutdown kurz vor Weihnachten 2020 entstandene Schaden wird nicht so leicht zu reparieren sein (Welt Ladensterben, 2020).

Wie lassen sich der innerstädtische Handel und mit ihm die Innenstädte selbst retten? Diese Frage ist sehr komplex und lässt sich nicht ohne Weiteres beantworten (RP Interview GH, 2020), denn sie spricht zwei kaum zu lösende Probleme an: Zum einen wurden viele Innenstädte an den Bedürfnissen der Bürger vorbei geplant, was auch damit zusammenhängt, dass die Position des Stadtdirektors abgeschafft und durch den gewählten Bürgermeister/Oberbürgermeister ersetzt wurde. Da fehlt es oft schlicht an Sachkenntnis. Zum anderen bringen Immobilien, die gewerblich vermietet werden, hohe Renditen ein. In Top-Innenstadtlagen wie die Hohe Straße in Köln werden locker über 300 und bis zu 500 € pro Quadratmeter im Monat an Miete aufgerufen. Deshalb wird so stark an der Idee von der Einkaufsstadt festgehalten. Dabei muss man sich fragen, ob das noch Sinn macht. Die Rolle der Innenstadt muss deswegen mit den Bürgern zusammen neu definiert werden. Soll sie familiengerecht, altersgerecht, grün, leise, mit hoher Lebensqualität sein? Eine schöne Schlafstadt? Die Belebung der Innenstädte geht meist mit Halligalli einher. Wollen die Bürger das überhaupt? Die Stadt muss dann Entscheidungen treffen und gegebenenfalls auf Wohnnutzung setzen. Ob dabei der Einzelhandel in den Innenstädten aufgegeben werden sollte, ist nicht pauschal zu beantworten (ebd.).

Zweifelsohne lassen sich auch die innenstadtfernen Fachmärkte in die City zurück-holen: Baumärkte, Möbelhäuser und vor allem Lebensmittelmärkte. Große Flächen für solche Angebote gibt es ja durch die Leerstände wieder. Aber dann müssen sich Städte im Gegenzug von der Idee der autofreien Innenstadt verabschieden. Die Gretchenfrage lautet: Will man unbedingt an der Vision Einkaufsstadt festhalten oder nicht? Das geht aber eher wohl nur autofreundlich. Etliche Mittelzentren haben den „Point of no return" allerdings bereits überschritten. Es sind vielfach keine Einkaufsstädte mehr. Das ist am Leerstand festzumachen und auch an der Tatsache, dass häufig kein Filialist mehr da ist, kein C&A, kein Saturn und auch kein Warenhaus wie Karstadt mehr. Aber noch gibt es klassische Oberzentren, die gestärkt werden können. Städte können versuchen, den Handel auf einer zentralen Haupteinkaufsstraße zu konzentrieren. Dabei ist Schön-heit wichtig für eine Stadt. Viele NRW-Städte können noch 50 Jahre Stadtreparatur betreiben und niemals so schön wie historische und nicht im Krieg zerstörte Städte sein. Dabei haben die Städte in NRW mehr Möglichkeiten, Vorgaben und Auflagen zu machen, als sie das vielfach selbst zugeben. Sie können nicht nur wie in der Gestaltungs-satzung die Größe der Reklameschilder bestimmen, sie können auch Nutzungen vor-geben. Die niederländischen Städte machen es vor: Sie regulieren stärker, greifen auf die Nutzung durch und haben schönere und lebendigere Innenstädte. Das Zauberwort heißt „Revitalisierung der Innenstädte durch Kundenzentrierung" (IFH Handelsszenario, 2020). Dabei ist der Handel mehr denn je gefordert, einen *Paradigmenwechsel vorzu-nehmen: „Auf das Zeitalter der Perfektion von Prozessen rund um Beschaffung und Absatzoptimierung folgt ein neues Zeitalter, das die persönliche Nähe in den Fokus setzen muss. Es geht in der Zukunft darum, Handel immer mehr als Freizeitgut zu ver-stehen und so in der Branche eine komplett andere Wertewelt und ein neues Leistungs-versprechen zu erschaffen"*, resümiert Boris Hedde, Geschäftsführer des IFH-Köln (IFH Handelsszenario, 2020). Dazu passend zeigt die IFH-Studie „Handelsszenario" vier verschiedene Szenarien für die Entwicklung des deutschen Handels auf (ebd.). Dabei wird der Blick auf die unterschiedlichen Bedürfnisse der Kunden im Spannungsfeld von stationären Touchpoints sowie der allgemeinen Konsumneigung berücksichtigt (vgl. Abb. 2.6). Für alle Szenarien lassen sich für die Handelslandschaft und deren stationäre Geschäfte drastische Rückgänge ableiten: Dabei ist von einem Verlust zwischen knapp 26.000 und 64.000 Handelsunternehmen in der Gesamtbranche auszugehen.

Die wachsende Neigung der Bundesbürger zum Kauf im Netz trifft dabei vor allem die stationären Einzelhändler mit Non-Food-Sortimenten, also den innenstädtischen Handel, da Lebensmittelhandel schwerpunktmäßig in der Peripherie erfolgt.

2.1.4 Auswirkungen auf Shoppingcenter und ‚Grüne Wiese'

Die Entwicklung „Online versus Offline" dürfte auch Auswirkungen auf die Einkaufs-zentren haben, die vom stationären Handel leben. In erfolgreichen Shopping- und Fach-marktcentern dürfte ein proaktives Centermanagement Zu- und Abgänge stationärer

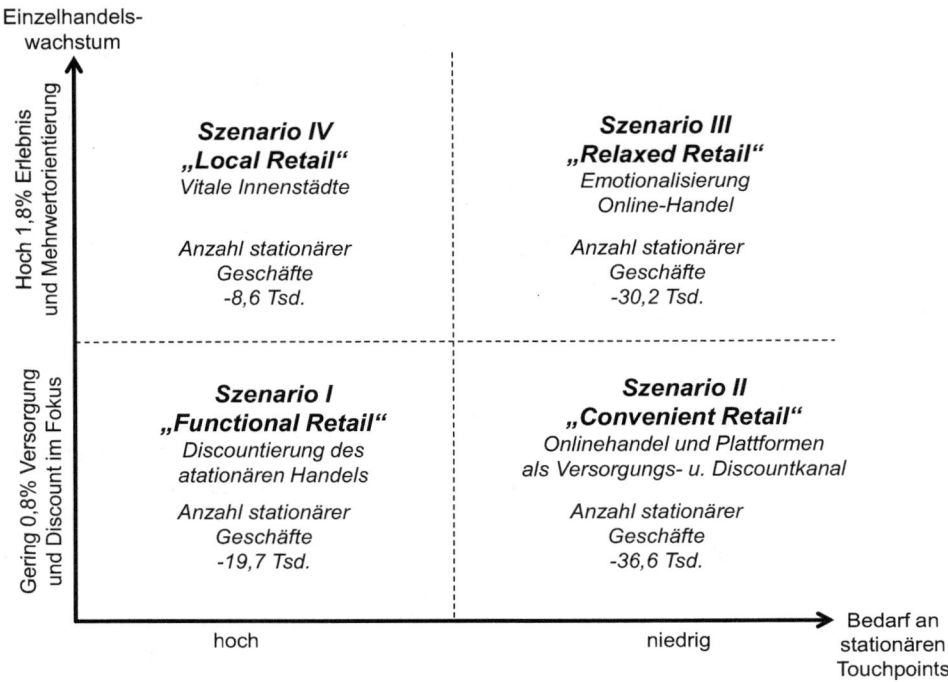

Abb. 2.6 Handelsszenarien: innenstadtrelevante Branchen im Überblick. (Quelle: IFH Handlessze1nario, 2020)

Anbieter in der Waage halten können, während sich in den B- und Stadtteillagen der Umsatzschwund auch im Flächenabbau unmittelbar bemerkbar machen wird (GfK, 2015; FAZ SC, 2020; Wikipedia Einkaufszentrum, 2020). Sicherlich verfügen die Shoppingcenter über bessere Voraussetzungen als Innenstädte, da sie professionell geführt werden und nicht dem Entscheidungssumpf der Kommunalpolitik ausgesetzt sind. Der Siegeszug des Online-Handels und die dadurch induzierten Strukturveränderungen ändern zweifelsohne aber auch die Qualität und Art der Shoppingcenter, die nach Größe und Ausrichtung zu differenzieren sind (Wikipedia Einkaufszentrum, 2021). Folgende Shoppingcenterformen sind grundsätzlich zu unterscheiden:

Das **großflächige Shoppingcenter** zwischen 20.000 und 40.000 Quadratmetern gilt als das klassische Einkaufszentrum, das typisch für die ECE Projektmanagement GmbH & Co. KG ist (ECE, 2016, 2021). Es verfolgt das Betriebskonzept von einigen wenigen Magnetbetrieben (Ankermietern) und zahlreichen anderen Fachhandels-, Gastronomie- und Dienstleistungsbetrieben. Großflächige Magnetbetriebe in Form von großen Fachmärkten, Verbraucher- oder Hypermärkten sowie Warenhäusern dienen als Frequenzbringer, die die Kunden in das Center ziehen. Die anderen Mieter profitieren von den Kundenfrequenzen. Insgesamt haben großflächige Shoppingcenter nach wie vor eine positive Entwicklung, wobei sich eine Mindestgröße von 30.000 Quadratmetern abzeichnet, um genug Frequenz generieren zu können (ECE, 2016, 2021; Wikipedia Einkaufszentrum, 2021).

Das **kleinflächige Shoppingcenter** weist eigentlich keine Ankermieter auf, da diese häufig mehr Fläche als das Center selbst benötigen würden. Sie kommen in der Regel nicht auf mehr als 10.000 Quadratmeter Verkaufsfläche. Der Mietermix beschränkt sich überwiegend auf Fachmärkte und Fachgeschäfte. Häufig sind derartige Einkaufscenter auch in Form von Einkaufsgalerien oder Einkaufspassagen in innerstädtischen Lagen sowie auch als kleine Fachmarktcenter in Stadtrandlagen anzutreffen. Sie stellen nicht selten Problemlösungen für leer stehende Warenhausimmobilien dar oder werden mit SB-Warenhäusern bzw. großen Verbrauchermärkten kombiniert. Sie sind immer weniger in der Lage, ausreichend Frequenz zu generieren, und gelten deswegen auch als Auslaufmodell.

Bei **Factory-Outletcentern** mieten Markenhersteller oder Vertikale Ladenflächen an, um die eigenen Produkte direkt an die Konsumenten zu verkaufen, was in der Regel preisreduziert erfolgt. Ein Factory-Outlet ist daher kein klassischer Einzelhandel im engeren Sinne, sondern ein Direktverkauf von Herstellern an Endverbraucher. In der Regel werden Restanten oder Waren aus Produktionsüberschüssen verkauft. Besonders die Bekleidungsbranche ist in der Regel stark vertreten. Factory-Outletcenter gelten derzeit als besonders erfolgreiche Einkaufscenter, da sie auch mit dem Trend zur Vertikalisierung konform gehen. Sie stellen allerdings auch eine zunehmende Bedrohung für den innerstädtischen Einzelhandel dar, vor allem, wenn sie in Stadtnähe liegen.

Power-Center sind großflächige Fachmarktzentren, die zurzeit überwiegend in den USA anzutreffen sind und in der Regel mehr als 100.000 Quadratmeter aufweisen. Hier dominieren Magnetmieter mit Anteilen von 60 bis 90 %. In der Regel handelt es sich um discountorientierte Fachmärkte, die ein breites Sortiment preisaggressiv anbieten und als „Category Killer" bezeichnet werden. Diese Formate sind in den USA mit ihren peripheren Standorten an hochfrequentierten Straßennetzen bereits zu ernsten Wettbewerbern für regionale Shoppingcenter geworden. Es ist nicht auszuschließen, dass in Deutschland bestehende Shoppingcenter durch Erweiterung in diese Richtung umgewidmet werden. Ein Paradebeispiel ist das CentrO Oberhausen, das zuletzt in 2014 um 6000 auf insgesamt 125.000 Quadratmeter Verkaufsfläche erweitert wurde (Centro, 2021; Wikipedia Centro, 2021).

Bei **Themencentern** handelt es sich um Einzelhandels- und Dienstleistungsbetriebe, die auf bestimmte Warengruppen spezialisiert sind (zum Beispiel Designermöbel) oder die Güter und Dienstleistungen mit Bezug zu einem spezifischen Thema anbieten. In Deutschland betreibt beispielsweise Stilwerk fünf Themencenter, die renommierten Herstellern aus den Bereichen Einrichtung und Wohndesign die Möglichkeit geben, sich in eigenen Shops hochwertig zu präsentieren. Im Stilwerk werden auch regelmäßig Ausstellungen und Events wie zum Beispiel Vorträge präsentiert, die den kulturellen Kontext und Persönlichkeiten thematisieren, die hinter den angebotenen Personen stehen (Stilwerk, 2016) Diese Formate dürften vor allem in innerstädtischen Standortlagen zunehmen.

Urban-Entertainment-Center sind eher auf Unterhaltung, Freizeit und Erlebnis ausgerichtet. Der Einzelhandel tritt zwar in den Hintergrund, stellt aber eine Ergänzung dar, die als Frequenznutzer dient. Der Begriff „Urban" bedeutet nicht, dass diese Center nur in Innenstadtlagen zu finden sind. „Urban" steht eher für eine urbane Atmosphäre. Typische Beispiele sind Multiplexkino, Musicaltheater, Diskothek oder Theater in Kombination mit Fast Food und Erlebnis- und Themengastronomie und thematisiertem Handel wie zum Beispiel in Themencentern. Zusätzliche Angebote können Sport, Spiel, Fitness, Kasino oder auch Galerien und Museen sein. Das Urban-Entertainment-Center ist meist an ein Shoppingcenter angegliedert oder in ein Center baulich integriert, wobei dann im Center eine „Entertainment-Zone" vorhanden ist. Es dient als eine Art Erweiterung und Aufwertung bestehender Center wie beispielsweise im Ruhr Park bei Bochum mit der UCI-Kinowelt, der Fitnessstation und der Gastronomiemeile „Via Bartolo" mit eigenen Öffnungszeiten.

Insgesamt zeichnet sich ab, dass auch bei großen Shoppingcentern der Boom vorbei ist. Der Markt ist gesättigt und neue Einkaufszentren eröffnen höchstens in kleinen Städten. Die Branche steht vor einem Verdrängungswettbewerb und die Betreiber-gesellschaften suchen bereits nach den letzten weißen Flecken auf der Landkarte. Es fällt auf, dass die neuen Center kleiner sind als früher. Weit mehr als die Hälfte der Neueröffnungen ist zwischen 10.000 und 20.000 Quadratmetern groß (Wiwo, 2014a; FAZ EC, 2020). Auch kleinere Städte hatten vielfach ein Interesse an einem Shopping-center, um zu verhindern, dass noch mehr Kaufkraft an die größeren Nachbarstädte verloren geht. Dies ging allerdings nur gut, solange in der Nachbarstadt kein weiteres Center eröffnet wurde (ebd.). Denn allein mit der Kundschaft einer Mittelstadt können Shoppingcenter nur schwer überleben. Problematischer wird es noch, wenn direkt in der gleichen Stadt zwei innerstädtische Center betrieben werden. Negativbeispiel ist Hagen, wo nur wenige hundert Meter Luftlinie von der Volme Galerie entfernt die Rathaus Galerie betrieben wird. Die Auswirkungen auf die ohnehin strukturschwache Innenstadt sind verheerend (Wiwo, 2014a; Hagen.de, 2021). Insofern darf nicht ver-wundern, dass die Effekte von Shoppingcentern auf den innerstädtischen Einzelhandel sowie das Gesamtstadtgefüge immer wieder kontrovers diskutiert und in Studien unter-sucht werden (Stepper, 2016; Erhardt, 2020). Vor allem die Kommunalpolitiker kleinerer Städte sahen bisher die Ansiedlung von Einkaufszentren als Ersatz für die weggefallenen klassischen Warenhäuser als Frequenzbringer oder Nutzung von Problemimmobilien in der Regel positiv. Nicht selten wird die Agglomeration an modernen Verkaufsflächen und attraktiven Sortimenten als das Mittel der Wahl gesehen, um Innenstädte attraktiver zu gestalten und den Abfluss der heimischen Kaufkraft in die größeren Nachbarstädte zu verhindern. Einzelhandelsexperten befürchten allerdings bei der Ansiedlung von Shoppingcentern in Tendenz eher zunehmende Leerstände und Trading-down-Effekte in den bestehenden Einkaufslagen sowie einen Bedeutungsverlust bzw. -rückgang des öffentlichen Raumes (ebd.). Ob Shoppingcenter eher Fluch oder aber Segen für eine Innenstadt darstellen, hängt sicherlich vom Einzelfall ab. Hier stellen in jedem Fall auch die Konzepte und Formate von Shoppingcentern wesentliche Erfolgsfaktoren dar.

Die Ansiedlung von Einkaufszentren kann nur dann zum Erfolg für eine Stadt werden, wenn sie in der Lage sind, zusätzliche Zentralität zu schaffen. Das wiederum setzt eine Mindestgröße voraus, die heute eher bei 30.000 Quadratmetern als bei 10.000 liegt. Dennoch prägen innerstädtische Shoppingcenter zunehmend das Stadtbild und sollten deswegen bei Neuplanungen auf eine umfeldverträgliche Gestaltung hinsichtlich der Dimensionierung, des Sortiments, des Verkehrsaufkommens etc. achten (ebd.). Es könnte auch Sinn machen, die Leitung eines Einkaufszentrums dazu zu verpflichten, die restliche Innenstadt mit zu managen. Das Beispiel Bad Münstereifel, wo quasi die gesamte Innenstadt an einen Factory-Outletcenterbetreiber übergeben wurde, hat diesbezüglich sicherlich Pilotcharakter.

Insgesamt lässt sich sagen, dass auch die Zeit der Shoppingcenter den Zenit überschritten hat. Diese galten bisher als Vorbild für Stadtentwickler, sind es aber wohl nicht mehr. Eine Studie des Kölner EHI Handelsforschungsinstituts am Beispiel von Shoppingcentern zeigt auf, dass auch hier der Markt gesättigt ist. Auch in den Centern spürten immer mehr Händler schon vor Corona, dass ihr Umsatz eher sinkt als steigt. Wenn es um das reine Shopping geht, kann offensichtlich auch das Centergeschäft mit dem Online-Handel kaum mithalten. Heute geht es zunehmend um das Verweilen, weswegen die Innenarchitektur immer wichtiger wird. Das war früher eher untergeordnet (Erhardt, 2020). Der Trend geht zu Quartierslösungen, also Centern, in denen Shopping nicht die Hauptrolle spielt. Sie werden zusehends mit Büros, Fitnessstudios, Unterhaltung und Wohnen durchmischt. Dabei fallen viele Geschäfte in den Shoppingcentern inzwischen deutlich kleiner aus als früher. Tendenziell werden freiwerdende Flächen von Gastronomieanbietern übernommen (ebd.).

Das gilt auch für Innenstädte von Klein- und Mittelzentren. Auch dort nehmen die Zahl der Händler und die benötigte Verkaufsfläche tendenziell ab. Zugleich steigt das Bedürfnis der Menschen nach Verweilen und Aufenthaltsqualität. Deswegen tun auch kleinere Kommunen gut daran, ihre Innenstädte dementsprechend zu gestalten. Sei es mit Cafés oder Parks oder auch „familienfreundlichen Zonen", wo die Freizeit und nicht der Einkauf im Mittelpunkt steht. Das bedeutet auch mehr Grünflächen, Spielgeräte oder Fitnesseinrichtungen, Büchereien oder ein Bürgerbüro. So lassen sich leerstehende Flächen nutzen und Möglichkeiten schaffen, dass sich in der Stadt wieder mehr Menschen begegnen (ebd.).

2.1.5 Dominanz des Online-Marketing

Die Digitalisierung des Konsumentenverhaltens sowie der Durchbruch der digitalen Werbeformen disruptiert auch das klassische Einzelhandelsmarketing. Eine große Herausforderung im Marketing dürfte sein, dass die Wirkung der bisherigen sowie die Eignung neuer Kommunikationskanäle unklar sind. Bisherige Marketingansätze fokussieren eher auf die Kontaktpunkte (Customer Touchpoints) der unternehmenseigenen Sphäre, die das Unternehmen selbst „betreut" und kontrolliert. Dabei geht es um Kontakte zum Verkäufer oder zu Mitarbeitern im Customer-Servicecenter. Flyer, Kataloge, Beilagen, Rechnungen und Verpackungen stellen klassische Offline-Touchpoints dar. Allerdings sind in den letzten Jahren zunehmend Online-Touchpoints wie zum Beispiel E-Mails, E-Newsletter, Werbebanner, Corporate Blogs, die eigene Homepage, eigene Apps, ein eigener YouTube-Channel oder Markenauftritte in den sozialen Medien aufgekommen. Auch diese werden als Kontaktpunkte der unternehmenseigenen Sphäre zwar bisher selbst betreut und weitestgehend kontrolliert. Daneben sind aber in den letzten Jahren zunehmend Kontaktpunkte der unternehmensfernen Sphäre dazugekommen, die sich vor allem in der neuen Online-Sphäre einer direkten Steuerung und Beeinflussung entziehen (Kreutzer AFM, 2018). Dieses betrifft den Austausch in sozialen Netzen, die Beschäftigung mit Unternehmen und deren Angeboten im Internet wie u. a. in Blogs, Communitys und Fangruppen sowie Bewertungsplattformen. Solche Kontaktpunkte haben bereits einen enormen Einfluss auf das Entscheidungsverhalten der Interessenten und Kunden. Dementsprechend schreiben Kunden den Bewertungen und Statements in Online-Foren und auf Bewertungsplattformen eine höhere Glaubwürdigkeit zu als den Inhalten der Unternehmenskommunikation selbst. Insofern sollte das Marketing Meinungsäußerungen anderer Kunden oder Nutzer integrieren (Esch, 2015; Esch und Knörle, 2016; Kreutzer AFM, 2018). Das allerdings erfordert eine Neuausrichtung des Marketing in eine Richtung, die den großen E-Commerce-Playern wie Amazon, Zalando & Co. bereits vertraut ist.

Schon das Online-Marketingbudget im stationären Einzelhandel entspricht jedoch häufig nicht den Nutzungsintensitäten der digitalen Medien (Kreutzer, 2016; Wolter, 2012; Wirtz, 2013; Adzine, 2018). Nicht selten wird das Social-Media-Budget immer noch völlig vernachlässigt. Das ist aber bedenklich, denn insgesamt sind die Ausgaben für digitale Werbekanäle in 2019 bereits auf rund 8,5 Mrd. EUR angestiegen. Sie haben damit die Werbe-Spendings in den Printmedien deutlich überholen. So hat sich der Markt für digitale Werbung seit 2011 praktisch verdoppelt und kommt zusammengenommen auf annähernd 40 % Anteil an den Gesamtwerbeausgaben. Zusätzlich sollten die Umsätze von den US-Anbietern Google und Facebook, die ihre Deutschland-Umsätze nicht ausweisen, möglichst genau geschätzt und mit einbezogen werden. Entsprechende Prognosen weisen häufig nur halb so hohe Werte wie in Wirklichkeit aus. Auch streuen die prognostizierten Marktzahlen enorm. Beispielsweise prognostiziert der Online-Vermarkterkreis (OVK) im Februar 2018 einen Anstieg von 2 Mrd. auf 2,2 Mrd. EUR für digitale Werbung, während Nielsen auf 3,7 Mrd. EUR für Deutschland kam (Adzine, 2018; OVK, 2018). Kommt Nielsen auf einen Marktanteil von 11,5 % für digitale Werbung, weisen die Netzwerkreklame-Zahlen einen Anteil von fast 25,8 % am Werbekuchen aus. Gründe für die enorme Spreizung liegen in der fehlenden Berücksichtigung von Suchmaschinenmarketing, Social und Programmatic. Als grobe Richtschnur gilt, dass mindestens rund ein Viertel des Media-Budgets für digitale Werbung aufgewendet werden sollte und folgende Entwicklungen berücksichtigt werden sollte (Netzwerkreklame, 2017; Adzine, 2018, 2019; Statista Spendings, 2020) (vgl. Abb. 2.7):

| Prozentualer Anteil an Gesamtausgaben nach Medium | | | | | | | Mio. EUR | | |
TV	Zeitungen	Zeitschriften	Radio	Kino	OHH	Digital		8.507	8.745
2015	32,8	14,6	12,5	5,2	0,5	4,1	30,5	7.725		
2016	32,7	13,6	11,8	5,3	0,5	4,1	32,1			
2017	32,4	12,5	10,7	5,3	0,5	4,4	34,4			
2018	31,5	12,0	9,9	5,3	0,4	4,2	36,7			
2019	30,5	11,4	9,0	5,4	0,4	4,2	39,1			
2020e	29,1	10,8	8,4	5,4	0,3	4,3	41,8			

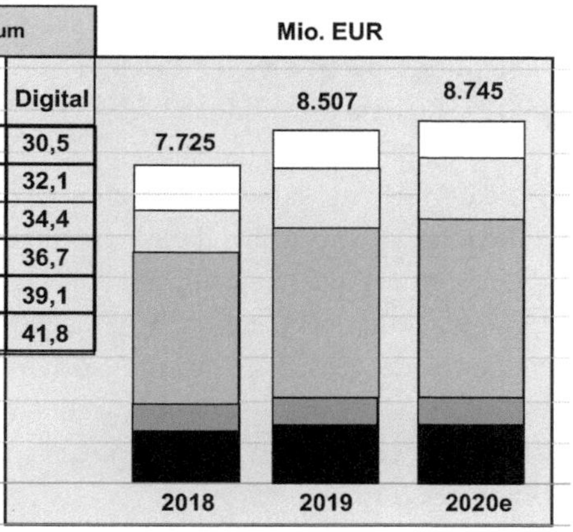

	2018	2019	2020e
■ Bannerwerbung	1.196	1.286	1.264
■ Videowerbung	772	849	849
▨ Suchmaschinenwerbung	3.635	3.987	4.230
▫ Social-Media-Werbung	1.170	1.410	1.489
□ Kleinanzeigen	952	975	913

Abb. 2.7 Digitale Werbe-Spendings in Deutschland 2010–2018 in Mrd. Euro. (Quelle: Adzine, 2019; Statista Spendings, 2020)

- **Bannerwerbung** wächst noch, allerdings schwach. Mobile Displays entwickeln sich überproportional. Mobile Werbung ist jedoch nach wie vor stark unterbewertet, obwohl der mobile Nutzungsanteil bei den meisten Websites schon über 50 % liegt. Demgegenüber liegt der Marktanteil der mobilen Werbung im Bereich Displaymarkt immer noch bei nicht einmal 10 % (Netzwerkreklame, 2017; Adzine, 2018, 2019; Statista Spendings, 2020).
- **Social Media** kommt in 2019 auf 1,41 Mrd. EUR und wird wahrscheinlich durch die steigende Monetarisierung der Facebook- und Instagram-Nutzer in Deutschland getrieben. Die Werbe-Spendings je Nutzer legen weiter deutlich zu, während die Reichweite kaum noch wächst (ebd.).
- **Digitale Videowerbung** macht in 2019 ein Volumen von rund 0,85 Mrd. EUR aus. Den Umsatz treibt hier offensichtlich die weiterhin starke YouTube-Nutzung. Auch neue Formate wie InRead-Videos stützen das Wachstum der redaktionellen Online-Angebote (Adzine, 2018, 2019; Statista Spendings, 2020).
- **Suchmaschinenmarketing** war der größte Budgetblock. Innerhalb der digitalen Werbe-Spendings behauptet sich Search klar mit einem Volumen von rund 3,98 Mrd. EUR in Deutschland. In den nächsten Jahren dürfte sich das Markt-potenzial für Suchmaschinenmarketing im E-Commerce immer mehr zu dynamischen Shopping-Anzeigen verlagern, die erfahrungsgemäß auch eine bessere Conversion haben. Spannend bleibt die Frage, ob es zu einer Marktanteilsverschiebung zwischen

Google und Amazon kommen wird. Für die meisten Anbieter bleiben Suchmaschinen allerdings nach wie vor das Basismedium (Netzwerkreklame, 2017; Adzine, 2018, 2019; Statista Spendings, 2020).

Affiliate-Werbung spielt eher eine untergeordnete Rolle. Die rein erfolgsbezogene Werbepräsenz wird wahrscheinlich auf Long-Tail-Websites zunehmend durch Real-Time Advertising ersetzt (Netzwerkreklame, 2017; Adzine, 2018). Digitale Werbung gewinnt verglichen mit den anderen Mediengattungen weiter an Bedeutung. Bereits mehr als ein Viertel der gesamten Werbe-Spendings entfallen auf digitale Kanäle. Zusätzliches Wachstum geht hier in Zukunft wahrscheinlich auf Kosten der TV-Werbung, denn die Millennials setzen zunehmend auf nicht-lineare Angebote wie Netflix oder Amazon Prime.

Angemessenes Social-Media-Budget
Social Media spielt im Rahmen der Online-Werbung eine immer größere Rolle. Kein Wunder, dass die Ausgaben dafür erheblich steigen. Diese kamen 2019 in Deutschland schon auf einen Anteil von rund 16,5 % am Gesamt-Online-Marketingbudget und erreichten damit endlich das Niveau der Social-Media-Spendings in den USA, die auf einen Anteil von knapp 16,8 % kommen (Forrester, 2014, 2017; Netzwerkreklame, 2017; Adzine, 2018; BVDW, 2018). Zudem planen viele Einzelhändler, ihre Spendings für Social Media zu erhöhen. Dennoch lassen sich die Aktivitäten auf Facebook, Twitter und Co. kaum mit den klassischen Marketingmaßnahmen vergleichen. Vor allem der dauerhafte Dialog mit der breiten Masse, der für Social Media notwendig ist, fällt vielen Unternehmen immer noch schwer (BVDW, 2015; Buggisch, 2017). Die BVDW-Studie „Social Media in Unternehmen" zeigte bereits für 2014 auf, dass immer noch viele Gründe für die Nichtnutzung von Social-Media-Aktivitäten aufgeführt werden (BVDW, 2015). Demgegenüber zeigt die BVDW-Studie „Digitale Nutzung in Deutschland 2018" allerdings, dass die Kunden schon viel weiter sind (BVDW, 2018). Immerhin 24 % der Unternehmen geben an, dass dies für ihre Zielgruppe nicht relevant sei. Bei 50 Mio. Social Accounts und rund 40 Mio. sozialen Netzwerkern in Deutschland wirft das allerdings die Frage auf, welche Zielgruppen die Unternehmen denn überhaupt bearbeiten (Buggisch, 2017). Oder welche Produkte sie verkaufen, wenn angeblich in 18 % der Fälle Social Media nicht für die Kategorie relevant sein soll. Sogar 16 % aller Unternehmen lehnen Social Media grundsätzlich ab und 14 % haben angeblich keine Zeit dafür. Bei weiteren 14 % entspricht es nicht der Unternehmensausrichtung und in 8 % aller Fälle ist kein Budget vorhanden (BVDW, 2015). Dem sei entgegnet, dass es so teuer nicht ist, mit Social Media zu starten. Nach allen Erfahrungen sind im Durchschnitt rund 50.000 EUR pro Jahr aufzuwenden, um Social-Media-Funktionen in die Website einzubinden und diese für ein Jahr upzudaten (Kreutzer, 2018).

2.2 Digitalisierung von Verbraucherverhalten und Kundenerwartungen

Mittlerweile ist von einer Totalpenetration der Internets auszugehen. Im Ländervergleich hinkt Deutschland zwar noch bei den Nutzungsintensitäten hinterher. Im Zuge des fortschreitenden Breitbandausbaus ist jedoch auch hierzulande von einer weiter zunehmenden Internetnutzung auszugehen. Die Corona-Krise hat zweifelsohne diese Entwicklung beschleunigt. Zudem wird das digitale Universum immer mehr durch mobile Internetnutzung geprägt, die auch die Kundenorientierung erheblich verändert. Insbesondere das Smartphone ist auch im Zuge des ROPO-Verhaltens („Research online and purchase offline") für stationäre Einkäufe zu einem nicht mehr wegzudenkenden Medium geworden. Da Amazon als Produktsuchmaschine gilt, erhält damit auch die „Amazonisierung des Handels" einen immer größeren Einfluss auf stationäre Händler. Diese sind deswegen mit den Aspekten des Showrooming, Webrooming sowie SoLoMo („Social, Local, Mobile") konfrontiert.

2.2.1 Totalpenetration der Internetnutzung

Per Ende 2020 nutzen rund 94 % der deutschsprachigen Bevölkerung ab 14 Jahren das Internet, was 66,5 der insgesamt 70,6 Mio. Personen ab 14 Jahren in Deutschland entspricht. Wahrscheinlich Corona-bedingt, stieg in 2020 die Zahl der Internetnutzer erneut an, und zwar um 3,5 Mio. Insbesondere die älteren Zielgruppen ab 60 Jahren haben zu dem Wachstum beigetragen. Es kann davon ausgegangen werden, dass spätestens Ende 2021 nahezu alle mündigen Bürger über 14 Jahren das Internet nutzen und damit eine Totalpenetration der Internetnutzung erreicht sein wird. Aktuell wird das Internet im Mittel täglich fast 3,5 h genutzt (ARD-ZDF-Online, 2020). Die massenhafte Verlagerung sozialer Beziehungen ins Netz sowie die stark zunehmende Nutzung des „World Wide Web" als Informationsmedium lassen auch die Umsätze im Online-Handel weiterhin rasant ansteigen. Nicht nur die Zahl der Online-Shopper wächst, sondern auch die Anzahl der Bestellungen. Selbst 93 % der sogenannten Silver Surfer, also der Generation 65 plus, kaufen regelmäßig im Netz ein. Dabei kaufen fast 4 von 10 Online-Shoppern (37 %) mindestens einmal pro Woche Waren oder Dienstleistungen im Internet, 4 % sogar täglich. Auch über die Corona-Pandemie hinaus hält dieser Trend an: Rund 84 % derjenigen, die seit Corona mehr im Internet shoppen, wollen dies auch nach der Pandemie beibehalten. Offensichtlich wollen viele Menschen, die einmal die Vorteile des Online-Handels genossen haben, künftig nicht mehr darauf verzichten (Bitkom, 2020). Immerhin ist für jeden dritten Online-Shopper (33 %) einer der wichtigsten Vorteile, dass der Einkauf im Netz hygienisch ist. Für die meisten Online-Shopper spielen allerdings Komfort und Bequemlichkeit die größte Rolle. Demnach begrüßen drei Viertel (74 %) die Lieferung direkt nach Hause. Fast genauso viele (73 %) schätzen die Unabhängigkeit von Öffnungszeiten. Als wichtigste Vorteile werden auch die Zeitersparnis (61 %) sowie das große Angebot (60 %) vor möglichen Preisvorteilen (45 %) genannt. Insbesondere für Menschen in ländlichen Regionen mit Orten von weniger als 5000 Einwohnern übernimmt der Online-Handel zunehmend die Versorgungsfunktion (43 %). Unbestritten kommt dem mobilen Internet eine Schlüsselrolle für den zukünftigen Handel zu. Mit ihm wird der simultane Kauf auf allen Kanälen – also auch online im Laden – möglich. Alle Internetnutzer, also mehr als 94 % der deutschsprachigen Wohnbevölkerung über 14 Jahren, nutzen auch internetfähige Mobiles (vgl. Abb. 2.8). Sie gebrauchen ihr Gerät zunehmend auch zur Suche von Produktinformationen oder zum unmittelbaren Online-Kauf (Heinemann App, 2018).

Im Zuge dieser Entwicklung wachsen derzeit auch die direkt über Smartphones realisierten Mobile-Commerce-Umsätze stark an, und zwar überproportional zum Online-Wachstum (Heinemann OH, 2021). Dabei hat die Umsetzung von Mobile-Shopping-Apps ein hohes Erfolgspotenzial. Diese sollten allerdings unmittelbar an den bereits vorhandenen Online-Shop angeschlossen werden und synchronisiert sein. Beides kann sich im Sinne einer Cross-Device-Nutzung gegenseitig unterstützen und somit zum beiderseitigen Umsatzwachstum beitragen (Heinemann App, 2018; Criteo, 2019). Werden Umsätze durch die direkte Nutzung einer App erzielt, liegt App-Commerce ohne Mobile Browser vor. Dieser wird immer wichtiger, denn in 2018 waren 47 % der Mobile-Commerce-Umsätze In-App-Sales, was einer Zunahme gegenüber dem Vorjahr von 22 % entspricht (Criteo, 2019). Bei der parallelen Nutzung der unterschiedlichen

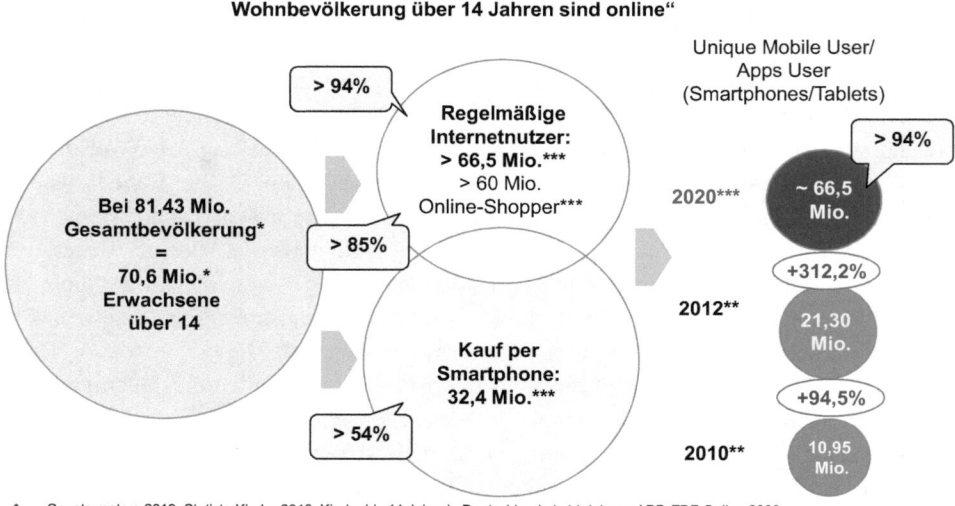

* Countrymeters 2019; Statista Kinder 2018: Kinder bis 14 Jahre in Deutschland ab 14 Jahren; ARD-ZDF Online 2020
** kaufDA 2013-2018
*** Chip.de 2020; ARD-ZDF Online 2020; Bitkom 2020

Abb. 2.8 Das digitale Universum in Deutschland 2020. (Quelle: eigene Darstellung auf Basis ARD-ZDF-Online, 2020; Chip.de, 2020; Bitkom, 2020)

Einkaufs- und Informationskanäle – auch Omni-Channel-Nutzung genannt – kommt dem mobilen Internet zusätzlich eine wesentliche Zubringerrolle für das stationäre Geschäft zu. So wird die Rolle des mobilen Netzes zur generellen Kaufvorbereitung bedeutender und beeinflusst nachhaltig den Kauf im Laden. Dazu wird zunehmend das Smartphone genutzt, das darüber hinaus bereits zum „Hauptzugangsgerät" für soziale Netzwerke geworden ist.

2.2.2 Veränderte Kundenerwartungen durch Amazonisierung

Vor allem Amazon treibt die Veränderung des Konsumentenverhaltens und dominiert bereits den deutschen Online-Handel. Als Produktsuchmaschine übt Amazon zudem immer mehr Einfluss auf stationäre Händler aus. Experten sprechen bereits von der Amazonisierung des Handels (Marquart, 2018; IFH Köln, 2018; Horizont, 2019). So informieren sich immer mehr Verbraucher vor einem Kauf über die Preise bei Amazon – und zwar nicht nur beim Online-Shopping, sondern auch im stationären Handel. Laut einer aktuellen Studie des IFH Köln, für die das Institut eigene Marktdaten sowie Amazon-Kaufhistorien ausgewertet und im Zeitraum von Oktober 2018 bis März 2019 insgesamt mehr als 10.000 Online-Shopper im Alter von 14–69 Jahren online befragt hat, recherchieren Verbraucher bei rund 60 % der Onlinekäufe und 27 % aller stationären Käufe vorher die Preise bei Amazon. Bei „Consumer Electronics & Elektro" ist dieses Verhalten mit rund 67 % der Online-Käufe besonders stark ausgeprägt und bei rund 44 % der Anschaffungen im stationären Handel werden vorab die Preise bei Amazon geprüft. Insbesondere die Versandpauschale Amazon Prime lässt den US-Internet-Händler hierzulande boomen und bindet zugleich eine junge Nutzerschaft an sich (IFH Köln, 2019). Mittlerweile kommt Amazon hierzulande auf über 44 Mio. regelmäßige Kunden, was fast drei Vierteln der 60 Mio. deutschen Online-Shopper entspricht. Ein wichtiger Wachstumstreiber war und ist die Einführung des Prime-Angebots: Gegen eine Jahresgebühr von 69 € oder monatlich 7,99 € erhalten Amazon-Kunden hierzulande alle Bestellungen kostenlos am nächsten Tag geliefert. Darüber hinaus können sie kostenlos alle Medienangebote wie Prime Video und Prime Music nutzen. In Deutschland kommt Amazon bereits auf mehr als 17 Mio. Prime-Abonnenten – das entspricht rund 40 % der hiesigen Nutzerschaft. In den USA gelten Amazon-Prime-Kunden bereits als für den restlichen Einzelhandel verloren (IFH Köln, 2019; Horizont, 2019).

Ohne Frage hat vor allem Amazon mit seiner Dominanz auch die Erwartungen der Kunden für stationäre Einkäufe enorm erhöht. Wenn der Online-Marktführer ein sehr großes Sortiment bieten, am gleichen oder am Folgetag liefern und aufgrund der Vielzahl vergangener Käufe passende Produktvorschläge anbieten kann, dann legt dieser Anspruch die Messlatte für andere Händler sehr hoch. Unmittelbare Folge ist: Die Toleranz gegenüber fehlender Ware, langen Wartezeiten oder für Probleme bei der Integration der verschiedenen Vertriebskanäle ist stark gesunken. Die Kunden von heute erwarten, dass der Händler sie über alle Kanäle und Prozessschritte hinweg mit einem abgestimmten Auftritt begleitet. Das gilt vor allem für die Vorbereitung der stationären Einkäufe etwa durch Services wie Verfügbarkeitsabfrage oder Click & Collect, also der Bestellung der Ware im Internet und der anschließenden Abholung im Geschäft. In diesen digitalen Services liegt zugleich auch ein Schlüssel für das Shopping in der Innenstadt und damit die Existenzsicherung lokaler Händler. Denn die Erwartungen an lokale Kommunikationsangebote aus der Innenstadt steigen rasant an (kaufDA, 2018). Mit 64 % Zustimmung würden fast zwei Drittel der befragten Personen gerne den Service nutzen, sich derzeit nicht verfügbare Waren aus Geschäften der Innenstadt kostenlos nach Hause liefern zu lassen. Zu 59 % äußern die Kunden den Wunsch, dass die Produktverfügbarkeit in den Geschäften im Internet erkennbar sein sollte. Gut die Hälfte der Befragten (51 %) möchte, dass sämtliche Informationen über Geschäfte online verfügbar sind. Und 47 % der Konsumenten wünschen sich, dass für sie interessante Geschäfte der Innenstadt über einen Webshop verfügen sollten. Insbesondere die jüngeren Zielgruppen erwarten digitalbasierte, lokale Kommunikationsangebote, allerdings mehrheitlich auch die über 50-Jährigen. Eine Website der Händler würde für 45 % der Kunden die Planung ihres nächsten Einkaufs erleichtern, für weitere 39 % würde dieses eine Website der Hersteller tun. Mit 28 % wünschen sich Kunden, dass die Händler auf KaufDA abrufbar wären, und immerhin 22 % der Befragten würden es gut finden, wenn sie die Händler über lokale Angebote informieren würden. Dieses bestätigt den Wunsch nach lokalen Kommunikationsangeboten. Immer weniger Kunden fragen Beratung im Geschäft nach. Nur gut ein Drittel der Befragten haben sich 2018 vor ihrem letzten Einkauf persönlich im Geschäft beraten lassen. Weiterhin gibt jeder Fünfte (20 %) an, im Internet Preise-/Produktvergleichsseiten etc. zu recherchieren. Weiterhin informieren sich von allen Befragten 21 % vor dem Kauf in der Innenstadt eher auf Preis- /Produktvergleichsseiten, Blogs und/oder Testseiten. Von zu Hause aus recherchieren gleichbleibend 22 % der Befragten über ihr Smartphone/Tablet ein Produkt im Internet und 19 % tun dies gezielt auf der Website des Händlers. Insbesondere die Altersgruppe unter 50 Jahren nutzt das Internet zur Kaufvorbereitung und dabei die 14 bis 29-Jährigen eher von zu Hause aus sowie über mobile Endgeräte. Während sich 12 % der Befragten vor dem Innenstadtbesuch nicht über Produkte informiert haben, 10 % ihren Händler gefragt haben und weitere 21 % offensichtlich keinen der üblichen Informationswege nutzen, recherchieren zusammen genommen 39 % kaufrelevante Produktinformationen auf dem Smartphone. Dabei tun 14 % das von unterwegs, 13 % im Geschäft, 8 % vom Arbeitsplatz aus und 5 % über LBS-Anbieter (Location-Based-Service). Die Kundenerwartungen an digitale Angebote in der City sind zusammenfassend in Abb. 2.9 dargestellt (kaufDA, 2018).

2.2.3   Zunehmende ROPO-Effekte für stationäre Einkäufe

Die Kundenerwartungen zeigen, dass der Kaufentscheidungsprozess durch das Internet bereits stark verändert wurde. Es ermöglicht den Kunden, sich beinahe jedes weltweit

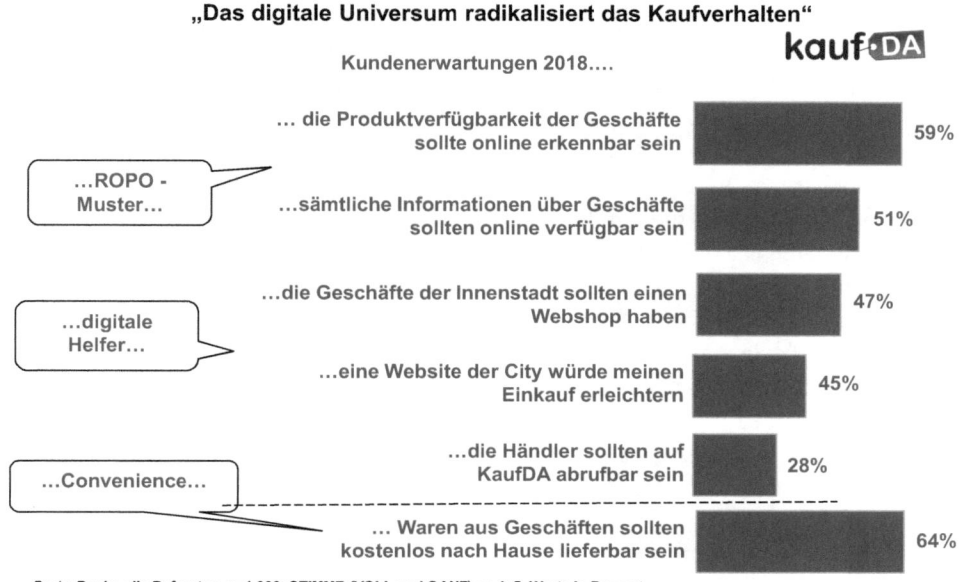

Abb. 2.9 Kundenerwartungen an digitale Angebote in der City. (Quelle: kauf DA, 2018)

verfügbare Produkt relativ schnell und einfach beschaffen zu können. Im „World Wide Web" finden sich umfassende Informationen, die den Konsumenten bei der Suche nach dem richtigen Produkt unterstützen. Nicht nur in rationaler Hinsicht, sondern auch im Hinblick auf emotionale Kaufmotive kann sich der Kunde im Internet orientieren. Er findet in sozialen Netzen stets auch Informationen über die Akzeptanz und Beliebtheit von Produkten, was ihm Sicherheit bei der Kaufentscheidung vermittelt. Zudem können Kunden durch den Kauf eines Produkts Gruppenzugehörigkeit signalisieren und Social-Media-Instrumente zur Entscheidungsfindung für sich und ihre Selbstdarstellung nutzen. Das führt unweigerlich dazu, dass es ohne Online-Recherche vor dem Einkauf heutzutage nicht mehr geht. Auch überzeugte stationäre Kunden, die eigentlich nicht online einkaufen wollen, möchten sich zunehmend bereits vorab online einen Überblick verschaffen und ihren Einkauf vorbereiten. Nicht nur Online-Käufer schätzen es, wenn sie dabei alle Informationen zu Produktdetails, Verfügbarkeiten und Preisen schnell und übersichtlich erhalten. Deswegen kann kein stationärer Händler heute noch auf eine Online-Präsenz sowie professionelles Online- und Mobile-Marketing verzichten. Ziel sollte es sein, diese digitalen Maßnahmen in steigende Kundenfrequenz und höhere Umsätze für die stationären Geschäfte zu überführen (Zukunftdeseinkaufens, 2018). Wie zahlreiche Studien belegen, bietet das Auffinden der richtigen Information für den Kunden den größten Nutzen und wird damit zum wertvollsten Teil der Wertschöpfungskette. Fast bei der Hälfte aller stationären Käufe (45 %) geht ein Besuch in Online-Shops voraus. Dieser ROPO-Effekt (Research online, purchase offline) wird durch das

Smartphone weiter verstärkt. Bedrohend für den stationären Einzelhandel ist, dass es trotz der offensichtlichen Vorteile viele Händler nicht schaffen, den ROPO-Effekt für sich zu nutzen. Sie verlieren dabei stationäre Umsätze, ohne online Umsätze zu erzielen. Insofern kommt kein Händler mehr ohne Online-Absatzkanäle aus (Heinemann, 2017; Hudetz Otto, 2019). Das veränderte Einkaufsverhalten wird sich nicht mehr zurückentwickeln und hat zu einem neuen ROPO-Kaufprozess geführt. Dieser ist in Abb. 2.10 dargestellt. Selbst wenn das Produkt nicht in einem Online-Shop, sondern (noch) bei einem stationären Händler gekauft wird, ist das Internet für die meisten seiner Nutzer das glaubwürdigste Medium im Zusammenhang mit Kaufentscheidungen. Untersuchungen zeigen, dass 97 % aller deutschen Haushalte mit Internetanschluss zunächst im Web recherchieren, bevor sie eine Kaufentscheidung treffen. Insofern darf nicht verwundern, dass bereits heute Käufer ihren Einkauf mehrheitlich im Netz beginnen (Gehrckens und Boersma, 2013; Heinemann OH, 2021). Mit der zunehmenden Verlagerung der Kommunikation ins Netz verschiebt sich auch die Relevanz einzelner Informationsquellen für den Internetnutzer: Mittlerweile zählen Bewertungen anderer Internetnutzer zu den vertrauenswürdigsten Quellen. Die Kaufentscheidung fällt dabei zunehmend produktbezogen, die Anbieterauswahl findet immer mehr faktenbasiert statt. Je nach Erreichbarkeit, Preis, Verfügbarkeit und Service wird der Verkaufspunkt erst ausgesucht, wenn das Produkt im Web bereits gefunden wurde. Hierfür ist keine direkte Kundenbeziehung notwendig und durch die zunehmende Verbreitung von Smartphones – gepaart mit der steigenden Nutzung schneller, mobiler Internetverbindungen – wird die richtige Information überall sofort auffindbar.

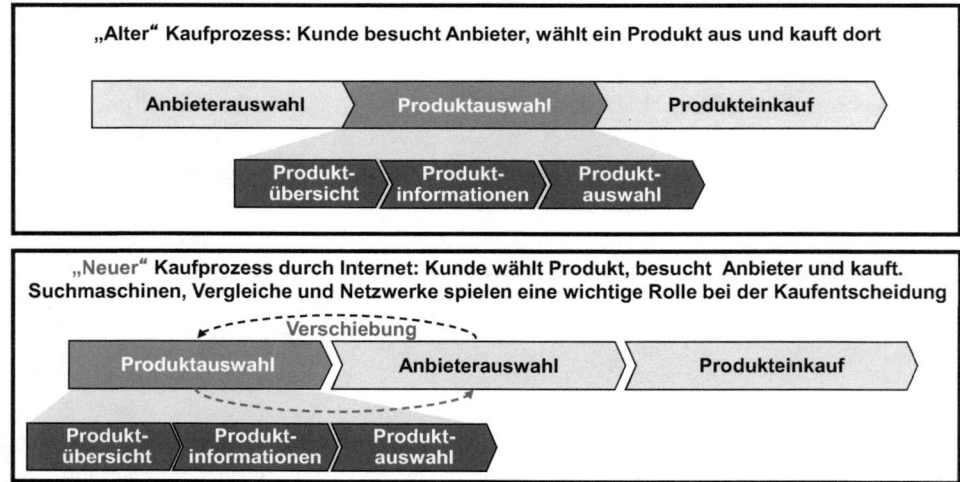

Abb. 2.10 Der neue ROPO-Kaufprozess. (Quelle: Gehrckens und Boersma, 2013; Heinemann OH, 2021)

Die 94 % der Erwachsenen über 14 Jahren, die Smartphones nutzen, tun dieses immer intensiver (ARD-ZDF Online, 2020). Sie erwarten dabei auf ihrem Gerät mehrheitlich eine digitale Präsenz der stationären Händler. Wichtig sind ihnen vor allem Informationen über das Geschäft, aktuelle Angebote, Produktverfügbarkeiten sowie Lieferservices. Dabei hat die digitale Präsenz von Händlern herausragende Bedeutung für die Kundenzufriedenheit. So empfindet es die Hälfte der Befragten als eine Erleichterung für den Einkauf, wenn der Händler ihnen die gewünschten Informationen über eine Website anbietet. Rund ein Drittel der Kunden erwartet, dass die Händler ihnen diese Informationen auch über LBS bzw. lokale Kommunikationsplattformen bereitstellen. In der letzten kaufDA-Studie zeichnet sich dabei auch der Trend ab, dass Konsumenten zunehmend personalisierte Informationen und Angebote erwarten (kaufDA, 2018). Genau hier besteht eine große Chance für den stationären Handel: Seine ureigene Stärke ist es nämlich aus Kundensicht, ihn wegen des persönlichen Kontaktes zu kennen und kuratiert bedienen zu können. Beides befähigt den Händler eigentlich dazu, passgenau auf den Kunden einzugehen und eben dessen Wunsch nach Individualität zu befriedigen. Das funktioniert in der Regel aber nur datenbasiert. Viele Händler besitzen allerdings keine Kundendaten oder sehen in „Big Data" ein ungelöstes Problem. Genau hierfür liefert z. B. Bonial mit der Möglichkeit, lokale Angebotskommunikation datengesteuert und personalisiert aussteuern zu können, Hilfestellung. Dieses erfordert keine Kenntnisse über standortbezogene Dienste, obwohl die Zahl der Befragten, die Location Based Services kennen, mit 44 % recht hoch ist. Der gestützte Bekanntheitsgrad von kaufDA liegt immerhin bei 46 %. Dabei nutzen rund 33 % der befragten Internetnutzer regelmäßig die App von KaufDa und 24 % die KaufDA-Website (mind. einmal im Monat).

2.2.4 Showrooming vs. Webrooming im stationären Einzelhandel

Nicht nur der ROPO-Effekt zeigt, dass aus Kundensicht das Denken in Kanälen überholt ist. „Kanal egal" bringt hier die Kundenmeinung auf den Punkt (Sinnschrader, 2015; kaufDA, 2018). Kunden wollen immer weniger zwischen den Kanälen eines Anbieters unterscheiden. Durch die Nutzung des mobilen Internets im stationären Laden ist bei vielen Käufern auch nicht mehr auseinanderzuhalten, ob der Einkauf online oder offline stattgefunden hat. Immer mehr Kunden werden im Laden auch online kaufen und dabei die Ware sogar in den Laden liefern lassen, weswegen auch mit einer deutlichen Zunahme hybrider Umsätze zu rechnen ist. Dabei erwarten Kunden nicht nur, ihre stationären Einkäufe im Online-Shop des Händlers vorbereiten zu können, sondern diese umgekehrt auch nach ihrem Ladenbesuch zu Hause im Online-Shop abschließen zu können. Bei rund 14 % aller Online-Käufe hat sich der Konsument vorab in mindestens einem Ladengeschäft informiert (Hudetz Otto, 2019). *Die Verteilung zwischen Online- und Offline-Research verschwimmt insofern immer weiter und führt zu neuen Formaten mit einer „No-Line-Experience" (Heinemann, 2013a; Sinnschrader, 2015). Diesbezüglich entstehen ganz neue Retail-Ansätze, die mit einem hohen Grad an Integration der Touchpoints um die Gunst der Kunden buhlen. Zu ihnen zählen auch die zunehmend diskutierten Showrooming-Ansätze, bei denen sich der Kunde stationär vorbereitet und dann online kauft. Die Kunden erwarten dabei zugleich auch eine ultimative Nutzungsmöglichkeit für mobile und interaktive Technologien.* Dadurch entstehen zwei Verhaltensweisen, die vor allem den stationären Handel unmittelbar betreffen, nämlich das Showrooming einerseits, aber auch das Webrooming andererseits (vgl. Abb. 2.11).

Showrooming

Der Showroom bezeichnet den physischen Store. Das Showrooming stellt ein Kaufverhalten dar, bei dem Kunden sich in einem stationären Geschäft beraten lassen, die Ware jedoch später in einem Online-Shop kaufen. Sofern es sich um den Online-Shop desselben stationären Händlers handelt, wird dieses Muster auch als „Store-to-Web" bezeichnet (Heinemann, 2017). Bedenklich für einen stationären Händler ist es, wenn dieser keinen Online-Shop hat und dann Beratungsklau stattfindet. Diese Art des Showrooming wird mit der steigenden Akzeptanz des Online-Handels immer mehr zu einer Herausforderung des stationären Handels. Dabei nutzt der Kunde dann die Möglichkeit, sich im physischen Store beraten zu lassen und das Produkt anzufassen, verlässt anschließend aber den Laden und erwirbt das Produkt irgendwo anders im Internet. Dieses Kaufverhalten ist zwar gut für Online-Händler, jedoch ein Dorn im Auge der stationären Händler (Talin, 2019). Hat der betroffene Händler jedoch einen Online-Shop, sind vergleichbare Produkte aber in anderen Online-Shops günstiger zu haben, ist ein

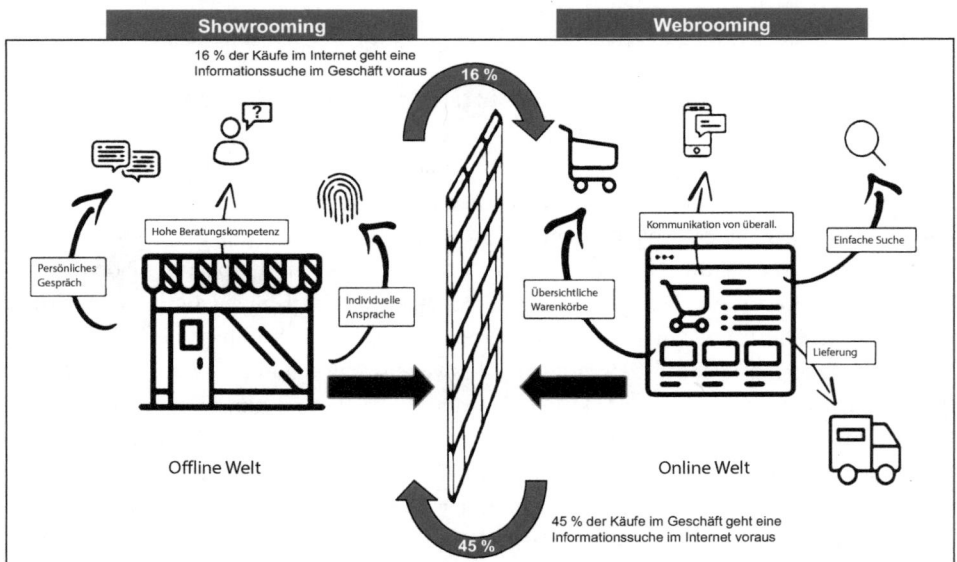

Abb. 2.11 Showrooming versus Webrooming. (Quelle: Xu, 2020; Hudetz Otto, 2019)

derartiges opportunistisches Kaufverhalten im Multi-Channel-Kontext ebenfalls nicht auszuschließen (Schneider, 2019). Gerade deswegen haben Händler mit austauschbaren Sortimenten und Leistungen schlechte Karten. Dass allerdings nicht vergleichbare und einzigartige Angebote grundsätzlich bessere Chancen bieten, ist eigentlich nicht neu und auch keine internetspezifische Erfahrung.

Webrooming

Beim Webrooming – auch Reverse Showrooming genannt – recherchieren die Kunden zunächst online und informieren sich über Produkte, lesen Kundenbewertungen und vergleichen Produktalternativen. Anders als beim Showrooming kaufen sie die Ware anschließend jedoch im stationären Handel. Bis zu 78 % der Käufer bezeichnen sich selbst als Webroomer und sind damit typische ROPOS, die ein „Web-to-Store" praktizieren. Dieses Kaufverhalten nimmt in den letzten Jahren zu. Ein Grund liegt wahrscheinlich darin, dass die Vielfalt an Informationen, Testberichten und Bewertungen im sozialen Netz gestiegen sind. Zusätzlich nimmt das Vertrauen in diese Online-Portale zu, was wiederum den Webrooming-Trend befeuert (Talin, 2019). Nicht ohne Grund eröffnen auch Amazon, Alibaba, Zalando & Co. eigene Geschäfte. Nach wie vor sind viele Einkäufe mit dem Wunsch nach einem physischen Einkaufserlebnis verbunden. Kunden wollen Produkte spüren und auch anprobieren, was jedoch nur in stationären Läden möglich ist. Insofern macht die strikte Trennung zwischen Online und Offline keinen Sinn mehr. Deswegen setzt sich der Trend zu Multi- und Omni-Channel-Shopping weiter fort.

Fazit

Stationäre B2C-Händler mit einem „klassischen" kleinen Ladengeschäft in einer B- oder C-Lage werden im Rahmen des sich abzeichnenden Strukturwandels besonders bedroht sein, weil sie bisher überwiegend einen großen Bogen um das Internet machen oder sich einer nicht Erfolg versprechenden Verbundgruppenlösung anschließen. Viele Läden in den Innenstädten und dabei insbesondere in Klein- und Mittelzentren wird es nicht mehr geben und einige dieser Städte werden veröden. Damit die Umsätze nicht einbrechen, braucht auf kurz oder lang jeder stationäre Händler seinen Online-Shop. Das erfordert aber eine Umorientierung bei den Investitionsentscheidungen (Heinemann, 2017) und bedeutet: Investitionsstopp in der Flächenexpansion und „Gas geben" bei den Online-Systemen. Aber auch die stationären Formate werden im Handel anders aussehen müssen, zum Teil als Showroom oder mit Showroom-Flächen, Pop-up-Flächen, zum Teil automatisiert oder auch verkleinert betrieben (ebd.). Anders werden die stationären Non-Food-Händler der Fixkostenfalle aufgrund abschmelzender Umsätze auf den Flächen nicht entkommen können. Erste voll automatisierte Läden mit Robotern existieren bereits. Der stationäre Laden wird sich immer mehr zum Showroom wandeln müssen, in dem nur noch Produkte haptisch erfahren und ausprobiert werden, ohne dass eine Fachberatung in Anspruch genommen wird. Das kostenintensive Vorhalten von Ware und Verkaufspersonal dürfte angesichts der abschmelzenden Umsätze nicht mehr ohne weiteres darstellbar sein. Folglich wird die Bestellung nach Besuch des Showrooms oft nur noch im Internet getätigt werden können. Schließlich ist der Einkauf über QR-Codes heute schon möglich. Und trotz der vielfach noch gegebenen Verfügbarkeit bestellen immer mehr Kunden bei oder nach dem Besuch einer Filiale den Artikel im Netz. Keinesfalls sind dafür ausschließlich Preisvorteile ausschlaggebend, allerdings wünschen Kunden, Preise vor Ort vergleichen zu können (Heinemann, 2017; kaufDA, 2018). Im Rahmen des Showrooming bietet es sich deswegen an, den Kunden direkt vor Ort die Möglichkeiten des Preisvergleiches zu geben. Diese können z. B. direkt über Augmented Reality auf dem Mobile ermöglicht werden. Zudem begrüßen es Kunden, wenn neue Angebote oder zusätzliche Services gezeigt werden. Dabei können die benötigten Informationen wie z. B. Bewertungen, Testberichte oder Produktdetails auf kleinen Bildschirmen, sogenannte Digital Signage, angezeigt werden. Derartige digitale Ausstattungen helfen, die Kunden besser in den Laden zu integrieren und ihnen ein Online- sowie Offline-Erlebnis zu liefern. Eines ist mit Sicherheit nicht mehr zu ändern: Die Konsumenten sind es gewohnt, sich über alle Verkaufskanäle hinweg bewegen zu können. Dieser Trend wird sich in den kommenden Jahren fortsetzen. Demnach ist es empfehlenswert für den stationären Handel, seinen Kunden ein Online- sowie Offline-Erlebnis zu bieten, welches dem Kunden hilft, leichter zu einer Entscheidung zu führen (Talin, 2019).

2.2.5 SoLoMo als Schlüsselthema für stationäre Formate

Die unterschiedliche Nutzung der Online- und Offline-Kanäle findet immer weniger isoliert, sondern zunehmend kombiniert statt. Darüber hinaus spielen Lokalisierung und damit Location-based Services im Rahmen mobiler Internetnutzung eine immer größere Rolle. Sie bilden die Basis für die „Synergien des SoLoMo", die sich aus der sozialen, lokalen und mobilen Vernetzung ergeben und ganz neue Möglichkeiten der Vermarktungseffizienz erlauben. Diese ergibt sich vor allem aus der Art der Internetnutzung und den Möglichkeiten des Social Media (Heinemann App, 2018). Vor allem die mobile oder App-basierte Nutzung des Internets hat zu einem veränderten Einkaufsverhalten geführt. Es ist normal geworden, dass Kunden sich mobil informieren, auf sozialen Plattformen diskutieren, Produkte per Smartphone bewerten und online Preisvergleiche machen. Durch Smartphones ist die Kommunikation an jedem Ort und zu jeder Zeit möglich. Zunehmend teilen Nutzer Informationen zu ihrem Aufenthaltsort und zu lokalen Angeboten. Diese werden in Echtzeit mit dem Netzwerk ausgetauscht, weswegen das soziale Netzwerk Begleiter in allen Lebenssituationen geworden ist. Dadurch werden die Definition von Privatsphäre verändert und ein größerer Teil des eigenen Lebens öffentlich. Laut Facebook-Gründer Marc Zuckerberg sind Menschen damit einverstanden, Informationen über sich mit anderen zu teilen. Die Privatsphäre sei eine „alte Konvention", sagte er bereits 2010 in Interviews (TAZ, 2010). Zwar hat die Intensität der Internetnutzung in Deutschland im Ländervergleich noch Luft nach oben, aber immerhin nutzen hierzulande von den 14- bis 49-Jährigen mehr als 80 % die sozialen Netze. So kommt WhatsApp in Deutschland auf rund 58 Mio. und die Mutter Facebook auf rund 26 Mio. Nutzer (ARD-ZDF Online, 2020). Global kommt Facebook im ersten Quartal 2020 als meistgenutztes Netzwerk bereits auf 2,45 Mrd. „monatlich aktive Nutzer" plus rund 2,0 Mrd. YouTube-, 1,6 Mrd. WhatsApp-, rund 1,3 Mrd. FB-Messenger- sowie 1,0 Mrd. Instagram-User neben der Facebook-Community. WeChat hat bereits 1,15 Mrd. und der „Shooting-Star" TikTok 0,8 Mrd. Nutzer (Global Digital Report, 2020). Hinzuzuzählen sind die rund 0,7 Mrd. QQ- sowie 0,5 Mrd. QZone-User (Global Digital Report, 2020). Diese enorme Zahl sozialer Netzwerker verbringt im Internet einen immer größeren Teil der Freizeit. Im Zuge dieses „Social Networking" unter den mehr als 3,80 Mrd. Social-Media-Usern entwickelt der Informationsaustausch eine zunehmende Dynamik, welche mit einer stark anwachsenden Informationssuche zur Kaufvorbereitung einhergeht (Global Digital Report, 2020; ARD-ZDF Online, 2020). Sie lässt eine neue Art des Kaufverhaltens im Netz entstehen, das auch zunehmend von mobiler Internetnutzung, Messenger, Chat-App und VoIP sowie der Suche nach lokalbezogenen Informationen geprägt ist (Abb. 2.12).

Immerhin ist Deutschland im Hinblick auf die Nutzerzahlen die neuntgrößte Internetnation (Global Digital Report, 2020). Jeden Tag verbringen Internetnutzer in Deutschland im Schnitt 4:52 h im Netz. Da in Deutschland sowohl die Nutzungsintensität als auch die Anzahl der Intensivnutzer von Smartphones weiter anwachsen wird, dürfte auch die SoLoMo-Vernetzung in gleichem Ausmaß weiter zunehmen. Die mit der Smartphone-Penetration einhergehende SoLoMo-Vernetzung ergibt sich aus dem Zusammenspiel folgender Fragestellungen:

- Social: Wie bewegen sich Fans auf Social-Media-Plattformen und was erwarten sie dort von ihren Händlern und ihren Lieblingsmarken?
- Local: Welche Möglichkeiten bietet die Lokalisierung der Kunden für lokale und stationäre Angebotsformen?
- Mobile: Welche Möglichkeiten bietet das Mobile-Marketing bzw. der Mobile Commerce und wie können Unternehmen ihre „mobilen" Fans/Konsumenten abholen?

Die Mehrzahl der Deutschen betrachtet das Smartphone bereits heute als natürlichen Bestandteil ihrer Einkaufsprozesse (Heinemann, 2017; Heinemann App, 2018). Sie erwartet auf ihrem Smartphone ein weitaus größeres Leistungsspektrum, als sie es aus der stationären Internetnutzung kennen. Vor allem lokale Funktionen werden zunehmend genutzt und befeuern das sogenannte SoLoMo-Phänomen. Dies gilt vor allem für die Smart Natives, für die ein permanenter Zugang zum digitalen Datenstrom normal ist. Sie erwarten mobile Angebote, die sie permanent auf dem Laufenden halten und mit denen sie sich mit ihrem Netzwerk austauschen können. Diesbezüglich schaffen lokale Echtzeitangebote schnellere Reaktionsgeschwindigkeiten und Realtime-Information sowie Augmented Reality interessantere mobile Mehrwerte für die SoLoMo-Nutzer. Einen Mehrwert stellt aus Kundensicht auch der optionale Online-Einkauf dar, denn er

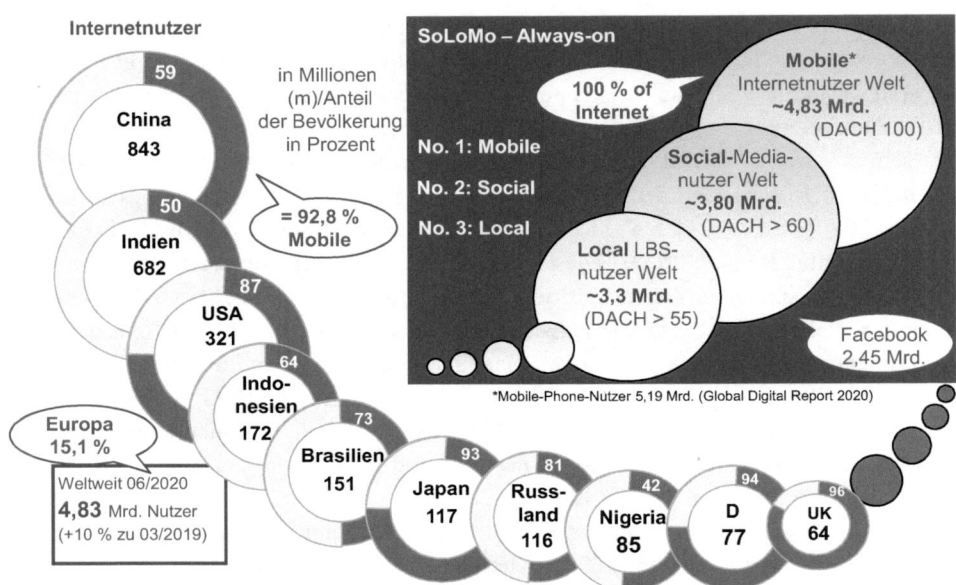

Abb. 2.12 Anzahl Internet User und größte Internet-Nationen. (Quelle: Global Digital Report, 2020; Internetworldstats.com, 2020)

ist bequem, vielfältig sowie 24 h täglich ortsungebunden möglich. Trotzdem gehen die Experten nicht davon aus, dass stationäre Läden völlig verschwinden werden, ganz im Gegenteil (Heinemann, 2017). Kunden wollen nicht alles „ohne Touch & Feel" online einkaufen, allerdings auch nicht auf die Vorteile eines Kanals verzichten müssen, nur weil sie gerade einen anderen Kanal nutzen. Immer mehr Unternehmen ermöglichen deswegen ihren Kunden das parallele Shoppen (Heinemann et al., 2019). Aber ein Online-Shop alleine reicht nicht aus, denn es geht auch um dessen Funktionalität. Deswegen darf der stationäre Handel nicht den Anschluss verlieren, denn das führt sonst unweigerlich zu einer Abwanderung der Kunden (Heinemann, 2017; Heinemann et al., 2019).

Deswegen sollten sich vor allem stationäre Händler mit dem „SoLoMo" Mobile Commerce auseinandersetzen. Wer allerdings als Händler bereits einen Bogen um das Online-Thema macht, sollte es erst recht um das Mobile-Thema tun. Denn es muss eine Optimierung zu mobile-gerechten Inhalten und formatgerechter Website erfolgen. Auch ist das Angebot um Mobile-Dienste und Anwendungen bzw. Killer-Applikationen zu erweitern. Die situative und lebensstilgerechte Anpassung der Angebote an die individuellen Einkaufsgewohnheiten der Kunden ist dabei sicherlich die hohe Schule des Mobile Commerce. Nur so lassen sich die Synergien ausspielen, die sich aus der sozialen, lokalen und mobilen Vernetzung ergeben. Dazu gehören auch individualisierbare virtuelle Regale und der Einsatz des Augmented Reality in allen denkbaren Facetten. Dabei ist die mobile-orientierte Umsetzung von Social-Media-Instrumenten mit Vernetzung zu Facebook, Twitter & Co. Standard. Viel stärker als im Online-Shop ist im Mobile Commerce auf ein Höchstmaß an Mobile-Navigation und Mobile Usability zu achten. Hier hilft auch eine flexible Formatgestaltung, die den Einsatz unterschiedlicher Geräteformen bis hin zum Tablet-PC ermöglicht. Auch Schnelligkeit im Seitenaufbau und Barrierefreiheit sind insbesondere im Hinblick auf Übertragungsprobleme bestmöglich umzusetzen. Zu schwere Websites mit minutenlangen Ladezeiten vergraulen Kunden und treiben diese den Mitbewerbern zu, die nur einen Klick entfernt sind. Vor allem die neuen Smartphone-Generationen ermöglichen ein völlig neues Einkaufserlebnis, das sich die Anbieter zunutze machen können, indem sie beispielsweise Konsumenten vor allem mit einer professionellen und informativen Mobile-Website in ihre Geschäfte lenken.

2.3 Szenario zur Internationalisierung des Einzelhandels

Während über viele Jahre Einzelhandel als lokales Business galt, sind heute in allen Warengruppen große internationale Wettbewerber anzutreffen. Während mit Amazon, eBay, Apple, Vepe und Asos bereits zwei Drittel des deutschen Online-Handels von ausländischen Unternehmen dominiert wird, sind die Marktanteile nichtdeutscher Anbieter im stationären Handel vergleichsweise überschaubar. Dennoch kommen diese je nach Warengruppe auf bis zu 20 % Marktanteil. Eine immer größere Rolle spielt zudem der Cross Border Commerce, vor allem aus östlicher Richtung. Insofern beeinflussen in den nächsten Jahren zunehmend die TABs (Tencent, Alibaba, Baidu) aber auch die GAFAs (Google, Amazon, Facebook und Apple) das Einzelhandelsgeschehen hierzulande.

2.3.1 Internationale Player im deutschen Online-Handel

Immer mehr Online-Händler aus dem Ausland drängen auf den deutschen Einzelhandelsmarkt. Neben europäischen Shops stammen die Wettbewerber immer öfter auch aus Fernost. Neben Amazon finden sich im Ranking der größten Online-Shops erstmals drei weitere Shops mit ausländischen Wurzeln und zwar der britische Modeversender Asos, der chinesische Fashion-Anbieter Shein sowie der ebenfalls aus UK stammende Heimelektronikspezialist AO (Hell, 2019). Amazon war zweifelsohne der Vorreiter und überrollte bisher einer Feuerwalze gleichkommend den deutschen Einzelhandel. Nicht ohne Grund entfallen auf diesen Online-Pionier und Born Global bereits rund 50 % aller Online-Handelsumsätze in Deutschland. Mit über 30 Mrd.EUR Handelsvolumen in 2020 reicht das Wachstum von Amazon in Höhe von ununterbrochen mehr als 20 % – durch Ausweitung des Marktplatzgeschäftes in 2020 wahrscheinlich eher 25 % pro Jahr – aus, um dem gesamten Non-Food-Einzelhandel in Deutschland in nur einem Jahr mehr als ein Prozent Marktanteil abzunehmen (Amazon, 2020; Heinemann OH, 2021). Bei weiterhin stabilen Wachstumsraten vergrößert sich diese Zahl progressiv, da der Sockeleffekt überproportional zu greifen beginnt. Dabei hat Amazon nicht nur den deutschen Buchhandel regelrecht zerhackt, sondern in der Belletristik sowie auch in den Fachbuchsortimenten mit jeweils mehr als 40 % Marktanteil bereits eine marktbeherrschende Stellung eingenommen. In Abb. 2.13 sind die 15 größten E-Commerce-Anbieter im deutschen Einzelhandelsmarkt 2019 dargestellt.

Mit Umsatzsteigerungen von 30 % auf 158 Mio. EUR in 2019 wird auch AO.de wahrscheinlich bald im Ranking der größten Online-Händler in Deutschland auftauchen. Ohne Frage ist der Elektronikversender erst noch gefordert zu beweisen, dass er auf dem deutschen Markt bestehen kann. Das Umsatzvolumen, in das AO in relativ kurzer Zeit vorgedrungen ist, zeigt aber, dass der deutsche Markt durchaus offen ist für neue Anbieter aus dem Ausland, die immer mehr vom deutschen Umsatzkuchen essen (Hell, 2019). Dabei ist zu erwarten, dass es in Deutschland immer häufiger Einsteiger aus China geben wird. Vor allem Shein ist ein Beispiel dafür, wie Hersteller in China selber zu Händlern werden und als vertikal integrierte Anbieter den internationalen Markt direkt bedienen. Dabei profitiert Shein von seiner Mobile-Strategie. So taucht der Anbieter schon seit Jahren unter den Top-10-Shopping-Apps auf. Dabei überträgt seine Erfahrungen aus China, wo das Online-Geschäft sehr viel interaktiver betrieben

„Amazon kommt in D auf knapp 50 % Marktanteil im Online-Handel"

E-Commerce-Plattformen in Deutschland 2019

Rang	Internet (2019)*** Website	Unique User Mio.*	E-Commerce Website	MV* Mrd. Euro	
1	Google.com	62	Amazon**	27.998	Davon rund 64 % Markt-platzanteil (= 18 Mrd.)
2	Youtube.com	55	eBay**	11.770	
3	Google.de	49	Otto*	3.200	
4	Amazon.de	41	Zalando**	1.729	
5	eBay.de	36	Apple/iTunes**	1.400	
6	Wikipedia.org	41	MediaMarkt	1.116	
7	Reddit.com	35	Lidl	.850	Davon rund 80 % Markt-platzanteil (= 9,4 Mrd.)
8	eBay Kleinanz.	32	Notebooksbilliger*	.832	
9	Facebook.com	30	Bonprix*	.680	
10	Livejasmin.com	28	Cyberport*	.575	
11	Twitch.tv		hm (H&M)**	.511	
12	Web.de	Real.de ~ Top 18 (500 Mio. GMV)	Conrad*	.500	
13	Gmx.net		Saturn	.499	
14	Netflix.com		Alternate**	.495	
15	Vk.com		Tchibo**	.480	

*Geschätzt auf Basis Statista/Internetworld 2019; **geschätzt u.a. auf Basis IfH Köln 2018 und EHI 2018, eBay D ohne B4F; ***Alexa.com 2020

Abb. 2.13 Ranking der größten Online-Händler in Deutschland in 2019. (Quelle: eigene Darstellung auf Basis Amazon, 2020; eBay, 2020; Internetworld Statista, 2019; Internetworld EHI, 2019; geschätzt u. a. auf Internetworld EHI, 2019)

wird – siehe bei Wechat und Co. Dieses Prinzip überträgt Shein auf Plattformen, wie u. a. Instagram und Facebook. Obwohl Shein momentan der einzige Anbieter ist, der in den Rankings auftaucht, gibt es auch Dutzende chinesischer Anbieter, die ebenfalls stark zugelegt haben, wie z. B. wie zum Beispiel Globalegrow mit Gearbest und Zaful (ebd.). Der E-Commerce-Experte Jochen Krisch geht davon aus, dass vor allem das Geschäft mit Postenware und No-Name-Produkten über kurz oder lang an chinesische Anbieter und Produzenten gehen wird, die direkt verkaufen können (Excitingcommerce Wish, 2019). Immerhin soll Shein in 2020 seine Umsätze auf rund 10 Mrd. US$ ver-vierfacht haben. Aber auch Wish und Aliexpress tauchen seit Jahren auf den vordersten Plätzen der Shopping-App-Rankings auf. Die chinesischen Anbieter zeigen, dass aggressive Preise ein Erfolgsgarant sind. Deswegen ist davon auszugehen, dass die Internationalisierung des Online-Markts hierzulande auch weiterhin voranschreiten wird. Sehr gut entwickeln sich auch Anbieter wie der E-Food-Zusteller Picnic, die über einen innovativen Serviceansatz auf den Markt drängt (ebd.). Demgegenüber ist Shein ein Beispiel dafür, wie chinesische Anbieter nach entsprechenden Markttests sehr schnell skalieren und ein Konzept global ausrollen könnten, oft noch über Marktplätze wie Amazon, eBay, Wish oder Ali Express, zunehmend aber eben auch direkt. Bereits heute vereinen Online-Händler aus dem Ausland zusammen mehr als zwei Drittel der Online-Handelsumsätze auf sich, wovon wiederum mehr als zwei Drittel auf drei US-Anbieter entfallen, nämlich Amazon, eBay und Apple Retail. Die internationale Entwicklung deutscher Online-Händler gestaltet sich demgegenüber höchst unterschiedlich. Während Zalando bereits mehr als 70 % Auslandsumsatz erzielt, zieht sich Otto zunehmend aus den Auslandsmärkten zurück und erwirtschaftet im Einzelhandelsgeschäft nur noch gut ein Drittel seines Umsatzes (Otto Group, 2020; Zalando, 2020).

2.3.2 Internationalisierung des stationären Handels

Der stationäre Einzelhandel stellt eine typische In-situ-Dienstleistung dar, die eigentlich nicht international gehandelt werden kann. Deswegen erfolgt hier der größte Teil der Wertschöpfung lokal, also in der Nähe des Kunden (Wortmann, 2010; Heinemann, 2017; Zentes et al., 2017). Auch wenn stationäre Händler expandieren, sind sie zur Eröffnung und zum Betreiben lokaler Geschäfte in den jeweiligen Märkten gezwungen. Dennoch sind in Deutschland auch im stationären Handel zunehmend internationale Wettbewerber anzutreffen, die vor allem auf vertikalen Angebotsformen beruhen wie zum Beispiel IKEA, H&M oder Zara/Inditex. Während der LEH praktisch ausschließlich in deutschen Händen liegt, kommen im Non-Food-Handel ausländische Handelsunternehmen bereits auf bis zu 20 % Marktanteil. Unter ihnen finden sich neben dem eben genannten vertikalen Händlern Namen wie u. a. C&A, Charles Vögele, Orsay/Pimkie, Inditex/Zara, XXXLutz, Dänisches Bettenlager oder Apollo-Optik. In umgekehrter Richtung hat auch die Internationalisierung des deutschen Einzelhandels seit den achtziger Jahren deutlich zugenommen. Das betrifft jedoch nach wie vor eine relativ kleine Zahl großer

Unternehmen wie unter anderem MediaMarkt-Saturn, die Douglas-Gruppe, die Tengel-mann-Gruppe inklusive OBI, die Lidl-Kaufland-Gruppe, die beiden Aldi-Stämme sowie DM und auch Fressnapf. Aldi und Lidl haben in vielen Ländern das Discountformat erst-mals eingeführt, während die Internationalisierung der anderen deutschen Discounter deutlich schwächer oder gar rückläufig ist. Die Tatsache, dass sowohl bei den aus-ländischen Filialisten in Deutschland als auch bei den deutschen Discountern im Aus-land die Eigenmarken eine extrem große Bedeutung im Sortiment spielen, legt die These nahe, dass die Auslandsexpansion dieser eher vertikalen Unternehmen im Wesentlichen produktgetrieben ist (Wortmann, 2010; Heinemann, 2017). Insofern ist zu erwarten, dass vor allem vertikale Ketten aus dem Ausland verstärkt in deutsche Einzelhandels-lagen drängen und den deutschen Einzelhandel in den Innenstädten zusätzlich unter Druck setzen werden. So steht Deutschland als Expansionsziel international agierender Einzelhändler auf den vordersten Plätzen weltweit (vgl. Abb. 2.11). Rund 50 % aller internationalen Einzelhandelsmarken sind in Deutschland präsent (Quantum, 2015). In umgekehrter Richtung sind etliche deutsche Einzelhandelskonzerne im Ausland erfolg-reich. Und bei fast bei allen großen deutschen Handelskonzernen gewinnt das Auslands-geschäft weiter an Bedeutung. Dieses betrifft vor allem Discounter wie Aldi, Lidl und Kik, aber auch andere Einzelhändler wie Obi, Hornbach, Fressnapf, DM oder Rossmann. Vor allem DM und Rossmann machen vor, dass auch für stationäre Händler eine Inter-nationalisierung im E-Commerce sinnvoll sein kann. So sind DM und Rossmann bereits mit Online-Shops in China sowie auch in Australien präsent (Wiwo, 2017).

Die scheinbare Grenzenlosigkeit des Webs legt den Schritt zur Internationalisierung per Online-Shop durchaus nahe für stationäre Händler. Allerdings ist diesbezüglich eine Vielzahl von Aspekten zu beachten. Um ein Geschäftsmodell im Online-Handel erfolgreich internationalisieren zu können, sollte neben der Sprachvielfalt und der inter-nationalen Kompatibilität der eingesetzten Systeme eine Reihe von grundlegenden Voraussetzungen erfüllt sein. Dazu zählen unter anderem die hinreichende Nachfrage im Zielmarkt sowie die positiven legalen und regulativen Rahmenbedingungen (Mahr, 2019; Heinemann OH, 2021). Geschäftsmodelle können Merkmale aufweisen, die in unterschiedlichen Ländern zu legalen oder regulativen Problemen und Konflikten führen und damit die Internationalisierung behindern. Zentrale Voraussetzung für eine Auslandsexpansion ist vor allem eine ausreichende Online- und Offline-Infrastruktur. Was im Heimatmarkt nur noch eine untergeordnete Rolle spielt, kann bei einer Inter-nationalisierung in weniger entwickelten Märkten zum Problem werden. Dies betrifft insbesondere die Zahlungssysteme, die eine ausreichende Verbreitung aufweisen müssen, oder die Feindistribution bzw. Endlogistik, für die zumindest professionelle Dienstleister zur Verfügung stehen sollten (Mahr, 2019; Heinemann OH, 2021). Auch wenn es bei der Umsetzung einer Internationalisierung eine Reihe von Möglichkeiten gibt, so ermöglicht das Internet heute insbesondere eine starke Zentralisierung mehrerer Länderorganisationen an einem Standort. Dies stellt eine vorteilhafte Alternative zu einer dezentralen Auslandsexpansion dar, die durch einen hohen Ressourcenaufwand und komplexe Prozesse eher nicht mit dem Prinzip der Skalierbarkeit vereinbar ist (Leybold,

2010; Mahr, 2019). Je zentralisierter die Internationalisierbarkeit erfolgen kann, je höher der Automatisierungsgrad ist und je weniger Komplexität die Systemlandschaft aufweist, desto skalierbarer ist das Geschäftsmodell. Dies ist insbesondere aufgrund der hohen Fixkostenintensität im E-Commerce erfolgskritisch für eine Rentabilisierung (Heinemann OH, 2021).

Nicht nur in der Auslandsexpansion erfordert die Skalierbarkeit eher zentralisierte Systeme und Organisationen, dort ist sie allerdings am stärksten wirksam. So werden bei der Internationalisierung zum Beispiel durch die Ansiedlung von Länderfunktionen in einer einzigen Zentrale vor allem dadurch Kosten gespart, dass Ressourcen wie Verwaltung und IT geteilt werden. Auch können dabei Teilaufgaben abgedeckt werden, was bei einer dezentralen Organisation so nicht möglich wäre und zu einem erhöhten Koordinationsaufwand führen würde. Somit können in zentralen Systemen generell Ressourcen besser ausgenutzt und damit eher Skalierungsvorteile realisiert werden (Leybold, 2010; Mahr, 2019; Heinemann OH, 2021). Trotz aller Chancen gibt es eine Vielzahl an Faktoren, die eine Internationalisierung verhindern oder sie zumindest erschweren können. Insofern ist die Zurückhaltung einiger Unternehmen durchaus zu verstehen. Eine Untersuchung von Stripe aus dem Jahr 2018 zeigt, dass es in erster Linie die Faktoren Steuern (38 %), regulatorische Hindernisse/Vorschriften (36 %) sowie Zölle (34 %) und ganz allgemein die zu hohen Kosten (34 %) sind, die einer Internationalisierung von E-Commerce-treibenden Unternehmen im Wege stehen (Mahr, 2019). Auch der steigende Protektionismus spielt eine Rolle neben kulturellen Barrieren, die immerhin noch 23 % ausmachen (vgl. Abb. 2.14).

2.3.3   Cross Border Commerce

Seit Jahren warnen Handelsexperten davor, dass Online-Umsätze in der Exportnation Deutschland zunehmend importiert werden und damit immer mehr vom Einzelhandelsumsatzkuchen ins Ausland abfließt. Seit Jahren belegen Zahlen und Daten aus unterschiedlichen Quellen, dass die Bedeutung ausländischer Händler deutlich größer ist, als viele vermuten. So sind alleine bei Amazon nur noch 53 % der etwa 55.000 aktiven Marktplatz-Händler aus Deutschland. Rund 9 % von ihnen kommen aus Asien – also etwa 5000 Händler. Von ihnen sind aber nur knapp 400 beim zuständigen Finanzamt in Berlin-Neukölln registriert (Fuchs t3n, 2017). Insofern erzeugt Cross Border Commerce auf Marktplätzen nicht nur Milliardenumsätze für Amazon, eBay & Co., sondern reißt auch Milliardenlöcher in unser Steuersystem. Es ist davon auszugehen, dass viele Händler keine Umsatzsteuer im Inland zahlen, obwohl die Kunden das tun. Allein bei den nicht registrierten Händlern auf dem Amazon-Marktplatz dürfte die entgangene Umsatzsteuer in 2017 bis zu 800 Mio. EUR betragen haben. Die Dunkelziffer liegt wahrscheinlich wesentlich höher. Die Bundesregierung hat das aber erkannt und jagt mittlerweile recht erfolgreich chinesische Steuerbetrüger im Online-Handel. Der größte Teil des Cross Border Commerce entfällt aber auf EU-Partner.

Abb. 2.14 Risiken und Barrieren einer Internationalisierung im E-Commerce. (Quelle: Mahr, 2019)

Aber vor allem in Europa und innerhalb der EU stellt der Cross Border Commerce einen nicht mehr wegzudenkenden Wirtschaftsfaktor dar. Demnach betrug das Volumen des grenzüberschreitenden Online-Handels in den 16 größten EU-Ländern (EU 16) auf Basis der 500 größten Online-Shops 2018 rund 95 Mrd. EUR (Webdata-Solutions, 2019). Auf europäischen Unternehmen entfällt dabei 55 % des Umsatzes, während Händler außerhalb der EU 45 % erwirtschafteten. Inklusive der Umsätze der Travel-Branche waren es 2018 137 Mrd. EUR Cross-Border-Commerce-Umsatz, der bis 2022 auf 245 Mrd. EUR anwachsen soll (vgl. Abb. 2.15).

Die komplexe rechtliche Lage hielt bislang insbesondere kleine und mittlere Händler davon ab, grenzüberschreitend tätig zu werden. Dieses war auch in der EU mit einigen rechtlichen Fallstricken versehen, die insbesondere in der Fragmentierung im Verbrauchervertragsrecht in der EU begründet waren. Zudem bestanden bisher bei E-Commerce-Kunden noch signifikante Vorbehalte, was den Kauf von Waren von Online-Händlern aus anderen europäischen Ländern betrifft (ebd.). Lediglich die Hälfte der europäischen Kunden vertraut bisher Anbietern aus anderen Ländern der Europäischen Union. Das Vertrauen ist jedoch deutlich stärker, sofern in einem Land auch Internetnutzung stark verbreitet ist. Insgesamt hat die EU erkannt, dass sich der grenzüberschreitende Online-Handel zu einem großen Wirtschaftsfaktor entwickelt. Sie hofft, dass durch die Umsetzung der Digitalisierungsstrategie für den digitalen Binnenmarkt ein jährliches Wirtschaftswachstum von 415 Mrd. EUR pro Jahr erreicht werden kann. Deswegen sind bereits neue Regeln für grenzüberschreitende Paketlieferungen

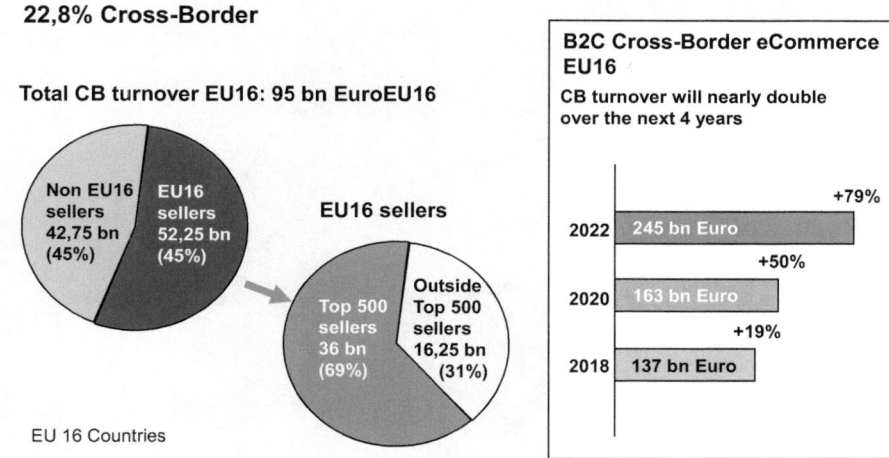

Abb. 2.15 B2C Cross-Border-Commerce-Umsatz EU 16. (Quelle: Webdata-Solutions 2019 auf Basis Cross-Border-Commerce-Europa)

in Kraft getreten. Überarbeitete Verbraucherschutz-Bestimmungen greifen ab 2020 (Webdata-Solutions, 2019). Für den stationären Handel bedeutet das in Zukunft eine erhebliche Zunahme des Wettbewerbs, sofern er es nicht schafft, auch vom Cross-Border-Commerce zu partizipieren.

2.3.4 GAFA-TAB-Ökonomie und Hidden Champions

Der Cross-Border-Commerce wird vor allem durch die GAFA-TAB-Ökonomie gepusht. Die „GAFA-Gruppe" (Google, Amazon, Facebook, Apple) kommt zusammengenommen auf mehr als 1000 Mrd. US$ Handelsvolumen in 2020. Dieser US-Gruppe steht in der östlichen Hemisphäre die TAB-Gemeinschaft gegenüber, nämlich Tencent (inklusive WeChat), Alibaba (inklusive T-Mall und Taobao), Baidu sowie JD.com mit zusammen bereits mehr als 2000 Mrd. US$ Handelsvolumen. Diese TABs stehen nach Expertenmeinung den GAFAs in nichts nach und praktizieren derzeit eindrucksvoll das „chinesische Leapfrogging" (Locationinsider, 2018). Insofern ist die Frage erlaubt, welche Gruppe Europa aufzufahren hat. Bisher kann diese Frage nicht beantwortet werden, also „Zero". Deswegen ist der digitale Kampf der Triade auf den ersten Blick wohl eher ein „GAFA-TAB-Zero" (Abb. 2.16).

Was ist die Antwort auf das skizzierte Szenario? Zwei Dinge lehren die GAFAE-TAB's zweifelsohne (iBusiness GAFA, 2017; Carpathia, 2018; Heinemann OH, 2021):

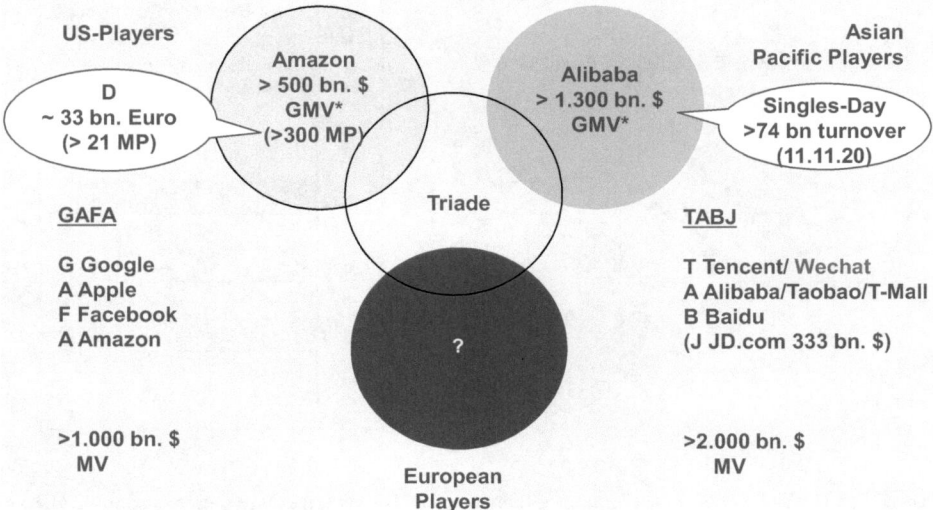

„Die Triade Ende 2020: Was ist die Antwort in Europa?"*

*Zahlen geschätz auf Basis der Annual Reports für 2020

Abb. 2.16 Kampf der Triade – ein „GAFAE-TAB-Zero"

1. „Kenne deine Kunden", denn die GAFA-TAB's tun wirklich alles, um Kundendaten zu sammeln und Bewegungsprofile zu erstellen. User können posten, was sie gerade tun, dürfen gratis Navigationslösungen nutzen oder sich gegen Vorteile registrieren lassen. Der Datensammelwut sind keine Grenzen gesetzt.
2. „Binde die Kunden", denn Kundenbindung ist günstiger als Kundenakquisition. Amazon Prime macht es vor und auch Google bzw. Facebook versuchen mit unentwegter Beharrlichkeit herauszufinden, was die Nutzer gut finden, nur um es ihnen dann anzubieten.

Was aber kann die deutsche Antwort auf Amazon & Co. sein? Insbesondere im lokalen Handel besteht enormer Nachholbedarf, da hier häufig schon die Basisanforderungen an einen professionellen Geschäftsbetrieb nicht erfüllt sind (Heinemann, 2017; Scholz, 2018; DHL, 2020; ibi, 2020). Mit der digitalen Adoption und Transformation wird sich im stationären Handel höchstwahrscheinlich die Spreu vom Weizen trennen. Die Digitalisierung wird dementsprechend wesentlich über die weitere Konzentration und Konsolidierung im Handel mitentscheiden. Die Auffindbarkeit im Netz ist zweifelsohne überlebenswichtig, um für die Kunden sichtbar zu sein (Heinemann, 2019). Die Corona-Krise erweist sich allerdings als Katalysator für die Digitalisierung. So glauben 97 % der Entscheidungsträger in Unternehmen, dass COVID-19 die digitale Transformation innerhalb ihres Unternehmens vorangebracht hat (One-to-One, 2020; Twillo, 2020).

Hidden Champions im Online-Handel

Die Grundsatzfrage ist, ob Deutschland oder Europa eigene GAFA's oder TAB's braucht. Deutschland ist das Land der Mittelständler, die in ihrer Nische Weltmarkt- und Innovationsführer sind. Warum sollte sich die Idee der Hidden Champions nicht auch auf den Einzelhandel übertragen lassen (Bodmeier, 2019)? Hierzulande gibt es neben den großen Online-Playern wie Zalando, Otto und About You bereits kleinere Schnellboote und damit Hidden Champions des Online-Handels. So wie die Kartenmacherei, die in ihrer Nische mit Hochzeitskarten über 40 Mio. Umsatz im Jahr macht. Der Online-Händler ist noch zu 100 % in Familienhand und startet jetzt mit Better Ventures als eigenes „Family Office" durch (Bodmeier, 2019). Ähnliche Hidden-Champions im Online-Handel und waschechte Familienunternehmen und Mittelständler sind u. a. Reuter-Badshop, Gartenmoebel.de oder Rosebikes. Diese digitalen Mittelständler haben ihr Wachstum selbst finanziert. Sie drehen jetzt natürlich keine Milliardenumsätze. Aber mit 40 oder 50 Mio. EUR Umsatz – und profitabel dazu – lässt sich auch gut leben. Das ist genau mein Appell: Unternehmen müssen realistisch eine Entscheidung treffen, ob sie das Wachstum „koste es, was es wolle" mitnehmen wollen, wie sie es eben gerade könnten, oder ob sie doch auf einen Teil des Wachstums verzichten, weil sie weiter unabhängig sein möchten. In der 250-jährigen Geschichte der industriellen Revolution war schon immer der Kardinalfehler, dass Unternehmen wachstumsbedingt Kapazitäten aufbauen, die sie zu viel haben, wenn wieder schlechte Zeiten kommen. Und deswegen gibt es diese Unternehmen heute nicht mehr. Es lohnt sich insofern durchaus, hier auch einmal auf Schnellschüsse zu verzichten und stattdessen die Businessplanung solide durchzurechnen. Um die Anfangsfrage zu beantworten: Natürlich kann Deutschland einen neuen hochinnovativen, vor allem digital gegründeten Mittelstand aufbauen, der nach wie vor in Gründerhand bleibt und diesen Standort zunehmend digitalisiert.

2.3.5   New Social Commerce

Derzeit pushen vor allem etablierte Plattformen wie Instagram eine neue Form des Social-Shopping, ähnlich wie die ursprünglich aus Asien stammenden Apps wie Pinduoduo oder Meesho (iBusiness Trends, 2020). Social Commerce stellt vom Grundansatz die Möglichkeit dar, über Social-Media-Plattformen direkt Produkte kaufen zu können. Das macht das Shoppingerlebnis für viele User angenehmer und leichter. Dementsprechend arbeiten viel Online-Händler über Instagram mit „Shoppable Posts". Diese verkürzen die Customer Journey und steigern damit die Zahl der Spontankäufe (Büttner, 2020). Bisher setzt hier der Contextual Commerce durch die Platzierung von Buy Buttons an, und zwar in Umgebungen außerhalb von Online-Shops oder -Marktplätzen. Darüber lassen sich Produkte direkt dort erwerben, wo sie der Verbraucher online gesehen hat. Kauf-Buttons können damit beiläufiges Online-Shopping „on-the-go" ermöglichen (Erez, 2019; Kingstone, 2019). Dabei löst sich der Online-Handel vom Online-Shop und wird zum universalen Begleiter im Alltag, weswegen ihm großes

Potenzial zugeschrieben wird (Erez, 2019). Zweifelsohne ist der Anteil von Contextual Commerce in Deutschland noch relativ gering. Er dürfte in den nächsten Jahren aber zu einem wichtigen Bestandteil des E-Commerce werden und damit Einzelhandelsumsätze generieren, die auf Kosten des Handelskuchens gehen. Vor allem, wenn dem Kunden der beste Preis garantiert und das für ihn passende Produkt kuratiert wird, was Voraussetzung ist. Ansonsten wirken die fehlende Preistransparenz, Vergleichbarkeit sowie Auswahlmöglichkeit eher kontraproduktiv (Kunz, 2018).

Facebook hat das erkannt. Der Internetgigant stellt dementsprechend immer neue Shopping-Funktionen vor. Der Instagram-Plattform kommt dabei eine Schlüsselrolle zu, auf der rund 160 Mio. Unternehmen aktiv sind. Für die meisten Konsumgüterunternehmen ist Instagram schon heute nicht mehr wegzudenken und stellt eine Art Schaufenster dar. Zusätzlich wird jetzt den Händlern auch die Möglichkeit gegeben, direkt über die Plattform zu verkaufen. Zweifelsohne hat auch die Corona-Krise mit dazu beigetragen, dass vor allem lokale Händler ohne Online-Shop Instagram für sich als Vermarktungsmedium nutzen. Darauf reagierte bereits die Konzernmutter Facebook und kündigte neue Funktionen für Social-Shopping-Möglichkeiten an (Gardt, 2020). Dabei gilt Instagram als heimliche Waffe von Facebook. Beides soll zu führenden Marktplätzen in der Mobile-Welt ausgebaut werden. So hat Facebook seine Shops präsentiert, die mit Live-Shopping- und Chat-Funktionen aufwarten (excitingcommerce FB, 2020). Der Produkt-Upload soll über Shopify & Co. abgewickelt werden. Diese sind vor allem bei den Influencern und kleinen Labels gut positioniert. Damit wird das Social-Commerce-Thema neu erfunden („New Social Commerce"). Neu ist, wie Facebook und Instagram die Shops und Produkte Feed-basiert in ihre Streams integrieren und damit auch zur Steilvorlage für Social Media Stars machen (ebd.). Vor allem der geplante „Instagram Explore Feed" wird den Social Commerce in ein neues Zeitalter katapultieren, weil es gezielteres und interessenbasiertes Targeting ermöglicht (Mc Laggen, 2020). Auch dürfte das Kurzvideo-Feature „Reels" sachdienlich sein, denn damit können relativ einfach, 15 s lange und amüsante Kurzfilmchen erstellt und ausgetauscht werden. Die Konzepte erinnern an die Plattform TikTok. Die ersten Unternehmen in Deutschland nutzen bereits Reels und erstellen damit kurze Werbevideos, wie z. B. das Unternehmen Oatsome, das Smoothie-Bowl-Produkte vermarktet (Rinsum, 2020). Alles in allem beeinflusst Instagram zunehmend die Shopping-Gewohnheiten, wodurch auch das „Inspirational Shopping" Auftrieb erlangen dürfte. Dabei erhalten User z. B. Outfit-Inspirationen und können dann Teile daraus oder das gesamte Set kaufen (eTailment Key Trends, 2019; Heinemann OH, 2021).

2.4   Veränderte Wertschöpfungsketten und Verlust der Kundenbeziehungen

Schon heute wird mehr als die Hälfte des Online-Handels über Marktplätze abgewickelt. Auch Preis- und Vergleichsportale werden immer mehr als Einstieg in den Kaufprozess genutzt. Damit greifen sich Plattformen zunehmend die Kundenbeziehung und wirbeln etablierte Wertschöpfungsketten durcheinander. Dadurch besteht die Gefahr, dass traditionelle Anbieter den Kontakt zum Kunden verlieren und immer mehr zu Erfüllungsgehilfen für große Plattformen werden. Die Antwort kann nur heißen, ein Customer-Relationship-Management zu implementieren oder aber ein bestehendes CRM-System zu professionalisieren und zu forcieren. Es geht darum, die Kunden mit einem datenbasierten Marketing zu binden und zugleich durch eine Vertikalisierung der Austauschbarkeitsfalle zu entkommen.

2.4.1   Bedeutung von Portalen und Einkaufsplattformen

Portale und Marktplätze gelten als „Gewinner des Online-Handels". Wie sämtliche Studien dazu zeigen, werden sie in der Regel zum Einstieg in den Kaufprozess genutzt (kaufDA, 2018). Von hoher Relevanz für die Produktsuche sind zweifelsohne Suchmaschinen – allen voran Google – und die großen Einkaufsplattformen wie Amazon und eBay sowie Preisvergleicher. Auf Portalen und E-Marktplätzen wird nicht selten auch schon das Produkt geordert, wenn es gefunden wurde. Diese kommen deswegen in Deutschland bereits auf mehr als ein Drittel Marktanteil im Online-Handel und decken in Teilsegmenten sogar bis zu 50 % des Gesamtmarktes ab (Heinemann OH, 2021). Zu unterscheiden sind Preisvergleichsportale wie idealo.de, Vermittlungsportale wie meinauto.de, my-hammer.de, die Taxi-App „mytaxi" oder die Taxiersatz-App „Uber" sowie Vermietungsportale wie rbnb.com, tolooma.de oder renttherunaway.com. Vor allem Reiseportale wie expedia.com, booking.com, trivago.com oder fluege.de erleben einen großen Boom. Die Gefahr für große Reiseanbieter ist, dass sie durch den Trend zum Reiseportal immer mehr den Erstkontakt zu den Endkunden verlieren und sich zu regelrechten Erfüllungsgehilfen mit „reinem Fulfillment-Status" entwickeln könnten. Insofern liegt es nahe, dass auch die großen Anbieter im E-Commerce das Marktplatzmodell oder Vermittlungsportale für sich entdecken. Vorbild ist Amazon. Es geht vor allem darum, die Kundenfrequenz quasi an Kooperationspartner „unterzuvermieten". Die offenen Plattformen wie zum Beispiel eBay erhalten dadurch neue Mitbewerber in Form von Shopping-Portalen. In Deutschland forcieren vor allem Zalando sowie die Otto-Gruppe das Marktplatzgeschäft. Auf dem amerikanischen Einzelhandelsmarkt integriert WalMart auch externe Händler auf der Website für den Verkauf von Waren. Ähnlich wie bei Marktplatzmodellen von Amazon und eBay bezahlen die Händler dafür eine monatliche Gebühr und eine Kommission. Die „Fremdangebote" der kooperierenden Einzelhändler erscheinen in Format und Aufbau als Artikel von WalMart mit dem kleinen Tag

„Marktplatzhändler". Ähnlich wie bei eBay und Amazon erhalten die Verkäufer Ratings und Feedback über Kundenbewertungen (Heinemann, 2017; Heinemann OH, 2021). Insbesondere bei hoher Besuchsfrequenz bieten sich Marktplätze auf der eigenen Website an, um die Angebote „ohne riskanten Aufbau der Infrastruktur" auszuweiten. Zudem sind sie in der Lage, das Eigengeschäft zu befeuern und auch den eigenen Online-Shop zu rentabilisieren. Deswegen bietet wohl auch Zalando mit seinem Partnerprogramm ein ähnliches Modell an, das jedoch eher geschlossener Natur ist und vor allem preisaggressive Angebote verhindern soll (Zalando, 2020; Heinemann OH, 2021). Während sich die Betreiber solcher Plattformen in den Anfangsjahren eher in einer juristischen Grauzone bewegten, wenn sie in ihrer Vermittlerfunktion Geldtransaktionen durchführten, hat die BaFin mittlerweile klare Richtlinien verabschiedet, wie das Transaktionsmanagement von Marktplätzen zu handhaben ist. Banken haben in der Regel Registrierungsportale eingerichtet, damit Online-Händler ihre Vertragsdaten einfach und schnell eingeben können (Heinemann et al., 2021). Der Aufbau von Marktplätzen ist allerdings schwierig. Unter Inkubatoren gilt die Gründung von Marktplatzmodellen mithin als das Schwierigste, was man im Internet versuchen kann. Gelingt dies allerdings, wird in der Regel ein überproportional hoher Wert generiert, wie das vor allem Amazon zeigt. Ohne einen dem Marktplatz vorausgehenden, und ihn später ergänzenden, Frequenztreiber – sei es sortimentsbezogen oder geografisch –, gelten derartige Konzepte allerdings als wenig erfolgsträchtig. Neben der Gründung bzw. Forcierung eigener Marktplatzaktivitäten wird von stationären Einzelhändlern zunehmend auch die Präsenz auf fremden Marktplätzen in Angriff genommen. Dazu sollte vorher aber die Zielrichtung geklärt sein. Es macht einen großen Unterschied, ob es zum Beispiel vorrangig um die Kundengewinnung und Marketingziele oder aber um ergänzende Abverkäufe geht. Im Grunde genommen stellen derartige Plattformen einen zusätzlichen Absatzkanal dar. Als eine Art Marktplatz können auch Börsen- und Tauschplattformen angesehen werden wie zum Beispiel die Tauschbörsen eBay-Kleinanzeigen, Tauschticket, Mamikreisel oder Tauschgnom. Sie bieten Kunden die Möglichkeit, ihre eher hochpreisigen Waren, die zum Teil nagelneu oder nur einmal getragen worden sind, mit anderen Mitgliedern zu tauschen (Heinemann et al., 2021).

Wie aktuelle Studien aufzeigen, nimmt die Bedeutung von Plattformen und Portalen als Einstieg in den Kaufprozess sogar weiter zu (Heinemann App, 2018). Suchmaschinen konnten ihre dominierende Stellung halten (vgl. Abb. 2.17). Zugleich bleibt der Wert für eigene Websites und mobile Online-Shops auf hohem Niveau stabil. Das bestätigt die Notwendigkeit für Händler, in dieser Form „digital präsent" zu sein.

2.4.2   Veränderung der Wertschöpfungsstrukturen

Die digitale Revolution treibt mit der Ausweitung von Portalen und Plattformen auch die Entkopplung bisheriger Wertschöpfungsketten voran. Dadurch können klassische Anbieter wesentliche wertschöpfende Aktivitäten nicht mehr wie bisher wahrnehmen

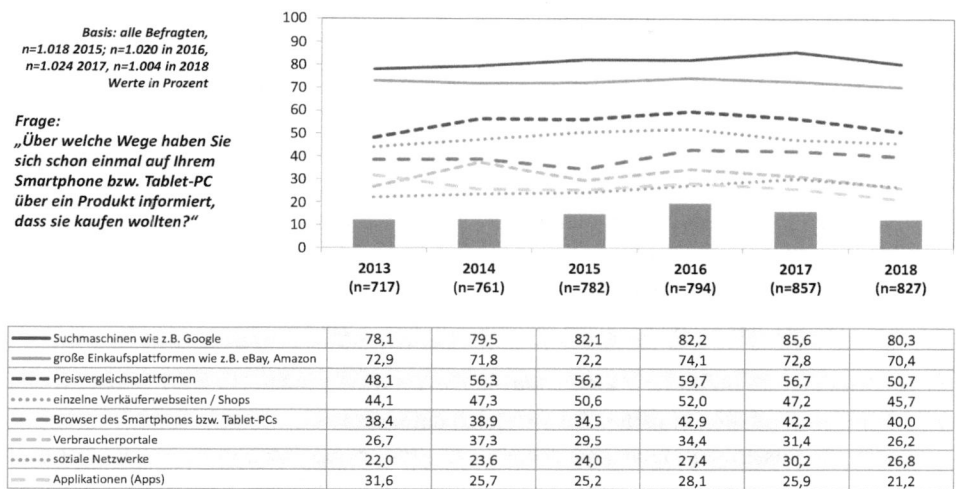

Zeitreihenvergleich: genutzte Kanäle für Suche nach Produktinformationen auf mobilen Geräten und Wichtigkeit von Aspekten bei Produktinformationssuche

Basis: alle Befragten, n=1.018 2015; n=1.020 in 2016, n=1.024 2017, n=1.004 in 2018 Werte in Prozent

Frage: „Über welche Wege haben Sie sich schon einmal auf Ihrem Smartphone bzw. Tablet-PC über ein Produkt informiert, dass sie kaufen wollten?"

	2013 (n=717)	2014 (n=761)	2015 (n=782)	2016 (n=794)	2017 (n=857)	2018 (n=827)
Suchmaschinen wie z.B. Google	78,1	79,5	82,1	82,2	85,6	80,3
große Einkaufsplattformen wie z.B. eBay, Amazon	72,9	71,8	72,2	74,1	72,8	70,4
Preisvergleichsplattformen	48,1	56,3	56,2	59,7	56,7	50,7
einzelne Verkäuferwebseiten / Shops	44,1	47,3	50,6	52,0	47,2	45,7
Browser des Smartphones bzw. Tablet-PCs	38,4	38,9	34,5	42,9	42,2	40,0
Verbraucherportale	26,7	37,3	29,5	34,4	31,4	26,2
soziale Netzwerke	22,0	23,6	24,0	27,4	30,2	26,8
Applikationen (Apps)	31,6	25,7	25,2	28,1	25,9	21,2

Basis: nur Befragte, die schon einmal auf Ihrem Smartphone bzw. Tablet-PC gezielt nach Informationen zu Produkten gesucht haben; Werte in Prozent

Abb. 2.17 Genutzte Informationskanäle zur Produktsuche im Zeitreihenvergleich. (Quelle: KaufDA, 2018)

(Heinemann et al., 2019). An ihre Stelle treten – beispielsweise an der Kundenschnittstelle – Infomediäre mit herausragender Angebotsvielfalt, Makler mit *unendlich* großer Auswahl über Longtail, Empfehlungs-Engines mit individuellen 1:1-Empfehlungen, Preis- und Produktsuchmaschinen mit Beratungsfunktion sowie soziale Netzwerke, die vertrauenswürdige Meinungen und Empfehlungen anderer Freunde bündeln. Bisherige Intermediäre – wie der stationäre Handel – haben dadurch bereits ihre Alleinstellungsmerkmale an der Kundenschnittstelle verloren und spielen vielfach keine dominierende Rolle mehr für die Produktauswahl der Kunden. Sie verlieren für den Internetnutzer immer mehr an Relevanz, wodurch auch die Bindung und demzufolge Zahlungsbereitschaft der Konsumenten weiter zurückgehen. Für eine nicht mehr wahrgenommene bzw. in Anspruch genommene Wertschöpfung sind diese nicht mehr bereit, ein Premium zu zahlen. Das Vorhalten von Beratung und Bedienung wird damit zunehmend weniger erfolgskritisch (Gehrckens und Boersma, 2013; Heinemann et al., 2019; Heinemann OH, 2021). Dementsprechend entkoppelt sich der Kaufentscheidungsprozess durch das Internet, was analog zur Entkoppelung der Wertschöpfungsketten im Handel stattfindet. Klassische Einzelhändler verlieren zusehends ihre Position als „Alles-aus-einer-Hand-Anbieter" und degenerieren zum austauschbaren Dienstleister, und zwar mit allen wesentlichen finanziellen Risiken durch das asset-intensive Geschäft. Genauso, wie sich dies jetzt auch schon im Einzelhandel mit Amazon & Co. abzeichnet. „Digital Insider" gehen davon aus, dass mittel- bis langfristig keine Branche von dem disruptiven, digitalen Wandel verschont bleibt. Jedes attraktive Marktsegment wird von Investoren so lange befeuert, bis sich ein digitaler Player durchsetzt. Eine Markt-Disruption ist insofern für jede Branche unvermeidbar. Neben der Reisebranche und dem Einzelhandel sind praktisch schon die Branchen Medien und Musik komplett verändert worden. Dieser Veränderungsprozess wurde sicherlich durch die Digitalisierung der Produkte, also die E-Books und Musik-Downloads, zusätzlich befeuert. Selbst dem Bankensektor steht durch die aufkommende Plattformökonomie ein ähnlicher Paradigmenwechsel bevor. Sogar die im Hinblick auf Vertriebsstrukturen eher konservative Autobranche sieht sich bereits mit ähnlichen Herausforderungen konfrontiert, da Tesla & Co. jetzt auch Neuwagen ohne Niederlassungen verkaufen. Der komplette Gebrauchtwagenmarkt findet ja auch schon mehr oder weniger online statt. Insofern besteht in allen Branchen für etablierte Anbieter die Gefahr, wie die Reiseanbieter mit ihren in der Vergangenheit aufgebauten Fixkostenapparaten eher zu einer Art Erfüllungsgehilfe ohne direkte Kundenbeziehung in der Geschäftsanbahnung zu werden. In Abb. 2.18 sind die Betroffenheitsgrade der Branchen im Vergleich dargestellt.

Welche Schlussfolgerungen sind aber für die stationären Händler zu ziehen? Mittlerweile sammeln die Handelsunternehmen zwar zahlreiche Daten über Märkte, Kunden und Mitbewerber, stellen die Informationsfülle allerdings häufig noch als „Big-Data-Problem" dar. Datenbasiert lässt sich aber die gesamte physische Wertschöpfungskette

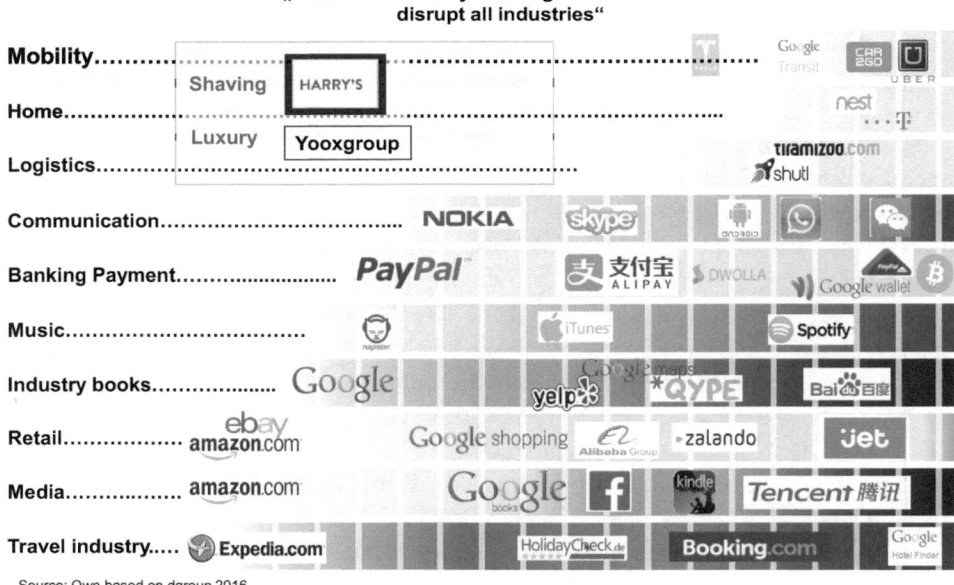

Source: Own based on dgroup 2016

Abb. 2.18 Beispiele für digitale Disruption durch neue Informationsintermediäre. (Quelle: dgroup, 2016; Heinemann B2B, 2020)

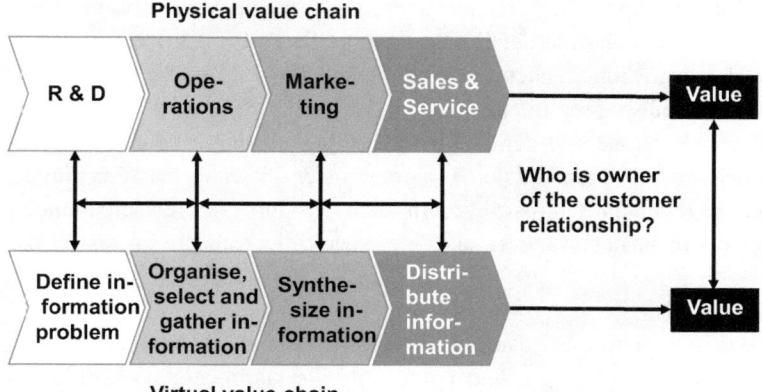

Abb. 2.19 Virtuelle Wertschöpfungskette als Ergänzung der physischen Wertschöpfungskette. (Quelle: Hollensen, 2020)

zweifelsohne weit besser steuern. Dadurch wird eine weitere, und zwar die virtuelle, Wertschöpfungskette gebildet (vgl. Abb. 2.19). Die virtuelle Wertschöpfungskette ergänzt damit idealerweise die physische Wertschöpfung. Diese beinhaltet vier Chancen, wie sich Informationen für eine bessere Wertschöpfung im Einzelhandel nutzen lassen (Hollensen, 2020; Heinemann B2B, 2020):

1. Risikomanagement: Mit verbesserter Transparenz lässt sich die Arbeitsqualität in allen Funktionen verbessern, so z. B. Finanzen, Rechnungswesen oder Controlling. Deswegen sollte vor allem in diesen Bereichen auch nicht an IT-Ressourcen gespart werden.
2. Kostenmanagement: Digitale Daten ermöglichen vor allem Prozessoptimierungen und effizientere Transaktionen.
3. Sortiments- und Serviceangebote: Je mehr datenbasierte Informationen über Kunden und ihre Nachfrage vorliegen, umso eher lassen sich kuratierte Angebote umsetzen.
4. Sortimentsentwicklung: Kundendaten helfen, Sortimente zu entwickeln, die vom Kunden eher akzeptiert werden.

Dieses erfordert performante Systeme, wie sie die großen Internet-Plattformen bzw. Informations-Intermediäre nutzen. Deswegen muss die Art der Kundenbeziehung um die „interaktive Schnittstelle" zum Markt und damit folgende Aspekte ergänzt werden, um relevant zu bleiben (Hollensen, 2020; Heinemann B2B, 2020):

1. Halten und Verteidigen der Kundenbeziehung: Traditionelle Intermediäre – wie der stationäre Fachhandel – haben heute bereits vielfach ihr Alleinstellungsmerkmal an der Kundenschnittstelle verloren und spielen häufig keine dominierende Rolle mehr für die Produktauswahl der Kunden. Sie verlieren für den Internetnutzer immer mehr an Relevanz, wodurch auch die Bindung und demzufolge die Zahlungsbereitschaft der Konsumenten weiter zurückgeht.
2. Radikale Verbesserung der Wettbewerbsfähigkeit durch neue Geschäftsmodelle: Die Kunden von heute sind zugleich Internetnutzer und erwarten auch von den Herstellern einen exzellenten Online-Shop, in dem sie ihre Kaufentscheidungen vorbereiten können. Ansonsten wandern auch deswegen die Kunden sukzessive zu Plattformen ab.

Eine Markt-Disruption ist insofern für jede Branche unvermeidbar, wie Abb. 2.19 zeigt. Welche Schlussfolgerungen sind daraus für die stationären Einzelhändler zu ziehen? Offensichtlich hat die Mehrzahl der Unternehmen hierzulande immer noch nicht realisiert, mit welcher Wucht die digitale Revolution zuschlägt. Es besteht nicht nur Zeitdruck. Eher ist Alarmstimmung angesagt, zumal 250.000 Händler noch gar nicht online sind (DHL, 2020). Um eines werden sie dennoch nicht herumkommen: digitale Mobilisierung! Und das kostet – wie Händler am Niederrhein zu sagen pflegen – zunächst einmal „Kohle ohne Ende".

2.4.3 Vertikalisierung versus Spezialisierung

Zweifelsohne ist es zentrales Interesse eines jeden Kunden, in seinem Kaufprozess ein Produkt zu finden, das seine Bedürfnisse optimal befriedigt (Meffert et al., 2018). Hilft ein Händler dem Kaufinteressenten dabei und bietet er diesem dazu noch einen akzeptablen Preis, hat der Point of Sale gewöhnlich eine hohe Relevanz für den Kunden. Solange diese einen Nutzen darin sahen, leitete sich daraus bislang die primäre Rolle des Handels für die Konsumenten ab und die gesamte Wertschöpfung des Kaufentscheidungsprozesses erfolgte beim Händler Die entsprechenden Wertschöpfungsstufen sind in Abb. 2.20 dargestellt: Beschaffung, Vorauswahl und Beratung etc. wurden ihm dementsprechend honoriert. Der Handel musste sich die Erlöse mit niemandem teilen (Heinemann, 2017; Heinemann et al., 2019).

Die internetinduzierten Entwicklungen der letzten Jahre haben jedoch zu einer vollständigen Entkoppelung der Wertschöpfungsstufen des Handels geführt (Heinemann et al., 2019). Dadurch werden Erlöse auf die einzelnen Wertschöpfungsstufen neu verteilt und nicht mehr in Gänze vom Händler vereinnahmt. Typisches Beispiel sind die Provisionen, die für den Kundenkontakt auf Marktplätzen und Plattformen entfallen. Dieses führt zu einem neuartigen Zusammenspiel von Vertikalisierung und Spezialisierung, da die Kunden jetzt auch unmittelbare Einkaufsmöglichkeiten wahrnehmen können und dabei in den Genuss neuer Mehrwerte kommen. Der Erfolg des

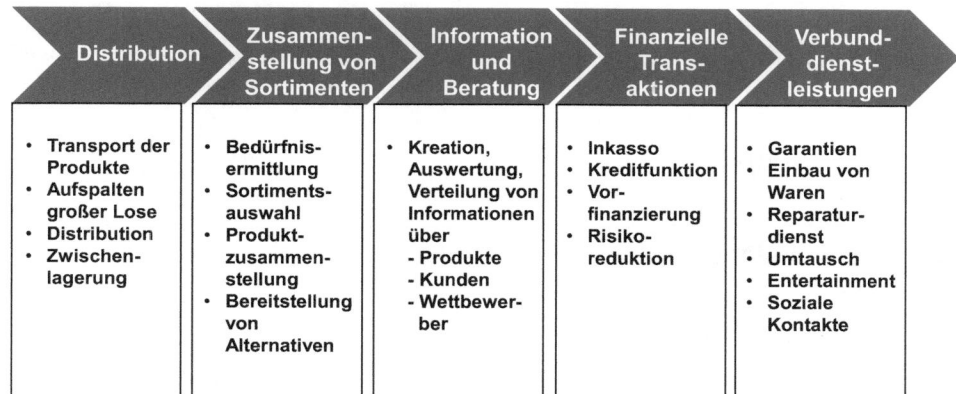

Abb. 2.20 Klassische Wertschöpfungskette des stationären Handels. (Quelle: Gehrckens und Boersma, 2013)

herstellereigenen Einzelhandels sowie vertikaler D2C-Konzepte belegt dies. Es beweist auch, dass Kunden auf Dauer keine verkrusteten Distributionsstrukturen akzeptieren werden, die ihnen ihre Mündigkeit absprechen, direkt bzw. unkompliziert und service-orientiert einkaufen zu können. In der SHK-Branche zum Beispiel sind erfolgreiche Pioniere wie Reuter.de dabei, veraltete und verkrustete Vertriebskanäle aufzubrechen und dem Endkunden direkte und serviceorientiertere Einkaufsmöglichkeiten anzubieten. Bisher präsentierte hier der Großhandel die Produkte und zwang die Kunden zum Kauf und Bezug der Waren über den Handwerker. Preistransparenz für den Endkunden gab es insofern praktisch nicht. Hand in Hand mit der Internetnutzung richten sich nunmehr aber ganze Wertschöpfungsketten in einer innovativen Art der Vertikalisierung völlig neu aus und schaffen eine andere Art des Kundenmehrwertes. Dieser ergibt sich unter anderem aus einer reduzierten Anzahl der Wertschöpfungsstufen. Dabei ermöglicht die sogenannte Disintermediation ein Absenken der Preise und führt so zu steigender Preis-leistung. Kunden müssen nicht mehr für vermeintliche, aber nicht erbrachte und auch nicht gewünschte „Leistungen" zusätzlich bezahlen. Zugleich erhöht sich der Kunden-mehrwert durch Ausweitung der Angebote bzw. Auswahl, steigende Informationstrans-parenz sowie verbesserte Bearbeitungsqualität (Heinemann, 2017; Heinemann et al., 2019).

Eine neue Art der Spezialisierung von Dienstleistern ermöglicht es darüber hinaus, den Kunden digitale Zeitvorteile zu bieten. Diesbezüglich geht es um Schnellig-keit, Zeitzuverlässigkeit und situationsgerechte Angebote. Same Day Delivery (SDD) wurde bereits als Standard gesetzt und wird sich – vor allem vom Marktführer Amazon getrieben – weiter durchsetzen. Kunden kaufen bisher häufig (noch) stationär ein, um die Ware noch am gleichen Tag zu Hause zu haben. Das bekommen sie jetzt aber auch durch SDD geboten. Als Pionier gilt hier Liefery (customer.liefery.com), der mit mehr als 1700 Einzelhändlern und 25 großen Handelsketten zusammenarbeitet, darunter auch Amazon,

Zalando, Bringmeister (Edeka), Rewe, HelloFresh. Dabei setzt die Technologie-Platt-
form auf ein großes Kuriernetzwerk aus mehr als 4500 Paketzustellern. Dadurch wird
das Risiko potenzieller Engpässe im Bereich von Transportkapazitäten, bei gleichzeitiger
Maximierung der Flexibilität, reduziert und ein zusätzlicher Mehrwert geschaffen, den es
früher so nicht gab (Heinemann B2B, 2020).

2.4.4   Vom Point of Sale zum Point of Decision

Der im stationären Handel gelernte und auf der traditionellen Wertschöpfungsstruktur
beruhende klassische Kaufprozess sieht gewöhnlich vor, dass sich der Kunde zuerst
einen Anbieter auswählt. Am Point of Sale entscheidet er sich dann für das Produkt, das
seinen Bedürfnissen am ehesten entgegenkommt. Hierzu muss er sich einen Überblick
über die Produkte im Sortiment des Händlers verschaffen, Produkte anhand von Produktinformationen vergleichen und schließlich eine Produktauswahl mit anschließendem
Kauf treffen. Somit muss der Kunde sich zuerst für einen oder mehrere Anbieter entscheiden und sich dann vor Ort auf ein Produkt festlegen. Charakteristisch für den
klassischen Kaufprozess ist die Übereinstimmung von „Point of Decision" und „Point
of Sale" (Gehrckens und Boersma, 2013). Darauf baute die bisherige Wertschöpfung des
stationären Handels auf. Die entsprechenden Wertschöpfungsstufen sind in Abb. 2.20
dargestellt.
   Eine Bedrohung für den stationären Handel ergibt sich vor allem dadurch, dass das
Internet die einzelnen Phasen im Kaufentscheidungsprozess verschiebt und sich damit der
Point of Decision vom Point of Sale loslöst (Gehrckens und Boersma, 2013; Heinemann
OH, 2021). Dabei gestaltet sich der neue internetbasierte Kaufprozess derart, dass der
Kunde im Netz zuerst ein Produkt auswählt, das seinen Bedürfnissen entspricht. Mit-
hilfe von Portalen, Preisvergleichern, Online-Marktplätzen, Social-Shopping-Diensten
oder Communities verschafft er sich dazu einen Überblick über das Produktangebot.
Danach vergleicht er die Produkte anhand von Produktinformationen zum Beispiel mithilfe von Testberichten, Herstellerseiten, Meinungsportalen oder sozialen Netzwerken
und entscheidet sich dann für ein Produkt. Erst danach wählt der Kunde den aus seiner
Sicht optimalen Anbieter aus, bei dem er dann den Kauf vollzieht. Dabei entscheidet er
nach Produktverfügbarkeit, Nähe des Händlers oder preisorientiert und damit relativ losgelöst von Online- oder Offline-Kanälen. Dadurch können stationäre Händler massiv an
Bedeutung für die Kunden verlieren. Sie werden im Extremfall nur noch als „Point of
Sale" wahrgenommen, aber nicht mehr zur Informationssuche und Entscheidungsfindung
genutzt. Das liegt auch daran, dass im Internet die benötigten Informationen zur Produktauswahl sowie auch das Produktangebot in viel größerem Umfang vorhanden sind. Deswegen gewinnt das Internet als „Point of Decision" stark an Bedeutung.
   Die Mehrzahl der stationären Käufer beginnt mittlerweile ihren Einkaufsprozess mit
der Recherche im mobilen Netz und nutzt dafür auch lokale Dienste (Heinemann App,
2018). Dazu verwenden Smartphone-Besitzer auch andere Gerätetypen, also Desktop,

Mobile oder Tablet. Gestartet wird die Informationsrecherche aber überwiegend mit dem Mobile, und zwar in Leerzeiten wie zum Beispiel im Stau, in der Schlange oder im Wartezimmer. Nicht selten setzen die Kunden den Informationsprozess zu Hause am Desktop fort, wo dann zunehmend auch gekauft wird. Aber auch parallel zum Fernsehen wird immer mehr im mobilen Internet gesurft. Dabei treffen Kunden immer häufiger bereits Kaufentscheidungen, die am nächsten Tag in einem stationären Geschäft zum Vollzug kommen (kaufDA, 2018; Heinemann OH, 2021).

Auch die Mehrzahl der Online-Einkäufe starten über die Informationssuche mit dem Smartphone, auch wenn der Kauf nicht selten über den Desktop finalisiert wird. Insofern haben Smartphones als „Zubringerfunktion" nicht nur für den stationären Handel, sondern ebenfalls für den Online-Shop eine herausragende Rolle. Dabei lässt die steigende Internetnutzung eine „neue Art" von Standortfrequenzen im Netz entstehen, die Auswirkungen auf die bisherigen stationären Handelsstandorte haben und diese zunehmend ersetzen oder zumindest ergänzen werden. Dabei wird die bisherige Ordnung des Kaufentscheidungsprozesses durch das Internet stark verändert und dies führt auch zu einer radikalen Veränderung des Kaufverhaltens (Heinemann OH, 2021). So eröffnet das Internet dem Kunden die Möglichkeit, sich beinahe jedes weltweit verfügbare Produkt relativ schnell und einfach beschaffen zu können. Zudem findet der Kunde im Netz alle erforderlichen Informationen, die ihn bei der Suche nach dem richtigen Produkt unterstützen. Aufgrund detaillierter Produktinformationen, zusätzlicher Testberichte sowie dargestellter Produktbewertungen wird der Entscheidungsprozess von Kunden viel besser unterstützt als bei der traditionellen Beratung durch einen Händler (ebd.). Vor allem Amazon hat es in den letzten Jahren geschafft, den Kaufprozess zu seinen Gunsten zu verändern. Nicht nur die Produktsuche wird zunehmend durch den Online-Marktführer dominiert, der als Produktsuchmaschine mittlerweile sogar Google abgelöst hat, auch die Anbieterauswahl findet auf dem Amazon-Marktplatz statt. Dieses betrifft allerdings vorrangig den Bedarfskauf, bei dem das Kaufbedürfnis an erster Stelle steht. Geht es jedoch um Impuls- und Erlebniskäufe, hatte der stationäre Handel bisher zweifelsohne Vorteile gegenüber den meisten Online-Händlern.

Im Zuge des App-based Retailing, mit dem Wish eine neue Dimension des Einkaufserlebnisses erfunden hat, dürfte das Shopping als Kaufverhalten in eine neue Evolutionsstufe übergehen. Bei Wish handelt es sich um einen mobilen Marktplatz für Nichtmarkenware, der seine sehr junge Zielgruppe mit extrem niedrigen Preisen über eine Shopping-App bedient und die Bestellungen direkt vom Hersteller in China an den Endkunden versenden lässt (Graf Kassenzone, 2017). Der Mix aus enorm günstigen Preisen – die Rabatte liegen bei mindestens 80 bis 90 % – und langen Lieferzeiten führt zu einer ganz anderen Einkaufsdynamik, die Wish selbst als „Discovery Shopping" beschreibt. Dabei handelt es sich nicht um einen zielgerichteten Einkauf, sondern eher um ein inspiratives Browsen, das durch ein „Endless Scrolling à la Pinterest" befeuert wird. Das primäre Kaufmotiv ist dabei weniger der Zielkauf als vielmehr ein Einkaufsbummel, worin das Geheimnis von Wish liegen dürfte (ebd.). Damit konkurriert der App-based Retailer gar nicht so sehr mit Amazon & Co., sondern richtet sich eher an

Kunden ohne Kaufinteresse, die dann zu Käufern konvertiert werden. Dieses konnte bisher in der Tat der stationäre Handel viel besser als die meisten Online-Modelle (ebd.), es wird allerdings aktuell durch den App-Commerce neu erfunden. Dabei darf auch ROPO nicht mehr nur als „research online and purchase offline" gesehen werden, sondern muss im Zuge des Amazon-Commerce sowie Wish- und App-Commerce zunehmend auch als „research online and purchase online" definiert werden. Zugleich ergibt sich mit dem App-/Wish Commerce eine neue Art des „Point-of-Shopping" (POSH). Zusammen mit diesem sowie aus dem Zusammenspiel von „Point-of-Sale" (POS) und „Point-of-Decision" (POD) ergeben sich die in Abb. 2.21 dargestellten vier Konstellationen.

Mit der zunehmenden Verlagerung der Kommunikation ins Netz verschiebt sich auch die Relevanz einzelner Informationsquellen für den Internetnutzer: Mittlerweile zählen Bewertungen anderer Internetnutzer zu den vertrauenswürdigsten Quellen. Diese spielen insbesondere bei der Vorbereitung von Käufen eine große Rolle. Die Orientierung an der letzten Handlung des Kunden vor dem Einstieg in den Kaufprozess – in der Regel durch „Googeln" – darf insofern die sogenannte Customer Journey nicht ausblenden. Deswegen wird auch der stationäre Handel nicht umhinkommen, im Netz präsent zu sein. Aus vielen Branchen gibt es bereits hervorragende Beispiele dafür, dass ein zusätzlicher Online-Shop keine Frage der Betriebsgröße mehr ist, sondern in erster Linie eine unternehmerische Entscheidung des Inhabers. Aber nicht nur die stationären Händler sind betroffen. Auch die Vertragslieferanten verkaufen zunehmend selbst direkt an die

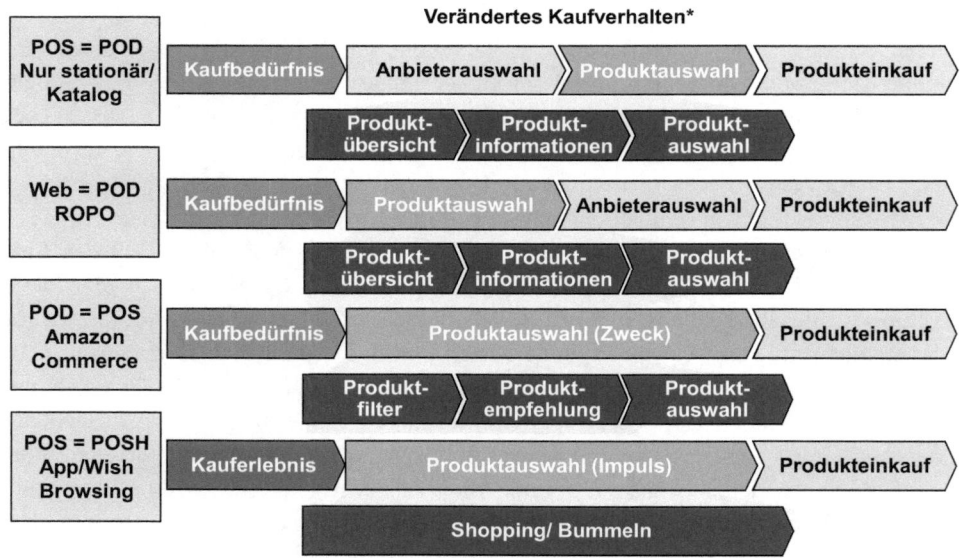

Abb. 2.21 Vom Point-of-Sale zum Point-of-Decision. (Quelle eigene Darstellung in Anlehnung an Gehrckens und Boersma, 2013 sowie Graf Kassenzone, 2017; Heinemann OH, 2021)

Kunden und transformieren so zu vertikalen Anbietern. Das ist im Fashion-Bereich und in anderen Branchen bereits üblich. Herstellereigener Einzelhandel ist eine große Erfolgsstory und eine Firma wie Boss erzielt bereits mehr als 50 % der Umsätze im Direktverkauf an Endkunden.

2.4.5   Zunehmende Bedeutung des datenbasierten Performance-Marketing

Mit dem Auseinanderdriften von POS und POD spielt die „Ownership der Customer Relationship" und damit das Customer-Relationship-Marketing (CRM) auch für den stationären Handel eine immer größere Rolle. Dieser sollte auch die Möglichkeiten des Internets nutzen, sämtliche Kundendaten in digitalisierter Form automatisch und zeit-nah zu generieren. Lidl hat das zweifelsohne erkannt und ist nicht ohne Grund mit Lidl Plus in die Kundendatenoffensive gegangen. Im Gegensatz zum relativ undifferenzierten und push-orientierten Marketing aus dem Vor-Internet-Zeitalter geht es neuerdings um eine möglichst individuelle und interaktive Erfüllung der Kundenwünsche. Die Kunden-bedürfnisse werden auf Basis personalisierter Angebote hoch differenziert behandelt. Das Marketing im Online-Handel stellt sich völlig anders dar als im offline-orientierten Massenmarketing. Zudem funktioniert es ausnahmslos datenbasiert, weswegen hier der Schwerpunkt vor allem auf dem Kundendatenmanagement liegt (Heinemann und Zarnik, 2020). Alle CRM-Maßnahmen dienen dabei entweder der Kundengewinnung oder Kundenbindung. Dementsprechend bilden das Neukunden- sowie das sich nahtlos anschließende Bestandskundenmarketing den inhaltlichen Schwerpunkt. Zunehmend wird statt CRM auch der Begriff Performance-Marketing verwendet. Dieses sollte wesentlicher Bestandteil des Online-Mediamixes sein und das Ziel verfolgen, messbare Reaktionen und/oder Transaktionen mit dem Nutzer zu generieren (ebd.). Dabei sind folgende Merkmale wesentlich (ebd.):

- Messbarkeit: Reaktionen der Zielgruppe sind eindeutig, zeitnah und vollständig mess-bar.
- Modularität: Kampagnen zerfallen in viele kleine Budgetmodule, die individuell buchbar und beurteilbar sind.
- Optimierbarkeit: Anhand verschiedener Parameter kann die Effizienz der Kampagne noch während der Laufzeit beeinflusst und damit verbessert werden.
- Vernetzung: Integration in eine klassische Kampagne und Wechselwirkungen zur Klickrate.

Die leistungsorientierte Honorierung der Medien im Rahmen erfolgsbasierter Online-Marketingmodelle ist dabei eine wesentliche Voraussetzung als Abgrenzung zu den klassischen Marketingmethoden, deren Abrechnung vorrangig durch Reichweite bestimmt wird (TKP, Tausender-Kontakt-Preis). Als Kennzahlen des Performance

Marketing sind zum Beispiel Pay per Click, Pay per Lead oder Pay per Sale gängig. Diese dienen der Kundengewinnung, der Gestaltung von Kundenbeziehungen sowie der gezielten Ausrichtung aller Prozesse auf die Kundenbedürfnisse. Loyalitätsprogramme und damit der Aufbau direkter und loyaler Kundenbeziehungen sind nicht mehr nur für den Online-Handel erfolgsrelevant. Sie zielen darauf ab, den Kundenwert für das Unternehmen zu erhöhen und damit den Unternehmenserfolg zu steigern (Braun et al., 2017; Heinemann und Zarnik, 2020). Diesbezüglich spielt das Kundendatenmanagement, bei dem es um die systematische Aufbereitung aller relevanten Kundendaten geht, eine wichtige Rolle. Die Zusammensetzung der Einkäufe nach Art, Anzahl und Preisen der Artikel sowie Ort, Zeit und Häufigkeit der Einkäufe liefert zum Beispiel relevante Informationen. Gelingt es, diese Daten mithilfe von personenbezogenen sowie einkaufsverhaltensrelevanten Daten zu verknüpfen, ist damit eine gezielte und individuelle Kundenansprache möglich. Das aber macht eine entsprechende Institutionalisierung erforderlich, auf dessen Basis die Ausschöpfung der Kundenpotenziale in Form von Regelkreisen vorangetrieben werden kann (vgl. Abb. 2.22 (Heinemann und Zarnik, 2020).

- **Strategiefindung und Innovation:** Vertriebs und/oder Marketing schlagen neue Kampagnen vor, zum Beispiel wöchentlich.
- **Hypothesenvalidierung:** Kampagnenkonzepte werden durch Analysten der zuständigen Kompetenzcenter bestätigt.
- **Algorithmenerstellung:** Selektionsmodelle und -regeln werden durch Kompetenzcenter erstellt.

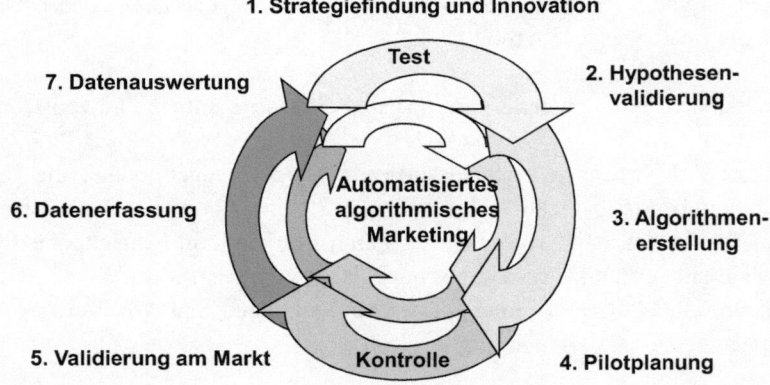

Abb. 2.22 Regelkreis zur Ausschöpfung von Kundenpotenzialen. (Quelle: dgroup, 2012; Heinemann et al., 2019; Heinemann und Zarnik, 2020)

- **Freigabe Kundenkontakte:** Auf Basis von Profitabilitätsberechnungen erfolgt die Freigabe der Kundenkontakte.
- **Validierung am Markt:** Kampagne/Maßnahme wird an Testgruppen sowie an Standardkampagnenempfänger mit Kontrollgruppen versendet.
- **Datenerfassung:** Bemessung des Kundenverhaltens durch das Kompetenzcenter.
- **Datenauswertung:** Kampagnenmehrwert wird ausgewertet: Verglichen werden Test-, Standard- und Kontrollgruppe. Automatisierte Kampagnen werden aufgrund der neuen Erkenntnisse ausgebessert.

Dieser Regelkreis sollte sich in eine System- und Prozesslandschaft einbetten und dabei automatisiert den Kundendialog steuern können. Damit wird das Erstellen von Maßnahmen und deren Überführung anhand von Kampagnenlisten in eine Echtzeit-marketing-Engine möglich. Mit Festlegung entsprechender Parameter ist ein gezieltes Tracking der Aktivitäten möglich. Auch kann beurteilt werden, ob Aktivität und Kunde für die Maßnahme qualifiziert sind. Darüber hinaus lässt sich in Echtzeit ein relevantes Angebot für Einzelkunden erstellen, wofür dann Werbung und Content für die weitere Vermarktung an die Kunden abrufbar sind (Heinemann und Zarnik, 2020).

2.5 Veränderung von Erlebnisorientierung und Service

Mit der Veränderung des Einkaufsverhaltens verändern sich auch die Kunden-erwartungen an die Händler. Lange Zeit wurde im stationären Handel die Meinung ver-treten, dass Beratung mit Service gleichzusetzen ist und diese unabhängig von ihrer Qualität wesentlicher Besuchsgrund sei. Diesbezüglich entlarven die Kaufgründe, dass die Kunden vielfach gar nicht wegen der Beratung, sondern aus ganz anderen Gründen ein Geschäft aufsuchen. Deswegen sollten die Aspekte „Beratung versus Selbst-bedienung" noch einmal genauer untersucht werden. Gleiches gilt für die Erlebnis-orientierung, die vielfach als Allheilmittel beschworen wird, jedoch aus Kundensicht kein rein stationäres Thema mehr ist. Serviceleistungen sind heute aus Kundensicht vor allem digitalbasiert darstellbar, zum Beispiel in Form von Location-based Services oder Multi-Channel-Services wie u. a. Click & Collect.

2.5.1 Neue Störfaktoren für Kunden

Sowohl der Online-Einkauf als auch der stationäre Kauf beinhalten jeweils erhebliche Nachteile für die Kunden. Überfüllte Geschäfte oder nicht verfügbare Produkte im Geschäft empfindet der Offline-Teil der Kunden auf der einen Seite genauso schlimm, wie den Online-Teil lange Lieferzeiten oder unklare Liefertermine auf der anderen Seite verärgern (Otto Connected, 2019). Welche Störfaktoren jeweils beim Offline- und Online-Shopping wirksam sind, ist in Abb. 2.23 dargestellt. Darüber hinaus sehen

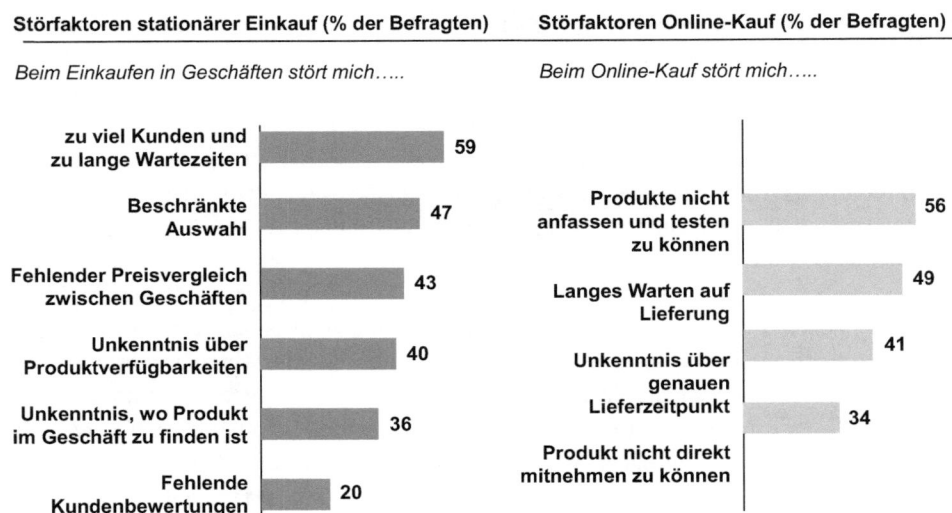

Störfaktoren stationärer Einkauf (% der Befragten)   **Störfaktoren Online-Kauf (% der Befragten)**

Beim Einkaufen in Geschäften stört mich…..   *Beim Online-Kauf stört mich…..*

Abb. 2.23 Störfaktoren stationärer Einkauf versus Online-Kauf. (Quelle: Otto Connected 2019)

Kunden unterschiedliche Vorteile beim Online- und Offline-Handel. Während der Preis und das Angebot als wichtigste Motivation für den Kauf im Internet gesehen werden, stellt der Test der Ware den wesentlichen Grund für den stationären Einkauf dar. Preis und Angebot sind als Gründe für den stationären Ladenbesuch eher untergeordnete Faktoren und auch die Beratung wird nicht als wichtigster Besuchsgrund genannt, wenn es um den stationären Einkauf geht. Das war bereits Ergebnis unterschiedlicher Studien wie z. B. der HHL zum Thema „Wie reagiert der Offline- auf den Online-Handel?" oder der Otto Group zum Thema „Conneced Retail" (Maier und Kirchgeorg, 2016; Otto Connected, 2019). Die von der HHL ermittelten Gründe für den Kauf im Internet überraschen nicht und stimmen weitgehend mit den bereits in früheren Untersuchungen genannten Ergebnissen überein. Unterschiede zeigen sich lediglich in der Gewichtung, wonach Konsumenten in vergangenen Untersuchungen häufig den Preis als wichtigsten Entscheidungsfaktor ansahen. Demnach ist der Preis (56 % der Befragten) nicht mehr vorrangiger Grund, im Online-Handel einzukaufen. Vielmehr ist die bequeme Lieferung nach Hause wesentlicher Faktor für den Online-Einkauf (58 %). Als weitere Gründe werden das große Angebot im Internet (47 %) und die permanente Erreichbarkeit (39 %) genannt. Es folgen die Vergleichbarkeit von Waren und Preisen (37 %). Die verfügbaren Produktinformationen spielen eine vergleichsweise geringe Rolle (15 %). Die Ergebnisse der bisherigen empirischen Studien widerlegen vor allem das weit verbreitete Vorurteil, dass es beim Online-Kauf immer nur um den Preis geht (ebd.). Sie bestätigen zudem das Ergebnis der letzten kaufDA-Studie, dass für den Kunden Informationen zu Liefermöglichkeiten herausragend wichtig geworden sind (kaufDA, 2018).

Zwar wächst der Online-Handel auch in diesem Jahr wieder zweistellig und gewinnt ununterbrochen Marktanteile, die Mehrzahl der Kunden kauft aber immer noch stationär ein, so die Ergebnisse der kaufDA-Studie (kaufDA, 2018). Diesbezüglich ist für mehr als die Hälfte der Befragten (52 %) der Bedarfskauf Hauptgrund für den Besuch in der Innenstadt. Rund ein Drittel zieht es in die City, um zu bummeln bzw. wegen der Freizeitbeschäftigung. Dafür wird mit 36 %, „weil ich gucken wollte, was es so gibt", am häufigsten von den 14–29-Jährigen genannt, gefolgt von den Kunden zwischen 30 und 49 Jahren. Interessanterweise sind hier die über 50-Jährigen mit 21 % Nennung am wenigsten vertreten. Dies deutet darauf hin, dass jüngere Menschen (noch) nicht ausnahmslos an das Internet verloren sind. Zumindest generieren sie durch ihren Bummel in der Innenstadt beträchtlich Frequenz. Dieses gilt auch für Online-Käufer, die ihre Ware im Geschäft abholen. Dabei stellen Versandkosten den Hauptgrund für die Abholung eines Produktes beim stationären Händler dar (31 %). Zusätzlich offenbart die Studie, dass Online-Händler vielfach aus Kundensicht als preisgünstiger gelten. So nennen 14 % der Kunden als Grund gegen die Abholung beim stationären Händler, dass der Online-Händler sowieso günstiger sei. Ein weiteres Drittel bestellt grundsätzlich immer bei Amazon. Derartige Kunden sind zweifelsohne äußerst schwierig zurückzugewinnen. Freundlichkeit, Zuvorkommenheit, gute Beratung, angemessene Preise sowie Fachwissen gelten aus Kundensicht als Hygienefaktoren für den stationären Handel. Darüber hinaus haben sich Kunden heute daran gewöhnt, die relevanten Informationen (vorab) aus dem Internet generieren zu können und dafür nicht mehr vor Ort den stationären Händler besuchen müssen. Von hoher Relevanz sind dabei wie im Vorjahr Suchmaschinen, Einkaufsplattformen, Preisvergleicher sowie die Online-Shops der stationären Händler (ebd.).

Deutliche Unterschiede zeigen sich allerdings bei der Warengruppenbetrachtung. Demnach wird deutlich, dass die Intensität der Online-Recherche stark nach Warengruppe differiert. Vor allem Elektronikartikel werden in erster Linie online recherchiert, was auch angesichts der hohen Online-Umsatzanteile hier nicht überrascht. Auch ist das ROPO-Einkaufsverhalten hier besonders ausgeprägt. So kommen bereits bis zu 40 % der Flächenumsätze bei MediaMarkt-Saturn eigentlich durch Kaufvorbereitung im Internet zustande. Neben Elektronik werden vor allem auch technische Produkte sowie Bekleidung im Internet recherchiert (Koch, 2016; kaufDA, 2018).

2.5.2 Vom Erlebnishandel zum Retailtainment

Nach Meinung einschlägiger Handelsexperten kann vor allem Erlebnisorientierung ein wesentlicher Pluspunkt für den stationären Handel sein (dlv, 2016; Hudetz Otto, 2019). In vielen Kategorien wie zum Beispiel bei Sport oder Fashion möchten Konsumenten zudem die Produkte erst sehen, anfassen und anprobieren oder testen, bevor sie sich für einen Kauf entscheiden. Das bestätigen auch die HHL- sowie Otto-Studien (Maier und

Kirchgeorg, 2016; Otto Connected, 2019). Es ist anzunehmen, dass in Sachen Erlebniskauf der stationäre Handel zumeist noch die Nase vorn hat. Denn Online-Handel wird vielfach als eine „Effizienzmaschine" und als anonym empfunden. Der stationäre Handel lebt nach wie vor auch von den handelnden Personen, weswegen der soziale Aspekt im Geschäft immer noch als ein zentraler Erfolgsfaktor gesehen wird (kaufDA, 2018; Otto Connected, 2019). Doch Vorsicht ist geboten: Erlebnisorientierung ist ein ziemlich alter Hut und war bereits vor über 30 Jahren Thema (Heinemann, 1989). Gerettet hat sie den stationären Handel nicht. Zudem hält sie jetzt auch Einzug in die digitale Welt. Insofern wird die Erlebnisorientierung im E-Commerce in den nächsten Jahren zu einem wichtigen Thema werden und keineswegs auf den stationären Handel beschränkt bleiben. Bei dieser Art der Erlebnisorientierung geht es nicht nur darum, Marke und Produkte zu inszenieren sowie mehr Profil und Persönlichkeit zu zeigen. Es geht vor allem um die Umsetzung von Social-Media-Elementen auf der eigenen Website (vgl. Abb. 2.24). Interaktivitätsmöglichkeiten im Online-Shop sind wesentliches Qualitätsmerkmal im Hinblick auf eine neue Art der Erlebnisorientierung. Der Online-Handel wird sich daher in den nächsten Jahren verstärkt darum bemühen, eine noch bessere Personalisierung des Online-Auftrittes für die Nutzer anzubieten. Auch die (Vor-)Selektion und Kuration von Produkten sowie ein Fokus auf große und thematisch stimmige Bilderwelten vor allem für Frauen sind ein wichtiger Teil eines neuen Online-Shoppingerlebnisses (Heinemann OH, 2021).

Allerdings sollte die Kundeninteraktion zumindest danach unterschieden werden, ob sie onsite oder offsite stattfindet (ebd.).

- Offsite-Kundeninteraktion bezieht sich auf alle Aktivitäten außerhalb der Website. Dies betrifft auch den Verkauf auf Marktplätzen oder das Engagement in sozialen Netzen. Bezogen auf Social Media können als typische Offsite-Plattformen Facebook, Instagram, Pinterest oder WhatsApp genannt werden. Auch Plattformen wie YouTube sowie die Special-Interest-Blogs sind typische Beispiele für eine Offsite-Kundeninteraktion (ebd.).
- Onsite-Kundeninteraktion findet im eigenen Online-Shop statt. Wie in Abb. 2.24 dargestellt, kann es sich dabei um Kundenbewertungen, Kundenmeinungen, eigene Communities und auch jede Form von Consumer Generated Content handeln. Beispiele sind ebenso Größen- und Style-Empfehlungen, Personalisierung/Viralität sowie Verknüpfungen mit Social Tagging. Aber auch die Verknüpfung zu Offline-Kanälen, also zum Beispiel auf der eigenen Website angebotene Multi-Channel-Services, können als Onsite-Kundeninteraktion angesehen werden (ebd.).

Zweifelsohne ist auch im stationären Einzelhandel Erlebnisorientierung immer noch wichtig. Allerdings hat sie sich stark verändert und ist zu einer Art „Retailtainment" geworden (Otto Connected, 2019; Pomare, 2019). Die Schlüsselfrage ist, wie sich durch ein immersives bzw. intensiveres Erlebnis mehr Kunden in ein Geschäft locken lassen. Entscheidend dabei ist aber auch, dass sie dieses nicht nur mit Produkten, sondern auch

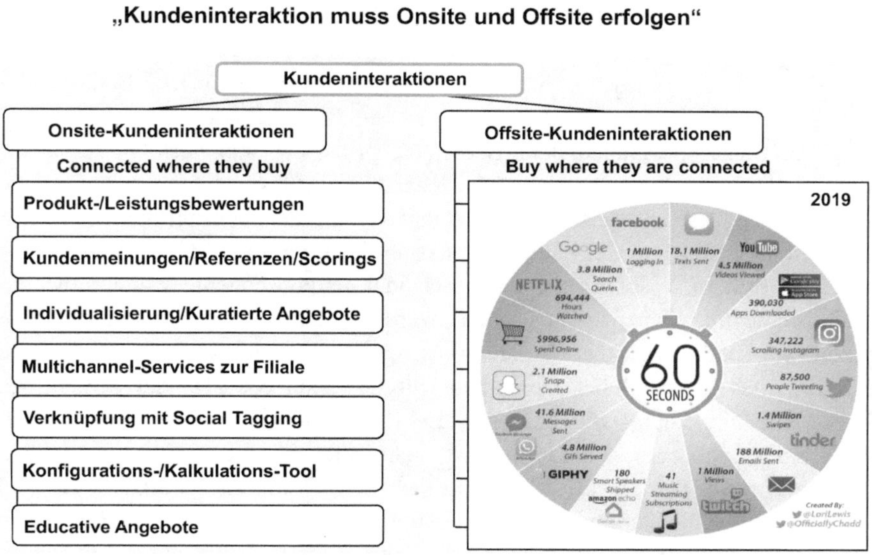

„Kundeninteraktion muss Onsite und Offsite erfolgen"

Abb. 2.24 Onsite- und Offsite-Aktivitäten im Social Media. (Quelle: eigene Darstellung in Anlehnung an Haug, 2013; weforum.org, 2019)

mit Erinnerungen wieder verlassen. Es geht vor allem um ein „erinnerungswürdiges Einkaufserlebnis", wobei die Millennials die treibende Kraft sein dürften: Immerhin 78 % von ihnen würden Geld für ein Erlebnis oder Event ausgeben und 69 % glauben, dass sie sich über Live-Erlebnisse besser mit ihren Freunden verbinden können. In den USA ist z. B. seit 1987 der Anteil der Konsumausgaben für Live-Events und Erlebnisse in Relation zu den Konsumausgaben um 70 % gewachsen. Insofern sind „unwiderstehliche Erlebnisse" angesagt, so wie IKEA oder Bauhaus das vormachen: So organisiert IKEA zu besonderen Anlässen die Übernachtung von Kunden im Möbelhaus als Event – den „Big Sleepover". Dazu gehören ein gemeinsames Abendessen sowie die Beratung durch einen Schlafexperten mit Empfehlungen für erholsamen Schlaf. IKEA kam übrigens die Idee dafür durch Kunden-Feedback per Social Media. Das zeigt, wie sich direktes Feedback zur Optimierung von Marketingaktivitäten einsetzen lässt. Aber auch Bauhaus macht vor, was Retailtainment bedeuten kann. So sind die von der Baumarktkette angebotenen Heimwerker-Workshops nur für Frauen derzeit ein besonderes Highlight. Dabei bietet Bauhaus den Interessentinnen die Gelegenheit, Handwerken von Grund auf zu lernen oder ihr Können weiter zu entwickeln. Auf Womens Week, Womens Night oder Womens Day können sich die Frauen bei einem Glas Sekt, Süßigkeiten und ohne Männer mit gleichgesinnten Kundinnen über Werkzeuge und Arbeitstechniken austauschen und informative Präsentationen ansehen. Sie können zudem Schleifen, Bohren, Dübeln, Schrauben und Fliesenverlegen lernen oder üben (Pomare, 2019).

2.5.3   Rollenänderung der persönlichen Beratung

Grundsätzlich wird der stationäre Einzelhandel nach den Verkaufsformen Bedienung und Selbstbedienung unterschieden. Die Vorauswahl durch die Kunden mit anschließender Beratung unterliegt dabei auch dem Bedienungsprinzip. Dabei verfolgt der bedarfsorientierte Lebensmitteleinzelhandel überwiegend die Selbstbedienung. Lediglich bei Thekenware ist noch ansatzweise Bedienung vorzufinden. Demgegenüber sind im erlebnisorientierten Fachhandel häufig Vorauswahl, Beratung und damit Bedienung das dominierende Prinzip. Während der Online-Handel als konsequente Weiterentwicklung des Selbstbedienungsprinzips angesehen werden kann, wird stationärer Handel gemeinhin mit Bedienung und Beratung assoziiert (Heinemann, 2017; Heinemann et al., 2019). Das ist aber eher nicht mehr für den Non-Food-Handel berechtigt, da die Selbstbedienung heute weit über den Lebensmitteleinzelhandel hinaus verbreitet ist (Wirtschaftslexikon SB, 2021). Dies ist nicht zuletzt Folge einer fortschreitenden Standardisierung in Bezug auf Markenartikel, neue Verkaufstechniken sowie eine Ausweitung der Kundenkenntnisse. Die angebotenen Waren sind in der Regel selbstbedienungsgerecht verpackt und Verkaufspersonal wird – vor allem im weitverbreiteten Discount – kaum mehr in Anspruch genommen. Im Zusammenhang mit dem Online-Handel wird nicht selten der Beratungsklau diskutiert, wonach sich Kunden im Laden beraten lassen und dann das Produkt online zu Hause kaufen. Dieser konnte bisher allerdings nicht nachgewiesen werden und steht eigentlich im Widerspruch zur steigenden Tendenz, dass Kunden ihren stationären Einkauf eher im Internet vorbereiten (kaufDA, 2018). Umgekehrt ist es vielen Kunden nach dem „Showrooming" gar nicht möglich, den im Laden angeschauten oder anprobierten Artikel zu Hause beim präferierten Händler zu kaufen, weil dieser gar keinen Online-Shop hat oder dort nur ein Rumpfsortiment anbietet. Experten schätzen, dass der durch ROPO („research online and purchase offline") verursachte „Web-to-Store"-Umsatz mindestens zehnmal höher ist als der mögliche Beratungsklau, der ja auch stattfindet, wenn ein Kunde nach der Beratung bei einem stationären Mitbewerber kauft (Heinemann OH, 2021).

Die Bedienung und Beratung im stationären Einzelhandel unterliegen immer wieder der Kritik und werden häufig unter dem Aspekt „Servicewüste Deutschland" diskutiert, obwohl sie eine Hauptleistung des Offline-Handels beim Verkauf darstellen. Darin äußern sich Erfahrungen mit Inkompetenz, mangelnder Motivation, fehlender Glaub- und Vertrauenswürdigkeit sowie unzureichender Präsenz und Hilfsbereitschaft bei Verkaufsmitarbeitern (kaufDA, 2018; Heinemann et al., 2019). Das dürfte nicht neu und immer schon so gewesen sein, wenn es um Bedienung geht. Das Problem dabei ist nur, dass das Internet den Kunden emanzipiert hat. Der nunmehr selbstbestimmte Konsument hat sich in den vergangenen Jahrzehnten von der Maus nicht nur zum König, sondern zum Kaiser entwickelt. Er kann seine Wünsche ausleben. Insofern sind die Zeiten des „draußen gibt's nur Kännchen" ein für alle Mal passé (kaufDA, 2018; Heinemann et al., 2019). Es kommt nunmehr darauf an, die Erwartungen des selbstbestimmten Kunden zu erfüllen, anstatt vorgeben zu wollen, was für den Kunden gut sei. Das erfordert sicherlich mehr Beratungsqualität und wird dazu führen, dass in das Beratungspersonal mehr investiert werden muss. Um das zu finanzieren, könnte die Verkaufsform für SB-fähige Warengruppen ohne Beratung angeboten werden, bis hin zu Showroom-Lösungen. Insofern werden sich stationäre Ladenflächen zunehmend zu Showrooms wandeln, in denen der Kunde dann sein Touch-und-Feel-Erlebnis hat: Hier sind alle Produkte ausgestellt, aber jedes nur einmal. Der Kunde kann nach Belieben testen sowie aus- und anprobieren. Entscheidet er sich für das Produkt, kann er es problemlos und ohne zu warten direkt im Showroom mit seinem Smartphone zum Beispiel über einen QR-Code kaufen. Ihm wird dann direkt ein neues Exemplar geliefert – in den Laden, nach Hause oder an jeden anderen Ort seiner Wahl. So ist es im Grunde ja auch im traditionellen Möbelhandel, zwar nicht mit QR-Code, aber mit Lieferung nach Hause unter Inkaufnahme langer Lieferzeiten.

Egal, ob mehr oder weniger Beratung oder sogar SB: Die Art der stationären Beratung wird sich in den nächsten Jahren radikal verändern und nur noch datenbasiert erfolgen: Heute hinterlässt eigentlich jeder Kunde im Netz einen digitalen Fingerabdruck, dieser wird aber zur kundengerechten Aussteuerung von Angebotsformaten kaum genutzt und versandet bei einem späteren Besuch des Kunden im Geschäft in der Regel. Der Kundenbetreuer vor Ort weiß häufig nichts über die vorherigen Aktivitäten seines Kunden und kann leider nicht entsprechend zielgerichtet und kundenorientiert beraten. Diese Situation kostet den Kunden wertvolle Zeit und frustriert ihn zudem. In der Marketingsprache wird die „Customer Journey" des Kunden in solchen Momenten „brüchig" und führt im schlimmsten Fall dazu, dass der Kunden die Lust am Einkauf bei diesem Händler verliert und zur Konkurrenz – gegebenenfalls im Netz – überläuft, die ihn unter Umständen besser beraten kann oder ihm bessere Informationen liefert. Auch diesbezüglich zeigt die kaufDA-Studie eine bedenkliche Tendenz: Online-Informationen sind aus Kundensicht glaubhafter als Offline-Beratung. Um den Ansprüchen der modernen Kunden gerecht zu werden, kann eine datengetriebene und personalisierte Aussteuerung neuer Angebotsformate dafür sorgen, dass sich die Händler besser gegenüber Online-Angeboten positionieren, die Verbraucher zielgerichteter erreichen und so stärkere Geschäfts- und Marketingergebnisse einfahren. Die Zeit ist reif: Die Mehrzahl der Kunden erwartet heutzutage vor Ort im Geschäft auch digitale Angebote, beispielsweise Apps für ihre Smartphones mit aktuellen Angeboten des Händlers – so wie kaufDA oder MeinProspekt das ermöglichen (kaufDA, 2018). Zugleich zeigt sich, dass Kunden sich daran gewöhnt haben, die Informationen (vorab) aus dem Internet zu recherchieren und nicht mehr nur vor Ort im stationären Handel. Nur noch für 19 % der Kunden steht diesbezüglich „Freundlichkeit/Zuvorkommenheit" an erster Stelle, während nur noch 12 % „Fachwissen/fundierte Informationen" erwarten (vgl. Abb. 2.25).

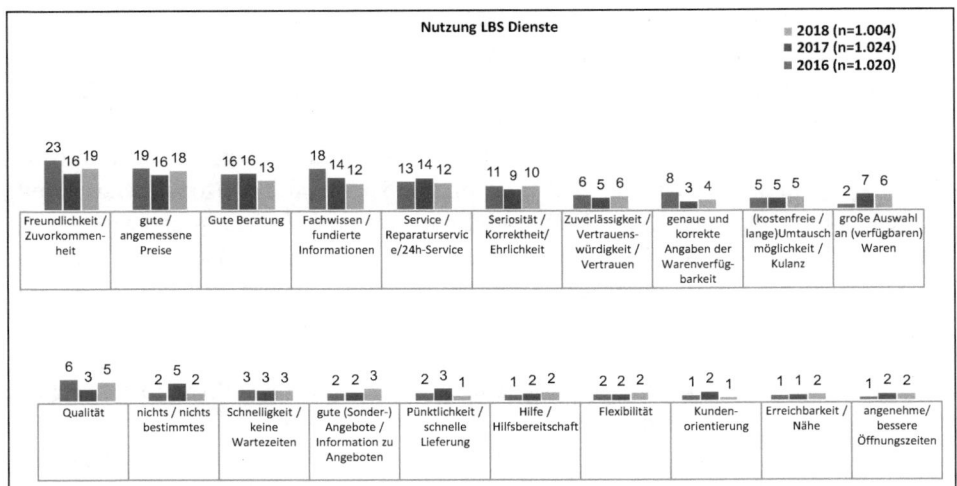

Frage: „Was erwarten Sie grundsätzlich von Ihrem Händler?"

Abb. 2.25 Grundsätzliche Serviceanforderungen an stationäre Händler (kaufDA, 2018)

2.5.4 Location-based Services

Vor allem kanalübergreifende Multi-Channel-Services wie unter anderem Online-Informationen über Filialbestände, das Zusammenstellen individueller Sortimente, die Abholung sowie Rückgabemöglichkeit im Store bieten den Kunden echte Mehrwerte (kaufDA, 2018; Heinemann et al., 2019). Eine kanalübergreifende Kundensteuerung kann dem Händler dabei eine Steigerung der Kundenausschöpfung ermöglichen. Dazu können vor allem standortbezogene Dienste – auch Location-based Services (LBS) – eingesetzt werden. Diese erlauben dem stationären Handel sogar eine Verbesserung der Kundenzufriedenheit bei gleichzeitiger Senkung des Mittelaufwands. Dadurch können sich auch die Kundenloyalität und die Bildung von Stammkundschaft erhöhen. Studien belegen, dass Multi-Channel-Kunden mit dem jeweiligen Unternehmen deutlich zufriedener sind, wenn es Channel Hopping oder zumindest den Einstieg in den Einkaufsprozess in digitaler Form ermöglicht. Auch ist die Kaufbereitschaft bei Multi-Channel-Kunden größer (kaufDA, 2018; Heinemann et al., 2019). Moderne Kunden sind mit ihrem Smartphone „always on". Sie nutzen zu jeder Zeit das Internet, rufen kaufrelevante Informationen ab, interagieren mit Freunden oder kaufen dabei „nebenbei" auch noch etwas ein. Soziale Vernetzung und Empfehlungsprozesse werden wichtige Einflussfaktoren für die Kundenentscheidungen. Diesbezüglich sucht der Kunde immer stärker nach personalisierten, passgenauen Informationen und Produkten. Ein Grund liegt sicherlich in der fast unüberschaubaren Vielfalt alternativer Angebote. Folgende Ansatzpunkte sind erkennbar (Heinemann App, 2018):

- Neue Kommunikations- bzw. Transaktionsstätten mit lokalem Bezug: Die internetfähigen mobilen Geräte ermöglichen es den Kunden, an jedem Ort zu jeder Zeit Produktrecherchen durchzuführen oder einen Kauf abzuschließen. Deswegen werden Anbieter vermehrt in Transferräumen auch offline verfügbar sein. Denkbar sind U-Bahn-Stationen, Bushaltestellen oder Hauswände. Händler werden dabei ihre Produkte über Plakatwerbung mit QR-Codes zum Kauf anbieten.
- Effizientes Mobile-Marketing: Offline-Händler können Kunden zunehmend über mobile Anwendungen wie Apps oder Aggregatorenplattformen adressieren. Dies ermöglicht kontextuelle und lokale Relevanz, was wiederum weniger Streuverluste bei der Zielgruppenadressierung zur Folge hat.
- Lokale Sortimente: Warengruppen mit lokalem Bezug werden über Marktplatzanwendungen online verfügbar gemacht. Auch Google dürfte diesbezüglich in Zukunft eine gewisse Rolle spielen, indem Produktverfügbarkeitsdaten systematisch in die lokale Suche integriert werden. Der Handel wird darüber mobile und stationär attraktive Angebote machen können.
- Attraktive Echtzeitangebote: Diese können mobil über Apps oder Plattformen wie kaufDA einer breiten Masse zugänglich gemacht werden.
- Systematische Kundendatenerfassung: Kundendaten können an jedem Verkaufspunkt systematisch erfasst werden, um moderne und integrierte Kundenbindungssysteme aufzubauen. Diese sind im Zeitalter des Multi-Channeling und Multi-Screening nicht mehr kanalzentriert, sondern kanalübergreifend und kundenzentriert aufgesetzt. Sie ermöglichen damit ein personalisiertes Kundenerlebnis.
- Sozialer Bezug: Das Einbeziehen von Social Media kann ebenfalls kanalübergreifend erfolgen. Produktbewertungen und Empfehlungen werden zunehmend auch stationär verfügbar gemacht, so wie erste Händler das bereits mit den aktuellen Like-Zahlen für Produkte machen. Sie schaffen damit neue Anreizsysteme für ihre Kunden und können so in sozialen Netzwerken eine noch stärkere Verbreitung finden.
- Attraktivere und komfortable Einkaufserlebnisse: Durch Einbeziehung von Digital-in-Store-Leistungen können Einkauferlebnisse in den stationären Geschäften noch attraktiver ausgestaltet werden. Filialen werden so auch zu Event- und Erlebnisräumen mit höher qualifizierten Fach- und Styleberatern. Über digitale Infodisplays, mobile Zahlungsmöglichkeiten oder In-Store-Navigationsanwendungen erhöhen technologische Innovationen den Komfort des stationären Einkaufs.
- Kanalsynergien: Geschickte Kanalverknüpfung machen es über den Einsatz von Tablets, Infoterminals, QR-Codes an Regalen und/oder In-Store-Apps zum Beispiel möglich, Online-Vorteile am POS nutzen zu können. So sind eine große Produktauswahl, zusätzliche und umfangreichere Produktinformationen oder Kundenempfehlungen vor Ort umsetzbar.
- Lieferzeitenwettbewerb: Etablierte und innovative Logistikanbieter, wie z. B. Liefery, ermöglichen es auch dem stationären Handel, Kunden die Produkte schneller zu liefern. Dies stellt für den lokalen Handel eine wichtige Profilierungsmöglichkeit dar,

um sich im Wettbewerb mit den großen Online Pure Playern behaupten zu können. Nicht nur Online Pure Players bauen derzeit zusätzliche Logistikzentren auf, um die Lieferzeit zu reduzieren und Same Day Delivery weiter voranzutreiben.

Neben den Location-based Services sind sicherlich auch andere mobile Maßnahmen wie zum Beispiel Couponing, Cross Promotions oder App-basierte Kundenkarten möglich. Angeraten ist jedoch in jedem Fall ein aufeinander abgestimmtes und konsistentes Mobile-Marketingkonzept, das den disruptiven Veränderungen des Kaufverhaltens Rechnung trägt. Insgesamt zeichnet sich ab, dass die Bekanntheit von LBS-Diensten ansteigt (kaufDA, 2018). Zudem werden Apps mit lokalem Bezug wie zum Beispiel Lieferheld häufiger genutzt. Trotz der steigenden Bekanntheit befinden sich Location-based Services allerdings noch in der Anfangsphase der Nutzung und sind daher überwiegend noch nicht unter ihrem Begriff bekannt. Allerdings sind LBS für rund die Hälfte der Smartphone-Nutzer attraktiv. Die hohe Attraktivität von LBS verdeutlicht ihr großes Potenzial aus Kundensicht, denn die Nutzung von LBS nimmt offensichtlich zu: Rund 48 % der Kunden gibt an, LBS bereits einmal genutzt zu haben. Wie Abb. 2.26 zeigt, liegt dabei Google Maps mit 21 % vorne, gefolgt von kaufDA mit 12 % sowie Supermarktdiensten/-Apps mit 8 %. Bei der Frage nach den Gründen für die Nicht-Nutzung von LBS sinken die Antworten „Kein Interesse/Bedarf" mit 27 % leicht ab. Von den Befragten geben 12 % an: „Ich möchte nicht so viele Informationen preisgeben". Die Antwort „Kein Interesse bzw. kein Bedarf" deutet darauf hin, dass zwar eine Kenntnis

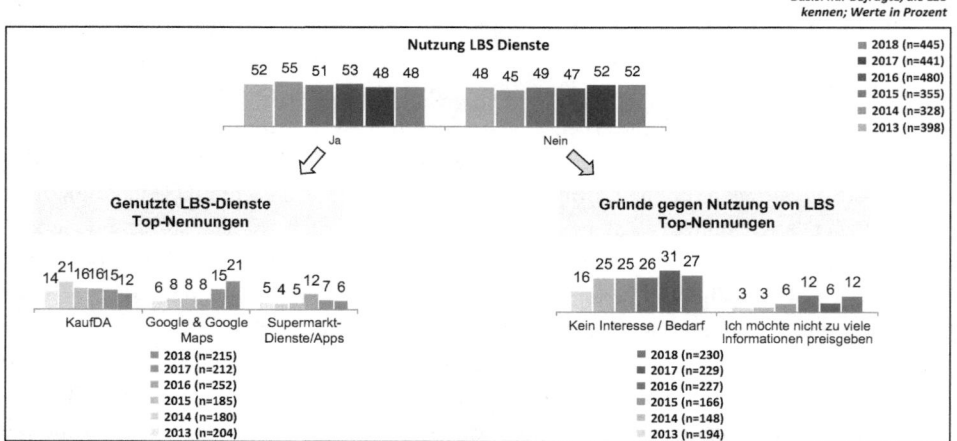

Abb. 2.26 Gründe für oder gegen die Nutzung von Location-based Services. (Quelle: kaufDA, 2018)

des Dienstes vorhanden ist, jedoch kein Bedürfnis durch ihn befriedigt wird und hier auch kein Potenzial für LBS besteht. Die Personen, die mit „Wusste nicht, dass es das gibt" geantwortet haben zeigen jedoch, dass bei diesem Personenkreis weiterhin Potenzial für die Verwendung von LBS gegeben ist.

2.5.5 Digitale Dienste und Services

Der Online-Handel mit seiner hohen Preistransparenz und der 24-h-Verfügbarkeit hat auch die Erwartungen der Kunden für stationäre Einkäufe enorm erhöht. Zugleich orientieren sich die Kunden an den Branchenführern. Wenn diese als Online-Plattformen ein sehr großes Sortiment bieten, am gleichen oder am Folgetag liefern und aufgrund der Vielzahl vergangener Käufe passende Produktvorschläge anbieten können, dann legt dieser Anspruch die Messlatte für andere Händler sehr hoch. Unmittelbare Folge ist: Die Toleranz gegenüber fehlender Ware, langen Wartezeiten oder für Probleme bei der Integration der verschiedenen Vertriebskanäle ist stark gesunken. Die Kunden von heute erwarten, dass der Händler sie über alle Kanäle und Prozessschritte hinweg mit einem abgestimmten Auftritt begleitet. Das gilt vor allem für die Vorbereitung der stationären Einkäufe etwa durch Services wie Verfügbarkeitsabfrage oder Click & Collect, also der Bestellung der Ware im Internet und der anschließenden Abholung im Geschäft. In diesen digitalen Services liegt zugleich auch ein Schlüssel für das Shopping in der Innenstadt und damit die Existenzsicherung lokaler Händler. Insofern ist für den stationären Handel eine Entwicklung zu einer „Neuerfindung des Services" mit Digitalbezug erkennbar (kaufDA, 2018; Heinemann OH, 2021). Vor allem stationäre Händler bzw. Multi-Channel-Anbieter könnten hier punkten, wenn sie dies aufgreifen und nicht den Online-Händlern überlassen. Alles, was der klassische Einzelhandel im Hinblick auf Services tut, um besser zu sein als die Online-Konkurrenz, sichert seine Zukunft. Dazu zählt grundsätzlich auch, mit Dienstleistern zu kooperieren. Denkbar ist eine persönliche Anlieferung bis zur Haustür, der Aufbau von Geräten oder Möbeln beim Kunden vor Ort, die Anleitung oder auch Wartung sowie Reparaturleistungen. Diesbezüglich gibt es noch viele unbesetzte Nischen. Möglich wäre auch eine Beratung beim Kunden zu Hause bis hin zum Fixieren von Beratungsterminen, die im Internet vereinbart wurden, ähnlich wie bei Restaurantreservierungen. Viele Kunden sind prinzipiell bereit, etwas für zusätzliche Serviceleistungen rund um ein Produkt – wie etwa die Installation – auszugeben.

   Dies gilt übrigens auch für die Möglichkeit, den stationären Kauf im Internet vorbereiten zu können, wie etwa mit Verfügbarkeitsabfragen oder Reservierungen. Wenn irgendwie möglich, sollte der Händler allerdings alles aus einer Hand anbieten und es auch möglichst ohne externe Partner erst einmal selbst versuchen, denn aus Kundensicht handelt es sich bei Serviceleistungen um eine Kernkompetenz des Händlers. Leider haben viele Einzelhändler in früheren Jahrzehnten nach und nach Dienstleistungen wie zum Beispiel Reparaturdienste eingespart bzw. eingestellt. Nun stellt sich aber die Frage: Was ist im Zeitalter des Internetbooms die Rolle des stationären Fachhandels? Dabei wird schnell deutlich, dass er über den Service sicherlich besser überleben kann als nur mit dem reinen Produktverkauf (kaufDA, 2018; Heinemann et al., 2019). Abgesehen von den eher „traditionellen und wiederzubelebenden Dienstleistungen" bietet die Digitalisierung aber auch Chancen für neue Services mit Digitalbezug. So bietet es sich an, für die Kunden Abholstationen im Ladenraum einzurichten, wo sie auch ihre bei anderen Online-Händlern georderten Pakete abholen oder zwischenlagern können. Auch eine kostenlose WLAN-Nutzung, wie zum Beispiel Starbucks diese anbietet, könnte Kunden anlocken. Und ebenso die „Ship-from-Store"-Belieferung, die vor Ort sicherlich schneller als von irgendeinem Zentrallager in der Ferne möglich wäre. Großen Nachholbedarf gibt es aus Kundensicht auch bei Retourenservices. So ist in Filialen ein „Service-Point" als Anlaufstelle für die Kunden denkbar, an dem sie dann schnell und unkompliziert bedient werden können.

Relevanz von Push- und Pull-Notifications sowie Sprachfunktion

Auch Informationsdienste gelten heutzutage als digitale Services. Wie sich zeigt, setzen 22 % der User auf dem Smartphone einen Ad-Blocker ein. Push-Funktionen sind bei den Befragten nicht beliebt, denn sie sehen diese als Zeitverschwendung und nervig an (kaufDA, 2018). Kunden möchten lieber die Kontrolle über den Zeitpunkt der Informationsbeschaffung behalten und bevorzugen deswegen Pull-Funktionen. Dabei möchten sich Konsumenten durchaus mit Produktinformationen auseinandersetzen, sofern diese als beschäftigungswert angesehen werden. Vor allem passende persönliche Empfehlungen sind erwünscht. Dies deutet darauf hin, dass Push-Notifikationen auch wegen des eher unpersönlichen Inhalts auf Ablehnung stoßen. Immerhin ein Viertel der Befragten wünschen sich persönliche Empfehlungen, die maßgeschneidert für die eigenen Wünsche und Interessen sind. Weiterhin ist für sie eine Vereinfachung der Suche („ Komplexitätsreduktion") mit lokalem Bezug interessant. Demnach erwartet ein Viertel der User eine Vorauswahl der vielen Angebote am Standort. Dies zeigt enorme Potenziale für kuratierte Werbung. Diese können sowohl in Push- als auch Pull-Notifikation bereitgestellt werden. Mobile Dienste beinhalten auch das Risiko, ihre Anwender zu nerven, was bis hin zu einem Boykott führen kann. Daher ist es ratsam für Händler und auch Portale, Energie dafür aufzubringen, nutzerrelevante Inhalte oder Angebote zu liefern. Für Händler und auch Portale ist es ratsam, Energie in relevante Inhalte respektive Angebote für kleinste Kundensegmente zu stecken.

Digitale Informationsinhalte

Die kaufDA-Studie zeigt auch: Bei der Produktinformationssuche auf mobilen Geräten ist ganz klar die Relevanz von funktionellen Produkteigenschaften, der Verfügbarkeit von Waren sowie der Preise am höchsten (vgl. Abb. 2.27). Dies korreliert mit der zunehmenden Bedeutung von Preissuchmaschinen. Die Antwort „Ich wünsche mir persönliche Empfehlungen nur für mich, die meinen Wünschen und Interessen entsprechen und sonst niemand erhält" verdeutlicht mit 21 % Zustimmung den Wunsch nach Personalisierung. Vereinfachung bzw. Komplexitätsreduktion wünschen sich 21 %

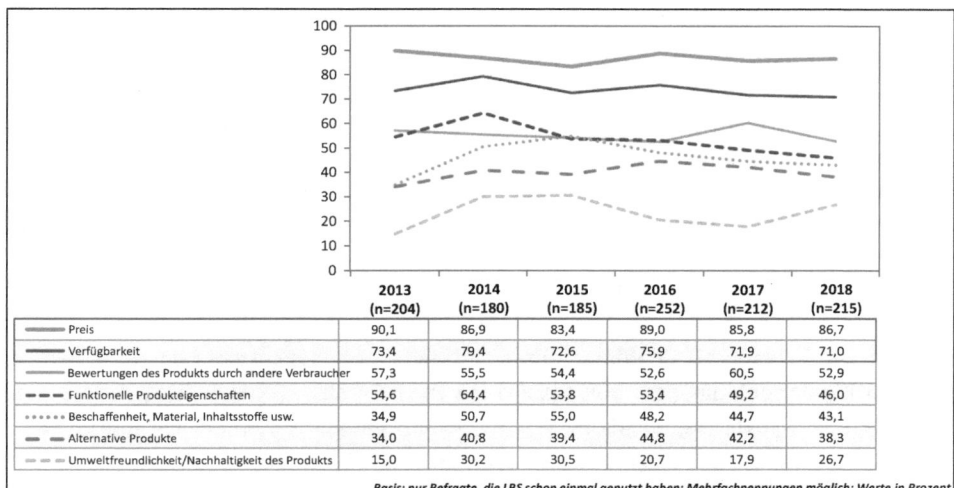

	2013 (n=204)	2014 (n=180)	2015 (n=185)	2016 (n=252)	2017 (n=212)	2018 (n=215)
Preis	90,1	86,9	83,4	89,0	85,8	86,7
Verfügbarkeit	73,4	79,4	72,6	75,9	71,9	71,0
Bewertungen des Produkts durch andere Verbraucher	57,3	55,5	54,4	52,6	60,5	52,9
Funktionelle Produkteigenschaften	54,6	64,4	53,8	53,4	49,2	46,0
Beschaffenheit, Material, Inhaltsstoffe usw.	34,9	50,7	55,0	48,2	44,7	43,1
Alternative Produkte	34,0	40,8	39,4	44,8	42,2	38,3
Umweltfreundlichkeit/Nachhaltigkeit des Produkts	15,0	30,2	30,5	20,7	17,9	26,7

Basis: nur Befragte, die LBS schon einmal genutzt haben; Mehrfachnennungen möglich; Werte in Prozent

Frage: „Wenn Sie sich mithilfe von Location-based Services über ein Produkt informieren, über welche Aspekte wollen Sie dann konkret mehr erfahren?"

Abb. 2.27 Gewünschte Informationen digitaler Dienste. (Quelle: kaufDA, 2018)

der Befragten mit „Ich möchte gerne eine Vorauswahl der vielen Angebote an meinen Standort für Produkte haben, die ich gewöhnlich einkaufe."

2.6   Verweigerung digitaler Transformation

Das Deutschland bei der Digitalisierung Nachholbedarf hat, steht außer Frage. Dieses gilt insbesondere für den stationären Handel. Insbesondere in weiten Teilen des lokalen Handels sind die Widerstände immer noch groß, wenn es um digitale Transformation geht. Solange diese Barrieren aber bestehen, macht es keinen Sinn, in eine digitale Transformation zu gehen. Erst mit einem klaren Bekenntnis und einem uneingeschränkten Commitment zur Digitalisierung macht es Sinn, die eigentlichen Basisvoraussetzungen in Angriff zu nehmen. Diese betreffen alle systemtechnischen, prozessualen sowie strukturellen Aspekte, die in einer digitalen Strategie inklusive Businessplanung spezifiziert werden sollten. Ansonsten wird die digitale Transformation ein ziemlich zielloses Unterfangen, so wie eben die digitale Agenda der Bundesregierung.

2.6.1   Kaum digitaler Ruck in Deutschland

Deutschland gerät bei der Digitalisierung immer mehr ins Hintertreffen. Das Land der Dichter und Denker macht zwar punktuell Fortschritte, kann jedoch die immer größer werdende Lücke gegenüber den führenden Internetnationen offensichtlich nicht schließen. Insofern hat Deutschland für die digitale Zukunft noch reichlich Luft nach oben (Cisco, 2020; Greiner, 2020). Dieses ist das Ergebnis des Cisco Digital Readiness Index, der den Digitalisierungsreifegrad eines Landes international vergleichbar machen und aufzeigen soll, wo Nachholbedarf besteht. Der Index bewertet technische, wirtschaftliche und soziale Rahmenbedingungen, vom Zugang zu Elektrizität und IT-Services über die Nachfrage nach IT-Produkten bis zur Startup-Freundlichkeit eines Landes. Er wurde von Cisco zusammen mit Gartner erarbeitet und erfasst 141 Länder. Während andere Länder erhebliche Fortschritte erzielt haben mit einem Indexwert von 20,26 – die Skala reicht bis 25 –, hat Deutschland seinen Digitalisierungsreifegrad lediglich um schlappe 0,17 Punkte auf 17,84 verbessert. Es rutschte damit gegenüber 2018 im Länderranking sogar von Platz 6 auf Platz 14 ab (vgl. Abb. 2.28). Demgegenüber überholen sogar digitalisierungsaffine Neuzugänge, wie z. B. Island, unser Land. So konnte sich der kleine Inselstaat mit dem Wert 18,16 sofort auf Rang 9 platzieren. Das noch kleinere Luxemburg preschte mit einem Indexwert von 19,54 aus dem Stand sogar auf Platz zwei vor. Die USA rutschte damit zwar auf den dritten Platz ab, kommt aber dennoch auf eine Bewertung von 19,03. Immerhin machte Deutschland den größten Fortschritt bei den Investitionen und kletterte hier von Rang 30 auf Rang 11. Nicht so gut zeigt sich Deutschland vor allem in der Kategorie „Umfeld für Startups" mit mageren 0,68 von drei Punkten, was Rang 27 entspricht. Aufholen muss Deutschland auch bei der Nachfrage nach digitalen Produkten und Services. Bezüglich „Technologienutzung" steckt die Bundesrepublik unverändert auf Platz 18 fest. Dieses steht in völligem

Top 14 Digital Readiness Score 2019	
1. Singapore	20,26
2. Luxembourg	19,54
3. United States	19.03
4. Denmark	18.98
5. Switzerland	18.86
6. Netherlands	18.66
7. Sweden	18,42
8. South Korea	18,22
9. Iceland	18,16
10. Norway	17.98
11. Finland	17.95
12. Australia	17.89
13. United Kingdom	17,86
14. Germany	17,85

Digital Readiness Index - Deutschland	
Technologische Infrastruktur	2,53 / 4
Technologienutzung	1,63 / 3
Fachkräfteentwicklung	3,76 / 4
Lebensstandards	3,90 / 4
Wirtschaftliche Rahmenbedingungen	3,76 / 4
Investitionen	2,11 / 3
Umfeld für Start-ups	0,68 / 3

Abb. 2.28 Ciscos Digital Readiness Index 2019: Deutschland liegt auf Platz 14 von 141 Ländern. (Cisco, 2020; Greiner, 2020)

Gegensatz zum Wunsch der Bevölkerung: So wünschten sich 75 % der Bundesbürger Anfang 2020, dass Deutschland bei der Digitalisierung Weltspitze sein möge (ebd.).

Pandemiezeit zur Digitalisierung nicht umfassend genutzt

Die Reaktionen auf die Corona-Krise haben bewiesen, dass Deutschland zweifelsohne Digitalisierung eigentlich auch dort kann, wo es bislang eher tabubehaftet war, nämlich im „Homeoffice". Die Deutschen haben digitale Technologien dazu genutzt, das Zusammenleben, die Wirtschaft sowie die Verwaltungs-, Regierungs-, Bildungs- und Gesundheitssysteme aufrechtzuerhalten. Aus dem digitalen Ruck der Corona-Zeit muss allerdings erst noch eine langfristige Strategie werden. Die Heimarbeit und der enorm gestiegene Internet- und Medienkonsum haben hierzulande überall den Druck auf die Netzwerke erhöht. Die Nachfrage nach cloudbasierten Lösungen lag teilweise um den Faktor vier höher als im Mittel zuvor. Dabei erhält der Begriff des Fachkräftemangels eine neue Bedeutung. Fällt zum Beispiel ein Teil des IT-Teams wegen Krankheit aus, müssen Unternehmen ihre Infrastruktur mit dem verbleibenden Teil am Laufen halten. Dabei kann Automatisierung helfen (Cisco, 2020; Greiner, 2020).

Trotz oder gerade wegen der gestiegenen Nutzung zeigen sich ein Viertel der Nutzer unzufrieden mit der Anbindung an das Unternehmensnetzwerk. Vor allem die limitierte Breitband-Infrastruktur macht sich jetzt bemerkbar. Zwar gab es keine Engpässe in den Backbones, allerdings verändert sich Verteilung des Traffics grundlegend und damit die Anforderungen an die Netzkapazität. So liegen die Traffic-Peaks neuerdings eher am Vormittag in der Zeit der Web-Konferenzen und nicht mehr abends. Und die massiven Versäumnisse der letzten Jahre lassen sich nicht ‚mal eben so' ausbügeln. Zweifelsohne übt die Krise „Druck auf das Thema Last Mile aus". Da allerdings die Nutzung des Homeoffice schon beim zweiten Shutdown erheblich unter der des ersten lag, ist zudem fraglich, ob der Druck auch nach der Krise bestehen bleibt. Grundsätzlich muss Deutschland insbesondere beim Ausbau der Wi-Fi-6- und 5G-Netzwerke, dem öffentlichen Zugang zu Daten sowie den Rahmenbedingungen für Startups noch erheblich mehr tun (ebd.).

Aufgrund der Pandemie haben viele Länder einen Digitalisierungssprung absolvieren müssen. Dort wurde vielfach das „neue Normal" schnell adaptiert, ohne die Zeit mit endlosen Bedenken zu verschwenden, ob es einen Rechtsanspruch auf Homeoffice-Arbeit geben sollte oder nicht. Und solange bei jeder Maßnahme Datenschutzregularien im Raum stehen, fahren wir weiterhin digital eher mit angezogener Handbremse (ebd.).

2.6.2   Digitaler Widerstand im Handel

Während im deutschen Mittelstand die Mehrheit der Unternehmen die Bedeutung der Digitalisierung erkannt hat, sieht der Handel im Branchenvergleich mehrheitlich keinen Bedarf für Digitalisierung oder einen Mehrwert darin (Starfinanz, 2019). Trotz des Erfolges der großen Plattformen sind in weiten Teilen des stationären Handels die

Unternehmen, die sich nicht mit dem Thema Digitalisierung beschäftigen, weil sie keinen Bedarf oder Mehrwert sehen
(Auflistung nach Branchen, Werte gerundet, n = 1830)

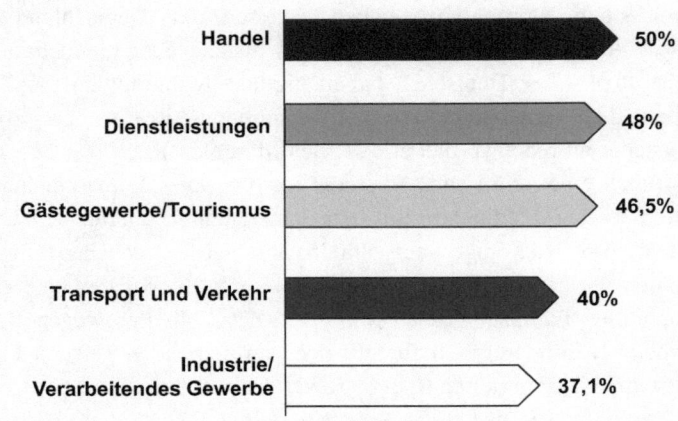

Abb. 2.29 Anteil der Unternehmen nach Branchen, die sich nicht mit Digitalisierung beschäftigen. (Starfinanz, 2019)

Widerstände immer noch groß, wenn es um digitale Transformation geht. Solange diese Barrieren aber bestehen, macht es keinen Sinn, in eine digitale Transformation zu gehen. Mehr als die Hälfte der Händler hält demnach die Digitalisierung für nicht relevant (vgl. Abb. 2.29). Diese Zahl bestätigt sich auch in Corona-Zeiten immer wieder, wo Projekt-initiativen zur Digitalisierung des innerstädtischen Handels in weiten Teilen der örtlichen Händler größtenteils auf taube Ohren stießen. Dennoch ist nicht zu leugnen, dass die Digitalisierung die Wirtschaft tief greifend verändert. In dieser Einschätzung sind sich eigentlich alle Experten einig (mg.retail2020, 2015; Agentur Handel, 2020). Allerdings zeigt sich ein gewisses Maß an Hilflosigkeit unter Mittelständlern beim Thema Digitalisierung. Das hat auch damit zu tun, dass diese nur eines von vielen Themen ist, mit denen sich der Mittelstand beschäftigen muss. Auch ist eine Theoriearmut bei dieser Thematik festzustellen, da die meisten betriebswirtschaftlichen Theorien aus einem anderen Industriezeitalter stammen. Wissenschaft und Wirtschaft müssen diesbezüglich sicherlich enger verknüpft werden, allerdings ändert das wenig an dem steigenden Hand-lungsdruck. Auf der anderen Seite ist sicherlich nicht zu befürchten, dass der Mittelstand als Folge der mit der Digitalisierung einhergehenden Konzentrationsprozesse zugrunde gehen wird. Die Digitalisierung bietet vielmehr auch Chancen, Barrieren für den Markt-eintritt einzureißen. So eröffnet Cloud Computing zum Beispiel die Möglichkeit, hoch-wertige Software zu nutzen, die sich früher nur große Unternehmen leisten konnten (Agentur Handel, 2020). Diese Chancen werden aber bisher kaum genutzt. Während die

Digitalisierung bereits einen Großteil des alltäglichen Lebens bestimmt, stehen vor allem im stationären Handel die größten Veränderungen sicherlich noch bevor.

Umso bedenklicher ist, dass wie gesagt 50 % der Händler im digitalen Widerstand sind: „Wer nicht mit der Zeit geht, geht mit der Zeit" – so eine zentrale Weisheit der Handelsbranche (Bohl, 2016; Starfinanz, 2019). Immerhin befindet sich mittlerweile aber ein beträchtlicher Teil der deutschen Handelsunternehmen im höchsten Reifegrad der Digitalisierung (Starfinanz, 2019). Dabei handelt es sich allerdings überwiegend um die rund 120.000 Online-Shop-Betreiber in Deutschland. Zu ihnen gehören fast ausnahmslos auch die großen Filialisten wie u. a. MediaMarkt-Saturn, Thalia, Deichmann etc. Jedoch fällt es nach wie vor dem Großteil der mittelständischen Unternehmen im Handel schwer, sich auf veränderte Anforderungen im Kontext der Digitalisierung einzustellen (Agentur Handel, 2020). Die Dialogplattform Einzelhandel hatte sich deswegen dem Abbau mentaler Barrieren und der Schaffung eines Problembewusstseins bei stationären Händlern als einem von drei wesentlichen Schwerpunkten besonders gewidmet (Dialogplattform, 2015; Agentur Handel, 2020). Die dazugehörende Mittelstand 4.0-Agentur Handel war von Oktober 2015 bis September 2018 Teil der Förderinitiative „Mittelstand 4.0 – Digitale Produktions- und Arbeitsprozesse" und wurde vom Bundesministerium für Wirtschaft und Energie (BMWi) gefördert. Die Website sowie die Ansprechpartner der Mittelstand 4.0-Agentur Handel standen den Händlern bis Ende 2020 zur Verfügung (Agentur Handel, 2020).

Dennoch stehen die Zeichen auf Veränderung und 50 % Digitalverweigerung bedeuten auf der anderen Seite, dass sich immerhin 50 % auf den Weg gemacht haben. Zumindest die Hälfte der mittelständischen Unternehmen ist inzwischen überzeugt, dass es ohne digitale Transformation nicht gehen wird. Das zeigt ebenfalls die repräsentative Studie „Digitalisierungsindex Mittelstand 2019/2020" auf, die von Techconsult im Auftrag der Deutschen Telekom durchgeführt wurde (Digitalisierungsindex Mittelstand, 2020). Demnach ist der Digitalisierungsgrad über alle Branchen und Unternehmensgrößen hinweg angestiegen. Die mittelständischen Unternehmen erreichen einen Indexpunkt mehr als im Vorjahr und kommen auf 56 von 100 Punkten. Jedes zweite Unternehmen begreift darüber hinaus die Digitalisierung als strategisches Projekt. Zudem planen die Betriebe, ihre Kundenbeziehungen zu verbessern, und nehmen verstärkt den Datenschutz und die Datensicherheit in den Fokus (Digitalisierungsindex, 2020). Mittelständler setzen immer stärker darauf, ihre vorhandenen Informationen professionell zu aggregieren und zu analysieren, um daraus neue Erkenntnisse für ihr künftiges Geschäft abzuleiten. Ihnen wird die ökonomische Relevanz und das Potenzial dieser Daten immer bewusster. Sie erkennen, dass Big Data kein Problem, sondern eine große Chance ist.

2.6.3   Risikoscheue und visionslose Standarddigitalisierung

Immer noch gibt es Händler, die das Internet und seine Relevanz für das stationäre Geschäft leugnen. Sonst gäbe es nicht 250.000 von ihnen, die noch nicht online sind (DHL, 2020). Auch vertreten viele Unternehmer insbesondere aus dem Mittelstand immer noch die Ansicht, dass es bei der Digitalisierung im Handel doch nur um einen Medienwechsel ginge und lediglich darum, allenfalls Kataloge im Frontend mit einer Website einzutauschen bzw. zu ergänzen. Mehrfach machte der Autor die Erfahrung, dass Einzelhändler ein Investment in Höhe von 5000 € in eine eigene Website als völlig überteuert erachteten, während alleine die Dekorationskosten für das stationäre Schaufenster diesen Betrag um ein Mehrfaches überstiegen. Tatsache ist jedoch, dass die Digitalisierung alle bisherigen Kompetenzen und Geschäftsprozesse beeinflusst. Mittelständische Unternehmen stehen dabei häufig vor drei wesentlichen Problemen (Agentur Handel, 2020):

Vielfalt innovativer Technologien: Stationären Händlern ist oft nicht klar, welche Technologien für das Unternehmen am besten einzusetzen sind, den Konsumenten einen Zusatznutzen bringen und sich in der Praxis bewähren.

Prozessanpassung und –integration: Die Unternehmen sind sich in der Regel nicht darüber bewusst, dass nicht bloß Prozesse digitalisiert werden sollten, sondern diese für eine sinnvolle Automatisierung vorher auch optimiert werden müssen. Dabei sind möglichst Medienbrüche zu vermeiden.

Barrieren der Digitalisierung: Abgesehen von den fehlenden technischen Voraussetzungen (zum Beispiel Softwareauswahl, Informationsübertragung verschiedener Systeme) sehen sich insbesondere stationäre Händler auch mit mentalen Barrieren konfrontiert (zum Beispiel die Rolle des Vertriebs bei Aufbau eines Online-Shops).

Dementsprechend ist auch der Stand der Digitalisierung bei den stationären Händlern immer noch schwach ausgeprägt: Von ihnen betreiben aktuell mehr als 60 % keinen Online-Shop und 60 % beabsichtigen dies auch nicht. Häufig halten Zeit und Kosten die Händler davon ab, sich mit Digitalisierungsthemen auseinanderzusetzen (ibi, 2020). Sicherlich ist ein eigener Online-Shop auch nicht immer zwingend notwendig und sinnvoll – auch aufgrund der Online-Marktkonzentration nicht. Aber die Auffindbarkeit im Internet und vor allem im mobilen Netz ist mittlerweile ein Muss. Hier ist der Handel nicht alleine: Nur wenige deutsche Unternehmen setzen konsequent auf die Digitalisierung, wie eine von Kearney durchgeführte Befragung von Top-Entscheidern aus DAX und Mittelstand zeigt: Weniger als 10 % nutzen alle Dimensionen der Digitalisierung geschickt für sich aus. In den meisten Fällen fehlen Visionen und eine Gesamtstrategie (IT-Rebellen, 2020). Dabei sind fünf Typen von Unternehmen zu erkennen, die sich bei der Digitalisierung eher zurückhalten (vgl. Abb. 2.30).

Risikoscheue Standard-Digitalisierer stellen die größte Einzelgruppe (34 %). Sie verfolgen grundsätzlich keine klare digitale Vision. Digitale Maßnahmen werden erst dann umgesetzt, wenn andere es auch tun. Es fehlt an Digitalkultur. Dabei ist die

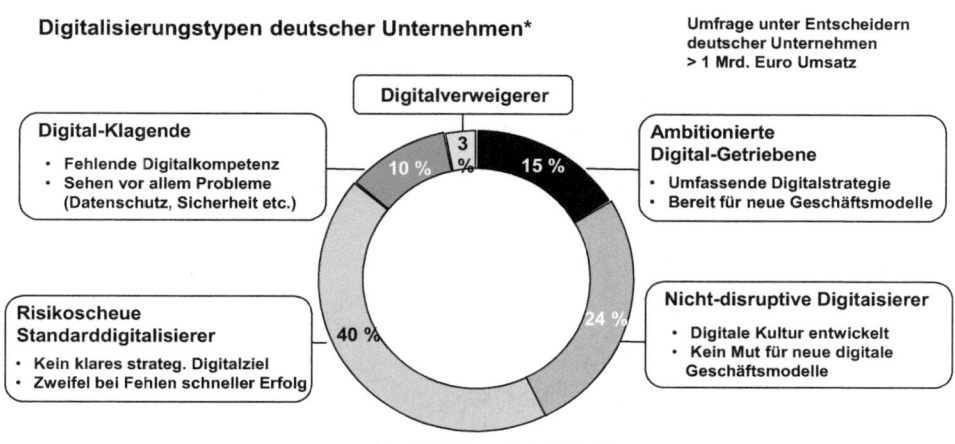

Abb. 2.30 Fünf digital defensive Unternehmenstypen. (Quelle: IT-Rebellen, 2020)

etablierte, zentrale Struktur ein zusätzliches Hindernis. Die Chefs dieser Unternehmen haben das Gefühl, dass es reicht, im Mainstream mitzuschwimmen.

Nicht-disruptive Digitalisierer machen die zweitgrößte Gruppe aus (28 %). Es handelt sich um Unternehmen, die ein durchaus erfolgreiches Geschäftsmodell betreiben, das aber nicht digital ist. Wegen des Erfolgs scheuen sie sich, ein neuartiges Geschäftsmodell auf Kosten des traditionellen Modells zu schaffen. Derartige Firmen haben zwar durchaus eine digitale Kultur entwickelt und setzen vielleicht auch klar priorisierte Digitalmaßnahmen ein. Bei ihnen wird jedoch der inkrementelle Weg vorgezogen. Dadurch verpassen sie den Punkt, wo radikale Schritte gefragt sind.

Ambitionierte Digital-Getriebene wollen zwar unbedingt, setzen aber falsch um (15 %). Ihnen fehlt eine echte Digitalvision. Auch haben sie keine nachhaltige digitale Führung. Sie leiden häufig darunter, dass ständig neue Initiativen des Vorstands oder des Aufsichtsrats die digitale Ausrichtung verändern. Im Grunde purer digitaler Aktionismus. Eine diffuse Wahrnehmung der sich immer schneller verändernden Kundenbedürfnisse sowie der Technologiedynamik führen trotz erheblicher Anstrengungen zu einer fehlenden Priorisierung der einzelnen Digitalmaßnahmen. Grund ist eine unkoordinierte, dezentrale Struktur, unter der vor allem die Umsetzungskompetenz leidet (IT-Rebellen, 2020).

Digital-Klagende (10 %) und **ewig gestrige Digital-Verweigerer** (3 %) bilden mit zusammen immerhin 13 % die digitalen Schlusslichter. Sie halten es wegen schlechter technologischer, rechtlicher und wirtschaftlicher Bedingungen für nicht möglich, digitale Chancen zu ergreifen.

Die Angst, Fehler zu machen, überdeckt die Chancen, die sich in der Digitalisierung bieten. Manche dieser Unternehmen halten die Digitalisierung sogar für einen überbewerteten Hype.

Kearney forschte gemeinsam mit der Deutschen Gesellschaft für Management-forschung im Frühjahr 2020 nach Gründen, warum es bei der Digitalisierung hakt oder warum sie sogar scheitert. Im Sommer 2020 wurden die Ergebnisse in 50 weiteren Stich-probeninterviews auf mögliche Einflüsse der Corona-Krise hin aktualisiert (IT-Rebellen, 2020).

2.6.4   Fehlende Digitalstrategie

Stationäre Händler benötigen eine Strategie, um sich im Zeitalter der digitalen Revolution zukunftsfähig aufzustellen. Die Mehrzahl der stationären Händler hat dies-bezüglich offensichtlich Unterstützungsbedarf, um digitale Lösungen zu entwickeln und umsetzen zu können und die Möglichkeiten der Digitalisierung zu nutzen. Der Mittelstand benötigt sowohl eine Online-Strategie als auch eine Offline-Strategie, um die stationären Stärken zu stärken (Agentur Handel, 2020). Dabei muss sichergestellt werden, dass sowohl die Möglichkeiten des Internets genutzt werden (auch im Hin-blick auf Reichweite) als auch die stationären Kernfunktionen wieder mehr Beachtung erhalten und vor allem den modernen Kundenerwartungen gerecht werden. Diesbezüg-lich gibt es übergeordnete Handlungsfelder, die neben der Strategieentwicklung vor allem den Abbau von Barrieren und auch den allgemeinen Schulungsbedarf mitein-beziehen (vgl. Abb. 2.31).

Abb. 2.31 Übergeordnete digitale Handlungsfelder, n = 195. (Quelle: Dialogplattform, 2015; Kompetenzzentrumhandel.de, 2021)

Die Entwicklung einer digitalen Strategie erfolgt idealerweise in strukturierter Form. Von der Grundsatzentscheidung bis zur Umsetzung und dem Betrieb eines E-Commerce-Geschäftes bietet sich ein Vorgehen in vier Phasen an. Um pragmatisch, effizient und schnell zu umsetzbaren Ergebnissen zu kommen, empfiehlt sich vor allem für die ersten zwei Phasen ein stark von Workshops getriebenes Vorgehen. Dieses sollte zumindest die Definition eines Masterplans zum Ziel haben (vgl. Abb. 2.32).

In der **ersten Phase** geht es vorrangig um die Grundsatzentscheidung („Go – No-Go") für oder gegen das Thema Online. Diesbezüglich bietet sich ein erster Workshop an, der zunächst sauber vorbereitet werden sollte und vor allem eine interne Analyse und Zieldefinition vorsieht. Dabei sind bestehende Markt- und Wettbewerbsanalysen sowie Potenzialanalysen zu sichten und eine genaue Einordnung des Zielverständnisses der einzelnen Stakeholder (durch gezielte Interviews) einzuholen. Auch sind Kernfragen zum Heben von Online-Wachstumspotenzialen wie unter anderem strategische Rahmenbedingungen und businessseitige Voraussetzungen zu klären. Ergebnis ist die Darstellung der für den Händler relevanten Markt- und Wettbewerbssituation, die dann die Basis für den nächsten Workshop bildet. Dabei sollten vor allem die Erwartungshaltungen des Managements an eine E-Commerce-Strategie inklusive Chancen und Risiken herausgearbeitet werden. Ziel sollte das Herleiten relevanter Handlungsoptionen (Long List) sowie das Herbeiführen einer Grundsatzentscheidung für bzw. gegen eine E-Commerce-Offensive im Führungskreis sein. Dies beinhaltet ein klares Committment des Managements für die Umsetzung einer E-Commerce-Offensive bzw. ein vorläufiges Einstellen dieses Vorhabens.

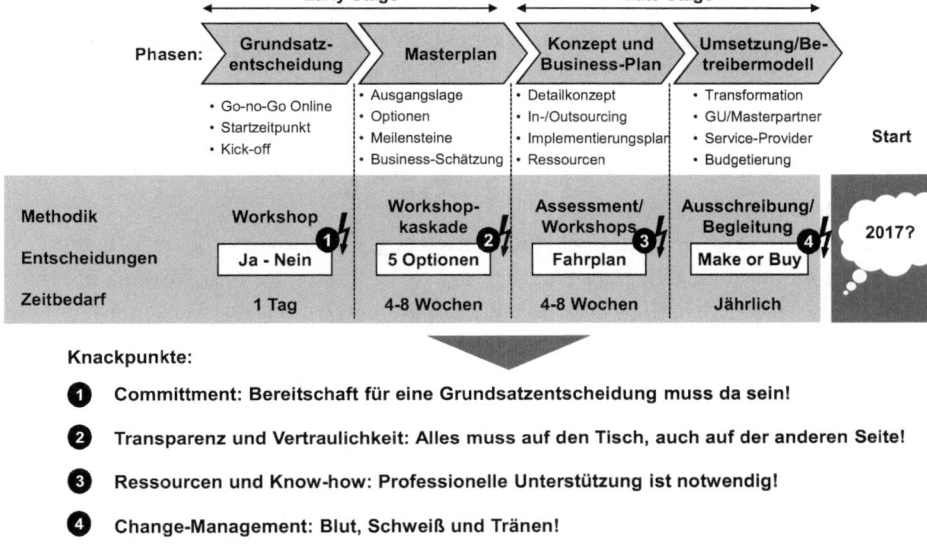

Abb. 2.32 Entwicklung und Umsetzung einer Online-Strategie in vier Phasen

Die **zweite Phase** fokussiert sich auf die Priorisierung der im ersten Workshop ermittelten Handlungsoptionen (Long List) und eine Richtungsentscheidung für die umzusetzende(n) Handlungsoption. Diese Phase besteht aus mindestens zwei Workshops mit jeweils einer Vorbereitungsphase. Diesbezüglich ist zunächst je Handlungsoption eine quantitative Abschätzung der Online-/Multi-Channel-Potenziale, Analyse der Wettbewerbssituation sowie grobe Definition der Businessvoraussetzungen erforderlich (Ressourcen, Fähigkeiten, Organisation, Prozesse/IT). Auf Basis einer groben Zieldefinition (E-Commerce-Erwartung in Zahlen) sollte dann eine gemeinsame Priorisierung der Handlungsoptionen sowie eine Auswahl der für das Unternehmen weiterzuverfolgenden Optionen vorgenommen werden. Damit wird es möglich, einen weiteren Workshop zur Entwicklung eines Masterplanes durchzuführen. Dieser beinhaltet die Herleitung der Marktgröße und das Ableiten des Vertriebs- und Marketingpotenzials für die selektierte(n) Option(en) inklusive Zieldefinition. Ebenso sollten eine detailliertere Wettbewerbsanalyse vorgenommen und relevante Positionierungsoption(en) (Online-USP) definiert werden. Auch eine Vertiefung der Businessanforderungen an Ressourcen, Fähigkeiten, Organisation und Prozesse/IT ist Gegenstand des Workshops. Damit kann dann der grobe Umsetzungsplan (Projektmodule, Meilensteine und Verantwortungen sowie Zeitfenster) definiert und eine grobe Kosten-/Nutzen-Abschätzung (sehr grober Business-Case) erarbeitet werden. Das Ergebnis der zweiten Phase wäre somit eine (oder mehrere) gemeinsam ausgewählte Handlungsoptionen, die zum Unternehmen und dem Marktumfeld passen. Darüber hinaus sollte ein grober Masterplan (inklusive Kosten-/Nutzen-Betrachtung) für die gewählte(n) Option(en) vorliegen.

In einer **dritten Phase** kann dann das Detailkonzept inklusive Businessplanung erarbeitet werden. Nach der Entscheidung über das Zusammenspiel von In- und Outsourcing sowie die erforderlichen Ressourcen ist abschließend der Implementierungsplan zu verabschieden. Dieser wird nach Arbeitspaketen erarbeitet und mit Zeitvorgaben und Verantwortlichkeiten versehen. Wichtig ist, dass in dieser Phase nur noch über das „wie, wann etc." gesprochen wird; das heißt die eingebundenen Mitarbeiter prüfen detailliert, welche Barrieren und Knoten auftreten können und gelöst werden müssen, um die vorgegebenen Ziele zu erreichen. Die dritte Phase mündet schließlich in dem erarbeiteten Businessplan für die Online-Strategie.

In der **vierten Phase** kann dann die Umsetzung und „digitale Transformation" in Angriff genommen und das Detailkonzept in ein konkretes Betreibermodell überführt werden. Dieses sollte dann im Hinblick auf die Zusammenarbeit mit Masterpartnern und Service-Providern als „operative Dauerherausforderung" gesehen werden.

Eine Online-Strategie verlangt ein radikales Umdenken in allen Bereichen. Dies wird oftmals durch die hohe Volatilität im Zielbild erschwert (Bohl, 2016; Heinemann et al., 2019). So ist nicht mit Sicherheit zu sagen, welche Player sich in Zukunft auf dem jeweiligen Markt befinden, da der rasante Wandel zuverlässige Zukunftsprognosen kaum möglich macht. Viele Händler lassen sich zu schnell durch den sich ändernden Anpassungsbedarf und immer neue Kundenwünsche verunsichern. Insofern müssen Trends stetig beobachtet und analysiert werden. Nur so können die Handelsunternehmen

schnell genug auf neue Anforderungen reagieren (ebd.). Es gilt, sich im ständig verändernden Ökosystem zukunftsfähig zu positionieren. Ob dies zwingend als Eigentümer
der Kundenschnittstelle geschieht oder eben auch einmal als Erbringer von Prozess-
teilen – diese Frage stellt sich bei der Definition der eigenen digitalen Strategie. Bisherige Erfahrungen zeigen auch Möglichkeiten für einfache Online-Strategien auf,
die zum Beispiel auf reine Online-Sichtbarkeit abzielen oder den Online-Verkauf über
Marktplätze beinhalten. Auch hierfür sind in jedem Fall zunächst die infrastrukturellen
Voraussetzungen zu klären und zu schaffen (ebd.).

2.6.5   Schleppende digitale Adoption und Transformation

Der stationäre Handel gilt gemeinhin nicht als sehr innovativ. **Nicht ohne Grund
wird ein mangelnder Innovationsgeist im deutschen Handel und E-Commerce
bemängelt. Das ist bedenklich, denn Amazon ist nicht nur Marktführer, sondern
auch Innovationstreiber. Das Unternehmen aus Seattle experimentiert viel,
selbst wenn es, wie mit dem Fire Phone, Rückschläge einstecken musste.** In der
historischen Betrachtung war der deutsche Handel eigentlich immer gut im Kopieren,
nicht aber im innovativen Selbsterfinden. **Auch die Samwer-Brüder von Rocket Internet gründen im Grunde immer nur Copycats (Heinemann, 2017; Heinemann et al.,
2019).** Selbstbedienung wurde in den USA erfunden und vor 80 Jahren nach Deutschland getragen. Cash & Carry wurde in den USA eingeführt, kopiert und dann nach
Deutschland überführt. Fachmärkte für Tierbedarf gingen zuerst in den USA an den
Start und wurden dann erst per Kopie nach Deutschland mitgebracht. So funktioniert
der deutsche Handel offensichtlich und war insofern noch nie so richtig innovativ – bis
auf die Lebensmitteldiscounter vielleicht. Er war ganz gut im Nachahmen und das setzt
sich fort. Im E-Commerce ist das Thema Pionier noch einmal besonders herausfordernd,
weil es auch entsprechende Technik verlangt. Diese Technik gibt es so in Deutschland
nicht. Die USA schöpfen aus dem Silicon Valley mit Stanford als Institution. So ein
Forschungszentrum bräuchten wir eigentlich auch in Europa – haben wir aber (noch)
nicht. Vielleicht erkennt das der Handel endlich, ohne immer auf die Politik zu warten,
und gründet selbst eine eigene Forschungseinrichtung – finanziert von den deutschen
Familienstiftungen der großen deutschen Handels- und Medienunternehmen. Denn
wir brauchen im Handel mehr Innovation von der technischen Seite **(ebd.)** und auch
eine Umkehr der bisherigen Förderpolitik, wonach das Bundeswirtschaftsministerium
ausschließlich technische Produktinnovationen fördert und keine innovativen Handels-
konzepte. Diese gelten als anwendungsorientiert und sind deswegen nicht förderwürdig.
Dennoch bietet vor allem der stationäre Einzelhandel hervorragende Ansatzpunkte, um
die online praktizierte Kundenzentriertheit auch offline umzusetzen. Mit Blick auf die
Digitalisierung sind zunächst aber noch die Basisvoraussetzungen zu schaffen. Vor allem
die mentalen Blockaden und Barrieren, die mittlerweile sogar Politik und Verbände
beschäftigen, sind abzubauen. Darüber hinaus müssen auch die technischen Grundlagen

wie unter anderem elektronische Warenwirtschaftssysteme erarbeitet werden, bevor mit der digitalen Agenda losgelegt werden kann. Multi- und Omni-Channel-Handel stellen allerdings nur Vorstufen dar, da mit ihnen in der Regel der Laden nicht angefasst wird. Darum geht es aber vorrangig, und zwar sowohl aus einer „Outside-in"- als auch aus der „Inside-out"-Perspektive.

Die Entwicklung und Verabschiedung einer – auch gegenüber den Innovatoren – wettbewerbsfähigen Digitalstrategie unter Infragestellung bestehender Geschäftsmodelle wird auch als digitale Adoption bezeichnet. Hierbei geht es vom Anspruchsprinzip vor allem auch darum, die eigene Messlatte gegenüber den disruptiven Pure Plays hoch genug zu legen. Nur so kann eine erfolgreiche Umsetzung der Digitalstrategie erfolgen, für die sich der Begriff der digitalen Transformation durchgesetzt hat. Wie das Kaninchen vor der Schlange sitzen allerdings immer noch zu viele Traditionshändler vor der Entscheidung, online zu gehen oder – falls schon geschehen – eine Online-Offensive zu starten. Nach dem „Prinzip Hoffnung" werden dabei Online Pure Players vielfach für tot erklärt oder als „Non-Profit-Veranstaltung" abgetan. Immer wieder werden dieselben „Killerargumente" aufgetischt und Ausreden gefunden, den Schritt in die Online-Welt (noch) nicht zu tun. Es fehlt zuweilen nicht nur am Bewusstsein für die Notwendigkeit der Transformation, sondern auch an der Risikobereitschaft. Ein Handelskonzern muss dafür viel Geld in die Hand nehmen, wenn das Management beschließt, die Digitalisierung mit Vollgas voranzutreiben. Es müssen auch Komfortzonen abgebaut werden, sowohl bei den Mitarbeitern als auch bei den Führungskräften **(Heinemann, 2017; Heinemann et al., 2019),** denn die schnellen Online Pure Players machen vor, dass Komfortzonen und ausgeprägte Hierarchien eher hinderlich sind. Zunehmend beteiligen sich Traditionshändler bereits in der Frühphase an Start-ups, um von disruptiven Innovatoren zu lernen. In dieser Phase ist jedoch häufig noch nicht der „proof of concept" erfolgt, sodass noch gar nicht feststeht, ob die Geschäftsidee disruptives Potenzial hat. Zudem hat eine derartige Beteiligung nichts mit einer digitalen Transformation zu tun, die eher einem umfassenden Sanierungsprojekt gleicht. Hier geht es Change-Management, Restrukturierung, Prozessoptimierung, Know-how-Transfer etc. und damit um völlig andere Themen als im Beteiligungsmanagement. Sicherlich können hier junge Gründer frischen Input geben, allerdings muss dafür die bestehende Organisation radikal geöffnet und erneuert werden, um die Impulse aus dem digitalen Portfolio im bisherigen Kern umsetzen zu können. Hierfür fehlt nicht selten die Basis in Form einer digitalen Strategie, die aber entsprechend der allgemeingültigen Managementregel „structure follows strategy" immer am Anfang stehen sollte. Sonst besteht Unsicherheit darin, welche Schritte im Rahmen der Digitalisierung für das eigene Handelsunternehmen einzuleiten sind. Hier liefert die Innovationstheorie wertvolle Hinweise, denn der Erkenntnisphase sollte eine zukunftsfähige Adoption vor einer umfassenden Institutionalisierung folgen. Eine echte, konsequente digitale Transformation gleicht dabei eher einem umfassenden Sanierungsprojekt als einem Forschungs- und Entwicklungsvorhaben.

Ähnlich verhält es sich mit den Mitarbeitern und den sich ändernden Stellenan-forderungen, die sich durch den digitalen Wandel ergeben. Auch hier haben viele Handelsunternehmen noch keine Vorstellung davon, wer in Zukunft was können muss und wie sich dadurch das Recruiting und die Personalentwicklung ändern müssen **(Heinemann, 2017; Heinemann et al., 2019)**. Daraus ergeben sich neue Frage-stellungen, zum Beispiel: Wie qualifizieren wir unsere Mitarbeiter weiter? Welche Leute sollen ergänzend eingestellt werden? Welche Kompetenzen sind gefragt? Etliche Unter-nehmen vertrauen dabei auf Generalisten, um die Herausforderungen zu meistern. Doch um die entsprechenden High Potentials anzuziehen, müssen Handelsunternehmen erst die Anziehungskraft entfalten, so wie es die Pure Plays schon tun. Denn auch große Unternehmen dürfen nicht mehr länger nur auf ihre klassischen Stärken vertrauen, sondern müssen sich stetig weiterentwickeln. Dabei könnte unter gewissen Voraus-setzungen sicherlich auch eine Verzahnung mit Start-ups sinnvoll sein **(ebd.)**. Es ist aber auch das Enabling der Mitarbeiter durch die Mitwirkung in relevanten Verbänden oder die Teilnahme an Konferenzen und Messen denkbar, um dadurch einen gezielten Wissenstransfer zu bewirken. Im Mittelpunkt aller Überlegungen zur digitalen Trans-formation sollte allerdings immer der Kunde stehen. Thema ist nicht mehr, was technisch möglich ist, sondern vielmehr, was die Bedürfnisse der Kunden sind. Oder die Frage, wie Unternehmen mithilfe der neuen technischen Mittel Mehrwerte für ihre Kunden schaffen können (Bohl, 2016).

Geht es schließlich um die Umsetzung der gewonnenen Erkenntnisse, kommt es wesentlich auf die passende Organisationsentwicklung an. Dafür müssen Strukturen geschaffen werden, um potenzielle Innovationen schnell genug prüfen, diese im Hin-blick auf Skalierungsmöglichkeiten fördern sowie abteilungsübergreifend verorten zu können. Dazu ist das Committment der Geschäftsleitung enorm wichtig. Dies erfordert eine Kultur, die Innovation fördert und eine Sensibilität für digitale Trends schafft. Das schließt auch die Bereitschaft mit ein, das eigene Geschäftsmodell zu hinterfragen, bevor es ein Innovator tut **(Heinemann, 2017; Heinemann et al., 2019)**. Aussagen wie die von US-amerikanischen CEO's – „wer bei der Digitalisierung nicht mitzieht, fliegt" – wären schon vor dem Hintergrund des deutschen Betriebsverfassungsgesetzes bei einem deutschen Handelskonzern undenkbar. Groß ist zudem die Angst vor Kulturveränderung: Stationäre Handelskonzerne werden oft hierarchisch und konservativ geführt. Mit dieser langjährig praktizierten Unternehmenskultur fällt es ihnen allerdings immer schwerer, an hochqualifizierte Absolventen heranzukommen, die sie vor allem für die digitale Trans-formation benötigen. High Potentials, die im E-Commerce Karriere machen wollen, suchen ihre Erfahrungen lieber bei Online Pure Players wie zum Beispiel Zalando. Hier finden sie eine Gründeratmosphäre vor: lockerer Umgang miteinander, Freiraum und Möglichkeiten, an Themen kreativ zu arbeiten. So etwas lockt junge E-Commerce-Berufseinsteiger von der Uni an. Sie lernen sehr viel, um sich dann unter Umständen, wie es ehemalige Internetmitarbeiter bei Zalando und Rocket taten, selbstständig zu machen (Heinemann OH, 2021).

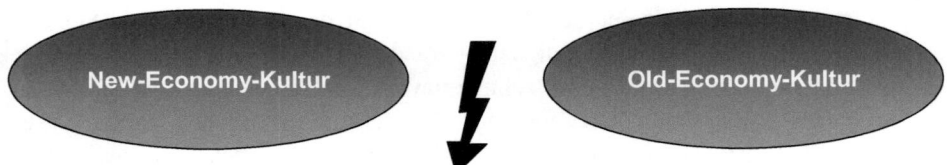

- Potenzial zählt
- Akademischer Ansatz
- Konzeptionsstärke
- „Schlipslose" Du-Kultur
- Moonlighting/wenig Konventionen
- Teamorientierung
- Aktienoptionen/Erfolgsbeteiligung

- Erfahrung zählt
- Nichtakademischer Ansatz
- Umsetzungsstärke
- Business-Style und Sie-Kultur
- Konventionen und Regeln
- Hierarchieorientierung
- Hohe Fixanteile/Garantien

Abb. 2.33 Kulturunterschiede zwischen „Old Economy" und „New Economy"

Der in den Anfangsjahren des E-Commerce vielfach nach außen ausgetragene Konflikt zwischen „New Economy" und „Old Economy" setzt sich nicht selten noch nach innen fort und ist vielfach weiterhin „im Stillen" wirksam. So werden Investitionsentscheidungen zum Beispiel häufig immer noch gegen den Internetkanal getroffen oder fallen so klein aus, dass nicht von einer digitalen Transformation gesprochen werden kann. Echter Generationenwechsel bedeutet in dem Fall, dass nicht die alten Entscheidungsträger mit einer „digitalen Allergie" in den Aufsichtsräten sitzen und von da aus das Thema weiterhin „ausbremsen". Eine Gegenüberstellung der wesentlichen Kulturunterschiede zwischen dieser „Old Economy" sowie der digitalen „New Economy" findet sich in Abb. 2.33.

2.7   Nutzungsänderung der Innenstädte

Digitalisierung und Strukturwandel verändern zweifelsohne den stationären Handel und damit die Innenstädte. Covid-19 wirkt diesbezüglich wie ein Brandbeschleuniger. Insbesondere kleinere und mittlere Städte im ländlichen Raum stehen vor besonderen Herausforderungen, um attraktiv und wettbewerbsfähig zu bleiben. Gleiches gilt für Shoppingcenter, wenn auch unter anderen Vorzeichen. Dieses stellt eine enorme Bedrohung für den stationären Einzelhandel dar. Erfolgskritisch ist, die Städte und Einkaufscenter neu zu erfinden und zu digitalisieren. Dies betrifft sowohl die Integration digitaler Elemente in die Infrastruktur als auch das Zusammendenken von Offline und Online. Darüber hinaus müssen sich stationäre Standorte neu inszenieren, also Erlebnis schaffen, Wohlfühlfaktoren betonen, Aufenthaltsqualität verbessern sowie Ästhetik und

Baukultur herausstellen. Am Beginn einer jeden Innenstadtentwicklung steht sicherlich die Frage nach der besonderen Identität der eigenen Stadt und der Außenwirkung auf Dritte, dem Image. Dabei wird sich auch die Rolle der Stadt ändern müssen. Für viele Städte macht es keinen Sinn, der Vision nach einer Einkaufsstadt hinterherzulaufen.

2.7.1 Kritische Größe: Oberzentren versus Klein- und Mittelstädte

Zweifelsohne haben Shutdown sowie Corona-Beschränkungen wie Hygienevorschriften und Maskenpflicht den Händlern in den Innenstädten erheblich zugesetzt. Der dadurch entstandene Schaden wird wohl nicht mehr so schnell zu reparieren sein (RP Interview GH, 2020).

Die Zukunft der Innenstädte ist aber nicht erst seit Corona das große Thema, das Kommunalpolitiker, Immobilienmanager, Handelsketten sowie Wirtschaftsförderer und Handelskammern beschäftigt. Dabei ist sicherlich nach Art der Städte zu unterscheiden und danach, welche Rolle eine Stadt sich zugesteht. Je kleiner die Stadt, desto größer zweifelsohne die Herausforderung. Die Aussage „Handel ist nicht alles, aber ohne Handel ist alles nichts" verdeutlicht die Schlüsselrolle des stationären Einzelhandels für eine funktionierende Innenstadt. Diesbezüglich ist aber zwischen Versorgungs- und Erlebnisfunktion zu unterscheiden. Deswegen sollten Städte durchaus auch darüber nachdenken, vielleicht das stärkere Mittelzentrum in der Nähe zu unterstützen und als Trabant zu ergänzen, als sich in einem aussichtslosen Kampf aufzureiben. Die richtigen Maßnahmen und ein Zusammenspiel von Politik und Wirtschaft sind in jedem Fall ratsam.

Die Auswirkungen auf den stationären Non-Food-Handel und damit die Innenstädte sind offensichtlich, werden sich aber je nach Standortlage sehr unterschiedlich darstellen. In den Top-City-Lagen, insbesondere in den Metropolkernen, halten Handelsketten und Immobilienentwickler auch weiterhin nach neuen Standorten Ausschau. Die Miet- und Wertentwicklung dort verläuft auch in den nächsten Jahren überdurchschnittlich. „Ein Kern kann immer gerettet werden", sagt beispielsweise Ina Scharrenbach, Ministerin für Heimat, Kommunales, Bauen und Gleichstellung von Nordrhein-Westfalen. „Er ist ja nicht nur Ort des Handels, sondern auch des Wohnens, Arbeitens, der Kultur und Events. Solche Räume benötigt jede Gemeinde. Wir haben an die Kommunen appelliert, genau hinzuschauen, ob sie nicht Handelslagen rausnehmen und in Wohnraum, Büros oder Bildungseinrichtungen umwidmen. Das sind alles Frequenzbringer" (RP Scharrenbach, 2020). Darüber hinaus wird sich der stationäre Handel noch stärker auf die urbanen Zentren konzentrieren müssen. Viele bekannte Marken achten bei der Auswahl der Standorte auch darauf, ob die Stadt Touristen anzieht oder ein gutes Kulturangebot hat. Die Nutzbarmachung touristischen Potenzials für den innerstädtischen Handel wird nicht selten unterschätzt und verdient hinsichtlich der Chancen im Kontext räumlicher Auswirkungen eine gezielte Prüfung (Stadt + Handel, 2014). „Es bedarf zudem einer gesunden Mischung. Nur Restaurants und Cafés retten keine Fußgängerzone. Eine Innenstadt ist wie ein Orchester. Nur mit der Trompete allein wird's etwas langweilig" (RP Scharrenbach, 2020).

Der stationäre Einzelhandel und die Innenstadt sind nicht nur räumlich betrachtet eng miteinander verflochten. Rund ein Viertel des gesamten Einzelhandelsumsatzes wird hier gemacht. An diesen Standorten sind die Anbieter durch die Corona-Krise zu weiten Teilen existenzgefährdet und vor allem etliche der kleineren, nicht-filialisierten Händler sogar schon insolvent. Die vielen lokalen Non-Food-Händler in den Innenstädten sterben weg wie die Fliegen. Insbesondere durch die zunehmende Nutzungsintensität des Internets und des Online-Handels verliert der physische Raum als Bindeglied immer mehr an Bedeutung. Bis 2024 soll der Online-Anteil am gesamten Einzelhandelsumsatz auf über 25 % anwachsen (IFH Prognose, 2020). Das hat unmittelbare Folgen für innerstädtische Einzelhandelslagen. Die strukturellen Probleme deuteten sich schon länger an und wurden durch die Krise höchstens beschleunigt (Stepper, 2016; Heinemann, 2017; Internetworld Interview GH, 2021).

Abhängig von der Lokalisierung in räumlich-strukturell begünstigten oder benachteiligten Städten wird es sowohl Gewinner als auch Verlierer geben. Dabei zeichnet sich ab, dass kleinere und mittelgroße Städte stärker betroffen sind als Großstädte. Demnach werden die Oberzentren – in der Regel Städte mit über 100.000 Einwohnern und überdurchschnittlicher Zentralität – und vor allem die sieben großen Metropolen in Deutschland weniger stark betroffen sein, da sie die begehrten Standortlagen stellen, auf die sich alle Anbieter stürzen werden. Sie profitieren auch von einem anhaltenden Zuzug und damit Wachstum bei den Einwohnerzahlen. In Klein- und Mittelstädten dagegen wird es zu Verwerfungen kommen. Experten sprechen bereits von einer räumlichen Polarisierung (BBE, 2018). (vgl. Abb. 2.34). Wo die Wege aus dem Umland weit sind und das Angebot in der zentralen Einkaufsstraße bereits heute überschaubar ist, wird es immer schwerer, Kunden anzulocken. Schon jetzt haben kleinere Kommunen mit hohen Leerständen zu kämpfen. Im 30.000-Einwohnerstädtchen Tönisvorst vor den Toren Krefelds beklebten 50 Ladenbetreiber schon in 2013 ihre Schaufenster mit schwarzer Folie, um auf den Wettbewerb aus dem Internet aufmerksam zu machen (RP, 2013). Ähnliche Aktionen sind aus anderen Städten bekannt, so 2017 in Berlin in der Oranienstraße, 2018 im Frankfurter Nordend oder in 2020 in Niesky in Sachsen. Erste Handelsunternehmen, die bisher auch in den Fußgängerzonen von Mittelstädten präsent sind, haben Städte mit unter 100.000 Einwohnern bereits aus ihrer Expansionsstrategie genommen (Heinemann, 2017; BBE, 2018).

Folglich ist für die unterschiedlichen Stadttypen höchste Aufmerksamkeit gefordert, um die Gründe für diese Entwicklung exakt voneinander zu differenzieren. Folgende Fragestellungen sind zu beantworten:

1. Welche Entwicklungen sind preisgetrieben, welche erlebnisinduziert?
2. Wo geht es um den Reiz des Unbekannten?
3. Welche Rolle spielen Service- und Convenience-Faktoren?
4. Inwiefern können international Vergleiche gezogen werden?

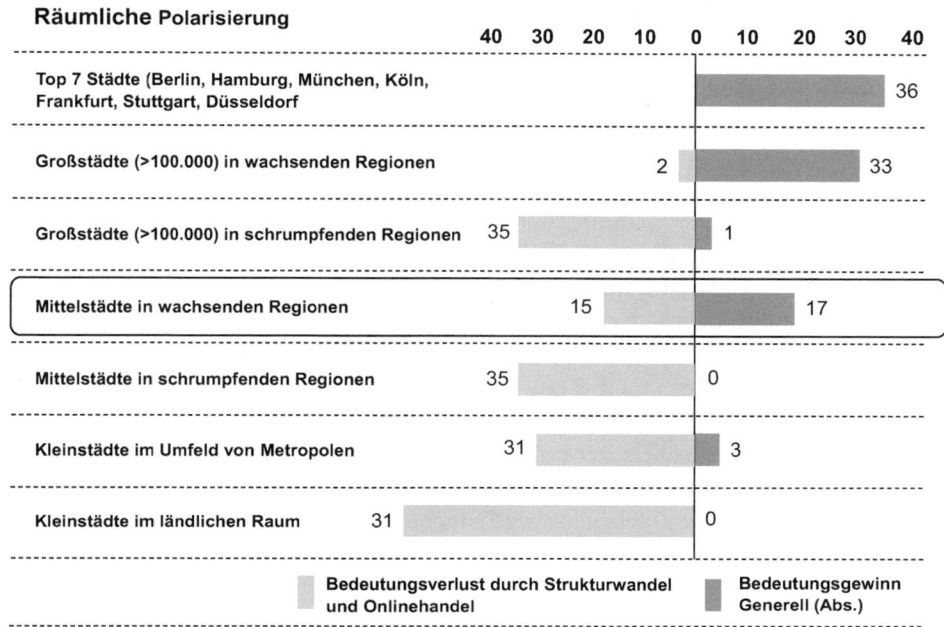

Abb. 2.34 Räumliche Polarisierung: Auswirkungen des Online-Handels auf die Innenstädte. (Quelle: BBE, 2018)

Für die Ermittlung der Auswirkungen des Online-Handels auf die Innenstädte, Stadtteil- und Ortszentren kommt es für zielgerichtete Handlungsempfehlungen darauf an, diese nach bereits bekannten Auswirkungen und deren Faktoren, nach erkennbaren Faktoren für zukünftige Auswirkungen und dem Portfolio von auswirkungsverändernden Handlungsoptionen der relevanten Akteursgruppen zu unterscheiden. Das hat sowohl handels- als auch stadtentwicklungsbezogen zu erfolgen. Entscheidend ist dabei die Frage, wie allgemeine und raumwirksame Rahmenbedingungen abgebildet werden können.

Die Aussichten für die nächsten Jahre sind nicht rosig. Für die Ermittlung der Auswirkungen des Internets auf die Innenstädte, Stadtteil- und Ortszentren kommt es für die Erarbeitung zielgerichteter Handlungsempfehlungen darauf an, diese nach bereits bekannten Auswirkungen und deren Faktoren zu unterscheiden, und zwar sowohl handels- als auch stadtentwicklungsbezogen. Aufgabe der kommunalen Wirtschaftsförderung, der Stadtentwicklung und des kommunalen Stadtmarketing muss deswegen auch die Unterstützung der Einzelhandelsbetriebe und der Attraktivitätssteigerung der Innenstädte sein, um Leerstände sowie Fehlnutzungen der innerstädtischen Flächen zu vermeiden. Ziel sollte es in jedem Fall sein, die Leerstandsquoten der Einzelhandelsobjekte so gering wie möglich zu halten. Deswegen haben etliche Städte Einzelhandels- und Zentrenkonzepte erstellt. Durch derartige Konzepte können etwa unerwünschte Mieter aus einem innerstädtischen Gebiet ausgeschlossen und kleine

Fachhändler gestärkt werden. Vorgaben des Baugesetzbuches bilden dabei die gesetzlichen Grundlagen für die Steuerung von Einzelhandelsvorhaben in Städten. Es geht
dabei auch darum, die in die Baukultur einer Stadt integrierte Einzelhandelsentwicklung
gezielt steuern zu können, sogar zu müssen. Das gilt auch für die Ausweisung von
Handelsflächen. Werden erkennbar in bestimmten Straßenabschnitten keine Handelsbetriebe mehr angesiedelt, so kann die Kommune durch Änderung des Baurechts die
Handelsflächen dort ausweisen, wo zukünftig noch Handel stattfinden soll. Durch die
Konzentration und Zentralisierung des gesunden Einzelhandels können innerstädtische
Qualitätsaspekte beeinflusst werden (MG.Retail2020, 2015; BBE, 2018).

Im Hinblick auf potenziell steigende Leerstände ist auch ein gezieltes Leerstands-
management sinnvoll. Mithilfe eines Leerstandskatasters werden Immobilieneigentümer und an Immobilien interessierte Unternehmen vermittelt. Dabei werden Lage,
Geschäftsgröße, Verkaufs- und Nebenflächen, Schnitt, Flächennutzungsmöglichkeit
sowie Kosten und Ansprechpartner erfasst. Als Betreiber sind die Wirtschaftsförderung
oder eine Stadtmarketinggesellschaft denkbar, die zusätzlich auch beratend aktiv werden
und geeignete Standorte empfehlen, sowie Immobilien bewerten und analysieren können
(BBE, 2018).

2.7.2   Veränderte Rollen: Schlafstadt versus Einkaufsstadt

Für die Positionierung als Einzelhandelsstandort bringt jede Stadt andere Voraussetzungen mit. Dennoch gibt es kaum eine Stadt in Deutschland, die sich nicht als Einkaufsstadt bezeichnet, obwohl der Begriff offiziell gar nicht existiert. Jeder kann sich
aber denken, dass es dabei mehr oder weniger um die Anziehungskraft und Attraktivität in Sachen Einkaufen geht. Auch Schlafstadt ist nicht als offizieller Begriff zu finden,
wird aber zumindest weitergeleitet zur Bezeichnung Trabantenstadt und dort dann in
der Erklärung explizit benannt (Wikipedia Trabantenstadt, 2021). Während Satellitenstädte eigenständig sind, gelten Trabantenstädte oder auch -siedlungen als Vororte von
Großstädten und bestehen hauptsächlich aus Wohngebieten für Pendler, so wie die
riesigen Plattenbausiedlungen in ostdeutschen Städten beispielsweise. Sie zeichnen
sich durch eine geringe Arbeitsplatzdichte und wenig eigene Infrastruktur aus, zu der
allerdings neben Schulen auch eine Einzelhandelsversorgung für Güter des täglichen
Bedarfs wie zum Beispiel Lebensmittel und Drogeriewaren gehört. Trabantenstädte
wurden in erster Linie gebaut, um den Wohnraumbedarf für die Kernstadt decken zu
können, und sind als Schlafstadt eher eine neuzeitliche Erscheinung, die sehr viele Einwohner morgens zur Arbeit in größeren Städten verlassen und in die sie nach der Arbeit
zurückkehren. Satellitenstädte gelten demgegenüber eher als vollwertige Kleinstadt im
Umfeld einer großen Stadt, so wie zum Beispiel Kaarst oder Willich für Düsseldorf
(ebd.). Insofern geht es auch um die Diskussion „Trabantenstadt oder Einkaufsstadt" und
innerhalb der Trabantenstädte sicherlich eher um eine Versorgungsfunktion, die sich in
den letzten Jahren ohnehin stark auf die „grüne Wiese" verlagert hat. Die Qualität der

Einzelhandelsstandorte wird nach der Einzelhandelszentralität oder dem Zentralitäts-faktor bemessen (GfK Geomarketing, 2019). Dieser ergibt sich aus dem Verhältnis von Einzelhandelsumsatz und Kaufkraft an dem jeweiligen Ort. Werte über 100 stehen für einen Kaufkraftzufluss, Werte unter 100 für einen Kaufkraftabfluss. Ein Wert höher als 100 % weist auf eine hohe Anziehungskraft der Stadt hin, die diese für den Einkauf auf das Umland ausübt. In dem Fall bewegt sie die Einwohner von außerhalb stärker zum Einkaufen in ihrem Einzelhandel als umgekehrt die eigene Bevölkerung die Kaufkraft der Stadt in umliegende Städte trägt (Wikipedia Einzelhandelszentralität, 2021). Dabei unterscheidet sich die Zentralität verschiedener Branchen je nach Versorgungsdichte zum Teil erheblich: Bei Lebensmitteln, die flächendeckend erhältlich sind, weicht die dies-bezügliche Zentralität in der Regel kaum von 100 % ab, es sei denn, die Versorgungs-funktion in der Stadt ist bereits erodiert wie in einigen ländlichen Kleinstädten. Bei Shopping-Produkten wie Mode oder Hochtechnologieprodukten, die oft nur in Ober-zentren erhältlich sind, variiert die Zentralität gewaltig. Insofern muss auch für „Schlaf-städte" die Versorgungsfunktion eher eine Pflicht sein und nicht durch aussichtslose Konzepte für eine Shopping-Funktion geschwächt werden. Ob sich eine Stadt stärker auf den Erlebniseinkauf einschießt und auch in Zukunft mit allen Mitteln dafür kämpft, sollte deswegen rein rational und streng nach Zentralitätsfaktoren diskutiert werden, zumal die Deutschen schon lange nicht mehr am eigenen Wohnort einkaufen, außer für die Grundversorgung (BBE, 2018; GfK Geomarketing, 2019).

Die GfK schlüsselt anhand der Einzelhandelszentralitäten regelmäßig das Einzel-handelspotenzial für alle Regionen in Deutschland auf. Sie vergleicht die Einzel-handelskaufkraft mit den regionalen Einzelhandelsumsätzen und errechnet daraus die Einzelhandelszentralität für jede Region und Stadt. Demnach standen im Jahr 2019 den 162 deutschen Kreisen mit Kaufkraftzufluss 239 Kreise mit Kaufkraftabfluss gegen-über. Bei den Stadt- und Landkreisen führt München das Kaufkraft-Ranking an mit einer Einzelhandelskaufkraft von 7694 € pro Kopf, die 30 % über dem Bundesdurch-schnitt liegt. Schlusslicht hingegen ist der Stadtkreis Gelsenkirchen: Hier stehen den Menschen weniger als 5000 € pro Kopf für ihre Ausgaben im Einzelhandel zur Ver-fügung (GfK Geomarketing, 2019). Demgegenüber zeigt Würzburg immer wieder sehr deutlich auf, wie stark der Anziehungseffekt einer Stadt auf das Umland sein kann. So liegt der Landkreis Würzburg mit einer Zentralität von etwas über 50 ganz weit hinten, sodass dort der Einzelhandel praktisch nur noch Versorgungsfunktion ausübt und die Einwohner zum Kauf anderer Güter nach Würzburg fahren. Deswegen kommt der Stadt-kreis Würzburg auf eine Zentralität von 196,1, was ihn bundesweit auf Platz 3 hievt. Die Einzelhandelszentralitäten der Top-10-Kreise in Deutschland sind in Abb. 2.35 dar-gestellt.

Interessanterweise werden die Spitzenplätze bei den Städten nicht von den Metropolen München, Berlin oder Köln eingenommen, sondern von Mittelzentren wie Trier, Passau, Würzburg oder Straubing. Außerhalb dieser Städte sind bis auf Versorger in der Regel kaum Einzelhandelsangebote zu finden. Zugleich haben diese Einzel-handelsstandorte eher eine geringe Einwohnerzahl, sodass der Kaufkraftzufluss vom

Rang	Stadt- oder Landkreis	Einwohner	Einzelhandelskaufkraft 2019 Index *	Einzelhandels- zentralität**
1	SK München	1,456.039	130,2	114,7
2	LK Starnberg	135.545	129,7	64,9
3	LK Hochtaunuskreis	235.995	129,5	68,5
4	LK München	346.433	126,9	76,3
5	LK Main-Taunus-Kreis	236.969	124,7	105,5
6	LK Ebersberg	140.800	121,1	114,3
7	LK Fürstenfeldbruch	217.831	117,7	73,1
8	SK Düsseldorf	617.280	117,4	113,8
9	LK Miesbach	99.189	115,2	77,8
10	LK Dachau	152.703	114,9	69,3

* (100 = Landesdurchschnitt)
** (100 = Zufluss und Abfluss von Kaufkraft halten sich die Waage)

Abb. 2.35 Top-10-Kreise nach GfK-Einzelhandelszentralität 2019. (Quelle: GfK Geomarketing, 2019)

Umland die Kaufkraft in den Städten noch deutlich übertrifft. Mittelstädte haben für den zukünftigen Einzelhandel durchaus Potenzial, vor allem, wenn kleinere Städte im nahe-liegenden Umland sich zu Schlafstädten wandeln und sich dem nächstgrößeren Mittel-zentrum als Einzelhandelsstandort fügen. Einen „Kampf um die Einzelhandelsstandorte" loszutreten, wäre sowieso aussichtslos. Mittelstädte haben oft eine Reichweite, die die Zahl der Einwohner im direkten Stadtgebiet deutlich übertrifft. Zugleich ist jedoch auch ein Blick auf den Einzelhandelsumsatz in Summe empfehlenswert (GfK Geomarketing, 2019).

2.7.3   Einzelhandelsimmobilien: Polarisierung und Trading Down

Die weitere Entwicklung des Online-Handels wirkt sich auch auf die Nutzungsmöglich-keiten der Handelsimmobilien aus. Weniger Umsatz im stationären Handel bedeutet schnell auch einen spürbaren Rückgang an Mietinteressenten, dem dann Leerstand folgt. Dies betrifft vor allem Klein- und Mittelstädte. Während in Oberzentren die 1a-Lagen bisher davon tendenziell weniger betroffen waren, verlieren aber auch in größeren Städten schon seit längerem die Neben- und Stadtteillagen (GfK Geomarketing, 2019). Bereits vor Corona gab es eine Verlagerung hin zu kleineren Ladenflächen, während sich die Zahl der Anmietungen auf gleichem Niveau hielt. Das führte bereits vor der Pandemie in den Innenstädten zu dramatischen Leerständen (BBE, 2018). Seit Corona allerdings leiden vor allem innerstädtische Lagen und Shoppingcenter mit Schwerpunkt

Textilien unter schwindenden Erträgen und einem Verlust an Investoreninteresse. Sogar Geschäftshäuser in 1 A-Lagen stoßen nur noch auf wenig Interesse. Interessanterweise wird auf der Immobilien-Investorenseite nicht Corona als die größte Herausforderung gesehen, sondern die wachsende Konkurrenz durch den Online-Handel. Nicht einmal die Auflagen, die der Einzelhandel zur Bekämpfung der Verbreitung von Corona auferlegt bekommen hat, werden derart düster eingeschätzt wie die Auswirkungen des E-Commerce (Fondsprofessional, 2020) (vgl. Abb. 2.36).

Demgegenüber profitieren Lebensmittelmärkte sogar stark von der Corona-Krise. Während die Mehrzahl der Investoren (75 %) davon ausgeht, dass Shoppingcenter wenig Zukunft haben, gehen fast alle (90 %) davon aus, dass Fachmarktzentren sich auch nach der Krise positiv entwickeln werden. Vor allem Supermärkte, Lebensmitteldiscounter und Fachmarktzentren stehen auf der Wunschliste der Investoren ganz oben. Corona hat Investments in Einzelhandelsimmobilien insofern polarisiert. Während LEH-Standorte zulegen, droht für Innenstadtstandorte ein Trading-Down und damit eine fortschreitende Erosion (vgl. Abb. 2.37). In der Raumplanung handelt es sich bei dem Trading-Down-Effekt um eine Tendenz, bei dem sich ein Standort vom vollständigen Angebot mit pulsierendem Leben zu zunehmenden Leerständen inklusive ausbleibender Kundschaft entwickelt. Dabei sind auch vermietete Gewerbeeinheiten ein Indikator, wenn ihre Nutzung beispielsweise nicht zur Nachfrage und zum Angebot des Stadtteilzentrums passt. Die Gefahr ist groß, dass diese ebenfalls zu Leerständen werden oder mit der Zeit durch Billiganbieter ersetzt werden (z. B. Tattoo-Shops, Spielhallen oder Ein-Euro-Läden). Zwangsläufige Folge ist ein Imageverfall des Standortes. Ergebnis dieser

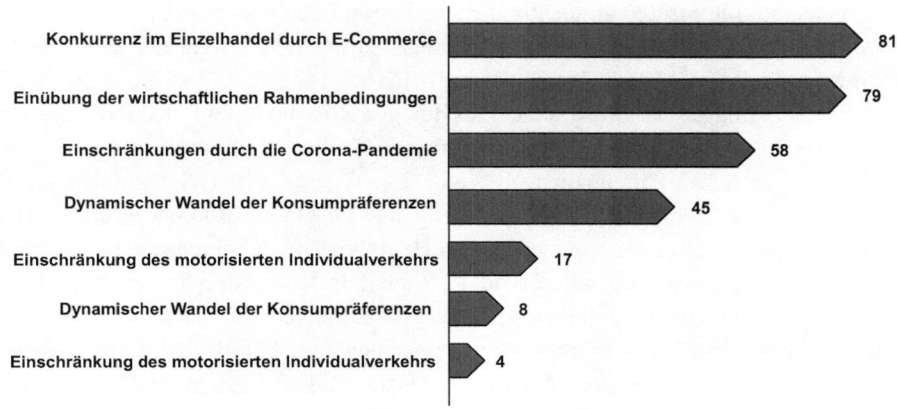

Abb. 2.36 Aktuelle Herausforderungen bei Handelsimmobilien-Investments. (Quelle: Fondsprofessional, 2020)

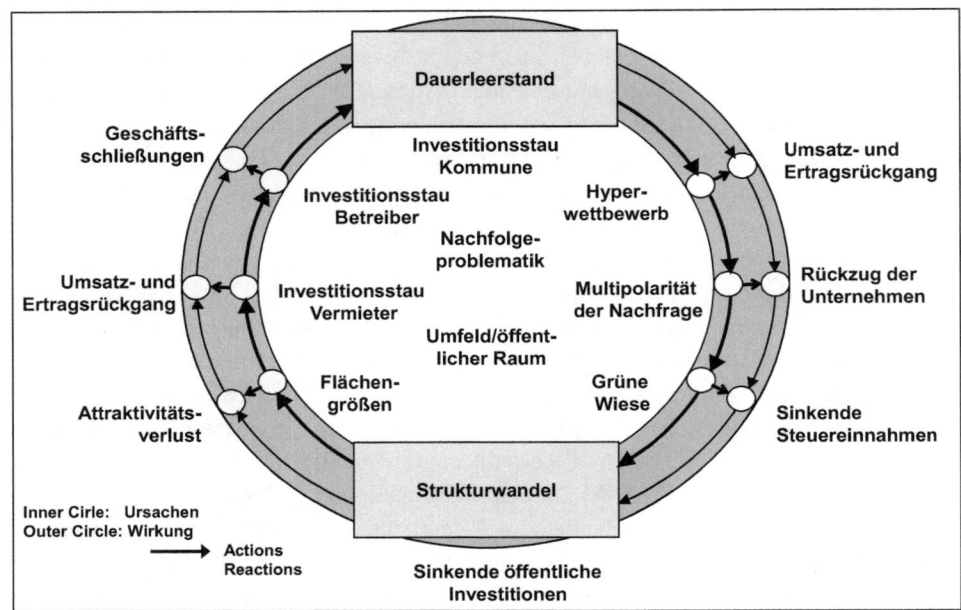

Abb. 2.37 Trading-down von Einzelhandelsimmobilien. (Quelle: CIMA, 2009; Wikipedia Trading Down, 2020)

Entwicklung sind stets Ladenleerstände mit langfristigen Folgen. Dabei kommt es zu Umsatzeinbußen bei den Vermietern und dadurch einer nachlassenden Fähigkeit, in die zu vermietende und leerstehende Immobilie investieren zu können. Deswegen bleiben Modernisierungsmaßnahmen aus. Folge ist, dass mögliche Investoren dem Standort fernbleiben, weil dieser nicht mehr ihren Erwartungen entspricht. Eine Häufung von Leerständen strahlt zusätzlich negativ auf das Umfeld aus und erzeugt dadurch weitere Leerstände. Im Endeffekt kommt es schließlich zu einer Verödung der Einkaufsstraße oder des Stadtteils (Wikipedia Trading Down, 2020).

Das Bedrohungsszenario ist ohne Zweifel gewaltig und wird insbesondere durch den Corona-Effekt vergrößert. Schon jetzt haben kleinere Kommunen mit Leerständen von 50 %, in manchen Fällen sogar bis zu 75 %, zu kämpfen (RP Scharrenbach, 2020). Die Ursache von Leerständen liegt aber nicht nur im Online-Boom begründet. Dieser ist vielfach nur Katalysator von grundsätzlichen Fehlentwicklungen oder dauerhaften Strukturveränderungen – so wie Covid-19 auch nur Brandbeschleuniger ist. Gründe für den Leerstand von Einzelhandelsflächen können sicherlich auch der Wegfall von „Ankermietern" oder eines wichtigen magnetischen Geschäftes sein, was dann einen „leerstandsinduzierten Leerstand" darstellt. Diesbezüglich sind sicherlich in etlichen Städten die Warenhäuser zum Zünglein an der Waage geworden – per Juli 2018, also rund zehn Jahre nach der Insolvenzanmeldung von Hertie, wurde erst das letzte Hertie-Warenhaus in Velbert/Ratingen von der Stadt erworben (WZ Velbert, 2018) und Anfang

2021 dann abgerissen. Aber auch Standortverlagerungen aufgrund zu hoher Ladenmieten oder qualitative und bauliche Mängel der Immobilie können Leerstände verursachen, so wie strategische Fehlentscheidungen der Geschäftsführung, die zum Beispiel in der Verweigerung der Digitalisierung liegen können. Auch die altersbedingte Aufgabe des Geschäftes und fehlende Betriebsnachfolge sind ein Thema, dem sich insbesondere Wirtschaftsförderer und Handelskammern stellen müssen. Häufigste Ursachen für steigende Leerstandsquoten sind sicherlich eine verringerte Kaufkraft und Nachfrage, zum Beispiel durch regionale Konkurrenzsituation, räumliche Verlagerung der Kundenströme (zum Beispiel durch ein neues Shoppingcenter) sowie ein verändertes Kaufverhalten (zum Beispiel der Online-Kauf). Die Folgen des Leerstandes sind Image- und Attraktivitätsverluste des Standortes, Umsatzrückgänge innerhalb der Stadt, steigende Fluktuation der Geschäfte sowie Trading-Down-Prozesse. Um weitere negative Auswirkungen auf Innenstädte zu verhindern, müssen Leerstände in jedem Fall vermieden werden. Die Immobilien sollten möglichst schnell marktgerecht wieder vermietet und um- bzw. wiedergenutzt werden. Die Baunutzungsverordnungen sollten flexibilisiert werden und Rückbauten ermöglichen. Eine für Wohnzwecke vermietete Immobilie ist in jedem Fall besser für das Stadtbild als ein leerstehendes Geschäft. „Es ist das Ende der Fußgängerzone, die künftige Nutzung geht in Richtung Wohnen" – so die Stadt Velbert zum Abriss der Hertie-Immobilie in 2018 (MG.Retail2020, 2015; WZ Velbert, 2018).

2.7.4 Überforderte Kommunalpolitik: fehlende Ideen und Konzepte

Viele Städte und Gemeinden sind mit den strukturellen Veränderungen überfordert. In der Kommunalpolitik muss es in erster Linie darum gehen, die Innenstadt attraktiv und modern auszurichten und professionell zu managen. Dabei müssen neue Nutzungskonzepte gemeinsam mit den Bürgern entwickelt und flankierende Maßnahmen angeschoben werden.

Neue Nutzungskonzepte
Kreative Konzepte zur Zwischennutzung: Leerstände können von den Immobilieneigentümern sinnvoll und kreativ genutzt werden. Diesbezüglich sind temporäre Zwischennutzungen zu sozialen/kulturellen Zwecken und solche, die vorübergehend Einnahmen erbringen, denkbar. Am einfachsten lässt sich Leerstand durch vollflächige Schaufensterdekorationen kaschieren, die dem Besucher einen Eindruck vermitteln, um welche Art von Geschäft es sich handeln könnte. Moderne Fotografien hinterlassen den Eindruck echter Geschäfte wie Metzger, Bäcker oder Boutique, immer mit dem Hinweis versehen, dass das Ladenlokal gemietet werden kann. In North Tyneside, der Partnerstadt Mönchengladbachs im Norden Englands, wurden durch die Stadtverantwortlichen in leerstehenden Geschäften Schaufensterkulissen aufgebaut, die aufzeigten, welche Geschäfte in dieser Lage sinnvoll wären. Dadurch wurden potenzielle Nutzer gezielt

angesprochen und über 140 Leerstände konnten mithilfe dieser Idee gefüllt werden (MG.Retail 2020, 2015; Zukunftdeseinkaufens BID, 2019). Für soziale und kulturelle Zwischennutzungen könnte der Immobilienbesitzer das Ladenlokal gegen Selbstkosten oder pro bono zur Verfügung stellen. Die Schaufensterdekoration kann zum Beispiel ein aktuelles Thema herausstellen oder einem Nachwuchskünstler an die Hand gegeben werden. Vielleicht nutzen Nachbargeschäfte das Ladenlokal gerne als erweitertes Schaufenster. Oder virtuelle Shops könnten eine Ladenwand bzw. ein Schaufenster abdecken. Automaten können direkt Produkte kaufbar machen, sofern sie in die Immobilien integriert sind. Alternativ sind leerstehende Ladenlokale auch als zeitlich begrenzte Popup-Stores nutzbar, was zusätzliche Aufmerksamkeit auf sich zieht. Ein Fitting Room bietet Möglichkeiten, online bestellte Waren offline in einem Laden anzuprobieren, zu kaufen oder gegebenenfalls direkt zu reklamieren (ebd.).

Kreative Konzepte zur Um-/Nach- und Zusatznutzung: Immobilienbetreiber werden dazu angehalten, ihre Einzelhandelsimmobilien modern zu entwickeln und in die Erneuerung von Bestandsimmobilien zu investieren. Die veränderten Anforderungen des Handels machen flexiblere Mietverträge oder auch kurzfristigere Vermietungen notwendig. Da die Nachfrage nach Ladenlokalen eher abnehmend sein wird, muss in Neben- oder Stadtteillagen mit dauerhaft sinkenden Mieteinnahmen gerechnet werden. Deswegen sollten sich Immobilienbesitzer auch verstärkt mit dem Thema der Umnutzung von Handelsimmobilien beschäftigen. Das „Soho House Berlin" mit Restaurants, Bars, einem Fitnessstudio, einem Kino sowie einem Hotel gibt Impulse in diese Richtung. Und auch die demografische Entwicklung befeuert einen Trend zu innerstädtischen Wohnbebauungen inklusive barrierefreien Serviceanlagen. Denkbar sind auch kreative Erweiterungen wie zum Beispiel ein Drive-in-Schalter, an dem Kunden ihre online geordnete Ware mit dem eigenen PKW abholen können. Thalia hat den Leipziger Laden Ende 2020 mit Paketboxen im Schaufenster ausgestattet, in dem Kunden ihre Bücher kontaktlos abholen können. Auch ist innerhalb einer Stadt die Bündelung der ansässigen Einzelhändler denkbar, die ihre Ware gemeinschaftlich oder über einen bestehenden Online-Shop anbieten und über eine entsprechende Schnittstelle die online bestellten Produkte an den Sammelabholpunkt liefern lassen. Dieses Konzept mit mehreren Händlern erfordert eine ordentliche Koordination, da der Kunde anspruchsvoll ist und weniger auf zusätzlichen Service und Beratung vor Ort, als vielmehr auf Schnelligkeit des Erhalts seiner Ware bedacht ist. Schließlich zeichnet sich auch ein Trend „stationärer Flächen für Online-Händler" ab. Online Pure Player wie unter anderem Zalando suchen immer häufiger nach Möglichkeiten, ihre aktuelle Ware oder auch Restanten offline zu vermarkten. Auch Showrooms werden für Online-Händler zunehmend wichtiger, in denen auf kleiner Fläche das Online-Angebot präsentiert wird. Hierfür wird relativ wenig Platz benötigt, sodass für derartige Lokale auch 1a-Lagen denkbar sind (MG.Retail2020, 2015; Zukunftdeseinkaufens BID, 2019).

Flankierende Maßnahmen für den Einzelhandel

Ladenöffnungszeiten: Der stationäre Handel ist in Bezug auf die Öffnungszeiten gegenüber dem Online-Handel deutlich benachteiligt, der an sieben Tagen mit je 24 h verkaufen kann. So wird im E-Commerce sonntags der größte Teil des Wochenumsatzes erzielt. Um diesen Nachteil auszugleichen, sollte überlegt werden, die Öffnungszeiten wieder zu liberalisieren bzw. flexibilisieren. Während die Bedarfskunden beispielsweise Lebensmittel zu hinreichend attraktiven Zeiten erwerben können, sind die Einkaufsmöglichkeiten für den sogenannten Erlebniskauf begrenzt. Hier wäre eine Ausweitung der Einkaufsmöglichkeiten am Wochenende zum Beispiel mit Sonntagsöffnungen prüfenswert. Gerade verkaufsoffene Sonntage führen in der Regel zu hohen Frequenzen in Innenstädten, denn am Wochenende haben die Konsumenten frei und können in Ruhe bummeln. Die Öffnungszeiten an Sonn- und Feiertagen variieren je nach Ladenöffnungsgesetz, das je nach Bundesland unterschiedlich viele Tage pro Jahr festlegt. In Berlin sind pro Jahr beispielsweise acht verkaufsoffene Sonn- und Feiertage erlaubt. Auch besteht hier zusätzlich die Option, dass an zwei weiteren Tage die Geschäfte aus besonderem Anlass öffnen dürfen. In Baden-Württemberg dagegen dürfen die Läden im Jahr nur insgesamt drei Mal an Sonn- und Feiertagen ihre Geschäfte betreiben. Länderübergreifend ist einzelnen Branchen eine Sonntagsöffnung unter der Bedingung erlaubt, dass keine Beratung und kein Verkauf stattfinden. Wenn sich jedoch der Kunde im Ladenlokal über Touchpads oder Tablets informiert, findet zumindest eine Selbstberatung statt. Insofern muss die Gesetzgebung der Länder auf das immer stärkere Verschmelzen von Online- und Offline-Kauf reagieren (HDE, 2016; Heinemann et al., 2019).

Integrierte Einzelhandelskonzepte als Basis der Stadtentwicklung: Einzelhandelskonzepte in einer Stadt fördern die Stadtentwicklung, indem dadurch Planungs- und Investitionssicherheit im Einzelhandel garantiert wird. Ziel sollte sein, die Einzelhandelsstruktur so zu entwickeln, dass die Versorgung der Bevölkerung sichergestellt ist und eine stadtverträgliche Entwicklung des Einzelhandels ermöglicht wird. Auch sollten die Standentwicklungspotenziale festgehalten und gefördert werden, die einer attraktiven und wettbewerbsfähigen Handelslandschaft dienen. Die Aufgabe der Landesregierungen kann darin bestehen, entsprechende Einzelhandelskonzepte und deren Aktualisierungen einzufordern. Sie sollte auch eine Art Vetorecht für die Neuansiedlung von Großflächen in Stadtrandlagen bekommen. Die Landespolitik kann sicherlich verstärkt Einfluss darauf nehmen, dass die Ausweisung von Einzelhandelsflächen in peripheren Lagen oder auf der grünen Wiese zur Förderung der Innenstädte eingeschränkt wird. Damit sich diese Flächen in den Kommunen nicht weiter zersplittern, ist hier auch die Lenkungsfunktion der Legislative gefordert (MG.Retail2020, 2015; Heinemann, 2017).

Anpassung der Gesetzgebung, zum Beispiel der Landesbauordnung: Vorschriften für die Genehmigung von Handelsbetrieben gehen bisher ausschließlich von stationären Betrieben aus. Alle Formen des Online-Handels werden in der Regel unter dem Aspekt Logistik subsumiert, da die Ware kommissioniert und ausgeliefert werden muss.

Regelungsbedarf gibt es beispielsweise, wenn Online-Händler eigene Ausstellungen/ Showrooms betreibt oder in diesen Showrooms auch Randsortimente verkauft werden. Auch die Möglichkeit zur Online-Bestellung in Showrooms bedarf einer gesetzlichen Regelung, um nicht den stationären Handel zu benachteiligen (ebd.).

Digitalisierung der Innenstadt: Um die Folgen des Strukturwandels für die davon betroffenen Städte und Gemeinden möglichst gering zu halten, sollten zweifelsohne auch die Möglichkeiten, welche die zunehmende Digitalisierung bietet, als Chance für die Attraktivitätssteigerung der innerstädtischen Einzelhandelslagen genutzt werden (RP Scharrenbach, 2020). Was Bürger schon lange fordern, nämlich schnelles WLAN für alle, sollte die Kommunalpolitik schnell umsetzen und nicht den großen Netzfunkbetreibern überlassen. Digitalisierung heißt aber nicht nur WLAN. Städte und Gemeinden können auch das Stadtmarketing digitalisieren und interaktive innerstädtische Marketingtools implementieren. Denkbar sind auch digitale Außenwerbeterminals. So hat das Bundesministerium für Wirtschaft und Technologie vor ein paar Jahren das interaktive Außenwerbe- und Couponportal „Stuff4Free" als Hauptpreisträger des BMWi-Gründerwettbewerbs „Mit Multimedia erfolgreich starten" ausgezeichnet (Heinemann, 2017). Es handelt sich um eine Couponbox als Außenterminal, das sich in der Fußgängerzone einer Innenstadt befindet und dazu dient, dass Einzelhändler, Gastronomen, aber auch Freizeitanbieter neue Kunden akquirieren können. Damit können sich Kunden über das lokal verfügbare Angebot informieren und direkt einen Gutschein bzw. Coupon für ein naheliegendes Ladenlokal erwerben. Vorteil dabei ist, dass die Nutzer bereits vor Ort sind und der Weg zum Geschäft deswegen nicht mehr weit ist. Die Händler, die ihre Angebote über den Screen verbreiten möchten, zahlen eine Monatsgebühr und werden über verschiedene Buchungsoptionen für einen bestimmten Zeitraum vermarktet. Das interaktive Werbemedium kann auch zur Information über lokale Veranstaltungen und Angebote genutzt werden. Diesbezüglich bieten sich auch interaktive und internetgestützte Einkaufsführer für eine Innenstadt an. Mithilfe eines Stadtplans können dabei dem Nutzer Informationen zu Einkaufsmöglichkeiten, Gastronomie, Freizeitaktivitäten und beispielsweise Öffnungszeiten von Dienstleistungseinrichtungen einer Stadt zur Verfügung gestellt werden. Auch können Entfernungen vom Standort zum nächsten Wunschhändler, bestenfalls mit Verlinkung zu zusätzlichen Informationen der Geschäfte, bereitgestellt werden. Um die lokalen Händler in diesen Einkaufsführer zu integrieren, ist die Einbindung des lokalen Branchenbuches denkbar (Heinemann, 2017; Heinemann et al., 2019).

Innenstädte als Einkaufscenter managen: Shoppingcenter haben gegenüber Innenstädten den Vorteil, dass sie professionell und zentral gemanagt werden. Einheitliche Kernöffnungszeiten, gemeinsame Marketingkonzepte und womöglich eine Kundenkarte, bei der jeder Mieter verpflichtend teilnehmen muss, sind insofern kein Zufallsprodukt in Einkaufszentren. Sollte ein solches zentrales Management auch für Innenstädte angestrebt werden, ist eine entsprechende personelle Besetzung erforderlich, entweder in der zuständigen Wirtschaftsförderung oder beim Stadtmarketing. Sie sollte vor allem auch Einfluss auf den Branchenmix nehmen können, da insbesondere die Branchenvielfalt eines Stadtzentrums die Attraktivität einer Innenstadt ausmacht. Dies betrifft auch das Ausbalancieren zwischen starken Filialisten und inhabergeführten Solitären innerhalb einer Stadt. Eine Kommune kann zudem durch eine Änderung des Baurechts unliebsame Entwicklungen verhindern und die Ansiedlung von Spielhallen, Sex-Shops und Wettbüros in den Innenstädten verhindern. Auch kann es dem Stadtmarketing durchaus gelingen, zum Flair in bestimmten Bereichen der Innenstadt beizutragen. Dies ist zum Beispiel durch den Aufbau eines kunstaffinen Handelsbereichs mit Galerien, Kunstgewerbe und Schmuckdesignern möglich. Darüber hinaus sind Bereiche denkbar, wo Kunden ihre Waren deponieren oder online geordnete Waren abholen. Aufgabe der Kommune könnte es sein, das Planungsrecht für derartige Sammelstellen an geeigneten Stellen zu schaffen. Sie kann auch Einfluss auf die Stadtlogistik nehmen, die sich nämlich als kooperative Maßnahme zur Bündelung von städtischen Warenströmen anbietet. Dadurch könnten auch die Umweltverschmutzung minimiert und die Entwicklung des Wirtschaftsstandorts positiv beeinflusst werden. In Zeiten des Online-Booms sollte dadurch allerdings nicht die Zuwegung für den Verkehr behindert werden (MG.Retail2020, 2015; Heinemann, 2017).

Neben den skizzierten Maßnahmen sind sicherlich noch andere Möglichkeiten denkbar und sinnvoll. In Abb. 2.38 ist zum Beispiel ein Maßnahmenpaket dargestellt, das sich weitgehend mit den eben skizzierten Ansätzen deckt. Zudem beinhaltet es auch flankierende Maßnahmen, die sich direkt an den Handel richten und bereits gesondert angesprochen wurden, nämlich die Notwendigkeit zur Entwicklung zukunftsfähiger Formate sowie die Digitalisierung der stationären Läden (Heinemann, 2017).

Focus Online

▶ **Chancengleichheit** – Weniger lokale Reglementierungen, Öffnungszeiten etc.

▶ **Gleiche Spielregeln** – Deutsche Spielregeln/(Kartell-)Gesetze für US-Pure Plays

▶ **Digitalisierung** – Digitale Aufrüstung der Innenstädte und der stationären Händler

▶ **Neue Formate** – Neuerfindung „stationär" (No-Line), Bewältigung Kostenspirale

▶ **Lokale Selbsthilfe** – Kooperative Besetzung der letzten Meile („Ship from Store")

Focus Offline

▶ **Veto Neuansiedlungen** – Keine weiteren Großflächen in Peripherielagen (VM etc.)

▶ **Zentralisierung** – Incentives für Umsiedlung peripherer Standorte in Innenstädte

▶ **Profi-City-Management** – Professionelles (EKZ) Center Management in Cities

▶ **Einkaufszentrenpolitik** – Sinn/Auswirkungen innerstädtischer Einkaufszentren?

▶ **Koordination** – Landespolitische Abstimmung der Städte untereinander?

Abb. 2.38 Flankierende Stellhebel für Stadt, Politik und Handel

2.7.5 Mangelnde Initiative: nicht alle im Boot inklusive Vermieter

Ein großes Problem ist in vielen Städten der Mangel an Initiative. Alle vorgeschlagenen Maßnahmen können nur funktionieren, wenn auch die Händler vor Ort in die Pflicht genommen werden, und zwar nicht über finanzielle Abgaben, sondern im Hinblick auf Initiative, Bereitschaft und Kooperationen. Landesregierungen können sachdienliche Projekte fördern und öffentlich machen, sodass andere Einzelhändler und Städte davon profitieren. Diesbezüglich sind auch Wettbewerbe denkbar, in denen Preisgelder für Initiativen ausgelobt oder Projekte bekannt gemacht werden. In NRW besteht zum Beispiel seit 1999 die City-Offensive NRW „Ab in die Mitte", die von der öffentlichen Hand und privaten Akteuren getragen wird. Zielsetzung dieser Offensive ist es, die Stadtzentren als Ort der Kunst, Kultur und Freizeit darzustellen sowie als Arbeits- und Wohnort in der Bevölkerung zu verankern. Entsprechende Initiativen sind auch in Richtung „Innenstadt und Handel" denkbar. Wichtig ist es dabei, die Aktivitäten von Land, Kommunen, Handel und Wirtschaft zusammenzuführen, damit alle „koordiniert" an einem Strang ziehen (MG.Retail2020, 2015; Heinemann, 2017; RP Scharrenbach, 2020). Eine Schlüsselrolle spielen Vermieter und Immobilienbesitzer. Diese stehen vor der Frage, wie sie ihre Immobilien zukünftig noch nutzen können. Diesbezüglich sind sogenannte Business Improvement Districts (BID) oder Immobilien und Standortgemeinschaften (ISG) denkbar, bei denen die Immobilienbesitzer finanziell einzubinden sind. Ohne Händlerkooperationen und -initiativen dürfte es allerdings in Innenstädten nicht funktionieren (Heinemann, 2017; Zukunftdeseinkaufens BID, 2019).

Business Improvement District oder Immobilien- und Standortgemeinschaft: Durch die Gründung einer Immobilien- und Standortgemeinschaft (kurz ISG) könnte der innerstädtische Handel wieder belebt werden, indem Gelder gezielt zur Steigerung der Attraktivität und der Frequenz eines Straßenabschnitts ausgegeben werden. Ähnlich wie beim Business Improvement District (BID) geht es um eine gemeinschaftliche Aufwertung der Einzelhandelsstandorte einer Stadt. Die Maßnahmen können sich auf die Umgestaltung der Fußgängerzone, Errichtung neuer innerstädtischer Grünflächen, Investitionen in die Beleuchtung oder auch die Erstellung eines gemeinschaftlichen Marketingkonzepts beziehen. Wichtig ist es, dass dabei die Immobilienbesitzer aktiv mit einbezogen und auch an den Kosten beteiligt werden. Für dieses Konzept stehen in den Bundesländern in der Regel auch Fördermittel zur Verfügung. Vorteil für die Grundstücks- und Gebäudeeigentümer ist, dass damit die Immobilien aufgewertet oder zumindest im Wert gehalten werden können. Um eine einheitliche Finanzierung zu sichern, kann die freiwillige ISG auch in eine gesetzliche ISG umgewandelt werden. In Nordrhein-Westfalen wurde ein entsprechendes ISG-Gesetz 2008 erlassen. Dabei muss sich jeder Immobilieneigentümer innerhalb eines Standorts mit einem Mitgliedsbeitrag an dieser ISG beteiligen. In der Praxis stellt sich die Umsetzung solcher ISGs jedoch als schwierig heraus, da viele Immobilienbesitzer sich nicht derartig beteiligen wollen. Insbesondere diejenigen Eigentümer, die nicht vor Ort sitzen oder bei denen die Immobilien in größere Fonds eingelegt sind, zeigen daran eher kein Interesse (Zukunftdeseinkaufens BID, 2019).

Händlerkooperation und -initiativen gezielt fördern: Bisher ist nicht zu verstehen, dass lokale Händler Amazon bei der Belieferung mehr oder weniger kampflos das Feld überlassen. Diese Gefahr besteht jetzt auch bei der Same Day Delivery, die eigentlich von den örtlichen Händlern viel besser möglich wäre als von den großen Online Pure Players. Mit Ausweitung von Same-Day-Delivery-Konzepten stellt sich insofern die Frage, wer außerhalb von möglichen Shoppingcentern eine Bündelungsfunktion wahrnehmen könnte. Mithilfe von innerstädtischen Abholstationen könnten Kunden, die ihre Waren online bestellen, zudem bequem offline in der Innenstadt auf dem Nachhauseweg oder in der Mittagspause abholen. Dabei sind sogenannte Outdoor-Schließfächer denkbar, die entsprechend der Produktkategorie sogar gekühlt werden können (Lebensmittel) und für unterschiedliche Größen nutzbar wären. Ein hervorragendes Beispiel für kooperative Eigeninitiative ist das Portal Osnabrück24.de. Dabei bieten Einzelhandelsgeschäfte aus der Osnabrücker City einen gemeinsamen Liefer- und Abholservice an. Kunden können damit die Waren jeden Tag bis 22 Uhr am Nikolaiort, einem zentralen Anlaufpunkt in der Osnabrücker Innenstadt, deponieren lassen. Es ist aber auch möglich, zum Wunschtermin nach Hause ordern. Das neue Portal Osnabrück24.de will weitere Geschäfte einbeziehen (NOZ, 2018).

Neben „logistischen Kooperationen" sind auch forcierte Initiativen von lokalen Händlern denkbar wie zum Beispiel die aus Nordrhein-Westfalen bekannte Aktion „Heimat shoppen". Ziel dieser Aktion ist es, dass lokale Einzelhändler, Dienstleister und Gastronomen ihr Angebot zeigen. Einzelhändler sollen dabei nicht nur ihre Waren in Kooperation mit nachbarschaftlichen Geschäften präsentieren, sondern auch die Kunden dafür sensibilisieren, dass das individuelle, durch den inhabergeführten Einzelhandel geprägte Stadtbild verloren gehen könnte. Hier geht es aber weniger darum, Mitleid zu erzeugen, als vielmehr darum, sich als professionelle Alternative darzustellen. Um mehr Professionalität muss es sicherlich auch in Bezug auf Stadtmarketing, Standortgemeinschaften und City-Management gehen. Häufig ist zu beobachten, dass sich insbesondere einige Filialbetreiber der Mitwirkung in Standortgemeinschaften oder City-Managements verweigern. Während dieselben Filialisten in Shoppingcentern eine Marketingabgabe als Nebenkosten selbstverständlich akzeptieren, sind sie in der Einkaufsstraße nicht bereit, ihren Beitrag beizusteuern. Auch dadurch geraten die 1a-Lagen in einen Wettbewerbsnachteil gegenüber Shoppingcentern, die mit einer viel höheren Marketing-Power für Frequenz sorgen können. Viele Händler verfolgen dabei die Strategie, sich nicht an den Kosten zu beteiligen, aber dennoch von den Marketingmaßnahmen der Shoppingcenter oder des City-Managements zu profitieren. In Zusammenarbeit mit dem Stadtmarketing können auch Vergünstigungen oder Coupons angeboten werden, um den stationären Einzelhandel in einer Innenstadt zu fördern. So ist denkbar, den Kunden, die in unmittelbarer Nähe geparkt und im Anschluss im Laden eingekauft haben, einen Teil der Parkgebühren zu erstatten. Dies funktioniert allerdings nur, wenn mehrere Einzelhändler mitmachen und die Aktion auch lokal bei allen Unternehmen bekannt ist, sonst verärgert es schnell die Kunden (Heinemann, 2017).

Best Practice ISI – Initiative starke Innenstadt

Für das Thema „Zukunft Innenstadt" sowie entsprechende flankierende Maßnahmen gibt es ein außergewöhnliches Beispiel, und zwar in Münster (Westf.) mit der ISI – Initiative starke Innenstadt. Mit seinen rund 312.000 Einwohnern und fast 60.000 Studierenden gilt Münster als eine der schönsten Städte Deutschlands. Seit Oktober 2004 darf sich Münster sogar „lebenswerteste Stadt der Welt" nennen. Als erste deutsche Großstadt gewann die Westfalenmetropole beim LivCom-Award in Niagara/Kanada Gold und belegte den ersten Platz in der Kategorie der Städte mit 200.000 bis 750.000 Einwohnern. Bei diesem internationalen Städtewettbewerb ließ Münster damit unter anderem Städte wie Seattle/USA, Okayama/Japan, Changshu/China, Posen/Polen und Coventry/Großbritannien hinter sich. Über 450 Städte aus aller Welt hatten sich 2004 an dem jährlichen Wettbewerb beteiligt (Die Welt, 2004; Münster, 2006). Der Titel bescherte Münster internationale Aufmerksamkeit und viele Besucher (Münster, 2021). Insofern liegt seitdem auch die Messlatte sehr hoch, und gerade da setzt die ISI in Münster an, denn die Innenstadt von Münster zeichnet sich durch ein gepflegtes, historisches Stadtbild und hochwertigen Einzelhandel aus. Die ISI ist ein freiwilliges Bündnis aus Händlern, Dienstleistern, Gastronomiebetreibern und Immobilieneigentümern aus der Münsteraner Innenstadt (isi muenster, 2021). Es handelt sich dabei um ein typisches Business Improvement District (BID), das sich zur Aufgabe gemacht hat, innerstädtische Projekte zur Werterhaltung der Immobilien und zur Förderung des Handels umzusetzen. Die Initiative wurde im Jahre 2006 gegründet und hat mehr als 200 Mitglieder. Die Mitgliedsbeiträge orientieren sich an der Lage und der Größe des Ladens (1A-, 1B- und 1C-Lage), werden ausschließlich zur Aufwertung der innerstädtischen Infrastruktur sowie für Innenstadtprojekte mit Handelsschwerpunkten genutzt und betragen zwischen 0,5 und 2 € pro Quadratmeter (ebd.). Von den Mitteln fließen bis zu 30 % an die Straßengemeinschaften zurück, allerdings müssen die damit dezentral finanzierten Maßnahmen der verschiedenen Quartiere und Straßen in das Gesamtkonzept der Initiative passen. Für gemeinsame Projekte entscheidet der Runde Tisch der Innenstadtkaufleute bei Handelsmarketingaktivitäten und ein Board bei Immobilienprojekten. Den Mitgliedern wird die Verwendung der Gelder in Mitgliederversammlungen und über regelmäßige Berichterstattung offen gelegt. Mit dem Eigenbetrieb Münster Marketing hat ISI einen operativen Partner an der Seite, mit dem die City-Projekte gemeinsam umgesetzt werden können. Die Initiative „Starke Innenstadt" möchte die Attraktivität der Innenstadt sicherstellen, die Erreichbarkeit steigern und Münster langfristig als attraktiven Einzelhandelsstandort weiterentwickeln. Es sollen möglichst viele Händler, Immobilieneigentümer, Dienstleister und Gastronomiebetreiber eingebunden werden. Typische Veranstaltungen von der ISI sind zum Beispiel Werbekampagnen für verkaufsoffene Sonntage, Kinderbetreuung in der Innenstadt, Internationaler Tag der Hanse, überregionale Anzeigenschaltung (beispielsweise zur Nacht der Museen und Galerien)

Themen und Projekte der Initiative „Starke Innenstadt"

1.Verbesserung des Parkleitsystems
(insbesondere bessere Parkplatzhinleitung und Informationen zum „Fußweg zur Innenstadt X Minuten")

2. Kurzer Draht zur Verwaltung
(für Vermieter direkterer Draht zur Verwaltung und Koordinierung innerhalb der Verwaltung)

3. Gestaltungskatalog Außengastronomie und Warenauslagen
(Gestaltungsleitfaden über die Möblierung der Außengastronomie und für Warenauslagen)

4. Aktionen zur Stärkung einzelner Quartiere
(neue Plätze und neue Quartiere durch Veranstaltungen oder Projekte in Szene setzen und in der Innenstadt „willkommen" heißen)

5. Themenbezogene Aktionen und Projekte
(wichtigeThemen/Missstände mit den zuständigen Fachämtern besprechen und lösungsorientierte Konzepte erarbeiten z.B. „saubere Innenstadt")

6. Informationen zu Projekten der Stadtentwicklung
(in Absprache mit dem Planungsamt in regelmäßigen Abständen über Entwicklungen/Konzeptvorschläge informieren und ein Meinungsbild über ISI einholen)

Abb. 2.39   Themen und Projekte der ISI Münster. (Quelle: isi muenster 2021)

oder ein Gepäckaufbewahrungsbus in der Adventzeit. Darüber hinaus verfolgt die ISI Projekte wie die Fremdbildanalyse Stadt Münster, Innenstadtumfrage der Fachhochschule Münster und spezielle Aktionen wie „Ab in die Mitte – Münstermorphosen". Jedes Mitglied kann Probleme der Innenstadt benennen und auch konkrete Projektvorschläge unterbreiten. Die langfristigen Themen und Projekte der ISI Münster sind in Abb. 2.39 dargestellt.

2.8   Kundenzentriertheit als Geschäftsprinzip missverstanden

Von den 60 Mio. Online-Kunden kaufen die meisten auch bei Amazon und zugleich in stationären Geschäften ein. Die Erfahrungen bei Amazon & Co. führen zu immer höheren Erwartungen der Kunden an stationäre Händler. Insofern muss die von Amazon erfundene Kundenzentriertheit auch für den stationären Handel das Geschäftsprinzip sein. Dabei geht es nicht um traditionelle Tugenden oder einen ‚Grüß-Onkel' an der Tür, sondern um weit mehr. Ein kundenzentrierter Händler löst sich von der funktional orientierten Marketinglehre und stellt die Leidenschaft und Glaubwürdigkeit der gesamten Unternehmensführung und ein bedingungslos am Kundenwunsch ausgerichtetes Unternehmen in das Zentrum der geschäftlichen Aktivitäten. Es geht vor allem um die von dem Amazon-Gründer Jeff Bezos aufgeworfene und visionär verfolgte Schlüsselfrage: „Wie kann ich meinen Kunden das Leben erleichtern?" (Heinemann OH, 2021). Was aber bedeutet das für die Marketing- und Handelspraxis? Zunächst geht es um eine neue Dimension der Professionalität, deren Umsetzung – entgegen weitverbreiteter Meinung – weitaus höhere Investitionen in Marketing, Kundenansprache, Organisation und Systeme erfordert, als das in den traditionellen Absatzkanälen der Fall ist. Sie dürften sich auf lange Sicht aber lohnen, denn die Kunden schätzen und honorieren es, im Zentrum der Geschäftsaktivitäten zu stehen.

Kundenzentrierte Unternehmen, die in Maximierung der Kundenbegeisterung denken, sind dabei nachweislich erfolgreicher als „nur" kundenorientierte Unternehmen. Kundenzentriertheit impliziert Leidenschaft und Glaubwürdigkeit der Führung und ein bedingungslos am Kundenwunsch ausgerichtetes Unternehmen. Jeff Bezos, CEO von Amazon, ist der festen Überzeugung, dass nur überragender Service am Kunden und genaues Verstehen der Kundenwünsche langfristig Erfolg gewährleisten können. Da Kunden Angebote verschiedener Händler zu einem Produkt vergleichen wollen, hat er anderen Händlern erlaubt, auch bei Amazon anzubieten, selbst auf die Gefahr hin, dass Amazon von anderen Händlern unterboten werden kann. „Tut ihr es nicht, so wird es der Kunde tun", ist dabei sein Motto. Kundenzentriertheit durchdringt das komplette Geschäftssystem des Unternehmens und gibt Mitarbeitern einen Orientierungsrahmen für ihre täglichen Entscheidungen vor. So weiß ein Mitarbeiter bei WalMart, dass er zuerst den Kunden bedienen muss, bevor er einem internen Problem nachgeht. Ein Aldi-Einkäufer weiß, dass er die Preise bei preisunelastischen Artikeln nicht erhöhen sollte, auch wenn es die Wettbewerbssituation hergeben würde. Ein Amazon-Mitarbeiter weiß, dass er Platzierungen der Industrie als solche kenntlich machen muss, um nicht den Eindruck zu erwecken, diese wären objektiv generiert. Und einem Zappos-Mitarbeiter ist bewusst, dass seine Hauptaufgabe darin besteht, Probleme offen und ehrlich mit seinen Kunden im Community-Bereich zu diskutieren (Rotax, 2010; brandeins, 2014; Heinemann OH, 2021).

Idealerweise wird jeder Kunde als Individuum betrachtet. Im Massengeschäft ist eine Individualisierung nicht ohne Weiteres wirtschaftlich darstellbar. Deshalb werden Kunden häufig statistisch relevanten Segmenten zugeordnet (personalisiert). Diese werden entweder statisch gebildet wie bei den eher traditionellen Unternehmen oder dynamisch/chaotisch bei Internetanbietern. Die Kunst der Kundenzentriertheit liegt in der überragenden Individualisierung oder Personalisierung des Unternehmens und in der Implementierung dieses Themas an der richtigen Stelle, die „Chefsache" sein muss. Nur wenn die oberste Führung von der Kundenzentriertheit überzeugt ist, ist sie auch bereit, dies glaubwürdig vorzuleben und das Unternehmen systematisch kundenzentriert auszurichten (ebd.). Die Umsetzung einer kundenzentrierten Organisation kann nur im Rahmen eines gesteuerten Change-Managementprozesses erfolgen, der auf Basis von KPI's bzw. Messwerten konkrete Maßnahmen ableitet (Baars, 2017). Die Messwerte bilden dabei den Ausgangspunkt für einen mehrstufigen Prozess, der zur gezielten Implementierung der Kundenzentrierung führen sollte. Durch eine sich permanent wiederholende Abfolge aus Messung und Bestandsaufnahme, Reflexion und Maßnahmenentwicklung sowie anschließender Umsetzung in der Organisation lassen sich Ursache und Wirkung von Verbesserungsmaßnahmen operational managen. Dabei hat sich folgende dreistufige Vorgehensweise bewährt (ebd.):

- **Stufe 1: Reifegrad für Kundenzentrierung erheben.** Der Reifegrad der Kunden-zentrierung wird durch ein Online-Assessment erhoben. Den Assessment-Fragen werden zusätzlich optionale Fragen zur Erfassung weiterer Metadaten zugeordnet (z. B. Fehlerquoten), sodass eine umfassende Analyse möglich wird. Dieses ermög-licht eine differenzierte Sicht auf die einzelnen Treiber des Reifegrades (z. B. digitale Investitionsintensität). Dadurch ist schnell erkennbar, wo im Unternehmen Potenzial für Verbesserung liegt (ebd.).
- **Stufe 2: Konkrete Handlungsoptionen ableiten (Reflexion-to-Action-Prozess).** Die Messergebnisse werden im Hinblick auf Ursachen und Treiber analysiert und in Handlungsoptionen für eine Umsetzung der Kundenzentrierung transformiert. Anhand vorher festgelegter KPI's lassen sich die Handlungsoptionen priorisieren und als konkrete Maßnahmen in Strategie- und Zielvorgaben für eine KPI-Verbesserung in der nächsten Messperiode überführen (z. B. Kundenzufriedenheitsindex). Damit werden sowohl die Quellen als auch die Ziele zukünftiger Verbesserungen bezüg-lich der Kundenzentrierung bestimmt. Idealerweise werden diese nach Produkten und Kundensegmenten differenziert (ebd.).
- **Stufe 3: Aktionsplan definieren und implementieren.** Die abgeleiteten und KPI-basierten Maßnahmen werden in bestehende Prozesse integriert und damit implementiert (z. B. Automatisierung). Danach erfolgt eine regelmäßige Kontrolle und KPI-Messung. Dabei werden konkrete Maßnahmen, die zu einer erhöhten Weiter-empfehlung bei Kunden und damit Kundengewinnung führen, erarbeitet und nach der 80/20-Regel umgesetzt. Darauf aufbauend wird eine Meilensteinplanung und ein Controlling eingerichtet (ebd.).

Intelligent Retail

3

Zusammenfassung

Im intelligenten Einzelhandel geht es insgesamt um fünf zentrale Themen, die den Handel der Zukunft prägen. Zuallererst sind die Basisvoraussetzungen zu schaffen, die ein datenbasiertes Arbeiten ermöglichen. Dieses wiederum erlaubt den Einsatz von Künstlicher Intelligenz (KI) und damit kundendatenbasiertes One-to-One-Marketing. Um damit überhaupt arbeiten zu können, bedarf es einer intelligenten Mitarbeiterqualifizierung und -rekrutierung. Qualifizierte Mitarbeiter werden auch für eine digitale Supply Chain sowie die zukunftsfähige Geschäftsmodellierung inklusive Entwicklung von Smart Stores benötigt. Digitalbasierte Läden ermöglichen auch digitalisierte Shoppingcenter. Im Endeffekt geht es um „Kanal egal" als höchste Evolutionsstufe des stationären Einzelhandels.

Im intelligenten Einzelhandel geht es insgesamt um fünf zentrale Themen, die den Handel der Zukunft prägen. Zuallererst sind die Basisvoraussetzungen zu schaffen, die ein datenbasiertes Arbeiten ermöglichen. Dieses wiederum erlaubt den Einsatz von Künstlicher Intelligenz (KI) und damit kundendatenbasiertes One-to-One-Marketing. Um damit überhaupt arbeiten zu können, bedarf es einer intelligenten Mitarbeiterqualifizierung und -rekrutierung. Qualifizierte Mitarbeiter werden auch für eine digitale Supply Chain sowie die zukunftsfähige Geschäftsmodellierung inklusive Entwicklung von Smart Stores benötigt. Digitalbasierte Läden ermöglichen auch digitalisierte Shoppingcenter. Im Endeffekt geht es um „Kanal egal" als höchste Evolutionsstufe des stationären Einzelhandels.

G. Heinemann, *Intelligent Retail,* https://doi.org/10.1007/978-3-658-34339-2_3

3.1   Basisvoraussetzungen für Intelligent Retail

Basisvoraussetzung für intelligenten Einzelhandel sind vor allem systemtechnische und organisatorische Aspekte. Ohne performante Warenwirtschafts- und Kassensysteme, die es eigentlich schon seit den 1960er Jahren gibt, können keine gültigen Produktverfüg-barkeiten angezeigt und auch keine effiziente Bestandsführung ermöglicht werden. Diese sind den Kunden von heute aber fast genauso wichtig wie attraktive Preise, denn es geht bei dem Ladenbesuch auch um wertvolle Zeit, die nicht vergeblich investiert werden soll. Hinzu kommt, dass IT-Themen heutzutage organisatorisch sowie hierarchisch deut-lich höher zu priorisieren sind als im Vor-Internet-Zeitalter, als sich IT-Abteilungen häufig im Kellergeschoss befanden, wo auch die AS/400 stand oder vielfach noch steht. Da allerdings das Gesetz „Struktur folgt Strategie" nach wie vor Gültigkeit hat, muss natürlich eine Digital-Strategie zu allererst formuliert sein, an der sich das Stellengefüge ausrichtet. Derartige organisatorische Voraussetzungen erfordern aber eine „Digital Leadership" sowie eine digitale Kultur. Mit digitalem Widerstand oder Digitalallergie ist das Vorhaben aussichtslos. Insofern geht es im ersten Schritt um das Ausloten des Digital Culture Fit.

3.1.1   Intelligente Lagebeurteilung – digitale Evolutionsstufe

Bisherige Auswertungen und Analysen mit stationären Händlern sowie deren Kunden zeigen, dass Händler nicht im gleichen Maße die Bereitschaft aufweisen, sich mit dem Thema des Wandels im Handel durch den Einfluss von E-Commerce zu stellen (MG. Retail2020, 2025; Dialogplattform, 2015; Kompetenzzentrumhandel.de, 2021). Einige Händler sind demnach bereits in unterschiedlicher Form im Internet aktiv. Andere Händler weisen eine Einstellung gegenüber ihrem Geschäft auf, die offenkundig nicht zum Erfolg des Geschäftes beiträgt. Darunter sind Meinungen vertreten, die den Händler selbst in den Mittelpunkt des Geschehens stellen als Form der Selbstverwirklichung und nicht den Kunden im Mittelpunkt sehen. Wieder andere Händler zeigen erfolg-reiche Verdrängungsmechanismen auf, wodurch der Grund für die Abwanderung der Kunden in das Internet an ganz anderer Stelle festgemacht wird, wie zum Beispiel in Politik oder Stadtverwaltung. Daraus ergibt sich folglich eine gar nicht so selten ver-tretene Haltung, in der Händler sich nicht selbst zum Handeln gezwungen sehen, sondern auch diese Verantwortung beispielsweise an Stadt oder Politik abgeben. Der Online-Handel hingegen legt zum Teil bestehende Schwächen der Händler schonungs-los offen. Damit wirkt er wie ein Katalysator, der zur Bereinigung des Wettbewerbs führt. Sinnvolle, unterstützende Maßnahmen lassen sich jedoch nur für Händler ableiten, die auch im stationären Geschäft grundsätzlich gesund sind und eine Perspektive für ihre Händlerexistenz haben. Dementsprechend betreffen Maßnahmen nicht alle Händler gleichermaßen. Daher sollten die betroffenen Händler anhand ihrer digitalen

Transformationsfähigkeit unabhängig von ihrer Betriebsform und -größe in vier Gruppen eingeteilt werden:

- **Gruppe 1:** Händler, die in keiner Form im Internet vertreten sind und auch keine Bereitschaft dazu aufweisen.
- **Gruppe 2:** Händler, die bisher in keiner Form digital vertreten sind, jedoch die Bereitschaft aufweisen, sich im Internet zu engagieren.
- **Gruppe 3:** Händler, die bereits in Anfängen digital vertreten sind und dies weiter ausbauen wollen sowie die Voraussetzungen erfüllen (zum Beispiel elektronisches Warenwirtschaftssystem).
- **Gruppe 4:** Händler, die bereits vielfältig im Internet vertreten sind, erste Multi-Channel-Ansätze erfüllen und sich weiterentwickeln wollen.

Digitale Maßnahmenempfehlungen müssen differenziert auf die unterschiedlichen Belange und Voraussetzungen der Gruppen eingehen. Zudem sollten Händler, die nicht wollen oder keine Perspektive haben, digital „in Ruhe gelassen werden" (mg.retail2020, 2015; Welt Ladensterben, 2020).

Keine weiteren Maßnahmen für Händler ohne Perspektive: Händler ohne Perspektive zeichnen sich dadurch aus, dass sie ausschließlich die Entwicklung des Online-Handels für ihre Schwierigkeiten verantwortlich machen, ohne sich an die eigene Nase zu packen. Bei näherer Betrachtung ist jedoch festzustellen, dass die Probleme häufig bereits im elementaren Geschäftsverständnis dieser Händler liegen. Sie haben kein Kundenverständnis, können keine persönliche Atmosphäre bieten und wissen auch nicht genau, warum die Kunden genau zu ihnen kommen. Diese „Unternehmer" sind mehr oder weniger „beratungsresistent" und lassen sich auch durch Maßnahmen nicht erreichen, da ihnen der Veränderungswille fehlt. Sie sind sich eigentlich sogar darüber im Klaren, dass ihre Schwierigkeiten nicht allein im Online-Handel begründet sind, möchten das aber nicht zugeben. Grundsätzlich wird diesen Händlern empfohlen, auch weiterhin ausschließlich stationär bzw. analog zu bleiben und den Laden gesund zu schrumpfen. Dabei ist eine Kostenreduktion durch Neuverhandlungen mit dem Vermieter ebenfalls angeraten.

Digitale Evolutionsstufe – Identifikation von Händlern mit klarer Wertschöpfung für den Kunden: Vorrangig sollten Händler identifiziert und adressiert werden, die eine klare Vorstellung davon haben, warum die Kunden zu ihnen kommen und welchen Nutzen sie ihnen bieten. Diese Händler haben sich in der Regel schon mit dem Online-Thema beschäftigt. Sie kennen häufig ihre Kunden persönlich und verstehen es, diese Bindungen auch zu pflegen. Diese Händlertypen sollten im Mittelpunkt der Händler-gerichteten digitalen Maßnahmen stehen. Dafür wurde ein Maßnahmenplan entwickelt, der die folgenden acht Evolutionsstufen umfasst:

Evolutionsstufe 1 – Ground Zero: Der Interessent muss zunächst einmal sensibilisiert/aufgeklärt werden. An dieser Stelle bietet es sich an, über die Verbände, die IHK oder auch private Anbieter entsprechende Seminare und Informationen zur

Verfügung stellen. Das sollte schnell geschehen und notwendigerweise auch eine „digitale Sensibilisierung" der Händler beinhalten.

Evolutionsstufe 2 – Online-Start: In der zweiten Ausbaustufe sollte der Händler zunächst einmal die ersten „Online-Schritte" wagen und erste Erfahrungen sammeln. Dazu gehört das Teilen oder Präsentieren in sozialen Netzen oder das Bereitstellen von Online-Basisinformationen wie Öffnungszeiten, Sortimentsüberblick oder Anfahrt/Wegbeschreibung. Auch das Eintragen in Übersichtspläne kann hilfreich sein. Ziel dieser Maßnahme ist, dass der Kunde Informationen über den Händler online überhaupt finden und diesen ggf. kontaktieren kann.

Evolutionsstufe 3 – Digital-Basis: Grundlage für das Verkaufen über das Internet sind mindestens ein funktionierendes, performantes, elektronisches sowie schnittstellenfähiges Warenwirtschafts- sowie Kassensystem. Durch eine gut organisierte Warenwirtschaft können Geschäftsprozesse beschleunigt und effizient gestaltet werden. Auch zur Vorbereitung für einen möglichen Online-Verkauf ist ein automatisches Anpassen der Bestände auf angebundenen Systemen unabdingbar. Die meisten Händler erfüllen diese elementare Voraussetzung heute noch nicht (DHL, 2020). Ziel muss es sein, in Echtzeit zuverlässige Informationen über die Verfügbarkeit von Ware an einem bestimmten Standort zur Verfügung stellen zu können. Auf lange Sicht profitiert ein Händler von einem Warenwirtschaftssystem, denn vor allem um einen professionellen Multi-Channel-Handel betreiben zu können, ist eine passende Lösung mit funktionierenden Schnittstellen zwischen allen Verkaufskanälen und der Warenwirtschaft mit reibungslosem Datenaustausch von Bestell-, Produkt- und Bestandsdaten essenziell. Hier gibt es bereits sehr günstige Einstiegslösungen, die auch Hardware zur Verfügung stellen können und auf Konsumentenebene erhältlich ist.

Evolutionsstufe 4 – Online-Plattform: Anbindung der einzelnen lokalen Händler an eine etablierte Plattform bzw. Online-Markplatz, der mit zahlreichen Online-Kundenkontakten ausgestattet ist und gleichzeitig die lokalen Angebote primär in den Fokus stellt. Vorzugsweise nehmen die Händler über diese Plattform, die sowohl für die notwendigen Kunden als auch die notwendige Infrastruktur steht, am Online-Handel teil. Damit lässt sich die Darstellung der Waren, aber auch der Verkauf über das Internet zunächst einmal trainieren. Ein Teilsortiment aus Einzelartikeln und Restposten eignet sich optimal zum Einstieg in das Online-Geschäft. Dabei kann ein Händler sich im Versand, in der Retourenabwicklung und im Umgang mit einem Warenwirtschaftssystem üben. Schon in dieser Stufe können Händler dem Kunden durch die Möglichkeit der „Abholung im Geschäft" einen Zusatznutzen bieten. Ein sicherer Umgang mit der Plattform und die erworbenen Fähigkeiten qualifizieren den Händler für Stufe 5.

Evolutionsstufe 5 – Online-Channel: Mit dieser Evolutionsstufe beginnt der richtige und ernstzunehmende Online-Verkauf auf einer Online-Plattform, wie z. B. Amazon oder Zalando, mit einem geschlossenen Gesamtsortiment. Wichtig ist an erster Stelle, dass diese Online-Präsenz von den Kunden als relevantes Online-Angebot wahrgenommen und entsprechend frequentiert wird. Sofern die Einzelhändler einer Stadt kooperationswillig sind, könnten gemeinschaftliche Logistiklösungen entwickelt werden, die eine Lieferung am gleichen Tag ermöglichen, wenn die Ware in den Filialen ohnehin vorhanden ist. Darüber hinaus sind weitere Multi-Channel-Lösungen im Verbund denkbar. Am einfachsten ist eine solche Kooperation in gemanagten Einrichtungen wie einem Einkaufscenter zu realisieren. Da eine lose Kooperation auf der Basis von gegenseitigen Absprachen oder auch der lose Zusammenschluss in einer Werbegemeinschaft, die häufig als Verein organisiert ist, in der Regel nicht funktioniert, sind alternative Kooperationsformen zu nutzen. Denkbar wäre hier die Gründung einer genossenschaftlichen Lösung, sodass trotz geringem Eigenkapital ein wirtschaftliches Interesse am gemeinschaftlichen Handeln entstehen kann. Solche Kooperationsformen würden nicht nach außen gegenüber den Kunden auftreten, sondern lediglich die interne Koordination und Abstimmung sowie die Bündelung von Logistikprozessen organisieren. Damit sind sie interne Dienstleister für die beteiligten stationären Einzelhändler.

Evolutionsstufe 6 – Online-Shop: Ein Einzelhändler, der sich in Stufe 5 mit seiner Online-Präsenz auf der gemeinsamen Plattform etabliert hat, kann den nächsten Schritt wagen und einen eigenen Online-Shop mit Verknüpfung zu seinem stationären Geschäft entwickeln. Es geht darum, die Plattform-Online-Präsenz durch einen eigenen Online-Shop zu ergänzen oder abzulösen. In jedem Fall wird auch hier ein Warenwirtschaftssystem unabdingbar sein, um das ganze Sortiment online anbieten zu können. Ggf. empfiehlt sich die Teilnahme an einer branchenspezifischen Verbundlösung, wenn eine solche in der jeweiligen Branche etabliert ist wie zum Beispiel bei der ARNW-Gruppe mit Schuhe.de. Zusätzlich wäre es möglich, einen nationalen Marktplatz als weiteren Absatzkanal zu nutzen.

Evolutionsstufe 7 – Omni-Channel-Retail: Im weiteren Verlauf können entsprechende Multi-Channel-Lösungen angeboten werden, sofern sich der Online-Shop etabliert hat und nennenswerte Umsätze erwirtschaftet. Diese ermöglichen es dem Händler, den Kundennutzen durch eine Verfügbarkeitsanzeige, Möglichkeit zur Reservierung und Abholung der Ware auszuweiten. Parallel dazu sind selbstverständlich weiterhin die Maßnahmen, die eine lokale Auffindbarkeit dieses Händlers sicherstellen, beizubehalten und zu aktualisieren (Heinemann, 2017). Ist der Online-Shop „Einflugschneise für stationäre ROPO-Kunden", auf allen Devices gleich gut nutzbar und zudem noch mit Marktplätzen, Online-Portalen und/oder sozialen Netzen verbunden, steht am Ende dieser Evolutionsstufe das Omni-Channel-Retailing, bei dem kein Kanal mehr „Lead Channel" ist.

Evolutionsstufe 8 – Intelligent-Retail-Start: Die höchste Evolutionsstufe beinhaltet den Start in die Welt des Intelligent Retail. Dabei geht es nicht bloß um Automatisierung und um die Übernahme von Tätigkeiten durch Roboter, sondern darum, dass Instrumente und Maschinen in der Lage sind, selbst zu lernen und Schlüsse zu ziehen. Im Fokus sollten die zentralen Themen stehen, die den Handel der Zukunft prägen, und zwar, dass der Einzelhandel intelligente Systeme einsetzt, die er bisher nicht hatte und brauchte. Wenn der Handel in der siebten Evolutionsstufe z. B. Systeme anwendet, dann sind es auch im Omni-Channel-Retailing eigentlich eher nicht intelligente, die in der Regel nicht einmal mit Algorithmen arbeiten. Aber auch der stationäre Einzelhandel muss heute datenbasiert arbeiten, was bisher kein großes Thema war.

Die höchste Evolutionsstufe eröffnet mit dem datenbasierten Arbeiten erst den Einsatz von Künstlicher Intelligenz (KI). Einem Kunden, der im Geschäft einkauft, können z. B. auf Basis seiner gespeicherten Kundendaten und anhand dessen, was er sucht, intelligente Empfehlungen gemacht werden. Denkbar sind Produktempfehlungen, die auf den Interessen, vorherigen Einkäufen des Kunden und auf seinem Suchverhalten basieren. Daran arbeitet auch Google, und zwar lokal bezogen. So verändert die Plattformökonomie immer mehr das Einkaufs- und Suchverhalten der Nutzer. Und wenn ein Händler da nicht mitmacht, wird er Kunden verlieren. Mit diesen Methoden arbeiten die großen Online-Marktplätze eben schon sehr lange und erfolgreich. Denkbar ist eine Strategie, die mittels Künstlicher Intelligenz eine Verschmelzung von Online- und Offline-Shopping zum Ziel hat (ON4OFF, 2021).

3.1.2 Digital Leadership

Das Führen in der digitalen Welt, die sogenannte Digital Leadership, ist derzeit wohl die größte Herausforderung für gestandene Handelsmanager. Allerdings ist die digitale Transformation nicht mehr aufzuhalten. Deswegen akzeptieren auch immer mehr Einzelhandelsunternehmen diesen Paradigmenwechsel. Die meisten Führungskräfte haben aber vielfach noch keine genaue Vorstellung, was Digital Leadership eigentlich ist und wie der Mindset wirklich verändert werden kann. Insofern wundert es nicht, dass es an schlagkräftigen Beispielen und auch Vorbildern fehlt (Vranken, 2020). Dabei steigen die Anforderungen an die Handelsmanager eher noch. Sie sind gefordert, immer schneller und flexibler auf äußere Einflüsse zu reagieren. Digitale Anbieter, die bereits heute die Potenziale neuer Technologien voll ausschöpfen, verdanken ihren Erfolg zum einen neu geschaffenen Organisationsstrukturen, zum anderen der Entwicklung neuer Arbeits- und Führungsweisen, die flexibel auf Veränderungen reagieren können. Diese Unternehmen werden „exponentielle Organisationen" („ExOs") genannt (Rotax et al., 2019). In dem nach wie vor von exponentiellem Wachstum geprägten Online-Markt ist Skalierbarkeit zum wichtigsten Erfolgsfaktor geworden. Dabei sind Netzwerkeffekte die Hauptgründe für einen immer größer werdenden Kundenstamm sowie für Marktanteilsgewinne. Je mehr Menschen dabei das Produkt nutzen, desto größer wird der Wert für potenzielle neue Nutzer. Vor allem die Handelsbranche wird durch das Eintreten neuer Marktteilnehmer, die die Stärke von Netzwerkeffekten nutzen, nachhaltig verändert. Um damit klar zu kommen, müssen Unternehmen ihre Produkte und Dienstleistungen in eine Plattform oder ein Ökosystem einbetten und ihre Organisation für die Zusammenarbeit mit Geschäftspartnern und Nutzern öffnen. Mit einer ExO-Organisation können die Leistungsversprechen gestärkt und neue Wachstumschancen eröffnet werden. Allerdings müssen Unternehmen dafür ihre Arbeitsweisen und Organisationsstrukturen grundlegend umstellen, um neue Formen der internen Zusammenarbeit zu schaffen. Eine derartige

Transformation ist mit einer Vielzahl an Schwierigkeiten verbunden (Rotax et al., 2019). Vor allem gewinnt der Aspekt „Agilität" an Bedeutung, denn die Digitalisierung erhöht zweifelsohne die Agilitätsanforderungen (Heinemann et al., 2019).

Die Geschwindigkeit der gesellschaftlichen und ökonomischen Entwicklungen ist enorm und die Veränderungen in der Arbeitswelt sind von technischer *und* sozialer Natur. Dabei lassen sich die neuen Skills nicht einfach delegieren und sie sollten auch nicht delegiert werden. Denn von den Top-Entscheidern im Einzelhandel wird erwartet, agil und innovativ, empathisch und koordiniert zu sein. Das ist typisch für eine VUCA-Welt. Als zu Beginn der 1990er Jahre die UdSSR zusammenbrach, sprachen US-Militär-experten von der VUCA-Welt, die für volatility, uncertainty, complexity und ambiguity steht, also für Volatilität (Unbeständigkeit), Unsicherheit, Komplexität und Mehr-deutigkeit. Im Kontext der digitalen Welt mit der zunehmenden Digitalisierung aller Bereiche, Veränderung von Kundenansprüchen, neuen und individualisierten Leistungen, zunehmenden Globalisierung, Veränderung sämtlicher Arbeitswelten sowie dem demo-grafischen Wandel spielt VUCA ebenfalls eine große Rolle. Dabei lassen sich für die betroffenen Einzelhandelsunternehmen folgende Erfolgsfaktoren ableiten (Schallmo, 2020):

- Wandel zur Digital Culture, um eine Digitalisierung zu ermöglichen,
- Einsatz digitaler Technologien zur Prozessoptimierung und -beschleunigung,
- Kundenzentrierung und Entwicklung entsprechender Geschäftsmodelle,
- Agilität in allen Funktionen mit entsprechender Befähigung der Mitarbeiter.

Die vier Erfolgsfaktoren lassen sich in ein zweidimensionales Modell mit einer Mensch-Technologie-Dimension kondensieren. Dabei ist entscheidend, ob sich die Aufgaben-felder eher an Technologien oder am Menschen orientieren. Damit lassen sich vier Konstellationen unterscheiden, die verschiedene Aufgabenfelder und Rollen von Führungskräften im digitalen Zeitalter beschreiben (vgl. Abb. 3.1). Die Rollen von Führungskräften für Digital Leadership sind demnach (ebd.):

Innovator: Schwerpunkte sind Information, Sensibilisierung und Qualifikation der Mitarbeiter. Innovatoren gestalten die digitale Transformation und Erneuerung des Unternehmens aktiv mit, sind langfristig orientiert, auf die Mitarbeiter fokussiert und treiben den Wandel der Unternehmenskultur. Diese ist eine typische digitale, offene Kultur, die neue Impulse aktiv zulässt. Darin werden Mitarbeiter und deren Bereitschaft, die digitale Transformation zu gestalten, gefördert.

Macher: Fokus liegt auf Antizipation von technologischen Trends, um Chancen früh-zeitig und langfristig zu nutzen. Macher richten sich eher nach den Technologien und der Unternehmensstrategie, die der digitalen Transformation dienen. Neue Technologien und klare Vorgehensweisen, wie sich der Wandel aus technologischer Sicht gestaltet, sind ihr Anliegen.

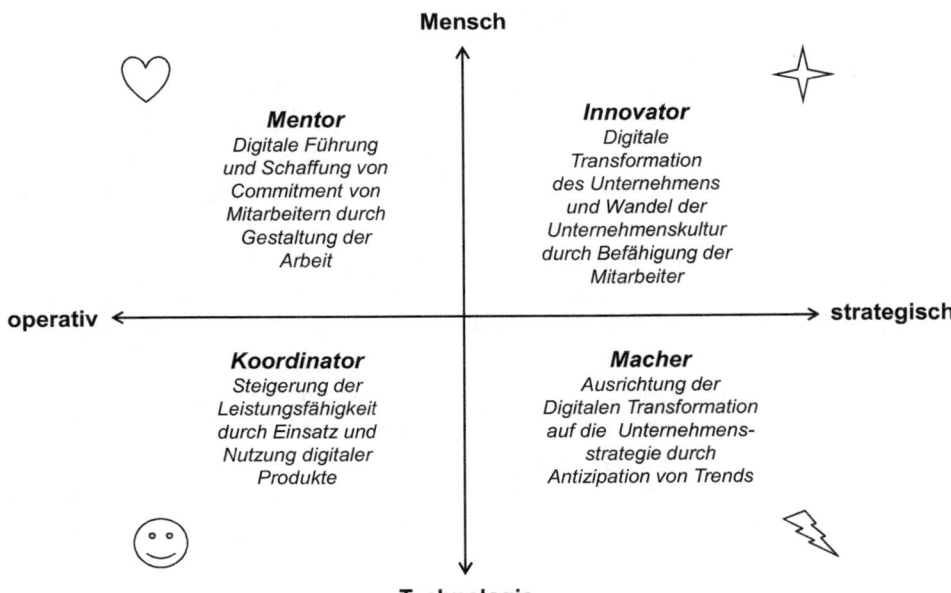

Abb. 3.1 Dimensionen, Aufgaben und Rollen von Führungskräften im digitalen Zeitalter. (Quelle: Schallmo, 2020)

Koordinator: Orientieren sich auch an Tools, die der Zusammenarbeit dienen, und wie die Macher an Technologien, die allerdings den Fokus auf der operativen Tätigkeit haben. Durch die Nutzung digitaler Potenziale sowie den Einsatz vorhandener Technologien soll die Leistungsfähigkeit, insbesondere die der Prozesse, innerhalb des Unternehmens gesteigert werden.

Mentor: Legt den Fokus auf Mitarbeiter und schafft bei ihnen dadurch ein Commitment für digitale Themen. Zudem fördert er deren individuelle Leistungsfähigkeit. Allerdings sind Mentoren kurzfristig orientiert und gestalten eher die tägliche Arbeit.

Alle vier Digital-Leadership-Typen benötigen ein Mindestmaß der folgenden sieben digitalen Kompetenzen (Vranken, 2020):

1. **Visions- und Innovationskraft:** Digital-Leadership-Typen entwickeln Visionen für ihr Team, erkennen langfristige Optionen und gehen mit innovativen Ideen an die Probleme von morgen heran. Sie sind dafür bereit, die eigene Komfortzone zu verlassen, ihre eigene Position infrage zu stellen und immer wieder Neues zu wagen – idealerweise mit interdisziplinären Ansätzen.
2. **Digitale Skills:** Digital-Leadership-Typen priorisieren die Themen und Entwicklungen, die kundenzentriert sind, und setzen dabei agile Tools und Techniken zur Steuerung ein. Nur wer sich rund um digitale Geschäftsmodelle und -prozesse sowie digitale Wertschöpfungsketten auskennt, kann auch digitale Teams führen.

3. **Technik- und Datenkompetenz:** Digital-Leadership-Typen arbeiten datenbasiert und nutzen Daten zur Entscheidungsfindung, insbesondere bei der Produktentwicklung oder bei der Auswahl von Prioritäten für Investitionen. Sie sind technisch versiert und verstehen die Integration sowie Anwendung von Technologie für ihr Geschäft.

4. **Vernetztes Denken und Handeln:** Digital-Leadership-Typen erkennen, dass disruptive Entwicklungen des digitalen Wandels sich nicht mehr mit linearen Methoden und Lösungen bewältigen lassen. Sie suchen mit ihren Teams nach sinnvollen Eingriffsmöglichkeiten, Steuerhebeln und ganzheitlichen Systemverbesserungen. Das eigene Netzwerk wird durch die digitalen Kommunikationsmöglichkeiten erweitert und das vorhandene Wissen sinnvoll miteinander verknüpft.

5. **Metakommunikation und Purpose:** Digital-Leadership-Typen können Sachverhalte, Vorgänge und Probleme auf eine höhere Ebene der Betrachtung ziehen. Sie können quasi aus der Helikopter-Perspektive schauen und besitzen die Fähigkeit, ihre Mitarbeiter in einer beschleunigten, digitalen Welt zu coachen sowie ihnen die Bedeutungszusammenhänge und den „Purpose" aufzuzeigen.

6. **Change-Management:** Digital-Leadership-Typen sind Game Changer und optimieren permanent Arbeitsabläufe und -ressourcen genauso wie die IT-Systeme. Sie entwickeln sich selbst durch Coaching und Training weiter und arbeiten an ihrer Führungspersönlichkeit. Sie bilden die Mitarbeiter selbst zu Change-Agenten aus.

7. **Identitätsstiftung, Inspiration und Partizipation:** Digital-Leadership-Typen regen als Coach die Digital Leader zu Schwarmintelligenz an und verhelfen dem Team durch die Gewährung von Freiräumen zu außerordentlichen Leistungen. Sie geben intensives Feedback und zeigen individuelle Wertschätzung. Dabei setzen sie systematisches Talentmanagement um.

Fazit: Digitale Führung – auch und gerade in flachen Hierarchien – ist ein kritischer Erfolgsfaktor. Es braucht einen Wandel in der Führungskultur im stationären Einzelhandel. Komplexe Fragen einer globalen, digitalen Welt lösen nicht mehr einzelne Superhirne, sondern kollektive Netzwerke. Diese müssen von Digital Leadern orchestriert und moderiert werden.

3.1.3 Digitale Kultur – Digital Culture Fit

Schon Peters und Watermann haben in ihrem legendären Buch „Search of Excellence" (1982) dargelegt, dass Unternehmenskultur bzw. „Corporate Culture" der zentrale Erfolgsfaktor aller erfolgreichen Unternehmen ist. Unbestritten ist, dass gelebte Einstellungen, Werte und Normen der Mitarbeiter eines Unternehmens deren Verhalten und ihre Entscheidungen beeinflussen. Dieses ist nicht statisch zu verstehen, denn vor allem Einzelhändler unterliegen einem ständigen Wandel. Im Grunde genommen bestimmt das „Wheel of Retailing" die Strategie und damit die Gesetzmäßigkeiten „Struktur folgt Strategie" und „Kultur folgt Struktur". Vor allem die digitale Zukunft

setzt in Unternehmen ein verändertes Mindset und eine neue Gestaltung der Arbeitsprozesse in Gang. Dieses ist wiederum von der Innovationsfähigkeit der Unternehmen
abhängig. Deswegen benötigen stationäre Einzelhändler vor allem eine an die digitale
Welt angepasste Kultur. Diese sollte die erforderlichen neuen Fähigkeiten und Schlüssel-
kompetenzen fördern sowie verankern. Sie muss exakt die Aspekte beinhalten, die
Unternehmen digital erfolgreich machen und deren Ausgestaltung in jedem Fall Aufgabe
der Führungskräfte ist (Heinemann OH, 2021). Annahme ist, dass die Digitalisierung
des Einzelhandelsunternehmens von bestimmten Merkmalen der Unternehmenskultur
abhängt, andererseits wiederum maßgeblichen Einfluss auf den Unternehmenserfolg hat
(Remdisch & Petzel, 2019). Insofern ist die kulturelle Passung – also der Cultural Fit –
zwischen Unternehmen und Mitarbeitern erfolgskritisch. Sie ist für alle Funktionen
im Unternehmen relevant, wie in Abb. 3.2 dargestellt. Zunehmend erkennen auch
traditionelle Unternehmen den Einfluss der kulturellen Passung von Kandidaten und Mitarbeitern auf Zufriedenheit und Produktivität. Jeder zweite Mitarbeiter hat bereits einmal
den Job aufgrund mangelnder Identifikation mit der Kultur des Arbeitgebers gewechselt.
Unternehmen, die das ignorieren, riskieren im Wettlauf um die digitalen Talente
abgehängt zu werden (Athanas, 2017).

Ohne eine digitale Unternehmenskultur, die den neuen digitalen Anforderungen nutzt,
wird ein Einzelhändler nicht mehr erfolgreich sein können. Was eine solche digitale
Kultur auszeichnet und welche Zusammenhänge zwischen der Kultur und dem Erfolg
eines Unternehmens bestehen, hat die Leadership Garage in einer Studie zum „Digital
Cultural Fit" herausgefunden. Dabei wurden 2460 Führungskräfte befragt (Remdisch &
Petzel, 2019).

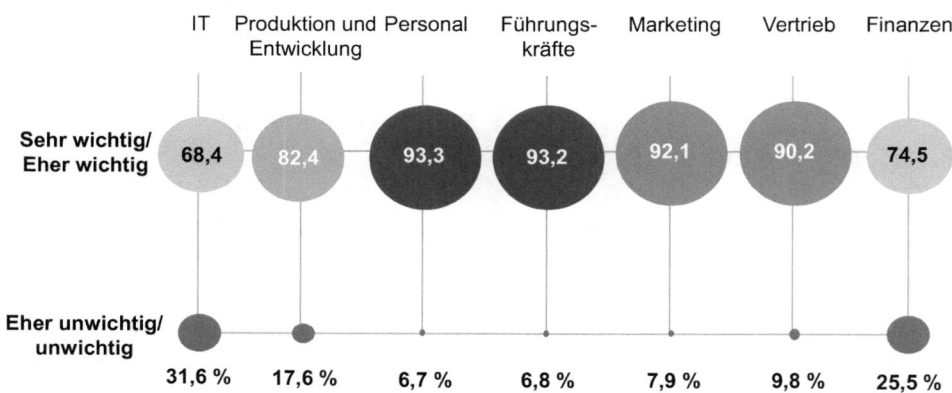

Abb. 3.2 Wichtigkeit des Cultural Fit bei der Stellenbesetzung in unterschiedlichen Positionen.
(Quelle: Athanas, 2017)

Digitale Kulturmerkmale und kultureller Spagat

Die digitale Unternehmenskultur wurde dabei nach 41 unterschiedlichen Kultur-
merkmalen untersucht. Sie umfassen sowohl traditionelle Merkmale wie auch Aspekte
der neuen, digitalen schnellen und agilen Arbeitswelt. Bei den traditionellen Merkmalen
stehen u. a. Leistungserwartung, Ergebnisorientierung, Qualitätsbewusstsein, Kundenorientierung und Arbeitsplatzsicherheit im Vordergrund. Die neuen Aspekte umfassen
beispielsweise Flexibilität, Agilität sowie Risikobereitschaft. Auch schnelle Nutzung
von Chancen und freier Informationsaustausch werden berücksichtigt. Aus Basis einer
Faktorenanalyse wurde ermittelt, dass sämtliche Merkmale drei unterschiedlichen
Bereichen zugeordnet werden können, nämlich Innovation Mindset, Performance
Mindset sowie Social Mindset (vgl. Abb. 3.3). Interessantes Ergebnis der Studie ist,
dass die neuen Ausprägungen keineswegs zulasten der traditionellen Kulturmerkmale
gehen dürfen. So wünschen sich die befragten Führungskräfte zwar eine hohe Aus-
prägung neuer digitaler Merkmale, jedoch auch das Aufrechterhalten traditioneller
Kulturmerkmale. Das bedeutet einen kulturellen Spagat für Unternehmen, denn die
zukunftsfähige Unternehmenskultur stellt einen Mix aus neuen und traditionellen Kultur-
merkmalen dar. Neben den traditionellen Werten sehen Führungskräfte einen besonderen
Entwicklungsbedarf in Bezug auf Agilität und Flexibilität, abteilungsübergreifende
Zusammenarbeit und schnelle Nutzung von Chancen, Innovativität, Lernkultur und
Transparenz in ihren Unternehmen.

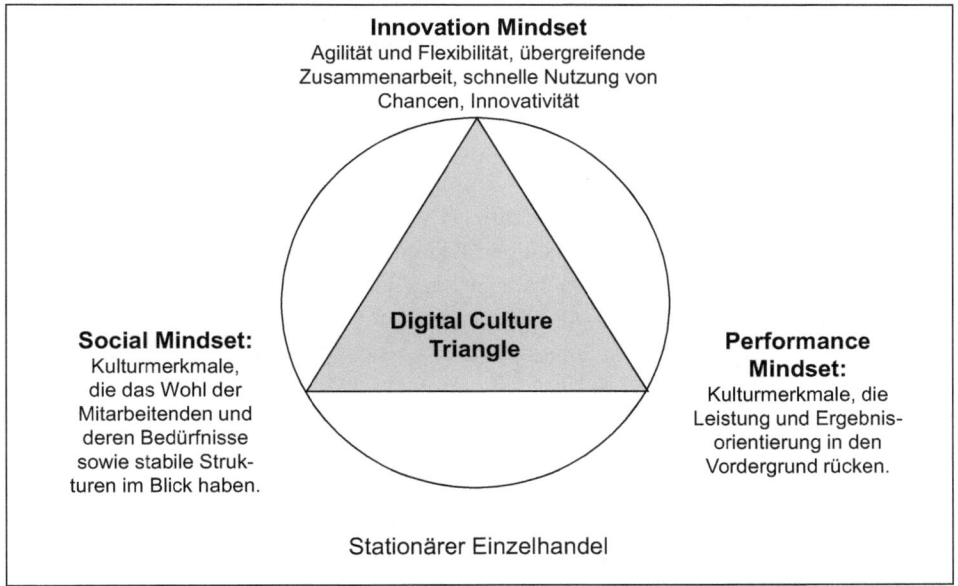

Abb. 3.3 Die drei Faktoren der digitalen Kultur. (Quelle: Remdisch & Petzel, 2019)

Inwiefern die Digitalisierung in Unternehmen mit der Corporate Culture in Beziehung steht, macht die Analyse unmissverständlich klar: Nahezu alle Führungskräfte beurteilen den Einfluss der Digitalisierung auf ihre Arbeitgeber als extrem hoch. Demgegenüber sind aber nur 18 % der Befragten zufrieden mit dem tatsächlichen Stand der Digitalisierung in ihrem Unternehmen. Insgesamt werden tief wirksame Zusammenhänge zwischen der Unternehmenskultur und dem Digitalisierungsgrad deutlich. Demnach ist eine fortgeschrittene Digitalisierung mit der Leistungsorientierung und der Berücksichtigung von Mitarbeiterinteressen gut vereinbar. Darüber hinaus zeigen sich signifikante Zusammenhänge zwischen der Unternehmenskultur und dem Unternehmenserfolg. Je höher der Digitalisierungsgrad, desto besser die Marktperformance, Mitarbeiterzufriedenheit sowie Disruptionsfähigkeit und Innovationsstärke. Insgesamt lässt sich zusammenfassen, dass die Unternehmenskultur den Digitalisierungsgrad beeinflusst und dieser wiederum positiv mit dem Unternehmenserfolg korreliert. Insbesondere die Kulturmerkmale, die stellvertretend für das „Innovation Mindset" stehen, gehen mit einem höheren Digitalisierungsgrad einher. Die Studie erlaubt es, Kulturmerkmale im Sinne eines Digital Cultural Fits zu identifizieren. Damit lässt sich messen, wie gut ein Unternehmen kulturell für die Herausforderungen der digitalen Arbeitswelt aufgestellt ist. Darüber hinaus kann identifiziert werden, in welchen Kulturbereichen noch Handlungsbedarf besteht, um Digitalisierung voranzutreiben.

3.1.4   Digital-organisatorische Voraussetzungen

Bereits seit mehr als zehn Jahren weisen die Erkenntnisse des Business Reengineering darauf hin, dass funktionale Organisationen eher nicht geeignet sind, den Anforderungen des digitalen Zeitalters gerecht zu werden. Dennoch: Ein Blick auf die Strukturen offenbart, dass die Führungsorganisationen der meisten Unternehmen noch lupenrein funktional mit klassischer Arbeitsteilung nach Einkauf, Operations und Vertrieb sind. Einen CDO (Chief Digital Officer), der das doch so wichtige Zukunftsthema explizit verantworten könnte, gibt es in den seltensten Fällen. In derartigen angebotsorientierten Führungsstrukturen, in denen Organisationsänderungen im mittleren und für das Tagesgeschäft verantwortlichen Management manchmal jahrelang beantragt werden müssen, kann die Geschwindigkeit nicht aufkommen, die für das digitale Zeitalter erforderlich ist. Digital ausgerichtete Organisationen lösen sich von der funktional orientierten Ausrichtung und stellen die Leidenschaft und Glaubwürdigkeit der gesamten Unternehmensführung und ein bedingungslos am „digitalen Kundenwunsch" ausgerichtetes Unternehmen in das Zentrum der geschäftlichen Aktivitäten, inklusive CDO. Diese Art der „Kundenzentriertheit" durchdringt das komplette Geschäftssystem des Unternehmens und gibt Mitarbeitern zugleich einen Orientierungsrahmen für ihre täglichen Entscheidungen vor. Aus dem klassischen stationären Geschäft sind dabei allerdings nur wenige Erfahrungen auf den Online-Kanal übertragbar. Wesentlicher Grund dafür ist, dass dieser nicht bloß einen neuen Vertriebskanal im herkömmlichen Sinne darstellt, sondern ein vollkommen neues Geschäft mit neuen Fähigkeitsanforderungen ist. Entscheidend ist, dass vor allem kundenorientierte Geschäftsprozesse und uneingeschränkte Kundenorientierung wesentliche Erfolgsvoraussetzung im E-Commerce sind. Dabei geht es vor allem um Schnelligkeit, Transparenz und Serviceorientierung. Online-Händler sind angesichts des veränderten Marktumfeldes sowie der Kundenerwartungen an Zeit und Kosten mittlerweile in jedem Fall dazu gezwungen, einerseits die Effektivität zu erhöhen und andererseits nachhaltige Effizienzschübe zu realisieren, um den anstehenden Herausforderungen standzuhalten. Diesbezüglich kommt zum Beispiel im Online-Handel der Geschwindigkeit der innerbetrieblichen Entscheidungs- und Arbeitsabläufe eine Schlüsselrolle zu. Effizienz und „Durchlaufzeitenreduzierung" gelten als wesentliche Basis des Erfolges im Online-Handel (Heinemann et al., 2019; Heinemann OH, 2021).

Dieser Anspruch ist nur erfüllbar, wenn durch eine prozessorientierte Neuausrichtung die Organisation schlanker, schneller und schlagkräftiger ausgestaltet wird. Hinzu kommt der Anspruch an eine kompromisslose Kundenorientierung, die infolge der drastisch verkürzten Kundenreaktionszeiten eine Grundvoraussetzung für die Wettbewerbsfähigkeit ist und die Basis für eine Wachstumsdynamik bildet. Dies erfordert eine kundenorientierte Rundumbearbeitung in Prozessen. Dabei ist es notwendig, zwischen Beschaffungs- und Absatzmarkt durchgängige Prozesse soweit wie möglich ohne Schnittstellen zu gestalten und so für jeden Prozess „ein Fenster zum Kunden" zu schaffen. Nur so ist die tatsächliche „Kundenorientierung" möglich, die den Online-Handel auszeichnet und eine unmittelbare Rückkopplung vonseiten der Kunden erlaubt (Osterloh & Frost, 2003; Heinemann OH, 2021). Für jeden Prozess muss es dabei prozessverantwortliche Personen (Process Owner) sowie Prozessbearbeiter (Case Worker) geben. Je nach Arbeitsumfang ist aber auch denkbar, ein ganzes Team für einen Prozess verantwortlich zu machen (Case Team), das sich dann im Wege der Selbstabstimmung koordiniert. Dies setzt allerdings ausgeprägte Teamfähigkeiten voraus sowie das „Selbstentscheidenkönnen". Dafür benötigen aber die Mitarbeiter entsprechende Befugnisse, um den Kunden im Rahmen der jeweiligen Prozessvariante befriedigen zu können (Empowerment). Dies geht in der Regel mit größeren Leitungsspannen und flacheren Hierarchien einher. Ergebnis ist eine kundenorientierte Rundumbearbeitung mit minimierter Schnittstellenanzahl, die allerdings ein internetspezifisches Geschäftssystem erfordert, das den Prinzipien des Business Reengineering Rechnung folgt (ebd.). Im Hinblick auf die organisatorischen Voraussetzungen wird schnell deutlich, dass sich die neuen Tätigkeitsschwerpunkte nicht in der bisherigen Organisation abbilden lassen. Vielmehr bedarf es entsprechender neuer Stellen mit einem spezifischen Stellengefüge.

Voraussetzungen in der Führungsorganisation
In vielen Handelsunternehmen besteht große Unsicherheit darüber, wie die prozessualen Anforderungen des zukünftigen Einzelhandels in der Führungsorganisation umzusetzen sind. Es gilt, die strukturellen Rahmenbedingungen zu schaffen, um die Schlagkraft

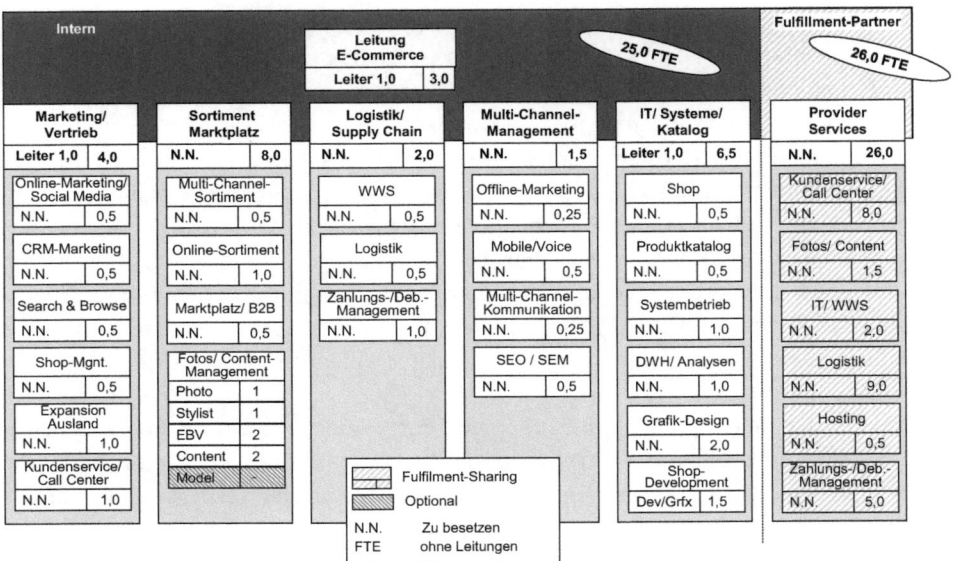

Abb. 3.4 Mögliche E-Commerce-Organisation bei einem mittelgroßen Omni-Channel-Anbieter

gegenüber den Wettbewerbern zu erhöhen und damit dauerhafte Wettbewerbsvorteile zu erlangen. Dies kann – ähnlich wie in den klassischen Organisationsformen auch – über flache Strukturen und Teams in einer separaten E-Commerce-Organisation erfolgen. Eine derartige Führungsorganisation ist in Abb. 3.4 beispielhaft für den E-Commerce-Bereich eines mittelgroßen Omni-Channel-Händlers dargestellt.

Eine derartige E-Commerce-Organisation muss sich in die Gesamtorganisation einfügen. Sie kann aber nur funktionieren, wenn die Unternehmensführung sich den Herausforderungen des Intelligent Retail bewusst ist und die Anforderungen an eine professionelle „Digital Leadership" erfüllt.

3.1.5   Systemtechnische Voraussetzungen – API First

Basisvoraussetzung für intelligenten Einzelhandel sind vor allem systemtechnische und organisatorische Aspekte. Ohne performante Warenwirtschafts- und Kassensysteme, die es eigentlich schon seit den 1960er Jahren gibt, lläuft im digitalen Zeitalter eigentlich gar nichts. Hinzu kommt, dass IT-Themen heutzutage organisatorisch sowie hierarchisch deutlich höher zu priorisieren sind als im Vor-Internet-Zeitalter, als sich IT-Abteilungen häufig im Kellergeschoss befanden, wo auch die legendäre AS/400 von IBM stand oder vielfach noch steht. Die ersten Einzelhandelsunternehmen erkennen, dass IT und Digitalisierung Chefsache sein muss. Hinzu kommt, dass alle Funktionen und Bereiche des stationären Handels nunmehr von der Digitalisierung betroffen sind, also nicht nur E-Commerce, sondern das gesamte Marketing inklusive Kundenbindung, alle Beschaffungsprozesse sowie das komplette Warenmanagement. Dieses muss nicht nur datenbasiert, sondern über ein ERP-System erfolgen, das sich in die Systemlandschaft einbinden lässt und zugleich Online-Handel ermöglicht. Leider greifen Unternehmen hier noch viel zu häufig und blauäugig auf Insel-Lösungen zurück, die ein spezifisches Problem lösen sollen, sei es CRM-System, Kassensystem, Shopsystem oder andere digitale Systeme für den Point of Sale. Was allerdings häufig fehlt, ist eine integrierte Systemstrategie, die Daten zwischen den ganzen Inseln bereitstellt und deren Austausch ermöglicht. Dabei geht es nicht nur um Kundendaten, sondern sämtliche Informationen rund um die Produkte und deren Verfügbarkeit sowie Daten aus Bestellungen. Intelligent Retail und auch funktionierendes Multi-Channel-Retailing erfordert allerdings Systeme, die über die bestehenden Systeme hinausgehen. Auf jeden Fall aber sind Lösungen erforderlich, die verschiedene Datenquellen verbinden. Dieses scheitert aber nicht selten an den verschiedenen Datensilos, in denen jedes der Systeme Daten für sich speichert und verwaltet.

Omni-Channel-Handel und Click & Collect sind dabei nur Basisbeispiele, bei denen der übergreifende Datenfluss sichergestellt sein muss. Dabei fehlt es nicht selten sogar bereits an entsprechenden Systemen oder – falls Systeme vorhanden sind – an einer API-Lösung, die den Datenaustausch und die Bereitstellung einheitlicher Schnittstellen und Services ermöglicht. Entscheiden sich Unternehmen jedoch für eine API-Strategie oder sogar einen modernen API-First-Ansatz, können sie erheblich flexibler und schneller auf neue Herausforderungen reagieren. Am wichtigsten aber ist, dass sich nur über APIs KI und intelligente Systeme sinnvoll einsetzen lassen. Auch erlauben es APIs, neue Geschäftsmodelle zu entwickeln und bestehende Prozesse ganzheitlich zu digitalisieren. Und auch eine Plattformanbindung, bei der vorhandene Daten für externe Kunden, Partner oder Anwender zur Verfügung gestellt werden, wäre anders nicht möglich (Whitepaper API First, 2021). Noch schwieriger würde es schließlich bei einem komplexen Zusammenspiel mehrerer Kanäle und der Integration externer Software bzw. Provider. So sind in der Regel bei Online-Shop-Lösungen unterschiedlichste Puzzleteile zusammenzubringen. Die wichtigsten Systemkomponenten sind dabei zweifelsohne ERP, PIM, CRM, Newsletter/E-Mails und externe Dienstleister (Steireif et al., 2015: Heinemann OH, 2021):

- **ERP** oder Enterprise Ressource Planning bezeichnet ein System, mit dem alle vorhandenen Ressourcen rechtzeitig und bedarfsgerecht geplant und gesteuert werden können. Neben den üblichen Basisfunktionen eines Unternehmens wie Einkauf, Produktion/Operations, Marketing/Verkauf und Verwaltung betrifft dies vor allem die Material- und Warenwirtschaft sowie das Produktdatenmanagement. Typischer Anbieter für ERP-Systeme ist zum Beispiel SAP.
- **Kassensysteme** bezeichnen traditionell die Kassen-Hardware und -Software im stationären Geschäft. Diese stellen jedoch auch im Online-Handel ein separates System dar, das mit der stationären Kassenlösung konsistent oder zumindest

kompatibel sein muss. Insbesondere im Hinblick auf Mobile Payment und kontaktloses Bezahlen im Store unterliegen Kassensysteme immer neuen Anforderungen in
immer kürzeren Zyklen, weshalb hier höchste Flexibilität gefragt ist.

- **PIM** oder Product-Information-Management steht für ein System, in dem medien-
  neutral sämtliche Produktdaten verwaltet, gepflegt und modifiziert werden. Dies
  sorgt dafür, dass die verschiedenen Systeme und Absatzkanäle aus einer Quelle mit
  konsistenten und fehlerfreien Produktinformationen gespeist werden. Es ersetzt
  klassischerweise das Excel-Tabellen-Chaos in Unternehmen und konsolidiert
  üblicherweise dezentrale Datenquellen zu einer zentralen und einheitlichen Gesamt-
  lösung.
- **CRM** oder Customer-Relationship-Management bezieht sich auf die Planung,
  Steuerung und Durchführung aller kundenbeziehungsrelevanten Prozesse.
- **Newsletter/E-Mails** erfordern heute personalisierte Newsletter-Kampagnen, die
  nicht mehr manuell, sondern nur noch systembasiert und voll automatisiert gefahren
  werden können.
- **Externe Dienstleister** sind typischerweise Zahlungsdienstleister wie zum Beispiel
  Paypal, Versanddienstleister à la DHL, Bonitätsprüfdienstleister wie Klarna sowie
  Controlling-Dienstleister wie beispielsweise Nitrobox.

Wesentliche Aufgabe für den Aufbau und reibungslosen Betrieb eines Online-Shops
besteht darin, die verschiedenen Software-Komponenten zusammenzufügen und den
Shop in die bestehende IT-Infrastruktur zu integrieren. Dabei gibt es unterschiedliche
Integrationsformen, die gegeneinander abzuwägen sind (Steireif et al., 2015; Heinemann
OH, 2021):

- **Online-Shop als autarkes System** ist die am wenigsten aufwendige Integrationsform. Dabei werden vordefinierte Software-Pakete eingesetzt, deren Komponenten
  bereits konfiguriert sind und unabhängig von anderen Software-Lösungen betrieben
  werden können. Diese Integrationsform ist die klassische Vorgehensweise bei einem
  kleineren Online-Shop, der dann alle Daten, Funktionen und Prozesse selbst pflegt.
  Vorteil ist eine schnellere „Time to Market", als nachteilig allerdings stellt sich
  heraus, dass Kunden- und Produktdaten mehrfach gepflegt werden müssen.
- **Funktionale Integration** verwendet bestimmte Funktionen einer Software-
  Komponente durch andere Komponenten der IT-Infrastruktur. So bietet es sich zum
  Beispiel an, die Bonitätsprüfung in den Bezahlvorgang zu integrieren. Dabei ruft
  der Online-Shop einen definierten Service im ERP-System auf und bekommt von
  diesem die gewünschte Information geliefert. Diese Art der Integration erfordert
  die Einhaltung gewisser Standards und ist damit sehr stark an die Komponenten der
  einzelnen Systeme gekoppelt, die sich nicht ganz so einfach anpassen lassen, ohne
  Datenchaos zu erzeugen.
- **Datenintegration:** Wird diese Variante gewählt, greifen mehrere Komponenten aus
  der IT-Infrastruktur auf dieselben Daten zu, damit Redundanzen und Inkonsistenzen

in der Datenhaltung sowie auch unerlaubte Zugriffe darauf vermieden werden. Gerade in Multi-Channel-Systemen wäre es nicht sinnvoll, Kundendaten in verschiedenen Systemen zu pflegen, weswegen hier die Datenintegration schon fast ein Muss ist. Dabei ist lediglich die Frage zu klären, ob das ERP- oder aber das CRM-System führend sein soll.

- **Kombinierte Integration:** Bei dieser Integrationsform werden Funktionen und Daten verwischt. Dabei wird nicht mehr auf konkret definierte Schnittstellen zugegriffen, sondern auf definierte Services. Ein Beispiel wäre die Möglichkeit eines CRM-Systems, eine Bestellung für den Kunden anzulegen, die dann nicht in der Datenbank des CRM-Systems gespeichert, sondern über Services direkt in der Datenbank des Online-Shops angelegt wird. Damit kann der Kunde seine Bestellungen im Online-Shop nachverfolgen.

Bei der Integration in die bestehende Infrastruktur sollte ein gesundes Mittelmaß an offenen und standardisierten Schnittstellen bzw. stärker gekoppelten Integration in die IT-Infrastruktur gefunden werden. Ein gewisser Grad an Flexibilität und Herstellerunabhängigkeit gibt auch mehr Investitionssicherheit.

Wie komplex das Zusammenspiel der erforderlichen Systemkomponenten im Omni-Channel-Handel und damit Intelligent Retail ist, zeigt Abb. 3.5. Dabei stellt das Online-Shop-System nur einen kleinen Baustein dar. In der Regel steht und fällt das Thema Online-Handel mit einem performanten ERP-System, an dem kein Weg vorbeiführt. Dieses stellt die Bereitstellung der digitalen Daten in Echtzeit sicher. Die Middleware

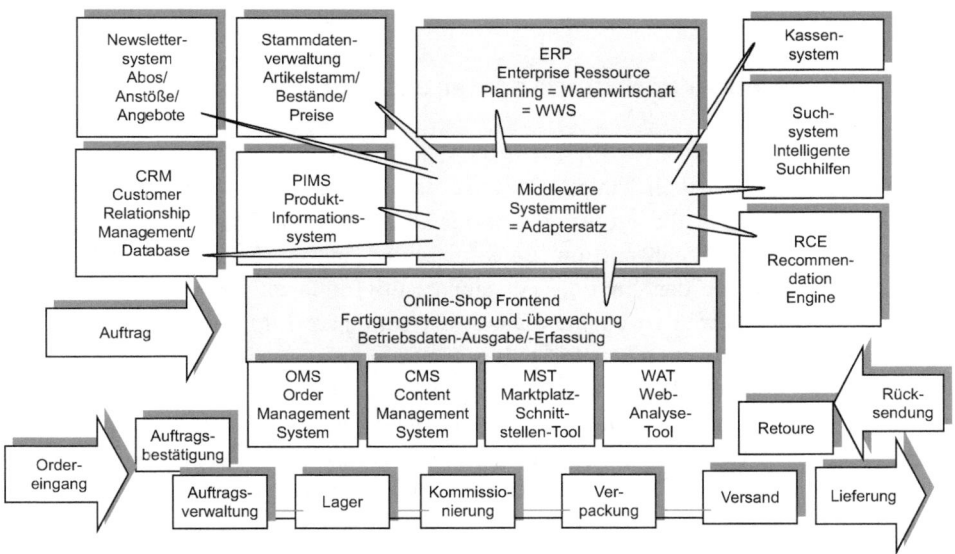

Abb. 3.5 Wichtigste Systemkomponenten im Omni-Channel-Handel. (Heinemann OH, 2021)

koordiniert das ERP als wichtigste Säule im Backend mit dem Shop-System als wesentlicher Säule im Frontend. Die Stammdatenverwaltung und das ERP hängen eng zusammen und tauschen die Daten in einem permanenten Fluss mit dem PIMS (Produkt-Informationssystem) aus. Angeschlossen sind das Kassensystem, das Suchsystem sowie das RCE- (Recommendation-Engine-)System. Auf der anderen Seite arbeiten Newsletter- und CRM-System automatisiert in enger Verknüpfung mit dem PIMS sowie dem ERP. Das Frontend wird ergänzt durch das OMS (Order-Management-System), CMS (Content-Management-System), MST (Marktplatz-Schnittstellen-Tool) und WAT (Web-Analytics-Tool).

Die technische Realisierung, bei der es um die Programmierung sowie die Anbindung des Shops an die externen Systeme geht, ist vergleichsweise einfach (Menzel, 2012; Steireif et al., 2015; Himmel, 2018). Zweifelsohne handelt es sich dabei um sehr agile Projektabschnitte, für die sich nicht alle Anforderungen bis ins kleinste Detail im Vorfeld planen lassen. Deswegen ergeben sich in dieser Phase vielfach noch Änderungen und Anpassungen, die zeitlich eingeplant werden sollten. Gleiches gilt für die Testphase und das „Going live". Dennoch macht alles keinen Sinn, wenn nicht der technischen Realisierung eine fundierte Digital- und API-Strategie inklusive Business-Planung vorausgeht. Weiterhin muss geklärt sein, ob die Realisierung intern oder extern erfolgen soll. Für Inhouse-Entwicklungen fehlen oft die notwendigen Kapazitäten und das erforderliche Know-how. Das Thema in die Werbe- oder IT-Abteilung zu delegieren, geht in der Regel schief. E-Commerce-Agenturen sind normalerweise Profis, die das notwendige Wissen für derartige Systeme mitbringen. Die Anforderungen sind enorm hoch. Hinzu kommt der technische Wandel, weswegen die technische Realisierung auch einen gewissen Respekt verdient (Himmel, 2018; Heinemann OH, 2021).

3.2   Intelligentes und kundendatenbasiertes One-to-One-Marketing

Das Thema KI (Künstliche Intelligenz) ist derzeit das große Thema in Industrie und Handel. Vor allem die großen Plattformen, also alle GAFA-TAB's, sind Treiber dieser Entwicklung. Nicht nur im Backoffice und in der Supply Chain, sondern auch im Frontend werden enorme Forschungsaufwendungen getätigt, um Kundendaten intelligenter nutzen zu können. Damit der stationäre Einzelhandel nicht auch in der intelligenten Kundenberatung endgültig den Anschluss verliert, sollte er sich auch diesem Thema widmen. Hier wird allerdings bisher häufig verkannt, dass KI eher für Automatisierung steht und eigentlich nichts mit Intelligenz zu tun hat. Geht es um echte Intelligenz, sollte besser über Machine Learning gesprochen werden. Dieses betrifft den intelligenten Umgang mit großen Datenmengen und die Fähigkeit von Maschinen bzw. Computern, zu lernen und sich eigenständig weiterzuentwickeln. Auch in fortgeschrittenen Multi-Channel-Systemen hinterlässt der Kunde im Webshop zwar einen digitalen Fingerabdruck, dieser spielt aber bei einem späteren Besuch im Geschäft meist keine Rolle. Damit die „Customer Journey" des Kunden in solchen Momenten nicht „brüchig" wird, sind Lösungen erforderlich, die den gewünschten nahtlosen Datenaustausch zwischen dem Stationär- und Online-Handel ermöglichen. Damit können dem Kunden in den Läden passgenaue Angebote und Vorschläge unterbreitet und die Beratungskompetenz des Verkäufers in den Filialgeschäften gestärkt werden. Dieses ermöglicht damit auch im Laden ein kundendatenbasiertes One-to-One-Marketing und einen intelligenten Kundenservice mit KI. Zugleich können die Kundendaten auch für eine intelligente Sortiments- und Abverkaufsplanung genutzt werden.

3.2.1   KI versus Machine Learning im Einzelhandel

Vor allem im Einzelhandel inklusive Online-Handel wird das Thema KI (Künstliche Intelligenz) derzeit regelrecht gehypt. Sei es im Backoffice oder im Frontoffice, beim Pricing, im Merchandising, im Service inklusive Beratung oder in der virtuellen Umkleidekabine vorm Smart Mirror, KI soll es richten (Lamprecht KI, 2018; Heinemann OH, 2021). Diesbezüglich wird allerdings in der Regel verkannt, dass KI in den meisten Fällen für Automatisierung und Algorithmen steht, jedoch häufig nichts mit intelligenten Abläufen zu tun hat. Geht es also um echte Intelligenz, sollte besser über Machine Learning gesprochen oder gar Deep Learning werden (Kolbrück Chatbot, 2017; Riedel, 2019; Heinemann OH, 2021). Diese Begriffe umschreiben den intelligenten Umgang mit Big Data und die Fähigkeit, zu lernen und sich eigenständig weiterzuentwickeln. Was beim Menschen normal ist, gilt für Computer bzw. Maschinen natürlich als revolutionär. Das Sammeln und Nutzen relevanter Daten, um bewusste Entscheidungen zu treffen und strategische Ziele zu erreichen, ist für Online-Händler nicht neu, die jetzt auch bei KI voranschreiten. So gilt Zalando in Deutschland als Best Practice und hat ein KI-Forschungsprojekt-Team installiert. Machine Learning soll dabei unter anderem zur Personalisierung von Produktempfehlungen, Prognostizierung von Kundenpräferenzen sowie Sortimentskuratierung eingesetzt werden (Locationinsider Trends, 2019). Für die meisten stationären Händler ist demgegenüber Künstliche Intelligenz ein Buch mit sieben Siegeln. Dabei wird KI bereits vielfältig im Marketing eingesetzt, beispielsweise um Werbebotschaften zu optimieren. So nutzt Persado seit 2012 Systeme, die natürliche Sprache erkennen, um Abläufe und Inhalte zu optimieren. Es ist erwiesen, dass KI-optimierte Werbebotschaften effektiver und effizienter sind, als es „normale" Werbeinhalte jemals sein können. Chatbots bzw. Social Bots sind ohne Künstliche Intelligenz gar nicht einsetzbar und das Hyper Targeting gäbe es sonst gar nicht. Dieses ermöglicht verhaltensbasierte Vorhersagen, die sich für die Platzierung von Werbebotschaften, personalisierte Content-Erstellung sowie verbesserte Preisermittlung nutzen lassen (Büttner, 2020).

Im E-Commerce ist bisher das große Thema aber zweifelsohne der Chatbot, eine Wortzusammensetzung aus Chatten und Roboter. Dabei geht es um Anwendungen, die getippte und/oder gesprochene Texte auswerten und individualisiert darauf reagieren

(Lamprecht KI, 2018). Sie werden in der Regel an der Kontaktstelle zum Kunden eingesetzt, um bestimmte Aufgaben selbstständig und ohne menschliches Dazutun ausführen können. Ziel ist dabei natürlich auch die dauerhafte Entlastung des Callcenters. Dabei wird der Kunde in seinem Kaufprozess Chatbots als Alternative zu menschlichen Servicemitarbeitern aber nur nutzen, wenn sie ihn verstehen und dialogfähig sind. Ist das der Fall, dann fragt man sich auch für stationäre Händler, wozu Kunden noch im Laden nach einem Verkäufer suchen sollten. Vor allem, wenn der Bot im Smartphone viel schneller den Weg zum Regal oder gleich zum Produkt erklären kann. Zudem stellt sich die Frage, wozu Nutzer im Online-Shop nach Filterfunktionen schauen und lange klicken sollten, wenn es der Roboter mit wenigen Worten versteht. Intelligente Chatbots zeigen auf, wohin sich der Handel in Zukunft entwickelt könnte. So werden bereits hilfreiche Computerspezies angeboten, die sogar geeignet sind, den Handel in höchster Evolutionsstufe neu zu erfinden. Deswegen sehen Experten auch durchweg großes Potenzial in dialogfähigen Chatbots bzw. Lösungen. So zeigen Tests, dass damit mehr Kunden zum Kaufabschluss bewegt werden können (Kolbrück Chatbot, 2017; Damm, 2019). Bisher lassen sich jedoch lediglich Routineabfragen damit durchführen. Eine echte und wirklich intelligente Dialogfähigkeit gibt es bisher noch nicht. Deswegen ist auch gerade im stationären Handel die Meinung weit verbreitet, dass das Potenzial von Chatbots eher begrenzt sei. Gleiches gilt für die eng damit verknüpften Assistenten per Sprachsteuerung. Zweifelsohne gleichen viele der Bots bisher eher schmalspurigen Befehlsempfängern, die vielleicht auf ein paar wenige Keywords reagieren. Andererseits wird derzeit mit Hochdruck an intelligenten Lösungen an der Kundenfront gearbeitet.

Bereits heute existieren höhere Reifegrade der Chatbot-Entwicklung, die Deep Learning nutzen. Damit können Gesprächsmuster in Echtzeit mit anderen Gesprächsmustern aus vergangenen Dialogen verglichen und entsprechende Ableitungen getroffen werden. Zusätzlich können dabei noch andere Informationsquellen wie Daten aus der CRM-Datenbank ausgewertet werden, wie in Abb. 3.6 verdeutlicht wird. Derartige Chatbots kommen der Simulation eines echten Dialoges sehr nahe und führen zu einer deutlich verbesserten Customer Experience. Solche intelligenten Dialoge sind auch Gegenstand des im Januar 2019 gestarteten Verbundprojekts unter dem Namen ON4OFF, in das auch der Verfasser eingebunden ist. Dabei geht es u. a. um Konzepte bzw. Anwendungen der Künstlichen Intelligenz und des Maschinellen Lernens, um den Dialog mit Kunden zu verbessern, die bevorzugt in stationären Läden in ihrer Region einkaufen. Ziel ist zudem eine intelligente Kanalverknüpfung von Offline und Online im Multi-Channeling (Carell & Heinemann, 2018). So unterhalten rund ein Drittel der stationären Einzelhändler neben ihrem stationären Geschäft auch einen Online-Shop (ibi, 2020). In den meisten Fällen ergänzt die Internetpräsenz aber nicht den Gesamtauftritt im Sinne einer schlüssigen „Customer Journey". Dabei funktionieren die On- und Offline-Geschäftsbereiche nicht in einem geschickten Zusammenspiel, sondern eher als separate „Verkaufsveranstaltungen". Während also der Kunde im Online-Shop zwar einen digitalen Fingerabdruck hinterlässt, wird dieser dann beim späteren Besuch im Geschäft nicht genutzt. Während KI ein sehr breites Anwendungsfeld von Werkzeugen

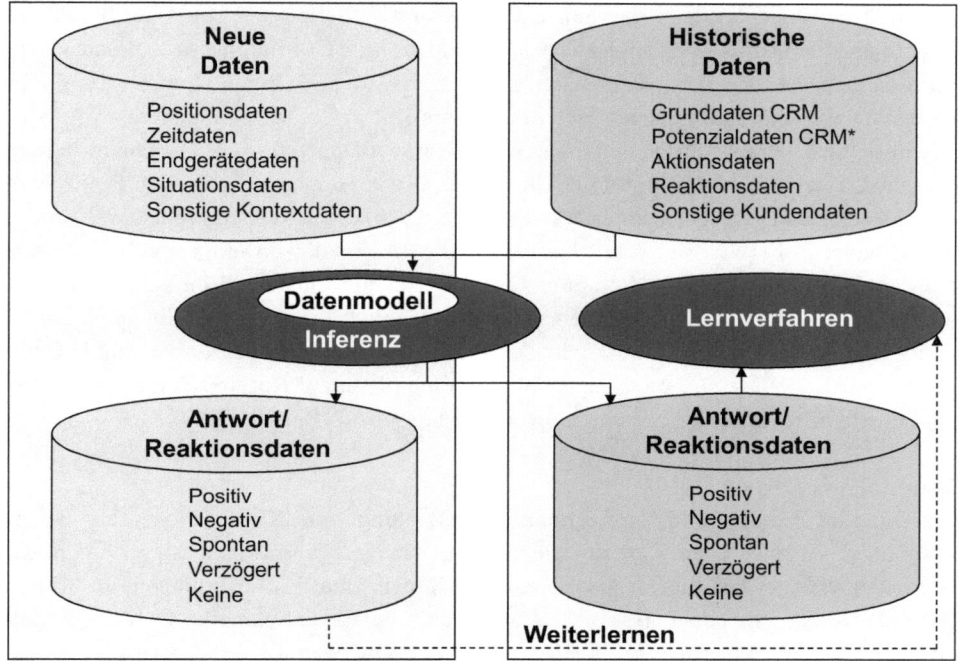

*CRM = Customer Relationship Management

Abb. 3.6 Mögliches Datenmodell für einen intelligenten Chatbot. (Quelle: eigene Darstellung auf Basis von Kossmann, 2020)

und Techniken darstellt, die es Computern erlauben, ohne zu „denken" das menschliche Verhalten nachzuahmen, gehen Machine Learning und Deep Learning weit darüber hinaus (ON4OFF, 2019).

Die Begriffe wie KI, maschinelles Lernen und Deep Learning werden oft synonym verwendet. Dabei sind maschinelles Lernen und Deep Learning beide unter dem Schirm der Künstlichen Intelligenz angesiedelt, denn ohne Künstliche Intelligenz wäre maschinelles Lernen nicht möglich und beides ist Voraussetzungen für das Deep Learning (Benoit, 2019; Riedel, 2019; Heinemann OH, 2021).

Künstliche Intelligenz – Programmieraufgaben mit Logik
Künstliche Intelligenz ist eine Untergruppe der Computerwissenschaften, deren logische Konzepte bereits in den Pioniertagen der Computerwissenschaften der 1950er-Jahre entstanden. KI erinnert an die Lehre, wo Schülern solche Informationen vermittelt werden, die sie lernen sollen. Hier geht es allerdings um Systeme, die routinisierbare Fähigkeiten nachahmen. KI-Anwendungen setzen Sprache, Sprechen und strategisches Denken voraus und sind in der Lage, bestimmte Aufgaben (z. B. Bildklassifikation, Spracherkennung, Übersetzung) genauso gut oder sogar besser

auszuführen, als Menschen das tun. Dieses hat im Zeitalter von Big Data besondere Bedeutung, denn die Zahl an Datenpunkten sowie die Gewinnung neuer Daten sind für den Menschen volumentechnisch kaum noch zu bewältigen. Schon alltägliche Aufgaben wie das Zeitmanagement, die Fehlersuche oder das Organisieren von Mitarbeitern und deren Tätigkeiten sind bereits eine datentechnische Herausforderung (Luber & Litzel, 2016; ON4OFF, 2019; Riedel, 2019; Heinemann OH, 2021). KI wird in schwache und starke KI unterteilt. Dabei ist „starke KI" das futuristische Konzept von Robotern, die wie Menschen handeln und denken sollen. Demgegenüber versteht man unter „schwache KI" Computersysteme, die nur menschenähnliche Aufgaben durchführen sollen. Insofern handelt es sich tatsächlich um die Disziplin intelligenter Algorithmen. Ein Beispiel für KI in der Praxis ist die moderne Ampel mit festzeitgesteuerter Regelung, die 45 s lang grün bleibt und dann auf Rot umschaltet und einem Ampelnetz mit koordinierter Steuerung angeschlossen ist (Benoit, 2019).

Maschinelles Lernen

Maschinelles Lernen gilt als Technik zur Erzielung von KI und kann als Untergruppe der KI angesehen werden. Hier geht es um den Einsatz von Algorithmen, die Computersysteme befähigen, aus Daten zu lernen und Entscheidungen zu treffen (Benoit, 2019). Mit dem Beispiel Schule funktioniert maschinelle Intelligenz derart, dass Schülern ein Buch in die Hand gedrückt wird, damit sie den Lernstoff eigenständig erarbeiten. Maschinelles Lernen geht damit weit über Automatisierung hinaus und befähigt Maschinen dazu, anhand von Daten selbst zu lernen. Maschinen soll insofern etwas beigebracht werden. Vor allem die grenzenlose Datenfülle des Internets macht es Computern möglich, selbst zu lernen und den Weg für Deep Learning frei zu machen (Luber & Litzel, 2016; ON4OFF, 2019; Riedel, 2019; Heinemann OH, 2021). Bezogen auf die Ampelanlage könnten maschinelle Lernalgorithmen dazu eingesetzt werden, je nach Situation die optimale Zeitspanne für das Umschalten von Rot auf Grün zu ermitteln. Dieses könnte zu einer Verringerung von Verkehrsstaus führen und Städte dabei unterstützen, die von Autos erzeugten Daten zu nutzen, um optimale Entscheidungen mit dieser programmierten Logik zu treffen. Auch die Bildverarbeitung ist ein dankbares Anwendungsfeld für maschinelles Lernen. So lassen sich Kameras mit optischer Zeichenerkennung und Bilddaten für eine Bildverarbeitungssoftware nutzen, um zu überprüfen, ob z. B. beim Wareneingang oder in der Kommissionierung Teile fehlen (Benoit, 2019).

Deep Learning

Die neueste Untergruppe der Künstlichen Intelligenz sind Deep-Learning-Algorithmen, die auf den Fortschritten des maschinellen Lernens aufbauen, jedoch einen etwas anderen Ansatz verfolgen. Sie verlassen sich nicht mehr auf Menschen, die zuerst die Aufgaben programmieren, sondern ahmen menschliches Lernen nach. Die auf dem Deep Learning basierenden Anwendungen stellen anhand neuronaler Netze Verbindungen her und entdecken damit Muster (Benoit, 2019). Am Beispiel der Lehre verdeutlicht versetzt

Deep Learning den Schüler in die Lage, aus Fehlern zu lernen und sich immer mehr zu verbessern. Das Deep Learning setzt jedoch die Fähigkeit voraus, Informationen zu analysieren und zu bewerten. Logische Schlüsse müssen gezogen und Lösungswege ausgewählt werden können, um aus Fehlern zu lernen. Grundlage bilden die künstlichen neuronalen Netze, die es bereits seit den 1950er Jahren gibt, die aber ihren Durchbruch erst im Zuge der Digitalisierung erleben. Deep Learning ermöglicht vor allem vorausschauende Applikationen, wie z. B. Verbesserungen in der vorausschauenden Wartung, sicherere autonome Fahrzeuge sowie bessere Vorhersage von Krankheiten oder Rückfällen. Erfahrungsgemäß ist die Lernfähigkeit umso größer, je mehr Daten eine Maschine verarbeiten kann. Am meisten verbreitet sind dabei Stimm- und Bilderkennung als moderne Applikationen. Diese werden aber nicht genutzt, um mit großem Zeitaufwand eigene Programmierungen vorzunehmen, sondern vom Algorithmus automatisch ein Verständnis für die Problemstellung, wie z. B. eine Qualitätsprüfung, zu erlangen. Lernt dabei die Prüfeinrichtung, wie ein richtiges Teil, z. B. unter Berücksichtigung leichter Abweichungen, aussieht, lässt sich schnell feststellen, wenn etwas sichtbare Mängel aufweist. Die Lösung lässt sich noch verbessern, indem sie dem Tool mehr Daten liefert, um sogar eigenständige Verbesserungen vorzunehmen. Das Prinzip der Deep-Learning-Anwendung ist: Je mehr Daten zur Verfügung stehen, umso besser die Ergebnisse (Luber & Litzel, 2016; ON4OFF, 2019; Riedel, 2019, Benoit, 2019).

Durch das Erkennen von Mustern in vorliegenden Datenbeständen sind IT-Systeme in der Lage, eigenständig Lösungen für Probleme zu finden. Diese werden in die Lage versetzt, Gesetzmäßigkeiten zu erkennen und Lösungen zu entwickeln. Auf Basis vorhandener Datenbestände und Algorithmen wird quasi künstliches Wissen aus Erfahrungen generiert. Damit lernt die Software eigenständig und findet so intelligente Lösungen. Die damit gewonnenen Erkenntnisse lassen sich eher für neue Problemlösungen oder für die Analyse von bisher unbekannten Daten verwenden, als verallgemeinern. Dieses erfordert allerdings vorheriges Handeln von Menschen. Dementsprechend müssen die „Maschinen" vorab mit den relevanten Daten und Algorithmen gefüttert werden. Darüber hinaus ist es erforderlich, dass Regeln für die Datenanalyse und die Mustererkennung aufgestellt werden. Sind diese Voraussetzungen erfüllt, können Computer mit maschinellem Lernen u. a. relevante Daten finden, extrahieren und zusammenfassen. Sie sind in der Lage, Vorhersagen auf Basis der analysierten Daten zu treffen oder Wahrscheinlichkeiten für bestimmte Ereignisse zu berechnen. In der höchsten Stufe können sie sich eigenständig an Entwicklungen anpassen sowie Prozesse anhand der erkannten Muster selbst optimieren. Dabei nehmen Algorithmen eine zentrale Rolle ein. Sie sind in verschiedene Lernkategorien einzuteilen, und zwar überwachtes, unüberwachtes, teilüberwachtes, bestärkendes oder aktives Lernen (Luber & Litzel, 2016; ON4OFF, 2019; Benoit, 2019):

- **Überwachtes Lernen** setzt voraus, dass im Vorfeld Beispielmodelle definiert und spezifiziert wurden. So müssen die Informationen passend den Modellgruppen der Algorithmen zugeordnet werden. Danach können die Modellgruppen aufgrund eigenständig erkannter Muster gebildet und automatisiert werden.

- **Teilüberwachtes Lernen** stellt eine Mischung aus überwachtem und nichtüberwachtem Lernen dar.
- **Bestärkendes Lernen** funktioniert auf Basis von Belohnungen und Bestrafungen. Demnach wird dem Algorithmus mitgeteilt, wie er in verschiedenen Situationen reagieren sollte, was stark an das menschliche Lernen erinnert.
- **Aktives Lernen** bietet Algorithmen die Möglichkeit, je nach Datenlage die gewünschten Ergebnisse zu erfragen. Zuvor erfolgt eine Auswahl relevanter Fragen, um diese zu minimieren. Das aktive Lernen kennzeichnet zugleich die höchste Stufe der KI, nämlich das Deep Learning.

Die Datenbasis sollte digitalbasiert vorliegen und kann wiederholend für das maschinelle Lernen zur Verfügung gestellt werden. Das Machine Learning zeichnet aus, dass Ein- und Ausgabe-Paare gleichzeitig oder zeitlich versetzt zur Verfügung stehen können, also entweder ein Batch-Lernen oder ein sequenzielles Lernen stattfinden kann.

3.2.2   Intelligentes One-to-One-Marketing und Hyperpersonalisierung

Das maschinelle Lernen hat vor allem durch die Entwicklung im Bereich Big Data einen enormen Schub erhalten. Big-Data-Systeme sind für diese Art des Lernens Voraussetzung, da beim Machine Learning enorm große Datenmengen bearbeitet werden müssen. Mithilfe von Big Data lassen sich sowohl strukturiert als auch unstrukturiert vorliegende Daten effizient, schnell und mit relativ geringem Hardware-Aufwand analysieren und den Lernalgorithmen zuführen. Deswegen erfordert das maschinelle Lernen verteilte Rechnerstrukturen und besonders schnell arbeitende Datenbanksysteme. Dieses ermöglicht ein lupenreines „One-to-One"-Marketing, das sowohl im Hinblick auf den Kundenwert als auch die Kundenbedürfnisse als extrem ausdifferenziert anzusehen ist (Abb. 3.7). Dabei werden alle Kundendaten zu Präferenzen sowie Kundenverhalten für ein regelrechtes Profiling, also einer detaillierten Kundenbeschreibung, genutzt. Mit einer permanenten Interaktion ist eine Erweiterung und Vertiefung des Individualisierungsgrades im Zeitverlauf, also ein dynamisches Profiling, möglich (Luber & Litzel, 2016; Heinemann OH, 2021). Auch im Online-Handel naht das Ende der Startseite, die für alle Besucher identisch war (Internetworld eCommerce Trends, 2020).

Die Zukunft sind insofern hyperpersonalisierte Webshops, die im Fachjargon Applied AI Webdesign genannt werden (Stein, 2017; Heinemann OH, 2021). Diese setzen Algorithmen und Nutzerdaten ein, um dynamische Anpassung von Inhalt und Gestaltung in Echtzeit zu ermöglich. Dazu können Layout-Änderungen (unter anderem Anordnung von Elementen, Menüs, Bannern) vollautomatisch oder auf Basis von Vorlagen generiert und getestet werden. So lassen sich für den User optimale Darstellungsformen finden,

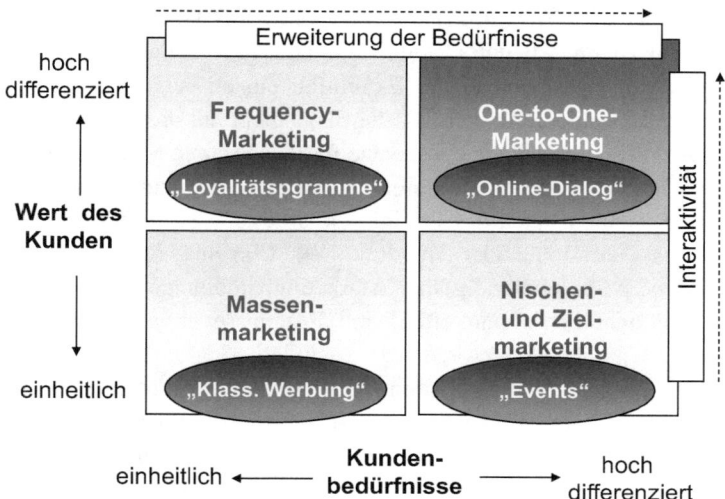

Abb. 3.7 Einordnung des One-to-One-Marketing. (Quelle: In Anlehnung an Peppers & Rogers, 1997; Heinemann OH, 2021)

um ihm die angemessenste Customer Journey zu bieten (Stein, 2017). Deswegen verwundert nicht, dass auch immer mehr Einzelhändler die Möglichkeit nutzen, um mithilfe fortschrittlicher Analysen von Kundendaten sowie Künstlicher Intelligenz Einblicke in Echtzeit zu gewinnen und darauf basierend hyperpersonalisierte Erlebnisse zu kreieren. Dieses hilft dabei, differenzierte und hochindividuelle Nutzer- und Kundenprofile zu erstellen. Diese können mit Handlungsmustern assoziiert werden oder vollkommen neue Handlungsmuster erkennen. Damit wird eine dynamische Personalisierung von Inhalten und Angeboten möglich, die in Echtzeit generiert und über die relevanten Touchpoints zur Verfügung gestellt werden. Einer der wichtigsten Touchpoints bleibt dabei der Store.

Deswegen gehört der individualisierten Kundenansprache im stationären Einzelhandel die Zukunft, zumal KI-gestützte Systeme dies auch technisch ermöglichen. Dabei unterstützt das KI-basierte One-to-One-Marketing nicht nur eine Marktsegmentierung auf Mikroebene, sondern eröffnet in Kombination mit KI auch hyperpersonalisierte und granularisierte Angebote. Am Anfang stehen in der Regel personalisierte E-Mails. Der nächste Schritt sollte schnell zu personalisierten Websites und Landing Pages führen, wo der Besucher den Eindruck bekommt, dass diese Seite nur für ihn persönlich da ist. Wird das richtig umgesetzt, wecken Unternehmen damit ein größeres Interesse an ihren Angeboten, steigern die Aufmerksamkeit für Call-to-Action, erhöhen die Verweildauer auf der Website und bieten Stammkunden einen Mehrwert (iBusiness Trends Online-Marketing, 2019). Folgt nach dem Online-Besuch der Offline-Gang in den Laden, geht es darum, nahtlos vor Ort anknüpfen zu können.

Hyperpersonalisierte und granularisierte Angebote aus Mikrosicht

Das kundendatenbasierte Arbeiten macht es möglich, die Kunden zu analysieren und sie besser zu verstehen. Diese können im Extremfall einzeln angesprochen werden. Eine derartige Hyperpersonalisierung verfolgt allerdings nicht nur das Ziel einer individuellen Kundenansprache, sondern hat auch Relevanz für das gesamte Marketing. Dieses betrifft nicht nur die individualisierte Kommunikation und Sortimentierung der Produkte/ Dienstleistungen, sondern auch das Pricing, das Markenversprechen sowie Kanäle und genutzte Devices (Locationinsider Trends, 2019). Einzelhändler können mithilfe von KI und der Hyperpersonalisierung ihre Marketingbemühungen über eine Reihe von Metriken hinweg verbessern und effektivere Erlebnisse erzielen. Dieses verwundert nicht, denn die Mehrzahl der Verbraucher – nämlich 63 % von ihnen und sogar 69 % der Millennials – sind an personalisierten Kaufempfehlungen interessiert (ebd.). Hyperpersonalisierte Kundenerwartungen und Customization stehen insofern bei Kunden hoch im Kurs (Sermon, 2019). Nicht nur Online-Anbieter setzen daher mit der Idee der Customization oder des Curated Shopping auf Personalisierung (Heinemann App, 2018; Sermon, 2019). Neben Neueinsteigern, wie Modomoto, 8Select oder Outfittery, bieten ebenso bereits etablierte Marken, wie etwa Zalando und jetzt auch Amazon, diesen Service an (Lamprecht Personal Shopping, 2019). Die ersten stationären Händler, wie u. a. Breuninger, folgen und Start-ups, wie u. a. Indochino oder Warby Parker, haben dieses Thema bereits kanalübergreifend umgesetzt. Diese sehen den Kundenbesuch auch als eine riesengroße Chance, zusätzliche Kundendaten zu generieren. In der Tat ist das permanente Einsammeln der Kundendaten absolut erfolgskritisch für KI. Beim Erstkauf von Bekleidung können Kunden Auskunft über ihre Konfektionsgrößen, bevorzugten Farben, Preisvorstellungen sowie Lieblingskleidungsmarken geben. Ein entsprechend programmierter Algorithmus kann dann daraus Vorschläge für Kleidungsstücke oder ganze Outfits ermitteln, die zu den Vorlieben passen könnten. Darüber hinaus kann noch ein Stilberater vor Ort erfragen, welche Kleidungsstücke bisher gekauft wurden oder wie der Alltag der Kunden verläuft. So lassen sich individuelle Outfits zusammenstellen und vorschlagen. Insofern greift das „Curated Shopping" zunehmend auf Künstliche Intelligenz bzw. AI („Artificial Intelligence") zurück.

3.2.3   Intelligente Sortiments- und Abverkaufsplanung

Vor allem im beratungsintensiven Fachhandel und Modehandel ergeben sich vielfältige KI-Einsatzmöglichkeiten. Nicht ohne Grund beschäftigt der Online-Händler Zalando mehr als 100 KI-Experten und hat die KI-Koryphäe Ralf Herbrich von Amazon abgeworben. Extra für ihn wurde der Bereich Datenanalyse und maschinelles Lernen geschaffen. Während derartige Systeme bereits entlang der kompletten Wertschöpfungskette eingesetzt werden und in der Logistik bereits gang und gäbe sind, beginnt jetzt erst das KI-Zeitalter an der Kundenfront. Intelligente Techniken werden eigentlich erst richtig für das Größen- und Passformproblem eingesetzt, nicht jedoch für komplexere

Sortimentsthemen. Sie ist vor allem im Online-Handel mit Mode das wohl größte Problem, dass die Größen bei den einzelnen Marken sehr unterschiedlich ausfallen (Kolf, 2020). Deswegen finden Kunden auf Anhieb häufig nicht die richtige Passform und bestellen sich online oft mehrere Größen, was die Retourenquoten treibt. Deswegen nutzt Bonprix beispielsweise einen Fit-Finder, der auch bei zahlreichen anderen Modeunternehmen, wie Boss, Peek & Cloppenburg, Puma oder Esprit, zum Einsatz kommt. Dieser wertet mit Hilfe von KI die Angaben der Kunden sowie die Kauf- und Produktdaten aus, um dann gezielte Größenempfehlungen zu geben (ebd.). Verlässliche Größenlots sind aber nur ein Teil der Sortimentsplanung. Umfassenderer KI-Einsatz findet eher im „Curated Shopping" statt. Bereits heute nutzen alle großen Online Pure Players, wie z. B. Zalando, Algorithmen, die ständig dazulernen (Machine Learning), um Bedarfe wiederzuerkennen, ähnliche und ergänzende Produkte zu finden oder auch um Bewertungen zu klassifizieren. KI ebnet dabei den Weg vom deskriptiven hin zum prediktiven Kuratieren, also individuelle Bedarfsprognosen. Das erwarten die Kunden auch, denn sie wünschen sich zunehmend, dass Unternehmen ihnen persönlich relevante Inhalte wie unter anderem Produktempfehlungen in Echtzeit über den in diesem Moment relevanten Kanal bereitstellen. Dieses kann allerdings nur funktionieren, wenn Einzelhändler die gesammelten Daten verstehen und effektiv für die Sortimentsplanung nutzen. Es reicht schon lange nicht mehr, nur das Gesicht des Kunden zu kennen. Nur wer die Daten seiner Kunden und ihre individuellen Bedürfnisse nutzt, kann sie durch situativ passende, persönliche Empfehlungen, Tipps oder Rabatte begeistern. Positive, überzeugende, konsistente und personalisierte Einkaufserlebnisse lassen sich nur noch datenbasiert schaffen (iBusiness Trends Online-Marketing, 2019).

Die datenbasierte Personalisierung sollte idealerweise die persönliche Komponente des sozialen Austausches im stationären Store ergänzen. Auch im Geschäft vor Ort sollten die Kunden individuell zugeschnittene Produktvorschläge erhalten, so wie sie online nicht selten in personalisierten Einstiegsseiten eingebunden sind. Auch hier ist Voraussetzung, dass die individuellen Kundendaten aus den vorher getätigten Einkäufen gespeichert sind und ein vom Kunden hinterlegtes Interessenprofil im Zugriff ist. Zweifelsohne ist dazu eine Kundenidentifikation erforderlich, die entweder automatisch auf Basis bereits hinterlegter Daten im Kundenkonto (sogenannte Cookies) oder über ein Log-in des Kunden erfolgt. Curated Shopping bietet den Einzelhändlern eine ideale Differenzierungsmöglichkeit. Das Preispremium für Bekleidung ist beim Curated Shopping in der Regel etwas höher, als wenn Kunden keine Beratung in Anspruch nehmen. Zudem können stationäre Händler zusätzlich damit punkten, dass die Bekleidungsstücke beim Online-Kauf nicht anprobiert werden können. Automatisierte Tools zur Größenerkennung haben sich noch nicht durchgesetzt, auch weil sich vor allem Frauen nicht von Kameras abscannen lassen wollen. Zudem ist auf die Größenangaben der Lieferanten nicht immer Verlass. Vor allem gestresste Männer, die im Job stilgerecht gekleidet sein müssen, aber für den Einkauf weder Lust noch Zeit haben, greifen gerne auf Outfitempfehlungen zurück. Weil sie es zudem mit genauen Passformen und der richtigen Größe in der Regel nicht so eng sehen, trifft hier mit dem Curated Shopping genau das richtige Angebot auf die richtige Zielgruppe: karriereorientierte Männer mit gut gefülltem Geldbeutel und „bequemen Größen"!

Im Sortimentsvergleich von Curated Shopping und einem Category-Killer-Konzept, werden die in Abb. 3.8 dargestellten Unterschiede deutlich: Bei personalisierten Sortimenten fällt es dem Kunden aus der Zielgruppe gewöhnlich leicht, das für ihn passende Produkt zu finden. Im Idealfall befriedigt das kuratierte Sortiment in seiner gesamten Breite genau seine Bedürfnisse, sodass er zusätzliches Vertrauen in die Händlermarke aufbaut (Gyllensvärt & Kaufmann, 2013: Heinemann OH, 2021).

Neben dem Curated Shopping können KI-Lösungen auch zur Optimierung von Absatzprognosen und beim Replenishment helfen. Sie ermöglichen es Händlern, Abverkäufe je Artikel, Zeiteinheit sowie Store zu prognostizieren. Auf dieser Basis kann die Nachbestellung der Artikel gesteuert werden (Gläß, 2018), zumal Absatzplanungen gerade für Modehändler existenziell wichtig sind. Für sie ist es ein riesiges Problem, wenn das aktuelle Sortiment nicht die Wünsche der Kunden trifft. Die immer schneller drehenden Kollektionen erfordern es, dass in kürzester Zeit wieder Platz im Lager und Laden ist. Sortimente, die sich nicht schnell abverkaufen, werden zu Restanten oder gehen in den margenkillenden Sale. So setzt Bonprix auf Künstliche Intelligenz (KI), um dieses Problem besser in den Griff zu bekommen. Zusammen mit den KI-Experten der Otto Group hat der Multi-Channel-Händler ein Prognosesystem entwickelt, das exakte Vorhersagen berechnen kann, wie gut Artikel von den Kunden nachgefragt werden. So können bereits im Vorfeld mögliche Flops identifiziert und aussortiert werden. Zudem kann KI wertvolle Hinweise liefern, um bessere Styles für die Kunden zu kreieren (Kolf, 2020). Das Prognosesystem wird von einem Machine-Learning-Algorithmus gesteuert, der sich selbst optimiert und damit Vorhersagen immer weiter verbessert. Ein derartiges System ist exemplarisch in Abb. 3.9 dargestellt.

Zur Erstellung der Prognosen müssen die Einflussfaktoren festgelegt werden, die in dem KI-Modell berücksichtigt werden sollen. Diese sollten stets die Angebots- und Nachfragesituation im Umfeld der Stores berücksichtigen. Darüber hinaus muss der Einfluss eigener Marketingaktionen auf die Kunden abgeschätzt werden. Aber auch vergangene Abverkäufe sowie Analysezeitraum und aktuelle Einflussfaktoren wie u. a.

Curated Shop	Category Killer
Fokussiert in der Zielgruppe und in den Inhalten	Beliebige Zielgruppe („alle")
Fokussiert in den Inhalten	Beliebige Inhalte („alle")
Tendenziell enges Sortiment	Maximal breites Sortiment
Wenige ausgesuchte Marken und oder Hersteller pro Produktgruppe	Große Marken und Herstellervielfalt pro Produktgruppe

Abb. 3.8 Sortimentsfokus im Curated Shop gegenüber Category Killer. (Quelle: Gyllensvärt & Kaufmann, 2013)

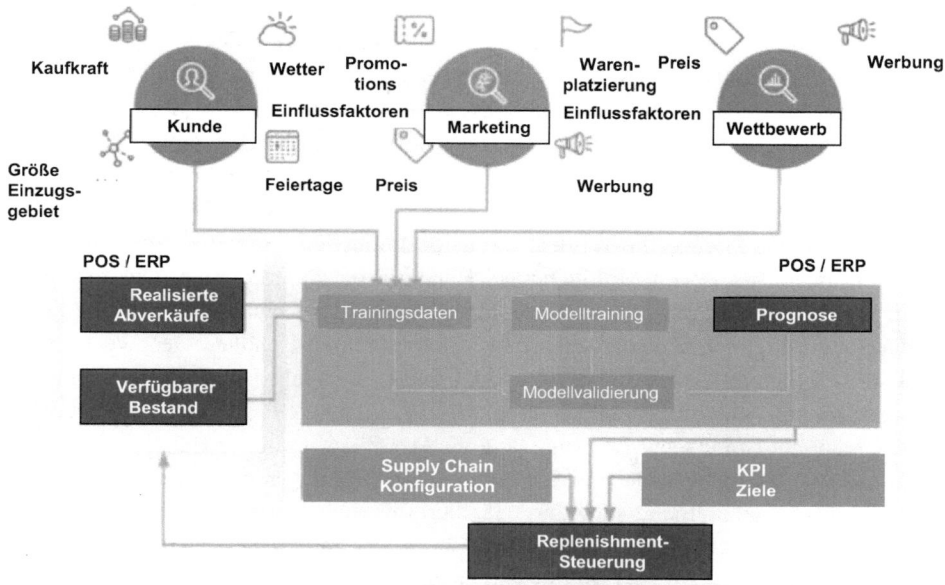

Abb. 3.9 Replenishment-Steuerung mit KI. (Quelle: Gläß, 2018)

Wetter oder Konjunktur sind zu berücksichtigen. Sind die Einflussfaktoren festgelegt, gilt es, das neuronale Netz für das Machine-Learning-Verfahren zu trainieren (Gläß, 2018).

Dafür muss ein Trainingszeitraum bestimmt werden (z. B. letzte Saison), für den die Verkaufszahlen und die Einflussfaktoren bekannt sind. Beim Training sind dann die Gewichtungen der Korrelationen zwischen den Einflussfaktoren und den Abverkäufen zu ermitteln, bis schließlich das artikelspezifische Prognosemodell gefunden ist, das den Absatz am besten prognostiziert. Im nächsten Schritt wird das Modell validiert. In diesem Testzeitraum werden die tatsächlichen Abverkäufe mit dem Forecast verglichen und das Modell weiter optimiert, bis höchstmögliche Genauigkeit gegeben ist. Damit beginnt die produktive Nutzung. Das KI-Modell ermöglicht nun eine genauere Absatzprognose sowie eine Optimierung des Replenishment-Prozesses. Weiterhin können Out-of-Stock-Situationen weitgehend vermieden und alle KPI's in der Warenwirtschaft verbessert werden (ebd.).

3.2.4 Intelligentes Pricing im Einzelhandel

Das wohl wichtigste Werkzeug des Händlers zur Optimierung seines Absatzes bleibt der Preis. Durch die Vielzahl relevanter Einflussgrößen ist dieser heute manuell kaum noch steuerbar. Die Mehrzahl der im deutschen Einzelhandel eingesetzten Pricing-Tools folgt allerdings starren Preisregeln, die sich häufig nur am Preisverhalten der Konkurrenz orientieren. Dieses Instrument spielt Amazon perfekt aus. Der Online-Händler ändert seine Preise mehrmals am Tag. Zu Spitzenzeiten wie vor Weihnachten kann die Preisangabe für das gleiche Produkt durchaus bis zu 70-mal in der Woche wechseln. Dynamic Pricing lautet das Zauberwort, das mittlerweile den gesamten Handel vor sich hertreibt. Aufgrund dieser Besonderheiten gilt im Online-Handel und vor allem auf Marktplätzen der Bestpreis als Erfolgsfaktor. In Abb. 3.10 sind die Besonderheiten des dynamischen Pricing im Vergleich zum traditionellen Pricing dargestellt. Dieser Spannungsbogen muss von Multi-Channel-Händlern bewältigt werden. Deswegen sind es nicht nur Online-Shops, die sich des Instruments des Dynamic Pricing bedienen, sondern zunehmend auch stationäre bzw. Multi-Channel-Händler. Der Wechsel von klassischen Etiketten hin zu Regalen mit elektronischen Displays schafft die technischen Voraussetzungen und offensichtliche Begierde (eTailment DP, 2019). So hat die Verbraucherzentrale Brandenburg 34 Tage lang die Preise ausgewählter Händler beobachtet. Demnach unterlag mehr als jedes dritte untersuchte Produkt Preisschwankungen. Offensichtlich nutzen auch etliche stationäre Händler, die auch auf dem Amazon-Marktplatz verkaufen, Repricing-Systeme: Sobald Wettbewerber ihre Preise senken, versucht das System mitzuziehen, also den Wettbewerber zu unterbieten. Häufiger Grund ist, dass Händler auf dem Marktplatz von Amazon versuchen, die „Buy Box" zu gewinnen, wofür ein attraktiver Preis wesentliches Kriterium ist. Repricing-Systeme sind nicht selten sehr einfach gestrickt und setzen in erster Linie auf die Marktbeobachtung. Dieses macht allerdings nur Sinn, wenn das einzige Ziel des Unternehmens Preisführerschaft ist: Dann kann der Einsatz eines solchen Repricers genüge (eTailment DP, 2019).

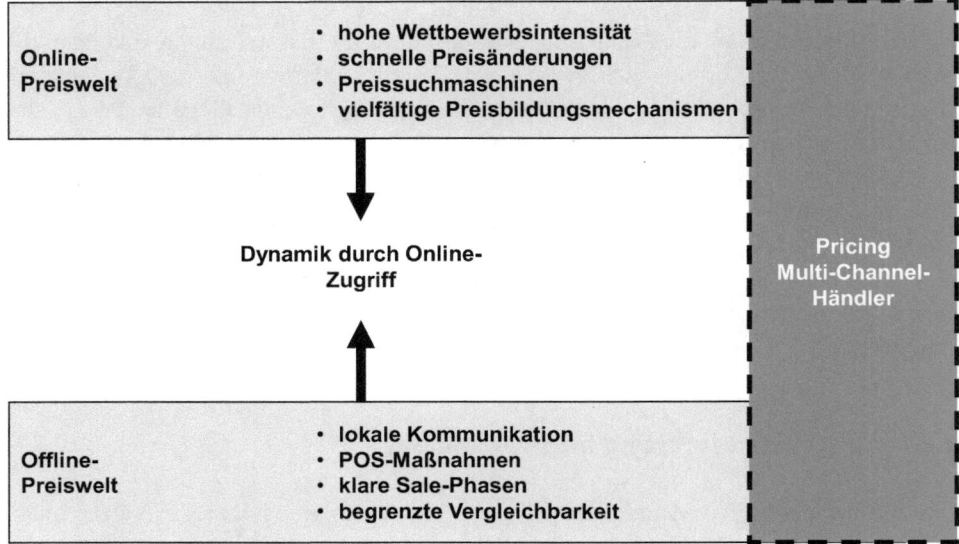

Abb. 3.10 Besonderheiten des Dynamic Pricing im Vergleich zum traditionellen Pricing. (Quelle: Schleusener, 2012)

Preisstrategien über Regelsysteme

Aktuelle Software-Lösungen für das Dynamic Pricing kombinieren verschiedene Preisstrategien mit (mehr oder weniger) komplexen Regelwerken. Dabei können saisonale Gegebenheiten oder Tageszeiten berücksichtigt werden, wie das u. a. Tankstellen machen. Denkbar ist aber auch ein kapazitätsabhängiges „Peak Load Pricing", nach dem die Preise anziehen, wenn die Nachfrage steigt. Ist erkennbar, dass der Wettbewerb nicht mehr liefern kann, können die Preise dann noch stärker angehoben werden. Ganz anders ist eine Penetrationsstrategie mit der bewussten Entscheidung verbunden, Preise am Wettbewerb auszurichten. Ziel ist es hier, stets den günstigsten Preis anzubieten, um schnell Marktanteile zu generieren. Sobald ein bestimmter Marktanteil erreicht ist, werden die Preise wieder angezogen (eTailment DP, 2019). Rund um die Preisstrategie lassen sich weitere Regeln und Filter nutzen, wie z. B. Endgeräte (höherer Preis für iPhone-Nutzer). Je mehr verschiedene Regeln kombiniert werden, umso komplexer wird die Preisfindung. Dennoch bleibt das Dynamic Pricing ein rein reaktives System, das stets zu Preisanpassungen führt.

Big Data puscht Dynamic Pricing

Ziel von einigen Anbietern ist es, das Dynamic Pricing mit Vorhersagen zu kombinieren und so zu antizipieren und Preisanpassungen vorzunehmen, statt zu reagieren. Blue Yonder bietet inzwischen per SaaS ein solches Tool zur Preisdynamisierung an. Neben Regeln werden dabei auch externe Daten und Informationen aus unterschiedlichsten Bereichen verwendet wie u. a. Kaufhistorien. Ein lernender Algorithmus untersucht dabei permanent die Wechselwirkung zwischen Preisen und Umsatz. Ein hypothetisch optimaler Preis wird dann im laufenden Betrieb bestätigt oder widerlegt. Dieses erfordert ständige A/B-Tests und kann das Datenmodell zu einer komplexen Angelegenheit machen, die auch auf die Bedürfnisse und Gegebenheiten des jeweiligen Händlers angepasst werden muss. Da die Hypothesen und Annahmen des Systems umso besser werden, je mehr Daten aus der Historie zur Verfügung stehen, bestimmen Umfang und Qualität des Datenmaterials die Verlässlichkeit der Vorhersagen. Das cloudbasierte Tool von IBM berücksichtigt z. B. historische Daten zur Preisentwicklung bei Mitbewerbern und eigene betriebswirtschaftliche Kennzahlen. Dabei werden auch Daten aus dem stationären Handel berücksichtigt. Dennoch sollten Händler es mit der Preisdynamik nicht übertreiben und diese sollte auch immer nachvollziehbar bleiben. Sonst werden schnell die besten Kunden vergrault (eTailment DP, 2019). Händler, die das Optimum aus ihren Preisstrategien herausholen wollen, setzen daher auf KI-gestützte Verfahren zur automatischen Preisfindung. Eine optimale Preisstrategie unterbietet nicht um jeden Preis den des konkurrierenden Anbieters, wie es im Re-Pricing der Fall ist. Es geht vielmehr darum, den optimalen Preis anzubieten, den der Kunde zu zahlen bereit ist (Gläß, 2018). Dazu bieten intelligente Systeme für die Preisgestaltung deutlich mehr Funktionen und Möglichkeiten. Sie berücksichtigen nicht nur mehrere Einflussfaktoren, sondern nehmen auch auf die wirtschaftlichen Belange sowie auch die Strategie des Händlers Rücksicht.

Der optimale Preis – ein enger Korridor

Eigentlich gehören Preisanpassungen zum kaufmännischen Alltag eines Händlers. Ist es kalt, zahlen die Kunden eben mehr für ihr Heizöl, denn sie brauchen den Nachschub und müssen kaufen. Händler sollten es dabei – wie gesagt – nicht übertreiben. Die Kunden haben sehr wohl eine Vorstellung davon, was ihnen ein Produkt „wert" ist und welcher Preis noch als angemessen gilt. Preisakzeptanz ist ein schmaler Korridor zwischen „zu teuer" und „zu billig" (eTailment KI, 2019). Was allerdings nicht zu teuer und zu billig und damit optimal bedeutet, hängt zweifelsohne von der aktuellen Situation des Händlers ab. An genau diesem Punkt kann Künstliche Intelligenz ihre Vorteile ausspielen. Es geht um die Anpassung des Preises an Einflussgrößen. Intelligente Pricing-Systeme, wie das von Prudsys, beziehen unterschiedlichste Einflussgrößen mit ein, wie z. B. zeitliche Faktoren, regionale Faktoren, Wetter, Lagerbestände, Wettbewerberpreise, Saisonverlauf, Unternehmensziele, historische Daten, Einkaufspreise sowie Echtzeitinformationen aus dem Shop wie Klicks, Käufe, Warenkörbe. Dabei handelt es sich um Parameter, die ständigen Änderungen unterliegen (vgl. Abb. 3.11).

Dynamische Preisoptimierung orientiert sich an der Preisakzeptanz der Kunden und berücksichtigt Angebot und Nachfrage. Sie ist nicht kostengetrieben und ermöglicht es Händlern, Umsatz, Absatz und Ertrag zu optimieren (ebd.).

3.2.5 Intelligente Kommunikation und Kundenservices im Einzelhandel

Mit dem Deep Learning ist die Kommunikation in der Lage, neue Insights und Vorhersagen über die Bedürfnisse und Präferenzen ihrer Zielgruppen, User und Kunden zu treffen. Damit kann eine auf den jeweiligen Einzelkunden und seine Interessen optimierte Customer Experience kreiert werden. Dabei können genau die Informationen bzw. Angebote vermittelt werden, die der Bedürfnisdisposition des Kunden entsprechen und momentan relevant sind – so zum Beispiel mit dem Newsletter, der individualisierte Angebote und Inhalte enthalten kann. Diese können auf das bisherige Kaufverhalten,

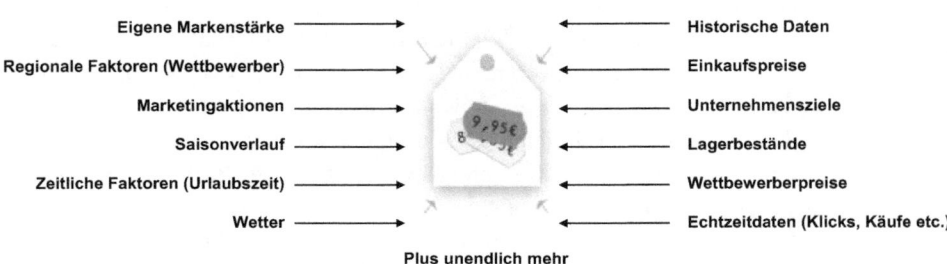

Abb. 3.11 Mögliche Einflussfaktoren von KI-basierten Dynamic Pricing Systemen. (Quelle: eTailment KI, 2019)

die besuchten Produkt- und Blog-Seiten und weitere Interaktionen abgestimmt sein (Kossmann, 2020). Oder das Beispiel Customer-Relationship-Management: KI basierte CRM-Systeme ermöglichen Vorhersagen der Wahrscheinlichkeit, ob und unter welchen Konditionen ein Kunde ein Angebot annimmt. Dabei kann KI auch eine große Hilfe sein, um in der mit Produkt- und Markenbotschaften überfrachteten digitalen Welt Relevanz zu schaffen. Dieses beweist auch eine von dem „Wissenschaftlichen Institut für Infrastruktur und Kommunikationsdienste" (WIK) durchgeführte Befragung von KI-Experten. Diese sind sich einig, dass Künstliche Intelligenz vor allem im Bereich Werbung und Promotion große Chancen bereithält (vgl. Abb. 3.12).

KI spielt dabei auch für die Zielgruppenfindung und -ansprache eine herausragende Rolle. Kein Wunder also, dass zunehmend auch stationäre Multi-Channel-Händler im Rahmen ihrer Kommunikationspolitik das „Audience Targeting" einsetzen. Die Besucher einer Website werden dabei mit Hilfe von Tools wie zum Beispiel Google Analytics auf deren Interessen und Affinitäten zu einzelnen Themen untersucht. Dieses ermöglicht die Bildung typischer Nutzerprofile, sodass User mit ähnlichen Interessen – also Zielgruppen – fokussiert angesprochen werden können. Bei gezielten Kampagnen lassen sich über Displaykampagnen oder Google-Suche damit gezielt die Nutzer erreichen, die mit der Zielgruppe auf der Website übereinstimmen (Worldsites-Schweiz, 2019; Heinemann OH, 2021). Während das Target Branding die Zielgruppen im Internet z. B. in sozialen Netzen fokussiert, bezeichnet das Onsite-Marketing darauf abgestimmte Kommunikationsmaßnahmen im eigenen Online-Auftritt oder in den eigenen Stores. Mittels der Datenanalyse wurde mit Nike Live für Shopper ein hyper-lokales Store-Konzept entwickelt, bei dem Store-Design und Sortiment auf die Vorlieben der lokalen Kunden angepasst sind. Mit einer Nike Live Location können Kunden direkt per WhatsApp kommunizieren und dabei lokalbezogene Angebote über die App erhalten. Dabei werden die Daten in Echtzeit analysiert und zur Anpassung der lokalen Vermarktung eingesetzt, sodass der Store auch als „Lab" dient. Insgesamt zeigt sich, dass

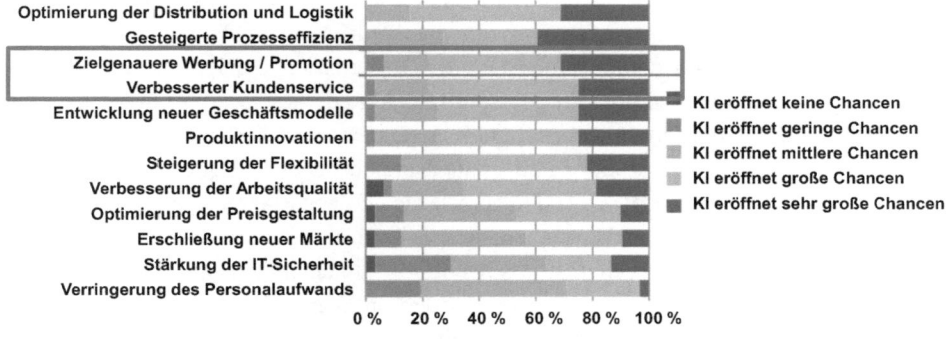

Abb. 3.12 Chancen der KI-Nutzung im Mittelstand. (Quelle: Kossmann, 2020)

eine individualisierte Kundenansprache im Webshop zur Pflicht wird, zumal KI-gestützte Systeme dies technisch ermöglichen. Dabei setzen immer mehr Händler nicht nur auf Mikroreichweiten, sondern suchen darüber hinaus auch nach Marktnischen (iBusiness Nischen, 2017; Locationinsider Trends, 2019; Heinemann OH, 2021). Hintergrund ist, dass der Mainstream Commerce nicht für jeden Kunden und für jedes Anliegen die perfekte Lösung bietet. Es ist deswegen damit zu rechnen, dass sich in den nächsten Jahren neue E-Commerce-Geschäftsmodelle für die unterschiedlichsten Kunden-bedürfnisse entwickeln. Undifferenzierte Händler haben immer weniger Chancen, mit der rasant steigenden Komplexität und dem sich ständig ändernden Konsumenten-verhalten Schritt zu halten. Deswegen werden viele Anbieter wohl noch stärker in die Spezialisierung bzw. Vertikalisierung gehen. Insbesondere für kleine Online-Händler wird die Nische die einzige Überlebenschance, auch weil die großen Marktlücken bereits mehrfach besetzt sind. Bei der Suche nach Nischen sind der Kreativität keine Grenzen gesetzt. Denkbar sind Produktnischen (zum Beispiel Mass Customization), Service-nischen (zum Beispiel garantierte Lieferung in zwölf Stunden, persönliche Beratung vor jedem Kauf), Kanalnischen (zum Beispiel Verkauf über Pinterest), Convenience-Nischen (zum Beispiel Abo-Commerce), Beratungsnischen (zum Beispiel Curated Shopping), Inspirationsnischen (zum Beispiel Experience Design nach dem Tinder-Vorbild) oder Bezahlmodellnischen (zum Beispiel Pay per Use) (iBusiness Nischen, 2017; Heinemann OH, 2021).

Ansteuern von Mikroreichweiten

Inwieweit das KI-basierte One-to-One-Marketing eine persönliche Ansprache und das Ansteuern von Mikroreichweiten ermöglicht, zeigen auch eindrucksvoll Facebook, Google, Spotify und Netflix. Hier erhält jeder User seine individuellen Serienerlebnisse, Social-Media-Streams, Musik-Mixes und YouTube-Kanäle. Dieses verdeutlicht ein-drucksvoll, dass One-to-One-Kommunikation zunehmend die Massenkommunikation ersetzt. Dieses hat eine regelrechte Granularisierung der Medienwelt zur Folge, in der es immer schwieriger wird, solide Reichweiten aufzubauen. Auch dabei hilft KI. Insofern wandelt sich die Sichtweise zunehmend von Makro Richtung Mikro, sodass Mikroreich-weiten immer wichtiger werden (iBusiness Interactive-Trends, 2019).

Mit dem Internet und dem Online-Marketing haben sich die Regeln der Werbung noch einmal deutlich verkompliziert. Die Web-User sind derartig weit verstreut, dass ihre einheitliche Adressierung nicht mehr möglich ist. Das Internet hat eine Granularisierung der Reichweiten eingeleitet, die damit immer kleiner und unterschiedlicher werden (Walle, 2017; Heinemann OH, 2021). Während sich früher Massen mit einem einzigen Spot während der Prime Time erreichen ließen, ist das heute so nicht mehr möglich. Die potenziellen Kunden verteilen sich sowohl auf Hunderte von linearen TV-Sendern als auch auf unzählige Mediatheken und Video-on-Demand-Portale. Hinzu kommt, dass sich die Art der Mediennutzung dahin gehend ändert, dass es immer weniger einen linearen und zeitgleichen Konsum gibt. So steigt die Zahl der Zuschauer, die sich ihre präferierten Bewegtbilder anschauen, wann immer sie Lust darauf haben. Auch kanal-intern findet durch eine immer größere Diversifizierung eine Granularisierung statt, wie zum Beispiel im Social Media zu beobachten ist. Demnach rekrutieren immer mehr kleine Netzwerke eigene Zielgruppen. Insofern nähert sich die zu adressierende Reichweite beinahe schon der „1" an. Rund 1000 Follower reichen bereits aus, um von Marketingabteilungen beachtet zu werden. Die Granularisierung muss kein Nachteil sein, sofern das Internet nicht als Branding-Medium betrachtet wird und die Kunden-daten für KI-Anwendungen zur One-to-One-Kundenadressierung genutzt werden. Auch Blogger zählen bereits zu umworbenen Reichweitengeneratoren, mitunter auch einzelne Nutzer von Plattformen oder von sozialen Netzen, vor allem wenn es sich um Meinungs-führer handelt. Personalisierung wird offensichtlich zum Zukunftsthema im Einzel-handelsmarketing. Nicht nur im Online-Handel ist eine individuelle Ansprache sowohl von Neu- als auch Bestandskunden unerlässlich (pubiz, 2016; Heinemann OH, 2021).

3.3 Intelligente Stores und Kanalverknüpfungen

Ohne Zweifel hat der stationäre Handel Vorteile für die Kunden, der Online-Handel aber nicht weniger. Deswegen bietet es sich an, die Potenziale des E-Commerce mit in das stationäre Geschäft zu transportieren. Die Optionen für Intelligent Retail unterscheiden sich allerdings deutlich danach, ob bereits ein funktionierender Shop vorliegt oder nicht. Ist dies der Fall, folgen daraus wiederum unterschiedliche Optionen für einen Multi-Channel-Händler oder gar für ein Omni-Channeling. In jedem Fall aber beinhalten neue digitale Technologien Zusatzservices und Interaktionsmöglichkeiten für Filialen, zum Beispiel über Mobile Apps oder Instore-Terminals. Digitale Services in Verbindung mit Offline bieten Kunden echte Mehrwerte, die ihnen Online Pure Players bisher so nicht bieten können. Neben Online-Verfügbarkeitsinformationen und dem Kuratieren bzw. Zusammenstellen individueller Sortimente ermöglichen diese auch eine Abhol- und Rückgabemöglichkeit im Store. Derartige Ansätze unterscheiden sich entweder nach „Web-to-Store oder Store-to-Web" – je nachdem, von wo sie angestoßen oder ausgeführt werden. Bezogen auf das stationäre Geschäft folgt dessen Digitalisierung einer „Digital-in-Store- oder Web-in-Store-Perspektive". Dieses bedeutet eine Art Neuerfindung des stationären Geschäftes. Hier wird immer noch der Großteil des Umsatzes gemacht. Der Store kann aber auch eine Basis für neue Geschäftsmodelle, wie z. B. Remote-Services oder das Curbsite Retailing, sein, die außerhalb des Geschäftes stattfinden. Alle Ansätze verfolgen eine kundenzentrierte Sicht, die ultimativ auf den Kunden ausgerichtet ist. Werden alle digitalen Register gezogen und alle denkbaren Ansätze inklusive Omni-Channeling umgesetzt, kann von einem Smart-Store gesprochen werden.

3.3.1 Optionen Online versus Offline und Onsite versus Offsite

Welche strategischen Optionen sich für stationäre Einzelhändler anbieten, hängt von vielen Faktoren ab. Lebensmittel sind zweifelsohne ein Thema für sich und werden hier nur peripher behandelt, obwohl deren Optionen durchaus vergleichbar sind. Der Schwerpunkt der folgenden Ausführungen liegt auf stationären Non-Food-Einzelhändlern. Grundsätzlich gilt für alle Non-Food-Händler dieselbe Empfehlung, nämlich, soweit es geht, das Online-Geschäft maximal hochzufahren und das stationäre Geschäft „sozialverträglich" herunterzufahren. Bei der Empfehlung für den Online-Handel scheiden sich jedoch bereits die Geister und vor allem die Möglichkeiten. Deswegen werden zunächst in Abb. 3.13 die idealtypischen Ausgangsbedingungen dargestellt, die im Handel anzutreffen sind. Diese werden danach differenziert, ob bereits ein Online-Shop betrieben, bereits über Marktplätze verkauft und die Gründung eines Online-Shops erwogen wird.

Bestehender Online-Shop: Mit dem Verkauf in einem eigenen Online-Shop findet Online-Handel onsite (über eine eigene Website) statt. Die großen Filialisten haben heutzutage fast alle einen funktionierenden Online-Shop und erreichen damit nicht selten auch den sogenannten Fair Share des Marktes, d. h. den Online-Anteil in einer Warengruppe. Wer das heute nicht tut, hat definitiv irgendetwas verkehrt gemacht. Category Killer, wie Douglas oder Breuninger, haben sogar überproportionale Online-Anteile und profitieren auch jetzt von der derzeitigen Entwicklung im Online-Bereich (Douglas HB, 2021). Dadurch kann viel von dem, was im stationären Bereich verloren

Abb. 3.13 Optionen für den Non-Food-Einzelhandel

geht, kompensiert werden. Am besten geht es natürlich den reinen Online-Händlern. Seit dem Beginn der Corona-Pandemie merken alle Online-Shops, die funktionieren, einen positiven Schub, weil viele Leute vermehrt online einkaufen. Vor allem Lebensmittel entwickeln sich seitdem rasant. Wer als stationärer Non-Food-Händler einen Online-Shop betreibt, sollte diesen maximal hochfahren und alles daran setzen, entstehende Engpässe zu beseitigen. Diese entstanden bei den durch die Shutdowns einsetzenden Online-Bestellungen schnell in den Callcentern, bei den Lieferdiensten sowie im Fulfillment. So kam es zu Lieferverzögerungen und auch Leerverkäufen. Kapazitätsplanungen sollten deswegen besser proaktiv angegangen werden. Mitarbeiter, die im Laden nichts oder weniger als sonst zu tun haben, können zumindest die telefonische Erreichbarkeit sicherstellen. Oder wenn die Logistiker nicht mehr liefern, muss man eben selbst aufs Lastenfahrrad steigen. Viele Multi-Channel-Händler haben das im ersten Shutdown vorgemacht. Das funktionierte perfekt. Wegen der Engpässe war auch beim Thema Pricing auch Luft nach oben, wenn Händler einen guten Service bieten und zum Beispiel schnell liefern konnten. Derzeit erfolgt eine starke Polarisierung im Multi-Channel-Einzelhandel in einige sehr erfolgreiche und viele weniger erfolgreiche Vertreter. Die Umsatzzahlen für 2020 zeigen, dass die „Stationärversender" mit nur 4,9 % Online-Wachstum nicht vom Corona-Effekt profitiert haben und in 2020 deutlich unter dem Marktwachstum lagen (bevh Zahlen, 2021) und nur auf rund 13 % Online-Marktanteil kommen. Deswegen bestätigen sich die Meinungen in entweder „Omnichannel ist gescheitert" (Kolbrück Omnichannel, 2017) oder aber „Multi-Channel-Händler erzielen ein Viertel ihrer Umsätze online" (Wiltscheck, 2017). Dabei ermöglichen digitale Devices eine neue Form der Kundenorientierung, die gerade für stationäre Einzelhändler große Chancen mit sich bringen. Vor allem das Smartphone macht ein völlig neues Einkaufserlebnis möglich, das Non-Food-Händler sich zunutze machen können, indem sie Kunden gezielt mit mobilen Werbeformen in ihre Geschäfte locken. Deswegen sagen auch E-Commerce-Experten, dass „die Zukunft von online offline ist." Immer mehr Kunden erwarten, ihre stationären Einkäufe in Form des ROPO vorbereiten zu können. Zugleich nehmen sie immer weniger persönliche Beratung in den Läden in Anspruch und empfinden diese verstärkt als inkompetent (kaufDA, 2018).

Verkauf auf Online-Marktplätzen: Markplätze und Plattformen, die in den letzten Jahren und vor allem in 2020 enorm zulegen konnten, machen fast die Hälfte des Online-Handels aus. Viele haben gar nicht auf dem Schirm, dass zwei Drittel des Handelsvolumens von Amazon mittlerweile auf dem Marktplatz durch Marktplatzpartner gemacht werden, die dann durch die Geschäftsvermittlung von Amazon davon profitieren. Stationäre Händler sollten also überlegen, ob sie diese Situation nicht nutzen, um jetzt verstärkt ihre eigenen Waren über Marktplätze wie eBay, Real.de, Otto, Zalando oder Amazon zu verkaufen. Diese Art des Online-Verkaufs findet in dem Fall nicht onsite (über eine eigene Website), sondern offsite (außerhalb der eigenen Website) statt. Auch wenn viele lokale Händler bis heute das Thema digital verweigert haben, ist es jetzt an der Zeit, zumindest den Markplatzverkauf zu überlegen bzw. anzufangen. Der kurzfristige Einstieg in den Marktplatzhandel war auch während der

Shutdowns eine verbreitete Möglichkeit, das Geschäft weiterzuführen und die Über-
brückungsphase produktiv zu gestalten, zumal eBay pragmatische Hilfe anbot. Um
über Online-Marktplätze zu verkaufen, muss man allerdings die technischen Voraussetzungen dafür erfüllen. Aber eine Erhebung der DHL zeigt, dass rund 250.000 lokale
Händler in Deutschland das nicht tun (DHL, 2020). Diese arbeiten nicht einmal mit
einem elektronischen Kassen- oder Warenwirtschaftssystem. Dadurch arbeiten sie auch
nicht datenbasiert und können deswegen auch kein Marktplatzpartner von Amazon oder
eBay werden. Dabei kann man diese Voraussetzung mittlerweile an wenigen Tagen
sicherstellen, zum Beispiel mit Lösungen auf iPad-Basis. Das ist keine ‚Raketenwissen-
schaft' mehr und erfordert weder geniale Fähigkeiten noch ‚fette Budgets'. Unternehmer
müssen sich nur einmal hinsetzen und das Thema durchziehen. Aber viele strengen sich
nicht gerne an. Sie wähnen sich weiter im Schlaraffenland und glauben, die Kunden
kämen den ganzen Tag von selbst zu ihnen. Ärgerlich ist die Tatsache, dass noch immer
öffentliche Gelder in lokale Marktplätze fließen. Dabei machen die mehr als hundert
Initiativen zusammen nicht einmal so viel Umsatz wie eine gutgehende Aldi-Filiale.
Insofern hat sich das Thema auch erledigt, wird allerdings noch einmal an späterer Stelle
unter dem Aspekt „Lokal Commerce" aufgegriffen (vgl. Abschn. 4.6). Und auch bei
Amazon und eBay muss man realistisch sein. Wenn das Geschäft hochgefahren wurde,
alles so läuft, wie es laufen muss, und alle Servicestandards erfüllt werden – und das
ist ein nicht unerheblicher Aufwand –, erwirtschaftet ein Marktplatzpartner bei eBay im
Schnitt 90.000 € Jahresumsatz, bei Amazon sind es vielleicht 120.000 € (Heinemann,
2017; Amazon KMU Impact Report, 2020). Das ist „nice to have", aber auch nicht mehr.
Damit machen Händler nur einen relativ kleinen Teil ihres Umsatzes zusätzlich über
Marktplätze. Es ist also ein Umsatzsteigerungsprogramm, aber retten kann sie das nicht.

Nur stationäres Geschäft: Fragt sich, was als Option für stationäre Händler bleibt,
die weder über einen eigenen Online-Shop noch die systemtechnischen Voraussetzungen
für den Marktplatzverkauf verfügen. Die meisten Verbundgruppen bieten mittlerweile für ihre Händler eigene Plattformen an. Allerdings kooperieren lokale Händler
erfahrungsgemäß nicht gerne, betrachten Verbundgruppen eher opportunistisch und
nutzen den Verbund als ‚Goldene Gans', was Konditionen angeht, verweigern ansonsten
aber die Unterstützung (Ahlert et al., 2009; Heinemann, 2017: Planettoys, 2020). Daran
scheitert es dann. Das Mindeste, was Händler ohne Online-Shop tun können, ist, in den
stationären Geschäften eine Ausgabenvollbremsung hinzulegen. Das haben während
der Shutdowns die meisten Händler gemacht. Dabei darf aber nicht vergessen werden,
dass bei jedem Sanierungsprojekt parallel ein Umsatzsteigerungsprogramm läuft. Man
spricht hier von einem sogenannten Unternehmerspagat (Abb. 3.14). Trotz Ausgaben-
und Liquiditätsvollbremsung heißt das, maximal zu versuchen, im stationären Geschäft
Umsatz hochzufahren. So können sich stationäre Einzelhändler überlegen, wie sie
kontakttraumatisierte Kunden im Laden am besten bedienen. Während der Corona-Krise
und den Hygieneauflagen gab es z. B. findige Händler mit einem Schlangenmanager für
die Kunden, Bordstein- und Schaufensterservice mit Abholfächern, Drive-Ins, Bring
to Door usw. Und wenn sich schon ein Kunde in den Laden vorgekämpft hatte, dann

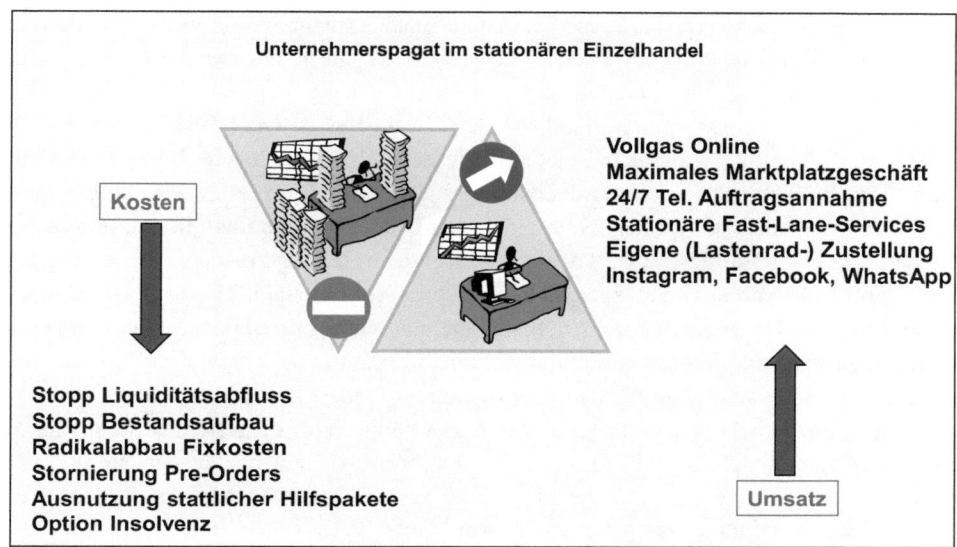

Abb. 3.14   Der Unternehmerspagat im stationären Einzelhandel

sollte es zumindest einen Versuch wert gewesen sein, über Cross- und Upselling mit intelligenter Rabattierung die Umsätze zu steigern. Das ist auch für die Nach-Corona-Zeit relevant, denn das Cocooning, also der Rückzug vieler Menschen in den privaten Kokon, wird die 20er Jahre prägen (Accenture, 2020).

Händler können darauf reagieren – zum Beispiel durch eine besonders kuratierte Auswahl, Daybags für den Tagesbedarf, Livechat-Beratung, Abholservice oder Ship from Store. Hier wäre es für lokale Händler ratsam, sich mit anderen Händlern zusammenzutun, um die letzte Meile kooperativ zu besetzen. Schönes Beispiel ist hier Osnabrings. de. Hier können Osnabrücker Unternehmen ihren Online-Shop, Lieferdienst oder weitere Serviceangebote für ihre Kunden präsentieren. Bringen lassen können sich das die Kunden dann über Osnabrueck24.de. Dabei werden Einkäufe aus den teilnehmenden Geschäften auf Wunsch an einem Servicepoint kostenfrei bereitgehalten. Bei einigen Geschäften dürfen Kunden auch telefonisch direkt mit Liefer- oder Abholoption bestellen (Osnabrings.de, 2021; Osnabrueck24.de, 2021). Geliefert wird mit einem Elektrofahrzeug, und zwar montags bis samstags im Großraum Osnabrück an einem Wunschtag zwischen 18 und 21 Uhr. Bei Einkauf im Ladengeschäft oder Auftragserteilung online bis 17 Uhr geht das sogar noch am selben Tag. Dieser Service kostet 4,90 € und ist ab 100 € Einkaufswert kostenlos. Viele Händler in Osnabrück haben damit die Corona-Krise aktiv genutzt und das Beste daraus gemacht.

Kaltstart Online-Shop: Bleibt die Frage: „Kaltstart online"? Experten raten davon ab, in Krisenzeiten mit einem Online-Shop bei Null anzufangen. Händler können nicht die Erfahrungen der vergangenen 25 Jahre ignorieren. Der Launch und die Pflege eines eigenen Online-Shops erfordern eine exzellente Businessplanung und viel Geduld sowie Ressourcen. Der Break-even ist erfahrungsgemäß erst nach mehreren Jahren erreicht und der ROI benötigt noch länger. Die Zeit ist nicht mehr gegeben. Das zeigte auch die Erfahrungen einiger Bremer Händler während der Shutdowns (Weser-Kurier KMU, 2021). Wer glaubt, dass allein Internetverkäufe den schnellen Umsatz bringen, ist eher blauäugig. Während des ersten Lockdown versuchte zum Beispiel eine Dekohändlerin aus Worpswede aus der Not heraus, in einer Hauruckaktion über das Internet präsent zu bleiben. Um das Ostergeschäft 2020 noch mitnehmen zu können, suchte sie sich zügig einen Software-Anbieter. Sie entschied sich für eine Website, für die 250 € Jahresgebühr zu bezahlen war. Allerdings ließ sich der stationäre Einzelhandel nicht von heute auf morgen ins Netz verlagern, denn alle Produkte mussten aus mehreren Perspektiven fotografiert und beschrieben werden. Bei mehreren hundert Artikeln ist alleine dies ein Fulltime-Job. Je mehr Produkte jedoch in den Online-Shop eingestellt wurden, umso langsamer bauten sich die Websites auf. Wird allerdings der Anbieter gewechselt, geht die ganze Arbeit wieder von vorne los. Hinzu kommt teures Verpackungsmaterial für zerbrechliche Produkte. Auch sollten Informationen vorliegen, wie es sich z. B. mit einem DHL-Geschäftskundenkonto verhält. Häufig wird vergessen, dass Händler auch im Internet gefunden werden müssen. Dafür muss aber dann bei Google teure Werbung geschaltet werden. Andererseits haben bei einem Shutdown nur Einzelhändler mit einem zusätzlichen Verkaufskanal wie Click & Collect oder Online-Shop eine Chance, ihre Fixkosten zumindest teilweise zu decken. Dennoch kann damit auch nur ein Bruchteil des normalen Umsatzes erzielt werden. Bei dem schnellen Launch eines Online-Shops sollten Händler auch daran denken, wie es nach dem Shutdown weitergeht. Denn dann kann es richtig kompliziert werden. Wenn nämlich ein Kunde etwas online einkauft, muss es bei einem kleinen Fachgeschäft auch sofort aus dem Laden genommen werden. Zudem muss über das Kassensystem das Ladengeschäft direkt mit dem Online-Shop verknüpft werden, wofür dann jeder Artikel mit einem Barcode versehen werden muss. Das kann bei 20.000 Artikeln in einem Laden schnell zum Killerkriterium werden. Hinzu kommt, dass der Online-Shop permanenten Pflegeaufwand benötigt und natürlich auch die Bestellungen verpackt werden müssen (ebd.). Eine Erfahrung ist außerdem, dass der Online-Umsatz den Ausfall im Laden bei weitem nicht ausgleichen kann. Deswegen bietet sich vielleicht besser die schnelle Nutzung eines Instagram-Accounts an, indem man sich, sein Angebot und seine Telefonnummer überall dort präsentiert, wo man sie zeigen kann. Es gab in der Corona-Krise Händler, die Tag und Nacht erreichbar waren, alle sozialen Kanäle nutzten und selbst auslieferten. Damit haben es vom Shutdown betroffene Händler geschafft, einen Großteil ihrer stationären Umsatzausfälle zu kompensieren. Diese Umsätze hätten sie mit einem eigenen Online-Shop oder auf Marktplätzen wie Amazon und eBay so nicht erwirtschaftet. Insofern ist Instagramoder Facebook als Schaufenster und Bühne angeraten. Dazu benötigt es keiner Initiative, die den stationären Händlern stundenlang erklärt, wie das geht. Darüber hinaus lässt sich vielleicht auch das bestehende Geschäftsmodell ohne großen Aufwand umstellen.

Ein inhabergeführtes Unternehmen vom Niederrhein hat bereits wenige Tage nach dem ersten Shutdown kurzfristig und pragmatisch sein Geschäftsmodell umgestellt, und zwar vom Nobelrestaurant zum Lieferservice. So fokussierte sich das Restaurant ganz auf die Belieferung seiner Stammkunden. Das setzt natürlich voraus, dass der Betreiber weiß, wer seine Kunden sind und wie er sie erreicht. Hier gilt es, kreativ zu sein und die Möglichkeiten auszuschöpfen. Das kann jeder Händler beispielsweise dadurch tun, indem er – ganz simpel – zum Telefonhörer greift und seinen Kunden die Belieferung zu Hause anbietet. Die eigenen Mitarbeiter können sich in der Kurzarbeit organisieren und den Kontakt und die Belieferung übernehmen. Oder Händler nutzen dafür ein outgesourctes Callcenter. Von diesem Lieferservice-Modell ist der Non-Food-Bereich nicht ausgenommen. Dafür ist allerdings Kreativität und Unternehmertum gefragt. Wichtig ist, nach alternativen Umsatzwegen zu suchen, beispielsweise die Online-Aktivitäten – auch ohne Online-Shop über Instagram – und vor allem den Lieferservice auszuweiten. Einige Beispiele, wie z. B. „Einzelhändler machen mobil" in Mönchengladbach, haben das gezeigt (Rheinische Post HMM, 2020).

In Abb. 3.15 sind alle Maßnahmen, die sich aus den Optionen ergeben, getrennt nach Umsatzmaßnahmen sowie Kostenmaßnahmen dargestellt. In Bezug auf ein USP (Umsatz-Sicherungsprogramm) sind die fünf To-Do's Online-Booster, Store-Uplift, Shop-Home-Support, Service-Catcher sowie Local-Delivery-Hero dargestellt. Für die die KSK (Kosten-Sonderkommando) sind die Liqui-Taskforce, der Personalkosten-Cut, ein Mietzahlungs-Drop, die Lieferantenkeule sowie das Staatshilfepaket als Maßnahmenbündel aufgeführt.

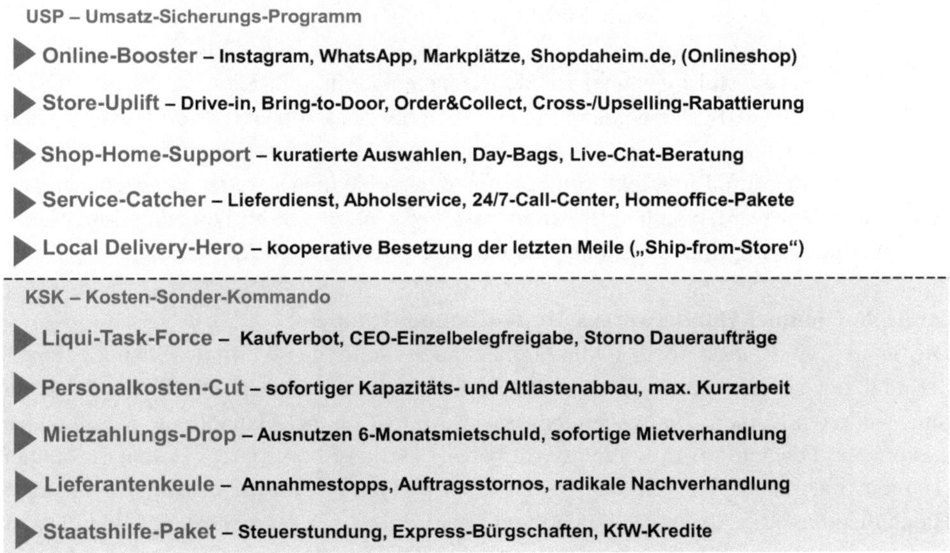

USP – Umsatz-Sicherungs-Programm

▶ Online-Booster – **Instagram, WhatsApp, Markplätze, Shopdaheim.de, (Onlineshop)**

▶ Store-Uplift – **Drive-in, Bring-to-Door, Order&Collect, Cross-/Upselling-Rabattierung**

▶ Shop-Home-Support – **kuratierte Auswahlen, Day-Bags, Live-Chat-Beratung**

▶ Service-Catcher – **Lieferdienst, Abholservice, 24/7-Call-Center, Homeoffice-Pakete**

▶ Local Delivery-Hero – **kooperative Besetzung der letzten Meile („Ship-from-Store")**

- -

KSK – Kosten-Sonder-Kommando

▶ Liqui-Task-Force – **Kaufverbot, CEO-Einzelbelegfreigabe, Storno Daueraufträge**

▶ Personalkosten-Cut – **sofortiger Kapazitäts- und Altlastenabbau, max. Kurzarbeit**

▶ Mietzahlungs-Drop – **Ausnutzen 6-Monatsmietschuld, sofortige Mietverhandlung**

▶ Lieferantenkeule – **Annahmestopps, Auftragsstornos, radikale Nachverhandlung**

▶ Staatshilfe-Paket – **Steuerstundung, Express-Bürgschaften, KfW-Kredite**

Abb. 3.15 USP – Umsatz-Steigerungsprogramm und KSK – Kosten-Sonderkommando

Ansonsten wird es eng für den nicht-filialisierten Einzelhändler in der Stadt. Die meisten dieser Händler – nach DHL-Angaben rund 250.000 – verkaufen noch nicht online (DHL, 2020). Dabei wurden die Entwicklungen der letzten Jahre durch Corona etwas beschleunigt, aber die Entwicklung ist keine andere als bisher. Der Marktanteil dieser lokalen Händler mit Non-Food-Sortiment wird sich von derzeit 15 % vielleicht irgendwann halbieren, aber das saugen dann die Filialisten auf, die am Ende der Pandemie wahrscheinlich genauso in der Innenstadt vertreten sein werden wie heute. Die Kunden stimmen ja quasi mit den Füßen bzw. Daumen ab. Mitleid, Idealismus oder Lokalpatriotismus sind eben keine nachhaltigen Erfolgsprinzipien für einen Laden. Die Verbraucher werden also das geringste Problem haben und weiterhin das finden, was sie suchen.

3.3.2   Optionen Multi-Channeling versus Omni-Channeling

Multi-Channel-Handel bezeichnet die Kombination von stationärem Format und Online-Shops unter gleichem Namen (Store Brand). Zunehmend wird synonym auch der Begriff Omni-Channel-Handel verwendet. Die meisten Multi-Channel-Händler haben ihren Ursprung in der digitalen Transformation vom Brick-and-Mortar-Anbieter (stationärer Handel) zum „Click-and-Mortar-Händler". Multi-Channel-Systeme gelten aufgrund sehr verschiedener Kompetenz- und Fähigkeitsanforderungen zweifelsohne als komplexeste Form des Einzelhandels. Andererseits sehen weite Teile des stationären Handels im Multi-Channeling die richtige Antwort auf Amazon & Co, mit der auch die Kernkompetenzen des stationären Geschäfts ausgespielt werden können (Böckenholt et al., 2018). Wie genau jedoch Multi-Channeling funktioniert, wird sehr unterschiedlich ausgelegt. Dieses führt auch zu immer wieder neuen Begriffen, die im Endeffekt nichts anderes als Multi-Channel-Handel bedeuten (Schramm-Klein & Wagner, 2017; Böckenholt et al., 2018; Heinemann MCH, 2020). Deswegen bedarf es einer Abgrenzung von Multiple-Channel-Handel, Multi-Channel-Handel, Omni-Channel-Handel sowie No-Line-Handel. Im Endeffekt geht es um unterschiedliche Betrachtungsebenen, die zugrunde gelegt werden sollten. So kann zwischen einem eher horizontalen, integrierten sowie vertikalen Begriffsverständnis unterschieden werden (vgl. Abb. 3.16).

Multiple-Channel-Handel versus Multi-Channel-Handel
Die erste Evolutionsstufe des Mehrkanalhandels stellt der Multiple-Channel-Handel dar und umschreibt stationäre Formate mit einem zusätzlichen Distanzhandelskanal unter anderem Namen. Demgegenüber ist der Multi-Channel-Handel eine Kombination stationärer Formate mit einem zusätzlichen Online-Shop unter gleichem Namen (Heinemann, 2008; Heinemann MCH, 2020). Typisch für den Multiple-Channel-Handel ist, dass die Absatzkanäle getrennt voneinander gesteuert werden. Dadurch wird eine Integration der Kanäle bewusst vermieden. Darüber hinaus ist der Distanzhandelskanal nicht zwingend ein Online-Shop (Schramm-Klein & Wagner, 2017; Heinemann

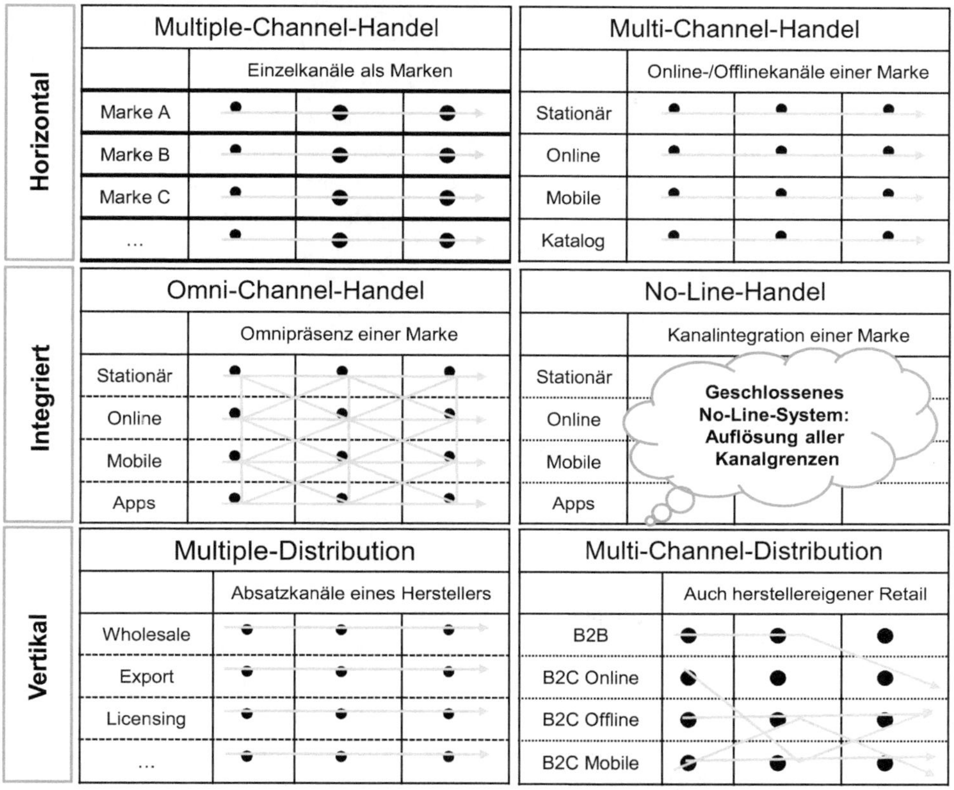

Horizontal	Multiple-Channel-Handel			Multi-Channel-Handel		
	Einzelkanäle als Marken			Online-/Offlinekanäle einer Marke		
	Marke A			Stationär		
	Marke B			Online		
	Marke C			Mobile		
	…			Katalog		

Integriert	Omni-Channel-Handel			No-Line-Handel		
	Omnipräsenz einer Marke			Kanalintegration einer Marke		
	Stationär			Stationär		
	Online			Online		Geschlossenes No-Line-System: Auflösung aller Kanalgrenzen
	Mobile			Mobile		
	Apps			Apps		

Vertikal	Multiple-Distribution			Multi-Channel-Distribution		
	Absatzkanäle eines Herstellers			Auch herstellereigener Retail		
	Wholesale			B2B		
	Export			B2C Online		
	Licensing			B2C Offline		
	…			B2C Mobile		

Abb. 3.16 Betrachtungsebenen im Multi-Channel-Handel. (Quelle: in Anlehnung an Schramm-Klein und Wagner, 2017)

MCH, 2020). Zudem werden die Kanäle mit eigenen, absatzkanalspezifischen Retail Brands versehen. Damit verfolgen sie unterschiedliche Absatzkanalziele und sprechen in der Regel völlig unterschiedliche Zielgruppen an (Heinemann, 2017; Schramm-Klein & Wagner, 2017; Heinemann MCH, 2020). Strategie ist, dass damit Kunden nicht durch die Preis- oder Positionierungsdifferenzen im Sortiment irritiert werden. In diesem Fall sehen die Kunden die Kanäle als separat agierende, unabhängige Einheiten. Beispiel für das Multiple-Channeling, das noch relativ selten vorkommt, ist Redcoon von Media-Saturn, das aber eingestellt wurde. Auch Arcandor (ehemals Karstadt Quelle) agierte mit den getrennt agierenden Formaten Karstadt und Quelle. Dabei schließt sich ein Zusammengehen im Backend jedoch nicht aus. So lassen sich durchaus Einkaufs- oder Logistikaktivitäten bündeln, um Synergieeffekte zu realisieren (Zentes & Schramm-Klein, 2006; Heinemann, 2017; Heinemann MCH, 2020).

Demgegenüber ist im Multi-Channel-Handel zwingend die Kombination aus stationärem Geschäft und Online-Shop unter einheitlichem Markendach gegeben (Heinemann, 2017; Heinemann MCH, 2020). Dabei wird in der Regel versucht, einen

Sortimentszusammenhang zwischen den Kanälen zu realisieren und diese jeweils zusätzlich um kanalspezifische Sortimente zu erweitern. Ziel im Multi-Channeling ist es, für beide Kanäle eine gewisse Schnittmenge bei den Zielgruppen zu bedienen. Zudem wird angestrebt, dass Kunden hier auch während des Kaufprozesses zwischen den Kanälen wechseln und damit im Rahmen von ROPO reibungsloses Channel-Hopping betreiben können (Heinemann, 2008; Heinemann, 2017; Heinemann MCH, 2020). In Deutschland sind die meisten Filialisten heute Multi-Channel-Händler wie z. B. Thalia, Douglas, Tchibo oder MediaMarkt-Saturn. Dies kann durchaus durch einen zusätzlichen Katalog ergänzt werden, wie z. B. bei IKEA.

Das realisieren zunehmend auch die erfolgreichen Pure-Online-Händler. Etliche von ihnen bemerken, dass ihre Chancen deutlich steigen, wenn sie ihren Kanal um stationäre Geschäfte oder Outlets sowie Katalogaktivitäten ergänzen. Tatsache ist nun einmal, dass immer noch im stationären Handel die meisten Kunden anzutreffen sind. Deswegen ist zu erwarten, dass einige der reinen Online-Händler über kurz oder lang zusätzlich offline gehen und den Trend zum integrierten Multi-Channel-System zusätzlich befeuern werden. Dabei dürften allerdings die Läden anders aussehen, nämlich so wie der Amazon Bookstore: durchdigitalisiert und neu erfunden.

Omni-Channel-Handel versus No-Line-Handel
Die Unterscheidung zwischen Multi-Channel- und Omni-Channel-Handel ergibt sich aus der Anzahl genutzter Kanäle. Im Vergleich zum Multi-Channel-Handel handelt es sich dann eher um Omni-Channel-Handel, wenn die Präsenz unter gleichem Markennamen in möglichst allen Kanälen gegeben ist und diese vernetzt werden. Das betrifft nicht nur den stationären Store, Online-Shop oder Katalog bzw. Mobile-Shop und Apps, sondern alle möglichen Customer Touchpoints inklusive soziale Netze. Zusätzliche Formen wie Pop-up Store, Showroom oder Vendoring runden das Bild ab. Dabei wird eine möglichst große Schnittmenge bei den Zielgruppen angestrebt, indem das Unternehmen „omnipräsent" ist. Auch wird hier ein deutlich stärkerer Sortimentszusammenhang gesucht. Allerdings ist bei den meisten Omni-Channel-Händlern keine weitergehende Kanalverknüpfung anzutreffen, sondern allenfalls eine Vernetzung (Heinemann, 2008; Heinemann, 2013a; Schramm-Klein & Wagner, 2017).

Anders im No-Line-Handel, wo den Kunden gar nicht mehr bewusst und wichtig ist, in welchem Kanal des Händlers sie sich bewegen („Kanal egal"). Insofern drückt der No-Line-Handel eher den Grad der Kanalverschmelzung aus und so können auch No-Line-Systeme als höchste Evolutionsstufe des Multi-Channel-Handels angesehen werden. Diese ergibt sich aus dem Cross-Channel-Management, wenn alle Absatzkanäle maximal vernetzt und integriert werden (Heinemann, 2013a,b; Heinemann et al., 2019). Bedingung ist allerdings, dass ein integrierter Mobile-Shop, den die Konsumenten auch über Apps parallel zum stationären Einkauf nutzen können, vorhanden ist. No-Line-Händler ermöglichen ihren Kunden z. B. den Preisvergleich durch Anscannen des EAN-Codes. Sie bieten ihnen das maximal mögliche Spektrum an Multi-Channel-Leistungen auch über den Mobile-Shop und/oder die Shopping-App an. Bei der Implementierung des No-Line-Handels kommt dem Cross-Channel-Management eine zentrale Rolle zu. Dieses umfasst alle Aktivitäten, die auf die Abstimmung, Harmonisierung und/oder Integration aller Kanäle ausgerichtet sind. Dabei müssen mindestens die drei „Web-to-Store"-Leistungen wie Verfügbarkeitsabfrage, Artikelreservierung und Click & Collect angeboten werden (Accenture/eWeb Research Center, 2012; Heinemann, 2013, 2017). Diese Multi-Channel-Services stellen die – aus Kundensicht – drei wichtigsten der über hundert denkbaren Kanal-Verknüpfungsformen dar. Nach einer Accenture-Studie wären Kunden sogar bereit, einem Händler deutlich höhere Preise zu bezahlen, wenn er diese Leistungen bereitstellte. Dabei variieren die Preisbereitschaften jedoch je nach Warengruppe (vgl. Abb. 3.17).

Multiple Distribution versus Multi-Channel-Distribution
Beim herstellereigenen Einzelhandel sowie den vertikalen Anbietern ist für Hersteller eine zusätzliche Variante zu unterscheiden, die sich aus der Integration von Wholesale und Retail ergibt (Zentes et al., 2017; Bolz & Höhn, 2019; Heinemann et al., 2019). Dieses betrifft ebenso hybride Franchise-Systeme, die häufig in Kombination mit eigenen Filialen betrieben werden (Ahlert et al., 2009). Ein traditionelles Absatzkanalsystem fungiert eher als Multiple Distribution, die streng zwischen den unterschiedlichen B2B-Absatzkanälen unterscheidet und zudem in der Regel mehrstufige Distributionssysteme bedient (ebd.). Daher haben viele der namhaften Markenhersteller in den letzten Jahren stark den herstellereigenen Einzelhandel forciert. Anbieter wie Nike, adidas oder Boss erzielen mittlerweile mehr als 50 % ihrer Umsätze im D2C-Geschäft (Heinemann OH, 2021). D2C oder B2C sieht neben dem Wholesaling – also dem B2B-Geschäft – in der Regel eigene Stores sowie Online-Shops vor und wird insofern als Multi-Channel-

MC-Leistung	Top 1	Top 2	Top 3	Top 4	Top 5
Online Verfügbarkeitsprüfung	Medien/Tonträger/Unterhaltungselektronik 1,43 %	Camping 1,42 %	Haushaltswaren 1,20 %	Hobby/Spiele/Freizeitartikel 1,04 %	DIY/Garten/Baumarkt 0,89 %
Retoure in allen Kanälen	Möbel/Dekoration 3,35 %	DIY/Garten/Baumarkt 3,08 %	Haushaltsgeräte 2,64 %	Haushaltswaren 2,32 %	Hobby/Spiele/Freizeitartikel 1,93 %
Warenkorb online zusammen stellen	Camping 1,43 %	Haushaltswaren 1,35 %	Medien/Tonträger/Unterhaltungselektronik 1,26 %	Bekleidung 1,02 %	DIY/Garten/Baumarkt 0,89 %

Abb. 3.17 Wichtigste Multi-Channel-Services im No-Line-Handel aus Sicht der Kunden und ihren Preisbereitschaften dafür. (Quelle: Accenture/eWeb Research Center, 2012; Heinemann, 2017)

oder auch Omni-Channel-Handel betrieben. Darüber hinaus werden die Waren nicht selten auch über Franchising vertrieben. Damit handelt es sich dann um eine Multi-Channel-Distribution, die eine Kombination aus B2B-Offline, B2B-Online sowie B2C-Multi-Channel-Handel darstellt (vgl. Abb. 3.18). Diese wird auch als B2B2C bezeichnet und ist vor allem in selektive Vertriebsformen integrierbar (Bolz & Höhn, 2019). Die Abstimmung zwischen den Kanälen ist dabei nur sehr schwer möglich (Inter-Channel-Flows). Die Art der Abstimmung innerhalb der Kanäle unterscheidet sich zudem stark danach, ob es sich um ein B2B- oder B2C-Geschäft handelt (Intra-Channel-Flows). In Franchise-Systemen erlaubt das Kartellrecht z. B. auch keine direkte Einflussnahme der Franchise-Partner. Auch ist eine Preisbindung verboten, so wie auch für sämtliche Intermediäre im Wholesale. Ausnahmen sind nur möglich, wenn sie selektiv sind – zum Beispiel über Depotsysteme (Ahlert et al., 2009). Die Folge ist, dass eine Multi-Channel-Distribution überwiegend nicht integriert und in rein vertikaler Form auch kaum zukunftsfähig ist.

Status des Multi-Channel- und Omni-Channel-Handels in Deutschland
Der Status des Multi-Channel- und Omni-Channel-Handels in Deutschland lässt sich daran festmachen, wie die Online-Penetration im stationären Handel auf der einen Seite und der Umsetzungsstand bei den Multi-Channel-Services und dabei insbesondere der Web-to-Store-Digitalisierung auf der anderen Seite sind. Nach einer Studie von ibi-Research betreiben rund ein Drittel aller Händler in Deutschland einen Online-Shop.

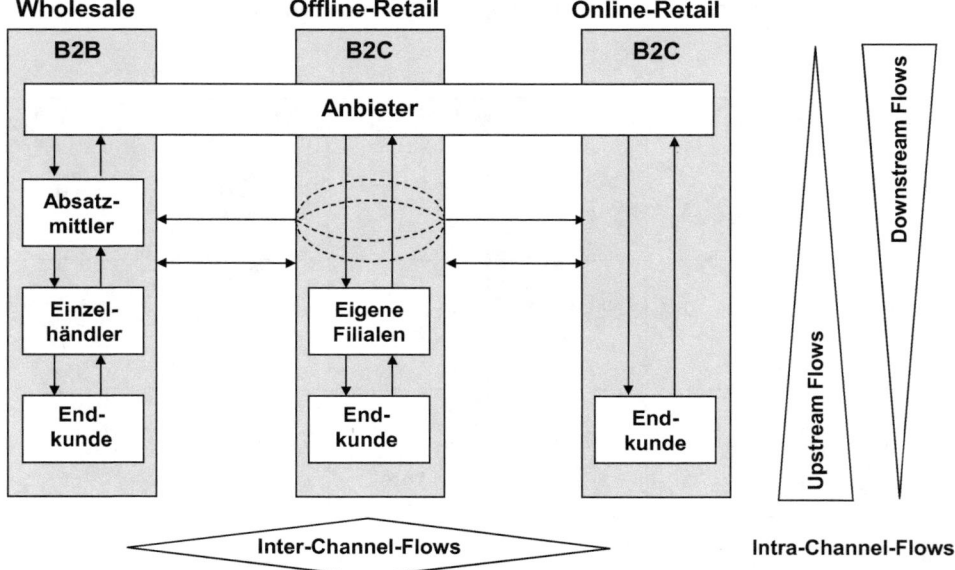

Abb. 3.18 Multi-Channel-Distribution. (Quelle: in Anlehnung an Wirtz, 2013)

Davon sind nicht alle mobil optimiert (ibi, 2020). Per Ende 2020 werden immerhin noch rund 86 % aller Einzelhandelsumsätze offline getätigt. Im Non-Food-Handel werden jedoch nicht einmal mehr als 76 % der Erlöse stationär erzielt. Angesichts des beschleunigten Online-Wachstums steigt der Handlungsdruck, schleunigst digital aufzurüsten. Selbst in 2020 haben die stationären Multi-Channel-Händler nur um 4,9 % zulegen und damit nicht vom Online-Boom profitieren können. Ihr Marktanteil im Online-Markt beträgt nur rund 13 % (bevh, 2021). Die meisten lokalen Händler und viele der mittelständischen Hersteller üben sich aber immer noch in einer Art Abwehrhaltung mit einer ausgeprägten Digitalallergie. Immer noch weit verbreitet ist die Meinung, dass sogar dreistufige Vertriebssysteme langfristig Zukunft haben. Erst jetzt fangen bekannte Luxusmarken, wie u. a. Lange & Söhne, an, den Online-Handel als Option umzusetzen.

Trotz einer Total-Penetration des Internets in der Bevölkerung ist das Problembewusstsein der deutschen Händler für den digitalen Wandel immer noch unzureichend ausgeprägt. Dies zeigt die Erhebung von ibi research (ibi, 2020). Für digitale Investitionen haben 88 % der Händler kein explizites Budget und nach Erhebungen der IHK Bonn arbeiten 76 % der lokalen Händler ohne elektronisches Warenwirtschaftssystem, erfüllen also nicht ansatzweise die systemtechnischen Voraussetzungen für echten Online- und damit Multi-Channel-Handel (IHK-Bonn, 2017). Das ist mehr als bedenklich, denn die aktuellen Zahlen des bevh spiegeln nicht die hybriden Umsätze wider, die durch Beteiligung mehrerer Kanäle zustandekommen. So kommen zunehmend Non-Food-Einzelhandelsumsätze mit einem vorherigen Ladenbesuch online zustande („Showrooming"). Sie sind den Multi-Channel-Umsätzen zuzuordnen, ebenso wie die durch das Web-Rooming verursachten stationären Umsätze. Sie machen mittlerweile den größten Teil der Non-Food-Umsätze aus und sind am Beispiel des Fashion-Handels in Abb. 3.19 aufgeführt (Heinemann et al., 2019; HDE Online Monitor, 2020; bevh, 2021). Ursache für derartige hybride Umsätze sind Kanalwechsler, die in der Regel ihren stationären Einkauf im Internet vorbereiten und dem ROPO-Muster folgen. Außerdem werden nicht nur seit Corona beträchtliche Online-Umsätze dadurch getätigt, dass Kunden ihre Waren in den Geschäften selbst abholen („Pick-up"). Die Ceconomy AG publiziert, dass bei MediaMarkt-Saturn, bereits 47 % der Online-Bestellungen in den Geschäften abgeholt werden, was bei rund 2,9 Mrd. EUR Online-Umsatz ein großes Volumen ausmacht (Ceconomy, 2020). Oder die Marktforschungsagentur Forrester prognostizierte schon vor Jahren, dass 2020 in Europa mehr als die Hälfte aller Einzelhandelsumsätze inklusive Lebensmittel einen Online-Bezug haben (Forrester, 2015).

Nur noch rund 18 % der Fashion-Umsätze waren per 2019 reine Offline-Umsätze, bei denen das Internet nicht beteiligt war. Diese Zahl betrug in 2018 noch 31 % und geht dementsprechend weiter zurück, da stationäre Umsätze zunehmend online-induziert sind und zu weiter steigenden Multi-Channel-Umsätzen führen, die in den bisher ausgewiesenen Online-Zahlen nicht enthalten sind.

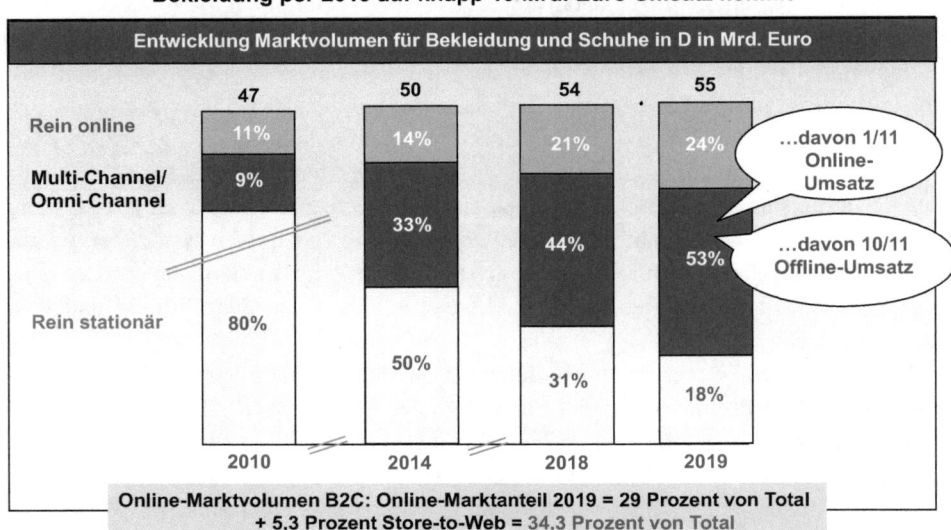

„Der Online Fair Share für Fashion beträgt rund 34,3 %, so dass der Online-Markt für Bekleidung per 2019 auf knapp 19 Mrd. Euro Umsatz kommt"

Abb. 3.19 ROPO treibt Multi-Channel-Umsätze – am Beispiel Fashion. (Quelle: eigene Darstellung auf Basis HDE Online Monitor, 2020; bevh, 2020)

Multi-Channel-Geschäftsmodelle

In Abb. 3.20 sind die gängigen Geschäftsmodelle des Multi-Channel-Handels dargestellt. Diese werden nach Umsatzpotenzial und Implementierungsaufwand verglichen. Die Erfahrungen beruhen auf der Zusammenarbeit von eBay mit lokalen Händlern sowie dem Pilotprojekt „eBay Local" in Brooklyn, das auch für „MG bei eBay" Modell stand (MG.Retail, 2020). Die Sofortabholung kennzeichnet echtes Click & Collect, das nur aus dem Ladenbestand erfolgen kann und einen Zugriff in die Warenwirtschaft des Geschäftes erlauben muss. Gleiches gilt für den Online-Kauf in der Filiale am Terminal oder per Smartphone und erfordert in der Regel einen enormen Implementierungsaufwand sowie performante Warenwirtschaftssysteme, ohne dass dadurch nennenswerte Zusatzumsätze generiert werden. In jedem Fall wird mit ihnen aber das Einkaufs- und Serviceerlebnis der Kunden kanalübergreifend verbessert. Auch sind damit bereits typische Kanalvorteile des Online-Handels für Offline-Kunden nutzbar. Demgegenüber erfordert das Ship-to-Store allenfalls eine Abholstation im Laden und wird häufig wegen der Versandkostenersparnis von den Kunden in Anspruch genommen (kaufDA, 2018), ist also als Selbstabholung ohne Zeitvorteil eher eine Form der Selbstbedienung und führt auch nicht zu nennenswerten Zusatzumsätzen. Demgegenüber realisiert das Ship-from-Store, also die Sofortbelieferung der Kunden aus der Filiale vor Ort heraus, demnach die höchsten Umsatzpotenziale bei vergleichsweise niedrigem Implementierungsaufwand. Insgesamt zeigen die Multi-Channel-Geschäftsmodelle bereits unterschiedliche

Abb. 3.20 Multi-Channel-Geschäftsmodelle. (Quelle: Heinemann, 2017 auf Basis eBay enterprise, 2014)

Richtungen an, nämlich bei Click & Collect eine „Web-to-Store"-Ausrichtung und beim Online-buy-in-Store eine „Web-in-Store"-Orientierung. Nicht dargestellt dagegen ist die „Store-to-web"-Richtung, bei der ein Kunde im Store Showrooming betreibt und danach zu Hause im Internet kauft.

3.3.3 Web-to-Store- und Store-to-Web-Digitalisierung

Bei der Kundengewinnung wird immer wieder die Customer Journey hervorgehoben und diskutiert, obwohl es schwierig ist, die Abhängigkeiten zwischen verschiedenen Werbemittelkontakten darzustellen. So lassen sich nicht alle Aspekte auf dem Weg eines Kunden bis zum Kaufvollzug nachverfolgen und messen. Auch darf der Effekt von Social Networks auf die Customer Journey nicht unterschätzt werden. Facebook-Kampagnen lassen sich nicht so einfach tracken wie zum Beispiel Banner- oder Ad-Words-Kampagnen. Allerdings gilt Gleiches auch für Werbemittelkontakte aus dem Offline-Bereich, wie Fernsehwerbung, Zeitungsanzeigen oder Plakatwerbung (Heinemann, 2017; Heinemann et al., 2019). Deswegen sollte der Customer-Journey-Ansatz immer auch die Online- und Offline-Welt zusammenbringen. Vor dem Hintergrund steigender hybrider Umsätze macht es durchaus Sinn, sich dabei mehr auf die Conversion zu fokussieren. Diese bezeichnet die in Relation zur Besuchsfrequenz vollzogenen Kaufakte und ist ein wichtiger Indikator für den Erfolg von Online-Shops und die effektive Abschöpfung der Besuchsfrequenz. Allerdings kann die Art der Kaufabbrüche bis zum vollzogenen Kaufakt unterschiedlich gestuft sein. Deswegen wird zunehmend zwischen der „Hard Conversion" und der „Soft Conversion" unterschieden. Dabei bezieht sich die „Hard Conversion" auf den konkreten Kauf, während die „Soft Conversion" unterschiedliche Verhaltensweisen zum Ausdruck bringt, die sich nach dem ersten Klick vollziehen. Daher sollten Online-Händler im Rahmen von Web Analytics auch zunehmend dazu übergehen, die Konversionspfade zu analysieren (Kreutzer, 2014; Heinemann OH, 2021). Diese sind exemplarisch in Form eines typischen Conversion Funnel in Abb. 3.21 dargestellt. Der Conversion Funnel beinhaltet nicht nur die Konversionsschritte, die onsite oder offsite erfolgen können, sondern auch die verschiedenen Kaufarten. Kaufabschlüsse erfolgen bei Multi-Channel-Händlern nicht mehr nur online, sondern auch zunehmend offline, was aber bei der Berechnung der Conversion-Rate häufig nicht berücksichtigt wird.

Noch kritischer ist es, wenn die Internetpräsenz den Gesamtauftritt nicht im Sinne einer schlüssigen „Customer Journey" ergänzt. Hier setzen die Web-to-Store Multi-Channel-Services an, die im Online-Shop des Multi-Channel-Händlers platziert sind und sich damit auf den Conversion Funnel fokussieren.

Web-to-Store Multi-Channel-Services
Nach allen Studien zu diesem Thema wird das stationäre Geschäft bereits signifikant vom Online-Kanal angetrieben (kaufDA, 2018). Es ist davon auszugehen, dass der ROPO- bzw. Web-to-Store-Effekt durch die zunehmende Smartphone-Nutzung noch

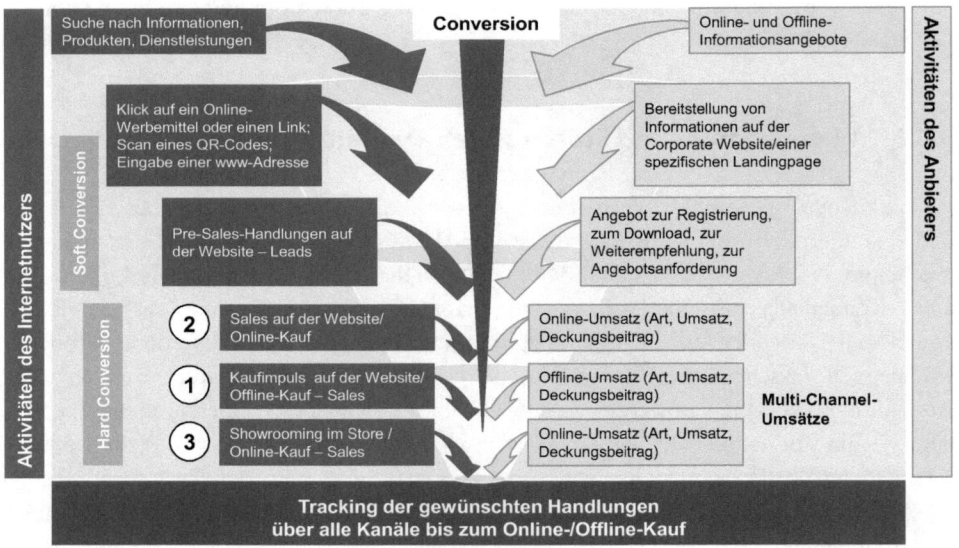

Abb. 3.21 Conversion Funnel. (Quelle: in Anlehnung an Kreutzer, 2014)

zusätzlich an Bedeutung gewinnen wird. Der ROPO-Effekt ist ein zentrales Argument für die ganzheitliche Betrachtung von Online- und Offline-Geschäften und den gezielten Einsatz der folgenden Web-to-Store Multi-Channel-Services:

- **Store Locator:** Die Funktion des Store Locators gehört mittlerweile schon fast zu den Grundanwendungen einer Händler-Website bzw. -App, da sie eine große Hilfe ist, den Kunden auf einfachstem Wege ins Geschäft zu locken. Sie ist zudem Pflichtbaustein für den Online-Shop eines Multi-Channel-Händlers. Anhand der GPS-Ortung ist der Standort des Smartphone-Nutzers exakt ortbar und mit den im Netz vorhandenen Informationen aus seiner Umgebung abgleichbar. Damit kann ein Einzelhändler so auf sein Geschäft oder die nächstgelegene Filiale hinweisen. Jeder Kunde kann damit den Standort automatisch finden, egal wo er ist (Heinemann, 2017). Eine Chance ist es, wenn eine Serviceanwendung automatisch Hinweise und Angebote liefert, sobald sich ein Kunde in der Nähe des Geschäftes aufhält. Dieses ist ohne Weiteres auf Basis von Geo-Targeting möglich, verlangt aber per Opt-in die Zustimmung des Kunden. Aber auch Google-Services sind hilfreich und in der Regel mit lokalen und kontextuellen Informationen angereichert. Es ist deswegen angeraten, das lokale Geschäft über Google Places zu registrieren und Adresse, Öffnungszeiten sowie Fotos abzubilden. Dieses ist relativ einfach möglich und das Mindeste, was lokale Händler tun sollten, um im Netz auffindbar zu sein. Alle Google-Produkte greifen mittlerweile ineinander, um lokale Angebote zu bewerben. Damit ist es möglich, dass stationäre Händler z. B. über Google Ads lokalbezogene Anzeigen schalten, die dann bei Suchanfragen in der Nähe des Geschäftes erscheinen. Im Zusammenspiel von Google Places, Google Local sowie der Google Maps-App ist es möglich, dass Kunden im Bedarfsfall Zugriff auf die Öffnungszeiten oder sogar Bewertungen bekommen. Somit überträgt Google Online-Mechanismen auf den stationären Einkauf, die sich zur Bewerbung des Stores lokal nutzen lassen. Ob allerdings lokale Händler damit relevante Informationen zur Kaufvorbereitung anbieten, hängt im Wesentlichen von der Echtzeitverfügbarkeit ihrer Daten-Feeds ab. Die meisten der stationären Händler sind leider nicht in der Lage, aktuelle Warenverfügbarkeiten anzuzeigen. Andererseits schätzen Konsumenten das effiziente Finden und Vergleichen von gesuchten Produkten (kaufDA, 2018).
- **Virtuelle Einkaufslisten:** Einkaufszettel sind weit verbreitet, denn niemand kann sich immer wieder alle Artikel für den Wocheneinkauf merken. Diese sind aber lästig, da die Kunden ständig neue Zettel schreiben müssen, obwohl eigentlich immer wieder dieselben Produkte benötigt werden. Dafür gibt es aber jetzt Tools und Apps, die den Kunden den Einkauf erleichtern. Das Angebot ist mittlerweile riesig, ob Bing, Die Einkaufsliste, Buy Me a Pie, Pon oder Milk for us, für Nutzer ist je nach Vorlieben und Interessenlagen etwas dabei. In Vergleichstests schneidet Pon mit am besten ab. So kann die App dank Geofencing an unerledigte Einkäufe erinnern, sobald Kunden in die Nähe des entsprechenden Ladens gelangen. Pon kann Sortimente automatisch in der Reihenfolge sortieren, in der diese zuletzt angeklickt wurden, und zwar

getrennt nach Geschäft. Zudem wird die Sortierung der Einkaufslisten selbst mit jeder Anwendung verbessert. Aber auch der Barcode-Scanner zum Einlesen von Artikel ist praktisch, denn er erspart Zeit und Tipperei. Und auf der Erfassungsmaske lassen sich Angebotspreise und -zeiträume eingeben (Spoenle, 2017). Was also können stationäre Händler damit tun? Sie können zumindest ihren Kunden diese Apps empfehlen, oder aber eine eigene App entwickeln und in die eigene Shopping-App integrieren.

- **Click & Check – Verfügbarkeitsabfrage:** Zunehmend wünschen sich Kunden, dass die Produktverfügbarkeit der Geschäfte im Internet erkennbar sein sollte (59 % in 2018 zu 52 % in 2017). Mit 64 % Zustimmung würden fast zwei Drittel der befragten Personen gerne den Service nutzen, sich derzeit nicht verfügbare Waren aus Geschäften der Innenstadt kostenlos nach Hause liefern zu lassen – so die kaufDA-Studie in 2018 (kaufDA, 2018). In 2017 waren das mit 52 % Zustimmung nur rund die Hälfte der erwachsenen Kunden. Gut die Hälfte der Befragten (51 %) möchte, dass sämtliche Informationen über Geschäfte online verfügbar sind (47 % in 2017). Und 47 % der Befragten wünschen sich, dass für sie interessante Geschäfte der Innenstadt über einen Webshop verfügen sollten (47 % in 2017). Auffallend ist, dass alle genannten Werte in 2018 gegenüber 2017 ansteigen. Insbesondere die jüngeren Zielgruppen erwarten digitalbasierte, lokale Kommunikationsangebote, allerdings mehrheitlich auch die Über-50-Jährigen. Vor allem die Verfügbarkeitsabfrage ist für jüngere Kunden höchst relevant. So wollen 43 % der Konsumenten aus dieser Altersgruppe beispielsweise die Produktverfügbarkeit online jederzeit abfragen können. Eine Website der Händler würde für 45 % der Kunden die Planung ihres nächsten Einkaufs erleichtern (37 % in 2017) (ebd.). Eines sollte aber klar sein: Verfügbarkeiten in Echtzeit geben nur performante Warenwirtschaftssysteme her. Das ist auf Basis von Inventuren nicht möglich. Und auch wenn Plattformen oder Marktplätze Verfügbarkeiten anzeigen, ist das nicht anders. Nichts aber ist für Kunden schlimmer, als mit falschen Verfügbarkeitsinformationen in ein Geschäft gelockt zu werden und dann dafür viel Zeit aufgewendet zu haben. Diese Kunden dürften für immer verloren sein (Heinemann, 2017).
- **Click & Collect – Sofortabholung:** Click & Collect bietet als typischer Multi-Channel-Service den Kunden die Möglichkeit, Produkte online zu recherchieren, online zu kaufen und dann in einem stationären Einzelhandelsgeschäft ihrer Wahl möglichst am selben Tag abholen zu können. Als technisches Feature und gesonderte Option wird dieser Service im Online-Shop des Multi-Channel-Händlers meist im Laufe des Bezahlvorgangs angeboten (Accenture/eWeb Research Center, 2012). Ein Vorteil von „Click & Collect" ist, dass damit den Kunden der Gang durch das Geschäft und das Suchen der gewünschten Waren abgenommen wird, indem sie bereits ihre Produkte online aussuchen und dann vor Ort abholen können. Diesen Service lassen sich sogar manche Händler extra bezahlen, wie z. B. IKEA. Echtes Click & Collect ist zweifelsohne die Königsdisziplin im Multi-Channel-Handel und hat durch Corona noch einmal an Bekanntheit sowie auch Beliebtheit gewonnen. Es verlangt nicht nur modernste Warenwirtschaftssysteme, die dezentral ansteuerbar

sind, sondern auch eine hervorragende Umsetzung in den Geschäften. Bewährt haben sich Abholstationen als eigene Servicepoints, an denen die Kunden schnell an ihre Ware kommen. Sollte es allerdings an personellen Kapazitäten fehlen und die Kunden Wartezeiten oder sogar falsche Ware in Kauf nehmen müssen, geht der Schuss umgehend nach hinten los. Genau dieses Problem hatten anfangs vor allem die Warenhauskonzepte bei Karstadt und Kaufhof oder auch die Drogriemärkte, wo häufig nur überlastetes Personal an der Kasse saß und dann nicht Bescheid wusste. Als vorbildlich auf diesem Gebiet gilt der US-Händler REI (Requiational Equipment Incorporation), der eigene Multi-Channel-Servicepoints in seinen Filialen eingerichtet hat (Heinemann, 2008). In der Corona-Krise war Click & Collect eine Möglichkeit, dem vom Shutdown betroffenen Einzelhandel vor Ort die Treue zu wahren und trotzdem einkaufen zu können. Außer in Sachsen war dieser Service während des Lockdowns deutschlandweit erlaubt.

- **Ship-to-Store – Selbstabholung:** Ship-to-Store liegt vor, sofern der Händler einen zentralen Online-Shop mit separatem Zentrallager betreibt, von dem aus die Kunden sich die bestellte Ware in eine Filiale ihrer Wahl liefern lassen können. Dort holen sie das Paket dann nach mehreren Tagen ab, aber nicht sofort. Die Implementierung in der Filiale mit z. B. einem „Multi-Channel-Servicepoint" ist ähnlich wie bei Click & Collect. Nicht selten führen stationäre Einzelhändler neue Ladenabholkonzepte ein, die fälschlicherweise als Click & Collect bezeichnet werden, jedoch größtenteils „Ship-to-Store-Services" sind.

- **Click & Reserve – Artikelreservierung:** Neben der Verfügbarkeitsabfrage und Click & Collect erwarten die Kunden vor allem auch eine Artikelreservierung (Accenture/ eWeb Research Center. 2012; Heinemann, 2017). Sollte nämlich nur noch ein Artikel als verfügbar angezeigt werden, besteht die Gefahr, dass er bis zur Ankunft in der Filiale vergriffen ist. Sollten die Artikel ausschließlich im Laden gelagert werden, kommt noch ein zusätzliches Risiko dazu, nämlich der „Kampf um den letzten Artikel". Gut ist es, wenn Kunden Artikel auswählen und für einen bestimmten Zeitraum nicht kaufverpflichtend reservieren können. Dieser Zeitraum sollte unbedingt vorgegeben werden, denn er könnte für den Händler einen scheinbaren Leerverkauf und damit Opportunitätskosten verursachen, wenn der Kunde den Artikel doch nicht abholt bzw. seine Order mit Zeitverzug storniert. Im Backend lässt sich die Funktion für bestimmte Kundengruppen aktivieren oder die Anzahl reservierbarer Artikel beschränken. Zudem lässt sich idealerweise auch die Anzahl der je Artikel reservierten Stückzahl beschränken. Beim Artikel sollte sowohl der Gesamtbestand (ohne reservierten Anteil), als auch die Anzahl der reservierten Artikel angezeigt werden können. Dabei kann für andere Kunden auch ersichtlich sein, bis wann die Reservierung gültig ist. Reservierte Artikel sollten durchaus auch von weiteren Kunden reservierbar sein. Springt der Kunde mit der zuerst erfolgten Reservierung ab, erhält dann der zweite Kunde eine E-Mail darüber, dass er der Glückliche ist und sich der Shopbetreiber zur Reservierung verpflichtet, bis der angegebene Zeitpunkt abläuft. Denkbar ist auch, dass Kunden mit Artikelreservierung abspringen und bei

Bedarf erneut reservieren. Sie sollten sich dann bei erneuter Reservierung aber wieder hinten anstellen, sofern es Zweit- oder Drittreservierungen gibt. Es kann allerdings durchaus Sinn machen, dass für bestimmte und besonders sensible Artikel eine Reservierungsmöglichkeit ausgeschlossen ist. In jedem Fall sollten im Online-Shop an der jeweiligen Stelle, wo ein Reservierungsbutton zu finden ist, alle Pflichtangaben zum Artikel stehen. Es zeigt sich gerade bei der Artikelreservierung, dass Multi-Channel-Services genau geregelt sein müssen (Accenture/eWeb Research Center, 2012).

- **Online-Buchung Beratungstermin:** Was mittlerweile bei Bankprodukten möglich ist, bietet sich auch für Multi-Channel-Händler an, nämlich für eine bestimmte Zeitschiene eine Fachberatung buchen zu können. Ist diese exzellent, dient sie auch der Kundenbindung. Vor allem bei beratungsintensiven Produkten, wie z. B. Fahrrädern, Computern oder Autos, wird diese Möglichkeit zunehmend angeboten. Vorbild dafür ist Apple, in dessen Stores seit jeher persönliche Beratung gebucht werden kann. Vor allem bei zeitaufwändigen Beratungsgesprächen und hohen Warenkorbrisiken sollten Händler diesen Service nicht verschenken, sondern dafür unabhängig vom Warenverkauf einen gesonderten Preis verlangen. Studien zeigen, dass Kunden bereit sind, für gute Beratungsqualität zu zahlen. Für schlechte Beratung natürlich nicht. Wer die Leistung kostenlos erbringt, leistet dem „Beratungsklau" Vorschub. Premium-Warenhäuser, wie Breuninger in Düsseldorf, vereinbaren Beratungstermine. Bei wenigen großen Sporthändlern, wie Globetrotter oder Engelhorn, können potenzielle Kunden zudem direkt vor Ort Kletter- oder Wassersportgeräte in einer extra gestalteten Umgebung testen. Dabei ändert sich die Rolle der Filiale, die damit zum Begegnungspunkt wird. Kunden, die den Weg in die Stadt auf sich nehmen, erwarten Event-Charakter oder einen sonstigen Mehrwert beim Einkauf. Sie erwarten auch, dass die Stadt „sich schön und sauber macht" – insofern passt auch die Verabredungsidee mit der Beratung (kaufDA, 2018). Die Fachberatung kann auch als Online-Beratung mit Termin angeboten werden. Dabei handelt es sich dann um eine Video-Livechat-Beratung, auf die im Rahmen der „Digital-in-Store"-Services gesondert eingegangen wird.
- **Retouren-Services:** Eine große Nische aus Kundensicht stellen auch Retouren-Services dar. Hier könnte in den Filialen ein „Service-Point" als Anlaufstelle für die Kunden eingerichtet werden. An diesem sollten sie dann schnell und unkompliziert bedient werden bis hin zur Cash-Auszahlung – auch bei Kreditkartenkauf. Ernsting's family schafft es angeblich, dass 80 % der Online-Shop-Retouren in Filialen retourniert werden, wo den retournierenden Kunden dann durchschnittlich zwei bis drei neue Artikel wieder verkauft werden (Accenture/ eWeb Research Center, 2012; Heinemann, 2017; Gassmann Welt, 2021).
- **Customer-Journey-Plattform:** Das Angebot von kaufDA/MeinProspekt von Bonial stellt zum Beispiel mit standortbezogenen Diensten für den stationären Einzelhandel eine Customer-Journey-Plattform bereit. Diese Dienste bieten dem Handel einen Zugang zu Verbrauchern mit lokalem Bezug, indem das mobile Netzwerk von kaufDA Verbraucher bequem und tagesaktuell rund um den lokalen Einkauf

informiert. Das funktioniert auf allen gängigen Betriebssystemen. Nutzer von kaufDA
können Prospekte, Angebote und Öffnungszeiten aus ihrer direkten Umgebung online
durchsuchen und vergleichen. Das Unternehmen ist Teil der Bonial.com Group, die
mit einem Team von über 330 Mitarbeitern Verbraucher in elf Märkten erreicht: in
den USA, Deutschland, Frankreich, Schweden, Dänemark, Norwegen, Brasilien,
Spanien, Mexiko, Kolumbien und Chile. Das Unternehmen gehört zur Axel Springer
SE (Handt & Heinemann, 2019). Seit Gründung haben Verbraucher bis heute mehr
als zwölf Milliarden digitale Prospektseiten bei kaufDA und der ebenfalls zur Bonial.
com Group gehörenden Marke MeinProspekt aufgerufen. Dabei werden alleine in
Deutschland die Informationen von rund 247.000 Einzelhandelsgeschäften in 12.000
deutschen Städten und Gemeinden ständig aktualisiert. Monatlich erreichen kaufDA
und MeinProspekt 8 Mio. Nutzer. Die deutsche Marketing-Zeitung „Horizont"
beschrieb den Marktführer kaufDA als „Heilsbringer des stationären Handels". Auch
die Anzeige der lokalen Warenverfügbarkeit ist natürlich ein wesentlicher Hebel für
den Mehrwert der Produktsuche. Nur wenn der Kunde sicher sein kann, dass das
gewünschte Produkt vorrätig ist, lohnt sich der schnelle Weg zur Abholung beim
stationären Händler vor Ort (Heinemann App, 2018; kaufDA, 2018).

Die Web-to-Web-Services stellen die aus Kundensicht wichtigsten Kanalverknüpfungen
dar und sind besonders für eine Profilierung des Händlers geeignet (vgl. Abb. 3.22).

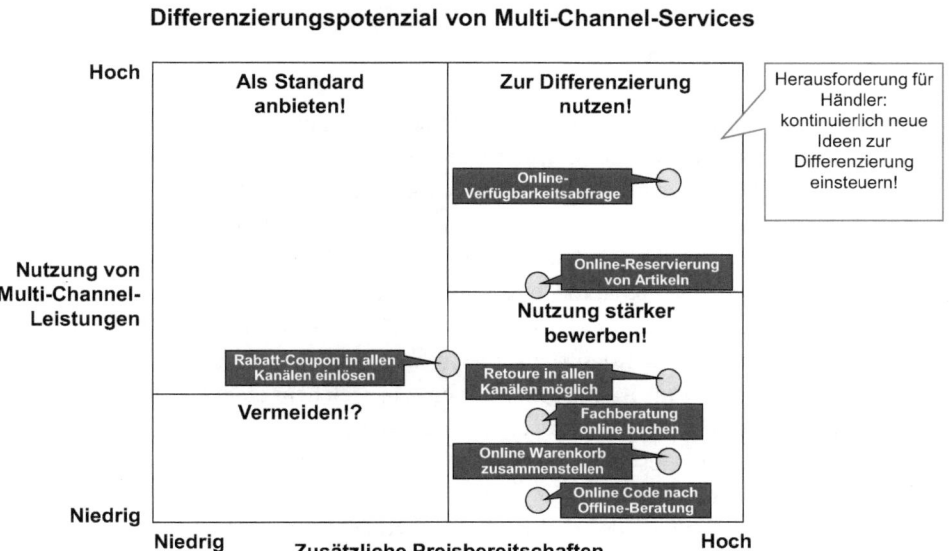

Abb. 3.22 Handlungsoptionen für Händler bzgl. Multi-Channel-Leistungen. (Quelle: Accenture/
eWeb-Research-Center, 2012)

Store-to-Web-Services

Die Vorbereitungsfunktion für Online-Käufe erbringt der stationäre Handel insbesondere bei solchen Produkten, die aus Kundensicht ein hohes Fehlkaufrisiko aufweisen. Dies ist der Fall, wenn sich die Artikel allein auf Basis von technischen Daten, Beschreibungen und Abbildungen in ihrer Eignung nur eingeschränkt beurteilen lassen, wie z. B. bei Fotoapparaten, Videokameras und Fernsehern. Aber auch Fashion, Heimtextilien und Hartwaren gehören zunehmend dazu (Maier & Kirchgeorg, 2016; Heinemann, 2017). Dabei suchen Kunden einen Laden auf, um seine ausgeprägten Leistungen im Hinblick auf Warenpräsentation, Vorführung und fachliche Beratung zu nutzen. Sie reduzieren damit die Gefahr, dass die jeweilige Anschaffung doch nicht den Erwartungen entspricht. Gleichzeitig ist ihnen häufig noch das stationäre „Einkaufserlebnis" wichtig, auch wenn für sie das Internet als Kaufkanal schon feststeht. Dieser opportunistische Kanalwechsel von stationär zu online hängt nicht selten auch mit vermeintlich günstigeren Preisen im Internet zusammen. Kunden sehen aber darüber hinaus auch viele andere Vorteile, die sie oft nur im Rahmen eines Online-Kaufs nutzen können (ebd.). Dazu zählen zum Beispiel höhere Transparenz und Vergleichbarkeit, Möglichkeiten der Lieferung, größere Auswahl sowie umfangreichere Produktinformationen und Bewertungen (ebd.). Wenn Kunden sich im Laden noch nicht für den stationären Kauf entscheiden können und Showrooming betreiben, sollten Händler diese nicht einfach gehen lassen, sondern mit allen Mitteln im Kaufprozess an sich binden. So kann der noch nicht entscheidungsfähige Kunde mit nach Hause und in den Online-Shop begleitet werden – sei es durch einen vereinbarten Anruf zu Hause oder durch Zusendung des letzten Beratungsstandes. Auch muss der spätere Kauf im Internet in irgendeiner Form incentiviert oder unterstützt werden. Dieses ist Zweck der sogenannten Store-to-Web-Services. Folgende Store-to-Web-Services sind im Einsatz:

- **Online-Kauf-Unterstützung:** Für eine Online-Kauf-Unterstützung bietet es sich an, dem Kunden ein Beratungsgespräch per Telefon anzubieten. Thalia stellt zum Beispiel die Möglichkeit eines Video-Livechats zur Verfügung. Es ist auch vorstellbar, dem Kunden nach der Beratung im Geschäft einen Code mitzugeben oder per E-Mail zuzuschicken, der ihm den letzten Beratungsstand auch im Online-Shop anzeigt. Dies setzt natürlich die Verfügbarkeit des Artikels im Online-Shop voraus. Der Kunde kann dann ohne Zeitdruck zu Hause seinen Kaufprozess vornehmen. Es geht darum, den Kunden beim ersten Kontakt im Laden sofort zu binden und zu begeistern und auf seinem Weg bis zum Kaufabschluss – egal in welchem Kanal – zu begleiten und „nicht mehr von der Angel zu lassen". Dazu können auch Serviceangebote dienen, die über den Kauf im Geschäft hinausgehen. Insbesondere für größere und gewichtige Waren kann es sich anbieten, Retouren durch Abholung von zu Hause zu ermöglichen, die der Kunde über den Online-Shop anstoßen könnte (Heinemann, 2017).
- **Online-Kauf-Forcierung:** Bezüglich einer Online-Kauf-Forcierung lassen sich innovative Serviceleistungen anbieten, auf die nur über einen Online-Kauf zugegriffen werden könnte. Dies könnte unter anderem die persönliche Anlieferung

bis zur Haustür, der Aufbau von Geräten oder Möbeln beim Kunden vor Ort sowie die Anleitung oder auch Wartung sowie Reparaturleistungen betreffen. Diesbezüglich gibt es noch viele unbesetzte Nischen (brandeins, 2014; Heinemann, 2017). Möglich ist auch die Beratung beim Kunden zu Hause, etwa mit Terminen, die im Laden vereinbart wurden. Viele Konsumenten sind prinzipiell bereit, etwas für zusätzliche Serviceleistungen rund um ein Produkt – wie etwa die Installation – auszugeben. Immerhin haben viele Einzelhändler in früheren Jahrzehnten nach und nach einige Zusatzleistungen wie zum Beispiel Reparaturdienste eingespart. Dies bietet auch enorme Chancen für neue Services mit Digitalbezug. So wäre es denkbar, für die Kunden Abholstationen einzurichten, wo sie auch ihre bei anderen Online-Händlern georderten Pakete abholen oder zwischenlagern können (Heinemann, 2017).

- **Online-Kauf-Incentivierung:** Bei einer Online-Kauf-Incentivierung bieten sich Coupons oder Gutscheine an, die der Kunde nach seinem Beratungsgespräch im Laden erhält und die er beim Online-Kauf zu Hause einlösen kann. Diesbezüglich ist allerdings Vorsicht geboten, um nicht den Online-Kanal unbewusst zu pushen und Umsätze aus der Filiale regelrecht in den Online-Shop zu schieben. Darüber hinaus sind Cross- und Up-Selling-Anreize denkbar, die den Kunden auch nach dem Kauf in der Filiale zu späteren Anschlusskäufen im Online-Shop des Händlers bewegen können. Diesbezüglich bieten sich komplementäre Koppelprodukte an, wie z. B. Hüllen für Handys oder Batterien für Elektroartikel. Auch können neue Geschäftsmodelle angedacht werden, die den Kunden in Form von Abonnements dauerhaft im Online-Shop binden. Rossmann bietet seinen Kunden ein günstiges Rasierer-Abo an. Eine weitere „Store-to-Web"-Leistung kann auch darin bestehen, dass der Kunde den Artikel zur Anprobe mit nach Hause nimmt und dann anschließend im Internet bezahlt. Sollte dieser nicht passen, würde sich als „Multi-Channel-Leistung" auch anbieten, dass der Kunde den aus dem Laden mitgebrachten Artikel als Retoure an eine zentrale Retouren-Adresse zurückschicken darf (ebd.).

- **Video-Online-Beratung:** Bei der Video-Online-Beratung war in Deutschland der Multi-Channel-Händler Butlers 2013 Pionier. Um einen Mitarbeiter in der Filiale zu kontaktieren, mussten Kunden den Button „Jetzt beraten lassen" klicken. Im Anschluss öffnete sich ein Chat-Fenster, in dem sich ein Mitarbeiter von Butlers vorstellte. Nach Eintippen der Handynummer kam Sekunden später direkt ein Rückruf. Je nach Fragestellung lief der Mitarbeiter durch die Filiale und zeigte neben der Beratung die Produkte mit einer Kamera (Neuhandeln Randler, 2013). In 2014 führte Butlers Click & Collect ein und experimentierte bis zur Insolvenz 2016 mit der aufwendigen Videoberatung, mit der sich Online-Kunden per Video-Livechat Möbel von einem Mitarbeiter in der Filiale zeigen lassen konnten (Internetworld Butlers, 2017). Nach der Insolvenz führe Butlers die Beratung nicht weiter. Video-Beratung bietet seit Corona allerdings wieder der Fahrradhändler Rosebikes an, und zwar per WhatsApp Videotelefonie und Facetime. Die Videoberatung können Kunden aber nur nach vorheriger Terminvereinbarung in Anspruch nehmen (Rosebikes Corona, 2021). Seit Anfang 2021 hat auch die Thalia-Gruppe für ihren Buchverkauf eine digitale Kundenberatung via Chat im Programm. Die Live-Beratung wird von Mitarbeitern ausgewählter Filialen werktags und tagsüber durchgeführt. Dabei erfolgt die Kontaktaufnahme mit den Buchberatern einfach und intuitiv: Öffnet der Online-Kunde die Internetseite Thalia.de oder auch der jeweiligen Buchkategorien, sieht er das Livechat-Symbol am unteren rechten Seitenrand. Seitenbesucher werden nach einem Klick direkt mit der Chat-Nachricht begrüßt, bevor das individuelle Beratungsgespräch beginnt (Buchreport Thalia, 2021). Seit Februar 2021 bietet auch Deutschlands drittgrößte Optikerkette Pro-Optik in seinem Optik-Online-Shop eine Liveberatung an und gibt den Online-Kunden zu Hause die Möglichkeit, stationäre Fachberatung in Echtzeit zu genießen (Pro Optik, 2021).

- **Video-Live-Shopping:** Mit dem Video-Live-Shopping können Verbraucher in Echtzeit-Videos die Produkte des Händlers mit einem Klick kaufen. Das funktioniert problemlos, wenn der Live-Stream über eine technische Schnittstelle direkt mit dem Online-Shop verbunden ist. Dass der Ansatz ein bisschen an Teleshopping erinnert, ist kein Zufall. Anders als im TV-Shopping können User die Ware über ihr Handy mit einem Klick kaufen, wodurch der Vorgang zeitlich limitiert ist. Dadurch, dass die Kunden den Verlauf des Live-Streams mit beeinflussen können, erhält das Format Authentizität (BI Live, 2020). Mit einem Live-Shopping vor der Kamera oder in Livestream-Videos können Produkte auf humorvolle und kreative Art und Weise präsentiert werden. Ein reales menschliches Gegenüber garantiert Spontanität. Vor allem Promis und beliebte Markenbotschafter machen Live-Shopping erfolgreich. Bei diesem Thema sind die Chinesen Vorreiter. Das Reich der Mitte ist offensichtlich von den Vorteilen des interaktiven Shopping-Erlebnisses überzeugt, denn zwei Drittel der Konsument dort haben in 2020 Produkte aus dem Livestreaming gekauft. Derzeit zeichnet sich ab, dass diese Verkaufsform auch in Deutschland attraktiv wird (Fashionunited Live, 2020). Die Schweiz war in Europa Vorreiter. Die Migros-Fachmärkte boten bereits früh in 2020 Live-Videoübertragungen an – so Micasa, Melectronics, Do it + Garden sowie SportXX. Dank Live-Videoübertragung verspricht die Online-Beratung direkten Kontakt mit einem Kundenberater und das gleiche Einkaufserlebnis wie vor Ort im Geschäft. In der Filiale kann der Berater den Kunden zeigen, wie die online aufgefundenen Produkte wirklich ausschauen. Zusätzliche Use Cases sind denkbar (Carpathia Live, 2020). In Deutschland *hat* die Firme Livebuy in 2020 als Service-Provider schon Tchibo und Douglas als Kunden gewonnen. Zum Live-Shopping-Stream, der besondere Shopping-Deals von ausgewählten Marken anbietet, gelangen Kunden über die Homepage der Online-Shops (BI Live, 2020). Auch die Thalia-Buchgruppe hat Ende 2020 einen digitalen Buchshop mit Livechat gestartet. Die Kunden können online via Livechat mit dem Buchhändler in Kontakt treten. Dieser Service soll die Kundenbindung auch in Krisenzeiten weiter erhöhen. Vorteil des neuen Services ist der unmittelbare Dialog mit den fachkundigen Beratern – und das in Echtzeit. Zusätzlich kann der User dann direkt im Livechat bestellen und spart sich somit den Online-Bestellvorgang (Internetworld Thalia, 2020).

Store-to-Web ist klassischerweise mit einem physischen Ladenbesuch verbunden. Nicht wenige Internetnutzer suchen in Nicht-Corona-Zeiten vor ihrem Online-Kauf die „Touch-and-Feel"-Möglichkeit im Geschäft, auch wenn sie dort nicht kaufen und dann häufig als Beratungsdiebe verschrien werden. Ein gewisser Teil der heutigen E-Commerce-Umsätze ist sicherlich nicht nur auf die alleinige Leistung des Online-Kanals zurückzuführen, umgekehrt Offline-Umsätze im stationären Handel auch nicht mehr als einzige Leistung des Ladens. Insofern übernimmt der stationäre Handel auch manchmal die Rolle eines „Kaufvorbereiters". In diesem Fall kann ROPO dann als „research offline and purchase online" bezeichnet werden. So liegt der Anteil der Online-Umsätze, bei denen sich der Käufer zuvor im Laden informiert, bei immerhin rund 5 % des gesamten Non-Food-E-Commerce-Umsatzes, was umgerechnet mehr als 20 Mrd. EUR entspricht (vgl. Abb. 3.19). Ein Problem bei Store-to-Web-Services ist zweifelsohne, wenn Händler online nur Rumpfsortimente abbilden, sodass der im Laden vorgefundene Artikel mit hoher Wahrscheinlichkeit gar nicht im Online-Shop zu kaufen ist (brandeins, 2014; Heinemann, 2017). Kunden berichten darüber, regelrecht zum Kauf bei Amazon gezwungen gewesen zu sein, obwohl sie den Artikel gerne im Online-Shop des bevorzugten Händlers gekauft hätten.

3.3.4 Digital-in-Store- und Web-in-Store-Digitalisierung

Heute ist es fast normal, dass Kunden im Laden ihr Smartphone nutzen können. Damit können sie sich bei ganz fortschrittlichen Händlern sogar bis zum gewünschten Artikel navigieren lassen – so seit 2019 bei MediaMarkt im hessischen Gründau-Lieblos („In-Store-Navigation"). Im UK-Handel, wie z. B. bei Argos, ist es schon normal, einen Artikel an Terminals bzw. mit einem Smartphone online im Geschäft zu kaufen und ihn dann mit dem Smartphone zu bezahlen. Darüber hinaus kann der Kunde das mobile Internet im Laden nutzen, um Preisvergleiche und Zusatzinformationen einzuholen. Über Augmented-Reality- sowie Virtual-Reality-Funktionen kann er sich genauere Vorstellungen über das Produkt machen oder weitere Ideen generieren. In einer virtuellen Umkleidekabine wird ihm dann die Möglichkeit gegeben, interaktive Spiegel nutzen, um Kundenmeinungen einzuholen. Das hört sich zwar nach Science-Fiction an, wird aber in Einzelfällen schon angeboten.

- **Interaktive Touchscreen-Schaufenster:** Schaufenster spielen gewöhnlich eine wichtige Rolle für Kaufimpulse. Dennoch wurden sie bisher kaum in den Digitalisierungsprozess der Einzelhandelsgeschäfte einbezogen. Obwohl interaktive Schaufenster bisher noch nicht den großen Durchbruch hatten, hat ihre Entwicklung Fahrt aufgenommen und eröffnet neue Möglichkeiten. Sie sind ein Ansatz, um die Vorteile von online und offline miteinander zu verknüpfen und die Kunden durch ein neues Einkaufserlebnis wieder in die Innenstädte zu locken (Viewneo, 2017). Dank des IoT (Internet of Things) und der damit einhergehenden Netzwerkerweiterung können verschiedene Techniken miteinander kombiniert und so ein ganzheitliches Erlebnis geschaffen werden. Damit können Bildschirminhalte zukünftig auf festgelegte Ereignisse in Echtzeit reagieren. Durch die Digitalisierung der Schaufenster lassen sich neue Reize schaffen, die Kunden in das Geschäft zu locken. Mit dieser Technologie könnte direkt vor dem Shop online eingekauft werden. Vielleicht machen Passanten gerade einen Stadtbummel und das Geschäft hat schon geschlossen, aber die Schuhe im Schaufenster wollen sie sich sofort sichern, was via Smartphone auch möglich wäre (Heinemann, 2017; Viewneo, 2017). Doch das interaktive Schaufenster bietet den direkten Zugang mit nur einem „Touch" und lernt mittlerweile sogar sprechen, da es den Kunden jetzt auch die Interaktion per Spracherkennung möglich macht (Textilwirtschaft, 2016; Heinemann, 2017). Das Unternehmen verliert mit diesem Konzept nun keine potenziellen Kunden mehr, welche via Mobile einfach bei einem anderen Anbieter bestellen könnten. Interaktive Flächen, an denen Kunden über Touchscreen Zugang zum Internet haben, sind auch im Laden denkbar. Dies wurde etwa im Inspiration Store von eBay getestet, der auch ein gutes Beispiel für einen Showroom mit QR-Code-Kauf ist (eBay, 2014; Heinemann, 2017).

- **In-Store-Navigation-Anwendungen** helfen Kunden, sich selbst in Geschäften zurechtzufinden. Vor allem in großen Formaten wie SB-Warenhäusern, Baumärkten oder Möbelhäusern mit einer hohen Anzahl an verschiedenen Produkten sind Besucher häufig überfordert und würden sich derartige Unterstützung wünschen. Diese lässt sich seit einigen Jahren unter anderem über RFID-Chips (Radio-Frequency-Identification-System) umsetzen. RFID-Chips werden dabei an der Ware angebracht und können so vom Kunden über das mobile Internet geortet werden. Darüber hinaus kann der Kunde Informationen über Produkteigenschaften und Verfügbarkeit abrufen, die auf dem RFID-Chip hinterlegt wurden (Heinemann App, 2018). Dadurch wird es möglich, dass der Kunde das gesamte Sortiment im Geschäft durchsuchen und Informationen über Verfügbarkeit und Standort über die Produktseite abfragen kann. Der US-Warenhausbetreiber Macy's bietet seinen Kunden in seinem Flagshipstore am New Yorker Herald Square bereits seit 2014 eine Instore-Navigation auf Basis einer iPhone-App an (Retail Innovation, 2014; Heinemann, 2017). Diese wurde von dem Start-up Meridian entwickelt. Seit Mitte 2019 testet auch MediaMarkt eine Instore-Navigation. Die Kunden sollen sich künftig selbst per Smartphone mit einer speziellen App, die an eine Art ‚Google Maps für drinnen' erinnert, durch die Filialen navigieren können. Zusätzlich kann die App künftig auch bei der Inventur und bei der Abwicklung von Online-Bestellungen behilflich sein. Die damit gewonnenen Daten können zudem für das Category Management sowie für die zentrale Planung von Verkaufsflächen genutzt werden. Zentrales Element der App ist die sogenannte VLC-Technologie („Visible Light Communication"). Intelligente Deckenleuchten senden ein Licht mit unsichtbaren Identifikationscodes aus, die über die Smartphone-Kamera empfangen und ausgelesen werden. Dadurch lässt sich der Standort des Kunden bestimmen. In Abb. 3.23 ist die Lösung von MediaMarkt als Beispiel für eine In-Store-App dargestellt (Horizont IN, 2019; MediaMarkt IN, 2019).

Abb. 3.23 MediaMarkt als Beispiel für In-Store-Navigation. (Quelle: Horizont IN, 2019; MediaMarkt IN, 2019)

- **Digitale Preisschilder und dynamisches Pricing:** Digitale Preisschilder erlauben auch im stationären Handel dynamisches Pricing, wie es bisher nur bei Online-Händlern möglich war. Durch die Nutzung der Smartphones lassen sich Preise verschiedener Anbieter, unterstützt von Preisvergleichsseiten, jetzt auch stationär problemlos und schnell vergleichen. Aufgrund der dadurch steigenden Markttransparenz und des damit einhergehenden Wettbewerbsdrucks durch das mobile Internet erwarten die Kunden deswegen auch im Laden, dass die Preisspielräume der Anbieter Abschläge zulassen. Insofern wird dynamisches Pricing zukünftig auch im stationären Handel an Bedeutung gewinnen (Heinemann, 2017). MediaMarkt-Saturn ist mit dieser Technik vorne mit dabei, denn vor allem bei Elektroartikeln und Elektronik sind ,Amazon-getrieben' ständige Preisänderungen an der Tagesordnung. Zudem wäre jedes Click&Collect-System zum Scheitern verurteilt, wenn dieselben Produkte grundsätzlich im stationären Handel teurer zu haben wären. Sind die Preisschilder, wie im neu eröffneten Concept-Store in Eindhoven, mit der Mobile-Store-Mode-Anwendung verbunden, können Kunden sich während des Kaufvorgangs weitere Informationen über das Angebot auf ihr Smartphone laden, den Artikel online bestellen oder im Laden vor Ort kaufen (Ritschel, 2020). Vorteil für die stationären Händler ist der enorme Effizienzvorteil, da gewöhnlich sehr hohe Personalkostenanteile durch die Preisschilderpflege im Laden gebunden werden. Spätestens die 2020 erfolgte Mehrwertsteuersenkung stellte viele stationäre Einzelhändler vor große Probleme. So mussten sie an einem Tag die Preisschilder an der Ware ändern, sofern sie den Preisvorteil an ihre Kunden weitergeben wollten. Hier waren die Fachhändler im Vorteil, die mit digitalen Preisschildern arbeiteten. EZL (Electronic Shelf Label) heißt die Technologie, die dem stationären Einzelhandel ein neues Gesicht gibt. Sie ermöglicht nicht nur eine saubere Preisauszeichnung, sondern auch erklärende Texte und neben dem dynamischen Pricing noch ein verbessertes Tracking (ebd.).

- **Digitale Regalverlängerung:** Eine smarte Regalverlängerung wird durch Online- und Mobile-Shops möglich, die in der Lage sind, die räumlichen Grenzen aufzuheben und damit das Sortiment (theoretisch) unendlich zu erweitern. Deswegen versprechen sich auch Lieferanten und Großhändler zusätzliche Umsatzpotenziale über die digitale Regalverlängerung. Häufig können stationäre Händler nur einen Bruchteil der Herstellersortimente und Kollektionen zeigen, da die Flächen eben begrenzt sind. Über Terminals oder Tablets besteht dabei die Möglichkeit, den Kunden im Laden das gesamte Sortiment zu zeigen, obschon nur online, und die Ware auch direkt online zu ordern. Dies erfordert aber eine starke Einbindung des Verkaufspersonals, das die Kunden ja schließlich auf das verlängerte Regal aufmerksam machen muss (Textil-wirtschaft, 2016; Heinemann, 2017). Außerdem ist das zunehmende Fixkosten-problem durch abschmelzende Flächenumsätze nur durch kleinere Formate möglich, was vor allem für Warengruppen wie Möbel ein Problem ist, wenn sie im Geschäft viel Ausstellungsfläche benötigen. Dieses Dilemma könnte ein digitaler Screen lösen, der den Kunden die restlichen Produktvarianten online anzeigt und damit die Fläche erweitert. Vorteil ist, dass die virtuelle Regalverlängerung direkt am PoS installiert werden kann. Zudem können Verkäufer, die mit Tablets ausgestattet sind, auf die individuellen Wünsche der Kunden eingehen. Kunden der Möbelmarke Livique haben z. B. die Möglichkeit, ein einziges Sofamodell auf viele verschiedene Arten zu konfigurieren und Zusatzfunktionen je nach Belieben anzupassen. Kunden können sich vor Ort zudem selbst über Produkte informieren, indem sie diese mit ihrem Bar-code unter einen Scanner halten. Auch können Verbraucher weitere Informationen über Inhaltsstoffe, Nachhaltigkeit, Fair Trade oder Allergene erhalten (Ritschel, 2020; Internetworld POS, 2019).

- **Augmented Reality im Store** beruht auf einer Technologie, die über Smartphone-Apps das reale Umfeld mit virtuellen Elementen in Echtzeit verbindet. Sie kann auch als „computergestützte Erweiterung der Realitätswahrnehmung" bezeichnet werden. Die Nutzung von Augmented Reality im Mobile Commerce setzt eine im Smartphone integrierte Kamera voraus, die das Umfeld erfassen kann, was dann auf dem Smartphone-Display mit virtuellen Elementen überlagert wird. Diese können dabei geocodiert sein, sodass sie an bestimmten Standorten abrufbar sind. Möglich ist diesbezüglich auch eine automatische Erkennung von Gegenständen über die Smartphone-Kamera. Im Bekleidungshandel wird Augmented Reality zunehmend in virtuellen Ankleidezimmern von Online-Shops eingesetzt (eTailment AR, 2020). Der Körper wird dabei durch eine Webcam in Echtzeit erfasst, sodass die Kleidungs-stücke auf diesen überlagert bzw. virtuell aufgelegt werden können. Die integrierten Kameras erlauben diese Anwendung in der Regel auch auf Smartphones. H & M in New York nutzte bereits im Jahre 2010 die Augmented-Reality-App Gold Run, mit der die Kunden aufgefordert wurden, nach ausgewählten virtuellen Kleidungs-stücken zu suchen und mit weiteren interaktiven Handlungen auf diese dann einen Rabatt zu bekommen (Heinemann, 2013). Augmented Reality kann auch direkt am Point of Sale Anwendung finden, wie LEGO® das zum Beispiel als innovative Form der Produktpräsentation praktiziert hat. So ließ LEGO® bereits in 2008 in vielen Spielzeugläden Terminals aufstellen, mit denen die Kunden die noch verpackten LEGO®-Bausätze fertig zusammenbauen und betrachten konnten. Dazu mussten sie lediglich die Packung eines Bausatzes in die Kamera des Terminals halten. Dies funktionierte ohne geocodierte Informationen, sondern mithilfe der Produkt-erkennung durch eine Kamera. Im stationären Handel kann diese Art der Produkt-präsentation sicherlich umfassend und branchenübergreifend angewendet werden. Dadurch könnte in Ergänzung zur physischen Präsenz und dem sinnlichen Erleben der Produkte (Anfassen und Fühlen) ein weiterer Erlebnisfaktor am Point of Sale geschaffen werden. Seit 2017 nutzt IKEA mit der Place-App die Augmented-Reality-Technologie, damit Kunden passende Möbelstücke für die eigenen vier Wände finden. Insgesamt nimmt der Einsatz von Augmented Reality im stationären Handel zu. Damit können Produkte jeweils nur in einer Ausführung ausgestellt sein, um das haptische Erlebnis zu vermitteln. Weitere Produktvarianten können, z. B. im Mode-handel, dann über Magic Mirrors anprobiert werden (eTailment FS, 2020).

- **Magic Mirror:** Der Smart oder Magic Mirror stellt einen Spiegel als Einkaufsberater dar. Es handelt sich um eine Instore-AR-Lösung, die aber erst von einigen Vorreitern eingesetzt wird, um die Aufmerksamkeit der Kunden zu gewinnen. Intelligente Spiegel ermöglichen es den Kunden, Produkte anzuprobieren, ohne im Laden nach dem passenden Kleidungsstück suchen zu müssen. Sie brauchen damit auch Produkte nicht anzuziehen. Der Magic Mirror dient dabei als eine Art „Personal Shopping Assistant". Dieser gibt personalisierte Produktempfehlungen und bietet sich vor allem an, wenn keine oder nicht genug Umkleidekabinen aufgrund der limitierten Verkaufs-fläche im Geschäft vorhanden sind. Er soll damit das Kundenerlebnis erhöhen und zugleich Verkäufe fördern. Bei Zara in Mailand erkennen interaktive Spiegel per RFID einzelne Produkte und machen darauf basierend Vorschläge zu Accessoires und weiteren Kleidungsstücken (Internetworld POS, 2019; eTailment AR, 2020; Ritschel, 2020).

- **Virtual Reality im Store:** Ein großes Thema auf der Mobilfunkmesse in Barcelona war im Februar 2016 sicherlich die „Virtual-Reality-Brille" Oculus Rift. Die end-gültige Version dieses Wearables ist seit Anfang Januar 2016 für rund 700 € zu bestellen und wird seit März 2016 ausgeliefert (Heise, 2016; Heinemann, 2017). Facebook gab bereits im März 2014 bekannt, Oculus Rift für 2,3 Mrd. US$ zu über-nehmen, nachdem der Entwickler Palmer Luckey seine virtuelle Brille der Öffentlich-keit vorgestellt hatte. Benutzern wird durch das Holodeck das Gefühl vermittelt, sich nicht in einer virtuellen Welt, sondern in der Realität zu bewegen (ebd.). Zweifels-ohne waren die Oculus-Brillen zunächst nur für besonders realistische Spieledar-stellungen gedacht, weckten dann aber Ideen für andere Anwendungen, wie z. B.

im Ladenraum. Erste Tests des IFH Köln im Innovation Store in Pulheim, der als Gemeinschaftsprojekt des IFH Köln und des Händlers Knauber Freizeit angelegt war, sollten Anwendungsmöglichkeiten für Zukunft des Shoppings aufzeigen. Allerdings lief der erste Einsatz der Oculus Rift im Einzelhandel offensichtlich nicht so gut an, dass dementsprechendes Potenzial für den stationären Einzelhandel hätte abgeleitet werden können (Locationinsider, 2016; Heinemann, 2017). Mittlerweile findet die Technik jedoch Einsatz im US-Handel. So können die Kunden von Macy's Möbel in der virtuellen Realität auswählen. Dazu verwendet Macy's die „3D Cloud"-Lösung und Virtual-Reality-Anwendung von Marxent. Kunden geben dabei Größe und Grundriss des Raums auf einem Tablet ein, wonach der Raum dann als dreidimensionales Modell erscheint. Dort stellen sie dann virtuell Möbel ein, die sie kaufen möchten. Mit einer VR-Brille betreten sie den virtuellen Raum und probieren darin ihre Möbel aus (Internetworld POS, 2019).

- **Digital Signage:** Info-Displays und digitalisierte Plakate mit QR-Codes stellen eine Kombination aus klassischer Printwerbung mit digitalisierten Zusatzinformationen und konkreter Kaufmöglichkeit dar. Während digitale Info-Displays häufig als interaktive Kundenleitsysteme konzipiert werden, erhalten Kunden über QR-Codes auf Plakaten Informationen und Navigationshinweise und können zugleich ein beworbenes Produkt direkt kaufen. Dafür benötigen sie aber eine passende Marketingkomponente auf ihrem Mobile. Obi nutzt genau dieses Konzept, indem an Bushaltestellen Plakate mit integriertem QR-Code hängen, zum Beispiel zum Thema Hochteich. Während die Kunden auf den Bus warten, haben sie einige Minuten Zeit, den QR-Code zu scannen. Derartige Plakate finden sich auch zunehmend an Schaufenstern oder in Kundenaufzügen. Wichtig ist, dass Unternehmen dem Kunden einen Mehrwert über den Code bieten, wie zum Beispiel im Fall von Obi mit einer Selbstbauanleitung für den Hochteich (Heinemann, 2017). Ein gutes Beispiel stellen auch die virtuellen Fanshops von Hertha BSC dar. So hat der Club durch Plakate mit QR-Codes an allen 400 Berliner U-Bahn-Stationen sein Fanshop-Angebot in den Berliner Untergrund ausgeweitet (Kunhardt, 2012; Heinemann, 2017). Vor allem das Digital Signage bringt dem stationären Einzelhandel Ideen für das Zeigen von Bewegtbildern. Diese erzeugen eine höhere Aufmerksamkeit als statische Motive, wofür Digital-Signage-Installationen eine gute Grundlage bieten. Denkbar ist auch der Einsatz von Bildschirmen im Kassenbereich. Aber auch digitale Menübords im Restaurant und Stelen in Einkaufscentern sind mittlerweile fester Bestandteil im Handel. In der Regel werden die Anwendungen eher auf das Abspielen einer vorgefertigten Playlist reduziert, obwohl technisch viel mehr möglich wäre (Viewneo, 2017).

- **Smarte Online-Werbung.** In ihren Stores haben Händler zahlreiche Möglichkeiten, das Einkaufserlebnis positiv zu fördern. Dabei können z. B. interaktive Bildschirme eingesetzt werden. Der Tierbedarfsanbieter Musti ja Mirri aus Finnland bietet RFID-Anhänger als Hundehalsband an. Damit kann das Tier erkannt werden, wenn es das Geschäft betritt. So ist es möglich, den Hund auf einem großen Bildschirm zu begrüßen. Sind Daten über das Tier gespeichert, können dem Kunden individuelle

Angebote für seinen Hund gemacht werden. Auch über Beacons bzw. Bluetooth-basierte Signalstationen können Händler im Laden umfassend Informationen jeglicher Art zu Produkten online bereitstellen, aber auch gezielte Online-Werbung platzieren. Über ihre Smartphones sind Konsumenten zumindest theoretisch jederzeit adressierbar. Im Idealfall wird zur aktuellen Situation des Kunden ein Bezug hergestellt, der zeitlich, örtlich oder anlassbezogen ist. Befindet sich ein Kunde in der Nähe des Ladens, bietet es sich an, ihn per SMS, E-Mail oder Voicemessage mit einem personalisierten Angebot zu adressieren – am besten mit einem Rabattangebot auf eine passende Produktkategorie. Aufgrund der Warenverfügbarkeit und der Nähe dürfte es wahrscheinlich sein, dass der Kunde danach den Laden aufsucht. Diese Aktivierungsmethode ist auch unter dem Namen Geo-Fencing bekannt und erfordert einen vorherigen Opt-in-Prozess, bei dem der Kunde seine Daten für die mobile Kontaktaufnahme freigibt (Internetworld POS, 2019).

- **Virtuelle Umkleidekabinen im Store** sollen die Vorteile des Online-Shopping an den POS bringen (Textilwirtschaft, 2016; Heinemann, 2017). Bei Zara/Inditex wurden bereits 2016 die ersten Umkleidekabinen mit Touchscreens ausgestattet, auf denen die Kunden ihre Ware in neuen Größen und Styles ordern können. Beim Modehändler Adler wurden ebenfalls sehr früh interaktive Umkleidekabinen getestet. Seitdem stellt Adler seinen Kunden in den digitalen Umkleidekabinen Self-Service-Systeme zur Verfügung. Diese können damit Artikelinformationen wie Produktbilder, Farben, Größen, Cross-Selling-Artikel und Verfügbarkeiten einsehen. Zusätzlich kann jederzeit ein Verkäufer gerufen werden. Über einen 23 Zoll großen Touchscreen werden dem Kunden komplette Outfitvorschläge gemacht. Ansonsten spielt das System Werbung aus. Im Kabinenbereich zeigt ein angebrachtes Tablet den Kundenberatern, ob die Kabine frei oder besetzt ist. In der Kabine gibt es einen Spiegel mit Touch-Funktion oder ein Self-Service-Terminal neben dem Spiegel. Mittels RFID-Etikett erkennt das System, welche Teile der Kunde mit in die Umkleidekabine genommen hat. Im Digital Signage werden dann passende Kleidungsstücke aus derselben Kategorie angezeigt. Der Kunde kann per Touch-Funktion einen Self-Service Client aufrufen. Dieser liefert dann weitere Produktinformationen, Größen, Farben, Cross-Selling-Angebote oder Verfügbarkeiten. Für stationäre Händler besonders interessant erscheint die Möglichkeit einer vernetzten Umkleidekabine, wie sie Karstadt im Düsseldorf testete. Dabei setzte Karstadt auf spiegelnde Touchscreens in den Kabinen, die Styling-Vorschläge anboten. Darüber hinaus stellten sie zusätzliche Informationen zu Produkten sowie einen Zugang zum Online-Shop bereit (Textilwirtschaft, 2016; Internetworld POS, 2019).

- **Mobile Payment:** Das Mobile Payment ist ebenfalls ein Beispiel für Digital-in-Store-Leistungen. Während sich Mobile Payment lange Zeit nicht in Deutschland durchsetzen konnte, gab Covid-19 offensichtlich den Auslöser, dass mobile Bezahlverfahren jetzt auch hierzulande in Gang kommen, wenn auch mit starkem Zeitverzug (Computerwoche, 2016; Heinemann App, 2018). Bisher behinderte unter anderem die Bargeldlastigkeit in Deutschland die Penetration von Mobile Payment.

Seit 2018 bezahlen allerdings bereits mehr Kunden mit der Karte als mit Bargeld, trotzdem blieben immerhin 48,3 % noch beim Cash. Und Mobile Payment tauchte dabei gar nicht auf (Abb. 3.24). Seit der Corona-Pandemie nutzt aber fast die Hälfte der Deutschen (48 %) Mobile Payment über das Smartphone oder das Wearable. Je jünger die Nutzer sind, desto beliebter scheint mobiles Bezahlen zu sein. So setzen in der Altersgruppe der Befragten zwischen 30 und 39 Jahren bereits sieben von zehn Deutschen (72 %) das Smartphone an der Kasse ein, sofern das möglich ist. Leider drückt der Mangel an Akzeptanzstellen immer noch die Verbreitung, aber die Kunden werden zweifelsohne die weitere Verbreitung erzwingen, denn wesentliche Gründe der Smartphone-Zahler sind die Bequemlichkeit sowie der Zeitfaktor. Dabei ist PayPal die beliebteste Mobile-Payment-Anwendung, die immerhin von 88 % der mobilen Bezahler genutzt wird. Auf Platz 2 bei Mobile Payment kommt die Nutzung des NFC-Chips des Mobilgeräts oder Wearables (23 %) (IT-Finanzmagazin, 2020).

- **Kontaktloses Bezahlen und Self-Check-out:** Nicht erst seit Beginn der Corona-Pandemie verabscheuen Kunden das Schlangestehen an der Kasse. Deswegen bieten immer mehr stationäre Händler für technikaffine Kunden den mobilen Self-Check-out an, wie z. B. Saturn erstmals in Hamburg. Dort können die Kunden mit „Saturn Smart Pay" die Produkte direkt am Regal bezahlen. Dafür gibt es eine Saturn-Smart-Pay-App, die vorher heruntergeladen, auf dem Smartphone installiert und von den Kunden registriert werden muss. Damit scannen Kunden den Barcode am Produkt mit der Smartphone-Kamera oder berühren das digitale Preisschild des Produkts mit einem NFC-fähigen Smartphone, um den Artikel aufzurufen. Sobald alle Produkte eingescannt sind, wird mit der Kreditkarte, mit Paypal oder mit Google Pay bezahlt. Der Self-Check-out erfolgt also komplett über das eigene Smartphone (Internetworld POS, 2019).

Abb. 3.24 Umsatzanteile der Zahlungsarten im deutschen Einzelhandel 2018 in Prozent. (Quelle: Welt Cash, 2019)

- **Self-Scan:** Mit dem Self-Scan wird im deutschen Lebensmittel-Einzelhandel und bei ausgewählten Drogeriemärkten vorerst noch kein nahtloser Self-Ceck-out, sondern eher eine Zwischenlösung angeboten. Dabei wurde bei mehreren Anbietern Ende 2020 das sogenannte Scan & Go eingeführt. Dabei können Kunden schon am Regal ihre Lebensmittel scannen, wahlweise per Handscanner oder mit dem eigenen Smartphone. Bezahlt wird aber noch an der Kasse, allerdings einer Express-Kasse, einem sogenannten Self-Check-out-Terminal. Die Rewe-Tochter Penny war offensichtlich der erste Anbieter, die EDEKA-Tochter Netto und dann REWE folgten. Seit Januar 2021 bietet auch DM – vorerst aber nur in ausgewählten Märkten – Scan & Go an. Einziger Haken bei REWE und DM ist allerdings, dass Kunden dafür ein aktives Payback-Konto benötigen und im besten Fall noch während des Einkaufs die Payback-App oder eine Payback-Karte aktivieren. Haben Kunden kein Smartphone dabei oder möchten sie keines nutzen, können sie ihre Payback-Karte am entsprechenden Terminal im Eingangsbereich einscannen. Daraufhin wird ihnen eine Scanpistole ausgehändigt, mit der sie dann einkaufen können. Zahlen müssen sie dann ebenfalls an einer Selbstbedienungskasse. Dabei wird ein Code am Terminal abgescannt, den der Scanner erstellt hat. Die Bezahlmethode ist dann frei wählbar. Wird das eigene Smartphone genutzt, müssen die Kunden den Code mit der Payback-App am Eingang abscannen. Damit sparen Kunden Zeit, weil sie ihre Waren nicht mehr zusätzlich auf das Kassenband legen müssen. Die Konzepte von REWE, DM, Netto und Penny unterscheiden sich kaum. Wesentlicher Unterschied ist wie beschrieben nur, dass die Lösungen von Rewe und DM zwingend eine Payback-Karte erfordern (Chip. de Selfscan, 2020).

Web-in-Store-Digitalisierung

Wenn ROPO-Kunden ihren stationären Einkauf im Web vorbereitet haben und mit ihrem Smartphone den stationären Händler ihrer Wahl aufsuchen, darf die Digitalisierung nicht an der Ladentür aufhören. Die Kunden von heute erwarten, dass sie sowohl WLAN und guten Empfang im Laden haben, als auch ohne Bedenken ihr Smartphone im Store nutzen können. Händler haben damit allerdings auch die Chance, lokal basierte Werbung zu betreiben oder Location-based-Services anzubieten. Zugleich werden sie in die Lage versetzt, den Kunden zu tracken und damit wertvolle Kundendaten generieren zu können.

- **Lokal basierte Werbung:** Das sogenannte Mobile Advertising macht es möglich, Kunden auf ihren mobilen Endgeräten zu erreichen und dabei Werbebotschaften kontextuell auszuspielen (Heinemann, 2017; Heinemann App, 2018). Damit kann der Händler den Kunden in seiner Nähe zielgenau ansprechen. Diesbezüglich wird immer wieder die iBeacons-Lösung ins Spiel gebracht und als Alternative zu freiem WLAN im Laden diskutiert. Dabei ist WLAN sicherlich interaktiver ausgerichtet, erlaubt aber den Zugriff auf unterschiedliche Netze, sodass der Kunde im Zweifel nicht immer erreichbar ist. Auf der anderen Seite erwarten Kunden heutzutage in erster Linie vom stationären Händler freies WLAN und aktive Interaktionsmöglichkeiten (kaufDA, 2018), sodass Händler im Grunde beide Technologien einsetzen sollten. Über iBeacons können dann die Kunden im Laden identifiziert und individuell bespielt werden, wodurch es sich bei dieser Werbeart eigentlich eher um eine moderne Form des Ladenfunks handelt und Kunden dabei einseitig „bespielt" werden. Lokal basierte Werbung kann auch GPS-Daten nutzen. In Verbindung mit KI werden damit Kontext und Nähe ein wichtiges Instrument der Kundenadressierung sein, insbesondere bezüglich Spontankäufern. Ein zunehmendes Problem ist allerdings, dass 22 % der User auf dem Smartphone einen Ad-Blocker einsetzen. Push-Funktionen sind bei den Befragten nicht beliebt, denn sie sehen diese als Zeitverschwendung und nervig an. Kunden möchten lieber die Kontrolle über den Zeitpunkt der Informations-beschaffung behalten und bevorzugen deswegen Pull-Funktionen (Heinemann, 2017; Heinemann App, 2018; kaufDA, 2018). Dabei möchten sich Konsumenten durchaus mit Produktinformationen auseinandersetzen, sofern diese als beschäftigungswert angesehen werden. Vor allem passende persönliche Empfehlungen sind erwünscht. Dies deutet darauf hin, dass Push-Notifikationen auch wegen des eher unpersön-lichen Inhalts auf Ablehnung stoßen. Immerhin ein Viertel der Befragten wünschen sich persönliche Empfehlungen, die maßgeschneidert für die eigenen Wünsche und Interessen sind. Weiterhin ist für sie eine Vereinfachung der Suche („Komplexitäts-reduktion") mit lokalem Bezug interessant. Demnach erwartet ein Viertel der User eine Vorauswahl der vielen Angebote am Standort. Dies zeigt enorme Potenziale für kuratierte Werbung. Diese kann sowohl in Push- als auch Pull-Notifikation bereit-gestellt werden. Für Händler und auch Portale ist es ratsam, Energie in relevante Inhalte respektive Angebote für kleinste Kundensegmente zu stecken (kaufDA, 2018).

- **LBS – Location-based Services:** LBS sind Dienste, die auf App-Basis die Standort-informationen des Users nutzen, um ihm ortsbezogene kaufrelevante Informationen zur Verfügung zu stellen. Diese erlauben es, den Kunden ihren stationären Einkauf zu erleichtern und ihnen Anreize zu geben, weiterhin stationär einzukaufen. Darüber hinaus ermöglichen LBS stationären Händlern eine Verbesserung der Kunden-zufriedenheit bei gleichzeitiger Senkung des Mittelaufwands (Heinemann App, 2018; kaufDA, 2018). Dieses erhöht die Kundenloyalität sowie auch die Anzahl der Stammkunden. Wichtiger Baustein der Location-based Services ist zweifels-ohne die Lokalisierungsfunktion. Sofern die Smartphone-Nutzer zustimmen, kann damit auf orts- und situationsbezogene Daten zurückgegriffen werden. Diese lassen sich mit sozialen Informationen und Empfehlungsprozessen verknüpfen. Damit werden personalisierte und passgenaue Kundenempfehlungen möglich. Denkbar sind neue Kommunikations- bzw. Transaktionsstätten, effiziente Mobile-Marketing-Maßnahmen, lokale Sortimente und attraktive Echtzeitangebote. Viele Händler besitzen allerdings keine Kundendaten oder sehen in „Big Data" ein ungelöstes Problem. Genau hierfür liefert Bonial Hilfestellung mit der Möglichkeit, lokale Angebotskommunikation datengesteuert und personalisiert aussteuern zu können.

Dieses erfordert keine Kenntnisse über standortbezogene Dienste, obwohl die Zahl der Befragten, die Location-based Services kennen, mit 44 % recht hoch ist. Der gestützte Bekanntheitsgrad von kaufDA liegt immerhin bei 46 %. Dabei nutzen rund 33 % der befragten Internetnutzer regelmäßig (mind. einmal im Monat) die App von KaufDa und 24 % die KaufDA-Website (kaufDA, 2018).

- **Data-Management-Plattform:** Während insgesamt die Printwerbung zurückgeht, erfüllt die App von Bonial zum Beispiel mehr und mehr die Kundenwünsche nach einem digitalen Marktplatz. Typische Produkt-Features sind diesbezüglich die Suche und das Finden von lokalen Angeboten sowie wichtigen Filialinformationen, wie u. a. Öffnungszeiten und Verfügbarkeiten. Darüber hinaus können User Favoriten setzen und sich zum Online-Shop des gesuchten Händlers verlinken. Zudem ist es ihnen möglich, auf der Plattform eine Einkaufsliste zu erstellen (Handt, 2017). Insgesamt vermittelt Bonial bis zu 800 Mio. Shopping-Signale pro Monat. Diese generieren sich aus 33 Mio. App-Downloads, die in Deutschland von 8 Mio. aktiven Usern genutzt werden. Diese generieren mit 1,6 Mrd. Prospektöffnungen und 19 Mrd. gelesenen Prospektseiten insgesamt 1,3 Mrd. Store Visits sowie 1,1 Mrd. Interaktionen in den Prospekten pro Monat (ebd.). Die massive und zugleich intensive Nutzung der Plattform ermöglicht es Bonial, aussagekräftige Kampagnen-Statistiken zu erstellen und seinen Kunden zur Verfügung zu stellen. Diese zeigen exakt an, wie viele Nutzer deren Werbemittel während einer Kampagne auf kaufDA und MeinProspekt gelesen haben. Führende Marktforschungsinstitute validieren die internen Messungen. Dementsprechend entwickelt sich Bonial zunehmend zu einer Management-Plattform und agiert dabei nicht nur als Location-based-Service-Anbieter, um aktuelle Tagesangebote vor Ort sichtbar zu machen. Zusätzlich optimiert kaufDA auch datenbasiert die digitale-Prospektdarstellung und stellt den Händlern eine Fülle von Features bereit, die für interaktive Werbung genutzt werden kann. Darüber hinaus ermöglicht die Plattform es den Kunden, ihren Händler über spezielle Suchfunktionen zu finden und sogar schon per Produkt-Link mit ihm verbunden zu werden. Bonial deckt damit die gesamte Customer-Journey ab und ermöglicht den Kunden neben der gezielten Produkt- und Händlersuche auch umfassende Inspirationen bzw. Kaufanregungen. Der stationäre Handel hat insofern die Möglichkeit, mithilfe eines Multi-Channel-Konzeptes die Potenziale des Mobile Commerce mit in das stationäre Geschäft zu transportieren. Dementsprechend bieten neue Technologien und Formate in Filialen Zusatzservices und Interaktionsmöglichkeiten an. Dieses ist z. B. über Mobile Apps oder Instore-Terminals möglich (Heinemann App, 2018). Vor allem kanalübergreifende Services, wie u. a. Online-Informationen über Filialbestände, das Zusammenstellen individueller Sortimente sowie die Abholung und Rückgabemöglichkeit im Store, können den Kunden echte Mehrwerte bieten. Mobile Maßnahmen und Anwendungen im stationären Handel sind vielfältig und werden in Abb. 3.25 zusammenfassend dargestellt.

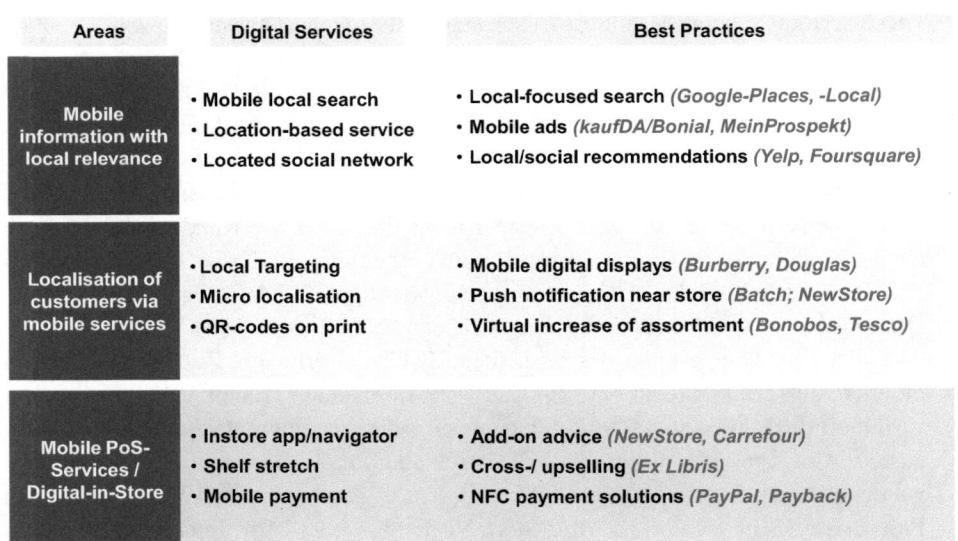

Areas	Digital Services	Best Practices
Mobile information with local relevance	• **Mobile local search** • **Location-based service** • **Located social network**	• **Local-focused search** *(Google-Places, -Local)* • **Mobile ads** *(kaufDA/Bonial, MeinProspekt)* • **Local/social recommendations** *(Yelp, Foursquare)*
Localisation of customers via mobile services	• **Local Targeting** • **Micro localisation** • **QR-codes on print**	• **Mobile digital displays** *(Burberry, Douglas)* • **Push notification near store** *(Batch; NewStore)* • **Virtual increase of assortment** *(Bonobos, Tesco)*
Mobile PoS-Services / Digital-in-Store	• **Instore app/navigator** • **Shelf stretch** • **Mobile payment**	• **Add-on advice** *(NewStore, Carrefour)* • **Cross-/ upselling** *(Ex Libris)* • **NFC payment solutions** *(PayPal, Payback)*

Abb. 3.25 Mobile Maßnahmen und Anwendungen im stationären Handel. (Quelle: Heinemann App, 2018 in Anlehnung an Haug, 2013)

- **Interaktive Kommunikationsplattform:** Die Online- und Offline-Interaktionen im Zusammenhang mit den Bonial-Plattformen steigern zum Beispiel den Kundenwert und schaffen Mehrwert für die Händler. Die Kunden haben die Möglichkeit, alle relevanten Informationen der Händler in ihrer Nähe zu erhalten. Sie können Produkte und Sonderangebote entdecken sowie zu Followern von Händlern und Marken werden, um keine Angebote zu verpassen. Sie können nicht nur stöbern, sondern sich gezielt in den Shop eines Händlers verlinken lassen. Kunden schätzen es zudem, dass kein Papier verbraucht wird. Demgegenüber schaffen die Plattformen den Händlern ebenfalls umfassende Mehrwerte. So sind die Kosten pro Engagement vergleichsweise gering. Darüber hinaus generiert das Engagement eine stärkere Nutzung, die sich durch Push- und CRM-Notifications noch befeuern lässt. Dadurch werden kaufDA und MeinProspekt nicht nur Inspirationsquellen für die Shopper, sondern treiben wiederum die Omni-Channel-Käufe (Handt, 2017). Beispiele aus dem DIY-Bereich zeigen, dass 47 % der User nur gekauft haben, weil sie den digitalen Prospekt genutzt hatten, und sogar 30 % deswegen mehr gekauft haben. Die Cross- und Up-Selling-Potenziale liegen insofern sprichwörtlich auf der Hand. Diesbezüglich stellt sich das tiefe Nutzer-Engagement mit dem Content als Treiber der Einkaufsfrequenz dar und führt zu überdurchschnittlichen Conversion-Raten von bis zu 30 %. Hinzu kommt, dass viele Verbraucher nicht mehr mit dem klassischen Handzettel zu erreichen sind und die Plattformen von Bonial bis zu 54 % neue Zielgruppen erschließen. Zudem wirken die digitalen Formate der Handzettel in der Regel besser als die klassischen Formate. Während die durchschnittliche Steigerung der Kaufwahrscheinlichkeit von Personen mit Kontakt gegenüber Personen ohne Kontakt bei einem klassischen Handzettel auf rund 1,25 kommt, liegt sie bei kaufDA und MeinProspekt bei 1,67 bzw. 1,96. „Bonial Connect" bietet Händlern als neue Lösung die Möglichkeit, mit dem eigenen Handzettel auf der Homepage die Reichweite um bis zu 44 % zu steigern. Das Tool „Bonial Dynamics" gibt den Unternehmen darüber hinaus detaillierte Analysedaten an die Hand. Damit lassen sich gezielt Optimierungen in der Darstellung vornehmen, um die Klickzahlen zu steigern oder einen Produktaustausch vorzunehmen, wenn die Klickrate zu niedrig ist. Wesentlicher Mehrwert ergibt sich daraus, dass Bonial seinen Nutzern einen höheren Durchschnittsbon als Print-Handzettel-Nutzern zeigt. Zudem kaufen Bonial-Nutzer mit geringerem Umsatzanteil von Promotionware mehr als Handzettel-Nutzer. Zudem kaufen: Bonial-Nutzer mehr „Restsortiment" zum Normalpreis (ebd.).

- **Tracking in Store:** Gängige Web-Analytics-Werkzeuge liefern im Online-Handel Informationen zum Klickverhalten der Website-Nutzer, deren Abbruchverhalten sowie zu den Schwachstellen der Website im Wettbewerbsvergleich. Über das Kunden-Tracking lassen sich neben den Visits und Visitors (Besuche und Besucher) unter anderem auch die Page Impressions (Seitenaufrufe), Conversion Rate, Verweildauer sowie Bounce Rate und Click-Through-Rate (CTR) ermitteln (Heinemann, 2017). Die darüber gewonnenen Daten stellen eine gute Basis für die Optimierung der Website sowie die Verbesserung der Navigation dar. Web-Analytics-Methoden sind deswegen ein unverzichtbares Hilfsmittel zur Feinsteuerung aller Online-Marketingmaßnahmen. Sie helfen, Kunden besser zu verstehen und damit den Shop kundenzentrierter auszurichten, und werden genutzt, um einen Online-Shop zielgerichtet und budgetkonform zu betreiben. Das Web Analytics liefert damit wichtige Informationen zur Optimierung der Usability und zur qualitativen Verbesserung des Online-Shops (Heinemann OH, 2021). Die Firma Crosscan aus Witten (www.crosscan.com) ermöglicht es nach dem Prinzip von Web Analytics nun auch stationären Händlern, eine Besucherzählung, Laufwegerkennung sowie eine Verweildauermessung durchzuführen. Anhand der Personenzählung ist es möglich, im Abgleich mit der Kassenregistrierung die Store Conversion zu messen. Diese erfolgt – ähnlich wie die Laufwegerkennung – auf Basis von WiFi-Tracking-Systemen oder Customer-Flow-Sensoren, die alle Bewegungen in der Filiale festhalten. Somit kann auch die Verweildauer gemessen und einzelnen Abteilungen oder Produkten zugeordnet werden. Dafür liefert die iBeacon-Technik die technische Voraussetzung, über die der Händler auch mit dem Kunden kommunizieren und ihn auf Angebote hinweisen kann. Neben einer Kundenanalyse nach Besucherfrequenzen, Kauf- und Besuchshistorie, Personaleinsatzplanung sowie Wetteranalysen sind auch Filialdatenanalyse inklusive Umsatzanalyse und Sortimentsperformance möglich. Wie in Abb. 3.26 dargestellt wird, ist mit den Erkenntnissen der neuen Messtechnik ein umfassendes „Digital-in-Store"-Konzept umsetzbar, das in Ergänzung mit elektronischen Preisschildern den „Smart Store" hervorragend ergänzt. Sie bildet die Basis für den nächsten Schritt, nämlich die Umsetzung einer ultimativen Usability und Offline-Kundenzentriertheit (Crosscan, 2021).

1. **iBeacon**
   Direct customer communication, hints
   for actual and special offers

2. **Electronic price labels (ESL)**
   Dynamic pricing
   (for each product in every store)

3. **Customer flow tracking**
   WiFi tracking or
   customer flow sensors

4. **Counting of visitors / measurement of visits**
   Counting of visitors/ measurement of visits with
   WiFi tracking or customer flow sensors

5. **Digital Signage**
   TV, live.ticker, banner/ trailer promo, instore
   radio, recommendations, checkout

6. **Cross and up selling**
   Identification of customers, individual advices,
   recommendations, customer interaction

Abb. 3.26   Digital POS – die intelligente Filiale. (Quelle: Crosscan, 2021)

- **Instore-Apps** gehen in der Regel über Navigation hinaus und kombinieren häufig verschiedene Anwendungen. Der US-Modeanbieter Neiman Marcus hat eine In-Store-App entwickelt, mit der Kunden in Kontakt mit einem Verkaufsberater treten können, sobald sie sich einer Filiale von Neiman Marcus nähern. Die App mit dem Namen Connect dient auch der kundenorientierten Unterstützung seiner Verkaufs-mannschaft. Die auf der Lokalisierung von Kunden aufgebaute App liefert dem Ver-kaufspersonal Informationen über Kundenpräferenzen, wozu Kunden vorher eine Kunden-App downloaden müssen. Dabei können zwei Optionen gewählt werden. Zum einen besteht die Möglichkeit, dass die Verkaufsmitarbeiter informiert werden, wenn der Kunde den Laden betritt. Zum anderen gibt es die Ausführung, dass Mit-arbeiter aktiv in einen Check-in gehen können, wenn Kunden persönlich beraten werden möchten. Dabei wird der Verkaufsberater über die Interessen und Neigungen, Shares und Likes sowie die Kaufhistorie des Kunden informiert, wozu der Social Graph des Kunden direkt am POS verfügbar gemacht werden muss. Auf Kundenseite ist transparent, welche Mitarbeiter gerade verfügbar sind oder in Kürze für ein Ver-kaufsgespräch gebucht werden können. Auch können die Kunden anhand von QR-Codes spezielle Produktinformationen abrufen und sich über Trends oder neue Ware informieren. Diese Informationen werden auch den Verkaufsmitarbeitern zugäng-lich gemacht, die dann kundenspezifische Empfehlungen und eine individualisierte Beratung geben können. Dieses Beispiel zeigt, wie vor allem stationäre Händler Navigationshilfen mit persönlicher Beratung kombinieren können (Mashable.com, 2013; Neimanmarcus.com, 2021).

- **Online-Buy-in-Store:** Online-Kauf im Laden und Zahlung mit QR-Codes sind in dem Zusammenhang schon seit Jahren viel diskutierte Themen. Dabei ist der Kauf im Laden entweder über das eigene Smartphone oder an Terminals bzw. durch das Ladenpersonal bereitgestellten mobilen Geräten möglich. Online-Buy-in-Store kann sowohl in ein Click & Collect (Sofortmitnahme) als auch in ein Ship-from-Store (Lieferung aus der Filiale) münden. Hier ist lediglich die Distanz zum gekauften Produkt kleiner und ein Touch & Feel oder sogar Anprobieren möglich. Zunehmend kaufen Kunden im Laden per Smartphone ein und lassen dann nach Hause liefern. Die Frage, warum Konsumenten online im Laden anstatt direkt online von zu Hause einkaufen sollten, beschäftigt zwar die Experten, aber Kunden tun dies einfach zunehmend. Aufgrund der online-bedingten Umsatzrückgänge werden zukünftig Ladenformate wahrscheinlich kleiner werden. Läden mit einem angeschlossenen Lager, wie wir sie derzeit kennen, wird es in Zukunft wahrscheinlich schon aus Kostengründen nicht mehr geben können. Insofern werden sich sehr wahrscheinlich stationäre Ladenflächen zunehmend zu Showrooms wandeln, in denen der Kunde dann sein Touch-and-Feel-Erlebnis hat: Hier sind alle Produkte ausgestellt, aber jedes nur einmal. Kunden können nach Belieben testen sowie aus- und anprobieren. Entscheiden sie sich für das Produkt, können sie es problemlos und ohne zu warten direkt im Showroom mit ihrem Smartphone zum Beispiel über einen QR-Code kaufen. Ihnen wird dann ein neues Exemplar geliefert – in den Laden, nach Hause oder an jeden anderen Ort ihrer Wahl. So wird es auch im Inspiration Store von eBay praktiziert, der Ende 2014 im Weserpark Einkaufszentrum in Bremen getestet wurde (eBay, 2014). Neben dem reinen Kauf ist neuerdings auch die Bezahlung per QR-Code möglich. So bietet Paypal seit Mitte 2020 kontaktloses Bezahlen via Smartphone und QR-Code an, was damit auch eine Art des kontaktlosen Bezahlens ist (IT-Magazin, 2020)
- **Ship-from Store:** Ship-from-Store bezeichnet die Belieferung der online bestellten Ware aus dem Geschäft bzw. Store. Online-Kunden erhalten die Waren ihrer Bestellungen aus der nächstgelegenen Filiale des Händlers. Das erfordert ein performantes OMS (Order Management System), in dem alle Informationen an zentraler Stelle kanalübergreifend zusammenfließen und das damit den On- und Offline-Verkauf effizient miteinander verbindet. Es kann dazu beitragen, hohe Warenbestände in den stationären Shops abzubauen. Bei vorrätigen Konsumgütern ist die Belieferung aus dem Laden in der Nähe zudem erheblich schneller als von irgendeinem Zentrallager möglich und eine potenzielle Abwehrmaßnahme gegen die Same Day Delivery der großen Online Pure Players. Die Befragten der letzten kaufDA-Studie wünschen sich zum Beispiel mehrheitlich, über Liefermöglichkeiten informiert zu werden, die sie beim Kauf im Laden nutzen könnten (kaufDA, 2018). Diese Erwartungen legen die Kunden zunehmend auch an stationäre Händler an. Erfahrungsgemäß realisiert Ship-from-Store hohe Umsatzpotenziale bei vergleichsweise niedrigem Implementierungsaufwand. Im Grunde wird Ship-from-Store bereits im KfZ-Handel und bei Haushaltsgeräten angeboten. Kunden bekommen das Produkt persönlich

nach Hause gebracht und erklärt. Dieser Service kann auch Bestandteil von Remote Services sein.

- **Remote Services:** Tesla hat auf seinem Heimatmarkt damit begonnen, seine Stores in reine Showrooms mit beratendem Personal umzuwandeln und nur noch online zu verkaufen. Dort werden Probefahrten ermöglicht – den Kauf erledigt der Kunde ausschließlich im Internet. Die Tesla-Kundschaft sei es ohnehin gewöhnt, Dinge im Internet zu bestellen. Für Probefahrten wird das Fahrzeug nach Hause geliefert und zu reparierende Fahrzeuge werden von zu Hause abgeholt. In den USA bekommt der Tesla-Kunde sein Neufahrzeug nach dem Online-Kauf innerhalb eines Tages nach Hause geliefert. Sollte er das Fahrzeug doch nicht wollen, bekommt er den vollen Kaufpreis ersetzt, wenn er seinen Tesla nach einer Woche und einer Laufleistung von nicht mehr als 1000 Meilen (1609 km) wieder zurückgibt (AMS, 2019).

- Das was Tesla erfunden hat, bietet jetzt auch Rosebikes mit der Möglichkeit einer Terminvereinbarung an. Mit „Rose@Home" wird nicht nur ein kostenloser mobiler Beratungsservice angeboten, sondern auch die Möglichkeit, das Wunschbike direkt vor der eigenen Haustür zu testen (Rosebikes Corona, 2021). Zudem können sich die Kunden vor Ort von Bike-Experten beraten lassen. Dabei kann das Bike direkt bestellt oder aber ein Termin für einen späteren Kauf im Store vereinbart werden. Aber auch ao.com ist schon lange auf dem Remote-Servicetrip und bietet neben persönlicher Lieferung und Anleitung auch Altgerätemitnahme, Einbau-Komplettservice, Anschlussservice sowie Montageservice an (ao.com, 2021).

- **Vollautomatisierter Store:** Die Smartphone-Technologie ermöglicht die Entwicklung völlig neuer stationärer Formate. Der US-Systemanbieter Hointer nutzte dieses bereits für die Erfindung des ersten voll automatisierten Modeladens, in dem die Kunden im QR-Scan-Retail-Verfahren mit ihren Smartphones einkaufen können (Seattlemag, 2018). Als Jeans-Store für Männer wurde der erste Hointer-Laden bereits im Oktober 2012 eröffnet. Der Laden sieht auf den ersten Blick wie ein ganz normaler Showroom aus, in dem jeweils ein Referenzteil pro Produkt präsentiert wird. Jede Jeans ist mit einem QR-Code versehen. Diesen können die Kunden scannen, wozu sie vorher eine mobile App von Hointer downloaden müssen. Nach dem Scannen des QR-Codes wird der Kunde nach der Größe und Farbe gefragt. Drückt der Kunde den Button „try-on", wird überprüft, ob das gewünschte Produkt vorrätig ist. Daraufhin erhält der Kunde die Information, in welcher freien Umkleidekabine er seine Jeans findet. Zwischenzeitlich holt ein Roboter bzw. selbstfahrender Einkaufswagen das gewünschte Produkt aus dem vollautomatisierten Lager und bringt es in einer Box direkt in die reservierte Umkleidekabine. Passt die Jeans, kann der Kunde sie mitnehmen oder – wenn sie ihm nicht gefällt – in die Box zurücklegen. Darin wird sie dann zurück in das Lager gebracht (ebd.). Hointer zeigt ein völlig neues und innovatives Einkaufserlebnis am POS auf, bei dem die bisherigen Verhaltensmuster aufgebrochen werden. Kunden haben die Möglichkeit, schnell und selbstbestimmt einkaufen zu können. Das wird zu einem günstigeren Preis als in einem Laden mit Bedienung garantiert (ebd.). Das Hointer-Konzept lässt Raum für weitere Entwicklungen. Vor allem in der Corona-Krise wurde dieses dankbar auf-gegriffen. So eröffnete Migros im Februar 2021 den ersten vollautomatisierten Laden namens „Voi Cube". Es handelt sich um einen Mini-Supermarkt ohne Personal mit 500 Artikeln auf 18 Quadratmetern. Die Kundschaft kauft per App auf dem Smart-phone ein. Nach dem Herunterladen der App erhalten Kunden über einen QR-Code Zugang zum Geschäft. Waren werden über das Smartphone eingescannt und an der SB-Kasse bezahlt. In 2019 eröffnete bereits die Valora-Gruppe einen ähnlichen begehbaren Automaten mit dem Namen Avec Box (Handelszeitung Migros, 2021).

3.3.5 Smart Stores und intelligente Geschäftsmodelle als Kür

Im Smart Store geht es darum, alle skizzierten, digitalen Einzellösungen zu einem stimmigen Gesamtkonzept zusammenzuführen. Eine Schlüsselrolle spielt dabei sicher-lich das Smartphone in Verbindung mit einer Master-App des Händlers, in der alle relevanten Funktionen zusammenlaufen. Die Devise „Every store of the world in the palm of your hand" (Heinemann, 2017) verdeutlicht wahrscheinlich am ehesten, welche herausragende Rolle dem mobilen Internet für den Handel der Zukunft zukommt. Dies gilt nicht nur für das Web-to-Store, sondern auch für das Web-in-Store, wo der Einkauf dann überwiegend App-basiert erfolgt. Die Master-App vereinigt alle Einzelhandels-funktionen und ist zugleich mit allen Systemen inklusive Kassensystem verbunden. Sie trägt der Tatsache Rechnung, dass Kunden dazu geneigt sind, eher wenige Apps zu nutzen, statt sich dem unübersichtlichen Dschungel von Einzel-App-Lösungen aus-zusetzen. Sie ermöglichen einen emanzipierten, schnellen und problemlosen Einkauf. Statt den im Laden gefundenen Artikel erst einer Verkäuferin zuführen zu müssen, die diesen dann an die Zentralkasse gibt, wo der Kunden möglicherweise noch warten muss, kann die Bezahlfunktion jetzt per Smartphone erfolgen. Im Idealfall nimmt der unter Zeitdruck stehende Kunde die Waren sogar unbezahlt aus dem Laden mit und drückt erst später den Bezahl-Button. Über günstige RFID-Lösungen, die auch bereits in Ent-wicklung sind, kann im Zweifel die Kontrolle über die Ware sichergestellt werden. Wie in Abb. 3.27 verdeutlicht wird, kennzeichnen fünf Aspekte den stationären und App-basierten Einkauf der Zukunft:

1. die Möglichkeit, alle stationären Sortimente per Mobile zu finden und zusätzliche Produktinformationen dazu auch in der Filiale abrufen zu können,
2. überall und unabhängig einkaufen zu können sowie zuvor per Smartphone Verfügbar-keiten auf Filialebene überprüft zu haben,
3. überall und filialunabhängig die stationär eingekauften Produkte bezahlen und mit einem Klick auschecken zu können,
4. sämtliche smarten Multi-Channel-Services wie unter anderem Click & Collect sowie sämtliche Belieferungsmöglichkeiten in Anspruch nehmen zu können,
5. seine Ware überall hinliefern lassen zu können.

Abb. 3.27 Smart Store. (Quelle: Heinemann, 2017; Heinemann Koll, 2020)

Smart Stores verkörpern die Neuerfindung des stationären Handels, die interessanterweise von den erfolgreichen Online Pure Players erfolgt – so beispielsweise mit dem
Amazon Bookstore in Seattle, der 2015 eröffnet wurde. Es handelt sich um einen Buchladen, von dem andere Händler sicherlich lernen können, wie der stationäre Buchladen
der Zukunft aussehen wird. Dabei geht es nicht primär um vordergründige Präsentations-
oder Merchandising-Techniken, sondern die ultimative Digitalisierung des Stores.
Amazon hat alle Unternehmensprozesse konsequent kundenzentriert ausgerichtet und
sich dabei nicht an einer Funktionsbetrachtung orientiert (Der Handel, 2016; Heinemann,
2017). Dabei wird klar, dass sich wesentliche Prinzipien des Online-Einkaufs und
dabei vor allem die Outside-in-Perspektive auch auf das stationäre Geschäft übertragen lassen (ebd.). Im Grunde haben die Kunden jetzt mit dem Bookstore den bisher
fehlenden Baustein bei Amazon zu ihrer Customer Journey, nämlich „Touch & Feel",
vorliegen. Zuerst bei Büchern, jetzt aber auch bei Lebensmittel (Amazon Go, Whole
Foods) sowie anderen Non-Food-Artikeln (Amazon Star). Amazon hat es als erster
Online-Händler unter dem Stichwort Kundenzentralität geschafft, den Einkauf „einfach
zu machen" und den Begriff der Usability – das heißt den schnellen und bequemen Einkauf – zu positionieren. Diese Usability wendet Amazon nun auch auf der stationären
Fläche an und erfindet damit den stationären Handel aus einer Outside-in-Perspektive,
also mit konsequenter Kundenzentralität, neu. Es handelt sich um eine Art „Ultimative
Usability im Store" (mi, 2016, Der Handel, 2016; Heinemann, 2017), mit der ein Kunde
entsprechend seiner individuellen Suchstrategie, sei es nach Bewertung, Bestseller oder

Themen, sein Produkt finden kann. Wie im Online-Store kann jetzt auch im stationären Geschäft das Kunden-Tracking Basis für den Aufbau und die Präsentation der Ware sein und damit eine smarte Navigation ermöglichen. Dies könnte die wesentlichen Hinweise dafür geben, auch offline eine ultimative Usability im Store und eine Kundenzentriertheit umzusetzen. Dazu werden im Folgenden bereits real existierende Beispiele gezeigt.

Der Amazon Bookstore liegt im University Village, einer „Upscale Shopping Mall" in unmittelbarer Nähe des Universitätscampus von Seattle. Das Shoppingcenter, das zum Teil mit dem Auto befahrbar ist, umfasst rund 120 Shops auf insgesamt 97.000 Quadratmetern. Der Bookstore liegt in exponierter Lage und ist mit rund 500 Quadratmetern der erste Laden in der Einfahrtschneise (uvillage, 2016). Das Geschäft hat den Charakter einer Bibliothek mit vielen Regalen und kaum Tischen. Das Sortiment umfasst rund 5000 Buchtitel sowie das komplette Elektro-Device-Programm von Amazon (Kindle, Zubehör etc.) (Bass, 2016). Die Titel wurden nach innovativen Prinzipien vorausgewählt, wonach sich ein Drittel aus Büchern mit mindestens 4-Sterne-Bewertung ergibt. Ein weiteres Drittel wird auf Basis der „Amazon-Book-Club"-Kundenmeinungen zusammengestellt und der dritte Teil basiert auf einer von fünf Kuratoren getroffenen Vorauswahl. Das „lebende Sortiment" bildet die Grundlage für eine umfassende Digitalisierung auf der einen Seite und ein exzellentes Servicekonzept auf der anderen Seite: einer „App-basierten Digitalisierung" nach allen Regeln der Kunst. In der Mitte des Ladenraums werden – ähnlich wie in einem Apple Store – die elektronischen Geräte auf Tischen präsentiert, neben denen immer ein kompetenter Amazon-Berater verfügbar ist und das auch bei relativ vollem Laden. Preise sind nicht zu sehen, dafür befinden sich jeweils vor den Büchern, die komplett in Frontalpräsentation dargestellt sind, Schilder mit Codes. Beim Anscannen zeigt das Smartphone dann die Preise an und liefert zusätzliche Produktinformationen. Zugleich ermöglicht es Amazon ein genaues Tracking, das für Buchempfehlungen nutzbar ist. Am Eingang wird der Kunde auf die Amazon-App hingewiesen, die er im Laden auch für die Bezahlung nutzen kann. Dazu ist derzeit (noch) die Registrierung bei einem Mitarbeiter erforderlich, was aber zukünftig entfallen soll. Jeder Amazon-Kunde kann beim Kauf im Bookstore sein Amazon-Konto aktivieren, egal aus welchem Land er kommt. Der Testkauf funktionierte hervorragend.

Schon das „Amazon-Toilette", getrennt nach Herren und Damen und mit Wickelstation, wäre es wert, eine eigene Publikation über die „grundbedürfnisorientierte Kundenorientierung" zu schreiben. Darüber hinaus gibt es umfassende Sitzmöglichkeiten, auf denen Kunden stundenlang lesen können und auch dürfen. „Das eigentlich Tolle am Bookstore sind jedoch die Mitarbeiter: Die sind extrem kundenorientiert. Die Mitarbeiter wirkten so überzeugend, dass Amazon für seinen Online-Shop in Deutschland nicht besseres tun könnte, als auch hier eigene Läden zu eröffnen" (Der Handel, 2016; Heinemann, 2017). Die Amazon-Mitarbeiter gehen im Bookstore aktiv auf Kunden zu und konzentrieren sich zu 100 % auf die Ladenbesucher. Es gibt keine festen Info-Terminals, sondern das Ladenpersonal hat mobile Geräte. Möchte der Kunde etwas bestellen, wird das sofort erledigt, ähnlich wie im Apple Store.

Der Amazon Bookstore verkörpert im Grunde „Smart Retail" und erfindet den stationären Einzelhandel damit neu. Er dürfte Messlatte für den stationären Handel der Zukunft sein, und zwar insbesondere in der Verzahnung von Mitarbeiter und Technik sowie im Serviceniveau inklusive „digital-basierten Service".

Wenn sich die Frage stellt, warum Amazon online so erfolgreich ist, dann sicherlich, weil Amazon es unter dem Stichwort Kundenzentralität geschafft hat, es „einfach zu machen" und den Begriff der Usability – das heißt den schnellen und bequemen Einkauf – zu positionieren. Und genau diese Usability wendet Amazon nun auch auf der Fläche im Laden an (mi, 2016; Der Handel, 2016; Heinemann, 2017). Die „ultimative Usability im Store" gab es so im stationären Handel bisher nicht. Das heißt, dass der Kunde, auch wenn er mitten im Laden steht, gar nicht mehr das Gefühl hat, in einem Verkaufsraum zu sein. Der Kanal wird egal. Nun kann der Kunde entsprechend seiner individuellen Suchstrategie, sei es nach Bewertung, Bestseller oder Thema, sein Produkt finden. Und nicht, wie es in der unflexiblen Warenstruktur vorgegeben ist, nach dem Prinzip aus den fünfziger Jahren: „Draußen gibt es nur Kännchen." Dementsprechend müssen die stationären Formate aus der Online-Perspektive heraus neu erfunden werden. Innovative Ladenformate werden dabei vor allem Gewicht auf digitale Anwendungen legen müssen. Die Schlüsselrolle spielt dabei sicherlich das Smartphone, sowohl bei Web-to-Store als auch bei Web-in-Store – und das in Kombination mit einer Master-App, die alle Shop-Funktionen bis hin zur Bezahlung App-basiert zusammenführt und den Einkauf völlig unabhängig von Zeit, Ort und Bedienung macht.

Usability in Store: Vor dem Hintergrund der Erfahrungen im Online-Handel liegt es eigentlich nahe, das Prinzip der Usability – also der einfachen Handhabung des Einkaufens – auch im stationären Handel anzuwenden oder zumindest dieses zu versuchen. Denn Kunden schätzen beim Online-Kauf vor allem Convenience, die unter anderem Schnelligkeit und Effizienz der Bedienungselemente beinhaltet. Die Reduzierung von zeitlichen und finanziellen Aufwendungen ist Hauptkaufgrund für Online-Käufer (Maier & Kirchgeorg, 2016; Heinemann, 2017). Convenience ergibt sich neben der Navigation, der Handhabung des Bestellprozesses sowie den Servicefunktionalitäten vor allem aus der Usability des Shops (Heinemann OH, 2021). Dabei ist die treffsichere Suchfunktionalität absolut erfolgskritisch, denn aus Kundensicht sollte die Kategoriensuche schnell zum gewünschten Objekt führen. Suchergebnisse sollten dazu gewöhnlich durch relevante Filterkriterien wie Preise, Farben, Material, Marken sowie Größen usw. fokussiert werden können. Dafür ist eine saubere Schlüsselung der Kategorien bzw. Subkategorien eine wichtige Voraussetzung. Sie trägt den unterschiedlichen Suchstrategien der Kunden Rechnung. Dabei beeinflusst die Usability maßgeblich die Conversion, die natürlich auch noch von weiteren Faktoren wie unter anderem der Warenverfügbarkeit und den Gebühren abhängt (Heinemann OH, 2021). Sie hat unmittelbare Auswirkung auf den Umsatz, der wiederum wesentlich vom Cross- und Up-Selling abhängt. Vor dem Hintergrund hat Amazon als erster Anbieter seine Erfahrungen im Online-Handel und das Prinzip der Usability auch in seinem neuen „Amazon Bookstore" angewendet.

Insofern erfindet gerade – wie ausführlich beschrieben – der größte Online-Händler der Welt den stationären Handel neu. Stationäre Händler sollten sich deswegen möglichst schnell mit dem Thema der „ultimativen Usability" auf der Fläche auseinandersetzen. Innovative Brick-and-Mortar-Formate werden vor allem Gewicht auf digitale Anwendungen legen müssen. Die Schlüsselrolle spielt dabei sicherlich auch hier das Smartphone, sowohl bei Web-to-Store- als auch bei Web-in-Store-Services. Dies erfolgt idealerweise in Kombination mit einer Master-App, die alle Shop-Funktionalitäten bis hin zur Bezahlung App-basiert zusammenführt und den Offline-Einkauf so völlig unabhängig von Zeit, Ort und Bedienung macht. Als einer der ersten Anbieter in Europa hat dies offensichtlich der Schweizer Multi-Channel-Händler Ex Libris verstanden, der im Zuge seiner digitalen Transformation nicht nur sein Kerngeschäft saniert, sondern seine Filialen quasi neu erfunden hat (Röthlin, 2015; Heinemann, 2017). Der Kunde kann für jede einzelne Filiale die Verfügbarkeiten des Sortiments abfragen. Besucht er dann die Filiale, misst ein Besucherzähler die Frequenz. Im Store hat der Besucher dann über WLAN kostenlosen Internetzugang und kann über sein Smartphone alle Location-based Services von Ex-Libris nutzen inklusive zusätzlicher Produktinformationen und Live-Ticker. Nach dem Bezahlen erhält der Käufer auf sein Gerät einen digitalen Kassenbon gespielt sowie zusätzliche Coupons. Zugleich wird er über die Kundenkarte (Kumulus-Karte von Migros) identifiziert und erhält so individuelle Produktempfehlungen am Kassen-Check-out. Diese werden mit seinen letzten Warenkorbinhalten abgeglichen. Mithilfe des „Digital Signage" wird er darüber hinaus auf neueste Bestseller aufmerksam gemacht, kann Banner- und Trailer-Promotions einsehen und erhält Zugang zum Instore-Radio.

Smarte Kanalsynergien im Store: Intelligente Kanalverknüpfung wie zum Beispiel über den Einsatz von Tablets, Infoterminals, QR-Codes an Regalen und/oder In-Store-Apps können Kunden auch bei der Produktrecherche am Point of Sale unterstützen. Darüber hinaus sind eine größere Produktauswahl, zusätzliche und umfangreichere Produktinformationen oder der Zugriff auf Kundenempfehlungen möglich. Eine Schlüsselrolle kommt diesbezüglich dem mobilen Internet zu. Insofern sollte sich der stationäre Handel auf sämtliche Nutzungsmöglichkeiten für das Smartphone einstellen. Diese betreffen Bezahlfunktionen, die aus der Räumlichkeit des Ladens herausgelöst sind, interaktive Preisschilder, die den Kunden zusätzliche Preisangebote machen können, und individuelle Empfehlungen von Zusatzprodukten, die auf dem individuellen Warenkorb basieren. Der stationäre Handel wird hier Kanalsynergien intelligent spielen können. Beispielsweise leichte und bequeme Selbstbedienungsmöglichkeiten auf der einen Seite und optional eine Top-Bedienung auf der anderen Seite, für die der Kunde sogar extra bezahlt (Heinemann, 2017).

NewStore: Das Konzept des Systemanbieters NewStore stellt quasi eine Erweiterung der Ex-Libris-Lösung dar. NewStore hat eine Master-App entwickelt, die neben den Funktionalitäten von Ex-Libris auch eine mobile Bezahlfunktion sowie eine virtuelle Kundenkarte integriert. Darüber macht sie es stationären Händlern möglich, auch offline die Erfolgsfaktoren von Amazon umsetzen zu können, nämlich Selection,

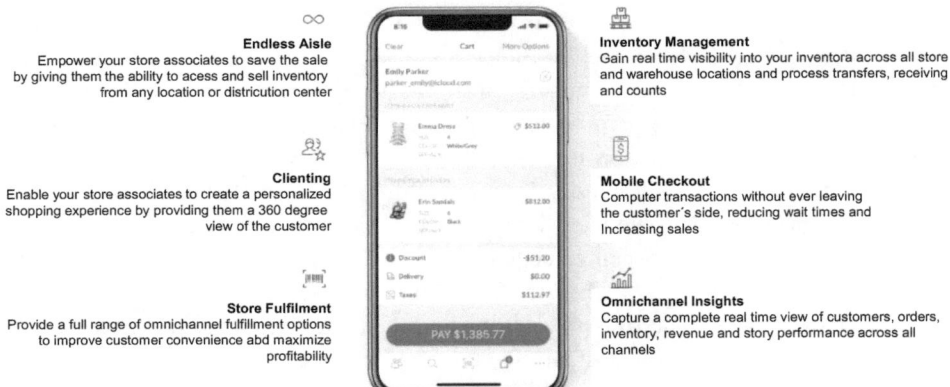

Omnichannel just became essential.

NewStore delivers Omnichannel-as-a-Service, providing a single global solution that combines order management, mobile POS and inventory management in the cloud

Endless Aisle
Empower your store associates to save the sale by giving them the ability to acess and sell inventory from any location or districution center

Inventory Management
Gain real time visibility into your inventora across all store and warehouse locations and process transfers, receiving and counts

Clienting
Enable your store associates to create a personalized shopping experience by providing them a 360 degree view of the customer

Mobile Checkout
Computer transactions without ever leaving the customer's side, reducing wait times and Increasing sales

Store Fulfilment
Provide a full range of omnichannel fulfillment options to improve customer convenience abd maximize profitability

Omnichannel Insights
Capture a complete real time view of customers, orders, inventory, revenue and story performance across all channels

Abb. 3.28 Die NewStore-App. (Quelle: eTailment NewStore, 2019; NewStore, 2021)

Recommendations, Reviews, Easy Payment, 1-Time Info Entry sowie Next Day/Same Day Delivery (Heinemann, 2017). NewStore bietet seine Lösung quasi als „White Label" für den stationären Handel und branchenübergreifend an. Voraussetzung ist allerdings, dass die stationären Händler bereits einen Online-Shop betreiben, der das gesamte Offline-Sortiment abbildet. Insofern ist ein tragfähiges Multi-Channel-Konzept erst der Einstieg in den Handel der Zukunft. Mit der Mobile-Retail-Plattform will NewStore es den stationären Händlern auch ermöglichen, dass Konsumenten ihr Wunschprodukt online aussuchen und per App erfahren können, welcher lokale Händler es vorrätig hat. Über eine Push Notification wird mitgeteilt, wann und wo das Produkt abholbereit ist. Das Personal vor Ort erhält dann eine Benachrichtigung, sobald die Kunden in der Nähe sind (vgl. Abb. 3.28). Die App-Plattform lässt sich gut in bestehende E-Commerce-Systeme integrieren und ermöglicht damit auch echtes Omni-Channelling inklusive One-Touch-Kauf. NewStore ist zugleich Basis für einen skalierbaren Kunden-stamm und eine On-Demand-Bereitstellung. Die Usability ist optimiert für kleine Bild-schirme von Smartphones und Tablets (eTailment NewStore, 2019).

3.4   Intelligente Supply Chain

Die Corona-Jahre haben den Druck auf den Handel erhöht. Es geht darum, mit allen Mitteln die Kosten zu reduzieren und sämtliche Prozesse effizienter zu gestalten. Zugleich steigen die Kundenanforderungen, dass Unternehmen in Echtzeit transparenter und zudem nachhaltiger agieren. Viele Händler sind gezwungen, ihr Geschäftsmodell zu überdenken, die digitale Transformation zu beschleunigen und Programme zur Verbesserung der Effizienz ihrer Produktivität zu entwickeln (Meier, 2021). Vor allem die Supply Chain der stationären Einzelhändler steht vor enormen Herausforderungen. Diese ergeben sich auch aus einer Reihe zusätzlicher Einflussfaktoren, wie u. a. der Digitalisierung, der Urbanisierung, der explodierenden Anzahl kleinerer Sendungen und dem damit zunehmenden Anteil der KEP-Logistik. Auch müssen die verschiedenen Faktoren in den Bereichen des Multi-Channel-Handels analysiert und aufgearbeitet werden. Wesentlicher Treiber dieser Entwicklungen sind die Erwartungen des Verbrauchers sowie die Kundenzentrierung. Das hat Auswirkungen auf die Distributionslogistik. Dabei kann der Einsatz von KI sowie Blockchain-Technologie helfen.

3.4.1   Kundenzentrierte Supply Chain und Quick Response

Delivery Hero eröffnete für die schnelle Zustellung von Produkten des täglichen Bedarfs eigene Innenstadtläger und machte damit den Anfang. Geboren war der Begriff des Q-Commerce („Quick Commerce") – eine Variante des Quick Response. Das neue Geschäftsfeld der Blitzlieferung von Lebensmitteln macht seitdem die Runde. Logistikanbieter eröffnen in Kundennähe Standorte, um eine schnellstmögliche Lieferung von Lebensmitteln zu gewährleisten. Diese lösen die Kommissionierung von Einkäufen in den stationären Läden der klassischen Händler ab. Amazon springt ebenfalls auf diesen Zug auf und wird wohl die Schnelllieferung frischer Lebensmittel, die in manchen Städten bereits über PrimeNow angeboten wird, künftig über Amazon Fresh zum zentralen Bestandteil seines Mitgliederprogramms Prime machen (Schader, 2020). Selbst Gründer greifen die Geschäftsidee des Q-Commerce auf. Das Berliner Delivery-Start-up Gorillas ermöglicht Kunden vor Ort, Lebensmittel per App zu bestellen und in zehn Minuten nach Hause geliefert zu bekommen (ebd.). Non-Food-Händler werden folgen und Kundenerwartungen an Quick Response steigen. Ganz so schnell wie Gorillas ist AliExpress zwar noch (lange) nicht, aber die Alibaba-Tochter publizierte am 11. August 2020 immerhin eine Lieferzeitenreduzierung um 30 % in Europa, was offensichtlich der neue eHub in Liege ermöglicht (Cross-Border-Magazin, 2020). Spätestens seit Amazon Prime den annähernd 20 Mio. Prime-Mitgliedern in Deutschland für die meisten Amazon-Produkte eine Belieferung spätestens am nächsten Tag zusichert, hängt die Messlatte für stationäre Einzelhändler aus Kundensicht sowieso schon verdammt hoch. Unabhängig von den Möglichkeiten einer Blitzbelieferung wie bei Gorillas stellen die Kunden grundsätzlich erhöhte Anforderungen an die Planbarkeit und Geschwindigkeit ihrer Zustellungen (Heinemann OH, 2021). Tendenz ist auch, dass das Anbieten einer reinen Zustellung am nächsten Werktag (engl. Next Day Delivery) den Kundenanforderungen schon nicht mehr gerecht wird und der Bedarf an taggleichen Lieferungen (engl. Same Day Delivery) zunimmt. Diese Entwicklung fordert nicht nur die klassischen, prozessorientierten Betriebsmodelle etablierter KEP-Dienstleister heraus, sondern die gesamte Supply Chain aller Handelsunternehmen. Das Fehlen einer aus-geprägten Nutzerorientierung und -zentrierung ist bereits Killerkriterium für die heutigen Nutzerbedürfnisse. Folge ist, dass nicht nur Same Day Delivery, sondern auch eine aus-geprägte Kundenzentrierung schon Hygienefaktoren für die Logistik im Omni-Channel-Zeitalter sind (Jonas et al., 2019; Heinemann et al., 2019).

Dabei geht es eben nicht nur um Same Day Delivery: Für alle Serviceangebote gelten Schnelligkeit, Zeitzuverlässigkeit und Fehlerlosigkeit als neue Standards. Individuelle Wunschterminzustellungen oder zuverlässige Zeitfensterbelieferungen für solche Kunden, die nicht „auf gut Glück" zu Hause sind und nicht auf die Anlieferung der Produkte warten wollen, werden ebenfalls wie selbstverständlich erwartet. Situations-gerechte Angebote ist das Stichwort. Auch hier macht Amazon wieder einmal vor, wie ein optimiertes Liefermanagement die Customer Experience und Erwartungen der Kunden erhöhen kann. Nicht nur die Amazon-Prime-Services setzen neue Standards. Auch die Zustellung per Drohne wird auf der letzten Meile bereits häufiger eingesetzt, als vielfach vermutet. Auf den nordfriesischen Inseln ist dies bereits gang und gäbe. Dieses wiederum setzt eine Kettenreaktion bei den Erwartungen in Gang und tritt bei den Kunden ein weiteres Verlangen nach schnellen Lieferungen los. Nicht nur für reine Online-Händler wird es unerlässlich, sich mit dem Thema Schnelligkeit zu befassen. Vor allem stationäre Multi-Channel-Händler und kleinere Anbieter sind gezwungen, sich zu einem zuverlässigen Liefersystem zusammenzuschließen, um mit dem steigenden Tempo mithalten zu können (iBusiness Trends Online-Marketing, 2016; Yannick, 2017; Heinemann OH, 2021).

Zweifelsohne betrifft dieses auch das Echtzeit-Payment. Seit Aufkommen der Krypto-währungen und Blockchain-Technologie sind alle Kreditkarteninstitute ausnahms-los damit beschäftigt, Lösungen für schnellere Transaktionen und Abwicklungen zu finden, die zugleich auch sicher sind. Dabei ermöglichen Blockchains derartige Blitz-Bezahlungen in Echtzeit ohne das Zutun von Dritten. Der Geldbetrag wird direkt vom Kundenkonto auf das Konto des Online-Shops transferiert und umgekehrt. Dabei ent-stehen keinerlei Streitfragen. Und nicht nur bei der Bezahlung und Zustellung geht es um Schnelligkeit. Derzeit pushen die großen Plattformen, also die GAFA-TAB's, mit dem Ausbau ihrer Services auch in den anderen Funktionsbereichen durch den Ein-satz von Bots-as-a-Service die Entwicklung von Technologien und Business (iBusiness Trends Online-Marketing, 2016; Yannick, 2017). Die Ausweitung der Services und digitalen Produkte der Online-Anbieter wird in den nächsten Jahren maßgeblich die Anforderungen an Technologie, Kommunikation, Content und Consumer Behaviour beeinflussen. Nicht ohne Grund sind bereits die Lieferanten auf den Schnellzug auf-gesprungen. So zum Beispiel adidas mit der Speedfactory, die ein Mass Customization in wenigen Stunden statt wie bisher in Wochen ermöglicht (Locationinsider, 2017; Heinemann OH, 2021). Vereinfacht dargestellt, geht es um Cycle-Time-Reduction und intelligentes Komplexitätsmanagement.

Cycle-Time-Reduction und Komplexitätsperformance

Zentrale Erfolgsvoraussetzung im stationären Multi-Channel-Handel ist ein nachhaltiges Komplexitätsmanagement, das zugleich die schnellstmögliche Abwicklung im Online-Kanal sicherstellt (Cycle-Time-Reduction). Dieses bezieht sich vor allem auf die „Inside-out"-Komplexität des Internet-Unternehmens. Wesentliche Herausforderung besteht diesbezüglich in der maximalen Automatisierung (IT- und Systemmanagement) einerseits, aber zugleich kanalspezifischer Sicherstellung der optimalen und schnellstmöglichen Arbeitsabläufe/Prozesse andererseits. Die Reduzierung der Durchlaufzeit (Cycle-Time) wurde im „Vorzeitalter" des Internet ausschließlich unter dem Gesichtspunkt der Komplexitätsreduktion diskutiert. Die virtuellen Möglichkeiten der Internet-Technologie ermöglichen aber eine Bewältigung der Komplexität, ohne durch eine Reduktion Abstriche im Leistungsumfang erkaufen zu müssen. Diese kommt treffender unter der Bezeichnung Komplexitätsperformance zum Ausdruck. Im Zuge der fortschreitenden Plattformökonomie verliert die vertikale Integration bei der Vermarktung zukünftig an Bedeutung zugunsten der Fokussierung auf die eigentlichen Kernkompetenzen (Heinemann, 2013; Heinemann et al., 2019). Stationäre Einzelhändler sind angesichts des veränderten Marktumfeldes sowie der Kundenerwartungen an Zeit und Kosten unausweichlich dazu gezwungen, einerseits die Effektivität zu erhöhen und andererseits nachhaltige Effizienzschübe zu realisieren, um den anstehenden Herausforderungen standzuhalten. Diesbezüglich kommt zum Beispiel im Online-Handel der Geschwindigkeit der innerbetrieblichen Entscheidungs- und Arbeitsabläufe eine Schlüsselrolle zu. Der „traditionelle" Händler muss begreifen, dass vor allem kundenorientierte Geschäftsprozesse und uneingeschränkte Kundenorientierung Erfolgsvoraussetzung Nr. 1 im Einzelhandel sind. Schnelligkeit, Transparenz und Serviceorientierung sind allerdings Themen, die in der „Servicewüste Deutschland" häufig erst noch gelernt werden müssen. Dieser Anspruch ist nur erfüllbar, wenn die Organisation durch eine prozessorientierte Neuausrichtung schlanker, schneller und schlagkräftiger ausgestaltet wird. Hinzu kommt der Anspruch an eine kompromisslose Kundenorientierung, die infolge der drastisch verkürzten Kundenreaktionszeiten Grundvoraussetzung für die Wettbewerbsfähigkeit ist und die Basis für Wachstumsdynamik bildet. Es ist erwiesen, dass die durch radikale Prozessoptimierungen hervorgerufene Durchlaufzeitenreduzierung Effizienzverbesserungen zwischen 20 % und in einzelnen Fällen sogar über 60 % bewirken können. Diese ergibt sich u. a. aus erhöhter Lagerumschlagsgeschwindigkeit, Produktivitätssteigerung, Bestandsabbau sowie deutlicher Minimierung von Nicht-Verkaufsaktivitäten (Heinemann, 2013; Heinemann et al., 2019).

Doch gelingt dieser Kraftakt nur, wenn nicht nur die Kostenstrukturen, sondern ebenfalls das gesamte Geschäftssystem auf die Anforderungen im digitalisierten Handel getrimmt wird. Gerade in „traditionellen" Einzelhandelsunternehmen sind immer noch deutliche Ineffizienzen in Prozessen und Strukturen zu finden, die auch in einer funktionalen Organisationsstruktur begründet liegen. Unzureichende Verzahnung der Kernprozesse, suboptimale Regelungen von Verantwortlichkeiten sowie strukturell bedingte Verzögerungen deuten in der Regel auf umfangreiche Verbesserungspotenziale hin.

Im Rahmen der kundenorientierten Neuausrichtung sind alle Kernprozesse nach Zeit-, Qualitäts- und Kostenaspekten infrage zu stellen. Ziel ist es, sich auf die Kernfunktionen zu fokussieren, um so auf Kosten- sowie Umsatzseite Wettbewerbsvorteile zu erzielen. Die Prozessoptimierung hat „spitz" entlang der Kernprozesse in Marketing/Logistik, Zentrallagerlogistik, Distribution/Verteilung sowie Retro-Distribution zu erfolgen. Diesbezüglich müssen alle Prozessabläufe auf ihren erfolgskritischen Kern hin untersucht und neu ausgerichtet werden. Barrieren, die eine reibungslose und effiziente Leistungserstellung verhindern, sind zu beseitigen. Dabei sind Sachbarrieren (z. B. unzureichende WWS-Instrumente), Prozessbarrieren (z. B. fehlende WWS-Prozessverantwortung) und Kulturbarrieren (z. B. mangelnde Teamkultur) zu unterscheiden (Heinemann, 2013; Heinemann et al., 2019). Diesbezüglich lassen sich für Online-Händler in Anlehnung an die legendären fünf Stufen des „Lean Thinking" ebenfalls fünf Phasen der Komplexitätsperformance aufzeigen, die in Abb. 3.29 dargestellt sind und bei einer kundenorientierten Neuausrichtung helfen können (ebd.). Im Zuge der Kundenzentrierung geht es darum, alle Prozesse im Unternehmen auf die Erfüllung dieses Kundenmehrwertes auszurichten. Dieses ermöglicht die ausreichende Transparenz, um Zielgrößen zu definieren (z. B. Prozessgeschwindigkeit, Cycle Time etc.) und die Prozesse nachhaltig zu implementieren. Dabei hilft das internetspezifische Geschäftssystem, das nach den Prinzipien des Business Reengineering (Osterloh & Frost, 2003; Heinemann et al., 2019; Heinemann OH, 2021) eine kundenorientierte Rundumbearbeitung ermöglicht.

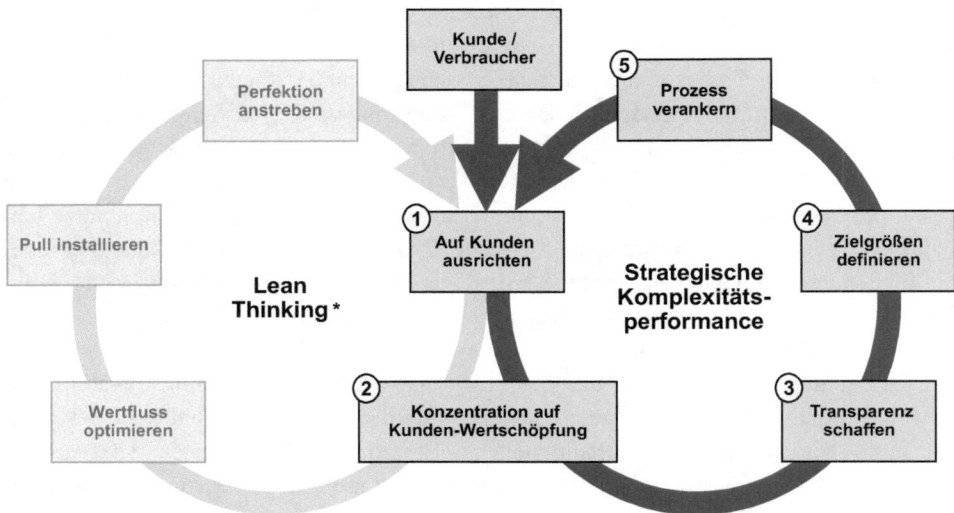

Abb. 3.29 Komplexitätsperformance in fünf Stufen. (Quelle: in Anlehnung an Womack und Jones, 2003; Heinemann, 2013)

Im Gegensatz zum bisherigen Verständnis des Komplexitätsmanagement geht es bei der Komplexitätsperformance nicht um die bloße Reduzierung der Komplexität, sondern um die Bewältigung der „nicht reduzierbaren Komplexität". Während dem „Lean Thinking" noch die Überlegung zugrunde liegt, die Komplexität um jeden Preis reduzieren zu müssen, um damit die Komplexitätskosten zu senken, löst sich der Komplexitätsperformance-Ansatz von diesem Postulat. Er nimmt die Tatsache als gegeben hin, dass die Geschäftswelt immer komplexer wird und die immer differenzierteren Marktanforderungen nur mit einer immer höheren Komplexität erfüllbar sind. Die neuen Möglichkeiten der Netzwerkorganisation („virtuelle Organisation") befähigen allerdings Unternehmen auch dazu, diese Komplexität zu bewältigen und trotz steigender Komplexität oder sogar gerade wegen dieser zunehmenden Komplexität erfolgreich zu sein (Heinemann, 2013; Heinemann et al., 2019).

3.4.2   Zweiseitige Supply Chain als Ökosystem

Der stationäre Einzelhandel kann von digitalen Ökosystemen lernen. Diese zeichnet die Unabhängigkeit von anderen Anbietern aus, sodass anders als bei den horizontalen Marktplatzpartnern in vertikaler Richtung – also bei Wertschöpfung, Kundenkontakt, Datenmanagement etc. – eher keine externen Partner benötigt werden. Im Prinzip bedeutet dieses ein maximales In-Sourcing. Wenn erste Erfolge im Online-Handel sichtbar sind, hat es sich als erfolgreiche Strategie bewiesen, wenn einzelne, herauslösbare Teile wie zum Beispiel die Entwicklung der Plattform oder Bereiche des Digitalmarketing von extern nach intern geholt werden. Dies sollte sukzessive geschehen, um die intern wachsende Organisation nicht zu überfordern. Dafür ist es wichtig, mit den gewählten Outsourcing-Partnern flexible Modelle zur Bewertung des Erfolges zu vereinbaren, da davon auszugehen ist, dass die Performance zunächst einen Einbruch erleiden wird, wenn Prozesse von extern nach intern übergehen. Dies ist normal, da sich Mitarbeiter und Prozesse zunächst noch einspielen müssen. In dieser Übergangsphase wäre es daher verkehrt, den Erfolg an den gleichen Zielen zu messen, die zu Beginn mit dem externen Partner, der in der Regel über mehr Erfahrung verfügt, vereinbart wurden. Oft ist auch zu beobachten, dass Dienstleister/Outsourcing-Partner, die in der Situation zum Start des Digitalprojektes gut geeignet waren, da sie eine große Bandbreite von Services angeboten haben, beim weiteren Wachstum nicht mehr die optimalen Partner sind, weil nun in der späteren Phase eine Spezialisierung wichtig ist, damit die digitalen Aktivitäten des Unternehmens weiter wachsen können. Im Bereich des Marketing ist zum Beispiel das Kompetenzprofil unterschiedlich für die Produktion und die erfolgreiche Vermarktung eines TV-Spots oder für die erfolgreiche Planung und Messung einer digitalen Customer Journey über mehrere digitale Touchpoints hinweg; beides Aktivitäten, die typischerweise zu verschiedenen Lebenszyklen eines Unternehmens und seiner/s Produkte/s aktuell werden. Auch wenn zunächst der Weg über das Outsourcing beschritten wird, ist der Aufbau von internen Mitarbeitern zum Start nichtsdestotrotz sehr wichtig, damit es zum einen eine interne Vernetzung zu den Geschäftsaktivitäten der weiteren Unternehmensbereiche gibt, und zum anderen die Chance genutzt wird, den Insourcing-Grad mit Anstieg der digitalen Reife zu erhöhen. Zudem wird so sichergestellt, dass es gute „Briefings" und eine Steuerung auf „Augenhöhe" mit den Outsourcing-Partnern gibt. Wie bereits beschrieben, ist es möglich, dass es im Rahmen der Digitalisierungsprojekte sinnvoll sein kann, sukzessive intern Digital-Know-how aufzubauen und in gleichem Maße das Modell von mehr Outsourcing hin zu mehr Insourcing zu verändern, um noch schneller von den digitalen Möglichkeiten zu profitieren. Klar ist auch, dass es für große Unternehmen strategisch sinnvoll sein kann, unterschiedliche Modelle bezüglich des Out-/Insourcing-Grades zu testen, um herauszufinden, was für die jeweilige Aktivität/Situation das richtige Modell ist.

Mit fortgeschrittenem Insourcing steigt die Möglichkeit, ein Ökosystem aufzubauen und im nächsten Schritt mit seinen eigenen Funktionen selbst auch als B2B-Anbieter zu fungieren. Damit können Händler nach Amazon-Vorbild zu einem zweiseitigen Ökosystem werden. Dieses Prinzip verfolgt ja das Fulfillment-by-Amazon (FBA), in dem den Marktplatzpartnern gegen Gebühr sämtliche logistische Tätigkeiten angeboten werden. Gleiches gilt für Hermes, der – als exklusiver Lieferdienst für den OTTO-Versand gegründet – auch externen Kunden und Auftraggebern alle Dienstleistungen entlang der Wertschöpfungskette des Handels anbietet. Auch Amazon Freight, mit dem der Internetgigant in 2019 seine Frachtvermittlungsbörse „freight.amazon.com" live schaltete, geht in diese Richtung (DVZ, 2019). Insofern baut Amazon nicht nur sein eigenes Logistiknetzwerk weiter aus, sondern vermittelt zugleich leeren Laderaum in weniger betriebsamen Zeiten zum Selbstkostenpreis und sichert sich selbst damit Kapazitäten in Peak-Zeiten. Damit wiederum senkt der Online-Marktführer seine Logistikkostensätze. Deswegen verwundert nicht, dass der „neue" Logistikkonzern sämtliche Leistungen seiner Lieferkette im B2B an andere Unternehmen vermarktet, wie aus Abb. 3.30 hervorgeht (Herda et al., 2018).

3.4.3 Einsatz und Potenziale von KI in der Supply Chain

KI erschließt Einzelhandelsunternehmen in der Supply Chain zahlreiche neue Möglichkeiten. Vor allem für weitverzweigte Netzwerke, wie in der Handelslogistik, bildet die Künstliche Intelligenz ein ideales Einsatzgebiet. Sie ermöglicht beispielsweise die Prognose zukünftiger Produktions- und Transportaufkommen, wodurch sich die Ressourcen effizienter einsetzen lassen. Deswegen darf nicht verwundern, dass logistische Aufgaben zunehmend an selbstlernende digitale Systeme delegiert werden. Andererseits ist das Bewusstsein für die enormen Potenziale, die KI mit sich bringt, in der Logistik noch längst nicht vollumfänglich angekommen. Dieses zeigt eine Studie des Magazins Logistik heute und der INFORM. Dabei wurden 123 Mitarbeiter und Führungskräfte verschiedener logistischer Disziplinen befragt (Transportlogistik, 2021). Die Ergebnisse sind in Abb. 3.31 dargestellt.

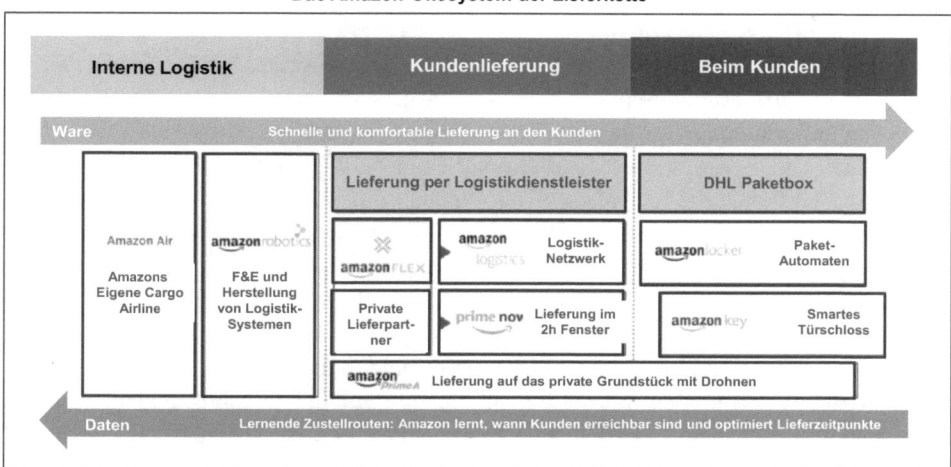

Abb. 3.30 Das Amazon-Ökosystem der Lieferkette mit Diensten aus dem Amazon-Liefersystem. (Quelle: in Anlehnung an Herda et al., 2018)

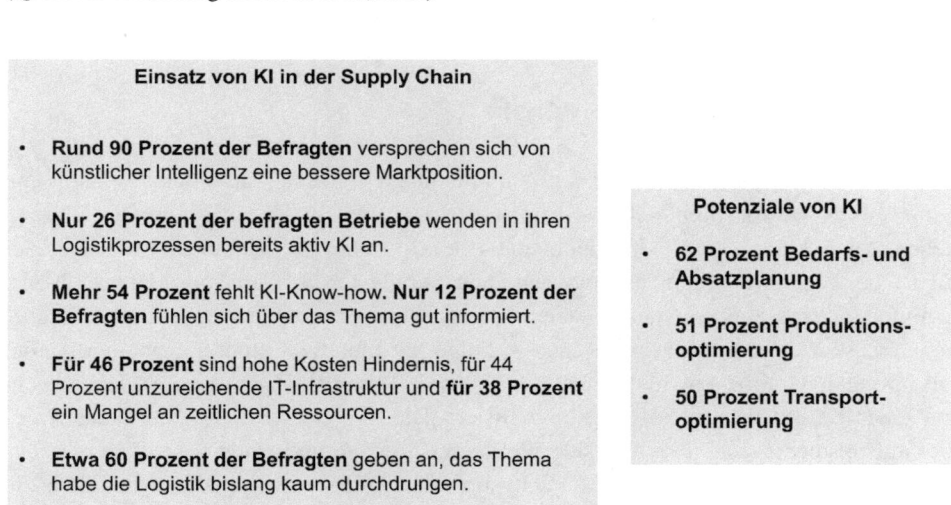

Abb. 3.31 Einsatz und Potenziale von KI in der Supply Chain. (Quelle: Transportlogistik, 2021)

Das größte Potenzial besteht demnach in der Bedarfsprognose und Absatzplanung (62 %). Aber auch Produktionsoptimierung (51 %) und Transportoptimierung (50 %) liegen weit vorne. Beispiele zeigen, dass durch den Einsatz von KI in Transport und Logistik Tanktouren mit Füllständen organisiert oder Elektrofahrzeuge unter Einfluss von Temperatur, Topografie und Verkehr entworfen werden können. Darüber hinaus lassen sich mit Hilfe von Drohnen Bilder zur Schadensprüfung an Containern machen

oder Gefahrguthinweise mittels Bilderkennung unterscheiden. Aber auch die Bereitstellung kurzfristiger Informationen mittels KI kann Zeit und Kosten sparen. Dieses
betrifft z. B. das Stauaufkommen, sich anbahnende Wetterumschwünge oder Warte-
schlangen bei der Anlieferung. Weitere Vorteile ergeben sich aus den Möglichkeiten
einer eventbasierten und dynamischen Tourenplanung (ebd.).

Dennoch setzen nur wenige Handelsunternehmen in ihrer Logistik auf Künstliche
Intelligenz. Grund dürfte ein Mangel an Wissen sein. Häufig wird noch davon ausgegangen, dass ein Computer mit Daten gefüttert werden muss, obwohl KI den Weg
vom Dateninput zum -output selbst erkennt. Darüber hinaus werden vielfach nicht die
Anwendungsgebiete für KI erkannt. So wird es z. B. möglich, KI bei dynamischen
Angeboten und Preisen, für Nachfrage-Forecasts, bei der Kapazitätsplanung sowie
bei der Steuerung von autonomen Fahrzeugen einzusetzen. Zudem kann KI helfen,
aus dem Buchungsverhalten abzulesen, ob Kunden auf dem Absprung sind. Auch ist
erkennbar, wie sich Güter effizient und platzsparend in Container packen lassen. Für
komplexe Wertschöpfungsketten ergeben sich zusätzliche Vorteile durch eine Cloud oder
zumindest Standards für Daten und Prozesse. Größte Herausforderung ist das gewohnte
Mindset. Viele Unternehmen schrecken aber noch davor zurück, ihre Daten zu teilen
(ebd.).

3.4.4   Selbstlernende Supply Chain

Während heute in der Handelslogistik immer noch trefflich telefoniert, gemailt und
gefaxt wird, Preise mündlich verhandelt werden und statische Daten Orientierung
geben, kann kein Mensch das mathematische Optimum herausfinden. Mehrwert der
KI ist deswegen vor allem die selbstlernende Supply Chain (Transportlogistik, 2021).
Damit lässt sich z. B. vermeiden, dass Produkte aus dem Zentrallager kommen, aber
kein Transporter bereitsteht, weswegen in Folge die Lieferzeit nicht eingehalten würde.
Die Douglas-Gruppe hat als erster Händler sein gesamtes Lieferketten-Management
mit einer KI-gesteuerten Software digitalisiert. Das Projekt umfasste den Einkauf des
Gesamtsortiments aus über 100.000 Produkten zur Verbesserung von Warenverfügbarkeit und -bestand. Dieses betraf nicht nur den Online-Shop, sondern vor allem die
Filialen des Unternehmens. Durch den Einsatz von Machine-Learning-Algorithmen
gewann die Prognosequalität der Software im Laufe der Zeit immer stärker an Genauigkeit. Sie berücksichtigt komplexe Datenstrukturen wie beispielsweise tägliche Wettervor-
hersagen für jeden einzelnen Filialstandort. Dadurch gewann die gesamte Supply Chain
an Effizienz und Agilität. So sind die Mensch- und Maschine-Lieferketten auf optimalen
Service, Geschwindigkeit, Flexibilität, Belastbarkeit und Kosten ausgelegt. Neben der
Optimierung der gesamten Supply Chain konnte die Produktverfügbarkeit bei gleichzeitiger Senkung des Lagerbestands um bis zu 20 % verbessert werden (Relexsolutions,
2021).

Intelligentere Arbeitsabläufe – sogenannte intelligente Workflows – helfen Unternehmen durch den Einsatz von KI, IoT und Automatisierung, die Arbeitsweise intern und extern zu transformieren und gleichzeitig Mehrwert für ihre Kunden zu generieren. Neue Technologien dienen dazu, Prozesse effizienter zu gestalten und zu automatisieren. So können Daten über IoT-Geräte fälschungssicher in die Systeme eingespeist werden. Dadurch kann sichergestellt werden, dass z. B. beim Transport verderblicher Ware die Kühlkette lückenlos eingehalten wurde. Ist das nicht der Fall, lassen sich entsprechende Maßnahmen automatisiert einleiten. Aufgrund von digitalen Verträgen (smart contracts) können Prozesse automatisiert abgewickelt werden, was deren Geschwindigkeit und die Qualität erhöht. Mithilfe von Analytics und Künstlicher Intelligenz kann das Potenzial der mit den neuen Technologien gewonnenen Daten und Einblicke u. a. für die Beurteilung des bestehenden Geschäftsmodells genutzt werden.

Selbst lernende Logistik
Der wesentliche Schritt in Richtung intelligente Logistik wird durch den Einsatz von Machine Learning oder sogar Deep Learning getan. In der Supply Chain oder Logistik suchen dabei entsprechende Computerprogramme, die auf Machine Learning basieren, nach den relevantesten Faktoren in Bezug auf die effizienteste Lösung für die vorliegende Versorgungskette. Dabei verbessern sich die Algorithmen ständig durch Hinzulernen (Bito, 2021). Für das Deep Learning werden zusätzliche künstliche neuronale Netze (KNN) zur selbstständigen Informationsverarbeitung bzw. zur fortgeschrittenen Mustererkennung genutzt. KNN stellen Algorithmen dar, die nach dem menschlichen Gehirn modelliert sind. Dabei werden neuronale Systeme mit Trainingsdaten gefüttert. Das tiefe Lernen ist extrem rechenintensiv. Trainings können über Monate andauern, um gute Vorhersagen und Entscheidungen treffen zu können. Andererseits löst Deep Learning Probleme, z. B. im Bereich der Sprach-, Text- und Bilderkennung, was sonst nicht möglich wäre. Gerade mit riesigen Datenmengen funktioniert Deep Learning weitaus besser als maschinelles Lernen, das auf klassischen Algorithmen beruht. In jedem Fall wird die selbstlernende Logistik zunehmend wettbewerbsentscheidend. Sie ermöglicht es, Probleme in der Supply Chain zu entdecken, bevor Betriebsabläufe gestört werden. Auch wird es möglich, durch das Erkennen von Synergien innerhalb mehrerer Versandnetzwerke die Frachtkosten zu senken und zugleich die Performance von Zulieferern zu verbessern. Zusätzlich lässt sich das wirtschaftliche Risiko mindern. Die besten Ergebnisse liefert die Verbindung verschiedener algorithmischer Ansätze, wie sie in Abb. 3.32 dargestellt sind (Worldstream, 2019; Bito, 2021).

Dadurch können die Faktoren gefunden werden, die die Supply Chain am meisten beeinflussen. Das ermöglicht, entsprechende Vorkehrungen zur Sicherung oder redundanten Auslegung zu treffen. Aber auch Bestandssenkungen und Betriebskostenreduzierungen, verbesserte Nachfrageprognosen sowie verlängerte Lebensspannen von Maschinen, Fahrzeugen und Anlagen durch vorausschauende Wartung etc. sind Resultate selbstlernender Logistik. Auf der anderen Seite kann ein Mangel an Synchronisation

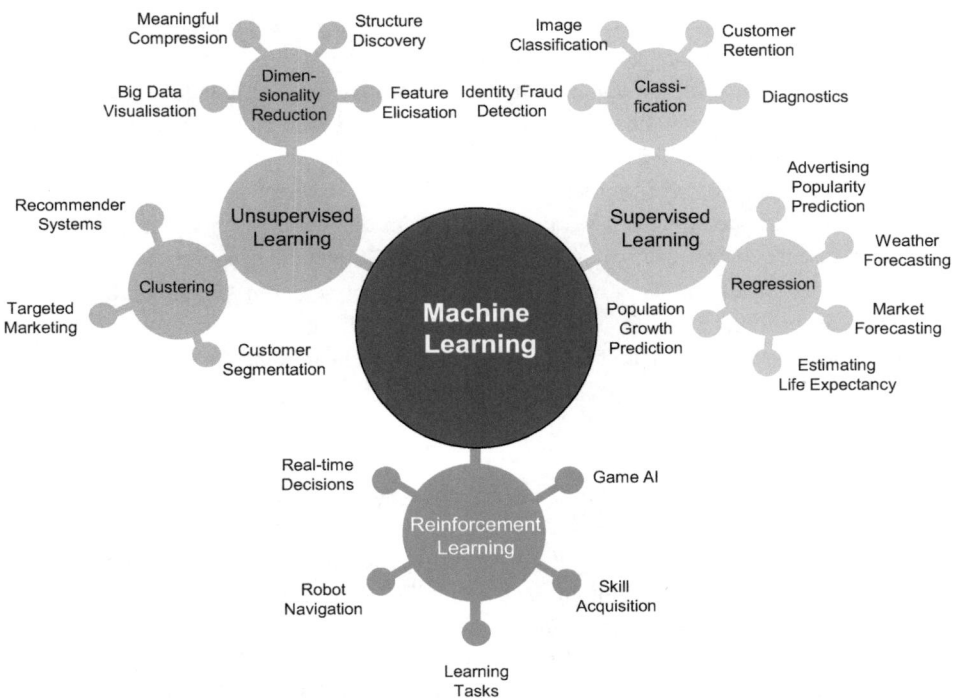

Abb. 3.32   Verbindung der Lernalgorithmen. (Quelle: Wordstream, 2019)

oder der Ausfall einer Instanz die gesamte Lieferkette unterbrechen und zu einem erheblichen finanziellen Schaden führen. Zudem stellt die Rechenzeit der Algorithmen die größte Herausforderung für viele Anwendungen dar (ebd.).

Einsatzbeispiele für selbstlernende Supply Chains
Deep Learning kann in der Logistik neben der Sprach-, Text- und Bilderkennung auch bei der Wegeoptimierung eingesetzt werden. So können die Laufwege der Mitarbeiter in den Logistikzentren verkürzt werden. Auch lassen sich die Pickrouten so optimieren, dass ein möglichst effizienter Weg durch die Regale entsteht. Dafür wurden bei einem Fashion-Online-Händler eine Million zufälliger digitaler Picklisten generiert und mit der dafür errechneten Kommissionierzeit gelabelt. Die mit Hilfe von Algorithmen errechneten Daten wurden dann in ein neuronales Netz eingespeist, das dann für die Wegezeitenberechnung trainiert wurde. Ergebnis ist, dass die Fehlerrate nur bei etwas über 32 s pro Stunde liegt. Ein exorbitanter Beschleunigungsfaktor ist zudem durch Grafikprozessoren (GPUs) erreichbar. Dafür nutzt der Anwender sog. Convolutional Deep Neural Networks. Dieses ermöglicht die Extraktion von Merkmalen aus Produktbildern, die für das Bereitstellen von individuellen Kundenempfehlungen verwendet werden können (Worldstream, 2019; Bito, 2021; ON4OFF, 2021).

Auch für Roboter lassen sich KNN (künstliche neuronale Netze) beispielsweise zur Wahrnehmung, Segmentierung, Bestimmung der räumlichen Lage und Schätzung der menschlichen Position verwenden. Diese lassen sich auch mithilfe gerenderter Bilder trainieren, um Produkte unter verschiedenen Sicht- und Lichtbedingungen erkennen zu können. Alle Daten können zudem benutzt werden, um KNN auf den Grafikkarten-basierten Servern zu trainieren, wodurch Logistikprozesse und -innovationen weiter optimierbar sind. Deep Learning ist auch einsetzbar, um Unternehmen beim Tracking von Finanzprognosen, Produktionstempo- und -fluss sowie Auftragsabwicklung zu unter-stützen. Vor allem in der Lagerverwaltung und -technik wird die Automatisierung mit KI immer relevanter. Wenn irgendwann ganze Lieferketten vorausberechnet und gesteuert werden können, kann die Digitalisierung der Geschäftsprozesse als abgeschlossen betrachtet werden (Worldstream, 2019; Bito, 2021). Dieses erfordert aber auch den Ein-satz von Blockchain-Technologien. Diese wiederum ermöglichen zusätzlich eine trans-parentere Rückverfolgung der Produkte, wie z. B. Lebensmittel vom Erzeuger bis zum Endverbraucher. Diese Transparenz wird von Verbrauchern zunehmend erwartet. Kunden wollen heute wissen, wie nachhaltig ihre Ware produziert und transportiert wurde. Die transparentere Rückverfolgung der Sortimente bringt auch den Handelsunternehmen große Vorteile. Nicht mehr kurante Ware kann durch ein schnelleres Reagieren auf Rückrufe effektiver und gezielter aus dem Verkehr genommen werden. Seit Blockchain gehören papierlastige und manuelle Arbeiten endgültig der Vergangenheit an (Meier, 2021).

Handelsbeziehungen basieren auf gegenseitigem Vertrauen, die Blockchain-Technologie kann Vertrauensverhältnisse komplett neu organisieren. Der Mehrwert lässt sich an einem kurzen Beispiel erläutern: Ein Händler stellt sich die Frage, ob der angebotene Kaffee vom Lieferanten tatsächlich, wie angegeben, von einer Fair-Trade-Organisation stammt. Die Antwort soll in Zukunft mithilfe der Blockchain-Technologie transparent und eindeutig beantwortet werden. Hierzu wird (stark vereinfacht) ein Ver-trauensprotokoll über die gesamte Lieferkette erstellt. In der heutigen Welt werden derartige Protokolle oftmals von vertrauenswürdigen Intermediären erstellt, z. B. dem Bankensystem. Die Blockchain-Technologie erlaubt nun, dass beliebige Daten fälschungssicher gespeichert und übersendet werden. Somit sind im Ergebnis keine Intermediäre mehr notwendig, die für die Datenintegrität bürgen. Die zukünftigen Handelsbeziehungen werden somit deutlich effizienter (Fischer et al., 2019).

3.4.5 Blockchain-Technologie in der Supply Chain

Die Blockchain-Technologie erfährt eine immer größer werdende Aufmerksamkeit. Erste konkrete Anwendungsbeispiele lassen darauf schließen, dass der Handel in den nächsten Jahren nachhaltig von der neuen Technologie geprägt wird. In dem Zusammen-hang erfährt vor allem die Distributed Ledger Technologie (DLT) branchenübergreifend große Aufmerksamkeit. In ihr wird ein großes Potenzial gesehen, die Effizienz in vielen durch Intermediäre strukturierten Beziehungen in der Distribution – auch außerhalb finanzieller Abwicklungen – signifikant zu steigern. Mit Abstand wichtigste Vertreter der DLT sind Blockchains. Sie verkörpern ein technisches Konstrukt, das sich aus der Kombination bereits existierender informationstechnologischer Entwicklungen ergibt. Diese betreffen insbesondere die Kryptografie sowie die P2P-Netzwerktechnologie. Der gemeinsame Einsatz beider Technologien macht ein Transaktionsnetzwerk (P2P) ohne Autoritäten möglich, in dem ein immer fortlaufender datentechnischer Konsens aller Teilnehmer gefunden wird. Lange Zeit war die Blockchain-Technologie auch Synonym für die Kryptowährung Bitcoin. Die Loslösung der Blockchain-Technologie vom Bitcoin erfolgte erst, als die Blockchain als eine innovative elektronische Registerführung für digitale Datensätze und Transaktionen erkannt wurde. Dabei wird die Blockchain chronologisch und blockweise gesteuert. Prüfung und Fortführung der Blockchain beschreibt die Blockformierung. Beides stellt grundsätzlich den Konsens einer Mehrheit der Teilnehmer her. Ohne auf die technischen Abläufe und Details – die den Rahmen dieses Werkes sprengen und eine eigene Publikation rechtfertigen würden – einzugehen, ermöglicht die Blockchain vor allem in der Supply Chain und Logistik nachhaltige Effizienzsteigerungen und Verbesserungen (Fischer et al., 2019).

Supply Chain & Logistik
Es ist davon auszugehen, dass die Supply Chains von morgen nicht mehr arbeits-teilig, sondern in kollaborativen Systemen ablaufen werden, die eine Information und Aktualisierung von Arbeitsschritten in Echtzeit zulassen (Casey & Wong, 2017; Fischer et al., 2019). Damit eröffnet die Blockchain-Technologie zahlreiche Anwendungs-möglichkeiten und ermöglicht folgende Mehrwerte:

- Abkehr von statischen und geschlossenen Datenbanken,
- Kostenreduktion durch ein dynamisches Supply-Chain-Netzwerk,
- Transparenz und Partnerkontrolle,
- Zeit- und Kostenersparnisse bei der Nachverfolgbarkeit und Kontrolle.

Ein wesentlicher Mehrwert für Händler und Kunden liegt dabei in der Supply-Chain-Nachvollziehbarkeit (Traceability). Der transparente Transaktionsverlauf ermöglicht für die Händler eine Kontrolle der Supplier sowie einen Informationsfluss der Logistik-partner. Die Blockchain-Technologie stellt dabei nicht nur die Nachverfolgbarkeit der Produktwertschöpfungsketten sicher, sondern erlaubt zudem nachträglich exakt den Nachweis darüber, wer die jeweiligen Transaktionen durchgeführt oder Information bei-getragen hat. Vertrauliche Informationen sind verschlüsselbar. Auch die 2017 gegründete Koalition aus neun führenden Food-Unternehmen, darunter Walmart, Dole, Tyson Foods, Nestlé und Unilever sowie dem Technologieunternehmen IBM erkannte die Vorteile der Blockchain-Technologie. Und auch Alibaba nutz die Blockchain-Technologie in mehreren Bereichen, wie u. a. Cloud-Diensten, Micro-Payments, Supply-Chain Tracking sowie Anti-Produktpiraterie. Lynx International, eine Tochter der Alibaba Group, hat die Blockchain-Technologie in die grenzüberschreitenden Logistikprozesse integriert und verfolgt damit alle relevanten Informationen zu importierten Waren inklusive Details zur Produktion, Transport, Zoll, Kontrollen und Verifizierung durch Drittparteien (Fischer et al., 2019).

Überwachung sensibler Lieferketten

Intensiv geprüft wird auch der Einsatz der Blockchain-Technologie zur Überwachung sensibler Lieferketten, wie z. B. bei Arzneimitteln. Vor allem bei medizinischen Produkten sind Patienten dankbar, wenn sie sich in Zeiten der Pillenpiraterie und der unübersichtlichen Liefernetzwerke über die Echtheit, Unverfälschtheit und Wirksamkeit der Produkte sicher sein können. So ist zweifelsohne die bedrohte Nachvollziehbarkeit zwischen den einzelnen Wertschöpfungsstufen eines der größten Risiken der Pharma-Supply-Chain. Der in der Produktion nachfolgende Zulieferer kann jederzeit die Produktdaten nachträglich verändern, um seine eigene Lieferung nicht zu gefährden. Das genau ist in einer Blockchain nicht mehr möglich oder zumindest mit einem unverhältnismäßig großen Aufwand verbunden. So ersetzt die Blockchain die Papiere bei der Übergabe von Vorprodukten, Komponenten und Lieferungen durch fälschungssichere digitale „Papiere". Der Herkunftsnachweis (Proof of Origin) ist mit Blockchain gesicherten Lieferungen mit fast absoluter Rückverfolgbarkeit und Fälschungsschutz gesichert (Prozesstechnik, 2019). Dementsprechend verkünden zum Beispiel Pfizer und Genentech, die zusammen u. a. mit anderen Pharmaunternehmen, Technologie-Firmen und Logistikdienstleistern eine Kooperation gestartet haben, dass ihre Blockchain die Verwaltung der pharmazeutischen Lieferkette revolutionieren wird.

Bisher ist der Einsatz der Blockchain-Technologie noch nicht besonders verbreitet. Das liegt an einer gewissen Unsicherheit, aber auch an der Gefahr, dass Blockchains bestehende Machtverhältnisse angleichen. Bestehende Machtungleichgewichte sind gefährdet, wenn in einer Lieferkette dank Blockchain jeder über jeden alles weiß. Zudem sind gewaltige Rechnerleistungen nötig, damit das Blockchain-System vollautomatisch sämtliche in der Kette befindlichen Datenblöcke volltransparent überprüfen kann. Das ist zwar ein gewaltiger Kostenfaktor, auf der anderen Seite ist der Aufwand gering im Vergleich zu den alternativen Szenarien, wie u. a. Schäden durch Pillenpiraten, zu spät bemerktem Verderb von Zulieferprodukten, Umsatzeinbruch und Imageverlust wegen Arzneimittelskandalen. Zudem ist das Thema nicht nur etwas für die ‚Großen'. Wenn solche Riesen wie Pfizer jede Menge Kooperationspartner brauchen, um eine Blockchain aufzubauen, betrifft das auch mittlere und kleine Unternehmen (vgl. Abb. 3.33). Die Frage ist zweifelsohne nicht mehr, ob die Blockchain kommt, sondern wie schnell (ebd.).

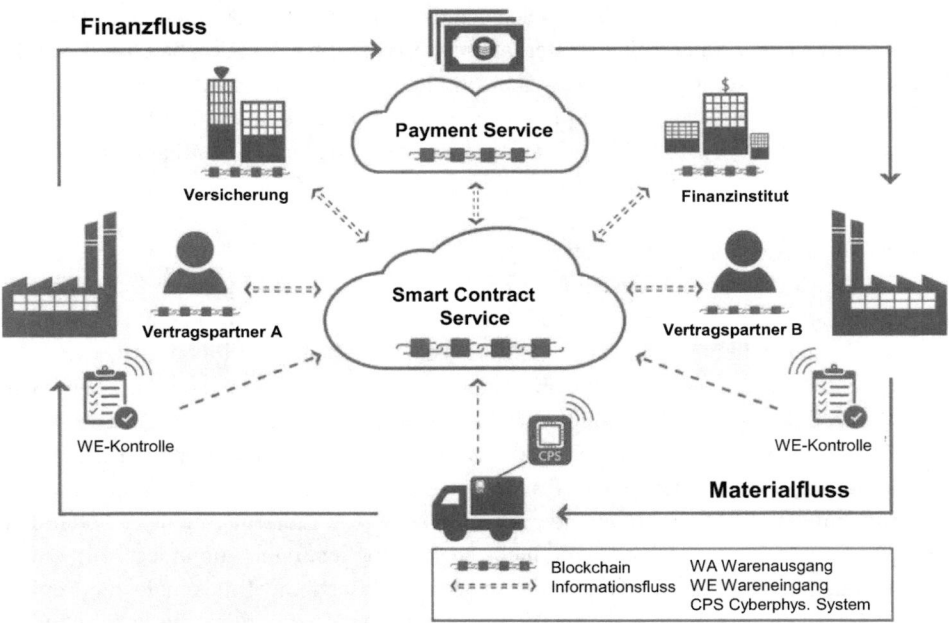

Abb. 3.33 Blockchain-basiertes Supply-Chain-Netzwerk. (Quelle: Prozesstechnik, 2019)

3.5   Intelligente Mitarbeiterqualifizierung und Rekrutierung

Der digitale Wandel im Handel bewirkt auch einen historischen Paradigmenwechsel in der Arbeitswelt. Vor allem der stationäre Einzelhandel ist davon besonders stark betroffen. Eine seiner größten Schwachstellen ist die geringe Attraktivität als Arbeitgeber für qualifizierte Arbeitskräfte. Dieses wurde in Studien nachgewiesen und betrifft insbesondere Akademiker und digitale Talente. Demnach steht der deutsche Einzelhandel vor einem spürbaren Fachkräftemangel. Selten werden jedoch Maßnahmen, die dem Mangel an passenden Mitarbeitern aktiv entgegenwirken können, eingeleitet. Zugleich hat gerade der Handel gute Chancen, sich als attraktiver Arbeitgeber zu positionieren. Er muss dafür seinen digitalen Bedarf sichtbar machen und an seinem Employer Branding arbeiten. Gelingt ihm das nicht, werden die Online Pure Players den Krieg der Talente für sich gewinnen. Das ist eine große Gefahr, da die fortschreitende Digitalisierung einen enormen Bedarf an qualifizierten Arbeitskräften im stationären Handel entstehen lässt. Sowohl die Verknappung von Arbeitskräften als auch die wandelnden Qualifikationsanforderungen stellen das Personalmanagement im stationären Einzelhandel vor große strategische Aufgaben. Vor allem die Gewinnung und Bindung von qualifizierten Arbeitskräften stellt sich als zentraler Wettbewerbsfaktor heraus, um den bereits 1996 von Amber und Barrow beschriebenen „War for Talents" zu gewinnen. Dabei geht es um fünf Themen und zwar die Neupositionierung des Employer Branding, die Attraktivitäts-steigerung als Arbeitgeber, das Active Sourcing zur Personalgewinnung und Loyalitäts-steigerung, die Schaffung von „Digital Attractiveness" als Arbeitgeber sowie den Sieg im Kampf um die IT-Talente (Amber & Barrow, 1996).

3.5.1 Behebung des Fachkräftemangels im Handel

Bis zu 50.000 offene Stellen hatten die Top-50-Handelsunternehmen in Deutsch-land in 2019 – also ‚vor Corona' – ausgeschrieben (Düthmann, 2019). Fachkräfte werden nach wie vor insbesondere in den Filialen des stationären Handels gesucht. Große Engpässe gibt es vor allem bei den Auszubildenden. So finden es drei Viertel der Personaler schwierig, Nachwuchs für die Jobs auf der Fläche zu rekrutieren. Die Folge ist, dass die Kaufleute ihre Erwartungen an Schulbildung und Deutschkennt-nisse der Einsteiger herunterschrauben und glücklich sind, wenn sie überhaupt Leute finden. Vor allem in den teuren Ballungsräumen spitzt sich die Lage zu. Im Großraum München ist z. B. der Arbeitsmarkt völlig leergefegt. So fehlt es an Kassenpersonal, Ver-kaufs- und Thekenkräften. Der Mangel dürfte sogar verstärkt zu automatisierten Läden ohne Personal führen (ebd.). Er führt aber zugleich zu einem sinkenden Qualifikations-niveau. Der Fachkräftemangel hat deshalb beim HDE Priorität. So will der Spitzenver-band mit der Initiative „Jetzt schon Profi" die Branche in ein modernes Licht rücken. Nachwuchskräfte sollen mit Verdienstmöglichkeiten, Karrierechancen und auch dem Klima-Engagement des Handels gelockt werden. Nach eigenen Angaben waren bereits in 2016 über 60 % der deutschen Einzelhändler vom Fachkräftemangel betroffen. Das war Ergebnis einer repräsentativen Befragung des ECC-Köln unter 416 Einzelhandels-unternehmen. Die Studie des ECC-Köln, die für den HDE durchgeführt wurde, gab auch Auskunft über Maßnahmen, die gegen den Fachkräftemangel ergriffen werden (ECC Köln FM, 2016; Wiehler, 2016). Demnach binden 41,7 % der Einzelhändler ihre Mitarbeiter durch eine Steigerung der Arbeitgeberattraktivität. Weitere 29,6 % der Unternehmen wollen ihr Weiterbildungsangebot ausbauen (vgl. Abb. 3.34). Immer-hin versucht damit der Großteil der Händler, sich als Arbeitgeber sichtbar zu machen. Obwohl die Einzelhandelsbranche offensichtlich den Fachkräftemangel deutlich erkennt, leiten 25 % der Einzelhandelsunternehmen überhaupt keine Maßnahmen dagegen ein. Die Lage spitzt sich allerdings weiter zu. Und während es den meisten Einzelhändlern um klassische Berufe geht, wie Einzelhandelskaufleute, Kassenpersonal sowie auch Metzgerei- und Bäckereifachverkäufer, nimmt das Drama vor allem für Stellen seinen Lauf, die gar nicht einmal einzelhandelsspezifisch sind, jedoch die Zukunft des Handels entscheiden, nämlich die digitalen Berufe. Hier spielt der Kampf um Talente in einer völlig anderen Liga. Auf dem Arbeitgeberranking der attraktivsten Unternehmen für IT-Berufe und Informatiker tauchen stationäre Einzelhandelsunternehmen erst gar nicht auf. Und das, obwohl bereits mehr als zwei Drittel aller Unternehmen branchen-übergreifend in Deutschland Schwierigkeiten haben, IT-Fachkräfte zu finden (Heise

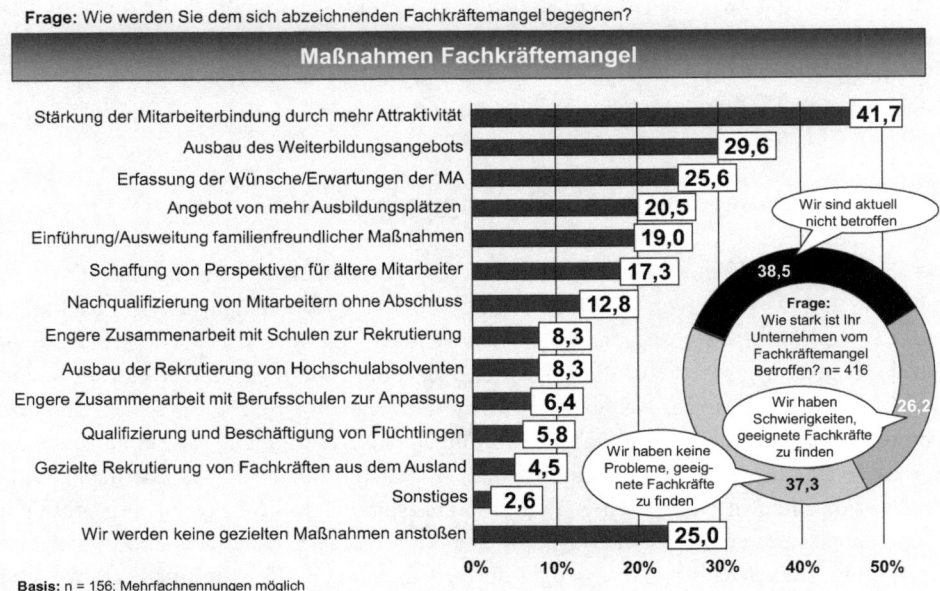

Abb. 3.34 Fachkräftemangel im Einzelhandel. (Quelle: ECC Köln FM, 2016)

IT, 2020). Diese Zahl steigt rasant, denn vier Jahre zuvor hatten noch 46 % der Unternehmen Probleme dieser Art angegeben. Dabei beschäftigt jedes fünfte Unternehmen in Deutschland mit mehr als zehn Mitarbeitern eigene IT-Fachkräfte. Folge des Mangels ist, dass die Unternehmen immer mehr IT-Aufgaben auslagern. Demnach werden vor allem spezielle IT-sicherheitsrelevante Tätigkeiten wie Sicherheitstests oder die Beseitigung von Sicherheitsvorfällen bei jeder zweiten Firma von externen Anbietern übernommen. Positive Nachricht ist, dass der weiter wachsende Bedarf an IT-Fachkräften in den Unternehmen auch ein zunehmendes Interesse an einer entsprechenden Ausbildung auslöst. So stieg der Ausbildungsberuf des Fachinformatikers von Platz 20 in der Rangliste der am stärksten besetzten Ausbildungsberufe in Deutschland im Jahr 2009 auf Platz 8 im Jahr 2019 auf. Zufällig hatte dieser Beruf auch beim Abschluss von Neuverträgen den größten Zuwachs: Während die Anzahl neu abgeschlossener Ausbildungsverträge in 2019 im Vergleich zum Vorjahr insgesamt um 1,6 % sank, stieg sie bei den Fachinformatikern um 8,4 % auf 16.210. Zusätzlich gibt es immer mehr Studierende in der Informatik sowie Computer- und Informationstechnik. Die Zahl der Studierenden in diesen Fächern hat an deutschen Hochschulen in den vergangenen zehn Jahren um etwa 80 % zugenommen, und zwar von 126.000 im Wintersemester 2008/2009 auf 227.000 im Wintersemester 2018/2019. Ob die Absolventen allerdings ihren Job nach dem Studium im stationären Handel und nicht eher bei Amazon oder Zalando starten, hängt davon ab, ob der Handel sein Employer Branding erfolgreich neu positionieren kann (Heise IT, 2020).

3.5.2 Neupositionierung der Employer Brand „Retail"

Employer Branding ist bei den GAFA's und in den großen und fortschrittlichen Industrie- und Dienstleistungsfirmen schon lange ein wichtiges Thema für die Personalmanager (DGFP, 2013; Hördt & Brickwedde, 2019). Dagegen entdeckt die Handelsbranche das Employer Branding erst so langsam – und hoffentlich nicht zu spät – für sich. Vorbild für Employer Branding ist das Konzept der identitätsorientierten Markenführung, die hier als Arbeitgebermarkenbildung zu verstehen ist (Petkovic, 2007; Hördt & Brickwedde, 2019). So wie Unternehmen sich mit der Markenbildung ihrer Produkte im Wettbewerb gegenüber ihren Kunden differenzieren möchten, wollen sie sich nunmehr mit ihrer Marke auch als Arbeitgeber am Arbeitsmarkt attraktiv platzieren (Petkovic, 2007). Dabei wird Employer Branding als „die identitätsbasierte, intern wie extern wirksame Positionierung eines Unternehmens als glaubwürdiger und attraktiver Arbeitgeber" definiert (Deutsche Employer Branding Akademie, 2016). Diese umfasst ein Bündel an Maßnahmen zur Positionierung als attraktiver Arbeitgeber für die derzeitigen und zukünftigen Mitarbeiter. Insofern stellen Employer-Branding-Maßnahmen weitaus mehr dar als die bisherigen Personalmarketingaktivitäten. Letztere sind in der Regel kurz- bis mittelfristig angelegt und verfolgen das Ziel, auf aktuell vakante Stellen aufmerksam zu machen, um damit potenzielle Mitarbeiter zur Bewerbung anzuregen. Demgegenüber sind Employer-Branding-Maßnahmen ganzheitlich, strategisch und langfristig ausgerichtet. Ihre Zielsetzung ist abstrakter und fokussiert eher auf den Aufbau einer Arbeitgebermarke. Sie beziehen sich mehr auf die potenziellen Mitarbeiter in einem größeren Zeithorizont und verfolgen als Kernidee, sich als einzigartiger, unverwechselbarer Arbeitgeber zu positionieren (Kanning, 2017; Hördt & Brickwedde, 2019). Dieses wird immer wichtiger, denn die Gewinnung und Bindung von qualifizierten Arbeitskräften ist ein erfolgskritischer Wettbewerbsfaktor, um im „War for Talents" (Ambler & Barrow, 1996) zu siegen. Dabei kann das Employer Branding helfen. Erfahrungsgemäß erhoffen sich Unternehmen von Employer-Branding-Maßnahmen beispielsweise die Verbesserung des Arbeitgeber-Images, die Gewinnung der richtigen Kandidaten sowie auch die Senkung der Personalbeschaffungskosten und damit insgesamt Produktivitätsvorteile. Dieses erfordert allerdings einen strategischen Prozess, der das Unternehmen als Ganzes in der Wahrnehmung und auf der Wunschliste von qualifizierten Arbeitskräften positioniert. Dieser Prozess sollte systematisch weiterentwickelt, an die Änderungen der Arbeitswelt angepasst und langfristig angelegt werden (Baum et al., 2012; Hördt & Brickwedde, 2019).

Das Employer Branding ist deswegen Chefsache. Es muss auf der Ebene des Top-Management als Erfolgsfaktor eingesetzt werden, um die Zukunftsfähigkeit sowie die Generierung von Wettbewerbsvorteilen sicherzustellen. Allerdings tun sich damit viele Handelsbetriebe extrem schwer. Insbesondere in KMU-Unternehmen ist das Verständnis häufig noch nicht gegeben. Hier wird Employer Branding vielfach lediglich als Nebenthema von Personal- und Marketingabteilung gesehen und weniger als strategische Aufgabe des Top-Management (Behrends & Baur, 2016; Hördt und Brickwedde, 2019).

Das Employer Branding kommt nämlich nur dann zur vollen Entfaltung, wenn die Verantwortlichkeit dafür auf der höchsten Führungsebene verankert ist. Vor allem der CEO hat in diesem Prozess eine Schlüsselrolle und ist Multiplikator. Nicht ohne Grund nahm Jeff Bezos bisher bei Amazon auch persönlich bei Recruitment-Veranstaltungen teil. Hinzu kommt, dass Employer Branding nicht nur Zeit, sondern auch finanzielle Ressourcen kostet, was insbesondere der „Geiz-ist-Geil"-Mentalität vieler deutscher Händler zuwider läuft. Aber Employer Branding erfordert Beharrlichkeit und Geduld, denn der entsprechende Prozess kann von der Konzeption bis zur Wirksamkeit zwischen drei und fünf Jahren dauern.

Eigentlich ist der Handel für die Entwicklung und Führung einer Arbeitgebermarke gut aufgestellt. Die ihm gebotenen Chancen sind groß, denn er muss lediglich das, was er bereits macht, auf das eigene Unternehmen als Ganzes übertragen. Das, was Händler auszeichnet und ihre Stärke ist – nämlich Werbung für ihre Ware zu machen –, dürfen sie jetzt auf die Werbung für ihr ganzes Unternehmen übertragen. Deutschlands Top-Einzelhändler sind als Arbeitgeber natürlich auch im Netz vertreten. Unternehmen wie Lidl, H&M, Ikea, Hagebau, Alternate, notebooksbilliger, EDEKA, REWE, Kaufland, Aldi, Rossmann, Globus, DM, S.Oliver, Bonprix, Tchibo, Conrad und natürlich Amazon, OTTO sowie Zalando buhlen bereits im Netz um die Gunst der Kunden. Dabei ist jeder Besucher der Website auch immer ein potenzieller Bewerber. Deswegen ist es natürlich naheliegend, dieses Potenzial mit der entsprechenden Reichweite zu nutzen. Aber auch bei Websites mit mehr als 30 Mio. Besuchern finden sich nirgendwo Hinweise auf Karriere-Perspektiven. Zwar im Footer, aber wer scrollt da schon hin, wenn er nicht gerade auf akuter Jobsuche ist. Da nützt dann auch die best bewerteste Karriere-Website nichts. Prominent platzierte Hinweise auf Jobs und Karriere sind häufig Fehlanzeige. Nur die Key Accounts im LEH – also EDEKA, Lidl, Kaufland und Aldi Nord – schaffen es, den Link auf die Karriere-Website zumindest in der Meta-Navigation zu platzieren. Allerdings damit in einem Bereich, der kaum vom Nutzer beachtet wird. Einige Unternehmen, wie u. a. notebooksbilliger, schaffen es immerhin, den Karriere-Link auch in der Marginalspalte unterzubringen. Erfahrung ist, dass proportional zum Scroll-Aufwand die empfundene Job-Wichtigkeit abnimmt. Auch Bewerber, die das Unternehmen sowieso schon als potenziellen Arbeitgeber auf dem Schirm haben und die bereit sind, etwas länger nach dem erlösenden Link zu suchen, sollte der Weg zum möglichen neuen Arbeitgeber nicht zu schwer gemacht werden. Sonst sind diese schnell wieder weg, zumal der nächste Arbeitgeber nur einen Mausklick entfernt ist.

Nur um es noch einmal klarzustellen:

Rund 84 % der Arbeitssuchenden ist bei der Entscheidung, wo sie sich für eine Stelle bewerben möchten, der Ruf eines Unternehmens als Arbeitgeber wichtig (Müller SM, 2020). Manchmal kann es jedoch schwierig sein, die klassischen Employer-Branding-Maßnahmen, wie Konferenzen und Werksbesichtigungen, anzuwenden, wie bspw. die Corona-Krise dramatisch aufzeigte. Hier kommen Social Media ins Spiel. Social Media sind die wohl reichweitenstärksten Kanäle für Massenkommunikation mit einfachem Zugriff auf die Smartphone- und Laptop-Bildschirme von hunderttausenden

59% aller Kandidaten verwenden Social Media, um die Unternehmen, bei denen sie sich bewerben möchten, zu untersuchen.

48% aller Kandidaten verwendeten Social Media auf der Suche nach ihrem aktuellen Job.

49% aller Fachkräfte folgen Unternehmen auf Social Media, um über offene Stellen informiert zu werden.

Abb. 3.35 Bewerbungskandidaten nutzen Social Media. (Müller SM, 2020)

Fachleuten. Sie sind damit unverzichtbares Werkzeug, wenn es um Employer Branding geht. Zweifelsohne ist die Website ein wichtiges Medium, um sich als Arbeitgeber zu präsentieren. Sie bietet aber nur den Bruchteil der Reichweite, die Social Media als virale Multiplikatoren ermöglichen. Die Nutzerzahlen in Abb. 3.35 verdeutlichen eindrucksvoll, dass sich die Mehrheit der Potenzialkandidaten in sozialen Netzen über Unternehmen und potenzielle Arbeitgeber informieren. Dies unterstreicht, dass das Ignorieren von Social Media im Rahmen einer Employer-Branding.Strategie fatal ist!

3.5.3 New Digital Attractiveness als Arbeitgeber

Unbestritten ist, dass die Zukunft fast aller Handelsbetriebe von ihrer Fähigkeit abhängt, Nachwuchskräfte für die Digitalisierung zu gewinnen. Vor allem die Handelsbranche steht vor der Herausforderung, im Wettbewerb um die Fachkräfte und digitalen Talente zu bestehen. Im branchenübergreifenden Wettbewerb um qualifiziertes IT-Personal und Informatiker verschiebt sich der Markt von einem Arbeitgeber- zu einem Bewerbermarkt. Deshalb bestimmen jetzt die Bewerber die Spielregeln, nicht die Chefs der Handelszentralen. Gretchenfrage für die Sicherung von Wettbewerbsvorteilen ist deshalb, wie die Handelsunternehmen für die Zielgruppe der Nachwuchskräfte und insbesondere der digitalen Nachwuchskräfte attraktiver werden können (Hördt & Brickwedde, 2019). Dabei hat der Handel zweifelsohne einen gravierenden Nachteil im Rennen um die sogenannten „Digital Talents", denn unter Akademikern allgemein und insbesondere unter den Absolventen der technikaffinen Studiengänge steht es um sein Image als Arbeitgeber nicht gut (Trendence, 2017 in LZ, 2016c; Buhl & Koch, 2018; Hördt & Brickwedde, 2019). Auf der anderen Seite zeigen Zalando & Co., dass der Handel als Branche mit großem Innovationspotenzial eigentlich gute Chancen hat, sich als attraktiver Arbeitgeber zu positionieren. Er muss sich nur als Arbeitgeber im Wettbewerb abheben und damit im sogenannten „War for Talents" seine Wettbewerbsvorteile bei der Gewinnung und Bindung von High Potentials ausspielen. Dieses ist auch deswegen dringlich, weil die geburtenstarken Jahrgänge der 1950er- und 1960er-Jahre in den nächsten zehn Jahren altersbedingt aus dem Arbeitsmarkt ausscheiden werden. Alleine dadurch sinkt das Erwerbspersonenpotenzial um 300.000 jährlich (Bundesagentur für Arbeit, 2017; Hördt & Brickwedde, 2019). Auch Zuwanderung wird den demografischen Wandel nicht aufhalten können, sondern bestenfalls abfedern. Bis zum Jahr 2030 werden dem Arbeitsmarkt ca. 3,5 Mio. Arbeitskräfte weniger zur Verfügung stehen. Dadurch wird sich das Arbeitskräfteangebot für den Handel von derzeit 5,5 Mio. Arbeitskräften um 12,2 % auf rund 4,8 Mio. verringern. Der Krieg um die Talente wird sich daher noch weiter verschärfen. Andererseits wird weitere Automatisierung die Zahl der nötigen Verkaufsmitarbeiter um rund 940.000 senken können (PWC & Wifor, 2016; Hördt & Brickwedde, 2019). Sowohl die Digitalisierung als auch die technologischen Veränderungen gehen mit veränderten Qualifikationsanforderungen an die Arbeitskräfte einher. Wie die Ergebnisse der Studie von PWC und Wifor zeigen, wird es bis 2030 auf den Qualifikationsebenen „Fachkräfte", „gehobene Fachkräfte" und „akademische Berufe" einen geschätzten Engpass zwischen 7 und 13 % geben (ebd.). Deswegen steigt auch das Automatisierungsrisiko für einfache Berufe und beträgt im Einzelhandel bereits etwa 70 % (IAB, 2015; Hördt & Brickwedde, 2019). Dieses betrifft Tätigkeiten in den Bereichen Kassieren, Beratung oder Inhouse-Logistik wie zum Beispiel Regalauffüllungen. Nicht zuletzt aufgrund des dadurch induzierten Automatisierungsdrucks steigt auch der Bedarf an Akademikern. Auch durch die Digitalisierung entstehen neue Berufsbilder, darunter auch Experten für Virtual Reality und mobile Bezahlverfahren sowie die E-Commerce-Berufe. Dementsprechend wird sich die Zahl der benötigten Hochschulabsolventen verdoppeln. Trotz steigender Absolventenzahlen werden dem Handel bis zum Jahr 2030 ca. 50.000 Akademiker fehlen (PWC & Wifor, 2016; Hördt & Brickwedde, 2019).

Zudem hat auch die steigende Bedeutung des E-Commerce Auswirkungen auf den stationären Handel und dessen Qualifikationsanforderungen. Am Point-of-Sale wird es den klassischen Verkäufer und den herkömmlichen Kassierer mit hoher Wahrscheinlichkeit zukünftig nicht mehr geben. Hier erwartet der Kunde „Produkt-Experten", die hohes Fachwissen mitbringen (ebd.). Insofern wirkt die Digitalisierung auf die Anforderungen an den stationären Verkauf ein. Damit wächst die Nachfrage nach qualifizierten Arbeitskräften. Vor allem Mitarbeiter mit akademischem Abschluss und digitalen Kompetenzen werden gesucht. Kreativität und Bereitschaft, sich ein Leben lang weiterzuentwickeln und flexibel auf Veränderungen zu reagieren, runden das Anforderungsbild ab. Daher muss der Handel alles dafür tun, qualifizierte Mitarbeiter zu bekommen. Diesbezüglich konkurriert der Handel nicht nur untereinander, sondern auch mit allen anderen Branchen der Wirtschaft. Er ist gezwungen, sich als attraktiver Arbeitgeber darstellen, vor allem für digitale Berufe. Bedenklich ist deswegen, dass der Handel als Arbeitgeber das wohl schlechteste Image mitbringt. Während z. B. bisher auf den Arbeitgeberrankings kein einziger deutscher Handelskonzern auftaucht, sind dort dagegen auf den Top-5-Plätzen die GAFA's inklusive Amazon anzutreffen (vgl. Abb. 3.36) (Arbeitgeberranking, 2021). Das ist ein Alarmsignal, weil es bei diesen Berufen um die Zukunft geht. Das ist aber nicht neu.

Abb. 3.36 Attraktivste
Arbeitgeber für IT und
Informatik in Deutschland.
(Quelle: Arbeitgeberranking,
2021)

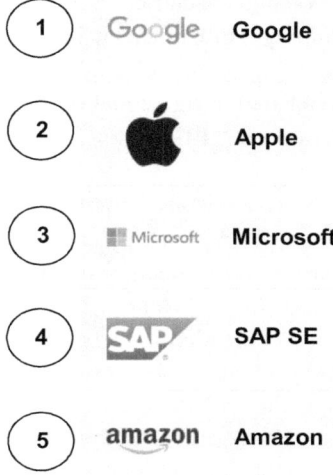

Das Marktforschungsinstitut Trendence kommt in seinen Befragungen seit Jahren zu dem Schluss, dass die Handelsbranche nicht zu den Wunscharbeitgebern von Young Professionals gehört (LZ, 2016b; Trendence, 2017). Eine Sonderauswertung von Trendence zeigt, dass die Handelsbranche vor allem bei den sogenannten „Digitals" nicht zu den Wunscharbeitgebern gehört. Dagegen stehen die Bekanntheitsgrade der Handelskonzerne ganz weit oben. Auffällig ist, dass in keiner anderen Branche die Diskrepanz zwischen Bekanntheitsgrad und Arbeitgeberattraktivität größer ist als im Handel (Mussmann, 2016; Studitemps & Maastricht University 2015 und 2017; Hördt & Brickwedde, 2019). So zeigt die Studie von Studitemps und der University Maastricht, dass den befragten Studierenden die Handelsunternehmen bestens bekannt sind. H&M und Ikea kommen sogar auf 100 % Bekanntheitsgrad, DM Drogeriemarkt erzielt 99 %, Aldi 89 %, Peek und Cloppenburg 91 %, Rewe 86 % und Zara 84 %. Demgegenüber halten nur 27 % der Befragten eine Karriere in den genannten Unternehmen für erstrebenswert. Vor allem die negative Außenwahrnehmung wird als Grund angeführt. Der Handel weckt offensichtlich bei jungen Leuten Assoziationen, die mit „altbacken" und „konservativ" beschrieben werden können (Sommer et al., 2017; Hördt & Brickwedde, 2019). Zudem denkt der Nachwuchs beim Handel an das, was beim Einkaufen für Kunden im Supermarkt sichtbar ist, wie u. a. das Kassieren und das Einräumen von Waren. Die Arbeiten hinter den Kulissen werden nicht gesehen und auch nicht die Aspekte, warum der Handel für Digital High Potentials interessant und herausfordernd sein könnte. Deswegen muss die Handelsbranche radikal umdenken und völlig andere Informationen liefern, um als attraktiver Arbeitgeber wahrgenommen zu werden.

Dabei spielt das Employer Branding eine Schlüsselrolle, um die kritischen Erfolgsfaktoren für die Rekrutierung von Talenten bekannt zu machen (Stumpf, 2016; Hördt &
Brickwedde, 2019), denn Image und Attraktivität als Arbeitgeber hat für die Gewinnung
und Bindung von High Potentials zentrale Bedeutung. Betriebe, die als attraktiver
Arbeitgeber und damit „Employer of Choice" gelten, sind die potenziellen Gewinner im
„War of Talents". Was aber konkret im Einzelfall unter Attraktivität verstanden werden
soll und wie diese operationalisiert wird, ist nicht ganz klar (Evertz & Süß, 2017; Evertz
et al., 2018; Hördt & Brickwedde, 2019).

Schaffung von Digital Attractiveness als Arbeitgeber
Die Situation erfordert es, den Blick nach innen zu richten, damit auf die Stärken als
Arbeitgeber zu fokussieren und diese deutlich herauszuarbeiten. Das setzt eine starke
Reflexion des eigenen Unternehmens voraus. Zweifelsohne hat der Handel Potenzial
für eine „digital attractiveness", die allerdings bei den meisten potenziellen und Digital
Talents nicht wirkt. Händler sind nach wie vor vom Image „Maloche an der Kasse" und
„Regale einräumen" geprägt. Tatsächlich ist der Handel heutzutage aber viel digitaler, als
viele vermuten. So verfügen Handelsunternehmen z. B. im Einkauf, in der Beschaffung
und in der Logistik über hochkomplexe und digitale Prozesse. Vielfach arbeiten im
Hintergrund bereits qualifizierte IT- und technikaffine Fachleute sowie Kommunikations-
spezialisten.

Vor allem der Handel ist derzeit von der Dynamik und Wettbewerbsintensität geprägt
und ganz wesentlich von den damit einhergehenden Veränderungen der Digitalisierung
betroffen (Textilwirtschaft, 2016; Hördt & Brickwedde, 2019). Dabei bieten sich gute
Chancen digitale Talente anzuziehen, allerdings muss dafür das Bild des Handels in der
Außenwirkung radikal verändert werden.

3.5.4 Personal-Sourcing und Mitarbeiterloyalität

Wirksames Employer Branding beginnt mit der Analyse des Mitarbeiterbedarfes (Hauke,
2016; Trost, 2018; Hördt & Brickwedde, 2019). Es gilt zu klären, welche Kandidaten
das Unternehmen derzeit und langfristig für welche Positionen binden will und welche
Kandidaten zukünftig gewonnen werden sollen. Dabei zeigt die aktuelle Situation,
dass die Handelsbranche ein hohes Risiko für Mitarbeiterabbau und -fluktuation hat.
Studien zeigen, dass vor allem die Mitarbeiter, die derzeit im Handel tätig sind und über
einen akademischen Abschluss sowie bis zu vier Jahre Berufserfahrung verfügen, eine
hohe Wechselbereitschaft aufweisen und zugleich sehr begehrte Abwerbekandidaten
sind (LZ, 2016b; Trendence, 2017; Hördt & Brickwedde, 2019). Dabei wird deutlich,
dass neun von zehn Führungsnachwuchskräften für einen neuen Job offen sind – bei
steigender Unzufriedenheit mit ihrem Arbeitgeber. Von ihnen geben 73 % an, in den vergangenen zwölf Monaten ein Jobangebot von einem anderen Unternehmen erhalten zu
haben. Gründe für die Unzufriedenheit liegen im Gehalt, dem Führungsstil, mangelnder

Wertschätzung sowie einer schlechten Work-Life-Balance. Wechselwillige Führungs-
nachwuchskräfte gaben an, dass sie von ihrem zukünftigen Arbeitgeber zudem attraktive
Aufgaben, persönliche Entwicklung und bessere Karriereperspektiven erhoffen. Sofern
Unternehmen sich als starke Arbeitgebermarke etablieren wollen, sollten sie sich mit den
Erwartungen und Wünsche der High Potentials auseinandersetzen. Dieses erfordert eine
Veränderung der Führungssysteme bzw. -prozesse sowie Unternehmenskultur.

Die zukünftigen Anforderungen des Handels betreffen sämtliche Berufsgruppen der
digitalen Welt – Softwareentwickler, E-Commerce-Fachleute, Logistikexperten, Platt-
formspezialisten sowie Website-Genies. Gesucht werden auch solche Berufe, die wegen
der rasend schnellen Entwicklung heute zum Teil noch gar nicht benannt werden können.
Das Targeting kann von Auszubildenden/Praktikanten, Young Professionals bis hin zu
Führungskräften reichen. In jedem Fall sollten sich Employer-Branding-Maßnahmen zur
Personalgewinnung auf die Bewerberzielgruppe der Digitals fokussieren. Diese werden
aber auf keinen Fall mit veralteten Methoden der Bewerberansprache gewonnen (Bludau,
2017; Malcher, 2017; Hördt & Brickwedde, 2019). Ein Teil der digitalen Zielgruppen
können proaktiv z. B. mittels Active Sourcing über Social-Media-Kanäle angesprochen
werden. Wer sich als Unternehmen auf die passive Suche nach Bewerbern verlässt, wird
höchstwahrscheinlich Schiffbruch erleiden. Nur noch ca. 15–20 % des Arbeitsmarktes
werden über Anzeigen erreicht und auch nur für die „aktiv suchenden Bewerber". Drei-
mal mehr Kandidaten (ca. 30–50 %), nämlich die „latent suchenden Bewerber", werden
damit nicht erreicht. Diese zeichnen sich dadurch aus, dass sie einem Angebot durchaus positiv gegenüberstehen würden, wenn sie gefunden und angesprochen würden.
Das ermöglicht eine proaktive Suche mit Xing, LinkedIn, Facebook, Blogs, Twitter,
YouTube-Kanälen oder auch snapchat. Proaktives Recruiting und die Nutzung von
Active Sourcing sind bei den Handelsunternehmen noch nicht so verbreitet. Während
mehr als die Hälfte (56 %) der Unternehmen das Active Sourcing für wichtig halten,
sind nur 31 % der Handelsunternehmen dort gut oder sehr gut aufgestellt – so die ICR
Quo-Vadis-Recruitment-Erhebung. In der Tat ist Active Sourcing kurzfristig kosten- und
zeitintensiver als die passive Suche nach Mitarbeitern, sichert dem Unternehmen aber
eine langfristige Wettbewerbsfähigkeit. Die Abb. 3.37 gibt diesbezüglich einen Überblick
über die Wichtigkeit des Active Sourcing im Branchenvergleich (Brickwedde, 2017 a,b).

Die Studie offenbart viel ungenutztes Potenzial bei der Rekrutierung. Vielen
Handelsunternehmen ist zwar die Problematik durchaus bewusst, allerdings haben sie
ein Umsetzungsproblem. Auch der Vergleich der Nutzung von moderner Recruiting-
Technologie zeigt diese Herausforderung auf (vgl. Abb. 3.38). Der Handel liegt in
allen möglichen Einsatzfeldern für moderne Recruiting-Technologie unter dem Durchschnitt. Zweifelsohne stellen neue Rekrutierungswege auch neue Anforderungen an
einen Recruiter, der vom Typ 2.0 her mehr ein Verkäufer und Berater als ein Verwalter
bzw. Stellenbesetzer ist. Auch eine frühzeitige Kooperation mit Schulen und Hochschulen bietet sich an, um Potenzialkandidaten auf sich als Arbeitgeber aufmerksam zu
machen. Darüber hinaus sollten die Prozesse auf allen Ebenen geprüft werden, denn
Authentizität ist für erfolgreiches Employer Branding ein Hygienefaktor. Markenbildung

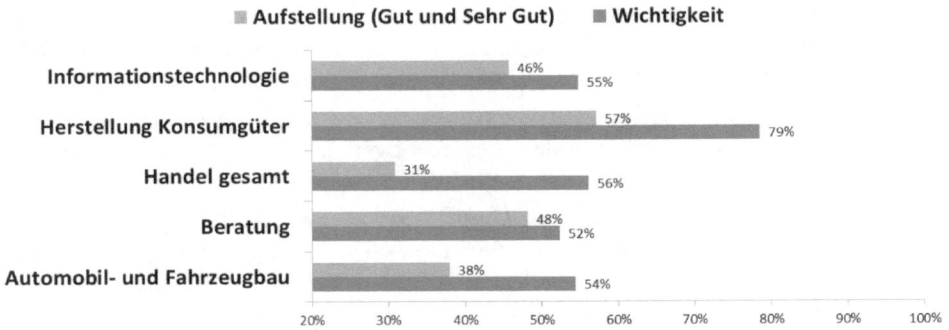

Abb. 3.37 Active Sourcing: Wichtigkeit und Aufstellung im Branchenvergleich. (Quelle: Hördt & Brickwedde, 2019 auf Basis der ICR Quo-Vadis-Recruitment-Erhebung, 2017)

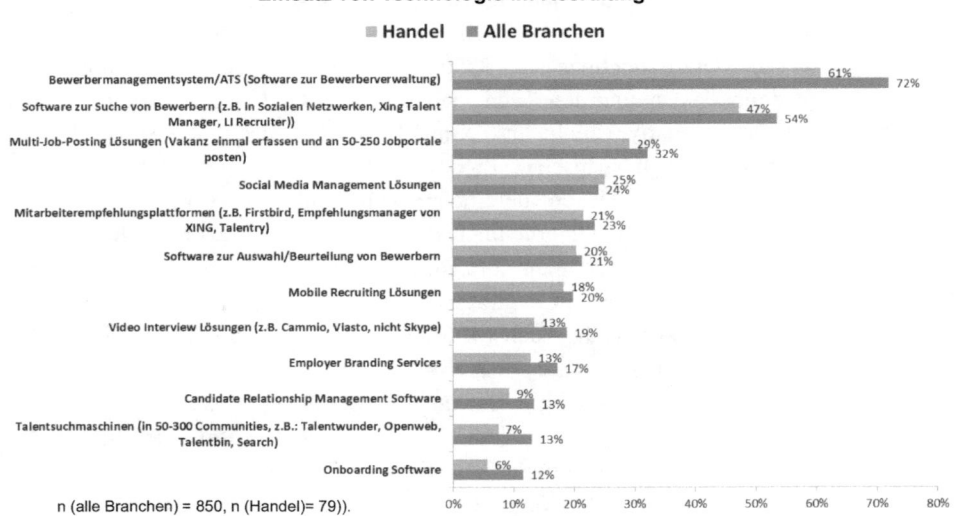

Abb. 3.38 Einsatz von Technologie im Recruiting. (Quelle: Hördt & Brickwedde 2019 auf Basis der ICR Quo-Vadis-Recruitment-Erhebung, 2017)

wird erfahrungsgemäß immer dann infrage gestellt, wenn Prozesse nicht zum angeblichen Image passen. Das ist z. B. dann der Fall, wenn ein Bewerber feststellt, dass das Kontaktformular im Internet eigentlich ein Kontaktverhinderungsformular ist, weil es kaum handelbar ist (Martin et al., 2011; Hördt & Brickwedde, 2019).

3.5.5 Strategien für den „War of IT-Talents" im Handel

Beim Employer Branding leidet der Einzelhandel unter einem hausgemachten Problem. Er schöpft seine Möglichkeiten in der Kommunikation nicht annähernd aus. Die meisten Einzelhandelsunternehmen haben bisher verschlafen, sich für potenzielle Bewerber sichtbar genug aufzustellen. Es fehlt an Kreativität, sich selbst gegenüber dem potenziellen Bewerber als attraktive Arbeitgebermarke zu präsentieren (Wiehler, 2016; Müller SM, 2020). Um allerdings die Sichtbarkeit als Arbeitgeber zu erhöhen, bedarf es einer gut durchdachten Recruiting-Strategie. Darin müssen Einzelhandelsunternehmen ihre Vorzüge als Arbeitgeber für alle Besucher der Website deutlich machen. Damit können sie als authentische Arbeitgebermarke für die potenziellen Mitarbeiter wahrgenommen werden und ihr ungeheures Potenzial voll ausspielen (ebd.). Vor allem die Multi-Channel-Händler hätten ein leichtes Spiel, ihre zum Teil sehr hohen Reichweiten für eine Personalakquise auszufahren. So weisen ihre Websites in der Regel sehr hohe Besucherzahlen auf, nicht selten mehrere Millionen pro Monat. Damit besucht auch ein riesiges Potenzial möglicher Bewerber die Seiten. Vielfach reagieren die Unternehmen aber nicht darauf. Es fehlen Hinweise auf freie Stellen oder sofort erreichbare Möglichkeiten der Interaktion. Hinweise auf das Thema „Karriere" erhält der Besucher erst im Footer der Website – wenn er nach unten scrollt und dann noch das „Kleingedruckte" liest. Das macht verschenktes Potenzial im ganz großen Stil deutlich (Wiehler, 2016). Jeder Händler sollte sich klarmachen, dass jeder Besucher ein potenzieller Mitarbeiter ist, und damit sind große Chancen und hohe Wahrscheinlichkeiten verbunden, dass sich unter den Besuchern der Website auch Menschen befinden, die auf Jobsuche sind. Mit aktiver Onsite- Kommunikation und natürlich offensiver Offsite-Werbung können die Unternehmen zusätzlich auf sich als Arbeitgeber aufmerksam machen. Das hat große Wirkung auf potenzielle Mitarbeiter – gerade, wenn diese sich vielleicht nicht von allein dort beworben hätten und mit einer ganz anderen Intention die Website besucht haben. Kaum ein Handelskonzern nutzt seine Strahlkraft als bekannte und vor allem beliebte Store-Brand für das Employer Branding aus, obwohl dieses bitternötig ist. Wenn ein Besucher schon regelmäßig bei einem beliebten Unternehmen einkauft, warum sollte er nicht auch dann direkt dort arbeiten? Oftmals reicht ein kleiner Anstoß aus, damit sich potenzielle Bewerber mit dem Unternehmen auseinandersetzen. Durch einen Hinweis auf freie Stellen in der Sidebar lässt sich schnell die Aufmerksamkeit der Besucher sichern. Zudem gehört der Karrierebereich heutzutage gut sichtbar in die Hauptnavigation (Wiehler, 2016; Müller SM, 2020).

Je stärker sich Händler um die Young Professionals und die Digital-Experten bemühen, desto mehr stoßen sie dort auf ganz andere, neue Wettbewerber. Als Wunscharbeitgeber im Handel gelten zweifelsohne die Firmen Amazon und Zalando. Beide Firmen sind Best Practices, die den E-Commerce innovativ gestaltet bzw. eingeführt haben. Sie gelten als Disrupteure und Innovatoren, die die analoge Handelswelt „aus den Angeln gehoben" haben. Deswegen sind sie für Digital Talents attraktiv. Dort können diese sicher sein, die digitalen Geschäftsmodelle/-prozesse und Innnovationen auch selbst mitzugestalten. Wer als klassisches Handelsunternehmen bei der Analyse der Wettbewerber allerdings nur auf Amazon oder Zalando schaut, greift bei weitem zu kurz. So zeigt Abb. 3.39, dass die gesamte Handelsbranche nach IT'lern sucht (LZ, 2016b; Trendence, 2017; Brickwede 2018a, b; ICR Active Sourcing Report, 2018).

Die Aspekte, die für Entwickler wichtig sind, können auch als Checkliste für suchende Arbeitgeber Verwendung finden. Die folgenden Dinge sind relevant (Stackoverflow 2017; Hördt & Brickwedde, 2019):

- klare Entwicklungsmöglichkeiten im Unternehmen,
- klare Teamführung,
- kompetente Kollegen,
- technische Ausstattung auf dem neuesten Stand,
- Produkte und Projekte, die begeistern,
- Eigenverantwortung,
- adäquate Büroausstattung und Arbeitsumfeld,
- definierte Unternehmensziele,
- Unterstützung für kreatives Arbeiten,
- Arbeiten von zu Hause,
- faire und transparente Gehälter.

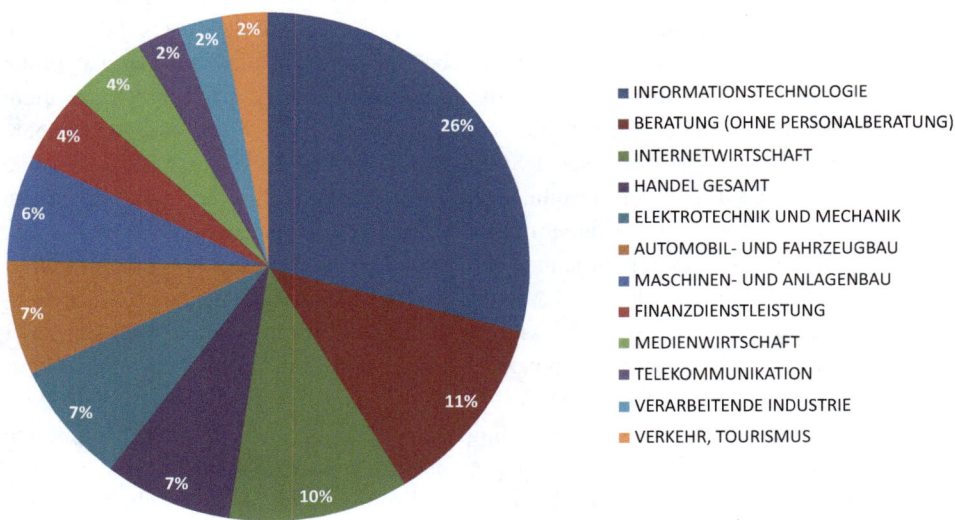

n (alle Branchen) = 850, n (Handel)= 79)).

Abb. 3.39 Active Sourcing: Welche Branchen suchen nach Itlern? (Quelle: Brickwede, 2018; ICR Active Sourcing Report, 2018)

Jeder Arbeitgeber muss überprüfen, ob er diese Erwartungen erfüllen kann oder will. Dabei ist es für die digitalen Talente besonders wichtig, in einer Umgebung arbeiten zu können, die konsequent und nachhaltig auf die Digitalisierung setzt. Zwar ist auch die Größe eines Unternehmens und eine starke öffentliche Wahrnehmung essentiell, aber vor allem die digitalen Arbeitsinhalte wirken sich in der Attraktivitätsbewertung nachhaltig aus. Insbesondere die ständige und auch disruptive eigene Erneuerung gibt den Unternehmen das Branding, sich zukunftssichernde Wettbewerbsvorteile zu sichern. Derartige Digitalisierungsanstrengungen sollte der Handel massiv in sein Employer Branding übernehmen. Handelskonzerne müssen sich als digitales „Powerhouse" positionieren. Dieses betrifft die permanente Erneuerung der Geschäftsmodelle sowie die flexible Anpassung der Technologien und der internen Prozesse an neue Herausforderungen. Diese können durchaus auch zu interner Disruption führen, z. B. durch den Einsatz von Robotik und Augmented Reality in der Warenkommissionierung oder den Einsatz Künstlicher Intelligenz in der Konsumentenanalyse. Digital-basierte Arbeitsformen, wie z. B. verschiedene Formen der agilen Arbeit, gehören auch dazu. Nur so lassen sich die Dynamik und Flexibilität sich schnell verändernder Geschäftsmodelle und Prozesse im Handel gestalten. Die bisherigen Motivationsfaktoren sicherer Arbeitsplätze und leistungsgerechter Vergütung reichen dabei nicht mehr aus. Es geht vor allem auch darum, den Sinn der Arbeit deutlich zu machen und die interne Unternehmenskultur in den Vordergrund zu stellen. Das erfordert allerdings ein Führungsverständnis der Vorgesetzten weg von hierarchischer Führung mit Abteilungsdenken hin und zu mehr Mitarbeiterbeteiligung, Eigenverantwortung und Teamorientierung. Diese Veränderungen im Rollenverständnis sind keine Selbstläufer und müssen vorgelebt werden. Deswegen muss sich Unternehmenskultur den verändernden Ansprüchen des Geschäftsmodells und den Erwartungen der Mitarbeiter ebenfalls anpassen, sonst stimmt der Digital Fit nicht mehr. Neue Mitarbeitergenerationen erwarten als Teil der Unternehmenskultur, zunehmend auch eine Antwort auf die „Sinnfrage" zu bekommen, wofür dieses Unternehmen eigentlich genau steht, welchen Zweck es verfolgt („Purpose") und warum es sich lohnt, dort zu arbeiten. Die Zeit drängt allerdings, denn das Image des Handels ist immer noch alles andere als digital und attraktiv.

3.6   Intelligenter Online-Marktplatzverkauf

Zweifelsohne liegen Marktplätze im Trend und sind die Gewinner der Corona-Krise. Sie legten von allen Online-Handelsbetriebsformen in 2020 mit über 20 % Wachstum am stärksten zu und machen annähernd die Hälfte des Online-Handels in Deutschland aus. Ihr Erfolg weckt Begehrlichkeiten auf zwei Seiten. Einmal auf der Anbieterseite, was sich in einem regelrechten Marktplatzfieber niederschlägt – denn kaum ein Tag vergeht ohne Marktplatzgründung. Andererseits auf der Nachfrageseite mit dem Verkauf eigener Produkte auf externen Marktplätzen. Was aber die Rolle eines Marktplatzpartners ausmacht und welche Vor- und Nachteile das im Gegensatz zu bisherigen Business-Pipeline-Modellen hat, ist vielen stationären Händlern gar nicht klar. Zudem sollte es einem Marktplatzgründer klar sein, was die Erfolgsgesetze selbst betriebener Online-Marktplätze sind. Diese unterscheiden sich maßgeblich danach, um welche Marktplatzform es geht. Diesbezüglich spielen regionale bzw. lokale Marktplätze eine Sonderrolle, die es zu klären gilt. Relativ neu sind cloudbasierte SaaS-enabled Marktplätze (SEMs), die sicherlich nicht mehr mit den bisherigen Online-Marktplatzmodellen vergleichbar sind.

3.6.1   Online-Marktplätze versus Plattformen

Marktplätze und Online-Plattformen dehnen ihre Plattform-Ökosysteme auf immer mehr Handelsbranchen und immer weitere Bereiche des Lebensumfelds der Verbraucher aus. Ursache und Wirkung sind Netzwerkeffekte, die sowohl für die Anbieter als auch für die Konsumenten durchaus positiv sind. Anlaufstelle für die mehr als 66,5 Mio. erwachsenen Internet-User sind primär Plattformen, die ihnen Nutzen stiften und einen ultimativen Informationsvorsprung garantieren. Deswegen liegen Plattformen im Trend, der wiederum eben diese Netzwerkeffekte befeuert. Folge ist die Plattformökonomie, die nicht nur im Handel, sondern jetzt auch in allen anderen Branchen Einzug hält (Heinemann et al., 2019). Sie wird erklärt durch die Theorie zweiseitiger Märkte, wobei zwei Interaktionspartner miteinander verbunden sind, ähnlich wie bei Börsen oder Auktionen. Je mehr User eine Plattform anzieht, desto interessanter wird sie für Anbieter bzw. Plattformpartner, welche die Plattform als Intermediär nutzen. Um auf den relevanten Plattformen präsent zu sein, bezahlen Unternehmen beträchtliche Gebühren, denn sonst wären die Umsätze der GAFA's und TAB's nicht so gigantisch. Dieses lohnt sich auch für die Anbieter, solange die Umsätze wachsen. Deswegen sind die Plattformen zum Wachstum verdammt. Andererseits führen die Umsatzzuwächse wiederum zu einer Ausweitung der Angebote und diese wiederum zur Steigerung der Besucherzahlen, was den Plattformbetreibern immer bessere Skalierungsvorteile sichert. Zwischen den Partnern kommen dabei indirekte Netzwerkeffekte zum Tragen, die für eine Skalierung ursächlich sind und die Umsätze treiben, die wiederum Investitionen in die Plattform ermöglichen, was wiederum immer mehr User anzieht (Herda et al., 2018; Heinemann OH, 2021; Schramm-Klein, 2020). Diese unendliche Spirale setzt eine Art zweiseitige Eskalation in Gang, die nicht automatisch einsetzt, sondern mit erheblichen Investitionen angeschoben werden muss. Google (Alphabet Inc.), Amazon, Facebook und Apple sowie auch eBay, Zalando & Co haben zweifelsohne den größten Teil ihrer Anfangsinvestitionen in den Anschub des Netzwerkeffektes investiert. Jeder Klick muss mit rund 0,5 € pro Klick solange gekauft werden, bis die Frequenz eine originäre Dynamik erlangt. Deswegen erfordert auch der Aufbau von Online-Marktplätzen erhebliche Marketinginvestitionen – vor allem, wenn es bereits gut funktionierende Marktplätze gibt und kein Bedarf mehr für zusätzliche E-Marktplätze besteht.

Mittlerweile sind in nahezu allen Branchen Plattformen und Online-Marktplätze anzutreffen. So bietet Airbnb beispielsweise Wohnungseigentümern an, ihre Wohnungen

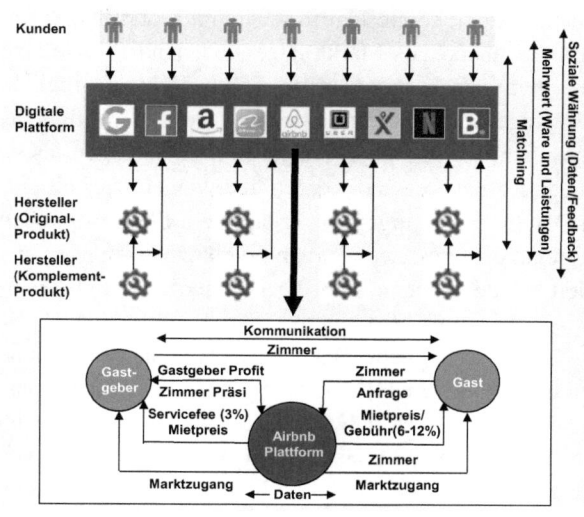

Abb. 3.40 Prinzip der Plattformökonomie am Beispiel Airbnb. (Quelle: in Anlehnung an Herda et al., 2018)

als Vermieter Urlaubern zur Verfügung zu stellen, und unterstützt diese bei der Anbahnung des Geschäfts. Dabei erhalten die Urlauber eine oft günstigere und zugleich bessere Alternative zu Hotels (vgl. Abb. 3.40). Insofern ist das Angebot der Plattformen für beide Seiten attraktiv (Herda et al., 2018). Deswegen stellt die Plattformenökonomie ein Geschäftsmodell dar, das mittels Informationstechnologie zweiseitige Märkte abbildet und wertschöpfende Interaktionen zwischen externen Anbietern und Kunden ermöglicht. Kernfunktion ist, über eine offene Infrastruktur einen einfachen Zugang für die Interaktionspartner anzubieten. Dafür werden Standards definiert und dann ein „Matching" durchgeführt. Die Bereitstellung von Waren oder Diensten erfolgt auf Basis eines Informationsaustausches entweder gegen Vergütung (Marktplatzmodell) oder Datenzugang (Facebook, WhatsApp, Google) (Herda et al., 2018). Dabei verfolgen Plattformen in der Regel eine horizontale Ausweitung der Angebote, die von den Netzwerkeffekten profitieren und im Grunde genommen eine natürliche Folge von ihnen sind. Darüber hinaus lässt sich bei Plattformen zunehmend auch ein Trend zur Integration in Richtung Ökosysteme erkennen. Diese resultieren aus dem Zusammenspiel zwischen Anbietern, Kunden, Betreibern der Plattform und weiteren Partnern (die z. B. als Provider zusätzliche Anwendungen bereitstellen). Merkmal digitaler Ökosysteme ist deren Unabhängigkeit von anderen Anbietern. Dabei werden in vertikaler Richtung – also bei Wertschöpfung, Kundenkontakt, Datenmanagement etc. –keine externen Partner mehr benötigt. Zudem können Plattformbetreiber selbst als Anbieter fungieren, wie am Beispiel der Amazon-Lieferkette deutlich wird (Herda et al., 2018).

Marktplätze sind zwar Plattformen, aber nicht alle Plattformen sind Marktplätze. Das zeigen Google oder Facebook, die alles andere als Marktplätze sind. Und Portale sind keine Marktplätze sowie auch keine Plattformen, da sie keine direkte Einkaufsmöglichkeit bieten. Sie gelten eher als Anzeigenwebsites. Preisvergleichsportale (billiger.de, guenstiger.de, idealo.de etc.), eBay Kleinanzeigen oder Craigslist-Kleinanzeigen lassen sich als Beispiele aufführen. Sie bündeln Angebote und werden überwiegend gezielt aufgesucht (Reyes, 2017; Heinemann OH, 2021). Demgegenüber stellt ein Plattformmodell wie auch ein Marktplatz eine Aggregation verschiedener Unternehmensleistungen dar und ist eindeutig transaktionsbasiert. Dabei können sich die Geschäftskonzepte deutlich unterscheiden. Es kann sich um erweiterten E-Commerce handeln, wie ihn z. B. die Amazon-Plattform darstellt, indem das ursprüngliche Handelsgeschäft um Video- und Musik-Dienste erweitert wird. Denkbar ist aber auch E-Context wie bei Suchmaschinen, E-Content wie bei Verlagen oder aber E-Connection wie bei Marktplätzen. Auch im B2B-Geschäft sind Plattformen zur Vermittlung von Geschäften oder zum Finden von Lieferanten (z. B. Frachtvermittlungsplattform) denkbar (Kollmann, 2013; Kollmann, 2019; eTailment AL, 2019).

Die Erfahrung zeigt: Je atomistischer Anbieter und Nachfrager verteilt sind, umso anfälliger sind die Branchen für den Erfolg elektronischer Marktplätze. Dieses ist in der Konsumgüterbranche häufig der Fall. Mit zunehmender Größe der Plattform-Community steigt sowohl die Frequenz, als auch der Netzwerknutzen für alle überproportional an, was wie bei Amazon zu einer sogenannten „Winner-takes-all"-Konstellation führen kann: Dabei ist es nicht mehr lohnenswert, wenn mehrere Plattformen existieren, zumal auch der Aufbau der Frequenz und damit des Netzwerkeffektes kaum mehr bezahlbar wäre. Bei über 4 Mrd. Klicks von Amazon in Deutschland und einem CPC (Cost per Click) von rund 0,5 € entspricht das einem Marketing-Äquivalent von 2 Mrd. EUR. Dieses ist aber nur werthaltig, wenn eine Mindest-Konversion erfolgt, die aber wiederum an der Größe des Angebots hängt. Deswegen darf nicht verwundern, dass Amazon alleine in Deutschland auf rund 500 Mio. Artikelangebote auf seiner Plattform kommt und deswegen auch als Produktsuchmaschine genutzt wird (Amazon KMU, 2020). Aus der Perspektive von Netzwerkeffekten ist das durchaus sinnvoll. Ebenfalls vorteilhaft ist es theoretisch für alle Beteiligten, wenn sich alle Anbieter und Nachfrager auf einem Online-Marktplatz treffen, um den Netzwerkeffekt zu maximieren, denn sie profitieren in hohem Ausmaß davon und stehen nicht ohne Grund mit ihrer dominanten Marktstellung im Zentrum der digitalen Ökonomie. Sie dominieren die sogenannte Plattformökonomie, die daher auch als „GAFA-Ökonomie" bezeichnet wird. Deren Vorsprung am Markt sowie deren enorme Finanzkraft führen inzwischen zu einer monopolartigen Stellung, die auf eine weltweit hohe Anzahl von Usern und ihren Daten zurückgeht (Herda et al., 2018; Heinemann OH, 2021). Facebook und Google bieten zum Beispiel für werbende Unternehmen eine attraktive Zahl von Konsumenten für ihre maßgeschneiderte Werbung an, während diese Konsumenten die angebotenen digitalen Dienste gratis nutzen können (Herda et al., 2018). Hierdurch unterscheiden sich digitale und zweiseitige Plattformen von den sogenannten traditionellen „Pipeline-Business-Modellen", wo die Angebote sequenziell von den Herstellern über den Handel zu den Kunden gelangen (Schramm-Klein, 2020).

Vor allem seit der Corona-Krise öffnen Marktplätze die Tür für KMU-Händler, die Ware online anbieten wollen. Dafür reduzieren sie sogar den Aufwand, mit dem dies möglich wird, und geben zusätzlich finanzielle Anreize. Damit eröffnet sich den Händlern nicht nur der Zugang zu nationalen, sondern häufig auch zu internationalen Online-Kunden. Die enorme Marktmacht von Amazon & Co. fördert aber auch die wirtschaftliche Abhängigkeit insbesondere kleiner und mittlerer Händler. Zudem erhöht sich durch den Online-Marktplatz auch der Wettbewerbsdruck, denn auch internationale Händler können über Online-Marktplätze Zugang zum heimischen Markt erhalten. So erzielen die hierzulande tätigen Marktplätze beträchtliche Cross-Border-Umsätze im Import. Insofern ist der Verkauf auf Online-Marktplätzen Fluch und Segen zugleich (Schramm-Klein, 2020). Gleichzeitig verändern sie die Rolle des stationären Einzelhändlers, der dort verkauft, zu einer Art Lieferant, da die Online-Umsätze über die Plattform nur indirekt erzielt werden (vgl. Abb. 3.41).

3.6.2 Eigener Online-Marktplatz vs. Verkauf auf externen Marktplätzen

Bei einem „Projektvorhaben Online-Marktplatz" muss zuallererst hinterfragt werden, ob damit die Gründung eines eigenen Marktplatzes gemeint ist oder aber die eigenen Produkte auf einem externen Marktplatz verkauft werden sollen. Beides liegt zweifelsohne derzeit im Trend und vor allem neue Marktplätze schießen fast täglich wie Pilze

„Zukünftige Merkmale von Plattformen und Händlern"

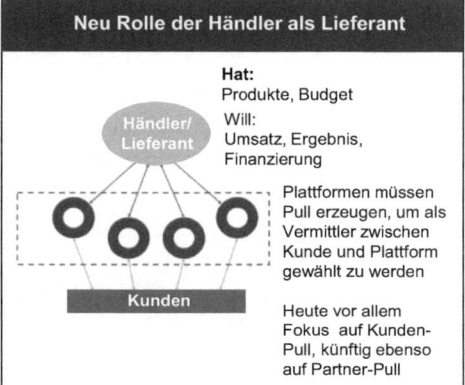

Abb. 3.41 Neue Rolle der Händler als Lieferant von Plattformen. (Quelle: in Anlehnung an Brindöpke, 2018)

aus dem Boden: Nach Amazon-Vorbild stellen verschiedene Handelskonzerne ihre Online-Plattformen auch anderen Händlern zur Verfügung. Unter ihnen sind Händler wie AboutYou, Breuninger, Douglas, Engelhorn, H&M, Otto und Zalando. Mit der Übernahme von Hitmeister konnte sich die Metro-Tochter Real praktisch aus dem Stand heraus zu einem der Top-Anbieter entwickeln und größte Dynamik mit der Öffnung für andere Händler generieren. Mit dem Verkauf an Kaufland dürfte jetzt auch in der Lidl-Schwarz-Gruppe der Weg für einen bedeutenden eigenen Marktplatz geebnet sein, zumal Lidl.de sich mit rund einer Milliarde Euro Deutschland-Umsatz in 2020 bereits unter die Top-10 des deutschen Online-Handels katapultieren konnte. Auch die EDEKA-Gruppe sitzt seit der Übernahme von Bringmeister in 2016 sowie der Beteiligung an dem E-Food-Start-up Picnic in den Startlöchern. Weiterhin kommt es zu internationalen Marktplatzkooperationen. So haben die europäischen Online-Marktplätze real.de, Cdiscount (Frankreich), eMAG (Rumänien) und ePrice (Italien) nach einer einjährigen Testphase zusammen das International Marketplace Network (IMN) gestartet. Dieses Netzwerk vereint 30.000 Händler mit annähernd 230 Mio. potenziellen Kunden in Europa und betreibt technische Schnittstellen zwischen den Marktplätzen, über die Händler ihre Angebote und Bestellungen in Echtzeit marktplatzübergreifend synchronisieren können (Liening, 2020; Heinemann OH, 2021). Für die Anbindung an die anderen europäischen Marktplätze entstehen den Händlern keine weiteren Gebühren. Während IMN für einen vollautomatisierten Austausch der bereits an den Heimat-Marktplatz übermittelten Daten sorgt, müssen die Händler nicht mehr für jede neue Plattform eine extra Schnittstelle nutzen (Liening, 2020). Neben den Universalisten wie Amazon, eBay, Otto oder Real zeigen Douglas, AboutYou und Zalando, dass auch ein auf singuläre Warengruppen konzentriertes Angebot auf einem Marktplatz funktionieren kann. Douglas beispielsweise startete in 2019 mit einem exklusiven Partnerprogramm. Damit wurde die Parfümeriegruppe zum ersten europäischen Marktplatz für Beauty-Produkte und das Sortiment wuchs um rund 10.000 zusätzliche Artikel, während rund 50.000 Produkte im Douglas Online-Shop angeboten werden. Douglas bietet seinen Kunden mit dem Partnerprogramm ein One-Stop-Shopping an, ohne selber zusätzliche Warenbestände aufbauen zu müssen und damit das Warenrisiko zu übernehmen (ebd.). Dabei klingt die Erfolgsformel ja auch denkbar einfach: Partner akquirieren und an Bord bringen, Hand aufhalten und fertig! Zudem lässt sich dadurch mal eben das Sortiment vergrößern, ohne zu investieren oder eigene Warenrisiken einzugehen. Fragt sich nur, wieso die Händler darauf nicht schon früher gekommen sind.

Eigener Online-Marktplatz

Völlig gegensätzlich zum Traum vom schnellen Marktplatzglück ist das, was die Erfahrung aus der VC-Szene sagt: Unter Inkubatoren gilt der erfolgreiche Start eines Online-Marktplatzes gemeinläufig mit als das Schwierigste, womit Gründer in der Start-up-Szene starten können. Ohne eine extreme Spezialisierung sowie einen ergänzenden „Frequenztreiber" sind derartige Modelle alles andere als eine Erfolgsgarantie. Insofern wundert es auch nicht, dass erfolgreiche Marktplätze eigentlich in den seltensten Fällen als „Pure-Marktplatz", sondern immer in Kombination mit einem „Killer-Feature" und „Killer-Services" gegründet und angeschoben wurden. Anders lässt sich der erforderliche Netzwerkeffekt auch nicht in Gang bringen. So konnte eBay seinen Online-Marktplatz auch nur über das Auktionsgeschäft aufbauen. Amazon gilt demgegenüber als „Produktsuchmaschine", die mit Abstand die größte Sortimentsauswahl anbietet und nur in der Kombination aus eigenem Einzelhandelsgeschäft sowie „First-to-Marketer"-Effekt die enorme Frequenz aufbauen konnte. Dementsprechend generiert die Handelsplattform mittlerweile mehr produktbezogene Suchanfragen als Google. Das zeigt, dass neben einem Killer-Sortiment, Killer-Features oder Killer-Services nur noch die Frequenz über Erfolg und Misserfolg eines Online-Marktplatzes entscheidet. Und diese fällt nicht vom Himmel, sondern muss mit viel Aufwand aufgebaut werden. Vermutlich bieten hier in Deutschland derzeit nur Zalando und Otto ausreichend Potenzial dazu. Marktplatzgründungen müssten also massiv in Werbung investieren, um schnell eine relevante Reichweite aufzubauen. Dabei ergibt sich allerdings schon das nächste Problem, da die durch Werbung generierte Reichweite nur dann nachhaltig wirkt, wenn es beim Besuch des Portals keine Enttäuschung gibt. Insofern droht ein Teufelskreis. Es fragt sich vor allem, wieso potenzielle Marktplatzpartner selbstlos neue Marktplatzalternativen anfüttern sollten, wenn diese noch keine attraktiven Reichweiten bieten können?

Als weiteres Problem stellt sich heraus, dass „angegliederte" Online-Marktplatzmodelle häufig den Ansatz verfolgen, Konkurrenten und konkurrierende Produkte auszuschließen. Präsenzen anderer Filialisten gleicher Warengattung werden sehr skeptisch betrachtet, obwohl diese die Magneten für einen Marktplatz sind. Bei einer zu starken Begrenzung des Angebots sowie Verzicht auf Konkurrenz droht dem Online-Marktplatz zusätzlich Ungemach, da den Kunden dann ein ausreichend großes Sortiment fehlt. Das ist allerdings der wesentliche Anreiz, die Plattform zu besuchen. Außerdem bieten Händler auf ihren Marktplätzen nicht selten dieselben Produkte an wie die großen Plattformen – allerdings dann häufig teurer als diese.

Im Hinblick auf die Voraussetzungen auf Marktplatzpartnerseite ist insbesondere der Frage nachzugehen, was gegenüber bestehenden Plattformenlösungen der potenzielle Mehrwert für stationäre Händler ist. Diesbezüglich ist zunächst auf die kooperativen Modelle der Verbundgruppen zu verweisen. Häufig ist die Marktplatzgeschäftsidee zumindest in diesem Punkt nicht neu. Zahlreiche vergleichbare Ansätze sind hier bisher allerdings gescheitert, weil neben den Widerständen auf Händlerseite vor allem die technischen Voraussetzungen im Hinblick auf Kassensysteme, WWS und Schnittstellenlösungen fehlten. Hinzu kommen Fulfillment-Defizite, da insbesondere die lokalen Händler mit dem Thema in der Regel überfordert sind, weil sie entweder eingehende Aufträge nicht registrieren oder deren Bearbeitung zu wenig priorisieren. Auch kommen sie in der Regel mit der Retourenbearbeitung nicht klar und verärgern diesbezüglich häufig ihre Kunden (Heinemann, 2017). Selbst Outsourcing-Lösungen werden nicht verhindern können, dass Kunden Waren in den Geschäften retournieren und dort wertvolle Ressourcen beanspruchen. Die Erfahrungswerte in vergleichbaren Konstrukten zeigen aber auch, dass auf Händlerseite eine Grundgebühr eher nicht durchsetzbar sein wird.

Erfahrungsgemäß liegt die „psychologische Preis-grenze für derartige Gebühren" bei maximal 100,– Euro pro Jahr, wahrscheinlich aber eher bei 50,– Euro. Die Garant-Möbel-gruppe bekam diese Beträge sogar selbst bei Mitgliedern nicht durchgesetzt und wurde von ihnen genötigt, völlig auf Gebühren zu verzichten (Shopmacher, 2012). Empfohlen wird deswegen, in einem „Worst Case"-Szenario die Grundgebühr herauszunehmen, was 1–2 Mio. EUR weniger Umsatz bedeuten kann. Viele lokale Händler verweigern bis-her notorisch und trotz unterschiedlichster Bemühungen das Online-Thema und sind als erfolgskritisches Potenzial eher defensiv zu betrachten. Dabei dürfte aus der Händlersicht nicht ohne Weiteres nachvollziehbar sein, warum dieser einen neuen Markplatz der deut-lich erfolgsträchtigeren Marktplatzvarianten von Amazon oder eBay vorziehen sollte. Für vergleichbare Gebühren kann er mit vergleichbarem Aufwand bei diesen Plattformen auf ein Frequenzpotenzial von jeweils mehr als 4 Mrd. Visits im Jahr stoßen (Heinemann OH, 2021). Diese Traffic-Leistung ermöglicht ihm erfahrungsgemäß einen attraktiven Zusatzumsatz, der bei vergleichbarem Aufwand (Bereitstellung von Sortimenten, Fotos und Produktinformationen, Schnittstellen etc.) bei neugegründeten Marktplätzen deutlich niedriger sein dürfte. Zudem regionalisieren Amazon und eBay derzeit mit Hochdruck ihre Leistungen. Aus Händlersicht gibt es darüber hinaus auch noch andere Möglich-keiten, die zumindest eine „konkurrierende Option" zum Geschäftsmodell darstellen: zunächst ein eigener Online-Shop, z. B. über eine Magento-Lösung, die auch von eBay unterstützt wird. Weiterhin bietet Google jedem Händler die Möglichkeit zu lokalen Such-anfragen an und wird auch dieses Thema forcieren (Haug, 2013; Heinemann OH, 2021). Auch gibt es lokale Aggregationsplattformen, wie u. a. kaufDA, die als „Location-based Service"-Anbieter (LBS) zum Beispiel auf lokale Inventarlisten zugreifen. Deswegen sei angeraten, die Geschäftsidee vom Marktplatz noch einmal ganz genau zu überlegen und mit einem professionellen Businessplan zu hinterlegen (Neuhandeln, 2017; Heinemann OH, 2021). Erst wenn sich bei Berücksichtigung aller Kennzahlen sowie des Betreiber-modells ein realistischer Break-even sowie ROI einstellt, sollte losgelegt werden.

Verkauf auf externen Marktplätzen

Immer mehr Einzelhändler nutzen Online-Marktplätze als singulären oder zusätz-lichen Vertriebskanal für den Abverkauf ihrer Waren. Im Hinblick auf den Nutzwert ihrer Plattformen für KMU-Händler verweisen vor allem die großen Betreiber häufig auf ein Umsatzwachstum, das über dem Gesamtmarkt liegt. Als weiterer Vorteil wird die Reichweite, große Bekanntheit sowie Kundenakzeptanz der Marktplätze auf-geführt. Hinzu kommt das Fulfillment. Dahinter steht in der Regel ein Fullservice mit Marketing, Payment und logistischer Abwicklung. Diesen haben die großen Marktplätze oft mit einem immensen Aufwand aufgebaut und stellen diesen gegen Gebühren zur Ver-fügung. Welche Marktplätze unter den Händlern am populärsten sind, hat der Online-Händlerbund in 2019 bei mehr als 1000 Online-Händlern abgefragt. Neben Amazon und eBay gibt es etliche kleinere Marktplätze, die bei Online-Händlern sehr beliebt sind. Die Zufriedenheit mit einem Marktplatz ergibt sich u. a. aus Themen wie Usability, Support, Umsatz, Kosten und Fairness. Diesbezüglich zeigt Abb. 3.42, dass bei den aktiv

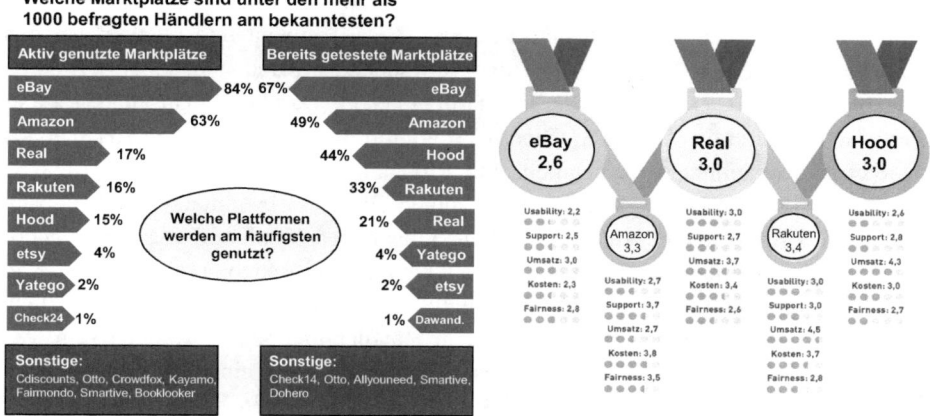

Abb. 3.42 Populärste Marktplätze in Deutschland aus Händlersicht. (Quelle: Haendlerbund, 2020)

genutzten Markplätzen eBay (84 %) und Amazon (63 %) die Nase vorn haben. Während eBay Sieger in den Kategorien Usability, Support und Kosten ist, kann Amazon das Umsatzranking sowie Real das Fairnessranking anführen. Dabei ist eBay im Gesamtranking die Nummer eins, gefolgt von Real, Hood und Amazon (Haendlerbund, 2020).

Deutsche Ableger internationaler Plattformen heben auch die Chance für KMU hervor, zusätzlich im Ausland Geschäfte machen zu können. Nach Angaben von Amazon haben deutsche KMU, die bei Amazon verkaufen, in 2018 ihre Exportumsätze um durchschnittlich 20 % gegenüber Vorjahr steigern können. Das entspricht rund 2,5 Mrd. EUR. Global kommen rund 50 % der bei Amazon verkauften Produkte von Drittanbietern (Liening, 2020).

Amazon-Marktplatz: Vendor, Seller oder Hybridmodell
Ohne Zweifel kann der Verkauf bei Amazon für Anbieter schnell zum Erfolg werden, allerdings auch schnell zum Misserfolg führen. Wesentlicher Erfolgsfaktor ist die gewählte Strategievariante. Demnach ist bei Amazon der Verkauf als Vendor (auch First-Party-Seller genannt) oder als Seller möglich und hier wiederum als defensiver oder als offensiver Seller. Theoretisch kann jeder Händler als Seller verkaufen, nachdem er ein Verkäuferkonto erstellt hat. Als Vendor ist das Ganze etwas komplizierter, denn hier kann der Händler nicht frei entscheiden, ob er Vendor wird. Das Vendor-Programm ist nur auf Einladung von Amazon verfügbar, die sich allerdings eher an größere Hersteller oder Marken richten (eTailment VS, 2017; Liening, 2020).

- **Vendor-Programm:** Vendoren agieren eher als Lieferant von Amazon, der seine Artikel in größeren Mengen an Amazon verkauft und der Plattform damit das Eigentum der Ware überträgt. Diese hat dann den Daumen auf Marketing, Verkauf und

Preisen der Produkte. In dem Fall sind die Artikel auf der Produktseite mit dem Hinweis „Verkauf durch Amazon" markiert, was Zuverlässigkeit und Qualität bei den Kunden impliziert. Zweifelsohne ist das Vertrauen der Kunden in einen Vendoren höher als in einen Third-Party-Seller (Drittanbieter). Darüber hinaus haben First-Party-Seller durch das Vendoren-Central-Programm die Möglichkeit, an zusätzlichen Marketingprogrammen teilzunehmen, wie z. B. „Subscribe & Save" oder „Amazon Vine". Dabei geht es um Exklusivmaßnahmen für die Gewinnung von Feedback und Produktrezensionen. Auf der anderen Seite haben Vendoren über den Vendor Central keinen Einfluss auf Preisänderungen. Ob das von Amazon praktizierte Pricing mit dem des Händlers kompatibel ist, spielt keine Rolle. Ein Problem kann auch die fehlende Kommunikation zwischen dem Händler und seinen Kunden sein. Als typischer Lieferant kann er kein direktes Verkäuferfeedback einholen oder mit dem Kunden nach Kauf der Ware, im Hinblick auf After-Sales-Maßnahmen oder Qualitätsprobleme, in Kontakt treten (ebd.). Auch obliegt es Amazon, entweder an B2C- oder auch an B2B-Kunden zu verkaufen. In Abb. 3.43 ist die strategische Variante „Vendor B2C und B2B" dargestellt und wird dort nach acht Strategiemerkmalen charakterisiert (Hübner, 2020).

- **Seller-Programm:** Für die meisten KMU-Händler stellt sich die Frage „Vendor oder Seller" überhaupt nicht und in der Regel das Seller-Programm die einzige Option. Zudem können Seller viel mehr Möglichkeiten in der Optimierung für sich nutzen und zudem ihre Preise jederzeit mit nur wenigen Klicks selbst bestimmen. Für viele Händler ist Amazon Seller deshalb die bessere Option, zumal ihnen das System viel Flexibilität einräumt und lediglich ein Account benötigt wird. Weder Server noch Shopsystem sind erforderlich sowie auch keine Verhandlungen mit Amazon. Über die Seller-Central-Schnittstelle können Angebote sofort online gehen und Artikelinformationen mühelos geändert werden. Darüber hinaus sind die Produktmargen

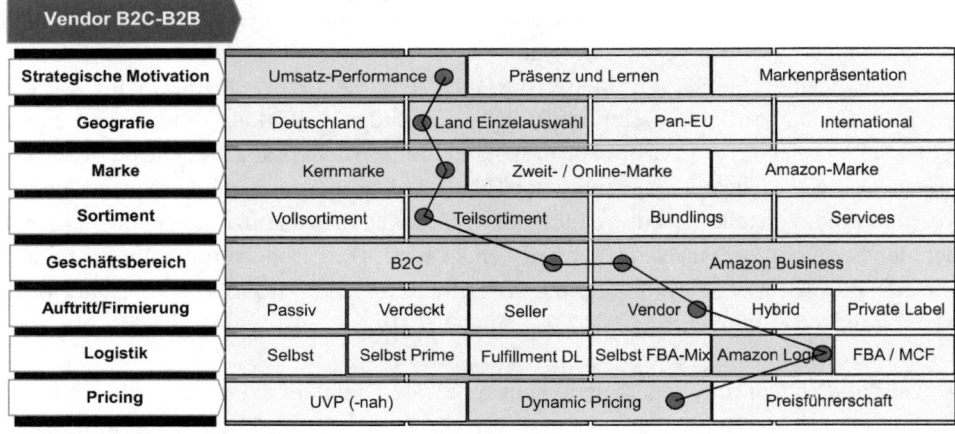

Abb. 3.43 Strategische Variante „Vendor B2C-B2B". (Quelle: Hübner, 2020)

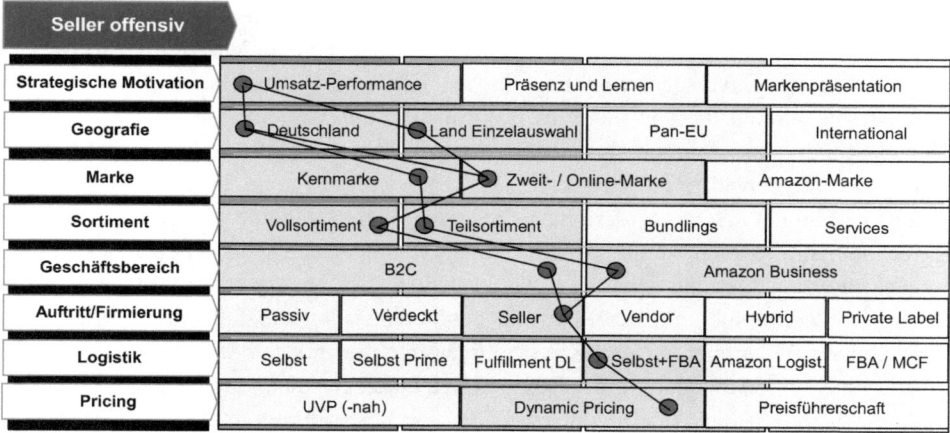

Abb. 3.44 Strategische Variante „Seller offensiv". (Quelle: Hübner, 2020)

sauber kalkulierbar. Neben einer relativ geringen Monatsgebühr sind je nach Warengruppe 7–15 % Provision fällig. Dabei können Seller sich auf eine schnelle Auszahlung alle sieben oder 14 Tage verlassen, während bei Vendoren die Zahlungsziele bis zu 90 Tage betragen. Je nach Sortimentsumfang und Anzahl der Länder kann das Seller-Programm eher defensiv oder aber offensiv gefahren werden. Eine eher defensive Strategie bietet sich bei Restposten oder Teilsortimenten an, während offensive Seller den Amazon-Marktplatz eher zum Aufbau von Reichweite oder als Speerspitze für den Start in Auslandsmärkten nutzen. In Abb. 3.44 ist die strategische Variante „Seller offensiv" dargestellt und wird dort ebenfalls nach acht Strategiedimensionen erläutert (ebd.).

- **Hybridmodell:** In hybriden Vertriebsmodellen agieren Anbieter gleichzeitig als Vendor und Seller. Das Hybridmodell kombiniert die beiden Vertriebsformen und versucht, die jeweiligen Vorteile zu nutzen sowie deren Risiken weitestgehend zu vermeiden. Es erfordert allerdings eine sorgfältige Vorbereitung und einen erheblich höheren Aufwand. Dafür sollten Marktplatzpartner sich entweder überlegen, ein internes Team aufzubauen, das ihren Seller-Account managt, oder aber die Arbeit an externe Agenturen outzusourcen. Zweifelsohne verspricht das Hybridmodell mehr Flexibilität und höhere Sicherheit. Mithilfe einer durchdachten Marktplatzstrategie können Anbieter sich dabei die Vorteile des Modells zu Nutze machen (Frielingsdorf, 2019). Diese bestehen in einer Sicherstellung der Produktverfügbarkeit, besseren Kontrolle über die Preisgestaltung, schnelleren Listung der Produkte, spezifischen Analysedaten über Seller Central sowie logistischen Vorteilen. Da Amazon einige Produkte aus verschiedenen Gründen als problematisch einstuft und deren Lagerung verweigert (z. B. Gefahrengüter), lassen sich diese dann im Hybridmodell über einen Seller-Account vertreiben. So lässt sich auch der CraP-Status vermeiden, wenn Produkte bei Amazon als nicht profitabel eingestuft werden – intern als *CraP-Produkte* („can't realize any profit") bezeichnet. Ursachen können im Preisdruck oder in den relativen Versand- und Lagerkosten liegen. Das kombinierte Hybridmodell muss gut durchdacht sein, denn es birgt auch einige Gefahren in sich. So kann es vorkommen, dass Amazon den Seller-Account nicht toleriert oder einzelne Produkte für den Vertrieb über diesen sperrt. Deswegen ergeben sich für das Hybridmodell als wesentliche Herausforderungen, dass mit einem erhöhten Arbeitsaufwand zu rechnen ist, der auch daraus resultiert, dass es länderspezifische Gesetze zu beachten gilt, und dass Anbieter schnell in Wettbewerb mit eigenen Kunden geraten können, die im Zweifel auch auf der Plattform verkaufen. Dennoch stellt das Hybridmodell in einigen Fällen eine sinnvolle Vertriebsvariante dar, mit der Unternehmen sich die Vorteile von Vendor- und Seller-Programm zu Nutze machen können. Leider schränkt Amazon jedoch die Wahlfreiheit zwischen den beiden Programmen zunehmend ein und gibt Anbietern vor, ob sie als Seller oder Vendor verkaufen sollen. Es ist nicht auszuschließen, dass beide Programme in absehbarer Zeit zu einem „One Vendor"-Modell verschmolzen werden (Frielingsdorf, 2019; Liening, 2020).

Weder die EHI-Online-Shop-Rankings noch die Destatis-Zahlen erfassen die GMV der Plattformen. Dahinter stehen aber immer auch echte Online-Umsätze von Sellern, die den Marktplatzbetreibern Provision bezahlen. Dafür benötigen sie nicht zwingend einen eigenen Online-Shop, sondern präsentieren sich und ihre Waren – so auch etliche eBay-Powerseller – mitunter nur auf Marktplätzen. Die auf einem Marktplatz von einem Seller realisierten Online-Umsätze dürfen aber keinesfalls unberücksichtigt bleiben. Bisher tauchen z. B. auf keiner Statistik hierzulande der echte Marktplatzumsatz von Amazon und der tatsächliche durch eBay vermittelte Online-Umsatz auf. Bei dem in Deutschland erzielten eBay-Provisionsumsatz von rund 1,1 Mrd. EUR dürften daraus mindestens 10 Mrd. EUR Netto-Handelsvolumen resultieren, was damit rund 11 Mrd. Online-Umsatz der Handelspartner sind. Das entsprechende Online-Handelsvolumen von Amazon dürfte bei mindestens 30 Mrd. EUR liegen (Amazon, 2021, eBay, 2021).

3.6.3   Online-Marktplatzformen und deren Marktbedeutung

Ein Online-Marktplatz stellt eine Plattform dar, die gewöhnlich Waren verschiedenster Anbieter gebündelt unter einer Marke oder Domain gegen eine Provision an Kunden vermittelt („E-Connection"). Alibaba, eBay, Rakuten oder der Amazon Marketplace sind Beispiele. Sie listen Angebote von sehr vielen Anbietern in marktplatzeigenen Kategorien. Dabei sind strukturierte Marktplätze mit Branchenfokus (z. B. Schuhe.de) oder offene Marktplätze mit universaler Auswahl (z. B. eBay) zu unterscheiden. Obwohl Marktplätze Intermediär und nicht Online-Händler sind, findet durch sie initiiert immer auch Online-Handel statt, und zwar bei den Marktplatzpartnern. Mit annähernd 50 % Marktanteil haben Marktplätze und Shopping-Portale zweifelsohne eine herausragende

Bedeutung im E-Commerce erlangt. Da diese sich sowohl nach Art der Wettbewerbs-beziehung als nach Intensität der Kundenbeziehung sehr unterschiedlich darstellen können, bietet es sich an, die entsprechenden Formen differenziert zu betrachten (Heinemann OH, 2021).

- **Shopping-Portale** stellen Marktplatzformen mit direkter Wettbewerbs- sowie indirekter Kundenbeziehung dar. Die Marktplatzaktivitäten stehen für die Marktplatz-partner zugleich in direktem Wettbewerb, wodurch auf derselben Plattform in der Regel überschneidende Sortimente angeboten werden. Wie in Abb. 3.45 dargestellt, lassen sich Amazon, Otto und Zalando beispielsweise als Shopping-Portale kenn-zeichnen. Sie erlauben den Partnerfirmen deswegen keine direkte Kundenbeziehung auf dem Marktplatz, da sie selbst die Transaktion kontrollieren bzw. betreiben. Dazu verwalten sie auch die Kundendaten, was ein hohes Vertrauen erfordert. Shopping-Portale kennzeichnen ein sehr hohes Traffic-Volumen und ein umfassendes Angebot in gemischten Segmenten.

- **Plattformenlösungen der Verbundgruppen** stellen Marktplatzformen mit sowohl direkter Wettbewerbs- als auch direkter Kundenbeziehung dar. Diese werden in der Regel als zentraler Online-Shop betrieben, den das Verbundmitglied dann auf

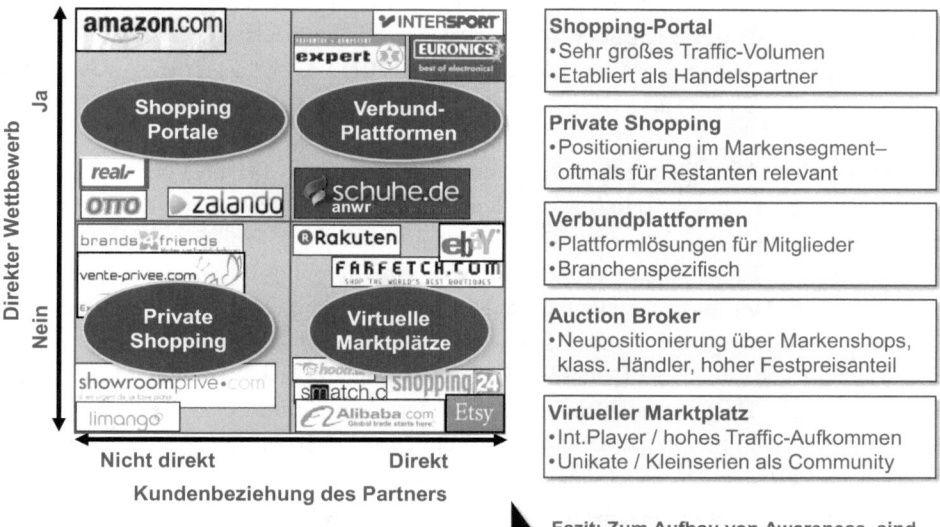

Hinweis: Die Kontrolle über die Kundenbeziehung kann Teil eines Verhandlungsergebnisses sein.

Fazit: Zum Aufbau von Awareness sind vor allem Shopping-Portale und Auction Broker relevante Marktplätze!

Abb. 3.45 Online-Marktplätze und Shopping-Portale. (Quelle: eigene Darstellung in Anlehnung an Heinemann & Boersma, 2014; Heinemann OH, 2021)

Provisionsbasis als seinen eigenen Shop ausgeben kann. Dies erfolgt nicht selten unter eigenem Namen – zum Beispiel Sport-Mayer – oder im Co-Branding – zum Beispiel Mayer-Intersport. Zugleich hat der Kunde direkten Zugang zum einheitlich gebrandeten Intersport-Online-Shop. Damit besteht aber auch eine Wettbewerbs-beziehung zur Verbundgruppe, allerdings hat bisher noch keine Verbundgruppe wirk-lich den Anschluss im Online-Handel gefunden (Gerth, 2017).

- Ausschließlich indirekte Kunden- und Wettbewerbsbeziehungen weisen **private Shopping-Portale** auf. Sie verfolgen meist eine Positionierung im Segment der Markenartikelschnäppchenjäger, wofür in der Regel Restanten relevant sind. Als Beispiele lassen sich Vepee (ehemals Vente Priveé) oder Brands4Friends nennen. Diese sind überwiegend Community-basiert und damit in hohem Maße als inter-aktiv zu betrachten. Privates Shopping kann durchaus auch als eine Form des Social Commerce angesehen werden, ist daher als nicht ganz überschneidungsfrei mit den Social-Commerce-Plattformen zu betrachten.
- Als Marktplatzformen mit indirekter Kundenbeziehung und indirekter Wettbewerbs-beziehung können **Auction Broker** wie das eBay-Auktionsgeschäft oder **virtuelle Marktplätze** wie der eBay-Marktplatz angesehen werden. Andere Beispiele sind Rakuten, Yatego oder etsy. Mit über 80 % Festpreisanteil überwiegt bei eBay mittler-weile sogar das Marktplatzgeschäft. Auction Broker haben bisher zwar überwiegend eine Discount-Positionierung, verfolgen jedoch zunehmend eine Neupositionierung über Markenshops. Farfetch und etsy vermitteln auf ihren Marktplätzen Unikate und/oder Kleinserien mit Community-Orientierung, verfügen aber über ein ver-gleichsweise geringes Traffic-Volumen. Auch sie können als eine Form des Social Commerce angesehen werden (Heinemann App, 2018). Es geht hier aber weniger um Social-Media-Aspekte als vielmehr um die Art des Produktprogramms.

Derzeit erleben Marktplatzgründungen einen regelrechten Boom (Telecom-Handel, 2020). Es vergeht gefühlt kein Tag, an dem nicht ein Marktplatz gegründet wird. Die Erfolgsformel klingt auf den ersten Blick durchaus einfach, ist jedoch abhängig von der Marktplatzform. Ist Amazon Vorbild und wird ein Shopping-Portal angestrebt, sollte eines klar sein: Um einen exzellenten und Stand-alone-fähigen Online-Shop führt kein Weg und keine Investition vorbei. Erst danach wird dieser marktplatzfähig, so wie es jetzt Zalando und vielleicht Otto sein dürften. Auch Hitmeister konnte sich nach der Umbenennung in Real.de und Angliederung an den Real-Online-Shop überdurchschnitt-lich gut entwickeln, bleibt aber dennoch im Vergleich zu den beiden Marktplatzgiganten Amazon und eBay mit rund 500 Mio. EUR GMV ein Zwerg. Nach Übernahme durch Kaufland und wahrscheinlich auch Umbenennung in Kaufland.de könnte sich Real.de dann durchaus zu einer echten Marktplatzinitiative entwickeln (vgl. Abb. 3.46).

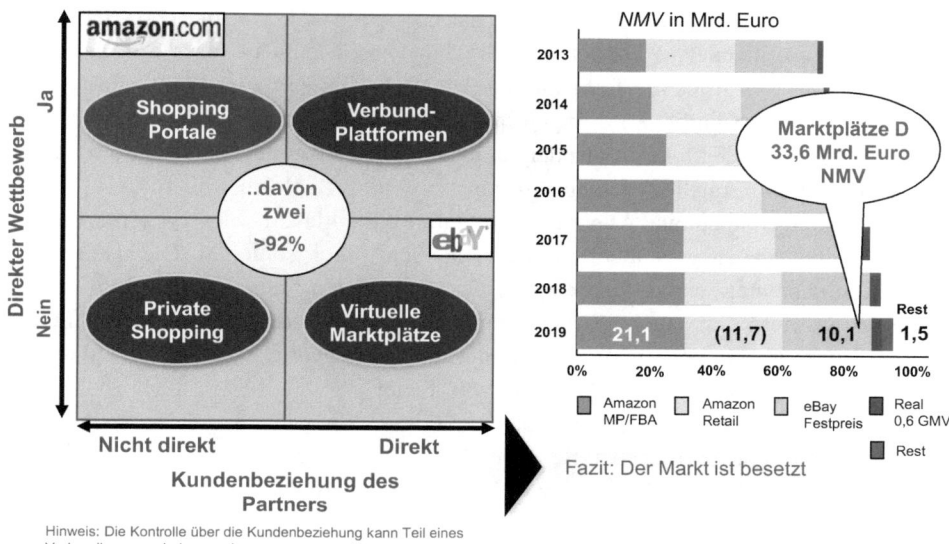

Abb. 3.46 Marktanteile der Top-Online-Marktplätze. (Quelle: eigene Schätzungen auf Basis von Amazon, 2021; eBay, 2021)

3.6.4   Regionale und lokale Online-Marktplätze

Regionale oder lokale Online-Marktplätze – oder auch Local-Commerce-Plattformen – sind seit einiger Zeit Hoffnungsträger, und zwar für den Einzelhandel, für lokale Medienhäuser, für die Stadtentwicklung. Doch es zeigt sich: Nicht alle Hoffnungen werden sich erfüllen – denn Lokalpatriotismus ist kein Kaufargument. Der mit den regionalen Online-Marktplätzen verfolgte Gedanke des Local Commerce stellt eine Weiterentwicklung des E-Commerce-Gedankens dar. Da im lokalen Handel die Hemm-schwellen für einen eigenen Online-Shop sowie schon für eine eigene Website immer noch recht hoch sind – wie schon mehrfach erwähnt ist nur rund ein Drittel aller Händler überhaupt online –, liegt es nahe, den Schritt in die Online-Welt über eine kooperative Lösung vor Ort und damit über einen lokalen Online-Marktplatz zu erleichtern. Die Online-City Wuppertal, die in 2014 auf Basis der Plattformenlösung Atalanda startete, gilt als Pionier der lokalen Online-Marktplätze, doch sind diese eigentlich kein ganz so neuer Trend mehr. Vergleichbare Pilotprojekte von lokalen Playern hat es schon früher gegeben, z. B. mit Hamburg@Work im Hamburger Szeneviertel „Schanze" im Jahr 2011 (Geffken & Heinemann, 2017; Heinemann OH, 2021). Bei den regional aus-gerichteten Online-Marktplätzen geht es vor allem darum, lokalen Händlern durch relativ niedrige Einstieghürden den Schritt in die Online-Welt zu erleichtern. Vorrangiges Ziel ist es nicht, Waren online zu verkaufen, sondern stationäre Geschäfte mit dem Inter-net zu verbinden und ihnen darüber Kunden zuzuführen. Local Commerce stellt damit die Verzahnung von E-Commerce in regional-kooperativer Form und dem Verkauf in stationären Einzelhandelsgeschäften vor Ort dar. Dieses kann in Form von „digitalen Schaufenstern", von Apps mit Rabattaktionen bis eben hin zu regionalen Online-Marktplätzen geschehen. Sämtliche Lösungen in dieser Richtung sollen die Verbraucher dazu bewegen, weiterhin den lokalen Handel zu nutzen, ohne dabei auf die Vorteile des Internets als Informationsquelle verzichten zu müssen (ebd.). Zugleich wollen lokale Marktplätze den Kunden auch eine Alternative zu Online Pure Playern vom Typ Amazon oder Zalando bieten, denen gegenüber sie sich vor allem durch stationäre Dienstleistungen sowie Multi-Channel-Services – wie zum Beispiel Artikelverfügbarkeit vor Ort – im Vorteil sehen. Insofern müsste der Local Commerce eigentlich die „Quadratur des Kreises" für den deutschen Handel sein, da er – zumindest in der Theorie – sowohl für Kunden als auch für Händler eine „Win–win-Konstellation" bietet.

Und nicht nur das: Mit dem Trendthema Local Commerce wurde in so mancher Stadtverwaltung und so mancher Behörde für Wirtschaftsförderung die Hoffnung verbunden, dass mit der Kombination von lokalen Händlern und E-Commerce die Verödung der Innenstädte verhindert werden kann. Die Hoffnung: Kunden fahren in die Stadt, um im Click-and-Collect-Verfahren bestellte Kleidung anzuprobieren und schließlich zu kaufen. Oder sie vergleichen im Fachgeschäft verschiedene elektronische Geräte, um zu Hause in Ruhe die Entscheidung zu treffen und die Ware über den Webshop des Fachgeschäfts zu bestellen. Auch viele regionale Medienhäuser setzen große Hoffnungen in den Local Commerce. Sie hatten in den vergangenen Jahren gravierende Verluste durch das Abwandern von Werbeeinnahmen ins Internet erlitten und hoffen durch Beteiligungen an lokalen Online-Marktplätzen, diese Verluste zumindest teilweise kompensieren zu können. Zeitungsverlage verfügen über langjährige Geschäftsbeziehungen zum Handel vor Ort und nutzen Kooperationen mit regionalen Online-Marktplätzen, um lokale Einkaufsmöglichkeiten auf ihrer Website zu integrieren. Oder sie entwickeln eigene Lösungen, wie es zum Beispiel die Sächsische Zeitung mit KaufLokal macht (ebd.).

Local-Commerce-Plattformen stellen grundsätzlich eine Unterform virtueller Marktplätze dar, also mit indirekter Kundenbeziehung und indirekter Wettbewerbsbeziehung. Auch diese weisen unterschiedliche Formen auf und zwar differenziert nach Städtefokus als auch nach Sortimentsfokus (vgl. Abb. 3.47).

- **Städte- und sortimentsübergreifende regionale Marktplätze** arbeiten zwar mit überwiegend lokalen Partnern aus unterschiedlichsten Branchen zusammen, verlangen aber keinen Log-in für eine bestimmte Stadt. Typisches Beispiel war das Start-up Locafox, an dem auch Holtzbrinck Ventures beteiligt war und das offiziell im April 2015 an den Start ging und dann mit dem Metro-Ableger Simply-Local fusionierte. Dieses tritt allerdings heute nicht mehr als Marktplatz in Erscheinung. Andere Beispiele sind die Plattformen Atalanda, die auch bei der Online-City Wuppertal genutzt wird und mittlerweile mehr als 18 Städte in Deutschland miteinander verbindet, sowie Sugartrends.com, die lokale Läden für globale Kunden anbietet (Heinemann OH, 2021; Atalanda, 2021).

Abb. 3.47 Lokale und regionale Online-Marktplätze. (Quelle: in Anlehnung an Heinemann OH, 2021; Telekom-Handel, 2020; iBusiness Lokale, 2020)

- **Sortimentsübergreifende und städtespezifische regionale Marktplätze** arbeiten mit überwiegend lokalen Partnern aus unterschiedlichsten Branchen zusammen und verlangen einen Städte-Log-in für die Stadt, in der sich die Marktplatzpartner jeweils befinden. Diese lokale Marktplatzform ist recht verbreitet und in nahezu allen großen Städten anzutreffen. Ob Hannoverhelfen.de oder Mein-Heilbronn.de, Shop-Lueneburg.de, Landshuteinkaufen.de, Flensburg-Shopping.de oder Siegen. lozuka.de – in der Regel werden für diese städtespezifischen Marktplätze auch die Namen der Stadt als URL verwendet.
- **Städte- und sortimentsspezifische regionale Marktplätze** sind nicht so häufig vertreten, da die doppelte Fokussierung stark dem eigentlichen Marktplatzgedanken widerspricht. Typischer Vertreter ist die Buchhandelskooperative Würzburger Buchhändler, die unter dem Namen „Lass den Klick in Deiner Stadt" eine derartige Plattform betreibt. Als Geschenkeshop oder regionaler Spezialitätenshop ausgerichtet sind aber in letzter Zeit wieder verstärkt Gründungen anzutreffen, wie u. a. Christkindlesmarkt.de, Koelngeschenk.de oder Stuttgartindwir.de.
- **Sortimentsspezifische und städteübergreifende regionale Marktplätze** widersprechen ebenfalls in ihrer Monostruktur dem Marktplatzprinzip. Mit dieser Form geht außerdem ein Exklusivitätsprinzip einher, wonach immer nur ein Händler derselben Warengruppe aus einer Stadt Partner sein darf und die lokalen Lieferdienste auch immer auf diesen Partner vor Ort zugeschnitten sind. Beispiele für diese Form sind typischerweise die Verbundgruppen-Plattformen wie u. a. Intersport.de, Expert. de oder Euronics.de.

Alle bisherigen Ansätze leiden darunter, dass viele Händler nicht in der Lage – oder nicht willens – sind, ihre Produktdaten in ausreichender Qualität und Quantität für ihren Webshop im jeweiligen Portal aufzubereiten. Diese Aufbereitung erfordert Ressourcen, die nicht jeder Händler neben dem – stationären – Tagesgeschäft bereithalten kann (Geffken & Heinemann, 2017; Heinemann OH, 2021). Zudem starten alle neuen Portale – was Bekanntheit und Image angeht – bei Null und müssen daher erst Reichweite bei relevanten Kundengruppen aufbauen, um für den Handel vor Ort überhaupt attraktiv zu sein. Außerdem verfolgen regionale Online-Marktplatzmodelle häufig den Ansatz, nur regionale Einzelhändler und ihre Produkte zu präsentieren. Die Präsenz von Filialisten wird äußerst kritisch gesehen, obwohl diese unbestritten die Magneten im stationären Handel sind. Bei Verzicht auf Filialisten – und einer vielleicht (noch) begrenzten Zahl von Händlern aus der Region – droht einem Marktplatz ein schnelles Scheitern. Den Kunden fehlt ein ausreichend großes Sortiment – und damit der Anreiz, das Portal zu besuchen. Sie fahren in der Regel ja auch deswegen in die Innenstadt zum Einkaufen, weil sie dort sowohl den lokalen Handel als auch die Filialisten finden. Und es zeigt sich häufig, dass Händler auf lokalen Marktplätzen dieselben Produkte anbieten wie die Online-Händler – in der Regel allerdings teurer als diese. Dieser Nachteil ist – wenn überhaupt – nur durch ein besseres Einkaufserlebnis und durch besseren Service auszugleichen. Schließlich ist es unwahrscheinlich, dass sich Kunden ohne Werbung auf ein regionales Online-Portal verlaufen. Durch Werbung generierte Reichweite wirkt aber nur dann nachhaltig, wenn es beim Besuch des Portals keine Enttäuschung über das Sortiment gibt. Damit droht ein Teufelskreis: Ohne bekannte Marken fehlen die Kunden, ohne Kunden kommen nicht genügend Händler auf die Plattform, damit diese für Kunden attraktiv ist (ebd.). Ohne attraktives (Gesamt-)Sortiment bleiben die Kunden daher den Online-Marktplätzen fern; ohne ausreichende Reichweite der Marktplätze scheuen Händler wiederum den Mehraufwand für einen zusätzlichen Online-Vertrieb; dadurch bleibt das Angebot der Marktplätze für Kunden unattraktiv.

Bleibt das Problem des fehlenden Netzwerkeffekts und damit der mangelnden Reichweite. Erfolg versprechend erscheint hier die Kooperation mit einer etablierten und reichweitenstarken Online-Marke. Eine solche Online-Marke bietet beispielsweise die Plattform eBay. Beim Mönchengladbacher Pilotprojekt „MG bei eBay" werden folgerichtig ein Großteil der Umsätze mit Kunden außerhalb von Mönchengladbach erzielt; das überrascht aber auch nicht, denn Kunden im Internet suchen in der Regel nicht aus lokalpatriotischen Motiven, sondern grenzenlos. Insofern können regionale Marktplätze nur dann erfolgreich sein, wenn sie den Kunden einen Mehrwert bei Service und Sortiment bieten und dazu dem Einzelhändler die Aufbereitung und Implementierung der Produktdaten möglichst stark vereinfachen (ebd.).

Fazit: „Think local und act global"
Zweifelsohne sind die Ideen für regionale und lokale Marktplätze berechtigt. Allerdings es ausnahmslos ein Kampf zwischen David und Goliath. Zudem ist viel Naivität mit im Spiel, denn Netzwerkeffekte und Reichweiten bauen sich nicht von selbst auf.

Städtespezifische Ansätze sind durchweg zum Scheitern verurteilt, weil die Fokussierung auf eine Stadt keine Netzwerkeffekte zulässt. Städteübergreifende Ansätze haben durchaus Potenzial, allerdings nicht als schlechte Kopien von Amazon oder eBay, sondern als innovative Ansätze. Nach bisherigen Erfahrungsregeln muss allerdings die Summe des angestrebten Zielumsatzes investiert werden und daran scheitert es in der Regel, denn es lassen sich nicht die Erfahrungen von 25 Jahren E-Commerce ignorieren. Wuppertal war zum Beispiel unter den ersten Städten, die einen Marktplatz eingerichtet haben mit der Online-City-Wuppertal. Stadtentwickler können aber nicht, wie in Wuppertal geschehen, mit einem regionalen Marktplatz kommen und sagen, dass die Marktplatzpartner kein Warenwirtschaftssystem brauchen. Insofern darf nicht verwundern, wenn in Wuppertal bei 56 Händlern 1–2 Pakete in der Woche über den Marktplatz verkauft werden. Das Missverständnis liegt darin, dass es genug etablierte Marktplätze gibt. Wenn Händler sagen, dass es eBay nicht sein soll, gibt es Alternativen wie real.de, die sogar einen deutschen Marktplatz kreiert haben, der auf Platz 3 steht. Otto betreibt Ähnliches, Zalando macht es so und kooperiert mit lokalen Händlern und schuhe.de. Städte müssen und sollten sich nicht noch eine blutige Nase holen und Fördergelder zum Fenster rauswerfen, um dann festzustellen: Es hat nicht funktioniert. Wesentlicher Fehler ist, dass es offensichtlich kein einziges Beispiel aus der Szene gibt, wo einem solchen Start-up, und nichts anderes ist es ja, eine Business-Planung zugrunde liegt. Darin müssen Fragen beantwortet werden wie: Wer betreibt das Modell? Wenn eine Stadt großzügig ist, bleibt es an einem Mitarbeiter in der Wirtschaftsförderung hängen. Warum soll der es besser können als ein Start-up-Unternehmer?

Die Kooperation mit einer etablierten und reichweitenstarken Online-Marke erscheint als vielversprechend. Alles in allem bleibt es doch bei der Frage, ob das Ziel der Frequenzgenerierung für Innenstädte durch das Zuführen von online suchenden und stationär kaufenden Kunden zu erreichen ist. Es bedarf allerdings keiner Einzelhandelsexpertise, um den Widerspruch zu erkennen zwischen der Möglichkeit, für lokale Händler vermehrt Online-Verkäufe zu generieren, und dem Wunsch, damit zugleich die Innenstädte zu beleben. Ärgerlich ist die Tatsache, dass noch immer öffentliche Gelder in lokale Marktplätze fließen. Dabei machen alle hundert Initiativen zusammen nicht einmal so viel Umsatz wie eine gutgehende Aldi-Filiale. Ein Teil dieser Initiativen ist in Abb. 3.47 dargestellt und nach den eben skizzierten Marktplatzformen geordnet.

3.6.5 SaaS-enabled Marketplaces (SEM)

Online-Marktplätze treten gewöhnlich als Mittler zwischen Kunden und Händlern auf. Sie leben vor allem davon, dass sie den Kundenzugang haben. Der Marktplatz- oder Plattformbetreiber stellt die Infrastruktur und „Regeln für den Handel" auf der Plattform auf. Sie verdienen an jeder Transaktion, die über den Online-Marktplatz läuft. Innovative und „SaaS-enabled" Marktplätze (SEM) kombinieren die Vorteile von Plattformen und ihren Netzwerkeffekten mit den Vorteilen von SaaS. So stellt Software as a Service

(SaaS) eine Software in der Cloud bereit, mit denen die Kernprozesse der Unternehmen effizient abbildbar sind. Dabei hat die Nutzung der Software „zero marginal costs", führt also kaum zu Grenzkosten. Das ermöglicht SEM den schnellen Aufbau multipler Erlösströme mit vergleichsweise hohen Brutto-Margen aus den SaaS-Dienstleistungen. Sie versammeln damit auf ihrer Plattform potente Geschäftskunden, die entweder Anbieter oder Abnehmer auf dem Marktplatz sind. Während schon der alleinige Aufbau eines Marktplatzes alles andere als trivial ist, kommt dem Aufbau von SaaS-enabled Marketplaces einer Herkulesaufgabe gleich. Voraussetzung ist eine extrem hohe Technologiereife, die wiederum große Entwicklungsteams erfordert. Hinzu kommen die langen Verkaufszyklen, hohe Churn-Rates und in der Regel internationale Wettbewerber. Folgende Bedingungen müssen erfüllt sein, dass SEM entstehen können (Kallerhoff, 2020; Nowak, 2020):

- **Mit einer Sache starten:** Entweder von SaaS zum Marktplatz oder umgekehrt, denn es ist schwer das Modell SEM nativ aufzubauen. Die Herausforderungen beider Geschäftsmodelle synchron erfolgreich anzugehen, dürfte nahezu unmöglich sein. Erfolgsträchtiger ist, dass ein SaaS-Geschäft irgendwann einmal eine kritische Größe erreicht und dann den Marktplatz als Service anbietet, wie z. B. bei Atlassian mit einem Freelancer-Marktplatz. Umgekehrt ist denkbar, dass Marktplätze ihren Verkäufern Tools an die Hand geben, damit diese besser verkaufen können. Bis auf Amazon und AWS schaffen es jedoch die wenigsten Marktplätze, solche Tools auch Stand-alone erfolgreich zu vermarkten. In jedem Fall sollte die verwendete Software auch Stand-alone wettbewerbsfähig sein (ebd.).
- **Reife Branchen:** Nur in reifen Branchen ist der Weg für SEM bereitet, wo Konsumenten alle Anbieter digital finden können und auch die Kontaktaufnahme überwiegend digital erfolgt. Reife Branchen sind in der Regel wettbewerbsfähiger. Beispiel sind professionelle Services, Immobilien oder Gesundheitsdienstleistungen. Hier besteht großer Druck auf die Anbieter, gute Leistungen zu erbringen. Derartige Umgebungen sind ideal für SaaS-enabled Marketplaces. Sie ermöglichen es Anbietern, bessere Leistungen zu erbringen und einen Wettbewerbsvorteil zu generieren. Andererseits dürfen Märkte digital auch nicht zu reif sein, so wie das im B2C-Online-Handel der Fall ist. Deswegen darf auch nicht verwundern, dass es hier eigentlich keine Beispiele für SEM gibt. B2C-E-Commerce ist bereits so reif, dass eine Software kaum noch alle Anforderungen erfüllen kann und es in der Regel Spezial-Software für die unterschiedlichen Funktionen gibt (ebd.). Handelt es sich allerdings nicht mehr um klassischen Multi-Label-Handel, sondern um D2C oder Produkte, die mit komplexen Services verbunden sind, besteht auch hier großes Potenzial für SEM. Prädestiniert wären z. B. Badausstatter wie Reuter.de, die ihre Produkte auch mit Handwerksleistungen koppeln (können).
- **Komplexe Services:** SEM brauchen Dienste mit hoher Wertschöpfungstiefe, wie z. B. bei komplexen Projekten oder im Anlagebau. Derartige Dienstleistungen sind

objektiv schwer zu beurteilen und kaum vergleichbar. Hier ist die Zahlungsbereitschaft für gute Leistungen höher. Zudem sind die Kundenbeziehungen zwischen Teilnehmern des Marktplatzes langfristig angelegt. Aus dem Grund lohnt es sich für Anbieter, in teure Software zu investieren. Typisch sind Market Networks, die aber schwierig aufzubauen sind. Sie setzen voraus, dass unterschiedliche Berufe/Gewerke involviert sind und sich die verschiedenen Gewerke wie selbstverständlich gegenseitig empfehlen. Denkbar sind z. B. die Baubranche, Inneneinrichtung oder Projektgeschäfte (ebd.).

SEM-Beispiele für Unternehmen, die sowohl Marktplätze betreiben, als auch einen SaaS-Service anbieten, mit dem Verkäufer des Marktplatzes ihr Geschäft digital abbilden können, finden sich zwar erst überwiegend in handelsfremden Branchen (vgl. Abb. 3.48). Erste handelsnahe Best Practices liegen aber z. B. mit Floom, Treatwell und Honeybook vor (ebd.):

- **Floom mit FloomX** startete als Marktplatz, auf dem lokale Blumenhändler ihre Blumen online verkaufen. Schnell wurde klar, dass die verwendete SaaS-Software Floomx, die den Floristen die digitale Abbildung des gesamten Geschäftsbetriebs ermöglichte, prädestiniert für einen angeschlossenen Marktplatz ist. Heute ergänzen sich der Marktplatz Floom und das SaaS-Geschäft FloomX bestens und beide Geschäftsbereiche bringen sich gegenseitig Leads. Bestandteil von FloomX ist natürlich eine Schnittstelle zum Marktplatz Floom.
- **Treatwell.** Mit der Treatwell-App lassen sich Termine für Wellness und Beauty schnell und einfach buchen. In Hamburg und Umgebung sind über 600 Salons

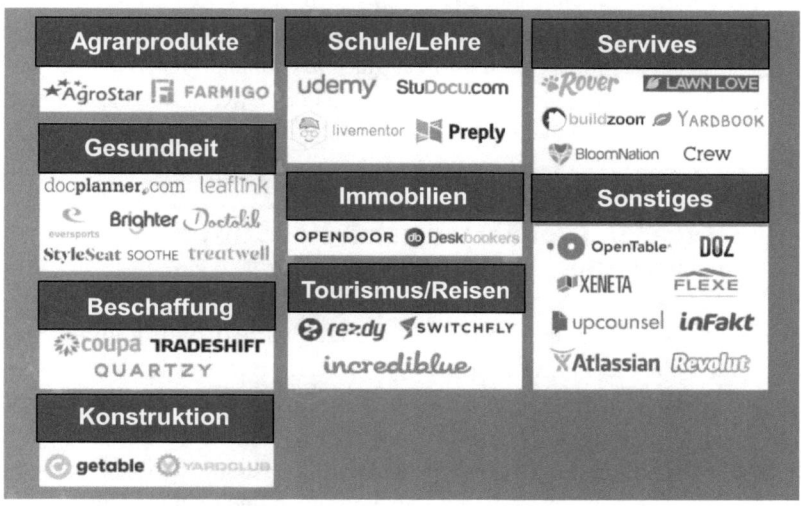

Abb. 3.48   SaaS enabled Marketplaces. (Quelle: Kallerhoff, 2020; Nowak, 2020)

angebunden. Zusätzlich bietet Treatwell den Salons auch eine passende SaaS zur Verwaltung ihres Geschäfts an, die sie für eine Monatsgebühr nutzen können. Enthalten sind Funktionen wie z. B. Terminverwaltung, Buchhaltung, Lagerverwaltung, Auswertungen etc. Die Treatwell-App wäre zum Beispiel eine ideale Ergänzung für Douglas & Co.

- **HoneyBook.com** ist ein Market Network für die Event-Industrie. Dabei erstellt ein Veranstaltungsplaner ein Profil, das ihm als berufliche Heimat im Web dient. Verwendet wird der HoneyBook SaaS-Workflow, um Angebote mit eigener CI an Kunden zu senden und Verträge digital zu unterzeichnen. Im Anschluss bindet der Veranstaltungsplaner andere Fachleute ein, mit denen er im Projekt zusammenarbeitet. Das können u. a. Getränkelieferanten, Floristen oder Fotografen sein. Diese nutzen ebenfalls Profile auf HoneyBook. Jeder kann sich auf einer Art Marktplatz untereinander austauschen, mit Kunden zusammentun, gegenseitige Angebote verschicken, Verträge unterzeichnen und von allen anderen vergütet werden. Die Kopplung von Buchgeschäften, wie z. B. von Thalia, mit HoneyBook wäre durchaus sinnvoll.

SEM benötigen reife Digitalmärkte, die aber nicht zu reif sind, wie das im E-Commerce der Fall ist. Dennoch schafft es hier vielleicht doch eines Tages Shopify als einer der wenigen Anbieter. So bietet der Software-Anbieter inzwischen ein breites Angebot von Services für Händler an, wie z. B. für Shops, Payment und Logistik. Das Payment-System „Shop Pay" soll zudem jetzt auch außerhalb der eigenen Plattform angeboten werden, wenn vorerst auch nur in den USA. Dabei können Händler das Bezahlverfahren auch auf Facebook und Instagram nutzen. Dazu klinkt sich Shop Pay in Facebook-Pay ein. Wholesale zum Einkauf von Produkten ist in Vorbereitung. Zwar fehlt noch der Marktplatz, aber auch diesbezüglich ist Shopify mit seiner Shop-App aktiv (Kallerhoff, 2020; Nowak, 2020; Locationinsider SP, 2021). Auch Zalando ist offensichtlich auf dem Weg in Richtung SaaS-enabled Marketplace. Die auf der NRF Anfang 2020 in New York verkündete Partnerschaft mit Nike sieht u. a. vor, dass Zalando als White-Label-Lösung auch Connected Retail für Nike in Europa organisiert (NRF, 2020; Zenithmedia.com, 2020).

3.7   Kanal egal und Connected Retail als höchste Evolutionsstufe

Die Verteilung zwischen online und offline Research wird zukünftig immer weiter verschwimmen und zu neuen Formaten mit einer „No-Line-Experience" führen. Diesbezüglich entstehen ganz neue Retail-Ansätze, die mit einem hohen Grad an Integration der Touchpoints um die Gunst der Kunden buhlen. Zu ihnen zählen auch die zunehmend diskutierten Showrooming-Ansätze, bei denen sich der Kunde stationär vorbereitet und dann online kauft. Die Kunden erwarten dabei zugleich auch eine ultimative Nutzungsmöglichkeit für mobile und interaktive Technologien. Dabei legt das Verständnis für den

Online-Kanal den Schlüssel für das No-Line-Geschäftsmodell, bei dem „Kanal egal" ist. Diesbezüglich hat der britische UE-Händler Argos schon recht früh Maßstäbe gesetzt. In Abb. 3.3–3.48 ist die No-Line-Systemarchitektur von Argos dargestellt. Die Verknüpfung aller Kanäle und die zentrale Verwaltung der Kundendaten erlauben es, die Käufe der Kunden in allen Kanälen nachzuvollziehen. In Kombination mit der Kundenkarte können gezielte CRM-Anstöße gegeben werden. Ziel ist es, den Kunden das Einkaufen auf allen Kanälen so angenehm und einfach wie nur möglich zu machen. Das voll integrierte No-Line-System stellt einen einzigartigen Wettbewerbsvorteil für Argos dar, abgesichert durch ein hochkomplexes Supply-Chain-System, das von Wettbewerbern nicht ohne Weiteres kopierbar ist. Dementsprechend hat Argos seine Absatzkanäle zu einem geschlossenen Gesamtsystem integriert, das den Kunden alle Möglichkeiten des Kanalwechsels erlaubt. Bemerkenswert dabei ist, dass große Anteile der Gesamtumsätze bei Argos Online-Umsätze sind, die in den Filialen online bestellt werden, entweder per Smartphone oder an Terminals. Der größte Anteil aller Verkäufe kommt bei dem britischen Paradebeispiel bereits durch Kunden zustande, die gleichzeitig mehr als einen Absatzkanal benutzen. Dieses deutet auf den bereits skizzierten Trend im Handel hin, nämlich die Verschmelzung von Online- und Offline-Welten zu „No-Line"-Systemen, in denen die Betriebsformen ineinander übergehen.

Retail als Zukunftsvision

Mit dem Programm „Connected Retail" können deutsche Fashion-Händler bereits seit 2016 ihre lokalen Warenbestände online bei Zalando verkaufen. Offizieller Auftakt dafür war in 2017 ein Partnervertrag mit der zur ANWR Group gehörenden Plattform Schuhe. de. Durch die Kooperation werden die Warenbestände der an Schuhe.de angebundenen Händler im Zalando-Shop in Deutschland verfügbar gemacht. Jeder kooperierende Händler hat die Möglichkeit, den zusätzlichen Verkaufsweg über Zalando zu nutzen, während Schuhe.de den stationären Fachhandel vernetzt und über 6000 Stores aus dem Schuh-, Sport- und Lederwarenbereich, die Partner der ANWR Group sind, sichtbar macht (Heinemann & Glaser, 2019). Im Anschluss an die erfolgreiche Pilotierung mit lokalen Schuhhändlern startete Zalando eine Kooperation mit Fashion-Händlern. Damit können stationäre Einzelhändler ihre Fashion-Produkte auch über die Zalando-Plattform verkaufen. Dadurch werden lokale Fashion-Händler zu einem potenziellen Außenlager von Zalando. Per Anfang 2021 nehmen rund 2000 Fachhandelsgeschäfte in Europa teil, die bis zu 500 Artikel aus ihrem Sortiment anbieten und rund 6 % des Zalando-GMV ausmachen. Bei einem Durchschnittspreis von 60 € können bis zu 100.000 € Nettoumsatz im Jahr erzielt werden (Zalando Connectedretail.de, 2021).

Ein System von Gaxsys, das wie ein „Marktplatz für die Plattform Zalando" funktioniert, ist technische Basis. Damit werden in einem Händler-Backend allen beteiligten Einzelhändlern, die für die jeweiligen Marken freigeschaltet sind und die Waren verfügbar haben, offene Zalando-Bestellungen dargestellt. Je nach definierten Kriterien ist eine Zuordnung der Bestellungen zu Händler-Gruppen möglich. Das ist seit Jahren an andere Online-Shops von Marken und Händlern angebunden und vermittelt Händler an passende Online-Shops. Dieses erleichtert den schnellen Roll-out der Zalando-Erweiterung. Zudem macht Gaxsys eine schnelle Anbindung mit nur wenigen Klicks möglich. Die Anbindung von Offline-Partnern über gaxsys ist vor allem für kleinere stationäre Geschäfte vorteilhaft. Zugleich können Lager-bestände sämtlicher Modeunternehmen vollständig in die Zalando-Plattform integriert werden. Software-Integrationsdienste ermöglichen den Vertrieb der Markenware über die Zalando-Plattform – so u. a. Anatwine und Tradebyte, die Zalando erworben hat (Heinemann & Glaser, 2019; Zalando Connectedretail.de, 2021; Corporate.zalando. com, 2021). Um alles Digitale kümmert sich Zalando, also Inhalte, Kundenbetreuung, Zahlungsabwicklung, Plattform und Infrastruktur bzw. Software. Eine teure System-integration ist nicht erforderlich. Der stationäre Händler muss lediglich einen auto-matisierten Export aus dem eigenen ERP-System (Enterprise Resource Planning) vornehmen und natürlich über ein performantes ERP-System verfügen. Fixkosten ent-stehen nicht. Es werden nur Provisionen für abgeschlossene, nicht retournierte Trans-aktionen fällig, die üblichen Marktkonditionen entsprechen. Zudem haben die Geschäfte jederzeit die volle Kontrolle über das auf Zalando angebotene Sortiment. Sie können den Auftrag annehmen, die Bestellung in einen Zalando-gebrandeten Karton packen und direkt an den Kunden versenden. Der Retourenschein, der auf den Händler aus-gestellt ist, wird vom Händler mit in den Karton gelegt. Der Kunde sendet so seine Retoure wieder an den Händler zurück.. Ist der Artikel nicht beim Händler verfügbar und kann der Auftrag nicht innerhalb einer vorgegebenen Deadline von einem Händler angenommen werden, übernimmt Zalando zentral die Auslieferung. Händler, die sich für eine Zusammenarbeit interessieren, können einer Liste entnehmen, mit welchen Marken sie mitmachen können.

Für die Anbindung werden keine Gebühren erhoben. Monatliche Festgebühren ent-fallen ebenfalls. Verpflichtungen, Bestellungen anzunehmen, gibt es nicht. Zu Beginn erfolgt eine kurze Schulung zu den Funktionalitäten des Systems, bevor freigeschaltet wird (ebd.). Um Händler in der Corona-Krise zu unterstützen, verzichtete Zalando auf die Provision für alle neuen und bestehenden Connected-Retail-Partner. Zudem zahlte Zalando die Einnahmen aus dem Programm wöchentlich aus, um die Liquidität der Einzelhändler zu verbessern. Vor allem in der Corona-Krise suchten stationäre Mode-händler neue Vertriebswege, um ihre Ware nun auch online zu verkaufen. Wer dabei Zalando als Verkaufsplattform nutzte, musste nicht erst mühsam einen eigenen Online-Shop aufbauen und bewerben. Auf der anderen Seite profitiert Zalando davon, dass durch die Partner das Online-Angebot steigt – ohne dafür Bestände selbst aufbauen zu müssen. So deckt Zalando's Sortiment trotz seiner Größe von über 600.000 Artikeln nur etwa 50–70 % des Sortiments ab, das im stationären Handel verfügbar ist. Dadurch, dass Zalando Händler an die Plattform anbindet, können Kunden auf Artikel zugreifen, die Zalando vorher noch nicht gelistet hatte. Insofern ist Connected Retail extrem intelligent und smart – für den Onlinehändler. Zalando kann so sein Sortiment erweitern, in die Tiefe und in die Breite, ohne dafür selbst ins Risiko gehen zu müssen: Ware, Miet-, Verpackungs- sowie Versandkosten liegen ja bei den Händlern. Das Programm kann aber auch für Händler ein super Deal sein, gerade in Zeiten des Shutdowns. Schließlich bietet Zalando Zugang zu Millionen Kunden (ebd.).

Fashion Connect als Pilotversuch

Anfang 2019 öffnete der zweitgrößte deutsche Online-Modehändler, die Otto-Tochter Bonprix, in der Hamburger Mönckebergstraße einen Future Store, den „Fashion Connect". Das Pilotgeschäft lehnt sich eng an die Amazon-Stores an, zeigt aber erstmals die Anwendung eines durchdigitalisierten Ladens für Fashion. Dabei werden die Vorteile des stationären Einkaufens mit denen des Online-Shoppings kombiniert. Bonprix gilt als eine der Perlen im Portfolio der Otto-Group und erwirtschaftete in 2019/2020 einen Jahresumsatz von 1,74 Mrd. EUR. Im Kerngeschäft betreibt Bonprix als ehemaliger Versandhändler Online-Handel und nebenbei acht stationäre Geschäfte. Angeboten wird günstige Mode für Frauen zwischen 30 und 59 Jahren. Ein Artikel kosten im Schnitt 24 €. Kundinnen lieben zwar den Online-Kauf, möchten zugleich aber auch Produkte erleben und berühren, ansehen und anprobieren. Beides versucht Bonprix in seinem neuen Fashion-Connect-Store zu bieten. Dies ist trotz aller Kritik auch deswegen bemerkenswert, weil es der einzige Store-Pilottest für Fashion eines deutschen Händlers ist. Der Fashion Connect Store bietet rund 350 Artikel an, während Bonprix online über 22.000 Artikel im Sortiment hat. Schuhe und Accessoires werden auf würfelförmigen Tischen präsentiert. Hängeware ist jeweils nur in einer Größe und in so großem Abstand an den Bügeln vorhanden, dass Kunden sie zum Anschauen nicht herausholen müssen. Zweifelsohne ist Nike Concept Lichtjahre weiter, aber Bonprix ist mit dem Fashion-Connect wiederum Lichtjahre weiter als irgendein anderer deutscher Fashion-Händler. Der Pilotladen weist folgende Merkmale auf (Wolfram Bonprix, 2019) (vgl. Abb. 3.49):

Check-in den Store: Ohne Smartphone und Herunterladen der Bonprix-App können Kunden nicht im Bonprix-Connect-Store einkaufen, denn sie müssen beim Eintritt in den Store an einer Stele am Eingang ihr Mobiltelefon scannen und so einchecken.

Beratung im Store: Die Mitarbeiter im Bonprix-Store nennen sich Fashion Assistants. Davon arbeiten neun auf der Fläche, sieben im Lager. Wegen des geringen Sortimentsumfangs – die Artikel sind nicht in jeder Farbe oder Größe auf der Ladenfläche sichtbar – können sie sich vollumfänglich auf die Kunden fokussieren. Sie helfen dabei auch, wenn die Technik nicht funktioniert oder die Kunden Probleme mit der Bedienung der App haben.

Suche nach passenden Artikeln: Die Artikel im Store sind mit QR-Code versehen. Gefällt z. B. einer Kundin ein Artikel und scannt sie den QR-Code am Produkt, erscheint auf ihrem Smartphone das Kleid in verschiedenen Größen. Nach Auswahl der Größe kann der Artikel in den Warenkorb gelegt werden.

Bestellen einer Umkleidekabine: Möchte die Kundin das Kleid anprobieren, bestellt sie über die App eine Umkleidekabine. Die Wartezeit von etwa fünf Minuten wird dadurch verkürzt, dass ihr über Smartphone mitgeteilt wird, dass Mitarbeiter die Produkte holen und in die bestellte Umkleidekabine legen. Sobald die Kabine frei ist, bekommt die Kundin Nachricht.

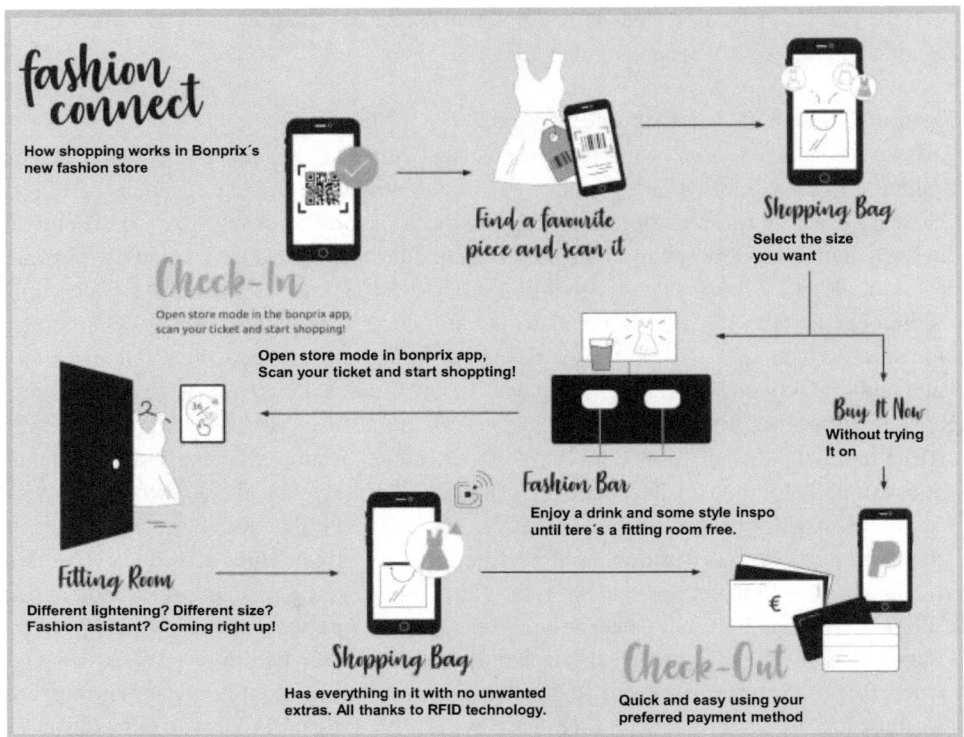

Abb. 3.49 Fashion Connect. (Quelle: Fashionretail.Blog, 2019)

Anprobe in der Umkleidekabine: Die ausgesuchten Artikel hängen bereits in der Kabine, sobald die Kundin eintritt. Ein Display an der Wand kann die Kundin nutzen, um einen Mitarbeiter anzufordern. Mit dem interaktiven Spiegel kann sie anfragen, ob es das Kleid in einer anderen Größe gibt, und das Licht derart verändern, dass es der jeweiligen Tragesituation entspricht.

Digitale Gadgets: An den Umkleidekabinen stehen transparente Schließfächer mit Bluetooth-Code. Dort befinden sich Kartons mit Waren, die die Kunden bestellt haben und in den Fächern abholen können (Click & Collect). Auch wer die Umkleidekabine nicht in Anspruch nimmt, kann direkt in einem Fach seine Tüte abholen. Einkaufsbegleiter können sich im Untergeschoss hinsetzen und ihre Zeit mit einem vorhandenen Tablet-PC vertreiben. Auch gibt es einen Getränkespender, wo sich Kunden und/oder Begleiter Fruchtschorlen selbst zapfen können.

Kaufen und Bezahlen: Möchte die Kundin im Beispiel das Kleid kaufen, legt sie diesen Artikel in die in der Umkleidekabine bereitgestellte Einkaufstasche. Auf dem Weg zur Kasse werden die Produkte in der Tasche per RFID erfasst. Dort kann die Kundin im

Self-Check-out entweder an einem Kartenterminal oder mit PayPal per App bezahlen. Optional gibt es aber auch noch die Kasse mit Mitarbeitern.

Bei dem Fashion Connect handelt es sich um einen digital unterstützten Store, der die Grenze zwischen Online und Offline verschwimmen lässt. Nach dem Check-in führt das Mobiltelefon die Kunden wie ein Assistent, prüft die Artikelverfügbarkeit, bucht eine Umkleidekabine und macht die Bezahlung per Daumen möglich. Das alles funktioniert im Bedarfsfall kontaktlos und in Selbstbedienung. Insofern bietet der neue Bonprix Future Store ein innovatives, durch Technik unterstütztes Einkaufserlebnis (Wolfram Bonprix, 2019).

Beispiele für den stationären Einzelhandel der Zukunft

4

Zusammenfassung

Vor allem die großen Plattformen und Online-Händler sowie internationale D2C-Marken sind führend bei der Neuerfindung stationärer Formate. Für jedes dieser Formate bietet sich Machine Learning im stationären Einzelhandel an. Dieses wird am Projektbeispiel ON4OFF vertieft. Wie auch immer Händler mit den Ergebnissen derartiger Zukunftsprojekte umgehen, eines ist klar: Zumindest an digitalen EinzelhandelsiInitiativen mangelt es seit Beginn der Corona-Pandemie jedenfalls nicht. Aber auch vor der Pandemie gab es zahlreiche digitale Einzelhandelsprojekte, von denen die wichtigsten kurz vorgestellt werden. Daraus geht auch hervor, dass stationärer Einzelhandel und Innenstädte eine Schicksalsgemeinschaft sind, weswegen auch das Thema Smart City Relevanz für Intelligent Retail hat. Und was auf der einen Seite die Smart City für Innenstädte bedeutet, ist auf der anderen Seite das intelligente Shoppingcenter auf der grünen Wiese.

Vor allem die großen Plattformen und Online-Händler sowie internationale D2C-Marken sind führend bei der Neuerfindung stationärer Formate. Für jedes dieser Formate bietet sich Machine Learning im stationären Einzelhandel an. Dieses wird am Projektbeispiel ON4OFF vertieft. Wie auch immer Händler mit den Ergebnissen derartiger Zukunftsprojekte umgehen, eines ist klar: Zumindest an digitalen Einzelhandelsinitiativen mangelt es seit Beginn der Corona-Pandemie jedenfalls nicht. Aber auch vor der Pandemie gab es zahlreiche digitale Einzelhandelsprojekte, von denen die wichtigsten kurz vorgestellt werden. Daraus geht auch hervor, dass stationärer Einzelhandel und Innenstädte eine Schicksalsgemeinschaft sind, weswegen auch das Thema Smart City Relevanz für Intelligent Retail hat. Und was auf der einen Seite die Smart City für Innenstädte bedeutet, ist auf der anderen Seite das intelligente Shoppingcenter auf der grünen Wiese.

G. Heinemann, *Intelligent Retail,* https://doi.org/10.1007/978-3-658-34339-2_4

4.1   Zukunftsformate des stationären Einzelhandels

Visionäre Einzelhandelsformate finden sich in Form von Zukunftssupermärkten beispielsweise in den chinesischen Metropolen bei Hema/Alibaba. Dort finden sich auch die
Online-Händler-Stores von JD.com. Derartige Stores erinnern an die Amazon-Formate
in den USA, wo auch b8ta seine Showroom-Stores präsentiert. Erstmals in Deutschland macht jetzt auch Vaund mit innovativen Showrooms auf sich aufmerksam, ähnlich
wie die rund 1000 NIKE-Stores, die „Label-driven" sind, während Warby Parker „Start-
up-driven" ist. Der neueste Trend in Verbindung mit Nachhaltigkeit sind die effizienten
Transparent-Stores mit den Beispielen Everlane und Glossier.

4.1.1   Zukünftige Fach- und Supermärkte am Beispiel von Hema/ Alibaba

Die Neuerfindung des Supermarktes findet offensichtlich in China und den USA statt.
In diesem „Ost-West-Battle" scheint China den USA mindestens drei Jahre voraus zu
sein, wenn es um die Integration von Online und Offline geht. Dabei sind die USA
ja schon mindestens drei Jahre weiter als die deutschen Händler. Zweifelsohne hat
vor allem Amazon mit seinem ersten Go Store in 2018 für Furore gesorgt. Allerdings
öffnete Alibaba bereits 2015 seinen ersten Hema-Supermarkt der Zukunft. Hema,
das auf Englisch „Freshippo" heißt, ist ein High-Tech-Supermarkt, der um das Smartphone herum entwickelt wurde. Dieses wird für alles beim Einkauf dort benötigt, beispielsweise zum Einstellen von Artikeln auf ein digitales Kundenkonto während des
Einkaufs, zum Abfragen von Produktinformationen, wie u. a. Zutaten, sowie zum
Bezahlen. Hema ist Bestandteil der „New-Retail-Strategie" von Alibaba, die eine voll-
ständige Integration von Online- und Offline-Einkauf, Logistik sowie eine datenbasierte
Supply Chain vorsieht. Dementsprechend fungieren die Hema-Läden gleichzeitig auch
als Fulfillment-Center für die Online-Bestellungen. Die Kunden genießen das Einkaufserlebnis bei Hema auf Basis der Shopping-App, die bereits von mehr als 11 Mio. genutzt
wurde. Und das bei „nur" 150 Pilotläden per Juni 2019, davon 55 in Peking. Zum Vergleich: In dem Zeitraum, in dem Amazon acht Amazon-Go-Läden eröffnete, stampfte
Alibaba 100 Hema-Stores aus dem Boden. Bis Ende 2022 sollen 2000 Läden eröffnet
werden. In Abb. 4.1 ist ein typischer Hema-Store in Hangzhou dargestellt, den der Verfasser dort 2019 besuchte. Bestandteil des Erfolgs von Hema ist das kundenzentrierte
Design des Ladens um die Smartphone-App herum, was auch dem hohen Mobile-Inter-
net-Nutzungsgrad in China entgegenkommt (98 % China versus 43 % USA) (eTailment
Hema, 2017; McKinnon, 2019).

1. Scan and Go: Um bei Hema einkaufen zu können, müssen Kunden die Hema-
Mobile-App herunterladen. Damit können sie an jedem Produkt im Laden, das sie
kaufen möchten, einen QR-Code scannen, wodurch das Produkt ihrem digitalen Kundenkonto zugeführt wird. Zugleich wird der Kunde mit Informationen über das Produkt

Abb. 4.1 Hema Store in Hangzhou. (Quelle: Heinemann, 2019)

inklusive des Haltbarkeitsdatums sowie des Lieferdatums an den Store informiert. Andere Daten sind zusätzlich abfragbar, wie u. a. Zutaten, Kundenbewertungen, Rezeptvorschläge anderer Kunden sowie Lieferoptionen für den Fall, dass der Kunde die Ware nach Hause zugestellt haben möchte.

2. Personalisierte Einkaufsempfehlungen auf Basis Künstlicher Intelligenz: Die Hema-App speichert das Einkaufsverhalten und nutzt dieses, um anhand von Machine Learning personalisierte Produktempfehlungen für die Kunden abzugeben.

3. Digitale Preisschilder: Der Laden nutzt ausschließlich digitale Preisschilder, die in Echtzeit aktualisiert werden. Diese sind gut nutzbar für kurzfristige Aktionen im Laden oder für Nachkalkulationen wegen veränderter Spot-Marktpreise. Es ermöglicht ebenfalls eine Harmonisierung der Online- und Offline-Preise sowie ein dynamisches Pricing. Sämtliche Produkte sind mit lesbaren Chips ausgerüstet, um den Checkout-Prozess zu beschleunigen. Dabei hat das Unternehmen eine weitere Entwicklung im Test, mit der Abverkäufe über Regalsensoren nachgehalten werden.

4. Läden als Fulfillment-Center: Die Mitarbeiter im Laden kommissionieren dort auch die Online-Bestellungen. Diese werden auf einem Fließband platziert, das sich auf Deckenhöhe durch den gesamten Ladenraum zieht (vgl. Abb. 4.1). Am Ende des Laufbandes wird die Order im Backoffice versandfertig gemacht.

5. Kontaktloses Bezahlen inklusive Gesichtserkennung: Wenn die Kunden ihren Kauf abschließen wollen, können sie per Daumen mit der Hema-App bezahlen. Diese ist mit Alipay verlinkt. Die Alipay-App wird in China von mehr als einer Milliarde

Menschen genutzt und ist damit die mit Abstand größte Bezahl-Plattform der Welt. In ausgewählten Geschäften können Kunden auch per Gesichtserkennung bezahlen, wozu die Kunden sich aber vorher per Mobilnummer identifiziert haben müssen. Bezahlung mit Bargeld ist auch noch möglich. Für die Gesichtserkennung sind in eigenen Self-Checkout-Terminals Kameras eingebaut.

6. Schnelle SDD-Belieferung: Kunden, die bei Hema online eingekauft haben oder nach dem Ladenbesuch die Waren nach Hause geliefert haben möchten, bekommen diese ohne Gebühren innerhalb von 30 min geliefert, sofern die Wohnadresse nicht weiter als drei Kilometer vom Laden entfernt ist. Im Vergleich dazu schafft Amazon bestenfalls „nur" zwei Stunden.

7. Läden als Liefer-Hubs: Um seine Lieferfähigkeiten in China zu verbessern, kooperiert Starbucks in ausgewählten Läden mit Hema. Die Partnerschaft erlaubt Starbucks, seine Zustellungen über Hema zu beschleunigen, sodass der Laden dadurch auch für Drittanbieter zu einem Liefer-Hub wird.

8. Experimentelles Retailing: Hema experimentiert permanent in seinen Läden und testet ständig Formatverbesserungen. So wurden in einigen Läden Restaurants eingerichtet, wo Kunden sich auch frische Ware aus dem Laden zubereiten lassen können.

9. Automatisierter Service mit Robotern: Hema testet derzeit die Automatisierung des Services mit Robotern in seinen Restaurants. Dabei ist das Konzept nicht vollautomatisiert, sondern sieht im Bedarfsfall auch den Einsatz von Mitarbeitern vor. Sofern Kunden einen Platz suchen und sich von Robotern bedienen lassen möchten, können sie sich an einem Kiosk per Hema-App einchecken lassen. Am Tisch scannen sie einen QR-Code, um sich identifizierbar zu machen, und können dort per App bestellen.

Der Zukunftssupermarkt von Hema zeigt eindrucksvoll auf, wie on- und offline unverkrampft verschmelzen und zwar Tag und Nacht mit einem 24-h-Lieferservice. Kunden, die im Radius von drei Kilometern am Standort wohnen, können auch zwischen 22 Uhr nachts und 7 Uhr morgens bestellen – und sich beliefern lassen –, wenn das stationäre Geschäft bereits geschlossen hat. Dass es vor allem auch nachts Verbraucherwünsche gibt, weiß Alibaba aus Erfahrung, denn auf den Seiten von Tabao und T-Mall sind zwischen Mitternacht und vier Uhr früh mehr als 80 Mio. Besucher unterwegs. Dabei hat Hema für Shanghai auf der App auch den Kanal „Hermones" für „Erwachsenenprodukte" eröffnet.

4.1.2 Showroom-Stores am Beispiel von b8ta und Vaund

Bei allen digitalen Innovationen hat der stationäre Einzelhandel nur dann eine Daseinsberechtigung, wenn er weiterhin eine Erlebniswelt bietet, in der sich der Kunde gerne aufhält. Dazu müssen alle Sinne angesprochen werden und Kunden die Produkte anfassen können. Sie sollten durch Duft und Klang inspiriert werden oder die Möglichkeit haben, an Events oder Produktvorführungen teilzunehmen. So können sie auch Menschen mit ähnlichen Interessen treffen.

Die Lust am Shoppen kann dabei durch die Einbindung digitaler Welten mittels neuer technischer Tools (wieder) geweckt werden. Andererseits können sich Einzelhändler in Zukunft die hohen Fixkosten nicht mehr leisten. Die meisten Geschäfte müssen deshalb weniger Lagerbestände führen. Showroom-Stores weisen einen Ausweg aus dieser Krise. Zero-Inventory Stores werden deswegen als Online-Offline-Symbiose Zukunftsthema sein. Dafür lässt sich bestehender Raum in ein konsumentenorientiertes Erlebniszentrum umwandeln, wo Kunden nach Belieben testen, an- und ausprobieren können. Das ergänzt sich ideal mit dem Einsatz von neuen Technologien wie Virtual oder Augmented Reality. Damit können Produkte jeweils nur in einer Ausführung ausgestellt sein, um ein haptisches Erlebnis zu vermitteln. Weitere Varianten der Produkte lassen sich dann z. B. über Magic Mirrors anprobiert werden (eTailment FS, 2020). Einen Blick in die Zukunft geben diesbezüglich die innovativen Showroom-Stores von B8ta, Vaund und Dyson. Pionier war dabei zweifelsohne B8ta. Im Silicon Valley von ehemaligen Mitarbeitern der Google-Tochter Nest gegründet und 2019 mit frischem Risikokapital in Höhe von 50 Mio. US\$ ausgestattet, hatte B8ta zunächst vor allem Tech-Produkte von Start-ups im Angebot und verkauft mittlerweile auch Produkte aus anderen Branchen (brandeins, 2020).

Das kalifornische Start-up B8ta

B8ta betreibt neben einem Online-Shop rund 20 eigene Läden, 18 davon in den USA, einen in Dubai und einen in Tokio. Zusätzlich verfügt B8ta über 70 Store-in-Store-Konzepte (per 2020). Dabei ist völlig egal, ob die Kunden dort Geld ausgeben. Auch sind Werbeplakate und Sonderangebote dort nicht vorgesehen, nicht einmal Preisschilder oder gar Verkäufer. Die Stores wirken wie eine Galerie, in der auf Holztischen je ein Exponat steht. Dabei handelt es sich um Produkte wie Heim-Roboter, drahtlose Lautsprecher oder elektrische Zahnbürsten, Tauchsieder zum Sous-Vide-Kochen oder auch Nahrungsergänzungsmittel. Dabei ist egal, wo die Kunden am Ende einkaufen, ob im Laden, im eigenen Online-Shop oder bei einem anderen Händler – insofern „Kanal egal."

B8ta lädt den Kunden geradezu dazu ein, nur zum Anfassen und Ausprobieren in die Läden zu kommen. Kaufzwang besteht nicht. Anders als herkömmliche Händler lebt das Start-up nicht vom Warenumsatz, sondern erhebt von den Herstellern eine monatliche Platzmiete, die pro laufendem Meter oder Tisch berechnet wird. Dazu liefert B8ta den Handel als Service. Das ist für Hersteller interessant, da diese nicht (mehr) eigene teure Mono-Label-Stores oder Großhandel mit einer aufwendigen Außendienstmannschaft betreiben müssen. Zudem haben die Hersteller direkten Einfluss auf das Geschehen und erhalten umgehend Daten zum Kundenverhalten sowie Verkaufszahlen. Insofern macht es Sinn, wie B8ta eine Einzelhandelskette aufzuziehen, die sich als Dienstleister für die Hersteller versteht – mit Showroom-Stores, in die sich jede Marke flexibel und auf Zeit einmieten kann wie in einen App-Store. Das ermöglicht das Sammeln von Daten ähnlich gut wie im Online-Handel. Alle Stores von B8ta sind mit hochauflösenden 3D-Kameras ausgestattet, die permanent beobachten, wie die Kunden sich mit den Produkten beschäftigen, was sie ausprobieren und wie lange sie das jeweils tun. Zu jedem Produkt ist ein iPad verfügbar, über das sich die Kunden informieren können. Damit können wie beim Online-Shopping Preise verglichen und Rezensionen gelesen werden. Sogar Beratung gibt es. Die Lieferanten oder besser Mieter haben Zugang zu allen Daten und können live verfolgen, wie viele Kunden in welchem Laden Interesse an ihren Produkten haben. Sie stehen zudem über eine Kommunikationsplattform in Kontakt zu B8ta. Jeder Verkauf wird per Chat-Bot gemeldet. Nicht überraschend ist, dass das Konzept von B8ta aus der Online-Perspektive entstanden ist. Angesprochen werden Hersteller, die ihre Produkte ursprünglich ausschließlich über den eigenen Webshop verkauft haben und nun in den stationären Handel drängen, so wie z. B. der US-Anbieter Quip. Dieser zahlt rund 2000 US$ im Monat für die Platzierung seiner Produkte an diversen Standorten und ist mit dem Ergebnis hochzufrieden. Insofern kombiniert B8ta geschickt die Vorzüge des stationären mit denen des Online-Handels. Weil der stationäre Verkauf eher nebensächlich ist, sind keine großen Lagerbestände erforderlich. Auch langweilen sich Stammkunden nicht, weil jeden Monat neue Produkte ins Sortiment aufgenommen werden (brandeins, 2018; Handelsjournal B8ta, 2020). In Abb. 4.2 ist ein typischer B8ta-Store aus dem University Village in Seattle dargestellt, den der Verfasser dort 2018 besuchte, sowie eine Präsentation bei Vaund in Hannover 2020.

Abb. 4.2 B8ta Store in Seattle im University Village, Vaund in Hannover und blaenk in Köln. (Quelle: Heinemann, 2018, 2020; Locationinsider RS, 2021)

Retail-as-a-Service mit Vaund

B8ta machte mit den Showroom-Stores in Form von Retail-as-a-Service (RaaS) den Anfang und Vaunt den Copycat. RaaS ist in Deutschland noch ein relativ neues Feld, anders als in den USA, wo das Thema schon seit 2015 neue Maßstäbe setzt. Hierzulande startete 2019 Vaund als einer der Ersten mit RaaS. Neben dem ersten Store in Hannover und den sogenannten Brand-Spaces eroberte das Unternehmen kürzlich auch den Modehandel und bietet jetzt einen Shop bei Engelhorn in Mannheim an (TW Vaund, 2020). Wie B8ta setzt auch Vaund auf eine besondere Atmosphäre und versteht sich als Vermittler zwischen Hersteller und Konsumenten. Nicht nur die Umsätze, die das Unternehmen mit dem Verkauf in seinen Läden macht, werden daher weitergereicht, sondern auch sein Wissen. Deswegen protokolliert Vaund beispielsweise auch alle Beratungsgespräche mit Besuchern des Showroom-Stores. Vaund dient damit auch als Forschungsprojekt, bei dem das Kundenverhalten beobachtet und analysiert wird. Zweifelsohne vertreiben die meisten Konsumgüter-Hersteller ihre Waren auch über ihren Online-Shop und haben dadurch auch direkteren Kundenkontakt. Dennoch fehlt ihnen Präsenz und die Sichtbarkeit, die ein Geschäft in der Innenstadt bieten kann. Deswegen setzen auch große Unternehmen wie Melitta zunehmend auf den direkten Kontakt zum Kunden und auf das Kundenfeedback. Das komprimiert einzuholen war auch der Grund für eine Präsenz bei Vaund. Eigene Stores würden zu hohe Investitionen erfordern und ein skalierbares Geschäft nicht möglich machen (brandeins, 2018). Selbst Premiummarken wie **Jura, Teufel, Bosch** (HiFi), **Märklin, Pelikan, SMeg oder sogar BMW** sind bei Vaund mit an Bord und präsentieren innovative Erzeugnisse aus den Lebensbereichen Smart Home, eMobility, Sport & Gesundheit, Haushalt, Gaming und Tech Gadgets. Lösungen von Micro-Brands, die jeweils dazu passen, ergänzen das Sortiment. Das Portfolio wird trendig und großzügig auf 750 Quadratmetern ausgebreitet in Szene gesetzt und wechselt ständig. Store-Besucher entdecken dadurch immer wieder etwas Neues oder können in der Kaffeebar einen Kaffee genießen. Ein großer Vorteil von Vaund ist auch, dass das neue Handelskonzept ideal zum sogenannten Direct-to-Consumer-Trend passt. Mehr denn je sind Konsumgütermarken darauf angewiesen, eine unmittelbare Beziehung zu ihren Konsumenten aufzubauen (WuV Vaund, 2019).

Mit dem „blaenk_Store" ist ein weiterer Betreiber eines Showroom-Stores seit Ende 2020 in Köln zu sehen, der auf einer Fläche von 450 Quadratmetern Produkte von 40 Markenherstellern zeigt. Mit dabei sind auch die drei Kölner Startups Wild Baboon, Ella & Witt sowie CORK+CROCHET (Koeln.Business, 2020).

4.1.3 D2C-Mono-Label-Stores am Beispiel von Warby Parker und Nike

Herstellereigener Einzelhandel liegt im Trend. Hersteller vermeiden Preisaufschläge der Zwischenhändler und können ihre Produkte dem Kunden billiger anbieten, indem sie den klassischen Handel als Intermediär umgehen. Vorreiterbranchen sind dabei Mode- und

Sportmarken, wie u. a. Boss, NIKE und adidas. Es gibt kaum noch eine führende Mode-marke ohne eigene Läden. Neben einzelnen Flagship-Stores betreiben viele Hersteller inzwischen durchaus große Verkaufsstellennetze (Morschett, 2020). Diese Art der D2C-Mono-Label-Stores sind „Label-driven", also Herstellermarken-getrieben. Mit den ungeahnten Möglichkeiten im Online-Marketing und -Handel entstehen aber auch immer mehr D2Cs als Start-up, sogenannte Direct-to-Consumer-Marken. Diese sind „Start-up-driven", also Gründer-getrieben.

Label-driven Mono-Label-Stores
Herstellermarken als D2C-Anbieter sind in der Regel auch Großhändler bzw. B2B-Anbieter und betreiben somit Multi-Channel-Distribution. Dabei handelt es sich um ein „B2B2C", wobei sich eine weitere Kanalvermischung aus den hybriden Online-Aktivi-täten und der Vertikalisierung der Hersteller ergibt. Innerhalb des Wholesaling gibt es nicht selten weitere Unterformen, wenn zum Beispiel Franchising betrieben wird (Heinemann OH, 2021). Die Konstruktion eines Franchise-Systems stellt eine besondere Herausforderung dar und erfordert deswegen eine kooperative E-Commerce-Lösung, da sonst die Vorteile eines Multi-Channel-Systems nicht ausgespielt werden können und vor allem „kontraproduktive" Konflikte mit den Franchise-Nehmern vorprogrammiert sind (Heinemann B2B, 2020). Die bisherigen Vorteile des D2C-Direktvertriebs liegen ja darin, dass die Preisgestaltung selbst vorgenommen werden kann und die Preise sich bei Bedarf sehr schnell anpassen lassen. Dies ist im Wholesaling, bei dem ein Hersteller seine Produkte nicht an den Endnutzer, sondern an sogenannte Absatzmittler vertreibt, nicht der Fall. Bei diesen handelt es sich zum Beispiel um Groß- und Einzelhändler oder auch um Handwerksbetriebe. Im indirekten Vertrieb lassen sich keine Endverkaufs-preise gestalten, da die Preisbindung kartellrechtlich verboten ist, sodass der Mittler in der Regel auf den Einkaufspreis der Ware noch seine eigene Marge kalkuliert. Insofern bedarf es einer abgestimmten D2C-Omni-Channel-Distribution. Dabei sollte in allen Varianten der Multi-Channel-Distribution, also sowohl im direkten wie im indirekten Verkauf, eine eigene Vertriebs- sowie Kundenbetreuungsabteilung eingerichtet werden (Kanalegal, 2014; Gründer-Welt, 2017; Heinemann OH, 2021). Nicht ohne Grund hat sich NIKE dafür entschieden, in Deutschland mit Zalando als White-Label-Lösung zu kooperieren und damit alle B2B2C-Aktivitäten in der D2C-Omni-Channel-Distribution systemtechnisch zusammenzuführen (NRF, 2020).

Start-up-driven Mono-Label-Stores
Direct-to-Consumer-Marken sind selbst produzierende Start-ups. Das liegt zweifels-ohne im Trend, denn noch nie war es so leicht, eine Marke aufzubauen und ohne Umweg (und Umsatzbeteiligung vom Großhändler) direkt an den Endkunden zu verkaufen (iBusiness D2C, 2020). In der traditionellen Marketingtheorie sowie auch -praxislehre hieß es bisher immer, dass man für den Markenaufbau als Direkt-Vertriebsmarke viel Geld und einen langen Atem bräuchte. Demgegenüber bietet das Netz jedem, der eine Geschäftsidee engagiert vorantreibt, eine reichweitenstarke Bühne. Als Erfolgsbeispiele

und Vorreiter für derartige D2Cs gelten hier u. a. der Rasierklingenservice Harry's, die Brillenmarke Warby Parker, die Tierfuttermarke Tails.com oder das 2014 gegründete Caspar Matratzen (eTailment D2C, 2020). Mittlerweile wächst sogar die Überzeugung, dass nur vertikale Online-Händler und damit D2C-Unternehmen das Zeug haben, langfristig gegen Amazon & Co. bestehen zu können. Darüber hinaus bezeichnen immer mehr Herstellermarken ihre B2C- und Retail-Aktivitäten als D2C-Business. Ein herstellereigener Online-Shop stellt dabei die Weiterentwicklung eines Herstellers zu einem Händler dar. Dies bedeutet eine substanzielle Erweiterung des Geschäftsmodells, wobei die technische Umsetzung eines Online-Shops – zum Beispiel auf Basis standardisierter Shopsysteme – noch die geringste Herausforderung darstellt.

Wer als Direct-to-Consumer-Brand erfolgreich werden will, muss einige Punkte berücksichtigen: So muss die Brand sich immer wieder ins Gespräch bringen, auch durchaus mit traditionellen Marketingmethoden. Darüber hinaus sollte das Geschäftsmodell für die Kunden einfach und zugleich innovativ sein, mit einem exzellenten Kundenservice aufwarten sowie auch immer den Net Promoter Score im Blick haben (iBusiness D2C, 2020). Auch setzen diese Unternehmen in der Regel auf digitale Werbestrategien in der Ansprache ihrer Zielgruppe. Aber das ist neben der Produktveredelung sowie innovativen Zukunftsideen nur ein Teil des Erfolgs. Online allein geht es in der Regel eben doch nicht. Deswegen machen D2C-Anbieter häufig auch den Schritt in die reale Welt, wo die etablierten Marken groß geworden sind, entweder mit eigenen Mono-Label-Stores und/oder zusammen mit Retail-Partnern. Emma Matratzen hat beispielsweise europaweit 500 Partnerhändler gewonnen. So werden durch das Offline-Geschäft weitere Kundengruppen erschlossen, die man Online nicht erreichen kann. In der Regel starten Gründer mit einem Online-Shop. Zusätzlich erfolgt immer häufiger auch die Öffnung eigener Mono-Label-Stores mit Zeitverzug, sodass nicht selten Start-ups als Multi-Channel-Händler starten. Bestes Beispiel sind Warby Parker und Indochino, die beide sowohl online als auch online verkaufen.

Warby Parker mit „Start-up-driven" D2C-Mono-Label-Stores
Warby Parker startete 2010 mit einem Online-Shop und eröffnete 2013 den ersten Store in New York. Mittlerweile werden mehr als 125 Warby-Parker-Stores betrieben. Der „Direct-to-Consumer"-Brillen-Pionier wurde per 28. August 2020 mit 3 Mrd. US$ bewertet. Warby hat die Branche revolutioniert, indem es mit eigenen und günstigen Designerbrillen online startete und dann Filialen eröffnete, in denen Kunden ihre online gekauften Brillen abholen und nachvermessen lassen konnten. In Abb. 4.3 ist ein relativ neuer Warby-Parker-Store aus dem University Village in Seattle, den der Verfasser dort 2018 besuchte. Warby Parker's „Home-Try-On Programm" ist eine Verkaufsstrategie, bei der Kunden sich fünf Rahmen aus dem Online-Shop aussuchen können, die ihnen dann geliefert werden. Innerhalb von fünf Tagen dürfen sie diese ohne Gebühr ausprobieren. In 2019 führte das Unternehmen eine virtuelle AR-App ein, die vom Time-Magazin als eine der 100 besten Erfindungen ausgezeichnet wurde. Mit der App können sich die Kunden AR-Programme mit ihren Fotos hochladen und die Brillengestelle virtuell per

Abb. 4.3 Warby-Parker-Store in Seattle Universty Village. (Quelle: Heinemann, 2018)

Mobile-App anschauen. Warby Parker entwirft das Design der Produkte in-house und verkauft die Produkte als Multi-Channel-Händler direkt an die Kunden. Das Unternehmen produziert selbst in China und kann dadurch zu extrem wettbewerbsfähigen Preisen anbieten. Im Durchschnitt kaufen die Kunden mehr als einmal im Jahr durchschnittlich 1,5 Produkte. Darüber hinaus werden Linsen, Sonnengläser und Monocel verkauft. Über die Kunden sind sämtliche Daten inklusive Sehstärken und Gesichtsgrößen gespeichert. Mit der Eigenherstellung ist das Unternehmen sehr profitorientiert, aber zugleich sehr kundenorientiert. Brillen können inklusive Gläser bereits für 95 US$ erworben werden. Der Erfolg von Warby Parker beruht auf drei Faktoren (Snacks, 2020):

- **D2C-Kundenservice:** Kostenlose Auswahl von fünf Brillen, exzellente virtuelle AR-Hilfen, 30-Tage-Rückgaberecht sowie Online-Livechat-Beratung mit Spezialisten.
- **Experimenteller Einzelhandel:** Die 125 Läden sehen aus wie Versionen aus einem Wes-Anderson-Film. Die Mitarbeiter geben sich bewusst „Barkeeper"-ähnlich mit lockerem Umgangston.
- **Millennial-Freundlichkeit:** Die schmucken Produkte haben coole Namen, wie u. a. „Percey", „Watts" oder „Wilkie". Die Marke stellt sich zudem als nachhaltig und sozial-engagiert dar mit Initiativen wie u. a. „kauf ein Paar, spende ein Paar".

Warby Parker verkauft mit seinen Brillen, Brillengläsern, Sonnengläsern und Kontaktlinsen Produkte, die permanent benötigt werden und deswegen eine Skalierung ermöglichen. Der Brillenanbieter profitiert zudem in Rezessionszeiten von den unschlagbaren Preisen und kann dabei die Stärken eines Multi-Channel-Systems voll ausspielen.

Nike-Stores als „Label-driven" D2C-Mono-Label-Store
Der globale Marktführer Nike setzt zwar zuletzt weniger auf eigene Stores und profitierte in der Corona-Pandemie vor allem von den boomenden Verkäufen im Internet (WiWo, 2020). Dennoch betreibt der international führende Sportartikelhersteller weltweit insgesamt etwa 1100 Filialen im Geschäftsjahr 2020 (Nike, 2021). Und diese sind immer wieder tonangebend. Währen adidas sich mit seinen Stores immer wieder verrannte und z. B. in 2016 das zuvor groß angekündigte Neo-Store-Projekt beendete, entwickelte Nike seine Stores kontinuierlich weiter zu Vorzeigebeispielen beim Thema D2C-Mono-Label-Store. Den Aufschlag machte Nike mit seinem House of Innovation in New York (vgl. Abb. 4.4). Es folgten Varianten mit Nike-Rise- sowie Nike-Live-Konzepten. Nach dem ersten Concept Store in 2018 öffnete Nike in 2020 neun seiner neuesten Nike-Unite-Stores. Diese stellen eine Weiterentwicklung des Concept-Stores dar, der bereits daten- und digitalbasiert eine stärkere lokale Ausrichtung vorsieht. In allen Stores stellt Nike innovative Funktionen und Konzepte vor. Diese wurden im Wesentlichen aus den Online-Erfahrungen des Herstellers geprägt. Die Läden sind ein Testfeld für einen stärker datengesteuerten, lokalen Ansatz. Nike sieht in der Kombination aus digitalen Funktionen mit einzigartigen physischen Umgebungen die Zukunft des Einzelhandels. Dabei verwischt die Grenze zwischen digitalem und

Abb. 4.4   Nike Innovation Store New York. (Quelle: Heinemann, 2019)

physischem Einkauf. Alles im Geschäft ist so konzipiert, dass es nahtlos mit der Nike-Plus-App auf den Handys der Kunden funktioniert. Der Nike-Concept-Store in der Melrose Avenue in Los Angeles, der den Namen „Nike by Melrose" entsprechend seines Standortes trägt, umfasst 450 Quadratmeter Verkaufsfläche. Die Ladenfront wurde von der in Los Angeles geborenen Künstlerin und Illustratorin Bijou Karman gestaltet und zeigt Kunden beim Einkaufen und beim Sport. Das neue Nike-Konzept erinnert an einen Pop-up-Store, der aber langfristig betrieben werden soll. Dabei wurde die gesamte Ladengestaltung, alle Services sowie auch das Sortiment datenbasiert auf der Grundlage von Retail Analytics konzipiert. Dazu wurden Kundendaten, Konkurrenzdaten und Daten, wie die Kunden in dieser Region mit Nike interagieren, verwendet. Der Store ist lokal ausgerichtet und auch die Warenversorgung und das -angebot richten sich nach lokalen Bedürfnissen. Anhand der lokalen Abverkaufsdaten hat Nike einen lokalen Store geschaffen, der ausschließlich Produkte für die lokale Klientel anbietet und präsentiert. Diese werden zweiwöchentlich in dem Geschäft gedreht, damit die Kunden immer wieder einen Grund zum Zurückkommen haben. Das Sortiment wird per KI ausgewählt, die sich an den Online-Nutzerdaten, wie u. a. Kaufverhalten, App-Nutzung und Engagement der ortsansässigen Nike-Plus-Mitglieder, ausrichtet. Zusätzlich gibt es auch immer andere Nike-Produkte, darunter zum Beispiel eine Auswahl an Bestsellern von nike.com. Sobald Nike-Kunden in der Nähe des Stores sind, erhalten sie per App Push-Notifications mit Sonderangeboten. Zusätzlich werden über die Analyse des Kaufverhaltens spezielle Artikel für die Kunden reserviert, unabhängig davon, ob sie diese vorher geordert haben oder nicht. Zudem bietet der Nike-Concept-Store innovative Services an, wie u. a. ein Drive-in mit einem Straßenschalter, wo die Kunden ihre online gekauften Waren abholen können. Oder eine Retouren-Abwicklung, die sehr unkompliziert ist und die ein Curb-Service abwickelt. Anhand eines SMS-Nachrichtensystems, mit dem der Käufer mit Nike kommunizieren kann, senden Verbraucher einfach eine SMS an den Store. Und Nike-Plus-Mitglieder können sogar mit einem Mitgliedsausweis Produkte oder Prämien am Nike-Plus-Automaten einlösen. Die Kunden können mit dem Smartphone einen Code scannen, wenn ein Produkt gefällt, um eine andere Größe anzufordern. Mithilfe der App können die Kunden auch andere Farboptionen für das Produkt anzeigen lassen und sehen, ob und wie viel noch verfügbar ist. Eine integrierte Messaging-Funktion innerhalb der App erlaubt es Kunden, auch Fragen an die Verkäufer zu stellen und mit ihnen zu kommunizieren. Optional können aber auch Beratungstermine über einen Service gebucht werden. Der Nike-Unite-Store stellt eine fokussierte Form des Concept-Stores dar. Die neun Läden sind extrem lokal und digital ausgerichtet. Als kommunales Herzstück kleinerer Gemeinden will Nike Unite Fitness-orientierte Menschen in einer Region über den Sport näher zusammenbringen. Die Läden sind danach ausgelegt, die Kultur und den Geist der lokalen Community in der Umgebung jedes Stores wiederzugeben (Wolfram Nike, 2018; Nike, 2021).

4.1.4   Online-Händler-Stores am Beispiel von Amazon und JD.com

Die Neuerfindung des stationären Ladens findet offensichtlich aus einer Online-Handels-brille statt und wird durch die führenden Online-Händler getrieben, allen voran Amazon und JD.com. In der höchsten Ausbaustufe geht es darum, die stationären Stärken sinn-voll mit dem digitalen Konzept zu verzahnen. Amazon machte 2015 den Aufschlag mit Amazon Books in Seattle. Seitdem probierte der Online-Gigant viel aus und beendete nicht funktionierende Experimente auch schnell wieder. Aus jedem stationären Test hat der Gigant gelernt und völlig neue Ansätze entwickelt. Seit 2020 scheint die Experi-mentierphase zu Ende zu sein. Dementsprechend wurden die schon vor dem ersten Amazon Books präsenten Amazon Popup-Stores erheblich reduziert. Amazon hat mittlerweile genug eigene Store-Konzepte für seine Hardware, die offensichtlich auch funktionieren. Wie im Online-Geschäft hat Amazon dabei jetzt auch in seinen stationären Läden das gesamte Kundenerlebnis vollständig unter Kontrolle, vom Betreten bis zum Verlassen des Ladens. Konsequenterweise hat Amazon auch einen eigenen Unter-nehmensbereich namens Amazon Physical Stores für seine stationären Aktivitäten gegründet. Diese Einheit eröffnet und verwaltet die einzelnen Filialen der Amazon-Formate wie den Amazon Pop-up, Amazon Books, Amazon 4 Star, Amazon Go, Amazon Go Grocery sowie neuerdings Amazon Fresh (T3n APS, 2019).

Amazon Pop-up-Stores
Bis 2019 betrieb Amazon im großen Stil kleine Pop-up-Stores in Shopping Malls oder Warenhäusern. Diese präsentierten ausschließlich Amazon-Geräte und -Dienste. Sie wurden ab 2016 zielgerichtet auf bis heute knapp 90 Filialen ausgebaut. Auch bei Whole Foods hatte Amazon eigene Pop-up-Stores im Beritt. Dort demonstrierten Mitarbeiter die Funktionsweise der Geräte und Angebote des Handelskonzerns. Die Mini-Ausstellungs-flächen waren dabei eher eine zusätzliche Möglichkeit, den Kunden einen Eindruck von Amazons vielfältiger Hardware und dem Serviceangebot zu vermitteln. Die isolierten Pop-up-Stores wurden mit der Zeit jedoch nutzlos. Seit 2019 zieht Amazon es vor, die eigenen Geräte in eigenen und echten Läden zu präsentieren (T3n APS, 2019). Derzeit werden noch sieben Amazon Pop-up-Stores betrieben (Amazon Stores, 2021).

Amazon Books
Bei Amazon Books handelt es sich um einen Buchladen, von dem andere Händler sicher-lich lernen können, wie der stationäre Buchladen der Zukunft aussehen könnte. Der Store bietet auf der einen Seite das klassische Sortiment eines Buchhandels: Bücher für unterschiedliche Altersgruppen, Bücher nach Genre sortiert, Fach- und Sachbücher sowie Zeitschriften. Andererseits sind sämtliche Amazon-Gadgets nicht nur im Sorti-ment, sondern aktiv in die Verkaufsfläche und in die Präsentation mit eingebunden. Dabei bringt Amazon in seinem Buchhandel klassische, analoge Bücher und digitale Dienste zusammen und demonstriert, wie die digitale und analoge Welt Hand in Hand

zusammenarbeiten können. Der erste Amazon Bookstore liegt im University Village, einer „Upscale Shopping Mall" in unmittelbarer Nähe des Universitätscampus von Seattle. Das Shoppingcenter, das zum Teil mit dem Auto befahrbar ist, umfasst rund 120 Shops auf insgesamt 97.000 Quadratmetern. Der Bookstore liegt in exponierter Lage und ist mit rund 500 Quadratmetern der erste Laden in der Einfahrtschneise (uvillage, 2021). Das Geschäft hat den Charakter einer Bibliothek mit vielen Regalen und kaum Tischen. Das Sortiment umfasst neben Büchern das komplette Elektro-Device-Programm von Amazon (Kindle, Zubehör etc.) und rund 5000 Buchtitel (Bass, 2016). Diese wurden nach innovativen Prinzipien vorausgewählt, wonach ein Drittel sich aus Büchern mit mindestens 4-Sterne-Bewertung ergibt. Ein weiteres Drittel wird auf Basis der „Amazon-Book-Club"-Kundenmeinungen zusammengestellt und der dritte Teil basiert auf einer von fünf Kuratoren getroffenen Vorauswahl. Das „lebende Sortiment" bildet die Grundlage für eine umfassende Digitalisierung auf der einen Seite und ein exzellentes Servicekonzept auf der anderen Seite: einer „App-basierten Digitalisierung" nach allen Regeln der Kunst. In der Mitte des Ladenraums werden – ähnlich wie in einem Apple Store – die elektronischen Geräte auf Tischen präsentiert, neben denen immer ein kompetenter Amazon-Berater verfügbar ist und das auch bei relativ vollem Laden. Preise sind nicht zu sehen, dafür befinden sich jeweils vor den Büchern, die komplett in Frontalpräsentation dargestellt sind, Schilder mit Code. Beim Anscannen zeigt das Smartphone dann die Preise an und liefert zusätzliche Produktinformationen. Zugleich ermöglicht es Amazon ein genaues Tracking, das für Buchempfehlungen nutzbar ist. Am Eingang wird der Kunde auf die Amazon-App hingewiesen, die er im Laden auch für die Bezahlung nutzen kann. Dazu ist derzeit (noch) die Registrierung bei einem Mitarbeiter erforderlich, was aber zukünftig entfallen soll. Jeder Amazon-Kunde kann beim Kauf im Bookstore sein Amazon-Konto aktivieren, egal aus welchem Land er kommt. Der Testkauf funktionierte hervorragend. Schon die blitzblanke „Amazon-Toilette", getrennt nach Herren und Damen und mit Wickelstation, wäre es wert, eine eigene Publikation über die „grundbedürfnisorientierte Kundenorientierung" zu schreiben. Denn die mangelnde Grundbedürfnisorientierung in deutschen Innenstädten und stationären fachgeschäften ist seit jahren ein tabuisierter Diskussionspunkt. Darüber hinaus gibt es in Amazons Buchladen umfassende Sitzmöglichkeiten, auf denen Kunden stundenlang lesen können und auch dürfen. Das Besondere am Bookstore sind jedoch die Mitarbeiter, die extrem kundenorientiert sind. (Der Handel, 2016). Die Amazon-Mitarbeiter gehen im Bookstore aktiv auf Kunden zu und konzentrieren sich zu 100 % auf die Ladenbesucher. Es gibt keine festen Info-Terminals, sondern das Ladenpersonal hat mobile Geräte. Möchte der Kunde etwas bestellen, wird das sofort erledigt, ähnlich wie im Apple Store. Der Amazon Bookstore verkörpert im Grunde „Smart Retail" und erfindet den stationären Einzelhandel damit neu. Er dürfte Messlatte für den stationären Handel der Zukunft sein, und zwar insbesondere in der Verzahnung von Mitarbeiter und Technik sowie im Serviceniveau inklusive „digital-basierten Service". Derzeit werden 24 Amazon Bookstores betrieben (Amazon Stores 2021), davon zwei in New York. In Abb. 4.5 ist der neueste Amazon Books aus New York dargestellt, den der Autor in 2019 inspizierte.

Abb. 4.5   Amazon Books in New York. (Quelle: Heinemann, 2019)

Amazon Go und Amazon Go Grocery

Amazon Go ist ein amerikanisches Supermarktkonzept von Amazon, das kassenlos
arbeitet. Nach Auswahl der Waren verlassen die Kunden das Geschäft ohne Kassiervor-
gang. Stattdessen werden die eingekauften Artikel durch Sensoren und Kameras erfasst
und nach dem Verlassen des Ladens automatisch über das Amazon-Konto abgerechnet.
Im Amazon Go sind rund 1000 verschiedene Produkte im Angebot, die darauf fokussiert
sind, den Kunden Frühstück, Mittagessen und Snacks in zentralen städtischen Geschäfts-
vierteln anzubieten. Kunden, die in den Amazon-Go-Läden einkaufen wollen, können
das nur mit einem Profil bei Amazon und der Amazon-Go-App. Nach dem Herunterladen der App müssen sich Kunden am Eingang mit einem QR-Code ausweisen, der
mit der Amazon-Go-App auf dem Smartphone generiert wird. Danach werden alle
Einkäufe automatisch erfasst. Der Kaufbetrag wird beim Verlassen des Geschäfts über
die Amazon-Accounts der Kunden abgerechnet. In 2014 meldete Amazon beim US-
Patentamt ein entsprechendes Patent unter dem Titel „Transitioning Items from a
Materials Handling Facility" an. Es handelt sich demnach um „Computer Fusion, Deep
Learning Algorithms und Sensor Fusion". Amazon bezeichnet das System als „Just
walk out"-Technologie. Die Kombination mehrerer Sensoren, die zum Einsatz kommen,
funktioniert offensichtlich ähnlich wie bei selbstfahrenden Autos. Dabei füttern Kameras
und eine Kombination unterschiedlicher Sensoren einen lernenden Algorithmus, der
erkennt, welche Produkte Kunden aus dem Regal nehmen – oder wieder zurückstellen
(Wikipedia Amazon Go, 2021). Im Jahre 2020 ergänzte Amazon seine kassenlosen

Go-Lädchen um den Go Grocery in Seattle, einen ausgewachsenen Supermarkt. Der Store setzt nach dem Go-Modell ebenfalls auf Kameras und Sensoren, um Einkäufe zu erfassen. Wie gehabt wird per App bezahlt. Der Go Grocery verfügt mit 5000 Produkten auf einer Fläche von etwa 1000 Quadratmetern über ein deutlich größeres Sortiment als die kleinen Go-Stores. Angeboten werden unter anderem frische Lebensmittel, darunter Fisch und Fleisch, frischgebackenes Brot sowie lokale Spezialitäten. Wie der Go, kommt auch der Go Grocery ohne Kasse aus. Die Bezahlung erfolgt nach dem Auschecken über eine Amazon-App. Zusätzlich befindet sich im Laden auch eine Vielzahl an Mitarbeitern, die beispielsweise die Regale auffüllen oder Kunden beraten (Heise AGG, 2020). Insgesamt werden vier Amazon Go und in Seattle ein Grocery betrieben (Amazon Stores, 2021).

Amazon 4 Star

Der Amazon 4 Star ist ein innovativer Gemischtwarenladen, der 2018 erstmals von Amazon in New York eröffnet wurde. Dort werden nur Produkte verkauft, die mindestens vier Sterne bei der Kundenbewertung erhalten haben. Der Store bietet den Kunden neben den Produkten mit einer Durchschnittsbewertung von 4,4 Sternen auch neue oder trendige Produkte an. Artikel, die insbesondere in New York City häufig gekauft wurden, finden sich ebenfalls im Sortiment, so wie „Am häufigsten auf der Wunschliste" oder auch „Trending Around NYC". Für die (regionale) Sortimentsgestaltung nutzt Amazon die Daten seines Online-Shops. Darüber hinaus erfolgt die Sortimentszusammenstellung auch über „Kunden kauften auch" und die „Amazon Exclusives". Insofern zeigt Amazon die Möglichkeit, wie Kunden kuratierte Angebote gemacht und regionale Sortimente zusammengestellt werden können. An den Produkten, die mit elektronischen Preisschildern (ESL) ausgezeichnet sind, finden sich ausgewählte Käuferrezensionen aus dem Online-Shop. Die Preise zeigen sowohl den Listenpreis als auch den „Prime-Preis" für Amazon-Prime-Kunden. Das sichert einerseits den treuen Bestandskunden den Preisvorteil, andererseits zeigt es den Noch-Nicht-Prime-Kunden, was ihnen Prime bieten würde. Zur Kundenakquisition nutzt Amazon sein Datenbasiertes Wissen. Mit Kundenbewertungen und Bestsellerlisten schafft sich Amazon eine zusätzliche Spielwiese, auf der sie mit der Verknüpfung von Online und Offline experimentieren (Scholz AFS, 2018). Per Anfang 2021 wurden 31 Amazon 4 Star in den USA betrieben (Amazon Stores, 2021). In Abb. 4.6 ist der der erste Amazon 4 Star in New York dargestellt, den der Autor dort in 2019 besichtigte.

Amazon Fresh

Wahrscheinlich motiviert durch Alibaba, startet Amazon jetzt auch mit Supermärkten einer neuen Generation durch. So eröffnet Amazon rund drei Jahre nach dem Kauf von Whole Foods im September 2020 den ersten „Amazon-Fresh-Supermarkt" auf 35.000 Quadratmetern in Woodland Hills. Dafür hat der Handelskonzern auch die kassenlose Amazon-Go-Technologie weiterentwickelt sowie seinen Liefer- und Abholservice weiter ausgebaut. Der Internet-Gigant fokussiert sich dabei auf Millennials und die Generation

Abb. 4.6 Amazon 4 Star in New York. (Quelle: Heinemann, 2019)

Z, die jetzt auch zu Eltern werden und ihr Kaufverhalten in Bezug auf Lebensmittel auf die wachsende Größen der Familien anpassen. Diese Generation gilt als extrem Smartphone-affin. Zugleich hat Amazon seinen Liefer- und Abholservice stark ausgebaut und in den USA die monatliche Amazon-Fresh-Mitgliedsgebühr von 14,99 US$ für Mitglieder des Prime-Service, die jährlich 119 US$ kostet, auf Null gesenkt. Damit können Amazon-Prime-Kunden in 2000 Städten und Gemeinden in den USA kostenlos Lebensmittel über Whole Foods oder Amazon Fresh ordern. Die Lebensmittel werden innerhalb von zwei Stunden geliefert oder können abgeholt werden. Amazon konzentriert sich jedoch nicht nur auf den Online-Handel mit Lebensmitteln, denn die Mehrheit der Kunden kauft immer noch gerne im Laden ein. Die neuen Amazon-Fresh-Läden haben ausreichend Platz für Bestelllager und Abholtheken für den Online-Handel, die in den Entwürfen der meisten US-Supermärkte bis vor einigen Jahren noch nicht berücksichtigt wurden. Obwohl die Amazon-Go-Technologie nicht in Amazons erstem eigenen Supermarkt eingesetzt werden wird, könnte sie an zukünftigen Standorten integriert werden. Neu ist das Konzept des sogenannten „Mixed Format Shopping". Dieses ermöglicht den Kunden, unverderbliche Haushaltswaren über eine App zu bestellen, während sie die verderblichen Lebensmittel direkt im Supermarkt einkaufen können (BI Peterson, 2019; Amazon Fresh Dash, 2021). Bei Amazon Fresh können Kunden entscheiden, ob sie traditionell an einer Kasse mit einem normalen Einkaufswagen oder aber mit einem neuen Amazon-Dash-Wagen auschecken. Mit diesem smarten Einkaufswagen brauchen Kunden sich nur noch per QR über ihre Amazon-App vor dem Einkauf einzuchecken, sodass die in den Dash-Wagen platzierten Artikel automatisch abgerechnet werden. Der Wagen nutzt eine Kombination aus Algorithmus und Sensor, um die Artikel zu identifizieren. Darüber hinaus können Kunden aber auch Alexa nutzen, um den stationären Kauf vorzubereiten, sei es mit einer Verfügbarkeitsabfrage, Navigationshilfe oder einer digitalen Einkaufsliste (ebd.). Per Anfang 2021 werden bereits fünf Amazon Fresh betrieben (Amazon Stores, 2021).

Wenn sich die Frage stellt, warum Amazon online so erfolgreich ist, dann sicherlich, weil Amazon es unter dem Stichwort Kundenzentralität geschafft hat, es „einfach zu machen" und den Begriff der Usability – das heißt den schnellen und bequemen Einkauf – zu positionieren. Und genau diese Usability wendet Amazon nun auch auf der Fläche im Laden an (Heinemann, 2017). Die „ultimative Usability im Store" gab es so im stationären Handel bisher nicht. Das heißt, dass der Kunde, auch wenn er mitten im Laden steht, gar nicht mehr das Gefühl hat, in einem Verkaufsraum zu sein. Der Kanal wird egal. Im Grunde haben die Kunden jetzt mit dem Bookstore den bisher fehlenden Baustein bei Amazon zu ihrer Customer Journey, nämlich das „Touch and Feel", vorliegen. Auch der JD Experience Shop zeigt auf, wie sich Online-Experience in stationären Geschäften datenbasiert umsetzen lässt.

JD Experience-Shops-2020
JD.com, China's größter Einzelhändler, der hierzulande kaum bekannt ist, expandiert jetzt auch offline in China, und zwar mit seinen „JD Retail Experience Shops". Dort können Kunden u. a. elektronische Produkte und Haushaltsgeräte, Bücher, Baby- und Schwangerschaftsprodukte sowie ausgewählte Artikel, die auch bei JD.com erhältlich sind, erwerben. Die Auswahl ist fokussiert auf solche Sortimente, die Kunden gerne vor dem Kauf ausprobieren möchten. Dazu nutzt JD.com sowohl Kundendaten als auch Künstliche Intelligenz. In einem Franchise-Modell, das zentral überwacht wird, findet für die Stores die modernste und KI-basierte Retail-Technologie Anwendung – zum Beispiel für Absatzprognosen, Warenwirtschaft, Targeting usw. Vor allem bei der Warenwirtschaft gilt JD.com als führend. Nach eigenen Angaben ist der chinesische Einzelhandelsgigant das einzige Unternehmen, das 92 % aller Bestellungen spätestens am nächsten Tag zustellt. Dieser Wettbewerbsvorteil soll nun auch für den stationären Handel genutzt werden. So wurde die Zahl der Experience-Stores bis Ende 2020 auf rund 300 Stores ausgeweitet und damit mehr als verdreifacht. Die Läden, deren Sortiment rund 15.000 SKUs umfasst, werden von JDs intelligentem Supply-Chain-Management-System bewirtschaftet. Dieses System soll auch anderen Händlern als ein „Retail-as-a-Service" angeboten werden (JD Corporate Blog, 2020).

4.1.5 Effiziente Transparent-Stores am Beispiel von Everlane und Glossier

Zweifelsohne stellt Fashion eine besondere Herausforderung für den stationären Handel der Zukunft dar. Dabei wird es nicht nur um die digitalen Aspekte eines Connected

Stores gehen, sondern auch um die Nachhaltigkeit, Nachverfolgbarkeit und Transparenz der Produktion. Darüber hinaus ist in der Nach-Corona-Zeit die Effizienz des Einkaufs ein wichtiges Thema, denn viele Kunden werden kontakttraumatisiert bleiben und sich nicht mehr stundenlang dem unbedenklichen Shopping hingeben. Aufgrund der Online-Gewinner bei Fashion wird sich der stationäre Modehandel auf kleineren Flächen und fokussiertere Sortimente konzentrieren müssen. Dementsprechend gewinnt effizientes Shopping zunehmend an Bedeutung, so das Ergebnis einer Umfrage von Accenture (Accenture, 2020). Dabei sind die beliebtesten Omni-Channel-Angebote, die Kunden beim Shopping auch weiterhin nutzen wollen, In-App-Shopping (51 %), Lieferung nach Hause (45 %), Bordsteinabholung (42 %) sowie Social-Media-Shopping (41 %). Diese Kundenwünsche sollte der zukünftige Modeladen erfüllen, aber auch den Wunsch nach Transparenz und Nachhaltigkeit (Vogue, 2020). Dieses wird die Loslösung von Saisonzyklen und Vor-Order sowie das Souring in Fernost erfordern. Mit einer „On-demand"-Produktion in EU-Nähe werden allerdings auch die Produktionskosten explodieren.

Everlane: Für die Lösung der anscheinend unlösbaren Aufgaben in der Fashion-Branche zeigt das US-amerikanische Start-up-Label Everlane einen Weg und damit eine ungewöhnliche Art des Intelligent Retailing auf. Wohlgemerkt erfüllt Everlane unabhängig von den Produktherausforderungen bereits alle Basisanforderungen an einen Connected Store. Die Marke wurde im Jahre 2011 von Michael Preysman als D2C-Omni-Channel-Anbieter gegründet und kam in 2019 auf über 50 Mio. US$ Umsatz. Neben dem Online-Shop werden die selbst produzierten Produkte über sieben eigene Stores in New York, Boston, Brooklyn, Austin, San Francisco, Palo Alto sowie Los Angeles vertrieben. Der Gründer konnte sich nicht erklären, aus welchem Grund die meisten Designer-T-Shirts für das bis zu Achtfache der Produktionskosten verkauft werden. Daraus entwickelte er die Idee, ein T-Shirt in Top-Qualität, allerdings zu einem deutlich geringeren Verkaufspreis zu produzieren. Das Wichtigste dabei war, die Produktionskosten unter der Devise ultimativer Transparenz radikal offenzulegen. Dementsprechend verlangt Everlane für seine T-Shirts zwar das Zwei- bis Dreifache des Produktionspreises, dokumentiert dies aber auch über Infographiken auf der Website bzw. im Online-Shop. Dabei werden in einer „radical transparency" nicht nur die „true costs" eines jeden Produkts offengelegt, sondern auch die Langlebig- und Zeitlosigkeit der Produkte in den Mittelpunkt der Markenphilosophie gestellt. Dieses geht auch mit einer Loslösung von Saisonzyklen und einem antisaisonalen Ansatz einher. So wird jedes Produkt einzeln produziert und folgt keinem bestimmten Rhythmus. Deswegen handelt es sich nicht mehr um Saisonware, sondern um Produkte, die mitunter Jahrzehnte lang getragen werden sollen (JNC, 2020). Bestseller von Everlane ist u. a. im Damenbereich die ‚Cheeky Straight Jeans', die aus japanischem Premium-Denim gefertigt wird, aus dem auch die ‚Slim Fit Jeans' bei der Herrenbekleidung besteht. Alle Produkte werden mit nachhaltigen Materialien produziert. Darüber hinaus erfolgt ein Recycling aller verwendeten Stoffressourcen von Polyester, über Baumwolle und Kaschmir, bis hin zur Daune. Zudem ist die Marke mit dem Nachhaltigkeitszertifikat Bluesign versehen, das alle Schritte der Fertigungskette im Detail überwacht. Seit 2017 werden die

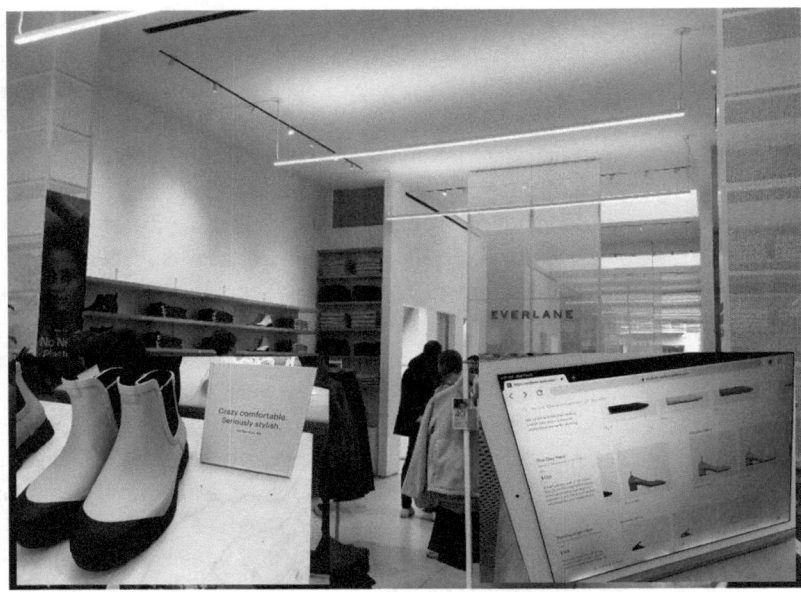

Abb. 4.7 Everlane Store an der Prince Street in New York. (Quelle: Heinemann, 2019)

Denimprodukte in einer Fabrik des vietnamesischen Produzenten Saitex hergestellt, die LEED-zertifiziert ist. Dabei wird 98 % des Wassers, das zum Einsatz kommt, recycelt. Zusätzlich konnte die Kohlenstoffdioxid-Emission der Anlage um rund 80 % gesenkt werden. Auf der Sortimentsseite kommt der Nachhaltigkeitsanspruch auch u. a. durch die ‚ReNew'-Kollektion zum Ausdruck, deren Grundmaterial aus Plastikflaschen besteht (ebd.). In den Stores wird den Kunden die Möglichkeit gegeben, zu jedem Produkt alle Produktinformationen inklusive Material, Produktion sowie Kalkulation zu erfahren. In Abb. 4.7 ist der Everlane Store an der Prince Street in New York dargestellt, den der Autor dort 2019 inspizieren durfte. Die Läden sind bezüglich der Omni-Channel-Verknüpfung sowie Instore-Digitalisierung vorbildlich.

Während der Corona-Krise zeigte Everlane einmal mehr, was Kreativität im Einzelhandel bedeutet. Als einer der ersten Händler bot Everlane eine Bordsteinabholung an drei seiner US-Standorte an und wird dies aufgrund der positiven Rückmeldungen auch nach der Geschäftsöffnung beibehalten. In den Schaufenstern zeigt die Marke gefragte Basics wie T-Shirts und Tops, um neben der Bordsteinabholung auch den Verkauf im Geschäft anzukurbeln. Das Servicepersonal kann für die draußen wartende Kundschaft dann im Laden verschiedene Farben und Größen holen. Dieser Service wird für Kollektionen mit etwa zehn bis fünfzehn Artikeln angeboten. Kunden können bei Everlane auch Artikel kaufen, ohne sie im Voraus zu bestellen, den Bordsteinservice aber auch für Retouren und Umtausch in Anspruch nehmen (Vogue, 2020).

Glossier: Das 2014 von Emily Weiss gegründete Unternehmen Glossier bietet gerade einmal 72 Produkte an. Das Sortiment der Beautymarke bewegt sich im mittleren Preissegment und ist auch für junge Zielgruppen erschwinglich. nach eigenen Aussagen verkaufte Glossier in 2019 alle 32 s ein Produkt. 2019 kam das Unternehmen auf einen geschätzten Unternehmenswert von 1,2 Mrd. US$. Das Erfolgskonzept beruht auf drei Säulen, und zwar Transparenz, Informationsvermittlung sowie persönliche Empfehlung. Zudem erlaubt das fokussierte Sortiment einen effizienten Einkauf (Sodano FAZ, 2020). Das Start-up Glossier gewährt vollumfängliche Einblicke hinter die Kulissen und spricht unverblümt über Inhaltsstoffe und deren Wirkung. Auch werden Fans und Mitarbeiter direkt einbezogen. Der Online-Shop ist auf neuestem Stand, kommt aber schon beinahe etwas textlastig daher. Die ausgewählten Bilder stellen die Produkte in den Vordergrund. Das Design macht einen aufgeräumten Eindruck. Dieser setzt sich nahtlos im Store fort, auch wenn das Ambiente deutlich opulenter ist. Die Stores sind allerdings ausschließlich Pop-up-Stores, die in der Nähe der Online-Kunden angesiedelt sind und ihnen damit auch ein effizientes Showrooming ermöglichen. Als Glossier in 2019 seinen neuen Pop-up-Shop in London eröffnete, war der Andrang riesig. Der Hype um Glossier ist offensichtlich groß. Der Store ist eine Mischung aus Wohnzimmer und Showroom. Verschiedene Räume, die farblich abgetrennt sind, verschmelzen durch ein abgestimmtes Muster der Tapeten und Teppiche optisch miteinander. Trotz des Menschenandrangs ist die Atmosphäre ungewöhnlich ruhig. Dabei ist die eher minimalistisch anmutende Produktauswahl effektvoll zur Schau gestellt. Schnell tauchen Mitarbeiterinnen in rosafarbenen Boilersuits und Tablets in den Händen auf und bieten ihre Hilfe an. Sie begleiten auch den Bestellprozess, der bei Glossier anders als in vielen herkömmlichen Geschäften ist. Kunden, die etwas kaufen möchten, gehen nicht einfach an die Kasse. Stattdessen legen die Servicemitarbeiter mithilfe der Tablets die gewünschten Produkte in einen virtuellen Warenkorb. Kunden bezahlen per Karte oder Smartphone. Nach dem Bezahlvorgang dürfen die Kunden in den hinteren Räumen mit anderen Kunden zusammen warten, bis der eigene Name aufgerufen wird. Danach wird eine schöne, handbeschriftete (Geschenk-)Tüte über die Theke gereicht. Dem Unternehmen geht es insofern auch um Gastlichkeit als nur um den klassischen Verkauf. Erlebnis wird groß geschrieben (ebd.)

4.2   Machine Learning im stationären Einzelhandel – Projektbeispiel ON4OFF

Das im Januar 2019 gestartete Verbundprojekt ON4OFF verfolgt das Ziel, Konzepte und Anwendungen der Künstlichen Intelligenz und des maschinellen Lernens für den stationären Einzelhandel zu entwickeln. Anliegen ist es, den Dialog mit stationären Kunden zu verbessern, um auf Augenhöhe mit den Plattformen agieren zu können. Nicht erst seit Beginn der Corona-Krise haben gerade kleine und mittelständische Einzelhandelsgeschäfte in Zeiten des boomenden Online-Einkaufs mit rückläufigen

Kundenzahlen und stagnierenden Umsätzen zu kämpfen. Seit der Corona-Krise ist die Entwicklung für die traditionellen Einzelhandelsunternehmen nicht nur bedrohlich, sie hat auch unmittelbar Auswirkungen auf die Lebensqualität in den Innenstädten. Um den Einzelhandel im Wettbewerb mit Amazon, Zalando und Co. zu stärken und die Attraktivität sowie Vielfalt der Innenstädte zu erhalten, wurde von namhaften Partnern aus Wirtschaft und Wissenschaft das Projekt ON4OFF ins Leben gerufen. Dieses setzt auf die intelligente Verzahnung von Offline- und Online-Handel durch den gezielten Einsatz von KI-Methoden und -Anwendungen. Dadurch soll der Einzelhandel vor Ort wieder gestärkt und die Idee moderner „Smart Cities" in Nordrhein-Westfalen exemplarisch umgesetzt werden. Die folgenden Ausführungen basieren weitgehend auf dem nichtveröffentlichten Projektantrag zum Leitmarktwettbewerb IKT.NRW, den der Autor als Leiter des eWeb Research Centers der Hochschule Niederrhein sowie als den Einzelhandel abdeckender Konsortional-Partner des ON4OFF-Projekts maßgeblich mit erstellt hat (ON4OFF Projektantrag, 2019; ON4OFF, 2021).

4.2.1 ON4OFF-Ausgangssituation, KI-Problemstellung und Projektkonsortium

Zu den Projektpartnern des ON4OFF-Projektes gehören neben IN-telegence GmbH (Konsortialführer) die Firmen adesso SE (Technologiepartner) und Parfümerie Pieper (Anwendungspartner) sowie die Forschungseinrichtungen Jülich Supercomputing Centre, paluno – the Ruhr institute for software technology an der Universität Duisburg-Essen und das eWeb Research Center an der Hochschule Niederrhein. Für die Öffentlichkeitsarbeit und die Aktivitäten zu Transfer und Vernetzung ist die Firma proXperts zuständig. Das Verbundprojekt ON4OFF wird vom Wirtschaftsministerium NRW und dem Europäischen Fonds für regionale Entwicklung der EU (EFRE) für die Dauer von drei Jahren gefördert (ON4OFF, 2021). Mit ausschlaggebend für das Projekt war, dass kleine und mittelständische Unternehmen (KMU) eine wesentliche Stütze der Wirtschaft in NRW bilden. Insbesondere der Einzelhandel steht als lokal verwurzelte Geschäftsform in einer globalisierten, vernetzten Welt zunehmend im Wettbewerb mit internationalen Konzernen. Etliche Händler haben mittlerweile Online-Präsentationen, oft Webshops, die das klassische Ladenlokal ergänzen. Im Regelfall ist diese Ergänzung aber nicht vollumfänglich in eine „Customer Journey" oder in einen Kaufvorgang integriert, sondern wird oftmals eher als losgelöster, separater Geschäftszweig betrachtet. Die Endkunden hinterlassen im Web Fingerabdrücke, die aber im Ladenlokal meist keine Rolle mehr spielen. Diese Situation führt beim Endkunden zu Zeitverlust. Er sucht im Geschäft, bis er einen Verkäufer findet, dem er dann seine Situation beschreiben muss. Dieses führt mitunter zu Mehrfacherklärungen, bis der Ladenbesucher den richtigen Verkäufer erwischt, und zur Frustration, wenn sich der Verkäufer in dem gewünschten Fachgebiet schlechter auskennt als der durch das Internet vorinformierte Konsument. Das alles führt dazu, dass der Kaufwunsch an wichtigen Schnittstellen in der sogenannten

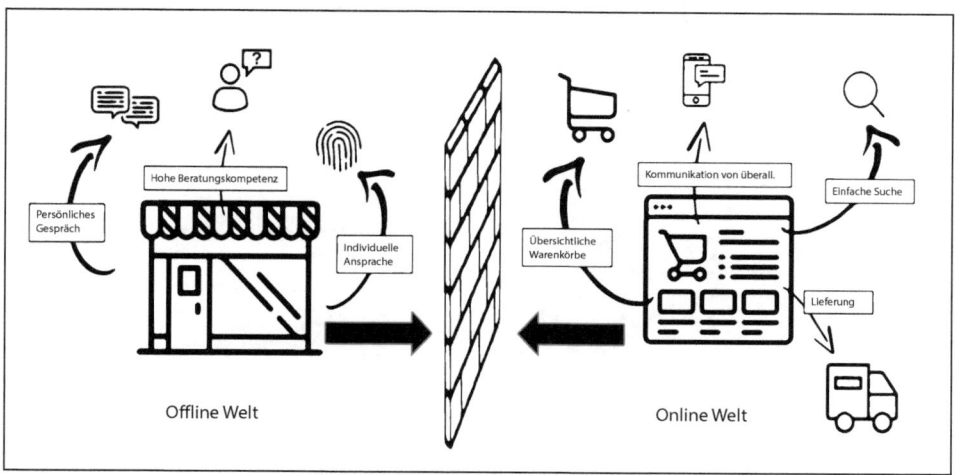

Abb. 4.8 Die Herausforderung im Einzelhandel für ON4OFF. (Quelle: ON4OFF Projektantrag, 2019; ON4OFF, 2021)

„Customer Journey" ausgebremst und gegebenenfalls auf die Konkurrenz verlagert wird. Umgekehrt erwarten Kunden im Geschäft auch ohne vorherigen Online-Kontext direkte Online-Unterstützung, z. B. beim Scannen von Waren oder Ähnlichem mittels einer App zum Anzeigen von weiteren Informationen, Rabattaktionen oder ähnlichen Produkten. Es fehlen smarte Übergänge, die Know-how und Kontexte zwischen On- und Offline-Geschehen synchronisieren. Die Abb. 4.8 zeigt die momentane Situation von getrennten On- und Offline-Welten.

Das Projekt ON4OFF überbrückt die zwei disjunkten Welten und macht den gesamten Online-Kontext für den Ladenbesuch relevant. Der Kontext kann genutzt werden, um die Ladenlokalerfahrung des Endkunden deutlich aufzuwerten. Denkbar ist zum Beispiel eine den Besuch begleitende, KI-gesteuerte Führung durch das Ladenlokal mittels einer App. Oder ein von einem geeigneten Fachverkäufer geplanter Event, der zur detaillierten Besichtigung, Begutachtung und dem Ausprobieren aller im Web vor-qualifizierten Waren und Warenkombinationen genutzt wird. Umgekehrt sollte auch ein kontextfreier Besuch eines Ladenlokals alle Möglichkeiten der Online-Kommunikation bieten. Beispiele sind das Scannen der Waren mit der Möglichkeit zusätzlicher Information, der Kommunikation auf verschiedenen Kanälen bis hin zum Abruf eines geeigneten Verkäufers anhand von Skills. Im Hintergrund begleitet eine ständig weiter-lernende KI den Besuch (On- und Offline), generiert einen „Besuchsraum" verwandter und geeigneter Objekte und über die Zeit eine Art „Digital Twin"-Replikat des echten Endkunden. Der Endkunde und sein „Digital Twin" sind in Abb. 4.9 illustriert. Beide verschmelzen durch die neuen Kommunikationsmethoden zu einer Einheit, die auch direkt im Geschäft in höchstem Maße personalisiert und persönlich betreut werden kann. Der frustrierende Geschäftsbesuch bei fehlender Ware, einem nicht ausreichend

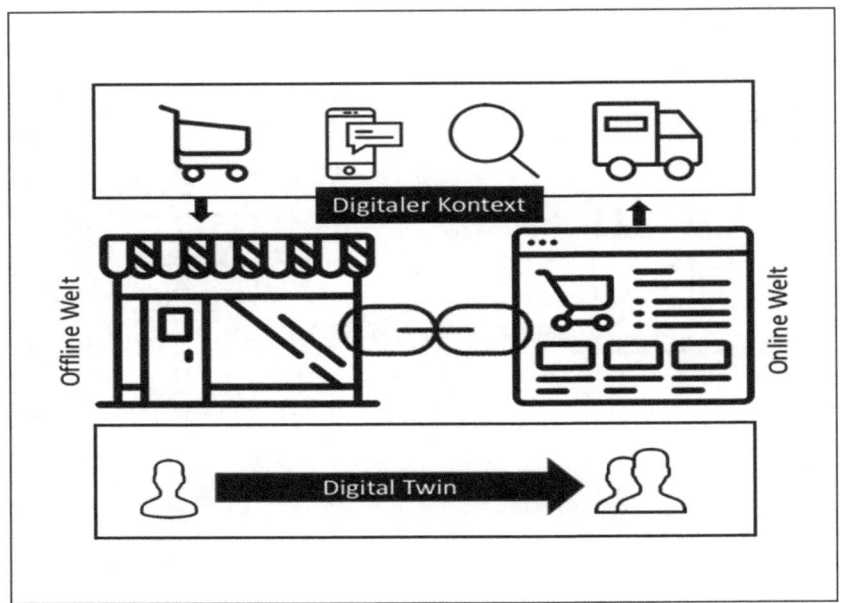

Abb. 4.9 ON4OFF-Idee des Digital Twins. (Quelle: ON4OFF Projektantrag, 2019; ON4OFF, 2021)

informierten Verkäufer oder langen Erklärungszeiten mit Wiederholungen könnte durch KI der Vergangenheit angehören. Auch ein Statuslevel (z. B. wie Lufthansa Senator), der mit zusätzlichen Anreizen beim Ladenbesuch verbunden ist, kann Kunden langfristig an das Unternehmen binden. Das Ladenpersonal kennt die Kunden, kann diese schneller und besser bedienen und damit auch für bisher anonyme Besucher Anreizpunkte schaffen. Damit entstehen auch neuartige Kundenbindungskonzepte für den stationären Einzelhandel (ON4OFF Projektantrag, 2019; ON4OFF, 2021).

Das unterstellte ON4OFF-System bietet Möglichkeiten, Mitarbeiter mit Skills anzulegen, die je nach Fähigkeit und Bereitschaft in den Verkaufsprozess eingebunden werden können, je nach Kommunikationsbedarf. In einer GUI (graphical user interface) erhält z. B. der Mitarbeiter seinen Kontext für den entsprechenden Endkunden auf einem Tablet angezeigt. Endkunden haben die Möglichkeit, entweder anonym oder auf Wunsch identifizierbar das Geschäft zu besuchen (ebd.).

Die dem Mitarbeiter zur Verfügung gestellte Information zu den Optionen des Endkunden machen eine Vielzahl von Kommunikationssituationen im Kontext möglich (vgl. Abb. 4.10). Um die Informationsflut bewältigen zu können, steht im Hintergrund nicht nur eine datenverarbeitende KI mit einer Vielzahl von Modellen zur Verfügung, sondern auch ein sogenanntes „Adaptive Case Management (ACM)". Dieses kann auf Basis einer Bewertung der bisher erkannten Historie entscheiden, ob sich gleich beim Ladenbesuch ein Verkäufer melden sollte oder der Endkunde besser erst einmal mit

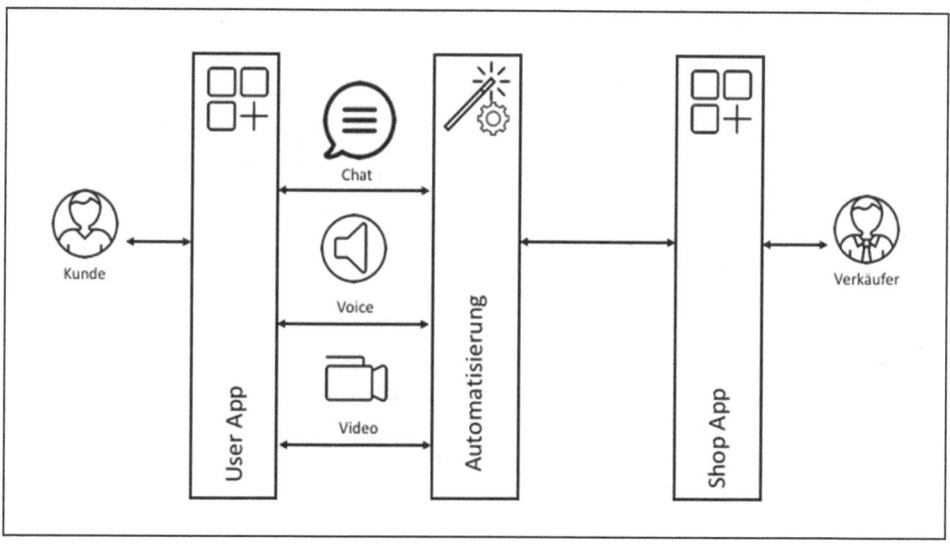

Abb. 4.10 Interaktion von Endkunden und Verkäufern im Laden durch technische Kommunikationsmittel und Automatisierung. (Quelle: ON4OFF Projektantrag, 2019; ON4OFF, 2021)

moderater Information über die Benutzer-App informiert wird (z. B. „Pieper-App"). Über eine Customer-Loyality Card (z. B. Beautycard bei Pieper) besteht die Möglichkeit, die gesamte Kaufhistorie online und offline vollständig zu identifizieren. Auch kann eine anonyme Websession durch einen QR-Code identifiziert werden, wenn er beim Ladenbesuch angescannt wird. Aber selbst rein anonyme Besuche können durch die von ON4OFF implementierte Infrastruktur Vorteile in der Kundenkommunikation hervorbringen (ebd.).

4.2.2 ON4OFF-Projektinhalte, KI-Anwendungen und KI-Innovationen

Für das Projekt ON4OFF wurden Arbeitspakete entwickelt, die eine praxisnahe Auswertung ermöglichen. Dafür stehen verschiedene Metriken bereit, die eine Erfolgskontrolle der identifizierten Anwendungsfälle vorsehen. Aufenthaltszeiten, Tätigkeitsprofile, Untersuchungen des Sortiments und nicht zuletzt der Abverkauf bieten viele Parameter an, die eine ausreichende Menge an Metriken erlauben. Für die Demonstrationsphase stehen mehrere Filialen der Stadtparfümerie Pieper, die auch Konsortialpartner ist, zur Verfügung. Dazu gehören Niederlassungen im Centro Oberhausen, Essen-Rüttenscheid, Düsseldorf Königsallee, Dortmund Innenstadt, Bocholt sowie in Köln. Diese Shops haben unterschiedliche Voraussetzungen (bspw. stärker besucht, höherwertiges Sortiment oder technikaffineres Personal etc.). Diese machen die möglichen Demonstrationsphasen unter solchen Aspekten zusätzlich interessant, und zwar einerseits für den Konsortialpartner Pieper, andererseits für die KI-Modelle und ihre Aussagen. Um online und in Echtzeit mit Endkunden zu kommunizieren, bedienen sich KMU heute zumeist unstrukturierter Kommunikationswege, wie u. a. E-Mail, Chat oder Social Media. CRM-Systeme, die auch bei Pieper Anwendung finden, können zwar eine Vielzahl relevanter Daten enthalten, erfordern jedoch auch erheblichen Pflegeaufwand. Auch bieten sie für die Echtzeit-Abwicklung von Kundendialogen nur rudimentäre Unterstützung. Einige Hersteller, wie z. B. Sabio, bieten daher Wissensmanagementsysteme an, die an E-Mail-Managementsysteme, z. B. von ITyX und Sematell, anbindbar sind. Über reines Informations-Retrieval hinaus bieten derartige Systeme jedoch keine tiefergehende Analyse oder kontinuierliche Prozessbegleitung. Auch unter dedizierten Case-Managementprodukten bieten nur die wenigsten Funktionen zur Entscheidungsfindung an – so z. B. Pega 7 und der auf der Watson-Technologie basierende IBM Case Manager. Für KMU sind diese Lösungen jedoch in der Regel zu teuer und überdimensioniert (ON4OFF Projektantrag, 2019; ON4OFF, 2021).

Im Verlaufe des Projektes wurden auch die relevanten Datenschutzthemen behandelt. Damit kann die Struktur nach Ablauf der Projektlaufzeit plattformfähig gemacht werden sowie in Cloud-Lösungen zum breiteren Einsatz kommen. ON4OFF versucht, den Aufwand für die Echtzeitbegleitung für KMU bezahlbar zu halten, sowohl online wie auch im Ladenlokal. Hierbei wurde ein „Bottom-Up"-Ansatz angestrebt, mit dem Pieper in das Projekt einbezogen werden konnte, ohne die Generalisierung aus dem Auge zu verlieren. Alle bisher bekannten Ansätze zur Neuerfindung des stationären Handels sind Einzelansätze oder selbstgestrickte Lösungen, die aber im Hintergrund keine Möglichkeit vorsehen, adaptierte KI-Methoden, wie z. B. mit IBM (Watson), zu nutzen. Diese sind zudem oftmals zu teuer. Generelle Ansätze, wie sie z. B. in den Kommunikationssuiten von Genesys oder auch Microsoft zu finden sind, treffen nicht die den obigen Situationen entsprechenden KI-Bedürfnisse. Zudem sind spezifische Situationen und damit Anwendungsfälle im Umgang mit den Kunden im beratungsintensiven Einzelhandel zu berücksichtigen (ebd.).

Beschreibung Anwendungsfall „Endkunde betritt das Geschäft"

Bei dem Besuch eines Geschäftes können zwei unterschiedliche Kontexte vorliegen:

So ist einerseits denkbar, dass der Endkunde sich vorher im Webshop bestimmte Waren zusammenstellt *(Situation 1)*. Dabei hat er dann die Kommunikationsfunktionen des Online-Stores verwendet (z. B. Mail, Chat oder Click2Call). Eine Kaufentscheidung fällt dabei nicht, weil die im Warenkorb befindliche Ware oder die möglichen Alternativen entweder zu teuer sind oder zusätzliche Informationen erfordern. Auch stellen beratungsintensive Produkte, wie z. B. Düfte und Kosmetik, in der Regel haptische, optische und olfaktorische Herausforderungen dar, die online nicht bedient werden können. Bei der Stadtparfümerie Pieper könnte der Warenkorb eine anspruchsvolle kosmetische Kombination darstellen oder die Frage nach der Wirkung bestimmter Parfums auf der eigenen Haut unbeantwortet lassen. Am Ende der Web-Session gibt der Kunde deswegen einen Wunschtermin für den Offline-Store an und erhält einen QR-Code auf sein Smartphone. Er identifiziert sich dann beim Betreten des Geschäfts durch den von ihm gewollten Scan des QR-Codes. Im Hintergrund haben mittlerweile KI und Logistik des Geschäfts dafür gesorgt, dass die benötigten und die durch die KI vorgeschlagenen Waren vorrätig und vorführbar sind. Ein geschulter Mitarbeiter kommt direkt auf den Kunden zu und kann vor Ort zum Beispiel einen Schminkprozess durchführen.

Es ist aber auch denkbar, dass ein Kunde ohne Internetnutzung und damit ohne Online-Historie das Ladenlokal betritt *(Situation 2)*. In diesem Fall wird dann im Laden mithilfe seines Smartphones beim ersten Scan eines Artikels eine Besuchssession erstellt. Dabei liefert ON4OFF Informationen aus einer KI-basierten Wissensdatenbank des Shops zu dem Artikel (z. B. zu Farben und/oder Größen). Diese können Empfehlungen ähnlicher Produkte durch Recommender-Modelle enthalten oder Hinweise dazu, wo die Produkte im Laden zu finden sind. Hier bietet eine Smartphone-App die Möglichkeit, sofort kommunizieren zu können – z. B. per Chat oder Gespräch mit einem auf das Produkt geschulten Fachverkäufer, der sich auch in einer anderen Filiale aufhalten könnte. Gleichfalls kann der Kunde per Smartphone auch direkt den Kontakt zu einem Verkäufer im Laden suchen. Aufgrund der in der Besuchssession gesammelten Daten entscheidet das im Hintergrund arbeitende ACM dabei, wann der Shop von alleine aktiv werden muss, damit der potenzielle Kunde nicht verloren geht. Dazu kann er proaktive follow-up E-Mails senden oder sogar ein Gespräch anbieten. Das ACM hilft auch dabei, welche KI-Modelle als nächstes für den Kunden gewählt werden (ON4OFF Projektantrag, 2019; ON4OFF, 2021).

Innovationspotenzial von ON4OFF

Neben den wirtschaftlichen Vorteilen für kleinere Händler hebt ON4OFF sich durch zwei Kern-Innovationen vom Stand der Technik ab, und zwar einmal durch einen gemeinsamen Digital Twin und zum anderen durch eine Holistik, also ganzheitliche Betrachtung (ON4OFF Projektantrag, 2019; ON4OFF, 2021):

Digital Twin: Die ACM- und ML-Verfahren werden in einem gemeinsamen Digital-Twin-Kontext technisch kombiniert und ermöglichen damit die automatische sowie dynamische Wahl geeigneter ML-Algorithmen. Damit können in jedem Dialogschritt kontextsensitiv ausgewählte Verfahren auf ausgewählte Daten angewandt werden, um auf effizientere Weise zu relevanteren Empfehlungen zu kommen.

Holistik: Es wird eine innovative ganzheitliche Betrachtung der Online- und Offline-Welt sowie ein nahtloses Zusammenspiel von ACM- und ML-Verfahren angestrebt, um einen effizienten und auch effektiven Kundendialog führen zu können – egal ob digital oder analog. Übergänge zwischen unterschiedlichen Dialogformen sollen intelligent gestaltet werden. Entscheidungen über Aktion oder Reaktion bei der Dialogführung können ebenfalls smart erfolgen.

Für diese personalisierte und innovative Beratungsform benötigen Einzelhändler ein Kundendialogsystem, das „mitdenken" und fallspezifische Unterstützung geben kann. Die Vorteile eines solchen Systems können sich jedoch nur einstellen, wenn sich der Einzelhandel vor Ort stärker den neueren IKTs gegenüber öffnet und vor allem die Online-Welt nicht separat zur Offline Welt sieht. Bisher ist der Einzelhandel hier noch skeptisch und verweist auf die hohen Investitionen, die mit einer Digitalisierung verbunden sind. Allerdings zeigen alle Erfahrungen diesbezüglich, dass die Unsicherheit der Unternehmen bzgl. der Kosten/Nutzen-Aspekte unbegründet ist. Vielmehr bestätigt sich, dass Digitalisierungsprozesse im IKT-Umfeld zu positiven Effekte hinsichtlich Kundenzufriedenheit, Umsatz, Kosten und Zeit führen (ebd.). Damit trägt das ON4OFF-Projekt wesentlich dazu dabei, den regionalen Einzelhandel zu unterstützen. Es trägt dazu bei, dass der Einzelhändler auch online seine anerkannten Stärken ausspielen kann, und zwar den persönlichen Kundenkontakt und die Schaffung eines positiven Kundenerlebnisses. Vor allem die Einbindung analoger menschlicher Kommunikation eröffnet die Möglichkeit einer sogenannten „graceful degradation" im Falle zu geringer Konfidenz bei solchen Lösungen, welche die angeflanschten KI-Systeme liefern. Dies ist auch im Sinne der Endkunden, die so den Komfort des digitalen Handels nutzen können, ohne auf die gewohnte Betreuungsqualität des regionalen und stationären Einzelhandels verzichten zu müssen. Im laufenden Betrieb werden Kernelemente über einen schichten-basierten Ansatz, so wie in Abb. 4.11 zu sehen ist, laufen.

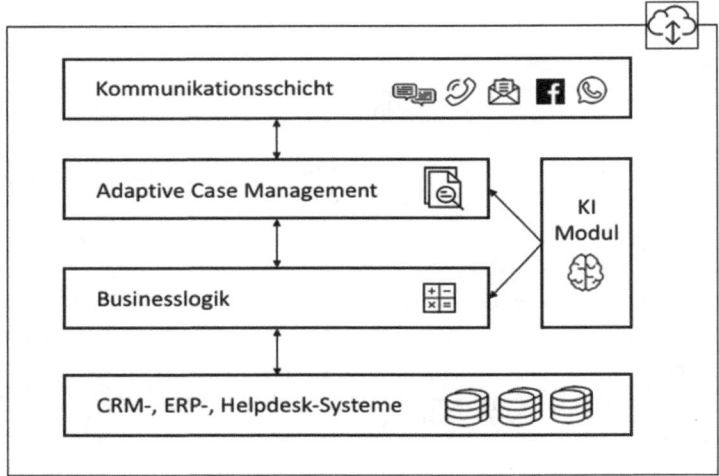

Abb. 4.11 Kernelemente der innovativen ON4OFF-Komponenten in einer schichtweisen Darstellung von „Backend" bis zum Endkundenkontakt. (Quelle: ON4OFF Projektantrag, 2019; ON4OFF, 2021)

Die Kunden kommunizieren mit Händlern und ihren Kundenbetreuern über die von ON4OFF bereitgestellten Kommunikationsschnittstellen. Im Prototyp wird exemplarisch eine Chat- und Voice-, eine Video- oder, wenn noch möglich, eine Kollaborationsschnittstelle realisiert. Weitere Schnittstellen, wie z. B. E-Mail und Social Media, werden in der Verwertungsphase ergänzt. Die Kommunikation zwischen Kunde und Kundenbetreuer sowie die von diesen beiden Akteuren unternommenen Schritte werden von den ACM- und ML-Modulen analysiert und für den kundenspezifisch aufgebauten Digital Twin bewertet. Der Digital Twin und die ACM-Dialogsteuerung fungieren dabei als Gedächtnis und Wegweiser des Systems für jeden Kunden: Basierend auf dem per ACM verfolgten Dialogfortschritt werden mehrere für das aktuelle Analyseziel geeignete ML-Module parallel auf entsprechenden Computing-Infrastrukturen aktiviert (z. B. durch Open-Source-Tools wie TensorFlow, Keras oder Torch für Deep Learning). Als Resultat geben die ML-Module auf Basis der im Digital Twin vorliegenden Falldaten Empfehlungen oder Hintergrundinformationen, die im aktuellen Dialogschritt relevant sind (z. B. zur Entscheidung zwischen Reparatur oder Ersatz einer reklamierten Ware oder ob ein Gespräch remote angeboten wird oder der direkte Kontakt mit dem Verkäufer gewünscht ist). Je nach Art des Kundendialogtyps werden die Empfehlungen dem Kundenbetreuer angezeigt oder dem Kunden kommuniziert. Bei Start kann nur auf die historischen Daten und was aus ihnen gelernt wird zugegriffen werden. Während des Betriebs fordert ON4OFF die Kundenbetreuer zum expliziten Labeling von Transaktionsschritten und Kundenreaktionen auf, was der Qualitätssicherung dient. Erst wenn genügend Daten vorliegen, beginnt das System selbst Empfehlungen zu unterbreiten und aus den Reaktionen darauf weiter zu lernen. Im Einzelnen wird das Projekt ON4OFF die folgenden Innovationen liefern (ebd.):

- Anwendung verschiedener neuerer Algorithmen auf Warenkorbanalyse,
- Anwendung verschiedener neuerer Algorithmen auf Kaufhistorie,
- Analyse von Websessions auf künftiges Kaufverhalten,
- Analyse von Besuchssessions auf künftiges Kaufverhalten,
- Einsatz eines „Adaptive Case Managements" zur Erhöhung der Effektivität und Effizienz beim Einsatz der Algorithmen und Entscheidungsfindung,
- Einbindung von Smartphones und Tablets und der damit verbundenen Kommunikationskanäle in die Offline-Kommunikation,
- neuartiges Blending zwischen analogen und digitalen Vorgängen beim Geschäftsmitarbeiter,
- die besondere smarte und intelligente Interaktion zwischen automatisiertem Online-Geschehen und menschlicher Interaktion,
- innovatives, eventartiges Shop-Erlebnis,
- personalisierte Rabattaktionen basierend auf konkreter Identifizierung in einem Ladenlokal und dessen Warensituation.

4.2.3 Technisches KI-Konzept und ON4OFF-Referenzmodell

An der Universität Duisburg-Essen wurde mit dem Agenda-Driven Case Management, einer Variante des ACM, bereits ein Automatisierungsansatz konzipiert, der Data-Mining-Methoden nutzt, um wiederkehrende Muster in Fallhistorien zu entdecken. In ON4OFF entfaltet ACM seinen Nutzen in der Optimierung eines Kundendialogs im Ganzen, indem es Empfehlungen zu Ablaufalternativen gibt. Machine Learning (ML)-Algorithmen werden hingegen eingesetzt, um aus Mustern in großen, strukturierten und unstrukturierten Datenbasen Erkenntnisse zu konkreten Fragestellungen zu ziehen – d. h. in ON4OFF, um Empfehlungen zu einzelnen Verkaufsschritten zu geben (z. B. Vorschlag von Produkten, für die sich Kunden mit ähnlichem Anforderungsprofil entschieden haben; etc.). Das Jülich Supercomputing Centre (JSC) implementiert und testet hierzu seit mehreren Jahren Open-Source-Algorithmen, die auf ON4OFF übertragen werden sollen. Darüber hinaus ist das JSC Gründungsmitglied des industriegetriebenen Smart Data Innovation Lab (SDIL), welches eine passende Computing-Infrastruktur und Werkzeuge zur Sicherstellung der Datensicherheit (z. B. Anonymisierung) für das Prototyping von Machine-Learning-Anwendungen im industriellen Maßstab bereitstellt. Dieses wird im Projektkontext auch zum Evaluieren einzelner Algorithmen verwendet. Auf industrieller Seite bestehen bisherige Ansätze zur besseren Kundendialog-Unterstützung vor allem in der Anbindung weiterer Kommunikationskanäle (z. B. SMS, E-Mail, Chat, Click2Call etc.). Dazu gibt es eine projektorientierte Zusammenarbeit mit Kunden von IN-telegence, wo an diversen Stellen KI zum Einsatz kommt. Dieses erfolgt bei der Konstruktion von adaptiven Gesprächsleitfäden, die auf Auswertungen von Anrufqualifizierungen basieren, aber auch in dem Aufbau automatisierter Sprachdialogführung. Entsprechende Vorarbeiten flossen z. B. auch bereits in das Sprachdialogsystem IN-acd der IN-telegence GmbH ein. Dabei zeigte sich, dass ein breiteres Spektrum an Daten zur Optimierung des Kundendialogs prinzipiell verfügbar ist, als es derzeit genutzt wird. Die Analyse der Daten zur Beantwortung von Kundenanfragen erfordert bislang einen prohibitiv hohen technischen Aufwand, vor allem wenn der Umfang der reinen kommunikationsorientierten Metadaten überschritten wird. Gleichzeitig weist das Dialogsystem der IN-telegence rollen- und skill-abhängige Oberflächen auf, mit denen der Dialog gesteuert und bereichert werden kann. Dies kann in dem oben skizzierten Kontext als Basis für die erforderliche Entwicklung dienen. Die adesso AG verfügt als einer der größten IT-Dienstleister Deutschlands über exzellente Expertise in den Bereichen Data Warehouse, Plattformbau und Data Analytics. Adesso hat dies in verschiedenen Kundenprojekten unter Beweis stellen können und kann damit entsprechend fundiertes Wissen in das Projekt einbringen (ON4OFF Projektantrag, 2019; ON4OFF, 2021).

Zielsetzung und technische Aufgabenstellung
Ziel des Projektvorhabens ON4OFF ist es, die bisher online wie offline verstreuten und überwiegend nichtorganisierten Teile der Produkt- und Verkaufspräsentation im Handel in einen zusammenhängenden „Digital Twin"-Kontext zu bringen, der nahtlos beide

Welten verbindet. Online-Präsentationen, die bisher aufgrund fehlender haptischer Erlebnisse keine Konvertierungen erzielten, sollen durch den smarten Übergang zum Geschäft als Vorqualifizierung aufgewertet werden. Das Ladenlokal selbst bietet durch die online unterstützen Kommunikationskanäle ein neues Erlebnis im Einkauf. Kontakt mit dem Verkäufer/Agenten entsteht genau dann und genau auf die Art, wie der Kunde sich das vorstellt. So erwarten die Kunden vom stationären Handel nicht nur ein Einkaufserlebnis, sondern vor allem eine exzellente und individuelle Beratung. Die vom ON4OFF-Konsortium entwickelte Lösung unterstützt diese Ziele, indem die benötigte „Routing-Logik" für die Kommunikation zwischen Konsument und Anbieter technisch über WebRTC-Lösungen zur Verfügung gestellt wird. Das ermöglicht auch den Austausch von Daten (Text, Foto, Video) in Echtzeit zwischen den Parteien. Im Hintergrund wird durch die zu entwickelnde Businesslogik durch Zugriff auf durch KI interpretierte Daten in die Lage versetzt, ein ACM zu realisieren. Der Konsortialpartner Pieper ist stellvertretend für den Handel bereit, in mindestens einer Filiale die Lösung schrittweise auszuprobieren und damit wichtige Meilensteine für die agile Steuerung des Projektes zu liefern. Abb. 4.12 illustriert die technische Struktur und Funktion der ON4OFF-Plattform sowie die Art und Weise, wie die Kommunikation zwischen Händler und ihren Kunden in die Gesamtarchitektur eingebettet ist. Die Speicherung aller Geschäfts- und Kundendaten in von ON4OFF unabhängigen Systemen erlaubt es Händlern zum einen, existierende Datenbestände einzubinden, und garantiert ihnen zum anderen, dass in Kundendialogen gewonnene Kundendaten nicht proprietär in der Plattform eingeschlossen sind, sondern bei Bedarf auch mit externen Werkzeugen verarbeitet werden

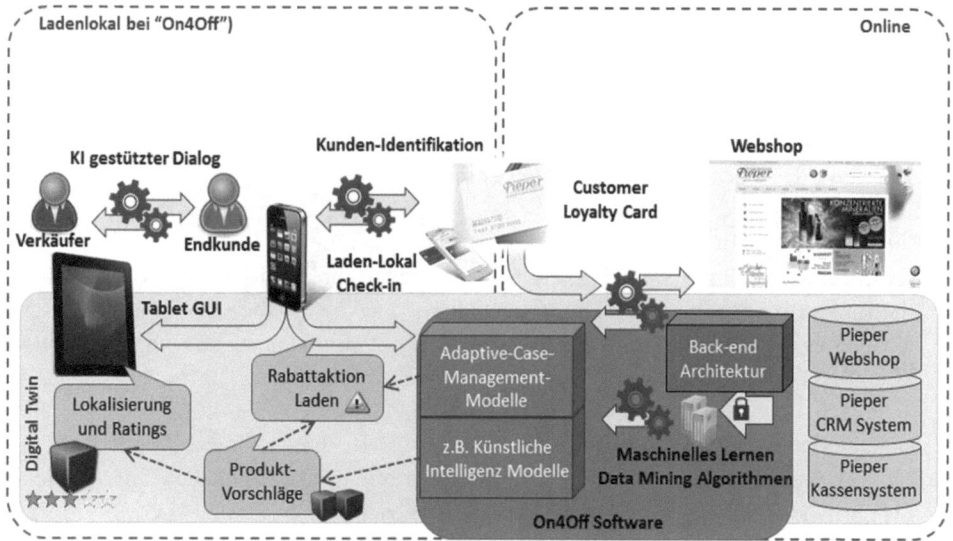

Abb. 4.12 Eckpunkte Szenario „Endkunde betritt Ladenlokal" und führt KI-gestützten Dialog mit Verkäufer. (Quelle: ON4OFF Projektantrag, 2019; ON4OFF, 2021)

können (z. B. für gezielte Werbeaktionen). Die ON4OFF-Applikation selbst speichert nur Daten, die zur Funktion ihrer Algorithmen erforderlich sind, so z. B. Labeling-Daten zur Bewertung und Optimierung von Empfehlungen (s. u.). Entscheidend für den Erfolg des Ansatzes werden die zu definierenden Metriken sein, die in AP7 zur Validierung und damit auch zur agilen Steuerung der Entwicklung beitragen. Das Ziel von ON4OFF wird anhand des konkreten Falls der Stadtparfümerie Pieper GmbH entwickelt, ohne die Weitsicht auf andere Branchen im Einzelhandel zu verlieren.

Ebenso wichtig wie die Entwicklung der Businessapplikation ist jedoch auch die Betrachtung der Daten, die das System benötigt, um hilfreiche Empfehlungen zu geben. Dazu zählen beispielsweise kundenspezifische Daten (Transaktionshistorie, individuelle Präferenzen) und unternehmensspezifische Daten (Inventar, Kunden-gruppen-Präferenzen, Geschäftsziele). Ein Händler verfügt eingangs i. d. R. weder über diese Daten (zumindest nicht in einfach nutzbarer Form) noch über die erforderliche Infrastruktur für ihre Verarbeitung. Im Rahmen des Projektvorhabens werden daher auch Lösungen für den initialen Aufbau der Datenbasis neuer Händler und das „Anlernen" des Empfehlungssystems erarbeitet. Das berücksichtigt natürlich alle wichtigen Datenschutz-kriterien (ON4OFF Projektantrag, 2019; ON4OFF, 2021).

Bislang arbeiten immer noch mindestens zwei Drittel der lokalen Händler ohne elektronische Warenwirtschaftssysteme (ibi, 2020). Sie können deswegen nicht einmal die Verfügbarkeiten ihrer Produkte angeben. Ein besonderer Fokus des Projektes muss insofern darin liegen, diesen Händlern sowohl Empfehlungen als auch Hilfestellung für die Implementierung mittelstandsverträglicher Systemlösungen zu geben. Es sei auf ähn-liche Problemstellungen aus dem Projekt „MG.Retail 2020" verwiesen, das die Hoch-schule Niederrhein zusammen mit der Wirtschaftsförderung Mönchengladbach (WFMG) bis Mitte 2015 für das NRW-Wirtschaftsministerium bearbeitet hat (MG.Retail2020, 2015; Heinemann, 2017) (vgl. Abschn. 4.3). Direkte ON4OFF-Projektziele sind:

- Aufbau eines Dialogsystems mit der Verwaltung der verschiedenen Verkaufskanäle,
- Erfassung des Formats und der Daten selbst aus den vorhandenen CRM- und ERP-Systemen,
- Entwicklung der Businesslogik mit den zugehörigen mobilen Clients,
- Kommoditisierung der komplexen Datenanalyseverfahren mit Blick auf eine spätere Plattformanwendung,
- Festlegung eines Meilensteinkonzeptes, das agile Reaktionen zu fast jedem Zeitpunkt des Feldversuchs erlaubt.

Dementsprechend soll bis Projektende eine für KMU handhabbare Applikation mit großer Erfolgsaussicht zur Verfügung gestellt werden. Die Stadt-Parfümerie Pieper GmbH bringt dafür im konkreten Fall Branchen-Know-how und Daten ein. Die Erfahrung des eWeb Research Center ist ein Kernelement, um eine Anwendung zu schaffen, die Breitenwirkung hat und somit auf andere Branchen in NRW übertragen werden kann (ON4OFF Projektantrag, 2019; ON4OF, 2021).

4.2.4   ON4OFF-Arbeitspakete und Projektphasen

Die Arbeiten im ON4OFF-Projekt gliedern sich in drei Phasen, die jeweils mit einer Rückkopplung ineinandergreifen, und zwar Konzeption, Umsetzung und Erprobung inklusive der Demonstrationsphase in den Filialen. Dieses wird ergänzt um Projektmanagement und Organisationsaktivitäten. Während des gesamten Projektverlaufs steht immer auch die spätere wirtschaftliche Verwertung im Fokus (siehe Abb. 4.13) (ON4OFF Projektantrag, 2019; ON4OFF, 2021).

Die **Konzeptionsphase** betrifft das Design für einen nahtlosen Online-Offline-Einkauf, die entstehenden Kommunikationsverknüpfungen daraus sowie deren Steuerung durch KI und ACM Einbindung (AP1). Auch geht es um die Realisierung einer soliden Back-End-Architektur (und deren IT-technische Umsetzung). Diese integriert vorhandene Datenbanken aus CRM-System, Web-Shop und Kassensystem mit der ON4OFF-Software (AP2) (ebd.).

In der **Umsetzungsphase** werden die entwickelten Konzepte und Architekturen einerseits zu einem Applikations- und Kommunikationspaket im Einkaufsladen zusammengeführt (AP3), das Clients für Verkäufer und Endkunden enthält, und andererseits die

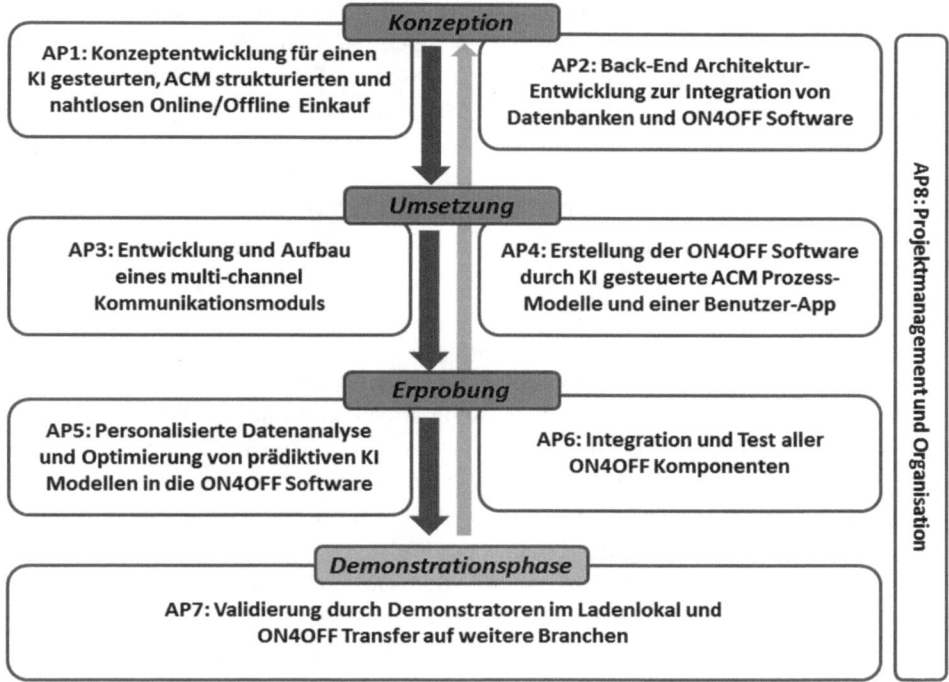

Abb. 4.13 ON4OFF-Struktur und Arbeitspakete. (Quelle: ON4OFF Projektantrag, 2019; ON4OFF, 2021)

Fusionierung aus dem vorhandenen ACM-System mit unterschiedlichsten KI-Modellen zu einer neuartigen ON4OFF-Software realisiert (AP4).

In der **Erprobungsphase** soll die personalisierte Datenanalyse der Endkunden (am Beispiel von Pieper), deren Bewertung sowie die Optimierung von prädiktiven KI-Modellen in den Vordergrund rücken (AP5). Einbezogen wird dabei auch der Arbeitskreis Datenschutz, damit alle rechtlichen Erfordernisse sichergestellt werden. Um ein effizientes Zusammenspiel zwischen den ganzen Komponenten des Systems zu ermöglichen, wird die Integration aller ON4OFF-Komponenten (AP6) inklusive Test mit „Test-Endkunden" durchgeführt, bevor das System realen Endkunden im Ladenlokal zum Feldtest zur Verfügung steht. Dies erlaubt die Identifikation früher Fehlererkennungen und vermeidet negative Auswirkungen am Markt für den Projektpartner Pieper.

Schließlich startet die **Demonstrationsphase** mit Demonstratoren in der Praxis. Eine erfolgreiche Demonstration wird die spätere Verwertung durch die beteiligten Unternehmen und die assoziierten Partner bestmöglich unterstützen. Die Arbeiten sollen durch die Verifikation und Validierung der Konzepte mittels Demonstratoren in einer kontrollierten Umgebung (am Beispiel „Flagship Ladenlokal Pieper") einen starken Praxisbezug erhalten. Auch soll eine Analyse die Transferfähigkeit auf andere Branchen sicherstellen (AP7). Die einzelnen Arbeitspakete stellen sich wie folgt dar (ebd.):

AP1 – Arbeitspaket 1: Konzeptentwicklung für einen KI-gesteuerten, ACM-strukturierten und nahtlosen Online/Offline-Einkauf: In diesem Arbeitspaket wird zunächst ein globales Konzept für nahtlose Online/Offline-Einkauf-Szenarien entwickelt, die durch Modelle der Künstlichen Intelligenz und ACM-Business-Prozesse erweiterbar sind. Hierbei werden unter Berücksichtigung aktueller IT-und Kommunikationstechnologien und der Rahmenbedingungen in Ladenlokalen verschiedene Einkaufskonzepte analysiert und weiterentwickelt. Ergebnis ist ein Konzeptplan und ein ON4OFF-Systemdesign, welche geplante Online/Offline-Einkaufsszenarien abdecken. Darüber hinaus liegen Anforderungsdokumente und Prozessdiagramme vor, die als Grundlage für die Implementierung dienen. Ferner ist eine Präzisierung der Datenschutzanforderungen vorgesehen (ebd.).

AP2 – Arbeitspaket 2: Backend-Architektur-Entwicklung zur Integration von Datenbanken und ON4OFF-Software: In diesem Arbeitspaket geht es im Schwerpunkt um die Entwicklung geeigneter Backend-Architektur durch Serverkonzepte und Schnittstellen zur Integration von diversen Datenbanken (bspw. CRM-System, Webshop, Kassensystem). Besonders wichtig ist es hierbei, echtzeitfähige und bereits standardisierte Lösungen zu finden, sodass eine schnelle Umsetzung möglich ist. Testkonzepte für die Absicherung der Daten, der Hardware- und der Softwarefunktionalität müssen entwickelt werden. Ergebnis ist eine ON4OFF-Back-End-Architektur mit funktionsfähigen Serversystemen zum Hosting der ON4OFF-Software, welche Schnittstellen zu vorhandenen Datenquellen und zum Kommunikationsmodul beinhalten (ebd.).

AP3 – Arbeitspaket 3: Entwicklung und Aufbau eines Multi-Channel-Kommunikationsmoduls: In diesem Arbeitspaket steht die Kommunikation zwischen dem Kunden und dem sachkundigen Mitarbeiter im Vordergrund. Dem Kunden soll ermöglicht werden, sowohl aus dem Webshop als auch aus der mobilen App einen freien Verkäufer/Agenten (unabhängig von seinem Standort) zu kontaktieren. Die Kommunikation kann über mehrere Kanäle stattfinden (Chat, Sprache, usw.). Dafür wird eine Benutzerschnittstelle entwickelt, die in Websites oder Apps integrierbar ist. Der passende Verkäufer wird dabei anhand seiner Skills, seiner Bereitschaft und anhand der von KI gelernten Daten ausgewählt sowie bei der Kommunikation durch die Empfehlungen der KI unterstützt. Zusätzlich stehen dem Verkäufer alle vorliegenden Kundeninformationen inklusive seiner Aktivitätsvorgeschichte zur Verfügung. Ergebnis ist eine Systemkomponente, die intelligente Kommunikation zwischen Verkäufer und Kunden ermöglicht (ebd.).

AP 4 – Arbeitspaket 4: Erstellung der ON4OFF-Software durch KI gesteuerte ACM-Prozessmodelle und eine Benutzer-App: Die verschiedenen Einzelhandelsdaten müssen nicht nur zentral gesammelt, sondern auch strukturiert und Einkaufsszenarienspezifisch ausgewertet werden. In diesem Arbeitspaket geht es um die Erstellung der ON4OFF-Software. Diese stellt eine effiziente Verbindung aller gelieferten Einzelhandelsdaten und der ACM-Prozessmodelle dar. Sie sieht die Einbindung von KI-Modellen (aus AP5) vor, welche wiederum die Basis für die Entscheidungen und Dialogführung am Tablet für die Verkäufer sind. Ergebnis ist eine prototypische Endkunden-App sowie die Erstellung der ON4OFF-Software mit ACM, KI-Funktionalität und App-Anbindung.

AP5 – Arbeitspaket 5: Personalisierte Datenanalyse und Optimierung von prädiktiven KI-Modellen in die ON4OFF-Software: Dieses Arbeitspaket sieht die Entwicklung von Modellen des maschinellen Lernens durch die Analyse echter Endkunden vor. Besonders wichtig ist hier das Einholen des Einverständnisses der Endkunden, das bereits im Antragsverfahren für die Customer-Loyality Card abgedeckt ist. Die Analyse der möglichen KI-Modelle und Algorithmen (Kundenklassen, Recommendersysteme etc.), aber auch deren sinnvolle Integration in ACM-Prozessmodelle (AP4), müssen betrachtet werden. Zusätzlich ist die Einrichtung eines juristischen Arbeitskreises geplant, da von einer diffusen und z. T. unstrukturierten Datenmenge auszugehen ist. Ergebnis sind Analysen von Endkundendaten zur Erstellung personalisierter Digital-Twin-Modelle durch Algorithmen des maschinellen Lernens.

AP6 – Arbeitspaket 6: Integration und Test aller ON4OFF-Komponenten: Das Abstimmen der von heterogenen und unterschiedlichen Parteien entwickelten Komponenten gehört zu den sensibelsten Aufgaben in einem Kooperationsprojekt. Dieses ist mit einem nicht zu unterschätzenden Aufwand verbunden und erfordert u. a. bilaterale Treffen, um die Konsistenz aller Prozesse, der auszutauschenden Daten sowie der Sicherheitsaspekte zu erreichen (ebd.). Ergebnis ist eine reibungslose Interaktion zwischen allen Komponenten, die aufeinander abgestimmt und gründlich getestet wurden.

AP7 – Arbeitspaket 7: Validierung durch Demonstratoren im Ladenlokal und ON4OFF-Transfer auf weitere Branchen: In diesem Arbeitspaket werden alle entwickelten Konzepte und Prototypen zusammengeführt und mit verschiedenen Methoden validiert. Dieses erfolgt am Beispiel von Pieper unter Einbeziehung von Endkunden in einer realen bzw. realitätsnahen „Flagship-Ladenlokal"-Umgebung. Die Demonstratoren liefern wichtige Aussagen zu noch notwendigen Optimierungen und ermöglichen die Identifikation und Evaluation erfolgreicher Konzepte, welche auf andere Branchen übertragbar sind. Ergebnis sind der Aufbau und die Ausrüstung des „Pieper Flagship-Ladenlokals", Analysen der Leistungsfähigkeit der entwickelten ON4OFF-Software im Gesamtsystem mit Endkunden sowie die Transferevaluation in andere Branchen.

AP8 – Arbeitspaket 8: Projektmanagement und Organisation: Dieses Arbeitspaket beinhaltet neben den übergreifenden Aufgaben des fachlichen Projektmanagements und der übergeordneten Funktion der Steuerung des gesamten IT-Entwicklungsprozesses auch die breitenwirksame Kommunikation der Projektaktivitäten und -ergebnisse (Workshops, Arbeitskreise, Publikationen, Messen/Konferenzen, Ergebnistransfer). Ergebnis ist die Einhaltung der Projektziele sowie der Zeitplanung (ebd.).

Bei den Demonstrationen ist geplant, in einem „Pieper Flagship-Ladenlokal" die ON4OFF-Softwaregestaltung für verschiedene definierte Einkaufsszenarien zu realisieren und diese dann für die Übertragbarkeit auf andere Branchen zu bewerten. Dieses ermöglicht es, gezielt Aspekte zu betonen oder auch gezielt auszublenden, um eine objektivere Validierung der ON4OFF-Software zu ermöglichen. Das ist vor dem Hintergrund der konkreten Endkundenanalyse, dem Zusammenspiel von geschulten Verkäufern und Tablet GUI sowie der Maßnahmen zur assistierten und teilauto-matisierten Dialogführung im Laden erforderlich (ebd.). Die ON4OFF-Applikation soll im Anschluss an das Forschungsvorhaben durch eine Betreibergesellschaft auf eine Plattform gebracht, zur Produktreife weiterentwickelt und am Markt vertrieben werden. Mit den bereits gesetzten Gesellschaftern adesso und IN-telegence können diese die IT- und Kundendialog-Kompetenz beider Häuser optimal verknüpfen, die Mitarbeiter- und administrativen Ressourcen auf ein solides Fundament stellen sowie die bereits bestehende breite Markt- und Kundenpräsenz nutzen. Beide Unternehmen haben mit der Einführung und Durchsetzung neuer Produkte und Dienstleistungen bereits bewiesen, dass sie kampagnenfähig und in der Lage sind, mit neuen Angeboten Märkte zu erobern (ebd.). Mittelfristig setzen die beteiligten Projektpartner zudem darauf, dass sich mit einer Weiterentwicklung der ML-Module auch Zugänge zu anderen Branchen erschließen lassen, die ähnlichen Unterstützungsbedarf in Dialogprozessen haben – z. B. im Bereich des Kundensupports und in beratungsintensiven Dienstleistungsbranchen. Für die akademischen Partner ergeben sich wissenschaftliche Verwertungspotenziale durch die Anwendung der ACM- und KI-Verfahren auf eine neue Anwendungsdomäne und die Gewinnung von Erkenntnissen über die Synergien aus der Kombination der beiden Forschungsbereiche, die als Ausgangspunkt für eine Reihe weitergehender Ver-öffentlichungen und Forschungsarbeiten dienen können (ebd.).

4.2.5   ON4OFF-Meilensteinplanung und übergeordnete Zielsetzung

Da die Realisierung der beschriebenen ON4OFF-Arbeitspakete umfangreiche F&E-Arbeiten sowie Anwendungen im stationären Einzelhandel erfordern, wurde das Vorhaben auf eine Laufzeit von drei Jahren angelegt. Ein kürzerer Zeitrahmen würde keine ausreichende Gelegenheit zur angemessenen detaillierten Bearbeitung der konzeptionellen Herausforderungen und zum Aufbau des ON4OFF-Anwendungsprototyps für eine aussagekräftige Praxisevaluation im stationären Einzelhandel bieten. Der festgelegte Zeitraum berücksichtigt, dass insbesondere beim Einsatz von Machine Learning im stationären Handel sowie bei der strukturierten Verknüpfung mit dem Adaptive-Case-Management Neuland betreten wird. Die Abfolge der Arbeitspakete inklusive Meilensteinplanung beschreibt das Diagramm in Abb. 4.14. Das Projekt erfüllt folgende übergreifende Ziele:

Förderung technologischer, wirtschaftlicher und sozialer Innovationen
ON4OFF bietet die Chance, innovative KI-Ansätze für den Einzelhandel erlebbar und begreifbar zu machen und somit auch die „Angst vor dem Unwägbaren" abzufedern. Durch verschiedene Use Cases, die insbesondere in AP 7 in verschiedenen

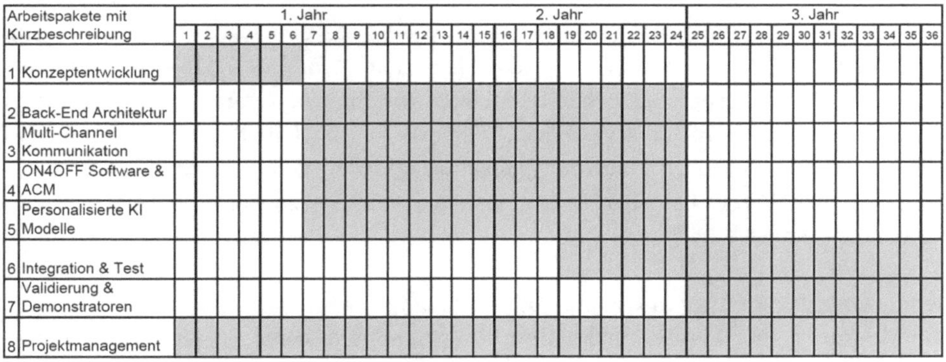

Arbeitspakete mit Kurzbeschreibung	1. Jahr	2. Jahr	3. Jahr
1 Konzeptentwicklung			
2 Back-End Architektur			
3 Multi-Channel Kommunikation			
4 ON4OFF Software & ACM			
5 Personalisierte KI Modelle			
6 Integration & Test			
7 Validierung & Demonstratoren			
8 Projektmanagement			

Meilenstein	Monat	Beschreibung
M1	6	Datenquellen von Anwendungspartner Pieper untersucht und konkrete Endkunden-Anwendungsfälle definiert
M2	12	Detaillierte ON4OFF Systemarchitektur, KI Modell-Selektion und Schnittstellen zu Datenquellen definiert
M3	18	Erste Version KI- und ACM-Module zur Integration mit ON4OFF-Softwaresystem implementiert
M4	24	Integration aller Module und Komponenten in ON4OFF Software abgeschlossen und mit Testkunden getestet
M5	30	Funktion initialer Anwendungsfälle auf dem ON4OFF-Prototyp im Ladenlokal demonstriert & Feedback gestartet
M6	36	Evaluation der erfolgreichen Anwendungsfälle und ON4OFF Softwareeinsatz für andere Branchen abgeschlossen

Abb. 4.14   ON4OFF-Meilensteine. (Quelle: ON4OFF Projektantrag, 2019; ON4OFF, 2021)

Ladengeschäften des Anwendungspartners (Pieper) erprobt werden, können andere Einzelhändler diese Szenarien live erproben und Kundenreaktionen erfassen. Der sich aus diesen neuen Ansätzen ergebende Nutzen kann von Unternehmen so besser abgeschätzt werden. Dies ist umso wichtiger, weil Innovationen auf diesem Gebiet ganzheitlich wirken und sowohl technische (innovative Technologie wie Machine Learning, neue IT-Lösungen), wirtschaftliche (erweiterte und ggf. sogar neue Geschäftsmodelle) sowie soziale Aspekte (neue Service- und Kommunikationskonzepte) umfassen und damit das gesamte aktuelle Geschäftsmodell beeinflussen können (ON4OFF Projektantrag, 2019; ON4OFF, 2021).

Verbesserung der Innovationsfähigkeit von Unternehmen
Im ON4OFF-Projekt werden verschiedene Einzelhandelsdaten zentral gesammelt und mittels der Einbindung von KI-Modellen (Machine Learning) ausgewertet. Die Auswertung erfolgt dabei auf der Basis anonymisierter Daten, denn hier geht es um die Erkennung von Zusammenhängen und Mustern bezogen auf die gesamte Kundengruppe und nicht um die Identifizierung von Verkaufsmustern einzelner Personen. Die Daten liefern damit in Echtzeit Informationen, die nicht nur vom Verkaufsberater im Ladengeschäft für gezielte Empfehlungen genutzt werden können, sofern der Kunde dieses wünscht. Vielmehr sind mit der kontinuierlichen Echtzeitanalyse auch Kaufmuster identifizierbar, die bisher den Einzelunternehmen nicht zugänglich sind. Unternehmen können damit viel schneller und agiler auf verändertes Kundenverhalten reagieren, ihre Ware neuartig zusammenstellen, personalisierte Services entwickeln und vieles mehr. Wird der ON4OFF-Ansatz darüber hinaus nicht isoliert für jedes Handelsunternehmen alleine angedacht, sondern auf größere Einheiten wie Einkaufszentren mit verschiedenen Stores sowie ganze Städte angewendet, dann ergeben sich völlig neue Erkenntnisse und Muster, die sich positiv auf die Innovationsfähigkeit von größeren Einheiten auswirken können. Dieses betrifft z. B. das Zusammenwirken von Einzelhändlern im innerstädtischen Bereich (ebd.).

Vernetzung der Partner innerhalb von Wertschöpfungsketten
Die Vernetzung der Partner innerhalb der Wertschöpfungskette erstreckt sich von der Erstellung einzelner Komponenten über die Integration dieser Komponenten zu einem Gesamtsystem (Back-end-System, Demonstrator für die Validierung) bis hin zur Erprobung definierter Szenarien in ausgewiesenen Ladengeschäften des Anwendungspartners: Zunächst entwickeln alle Partner eine detaillierte Vision des angestrebten ON4OFF-Gesamtsystems und formulieren die zu realisierenden Anwendungsszenarien/ Use Cases im Detail aus. Auf der Ebene von Einzelkomponenten adressiert ON4OFF insbesondere Kommunikationskomponenten der Multi-Channel-Kommunikation der Firma IN-telegence, von ACM-Prozessmodellen der Universität Duisburg-Essen (paluno) und von Modellen des Machine Learning, die das Forschungszentrum Jülich beisteuert. Die Einzelkomponenten werden durch das von der adesso AG entwickelte Back-end-System zu einem Gesamtsystem (Demonstrator) zusammengeführt.

Pieper wird die entwickelte ON4OFF-Plattform zur Validierung in ausgewählten Ladenlokalen erproben und die nötige Arbeit für die Anschaltung der Systeme an eine eigene Infrastruktur leisten. Die assoziierten Projektpartner Dustmann, Zurbrüggen sowie Thalia stellen durch ihre beratende Tätigkeit den Transfer auf andere Bereiche des Einzelhandels sicher. Die Kooperationspartner IHK zu Dortmund und Allianz Smart City Dortmund sichern den breitenwirksamen Transfer der Projektergebnisse. Und das eWeb Research Center der Hochschule Niederrhein begleitet schließlich das gesamte Vorhaben mit wissenschaftlicher Expertise auf dem Gebiet des eCommerce sowie des Einzelhandels (ebd.).

Erschließung von neuen Märkten und Profilierung des Wirtschaftsstandortes NRW
Der Einzelhandel in NRW zählt mit einem Jahresumsatz von rd. 16 Mrd. EUR und mit über einer Million Beschäftigten zu den größten Branchen Nordrhein-Westfalens. Er trägt mit rd. 12 % zur Bruttowertschöpfung des Landes NRW bei, so das Ministerium für Wirtschaft, Innovation, Digitalisierung und Energie des Landes NRW (Wirtschaft NRW, 2021). Die digitale Transformation des Handels wird in NRW als ein zentraler Wachstumstreiber dieser Branche gesehen. Das Projekt ON4OFF trägt hier in besonderer Weise bei. Es geht über die Diskussion um Multi- und Omni-Channel-Kommunikation hinaus und bezieht innovative Technologien und Konzepte wie KI- und Machine-Learning-Ansätze ein. Damit sollen die Online- und Offline-Einkaufswelten intelligent miteinander verknüpft und Mehrwerte insbesondere auch für den Offline-Einkauf geschaffen werden. Das aufgebaute Wissen, die erarbeiteten Umsetzungsszenarien und die Use Cases werden im Anschluss durch das Konsortium sowohl in Kundenprojekten als auch in Forschungsprojekten eingesetzt und auf wissenschaftlichen Konferenzen und praxisorientierten Messen demonstriert. Durch die kooperative Zusammenarbeit im Konsortium mit wesentlichen wissenschaftlichen Partnern und relevanten Akteuren des Einzelhandels wird auch die Wettbewerbsfähigkeit des Einzelhandels in NRW gestärkt (Hebelwirkung). Aus der Veröffentlichung und Verbreitung der erarbeiteten Ergebnisse und Erkenntnisse ergibt sich unmittelbar ein Nutzen für den Standort NRW, weil zum einen weitere wissenschaftliche Arbeiten angestoßen werden und zum anderen die Ergebnisse allen Wirtschaftsteilnehmern unmittelbar zur Verfügung stehen. Durch die Standorte der Projektpartner in NRW (Hauptstandorte Dortmund, Essen, Köln, Aachen, Mönchengladbach) bestehen kurze Wege und lokale Nähe zu interessierten Marktteilnehmern (ON4OFF Projektantrag, 2019; ON4OFF, 2021).

Sicherung und Ausbau von existenzsichernder Beschäftigung
Das Projekt ON4OFF adressiert ein hochinnovatives Themenfeld, dass die digitale Transformation des Einzelhandels mit Themen wie Künstliche Intelligenz, Machine Learning und Adaptive Case Management zusammenführt und in den Kundendialog integriert. Aktuell steht die Einzelhandelsbranche am Anfang dieser Entwicklung. Mit dem Projekt werden die Weichen dafür gestellt, ob diese Branche in NRW mit über einer Million Beschäftigten weiterhin Wachstumstreiber der NRW-Wirtschaft

bleiben kann. Die Beschäftigtenstruktur im Einzelhandel – insbesondere in den Off-line-Ladengeschäften – ist überwiegend weiblich. Das Projekt ON4OFF kann deshalb in besonderem Maße dazu beitragen, dass diese Mitarbeiterinnen auch zukünftig einen Arbeitsplatz haben, weil dem Ausbluten der Innenstädte durch die Schließung von Off-line-Geschäften entgegengewirkt werden kann. Diese Beschäftigten werden für die neuen digitalen Herausforderungen darüber hinaus qualifiziert, was ihre Employabilität im digitalen Zeitalter sogar noch wesentlich stärkt. ON4OFF bietet diesen Beschäftigten auch neue Möglichkeiten der Kommunikation mit ihren Kunden, die ihre Rolle dort neu definieren können (ebd.).

4.3   Digitalisierungsprojekte des Einzelhandels: Lessons Learned

Die steigenden Umsätze im Online-Handel erschwerten es schon vor der Corona-Krise dem stationären Einzelhandel, ihre innerstädtischen Geschäfte aufrechtzuerhalten. Viele Konsumenten präferieren den Online-Handel, da Faktoren wie Bequemlichkeit, Unabhängigkeit von Ladenöffnungszeiten und die vielfältige Sortimentsauswahl gegeben sind. Diverse Digitalisierungsprojekte des Einzelhandels hatten dementsprechend das Ziel, innerstädtische Maßnahmen zu entwickeln um die Abwanderung der Konsumenten in den Online-Handel zu minimieren. Ein vom Land NRW gefördertes und von der WFMG sowie dem eWeb Research Center der Hochschule Niederrhein durchgeführtes Forschungsprojekt sollte genau diese Problematik erforschen. Übergreifendes Ziel dieses Projektes „MG.Retail2020" war es, die Auswirkungen des Online-Handels auf Städte und Gemeinden in NRW und Handlungsperspektiven für den innerstädtischen stationären Einzelhandel aufzuzeigen. Auch ging es darum, für den stationären Handel Konzepte und strategische Empfehlungen zu erarbeiten, die ihm helfen, die unumkehr-bare Entwicklung der Digitalisierung des Handels zu bewältigen. Das Projekt mündete in das Anschlussprojekt „Mönchengladbach bei eBay", das die WFMG unter wissenschaft-licher Begleitung des Autors durchführte. Der Erfolg dieses Pilotprojektes veranlasste eBay, zusammen mit dem HDE eine weitere Stadt für die gleiche Anbindung an eBay auszuloben. Dieses war Anlass für die Initiative „Digitale Innenstadt", die mit einem Wettbewerb verbunden war, den die Stadt Diepholz gewann. Ergebnis war „Diepholz bei eBay", das Auftakt für weitere eBay-Initiativen war. Zweifelsohne gilt aber die Online-City-Wuppertal als Pionier aller Digitalisierungsprojekte für den lokalen Handel.

4.3.1   Projekt MG.Retail2020 zur Stärkung des stationären Einzelhandels

Das im Jahre 2014 gestartete Kooperationsprojekt „Auswirkungen des Online-Handels auf Städte und Gemeinden in NRW und Handlungsperspektiven für den innerstädtischen stationären Einzelhandel" hatte das Ziel, zukunftsfähige Maßnahmen für den innerstädtischen Einzelhandel in NRW zu entwickeln. Diese sollten zum einen den Einzug des Online-Handels in stationäre Filialen unterstreichen, andererseits rein stationäre Angebote oder die Erweiterung von innerstädtischen Logistikkonzepten fördern. Die Maßnahmen sollten grundsätzlich für deutsche Innenstädte anwendbar sein. Die Kooperationspartner WFMG Wirtschaftsförderung Mönchengladbach und eWeb Research Center der Hochschule Niederrhein verfolgten mit dem Projektvorhaben auch als Ziele die Erhaltung und Schaffung von Arbeitsplätzen im stationären Einzelhandel, die Sicherung der Wettbewerbsfähigkeit des stationären Einzelhandels in den Kommunen sowie die nachhaltige Entwicklung von Innenstädten (WFMG, 2015; Heinemann, 2017). Am Beispiel der Pilotstadt Mönchengladbach wurden Handlungsempfehlungen abgeleitet und ein Leitfaden entwickelt, der auch fundierte Ergebnisse aus einer Konsumenten- und Händlerbefragung beinhaltet. In einem Zeitraum von 18 Monaten wurden in Zusammenarbeit mit den Citymanagements Mönchengladbach und Rheydt sowie den beteiligten Projektpartnern Workshops für die Einzelhändler vor Ort durchgeführt. Die daraus entwickelten Empfehlungen sahen zum Beispiel besondere Service- und Eventangebote in einer Kombinationsform von Online- und Offline-Handel vor. Insofern standen Multi-Channel-Überlegungen, Online-Optionen für stationäre Händler sowie mögliche digitale Serviceleistungen mit im Fokus. Diesbezüglich waren auch die unterschiedlichen Voraussetzungen des stationären Handels, wie zum Beispiel inhabergeführte Geschäfte versus Filialisten, Betriebsformen sowie Shoppingcenter zu berücksichtigen. Dabei sollten umsetzungsfähige Konzepte entwickelt werden, wie sich die Innenstädte unter den veränderten Rahmenbedingungen im Handels- und Dienstleistungsbereich anpassen können.

Pilotkommune sollte die Stadt Mönchengladbach mit ihren rund 270.000 Einwohnern sein, die 1975 aus den kreisfreien Städten Mönchengladbach und Rheydt sowie der Gemeinde Wickrath entstanden ist. Aus dieser Historie erklärt sich die Existenz von zwei Innenstadtbereichen, wovon Mönchengladbach-Zentrum der größere und Rheydt der kleinere Stadtteil ist. In der Analyse und Erhebung wurde immer zwischen diesen beiden Mikrostandorten differenziert. Die Handlungsempfehlungen bzw. Innenstadt-Guidelines sollten innerhalb des Entwicklungsprojektes für die gesamte Pilotstadt Mönchengladbach entwickelt werden und anschließend auf andere Regionen in NRW übertragbar sein. Ergebnis des Projektes sind umsetzbare Handlungsempfehlungen für die Stadt, das Land, Verbände und stationäre Händler. Sie ermöglichen eine zukunftsfähige Entwicklung der Innenstädte gegen die Abwanderung von Verbrauchern und sind gezielt darauf ausgerichtet, das Überleben des stationären Handels zu gewährleisten sowie auf die zunehmende Bedrohung durch den Online-Handel sinnvoll reagieren zu können.

Im Januar 2014 erfolgte der Projekt-Kick-off. Nach übereinstimmender Meinung wurde ein Projektname sowie Logo „MG.Retail2020" gewählt. „MG" steht als Abkürzung für Mönchengladbach, der Punkt symbolisiert eine Internetaffinität und die Jahreszahl „2020" charakterisiert den Zeitpunkt, bis zu dem die Inhalte des Leitfadens Anwendung finden sollten. Die Projektorganisation bestand aus einem Lenkungskreis, in dem neben den Projektleitungen auch die Geschäftsführung der Wirtschaftsförderung Mönchengladbach und die Leitung des eWeb Research Centers der Hochschule Niederrhein eingebunden war, sowie einem Beirat. Dieser setzte sich aus dem Lenkungskreis sowie Vertretern des Mönchengladbacher Einzelhandels, des Rheydter City Management, des City Management Mönchengladbach sowie Filialisten (Engbers), E-Commerce-Experten (Shopmacher) und Shoppingcenterbetreiber (mfi) zusammen. Der öffentliche Startschuss und offizielle Projektstart war am 20. Februar 2014. Zu diesem Zeitpunkt fand der gemeinsame Termin mit dem Beirat und anschließender Pressekonferenz in den Räumlichkeiten der WFMG statt. Dabei wurden Projektpartner und Teilnehmer vorgestellt. Die Projekt- und Zeitplanung sah vier Phasen vor. In diesen Phasen wurden systematisch und unter Einbezug aller betroffenen und relevanten Akteure wie beispielsweise der Vertreter des Einzelhandels, der Kommunen und der Immobilieneigentümer Innenstadt-Guidelines mit konkreten Handlungsempfehlungen entwickelt. Die Besonderheit in diesem Entwicklungsprojekt lag in der Verknüpfung von wissenschaftlich fundierten, theoriebasierten Datenerhebungen einerseits mit sofort umsetzbaren operativen Maßnahmen andererseits (MG.Retail2020, 2015; Heinemann, 2017).

Phase 1 – Konzeption des Untersuchungsdesigns und erste Expertengespräche: In dieser ersten Projektphase wurde das Untersuchungsdesign konzipiert und erste Experteninterviews geführt. Die geplante Dauer dafür betrug zwei Monate. Dabei wurden auch erste Händlerbefragungen durchgeführt, in denen die Reaktionen der Händler auf die wahrgenommene Bedrohung durch den Online-Handel ermittelt wurden. Als häufigste Reaktionsmuster konnten identifiziert werden:

- **Aufgeben/Nichtstun:** Der Wettstreit mit dem Online-Handel wird als sinnlos und nicht machbar erachtet. Ignoranz oder Aufgabe sind die gängigsten Schlüsse aus dieser Annahme.
- **Kosten sparen:** Um mit dem Preisdruck aus dem Internet mithalten zu können, sollen Kosten bei Personal und Ladengestaltung eingespart werden.
- **Online gehen:** Durch eine Online-Präsenz (Website, Online-Shop, Social-Media-Aktivität etc.) Kunden aus dem Internet in den Laden leiten oder gar neue Vertriebswege über das Internet erschließen.
- **Multi-Channel-Elemente:** Es sollen mehrere Vertriebswege genutzt und kombiniert werden, um dem Kunden ein möglichst angenehmes Einkaufserlebnis zu bieten.
- **Stationäre Vorteile stärken:** Hier sind die Schwächen des Online-Handels Ausgangspunkt. An ihnen gilt es anzusetzen, um diese verstärkt für die Herausstellung der Vorteile des stationären Handels zu nutzen. Schwerwiegende Beispiele für diese Stärken sind u. a. eine freundliche und kompetente Fachberatung, haptisches Feedback und sowie das stationäre Shoppingerlebnis.

Phase 2 – Qualitative Erhebung: In der zweiten Projektphase, die eine geplante Dauer von fünf Monaten vorsah, ging es um die Durchführung des qualitativen Teils

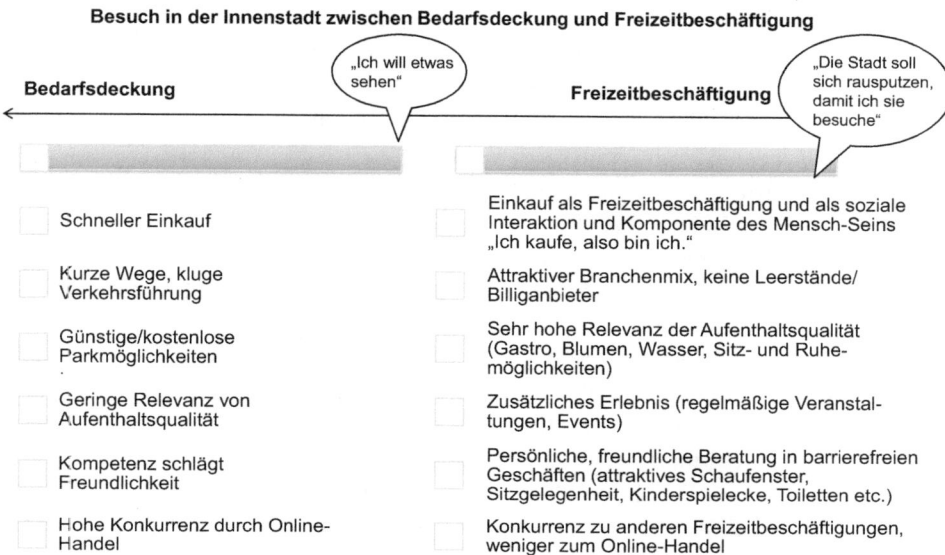

Abb. 4.15 Kundenperspektive eines Besuchs in der Innenstadt zwischen Bedarfsdeckung und Freizeitbeschäftigung. (Quelle: MG.Retail2020, 2015; Heinemann, 2017)

der Untersuchung. Hauptinhalt war eine Fokusgruppenuntersuchung mit Händlern und Kunden aus Mönchengladbach. Dazu wurden zunächst vier Gruppen mit Kunden zusammengestellt, wovon jeweils zwei nach vorgegebener Quotierung aus Mönchengladbach und zwei aus Rheydt kamen. Diese berücksichtigte Altersunterschiede, On- und Offline-Kaufanteile, Innenstadtkenntnisse, Berufstätigkeiten nach Teil- oder Vollzeit sowie Schüler-, Studenten- und Rentneranteile. Anschließend wurden drei Händlergruppen gebildet, die mit jeweils sechs bis acht Personen vertreten waren. Für die qualitative Erhebung mit den Händlern wurden drei Fokusgruppen gebildet, wovon jeweils eine mit Solitärhändlern aus Mönchengladbach, eine mit Solitärhändlern aus Rheydt und eine mit Filialisten besetzt war. Die Rekrutierung der Händler unterstützte die WFMG. Die Organisation, Konzeption, Durchführung und Auswertung der Fokusgruppen erfolgte vom eWeb Research Center. Besonders aufschlussreich war die dabei gewonnene Kundenperspektive, die in Abb. 4.15 dargestellt ist (ebd.).

Phase 3 – Quantitative Erhebung mit parallel stattfindenden Maßnahmen im Handel als Praxistest: Die dritte Projektphase bildete mit einer Dauer von acht Monaten den Kern des Projekts. Ziel war die Durchführung einer quantitativen Hauptstudie auf Basis der Ergebnisse aus den ersten beiden Phasen. Die Erhebung der quantitativen Daten fand im Zeitraum vom 27. Januar bis 21. Februar 2015 statt und erfolgte über eine Hybridbefragung der Teilnehmer. Dabei wurde eine Online-Befragung mit einem klassischen telefonischen Interview kombiniert. Zweck dieser Kombination war es, nicht im Online-Panel erfasste Personen zu erreichen, um die Quotenvorgaben zu erfüllen. Um eine repräsentative Zusammensetzung der Stichprobe zu erzielen, wurden Quoten für die Merkmale Geschlecht, Alter, Haushaltseinkommen sowie den Wohnort festgelegt. Die Hälfte der Teilnehmer kamen aus Mönchengladbach, die übrigen Teilnehmer aus dem Umland. Außerdem sollten die erfassten Personen jeweils die erfragten Stadtteile Mönchengladbach und Rheydt kennen. Eine weitere Voraussetzung war, dass die Teilnehmer bisher mindestens einmal online gekauft haben. Insgesamt nahmen 1002 Personen an der Befragung teil. Um eine zutreffende Interpretation der Ergebnisse zu ermöglichen, wurden die Teilnehmer bezüglich ihrer Einkaufshäufigkeit in Gruppen unterteilt. Es ergab sich eine Einteilung der Innenstadtnutzer (Mönchengladbach) sowie Internetnutzer in Viel-Nutzer, Regelmäßig-Nutzer und Wenig-Nutzer. Die größte Gruppe der Innenstadtnutzer machen Wenig-Nutzer mit einem Anteil von 46,1 % aus. Wenig-Nutzer der Innenstadt zeichnen sich dadurch aus, dass sie überwiegend aus dem Umland stammen und in einem Ein- bis Zwei-Personen-Haushalt leben. Sie kauften einmal alle zwei bis drei Monate bzw. selten in den letzten zwölf Monaten in der Innenstadt Mönchengladbach ein. Die zweitgrößte Gruppe der Innenstadtnutzer sind Regelmäßig-Nutzer (41,5 %), die einmal bis mehrmals pro Monat in der Innenstadt einkaufen. Diese sind überwiegend männlich und wohnhaft in Mönchengladbach. Viel-Nutzer sind mit 12,4 % die kleinste Nutzergruppe, die mindestens einmal pro Woche oder sogar täglich in der Innenstadt einkauft. Viel-Nutzer sind vorwiegend männlich und wohnhaft in Mönchengladbach. Diese Nutzergruppe verzeichnet den größten Anteil an Rentnern. Die größte Gruppe der Internetkäufer stellen Regelmäßig-Nutzer, mit einem Anteil von 52,5 %, dar. Diese Nutzer kauften in den letzten zwölf Monaten sechs bis dreißig Mal im Internet ein. Regelmäßig-Nutzer des Internetkaufs kommen überwiegend aus dem Umland. Zusätzlich ist es die Internetnutzer-Gruppe, die den höchsten Anteil an 18- bis 29-Jährigen aufweist. Die Mehrheit der Regelmäßig- und Viel-Nutzer der Internetkäufer verfügen über einen Hochschulabschluss. Eine weitere Gemeinsamkeit der zwei Nutzergruppen ist der relativ hohe Anteil der Smartphone-Besitzer (über 70 %). Viel-Nutzer Internet kaufen 31 bis öfter als 50 Mal im Jahr im Internet ein. Außerdem wohnen Viel-Nutzer überwiegend im Umland und sind mit dem höchsten Anteil der 30- bis 39-Jährigen etwas älter als die Regelmäßig-Nutzer. Die Gruppe der Wenig-Nutzer Internet ist die zweitgrößte mit einem Anteil von 31 %. Die Gruppenzugehörigen kauften zwischen ein bis fünf Mal im Internet ein. Diese Gruppe hat den höchsten Anteil der 40- bis 69-Jährigen und wohnt überwiegend in einem Ein- bis Zwei-Personen-Haushalt in Mönchengladbach. Diese Gruppe zeichnet sich auch durch die niedrigste Anzahl der Abiturabschlüsse aus (ebd.).

Bei der Bewertung der Attraktivität der Innenstadt zum Einkaufen fielen die Ergebnisse für Mönchengladbach und Rheydt ähnlich aus. Auf die Frage „Wie attraktiv finden Sie die Innenstadt zum Einkaufen?" konnten die Teilnehmer auf einer Skala von 5 bis 1 zwischen 5 für „sehr attraktiv" und 1 für „sehr unattraktiv" wählen. Die durchschnittliche Bewertung für Mönchengladbach liegt bei 3,03 und für Rheydt bei 2,97. Die Bewertungen für die Praktikabilität und Weiterempfehlung der Innenstadt zum Einkaufen liegen auch nahe dem Wert 3. Weiterhin ließen sich keine signifikanten

Unterschiede der Attraktivitätsbewertung zwischen Bedarfs- und Freizeitkäufern der Innenstadt und des Internets feststellen (ebd.).

Die Wichtigkeiten von Innenstadtattributen bei einem typischen Einkauf konnten die Teilnehmer auf einer Skala von 5 für „sehr wichtig" bis 1 für „gar nicht wichtig" bewerten. Diesbezüglich zeigt Abb. 4.16 eine Gegenüberstellung der Bewertungen der Wichtigkeiten für die Teilnehmer aus Mönchengladbach und aus dem Umland. Auffällig ist, dass Attribute wie Öffnungszeiten, Artikelauswahl, Markenauswahl, Erreichbarkeit der Innenstadt und eine angenehme Atmosphäre in der Innenstadt den Teilnehmern am wichtigsten sind. Spielecken und öffentliche Toiletten wurden dagegen als weniger wichtig bewertet. Höchst signifikante Unterschiede zwischen den befragten Personen wohnhaft in Mönchengladbach und den Personen aus dem Umland ergaben sich bei den Attributen Sauberkeit, Artikelwahl, Markenauswahl, verfügbare Parkplätze und angenehme Atmosphäre. Will man also Kunden aus dem Umfeld anlocken, so ist insbesondere auf diese Attribute zu achten, die teilweise durch den Handel, teilweise aber auch durch die Kommunen beeinflussbar sind (ebd.).

Parallel zu den quantitativen Auswertungen wurden moderierte Workshops zu verschiedenen Themen sowohl mit Händlern als auch mit Konsumenten durchgeführt. Diese ermöglichten die Erarbeitung experimenteller Maßnahmen mit hohem innovativen Anspruch und regional unabhängig umsetzbarer Aussage.

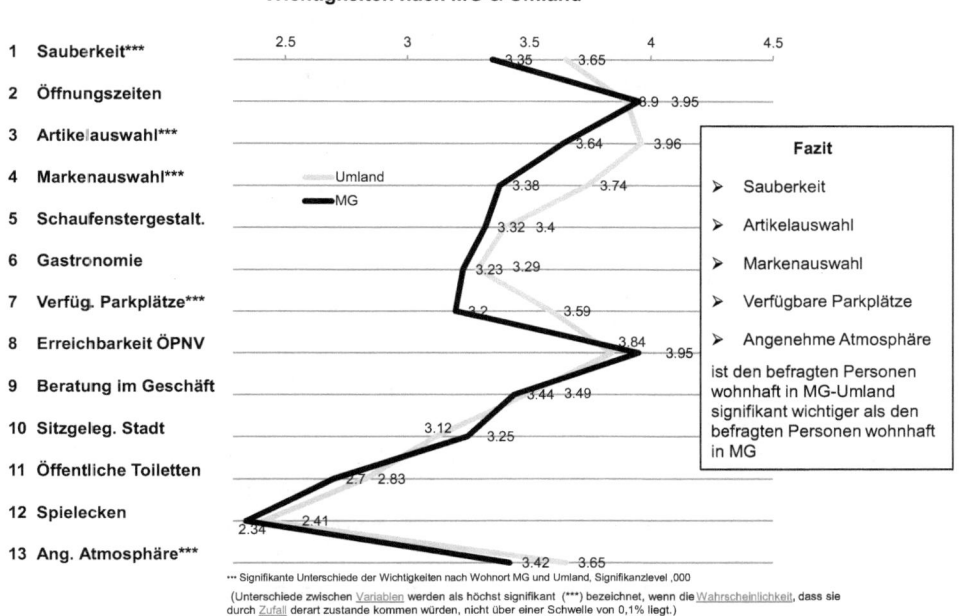

Abb. 4.16 Wichtigkeit der Innenstadtattribute. (Quelle: MG.Retail2020, 2015; Heinemann, 2017)

Phase 4 – Entwicklung von Guidelines für die Innenstadt: In der vierten Projektphase, für die drei Monate vorgesehen war, stand die Entwicklung der Innenstadt-Guidelines im Mittelpunkt. Die Auswertung der Analysen mit Händlern und Kunden zeigte jedoch, dass Händler nicht im gleichen Maße die Bereitschaft aufwiesen, sich mit dem Thema des Wandels im Handel durch den Einfluss von E-Commerce zu stellen. Zwar sind bereits einige Händler in unterschiedlicher Form im Internet aktiv. Andere Händler wiesen jedoch eine Einstellung gegenüber ihrem Geschäft auf, die offenkundig nicht zum stationären Erfolg beitrugen. So wurden u. a. Meinungen geäußert, die den Händler in einer Art Selbstverwirklichung selbst in den Mittelpunkt des Geschehens stellen, nicht aber den Kunden. Wieder andere Händler zeigen erfolgreiche Verdrängungsmechanismen auf, wodurch der Grund für die Abwanderung der Kunden in den Online-Handel an ganz anderer Stelle festgemacht wird – wie zum Beispiel Politik oder Stadtverwaltung. Daraus ergab sich folglich eine Haltung, in der Händler sich nicht selbst zum Handeln gezwungen sehen, sondern auch diese Verantwortung eher bei der Stadt oder Politik sehen. Dementsprechend betrafen Maßnahmen nicht alle Händler gleichermaßen. Sinnvolle, unterstützende Maßnahmen lassen sich jedoch nur für Händler ableiten, die auch im stationären Geschäft grundsätzlich gesund sind und eine Perspektive für ihre Händlerexistenz haben. Daher wurden die Händler anhand ihrer digitalen Transformationsfähigkeit unabhängig von ihrer Betriebsform und -größe in vier Gruppen eingeteilt, die exakt den in Abschn. 3.1 beschriebenen Gruppen entsprechen. Die Guidelines gehen differenziert auf die unterschiedlichen Belange und Voraussetzungen der Gruppen ein. Sie geben konkrete Empfehlungen für alle Projektbeteiligten gegen die Abwanderung von Verbrauchern und enthalten konkrete Maßnahmen mit praktischen Lösungsansätzen für den Handel in Mönchengladbach. Zugleich sind die Handlungsempfehlungen so aufgebaut, dass sie auf andere Kommunen übertragbar sind (ebd.).

Analyseergebnisse und Guidelines aus mg.retail2020

Zentrales Ergebnis der Untersuchung war, dass die Konsumenten nicht zwischen Erlebnis- oder Bedarfskauf unterscheiden, wenn es um die Beurteilung von Online-Handel und Innenstadt geht. Allerdings wurde das Einkaufen im Internet von allen Gruppen als attraktiver empfunden als das Einkaufen in der Innenstadt Mönchengladbach. Das widerlegte die zentrale und aus der qualitativen Untersuchung gewonnene Eingangsthese, wonach das Bedrohungspotenzial des Online-Handels für die Innenstadt nach Erlebnis- und Bedarfsorientierung zu differenzieren ist. Hinsichtlich der Attribute einer Innenstadt ging es offensichtlich um scheinbar banale Dinge, die jedoch Grundbedürfnisse widerspiegeln. So spielten bei der Beurteilung von Innenstädten vor allem auch Sitzmöglichkeiten, günstige Essmöglichkeiten sowie Toiletten eine Rolle. Weiterhin finden sich in der Einschätzung der Wichtigkeiten von Sauberkeit, Artikelauswahl, Markenauswahl, verfügbaren Parkplätzen und einer angenehmen Atmosphäre in der Innenstadt signifikante Unterschiede zwischen den Befragten aus Mönchengladbach und aus dem Umland. Die aufgezählten Attribute einer Innenstadt waren den Befragten aus dem Umland wichtiger als den Befragten aus Mönchengladbach. Dies war verständlich, denn sie investierten mehr Zeit in die Anfahrt und erwarteten deswegen mehr. Zusätzlich bewerteten Personen aus dem Umland die Anzahl an verkaufsoffenen Sonntagen und die Öffnungszeiten in Mönchengladbach schlechter als die Personen wohnhaft in Mönchengladbach. Die Mehrheit der Intensiv-Online-Käufer kam aus dem Umland. Diese bewerteten die Auswahl an Marken, das Angebot an Produkten, die Öffnungszeiten, die Kurzzeitparkplatzsituation sowie die Erreichbarkeit mit Bus und Bahn in Mönchengladbach schlechter als andere Gruppen. Das erklärte dann auch den bevorzugten Kauf im Internet. Innenstadtmuffel aus Mönchengladbach bewerteten die Erreichbarkeit mit Bus und Bahn schlechter als die Intensivnutzer der Innenstadt. Letztere sahen allerdings die Atmosphäre der Innenstadt in Mönchengladbach als deutlich schlechter an als die Innenstadtmuffel.

Allgemein bestand der Wunsch nach mehr digitaler Kommunikation. Die Intensivnutzer des Internets informierten sich hauptsächlich online über Produkte und wünschten mehr digitale Kommunikation von den Geschäften der Innenstadt. Zudem äußerten auch die Innenstadtmuffel in Mönchengladbach den Wunsch nach mehr Online-Informationen über Angebote der Geschäfte in der Innenstadt. Sie wünschten sich zudem mehr Online-Shops von den stationären Innenstadthändlern. Die Ergebnisse der empirischen Untersuchung gaben den wichtigen Hinweis, dass die Bestellung im Internet für alle Kunden deutlich attraktiver ist als der Einkauf in der Innenstadt. Auch diejenigen, die in den Innenstädten noch einkauften, wünschten sich mehr digitale Kommunikation der Stadt und online verfügbare Informationen über die Händler. Daraus folgte, dass eine ausschließlich analog und stationär aufgebaute Angebotsstruktur eines Händlers in Zukunft nicht mehr wettbewerbsfähig ist. Zudem können alle Händler auch ihre stationären Vorteile ausspielen, wenn sie die Möglichkeiten des Internets für die Gewinnung von Neukunden, die Kundenpflege und letztlich auch den Kaufabschluss nutzen. Zunächst war aber zu unterscheiden, für welche Händler eine weitere Förderung sinnvoll ist (ebd.).

Keine weiteren Maßnahmen für Händler ohne Perspektive: Händler ohne Perspektive zeichnen sich dadurch aus, dass sie ausschließlich die Entwicklung des Online-Handels für ihre Schwierigkeiten verantwortlich machen, ohne sich an die eigene Nase zu packen. Bei näherer Betrachtung ist jedoch festzustellen, dass die Probleme häufig bereits im elementaren Geschäftsverständnis dieser Händler liegen. Sie haben kein Kundenverständnis, können keine persönliche Atmosphäre bieten und wissen auch nicht genau, warum die Kunden eigentlich zu ihnen kommen. Diese „Unternehmer" sind mehr oder weniger „beratungsresistent" und lassen sich auch durch Maßnahmen nicht erreichen, da ihnen der Veränderungswille fehlt. Sie sind sich eigentlich sogar darüber im Klaren, dass ihre Schwierigkeiten nicht allein im Online-Handel begründet sind, möchten das aber nicht zugeben. Grundsätzlich wird diesen Händlern empfohlen, auch weiterhin ausschließlich stationär bzw. analog zu bleiben und den Laden gesund zu schrumpfen. Dabei ist eine Kostenreduktion durch Neuverhandlungen mit dem Vermieter ebenfalls angeraten (ebd.).

Identifikation von Händlern mit klarer Wertschöpfung für den Kunden: Vorrangig sollten Händler identifiziert und adressiert werden, die eine klare Vorstellung davon haben, warum die Kunden zu ihnen kommen und welchen Nutzen sie ihnen bieten. Diese Händler haben sich in der Regel schon mit dem Online-Thema beschäftigt. Sie kennen häufig ihre Kunden persönlich und verstehen es, diese Bindungen auch zu pflegen. Diese Händlertypen stehen im Mittelpunkt der Händler-gerichteten Maßnahmen. Dafür wurde ein Maßnahmenplan entwickelt, der sieben Stufen umfasst. Diese entsprechen exakt den in ▶ Abschn. 3.1 beschriebenen Stufen 1–7 ohne Stufe 8. Ohne einen Lokalbezug sind die Vorteile, die ein Händler online ausspielen kann, gering und eine Differenzierung über den Preis liegt dann nahe. Lokale Marktplätze könnten die Stärken des Online-Handels mit den Stärken des stationären Handels verbinden und diesen mit Mehrwerten aus Kunden- und Händlersicht erweitern – so die These. Deswegen wurden im Rahmen der Handlungsempfehlungen unterschiedliche lokale Marktplätze analysiert, um für die stationären Händler eine akzeptable Lösung zu finden, mit der sie in größerem Rahmen auch lokal im Internet auffindbar sind. Die Marktplätze wurden sowohl aus Kunden- als auch aus Händlersicht miteinander verglichen. Im Fokus dieser Untersuchung standen Bekanntheit, Usability, Mehrwert und Vertrauenswürdigkeit der jeweiligen Plattform. Die ausgewählten Marktplätze mussten transaktionsbasiert sein, einen Lokalbezug aufweisen und eine passende Eignung und Relevanz darstellen (ebd.).

Marktplatzanbindung für lokale Händler
Im Rahmen von mg.retail2020 wurde eine Auswahl und Bewertung relevanter Online-Marktplätze vorgenommen, um einen geeigneten Partner für den stationären Einzelhandel zu identifizieren und eine konkrete Handlungsempfehlung an Händler in Mönchengladbach geben zu können. Basierend auf zahlreichen Recherchen und anhand der Kriterien Medienpräsenz, Marktrelevanz sowie Suchvolumen und Trends wurde zunächst eine Longlist aus über 100 Marktplätzen erstellt. Nachdem reine Stadtportale sowie Plattformen ohne Transaktionsorientierung aussortiert wurden, ergab sich eine Shortlist mit sieben Online-Marktplätzen. Simply Local und Locafox wiesen die Besonderheit auf, dass die dort teilnehmenden Händler einen eigenen Online-Vertriebskanal benötigen (Stand April 2015; ebd.):

eBay: eBay spielte Stärken ganz klar in Bekanntheit und Reichweite aus, doch auch in den anderen Kategorien konnte es durch hohe Bewertungen zu überzeugen. Lediglich im Hinblick auf Multi-Channel-Services und die Darstellungsqualität des jeweiligen Händlers schnitt eBay unterdurchschnittlich ab. Die größte Stärke von eBay war zugleich auch eines der größten Probleme, denn durch die hohe Bekanntheit waren zwar mehr Kunden, allerdings auch mehr Händler vor Ort vertreten, was wiederum zu einem verstärkten Preiskampf führen könnte.

eBay local: Bei eBay local handelte es sich um ein Pilotprojekt von eBay, das bereits vor dem Projekt in Brooklyn getestet worden war. Im Wesentlichen setzte eBay local an den Schwächen von eBay auf und versuchte, mittels erweiterter Multi-Channel-Services und verbesserter Händlerdarstellung einen stärkeren Lokalbezug herzustellen. Der große Konkurrenz- und Preisdruck wurde dadurch verringert. So konnten die lokalen Produkte bevorzugt verglichen werden.

Atalanda: Atalanda war eine lokale Marktplatzplattform, welche bereits in Wuppertal verwendet wurde. Die Stärken dieser Plattform lagen in der umfangreichen Darstellung der Händler und den zahlreichen Multi-Channel-Services. Die Schwächen lagen in der Sortimentsabdeckung, der Reichweite und der Kanalaffinität des Kundenstamms.

Sugartrends: Sugartrends setzte ebenfalls Händler in den Mittelpunkt und wies insofern auch eine umfangreiche Händlerdarstellung auf. Besonderer Wert wurde auf ausgefallene Händler und Produkte gelegt, weswegen ein zeitgemäßes Design und eine hohe Kanalaffinität des Kundenstamms von hoher Wichtigkeit waren. Gleichzeitig wurde dadurch jedoch eine geringe Sortimentsabdeckung in Kauf genommen, welche zu einer relativ geringen Reichweite führte. Ebenfalls unterdurchschnittlich ausgeprägt waren die Multi-Channel-Services.

Hier-bei-dir: Hier-bei-dir (HBD) verfolgte einen ähnlichen Ansatz wie Sugartrends und schnitt deshalb weitestgehend ähnlich ab. Lediglich in der Anbindung zum bestehenden Shop und der Art des Kontakts zum Händler zeigte HBD größere Schwächen als Sugartrends und fiel deswegen in der Wertung ab.

Unitcity: Unitcity startete mit einem Pilotprojekt in Herzogenaurach und verfügte über ein umfangreiches Repertoire an Multi-Channel-Services. Alle angebotenen Zusatzinhalte nahmen den Lokalbezug und die damit verbundenen Vorteile ins Zentrum der Ausrichtung. Zusätzlich zur umfangreichen Darstellung der Stadt und der jeweiligen Geschäfte sollten Dienste in Richtung E-Government angeboten werden. Reichweite, Bekanntheit und Stabilität sprachen allerdings gegen Unitcity, denn es war noch nicht bekannt, ob alle angepriesenen Features auch so erfüllt werden konnten. Ebenfalls negativ gingen die Aufmachung und unflexible Formatierung in die Bewertung ein.

Ein Expertenpanel mit Vertretern aus Wirtschaft und Forschung unter der Leitung des eWeb Research Centers bewertete die letztlich relevanten sieben Online-Marktplätze anhand eines Kriterienkataloges, wobei jeweils zehn Kriterien aus Händler- bzw. Kundensicht gleichermaßen berücksichtigt wurden. Die einzelnen Bewertungen gingen durch ein Scoring-Modell in ein endgültiges Ranking ein und führten schließlich zu einer finalen Handlungsempfehlung. Dabei waren eBay und eBay local eindeutige Gewinner, wie in Abb. 4.17 zu sehen ist (ebd.).

4.3.2 Mönchengladbach bei eBay

Die Idee einer Zusammenarbeit mit dem lokalen Handel in Mönchengladbach erzeugte auch bei eBay schnell eine positive Resonanz. Sie passte gut zur händlerseitigen Strategie des Unternehmens. So waren und sind vor allem kleine und mittelgroße Händler die Treiber der einzigartigen Sortimentsbreite und -tiefe. Sie verantworten bei eBay einen Großteil der Umsätze. Auch war die Tatsache, dass sich viele Stakeholder

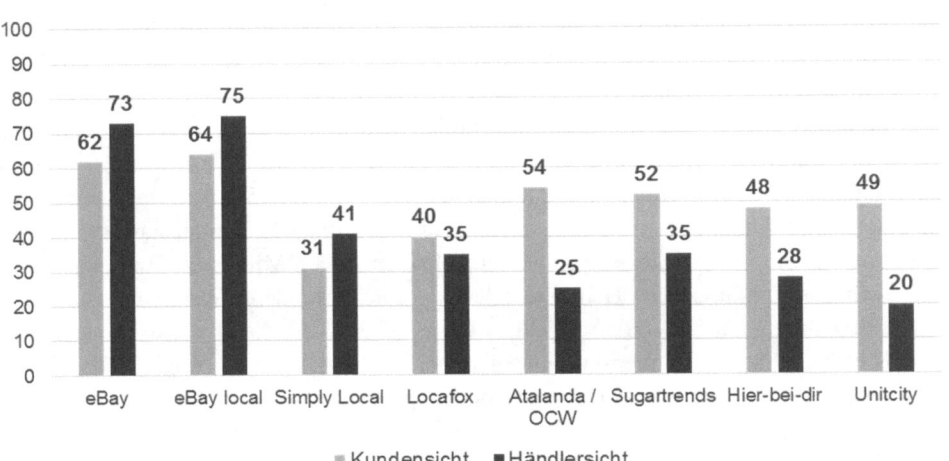

Abb. 4.17 Scoring-Modell, Gesamtübersicht der Gesamtpunktzahl aufgeteilt in Händler- und Kundensicht. (Quelle: MG.Retail2020, 2015; Heinemann, 2017)

der Region unter dem gemeinsamen Dach der MG.Retail2020 aktiv an der Kooperation beteiligten, aus Sicht von eBay ein besonderer Pluspunkt. Insbesondere die Wirtschaftsförderung Mönchengladbach (WFMG) verfügte auch über die notwendigen Ressourcen, um gemeinschaftlich ein regionales Projekt zu stemmen. Zudem verfügte die WFMG über direkte Kontakte zu den Mönchengladbacher Einzelhändlern und ausreichendes Know-how. Auch herrschte unter den potenziellen Kooperationspartnern von Anfang an Einigkeit über die Ziele des Projekts: Die angedachte Zusammenarbeit zwischen eBay, der Wirtschaftsförderung Mönchengladbach GmbH (WFMG) und dem eWeb Research Center der Hochschule Niederrhein sollte lokale Händler darin unterstützen, ihr Sortiment auch online verfügbar zu machen. Weitere Projektpartner waren unter anderem der HDE, die IHK, die Mönchengladbacher City Management e. V., die Rheydter City-Management Interessengemeinschaft e. V. und die Marketing Gesellschaft Mönchengladbach mbH. Im Oktober 2015 startete das Pilotprojekt pünktlich zur Weihnachtssaison mit mehr als 50 Händlern und fünf Filialisten sowie über 200.000 Produkten. Unter dem Titel „Mönchengladbach bei eBay" erhielten die lokalen Händler die einmalige Chance, nicht nur kräftig vom boomenden Online-Handel zu profitieren, sondern auch ihren Kunden auf Dauer einen echten Mehrwert gegenüber anderen Marktteilnehmern zu bieten. Die Kooperation war von Anfang an als Pilotprojekt mit einer begrenzten Laufzeit von zehn Monaten angelegt. Zwischen Oktober 2015 und Juli 2016 sollten Erkenntnisse über Kunden- und Händlernutzen gesammelt werden. Ob und in welcher Form der Markplatz anschließend weitergeführt oder auf andere Städte ausgeweitet werden sollte, wurde zum Projektstart bewusst offengelassen. Gleichzeitig achteten die Projektbeteiligten im Sinne der Nachhaltigkeit und mit Blick auf eine mögliche Weiterführung darauf, bestimmte Kernverantwortlichkeiten lokal zu verankern.

Dazu gehörten insbesondere die Händlerakquise, die Organisation des Austauschs mit teilnehmenden Händlern sowie das lokale Konsumentenmarketing. Daneben stellte eBay die technische Komponente des Online-Marktplatzes zur Verfügung, übernahm die Kosten für ein zwölfmonatiges Basis-Shop-Abonnement und erstellte eine eigene Einstiegsseite mit lokalem optischem Bezug unter der URL www.mg-bei-ebay.de (vgl. Abb. 4.18). Um den Einstieg zu erleichtern, erhielten die am Pilotprojekt teilnehmenden Händler ein Startpaket. Dieses bestand aus einer eBay-Startberatung und bei Bedarf einer Tool-Unterstützung durch Inventorum, die ein iPad-Kassensystem mit eBay-Integration anboten. Ab Herbst 2015 konnten die Konsumenten über eine Einstiegsseite für „Mönchengladbach bei eBay" auf Angebote von Mönchengladbacher Händlern zugreifen. Artikel konnten seitdem online bestellt und beim Händler vor Ort abgeholt werden. Der Kunde hatte die Möglichkeit, sich einen Großteil der Ware aber auch bequem nach Hause liefern zu lassen. Interessierte Einzelhändler aus Mönchengladbach sollten auf der Plattform vorgestellt werden und ihre Angebote bei „Mönchengladbach bei eBay" gezielt an Konsumenten in Mönchengladbach vermarkten. So erhielten stationäre Händler Zugang zu einem Online- und mobilen Verkaufskanal. Sie erreichten damit neben den Konsumenten in Mönchengladbach potenziell auch alle aktiven eBay-Kunden in Deutschland und der Welt (MG.Retail2020, 2015; Heinemann, 2017).

Ergebnis und Erfolgsfaktoren von „MG bei eBay"
Die Mehrzahl der teilnehmenden Händler auf dem Online-Marktplatz engagierte sich zum ersten Mal im E-Commerce. Viele von ihnen konnten allerdings schon nach kurzer Zeit signifikante Umsatzzuwächse verbuchen. In den ersten drei Monaten nach Projektstart verkauften bereits 70 teilnehmende Einzelhändler 32.000 Artikel und setzten dabei über 1,1 Mio. EUR bei eBay um. Mitte 2016, also neun Monate nach Projektstart, lag der Umsatz bereits bei 3,2 Mio. EUR, die durch 87.000 Artikel von 79 teilnehmenden Händlern zustande kamen. Dabei lieferten die Händler ihre Artikel nicht nur nach Deutschland, sondern in 84 unterschiedliche Länder, darunter Schweden, Italien, Frankreich und Österreich. Aber auch weit entfernte Märkte wie Guadeloupe oder Neuseeland wurden bedient. Inklusive saisonaler Effekte ergab sich auf das erste Jahr nach Projektbeginn hochgerechnet ein Gesamtumsatz von fünf Millionen Euro. Im Durchschnitt hatten die aktiven Händler ca. 450 Artikel im Angebot und erzielten damit im Durchschnitt ca. 90.000 € Umsatz p. a. bei „MG bei eBay". Für die Top 3 der Einsteiger konnten sogar Jahresumsätze im deutlich sechsstelligen Bereich errechnet werden. Aber auch die Erfahrung der Teilnehmer war positiv: „Wir konnten mehr Traffic generieren und haben insgesamt viel mehr Artikel verkauft als ohne die Plattform. Einige davon sogar bis nach Schweden", so ein Händler (Zoll und Marks, 2016; Heinemann, 2017). Bis Ende 2016 verkauften die 79 Einzelhändler seit Projektstart im Oktober 2015 insgesamt mehr als 160.000 Artikel im Gesamtwert von über 6,7 Mio. EUR. Der Großteil der teilnehmenden Marktplatzpartner blieb zunächst auch nach der Pilotphase dabei. Nach Auslaufen der Starterhilfe sprang allerdings die Hälfte der Marktplatzpartner wieder ab, was sie jedoch spätestens beim ersten Shutdown in 2020 bitter bereuen

Abb. 4.18 Die Einstiegsseite von „Mönchengladbach bei eBay" und Landingpage mit Händlershops. (Quelle: Zoll und Marks, 2016; Heinemann, 2017)

sollten. Basierend auf der Pilotphase konnten nachfolgend zentrale Faktoren des Projekts „MG bei eBay" abgeleitet werden, die für den bisherigen Erfolg von „Mönchengladbach bei eBay" maßgeblich waren (ebd.).

Den Wandel akzeptieren: Schlüssel für die erfolgreiche Partizipation an „Mönchengladbach bei eBay" war auf Händlerseite die Einsicht, dass „Online" ein unumkehrbarer Trend ist. Damit bestand dann auch die Bereitschaft, Präsenz auf allen Kanälen zu zeigen. Nach Aussagen teilnehmender Händler, wandeln sich der Markt und das Verbraucherverhalten, sodass manentweder mitmacht oder untergeht (Zoll und Marks, 2016).

Von Agilität profitieren: Kleine Einzelhändler waren schneller und flexibler als große Filialisten. Viele der kleineren Händler konnten nach der Entscheidungsfindung innerhalb weniger Tage oder Wochen einen großen Teil ihres Sortiments bei eBay verfügbar machen, wofür Filialisten wegen der ganzen Prozessumstellungen in der Regel deutlich länger benötigen. „Die Mönchengladbacher Händlerinnen und Händler haben nun die Chance, sich mit diesem Projekt an die Spitze eines Trends zu setzen, der unaufhaltsam ist", so Andree Haack, Geschäftsführer IHK Mittlerer Niederrhein Existenzgründung und Unternehmensförderung (ebd.).

Reichweite von Online-Marktplätzen nutzen: Sobald ein Händler sein Online-Angebot bei „Mönchengladbach bei eBay" eingestellt hatte, erreichte er auch User in Berlin, London oder New York. Lediglich das Verpacken und Verschicken der Artikel bedeutet einen Mehraufwand, allerdings ist das zusätzliche Umsatzpotenzial signifikant. Von den teilnehmenden Händlern haben etliche Verkäufe in über 80 Länder zu verzeichnen, darunter Guadeloupe und Neuseeland.

Auf etablierte Partner bauen: Der Aufwand, den Händler durch die Digitalisierung ihres Angebots hatten, sollte so schnell wie möglich auch über Umsätze kompensiert werden. Diese konnten kurzfristig schneller auf einem etablierten Online-Marktplatz mit niedrigen Einstiegshürden generiert werden. „Durch die Präsenz bei eBay konnten wir uns einen größeren Kundenkreis erschließen. Natürlich profitieren wir dabei auch vom Namen ‚eBay' und der Reichweite, die uns durch die Online-Präsenz geboten wird. Wir haben uns dadurch ein Schaufenster geschaffen, das wir vorab nicht hatten" (Zoll und Marks, 2016; Heinemann, 2017).

Mit Warenwirtschaftssystem Effizienzvorteile gewinnen: Im lokalen Handel in Mönchengladbach zeigte sich ein gewisser Nachholbedarf bei Warenwirtschaftssystemen, die Online- und Offline-Sortimente integriert erfassen. Die meisten der mitmachenden Händler arbeiteten ausschließlich mit den eBay-Verkäufertools. Deswegen fand keine automatisierte Synchronisation mit den Ladenbeständen statt. Aus Sicht der Projektpartner sollte die Einführung eines Warenwirtschaftssystems daher für die Pilothändler ein nächster Schritt sein, um Doppelverkäufe zu vermeiden und Effizienzvorteile zu gewinnen.

Niedrige Einstiegsschwellen schaffen: „Niedrige Eintrittsschwellen machen es auch Online-Laien leicht, sich bei ‚Mönchengladbach bei eBay' zu engagieren", so Peter Achten, Hauptgeschäftsführer Handelsverband Nordrhein-Westfalen e. V.

(Zoll und Marks, 2016; Heinemann, 2017). Deswegen wurden auch die Kosten für den eBay-Auftritt für das erste Jahr erlassen und die Fotos der Händler in ihren Ladengeschäften für die Präsentation auf dem Online-Marktplatz finanziert. Auch erhielten die Händler eine kostenfreie eBay-Startberatung in Form von Live-Webinaren. „Die Unterstützung von eBay hat uns das Einstellen der Artikel sehr einfach gemacht. Das hat die Lust, den Online-Verkauf auszuprobieren, nochmals gesteigert", sagt eine teilnehmende Händlerin (ebd.).

Lokalen Kontakten vertrauen: Das bestehende Vertrauen der Händler in die Projektpartner vor Ort war erfolgskritisch. Nur so konnten in kurzer Zeit über 50 Händler zum Start des Projektes gewonnen werden. Der persönliche Dialog war vor allem bei den Neueinsteigern zielführend. Ein teilnehmender Händler sagte: „Wir sind seit dem Start des Pilotprojekts mit dabei und hatten zuvor keinen Online-Shop. ‚Mönchengladbach bei eBay‘ ist deshalb für uns der erste Schritt in die Online-Welt" (ebd.).

Einen „Kümmerer vor Ort" etablieren: Für „Mönchengladbach bei eBay" stellte die WFMG von Anfang an Ressourcen bereit. Ein eigens dafür abgestellter Mitarbeiter konnte in Vollzeit für das Projekt tätig sein, der zum Beispiel auch für Händlerakquise und -dialog, Planung von lokalen Topangeboten sowie Koordination von lokalen PR- und Marketingaktivitäten verantwortlich war. Bei Bedarf wurden weitere Kollegen der WFMG zur Unterstützung eingebunden. „Wir freuen uns, dass Mönchengladbach der erste Ort ist, mit dem eBay in Deutschland ein lokales Kooperationsprojekt dieser Art startet", so Dr. Ulrich Schückhaus, Geschäftsführer der WFMG (ebd.).

Mit Vollsortiment ins Netz gehen: Eine bloße Präsenz bei „Mönchengladbach bei eBay" war noch kein Umsatzbringer, der über den sogenannten „ROPO-Effekt" hinausging („research online, purchase offline"). Das Vorgehen, zunächst nur wenige Artikel einzustellen und dann sukzessive zu steigern, konnte nicht aufgehen. Ein Verkaufserfolg setzte in der Regel erst bei einer Mindestartikelanzahl von 50 bis 100 ein. Ziel sollte es also sein, online das volle Sortiment abzubilden.

Den engen Austausch mit Händlern pflegen: Als fruchtbar wurden von allen Beteiligten die direkten und institutionalisierten Kommunikationswege zwischen Händlern, WFMG und eBay bezeichnet. Über regelmäßige Roundtables, E-Mail-Newsletter oder persönliche Kontaktaufnahmen standen Händler und die Projektpartner in einem ständigen Austausch. Die gelungene Zusammenarbeit zeigt sich auch in den vielen Presseberichten, in denen teilnehmende Händler zu Wort kamen. Ein Händler konstatierte: „Bislang sind wir mit dem Verlauf sehr zufrieden. Das liegt auch an der Unterstützung durch eBay, gerade zum Start des Pilotprojekts. Dafür können wir eBay und die Wirtschaftsförderung aus Mönchengladbach ausdrücklich loben" (ebd.).

Lokale Marketingkanäle nutzen: Damit „Mönchengladbach bei eBay" auch auf der Kundenseite bekannt wurde und Nachfrage erzeugte, wurden von Projektbeginn an alle relevanten Marketingkanäle vor Ort bespielt. Dafür wurde auch die MGMG stark in das Projekt eingebunden. Vor Ort sorgten Plakate und Stickern, die den Händlern zur Verfügung gestellt wurden, öffentlichkeitswirksam für Beachtung. Grundsätzlich sind in jedem Fall Marketingmaßnahmen notwendig, um eine neue Shopping-Alternative nachhaltig zu etablieren.

Aufgrund der positiven Erfahrungen wurde Mitte 2016 entschieden, das Projekt weiterzuführen. Dabei wurden zwar nicht alle Features übernommen, zum Beispiel nicht das Angebot der Woche. Aber der Grundkern blieb erhalten. Auch gingen seitdem auch neue Händler mit an Bord, so wie im Juli 2016 der Möbelhändler Schaffrath. Zudem diente „MG bei eBay" als Impulsgeber für den Wettbewerb „Digitale Innenstadt". Per 2021 sind immer noch 26 Händler bei „MG bei eBay" mit dabei (eBay City Mönchengladbach, 2021).

4.3.3   Digitale Innenstadt als Initiative von HDE und eBay

Das Pilotprojekt „Mönchengladbach bei eBay" war Vorbild für die Aktion „Digitale Innenstadt", bei dem ein Nachfolger oder besser eine Schwester für Mönchengladbach gesucht wurde. Deswegen einigten sich der HDE (Handelsverband Deutschland) und eBay darauf, einen entsprechenden Wettbewerb im April 2016 deutschlandweit auszuschreiben. Der HDE ist als Spitzenorganisation des deutschen Einzelhandels mit rund 100.000 Mitgliedsunternehmen (von 300.000) des Einzelhandels und drei Millionen Beschäftigten seit rund zehn Jahren verstärkt an der Digitalisierung des Handels interessiert. So wies der HDE in seinem Positionspapier zum E-Commerce explizit auf das Thema Digitalisierung im Zusammenhang mit der Innenstadtproblematik hin (HDE Digitalisierung, 2015; HDE und eBay PM II, 2016). Dabei vertrat er die Meinung, dass die Städte bei geringer werdenden kommunalen Haushalten ihre Planung konsequent auf die Innenstädte ausrichten müssen. Um einen Abgleich mit nicht innenstadtaffinen Branchen herzustellen, sollten die Städte Einzelhandelspläne in Zusammenarbeit mit den Handelsverbänden vor Ort erstellen, beschließen und laufend fortschreiben. Auch sollte nach HDE-Meinung der stationäre Handel bei seinen E-Commerce-Aktivitäten durch die Stadt unterstützt werden, zum Beispiel im Hinblick auf freies WLAN. Ziel des HDE ist es erklärtermaßen, die digitale Präsenz des stationären Einzelhandels zu erhöhen und besonders zukunftsweisende Konzepte zu fördern (ebd.). Deswegen verfolgte der HDE auch von Anbeginn sehr genau das Projekt „MG bei eBay", bei dem zugleich der NRW-Hauptgeschäftsführer Peter Achten mit im Beirat saß. So kam es folgerichtig zu der Idee, zusammen mit eBay den gemeinsamen Wettbewerb „Die digitale Innenstadt" auszuloben (vgl. Abb. 4.19). Jede Stadt konnte sich bewerben. Eine Fachjury begutachtete die Bewerbungen und sollte den Sieger küren. In der eBay-Pressemitteilung vom 20. April 2016 hieß es dazu: „Seit Herbst 2015 bieten Mönchengladbacher Ladeninhaber ihr Sortiment über die bisherigen Verkaufskanäle hinaus auch bei eBay an. Die Bilanz fällt nach fünf Monaten ausgesprochen positiv aus: Die Umsätze aus dem ersten Vierteljahr wurden bereits auf mehr als zwei Millionen Euro verdoppelt. Es wurden dabei Käufer aus mehr als 70 Ländern gezählt. Und inzwischen nehmen schon 74 lokale Händler am Projekt teil, die bereits 53.000 Artikel verkauft haben" (HDE und eBay PM I, 2016; eBay DH, 2017).

Abb. 4.19 Der Wettbewerb „Die Digitale Innenstadt" und Mitglieder der Jury. (Quelle: HDE, 2016; eBay DH, 2017; Heinemann, 2017)

Ausschreibung und Anforderungen

Der Wettbewerb „Die digitale Innenstadt" startete am 20. April 2016 und zielte ganz eindeutig auf den innerstädtischen Fachhandel ab. Teilnehmen konnten nicht nur Städte, sondern auch Stadtteile, Innenstädte oder auch Einkaufsstraßen. Voraussetzung für die Teilnahme war, dass Verwaltung und Handel eine gemeinsame Digitalisierungsstrategie für ihren Standort aufzeigen und lokale Händler an den Start bringen konnten. Damit war eine gültige Bewerbung auch nur im engen Schulterschluss aller Beteiligten möglich: Lokale Händler samt Unterstützung durch Einzelhandelsverbände, Handelskammern oder Stadtmarketinggemeinschaften sowie die Vertreter der Stadt mussten zusammen ihre digitalen Unterlagen beim HDE einreichen.

Stationäre Händler, lokale Handelsverbände und die öffentliche Hand konnten sich gemeinsam bis zum 17. Juni 2016 darum bewerben, ein attraktives Paket zur umfassenden digitalen Förderung des Handels in ihrer Stadt zu gewinnen. Für den Sieger wurde eine eigene Präsenz auf dem weltweiten Online-Marktplatz eBay ausgelobt. Insbesondere den lokalen Händlern der potenziellen Siegerstadt sollte ein einfacher wie reichweitenstarker Einstieg in den Online-Handel ermöglicht werden. „Jeder Händler muss im Internet zumindest auffindbar sein. Eine gute Möglichkeit für viele Unternehmen kann dabei die Präsenz bei Online-Marktplätzen sein. Für den stationären Handel gilt es, die Chancen der Digitalisierung konsequent zu nutzen", so Stephan Tromp, stellvertretender Hauptgeschäftsführer HDE (HDE und eBay PM I, 2016).

Der Gewinn in Form eines digitalen Förderprogramms von HDE und eBay beinhaltete neben dem lokalen Online-Marktplatz auch einen freien WLAN-Zugang für Besucher von Ladengeschäften in der Gewinnerstadt. Darüber hinaus sollten teilnehmende Händler einen kostenfreien eBay-Basisshop sowie Unterstützung beim Start in den E-Commerce in Form von Webinaren und telefonischer Beratung zur Optimierung des Shops und des Artikelangebots an die Hand bekommen. Es wurde in Aussicht gestellt, die Artikelseiten der Händler über eine zentrale Landingpage der Stadt finden zu können, auf die im Rahmen der Marketingaktivitäten rund um das Projekt „Die digitale Innenstadt" geleitet wird.

Eine anerkannte Jury mit Experten für digitalen Handel, der auch der Autor angehörte, sollte über den Gewinner des Wettbewerbs entscheiden. Zu den Auswahlkriterien zählten die Anzahl der teilnehmenden Händler, das Zusammenspiel von Handel und Verwaltung sowie natürlich die Digitalstrategie. „Für alle Bewerbungen gilt: Je kreativer desto besser!", so Stephan Tromp, stellvertretender Hauptgeschäftsführer HDE (HDE und eBay PM II, 2016). Der Start zur Umsetzung der Fördermaßnahmen wurde für Herbst 2016 geplant – sobald die Händler der siegreichen Stadt geschult und die notwendigen Websites aufgebaut seien.

Die Sitzung der Jury fand am 24. Juni 2016 in den Räumen des HDE in Berlin statt und bewertete die eingegangenen Bewerbungen auf der Grundlage eines Scoring-Modells. Jedes Jury-Mitglied konnte nach Schulnoten die Bewerber benoten, wobei dafür vorher konkrete Kriterien festgelegt wurden. Dazu zählten neben der Zahl der teilnehmenden Händler unter anderem das Zusammenspiel von Handel und Verwaltung sowie das Committment und die bereitgestellten Ressourcen der Stadt, das zugrunde gelegte Marketingkonzept sowie die Realitätsnähe und die festgelegten Ziele für die skizzierten Ideen. Insgesamt gab es 13 Bewerbungen aus sechs Bundesländern – die meisten davon aus Bayern und Nordrhein-Westfalen. Die Stadt Diepholz wurde von der Jury mit Abstand zum klaren Gewinner gekürt. Die nach Diepholz nächstplatzierten Städte Bingen und Oberhausen erhielten als „Extrapreis" für ihre lokalen Händler Zugänge zu kostenfreien eBay-Basisshops für zwölf Monate sowie ein Starterpaket mit eBay-Versandmaterial.

Diepholz als Sieger

Die niedersächsische Kleinstadt Diepholz konnte in dem Städtewettstreit das überzeugendste Digitalkonzept vorlegen. Ein mit der Bewerbung eingereichter „Letter of intent" bestätigte eindrucksvoll, dass die Stadt Diepholz und ihre Händler voll und ganz willens waren, das Projekt „Diepholz bei eBay" in jeglicher Hinsicht zu unterstützen. Auch die Industrie- und Handelskammer hatte sich zum Wettbewerb „Die digitale Innenstadt" positiv bekannt und begleitete das Projekt konstruktiv. Bereits in der Bewerbungsphase konnte Diepholz 30 Händler gewinnen, die sich zur möglichen Teilnahme verpflichteten. „Handel wächst online, aber Online-Handel im Alleingang ist komplex. Deshalb scheuen viele kleine Händler den Versuch, das so wichtige Wachstum online zu erzielen. Diepholz hat das erkannt und die Händler vor Ort auf das Thema Online eingeschworen. Eine wichtige Grundlage für den Erfolg", so Stefan Wenzel, Jury-Mitglied und Deutschland-Chef von eBay (HDE und eBay PM II, 2016). Als Sieger konnte Diepholz ein umfassendes Paket zur digitalen Förderung des Handels gewinnen inklusive Anbindung der Händler und ihrer Sortimente bei eBay, die Unterstützung durch den Online-Marktplatz beim Start in den E-Commerce, eine eigene Präsenz für die Gewinnerstadt bei eBay sowie kostenloses WLAN vor Ort in den teilnehmenden Ladengeschäften. Als besonderes Merkmal der Innenstadt galt der inhabergeführte Facheinzelhandel, zumal schon aufgrund der Stadtgröße kaum Filialisten vertreten waren. Das Einzelhandelsangebot reichte von Bekleidung und Schuhen über Accessoires, Kosmetik und Sportartikel, Dekorationsartikel und Bücher bis hin zu Haushaltsgeräten (Diepholz, 2016). Als weitere Besonderheit konnten „lokale vertikale Anbieter" mit der Herstellung eigener Produkte angesehen werden. So steht in Diepholz die wohl einzige Grünteemühle Europas. Hier produziert und verkauft die inhabergeführte Firma „Shimodozono International GmbH" japanischen Grüntee mit dem Markennamen KEIKO. Neben Grünteesorten werden auch Teesüßigkeiten und -zubehör verkauft. Einige der hergestellten Produkte werden sogar wieder zurück nach Japan exportiert. „Genau diese Individualität und Produktvielfalt möchten wir durch eine Digitalisierungsstrategie stärken und sicherstellen. Und warum sollen nicht auch andere Länder von unseren Produkten und gutem Service profitieren?", so das Bewerbungsschreiben aus Diepholz (Diepholz, 2016; Heinemann, 2017).

4.3.4   Diepholz bei eBay

Diepholz zählt mit rund 16.600 Einwohnern zu den Kleinstädten in Niedersachsen. In der Stadt gibt es eine verhältnismäßig kleine Fußgängerzone, aber dennoch ein relativ breites Spektrum an Angeboten und Dienstleistungen (Diepholz, 2016; Heinemann, 2017). Diepholz war von Anbeginn von dem Pilotprojekt „MG bei eBay" überzeugt und beschrieb sich auch als eine eigentlich „digitalfreundliche Stadt". Leider fehlten jedoch bisher bei kleineren Geschäften oftmals die erforderlichen Ressourcen, um im Online-Handel mitmischen zu können. Deswegen wurde bereits im Februar 2016 ein Praktikumsplatz geschaffen, um lokale Händler digital unterstützen, Einzelhandelskonzepte erarbeiten und den lokalen Einzelhändlern eine feste Kontaktperson bieten zu können. Unabhängig vom Wettbewerb sollte diese Stelle nach sehr erfolgreicher Startphase und positiver Resonanz zum 1. Juli 2016 in einen festen Arbeitsplatz bei der Wirtschaftsförderung umgewandelt werden (Diepholz, 2016). Die Stelleninhaberin sollte sich in den nächsten Jahren schwerpunktmäßig um das City-Marketing kümmern und die Projektleitung für „Diepholz bei eBay" übernehmen. Auch sollte sie im Projektverlauf für alle Fragestellungen und eventuellen Schnittstellenproblematiken jederzeit zur Verfügung stehen und damit eine optimale Kommunikation zwischen den Einzelhändlern und eBay sicherstellen. Das Commitment für das Projekt „Diepholz bei eBay" war auf Händlerseite von Anbeginn sehr hoch. Ein Schreiben im Vorfeld des Wettbewerbs konnte den Händlern die ersten Informationen vermitteln und als „Interessewecker" dienen. Erste Rückfragen trafen bereits nach wenigen Stunden ein. Die schnelle Reaktion zeigte, dass das Interesse an der Digitalisierung der Innenstadt nicht nur aufseiten der Stadt bestand, sondern der Wettbewerb und die damit verbundenen Chancen ebenfalls bei den Diepholzer Einzelhändlern auf großes Interesse stießen (ebd.). Darüber hinaus wurde jedes Geschäft persönlich besucht und vor Ort über den Wettbewerb informiert. Deswegen konnten bereits mit Eingang der Bewerbung 30 Handelsunternehmen als potenzielle Teilnehmer gewonnen werden, was aber das Potenzial nicht ausschöpfte. Für die Penetration der neuen Plattform wurde geplant, regelmäßige Informationstage zu organisieren und auf lokalen Veranstaltungen, wie etwa auf dem Stadtfest, mit dem Projekt „Diepholz bei eBay" präsent zu sein. Damit sollten auch Bürger für den Marktplatz „Diepholz bei eBay" als Kunden gewonnen werden. Zudem konnten so auch Fragen weiterer Interessenten beantwortet werden. Bereits teilnehmenden Geschäften wurde ebenfalls jederzeit die Möglichkeit gegeben, sich zu informieren oder Probleme anzusprechen (Diepholz, 2016; Heinemann, 2017). Weiterhin war beabsichtigt, Werbematerial wie Banner, Flyer und Werbetafeln zu entwerfen und im Stadtbereich aufzustellen. Jedes Einzelhandelsgeschäft, das bei „Diepholz bei eBay" teilnahm, wurde mit einem eigens designten Aufkleber gekennzeichnet und so auch für die Kunden erkennbar gemacht. Auf Verwaltungsseite war sichergestellt, dass schnell die erforderlichen Genehmigungen eingeholt werden konnten, da die Wirtschaftsförderung und die Stadtmarketing Diepholz mbH (WiSta) sowie die Stadtverwaltung im selben Hause saßen und bereits eng zusammenarbeiteten. Auch andere Abteilungen der Stadtverwaltung standen für einen Support bereit, so eine moderne und fachkundige IT-Abteilung sowie die eigene Baugenehmigungsbehörde. Diepholz sah das Projekt und die bisherige Digitalisierung der Stadt als perfekte Ergänzung an und setzte schon seit Jahren seinen Fokus auf die Digitalisierung und eine „papierfreie" Verwaltung, sei es in Form von Apps, iBeacons, LipDub-Videos, Imagefilmen, digitalen Rechnungseingängen, Online-Archivierungen oder Ausbau des schnellen Internets. Zudem arbeitete die Stadt Diepholz mit ihrer Wirtschaftsförderung und Fördergemeinschaft zusammen an einem neuen Online-Auftritt, von dem auch durch eine „Icon-Verlinkung" zum Online-Marktplatz eBay weitergeleitet werden sollte.

Erfolgsbilanz Diepholz bei eBay

Der HDE und eBay zogen fünf Monate nach dem Start des Projekts „Die Digitale Innenstadt" in Diepholz eine positive Zwischenbilanz. Demnach nutzten in diesem Zeitraum 30 Einzelhändler aus der Stadt die Möglichkeit, ihre Produkte über eine eigene Präsenz sowie die zentrale Einstiegsseite www.dh-bei-ebay.de bei eBay auf dem Marktplatz anzubieten. Dabei verkauften die Diepholzer Händler Artikel mit einem Gesamt-GMV von 175.000 € und lieferten dabei in 16 unterschiedliche Länder, unter anderem China und die USA. Als wesentlicher Erfolgsfaktor stellte sich dabei insbesondere ein umfangreiches Online-Sortiment heraus – wie auch zuvor in Mönchengladbach. Händler mit mehr als 100 bei eBay angebotenen Artikeln konnten im Durchschnitt einen zusätzlichen GMV von 30.000 € erzielen. Der Erfolg des Projekts in Diepholz gab Anlass, dass eBay seine Städteinitiative ausweitete und auf eine breitere Basis stellte. Dazu startete eBay einen digitalen City Hub mit dem Ziel, mehr Städten die Möglichkeit zu geben, ihren Händlern mit einfachen Mitteln eine Präsenz bei eBay und so zusätzlichen Umsatz zu erschließen. Das Angebot der teilnehmenden Shops in Diepholz war vielfältig. Das größte Online-Sortiment bot Schuh Seegers, ein Schuhladen aus der Diepholzer Fußgängerzone, mit über 2000 Produkten an. Der Modellbahnhändler Modellbahn Dümmersee verkaufte einen sehr speziellen Modellbahn-Decoder in die USA. Die vielleicht kreativsten Produkte bot Individual Piggy Banks mit individuell gestalteten und personalisierten Sparschweinen an. Und auch die Stiftung Bethel im Norden verkaufte Ware, die von Menschen mit Behinderung hergestellt und vertrieben werden. Das Projekt „Digitale Innenstadt Diepholz" motivierte eBay dazu, sein Städteprogramm auszuweiten und noch viele andere Einzelhändler bei ihren ersten Schritten im Bereich der Digitalisierung zu unterstützen. So kamen digitale City Hubs zum Einsatz, mit denen es Einzelhändlern im stationären Handel leicht möglich war, am Online-Handel teilzunehmen. Wichtige Erfahrung für eBay war, dass sich der stationäre Handel in kleinen Orten massiv von dem in Großstädten unterscheidet. So sind in kleinen Städten und Gemeinden vor allem Kleinstunternehmer mit begrenzten Ressourcen anzutreffen, die sich überwiegend noch gar nicht mit der Digitalisierung auseinandergesetzt haben. Diese brauchten entsprechend mehr Anleitung und Unterstützung. Ist das aber sichergestellt, haben vor allem KMU-Unternehmen die Chance, über digitale Marktplätze ihre Reichweite zu erhöhen und neue Kundenkreise für sich zu erschließen. Dafür ist es zunächst einmal wichtig, von den potenziellen Kunden überhaupt gefunden und wahrgenommen zu werden (Digital-Magazin, 2017).

4.3.5 OCW/Online City Wuppertal und Atalanda

Die Online City Wuppertal (OCW) ist ein öffentlich gefördertes Projekt zur Verknüpfung des lokalen Einzelhandels mit dem Online-Handel. Projektstart war 2014 mit dem Ziel, den stationären innerstädtischen Einzelhandel im Zeitalter der Digitalisierung zukunftsfähiger zu machen. Im Grunde gilt die OCW als Pionier für einen regionalen Online-Marktplatz, auf dem die städtischen Einzelhändler und Dienstleister gemeinsam ihre Waren und Dienstleistungen vermarkten. Dadurch sollten Händler die Möglichkeit erhalten, ihre Produkte nicht mehr nur im Laden, sondern auch online anzubieten. Darüber hinaus werden auch ein gemeinsamer Internetauftritt sowie kooperative Werbeaktionen sowie gemeinschaftliche Veranstaltungen wie zum Beispiel Feste und Stammtische durchgeführt (Wuppertal.de OCW, 2021). Aufbauarbeit und Startphase wurden durch das Forschungsprogramm „ExWoSt" (Experimenteller Wohnungs- und Städtebau) des Bundesministeriums des Innern, für Bau und Heimat (BMI) gefördert. Um Ausstellungsflächen für kooperierende Online-Händler sowie als Abholstation für online bestellte Waren zu schaffen, wurde im September 2015 in der Wuppertaler Rathaus-Galerie auch ein stationäres Ladenlokal eröffnet. Für dieses „talKONTOR" wurde der deutschlandweit erste Drive-in-Schalter an einem Shoppingcenter gebaut.

Darüber hinaus wurde das als „Retail Lab" bezeichnete Ladenlokal auch als „Versuchslabor" genutzt, um digitale Technologien wie Beacons oder iPad-Kassensysteme für die OCW.Händler auszuprobieren (ebd.). Ab 2017 wurde die Online City Wuppertal unter Einbindung der Wirtschaftsförderung mit dem Namen F.O.R.U.M. (Förderung von Organisationsstrukturen zur Revitalisierung urbaner Lebensräume durch Multi-Channel-Handel) weitergeführt. Dazu erhielt das Projekt eine zweite Förderung, die im Rahmen des Projektsaufrufes „Digitalen und stationären Einzelhandel zusammendenken" des Landes NRW floss. Die Projektmittel wurden u. a. für Marketingmaßnahmen verwendet, um die Bekanntheit der OCW zu steigern, und in digitale Schulungsmaßnahmen für Händler und Dienstleister investiert. Mitte 2019 wurde das Projekt an den Verein talMARKT – Online City Wuppertal e. V. übergeben, Der talMARKT besteht aus Einzelhändlern, Gastronomen und Dienstleistern, die seitdem die OCW betreiben und die Interessen der Online-City-Teilnehmer nachhaltig vertreten. Auf dem Marktplatz stellen lokale Händler sich, ihren Laden und ihre Waren vor. Das Angebot beinhaltet u. a. Bücher, Mode, Schmuck, Geschenkartikel, Tierbedarf und Lebensmittel. Zusätzlich bieten auch Dienstleister ihre Services an, so zum Beispiel im Bereich Carsharing oder Schlüsseldienst. Mittlerweile werden mehr als eine Million Produkte auf der Online-Plattform angeboten. Die Grundgebühr für Händler beträgt 50 € pro Monat. Sofern nur das Händlerprofil oder das Dienstleistungsangebot gezeigt wird, beträgt der Beitrag 25 € pro Monat (Wikipedia OCW, 2021). Dafür umfasst die OCW als Leistungen einen 24/7-Einkauf mit Telefon, Fax, Mail und Webshop als Bestellmöglichkeit. Bestellen die Kunden bis 16.30 Uhr, erhalten sie entweder taggleiche Lieferung oder Click & Collect im talKontor mit Drive-In-Schalter, der bis 22 Uhr geöffnet ist. Auch gibt es einen Check & Reserve im Pop-Up-Store des Retail Labs in der Rathausgalerie sowie Online-Beratungen via Telefon, Chat, Video-Chat oder Skype. Neu ist der Online-City-Stadtgutschein, der bei allen 30 teilnehmenden Marktplatzpartnern in Wuppertal eingelöst werden kann (Wuppertal.de OCW, 2021). Stadtgutscheine können direkt online auf dem Marktplatz erworben werden und mit einer persönlichen Nachricht per Mail an die Beschenkten versendet werden. Optional ist der Gutschein auch im Laden vor Ort erwerbbar und kann mit einem Wert von bis zu 200 € aufgeladen werden. Er kann stationär oder über den digitalen Marktplatz der Online City Wuppertal eingelöst werden inklusive Teileinlösungen und Neuaufladungen (Wikipedia OCW, 2021; Wuppertal.de OCW, 2021).

Auf dem OCW-Marktplatz gibt es regelmäßige Aktionstage, an denen vermehrt themenspezifische Produkte angeboten oder Rabattcodes und Online-Gutscheine bereitgestellt werden. Für die Online-Vermarktung des OCW ist vorteilhaft, dass die Händler und Dienstleister sich nicht einzeln im Internet präsentieren, sondern mit einem gemeinsamen Auftritt vertreten sind. Durch eine gezielte Suchmaschinenoptimierung (SEO) werden so auch einzelne Händler bei der Internetsuche schneller gefunden, denn sie stehen dadurch in der Trefferliste weiter oben. Gleiches gilt für die Social-Media-Kanäle Facebook und Instagram sowie die Videoplattform YouTube (ebd.). Aber auch offline finden gemeinsame Veranstaltungen der Online-City-Mitglieder statt, wie z. B.

Stadtfeste oder gemeinsame Lehrgänge zum Online-Handel und zur Digitalisierung. Auch gibt es einen monatlichen Händlerstammtisch, bei dem sich die Marktplatzpartner austauschen können.

Erfolgsbilanz OCW

Bezüglich der Erfolgsbilanz wurden bis auf die Anzahl der mitmachenden Marktplatzpartner, der auf der Plattform eingestellten Artikel sowie die öffentlichen Fördergelder bisher keine weiteren Angaben gemacht. Bei Anfrage wird stets auf den angeblichen ROPO-Effekt verwiesen. Die Kunden in Wuppertal informieren sich angeblich vorab online über das Produkt und die Verfügbarkeit und gehen dann in den Laden, um vor Ort einzukaufen. Einige Händler berichten von Frequenzsteigerungen im Laden. Das Naschkatzenparadies in Wuppertal hat nach Angaben seines Inhabers Markus Kuhnke sogar 20 % Umsatzsteigerung im ersten Weihnachtsgeschäft erzielt, was aber auch durchaus auf seine Medienpräsenz als OCW-Meinungsführer in dem betrachteten Zeitraum zurückzuführen sein kann, denn es fiel auf, dass dieses auch den ersten Platz nach Seitenaufrufen der ersten sechs Monate innehatte. Nach Angaben der OCW-Verantwortlichen blieb die Zahl der online getätigten Einkäufe überschaubar (Stores-Shops.de, 2015).

Corona und OCW

Um die lokalen Einzelhändler auch in der Corona-Krise zu unterstützen, bietet die Online City Wuppertal ein Gutscheinsystem für schnelle Hilfe an (vgl. Abb. 4.20). Bereits beim ersten Lockdown über Ostern 2020 hatte das Projekt sein Angebot ausgeweitet, um lokale Händler ohne eigene Online-Kanäle zu unterstützen. Auch im

Abb. 4.20   Einkaufsgutschein OCW. (Quelle: Wuppertal.de OCW, 2021)

erneuten Lockdown galt dieses Angebot. Für drei Monate konnten betroffene Händler kostenlos bei der OCW mitmachen, um trotz Ladenschließungen Umsätze zu erzielen. Auch das Gutscheinsystem lief weiter, wobei Gutscheine für einen bestimmten Laden über die Plattform kontaktlos erworben werden konnten. Auch bei Wiedereröffnung konnten die Gutscheine wie gewohnt vor Ort eingelöst werden (Wuppertaler Rundschau OCW, 2020).

Atalanda und OCW
Der Online-Marktplatz wird durch den externen Dienstleister Atalanda GmbH betreut, der die technische Infrastruktur bereitstellt. Mit Atalanda arbeitet auch der talMARKT beim Marketing der OCW zusammen. Atalanda ist ein deutsches Dienstleistungsunternehmen, das Plattformen für regionale Online-Marktplätze anbietet und in mehreren Städten Deutschlands sowie in der Schweiz aktiv ist. Neben Wuppertal arbeiten mittlerweile auch mehrere andere Städte wie zum Beispiel Alfeld, Attendorn, Bedburg, Bitterfeld-Wolfen, Bochum, Braunau-Simbach, Eisleben, Ettlingen, Freilassing, Göppingen, Günzburg, Hamburg, Heilbronn, Homburg, Monheim am Rhein, Pfaffenhofen an der Ilm, Wolfenbüttel, Wuppertal sowie in Bern und Zürich mit Atalanda bei ihren Online-Marktplätzen zusammen. Die Atalanda GmbH wurde 2012 von Roman Heimbold gegründet und war zunächst Crowdfunding-finanziert. Im März 2017 wurde berichtet, dass die ANWR Group als strategischer Investor unter anderem auch bei Atalanda eingestiegen ist. Die Abstimmung zwischen Atalanda und der Digitaltochter ANWR Media funktioniert angeblich gut. In der Kumulation aller Städte stellt Atalanda mittlerweile eher einen nationalen Online-Marktplatz und weniger eine regionale Plattform dar. Lokale Kunden können über die Plattform Produkte aus regionalen Geschäften einkaufen. Je nach Stadt und Ausprägung des lokalen Online-Marktplatzes können sie Produkte ordern und selbst abholen, oder sie lokal oder eventuell national liefern lassen. Atalanda wirbt damit, dass für lokale Bestellungen, die bis spätnachmittag aufgegeben werden, eine Lieferung noch am selben Tag erfolgen kann. Retouren können zurückgeschickt oder ins Geschäft zurückgebracht werden. Atalanda sieht sich selbst als Ergänzung zu Amazon oder eBay. Es sei vor allem für ROPO-Kunden geeignet, die erst im Internet recherchieren, wo sie welche Produkte vor Ort erhalten können, und sie dann bevorzugt im stationären Einzelhandel kaufen. Zustellungen erfolgen entweder durch Kuriere, die über der Logistikplattform *atalogics* vermittelt werden, oder durch DHL. Teilnehmende Händler können optional zwischen einem Unternehmensprofil ohne Online-Verkauf, einem zusätzlichen Online-Verkauf sowie auch einer Versandoption wählen. Dafür ist eine monatliche Gebühr sowie eine Provision von 8 % des Nettowarenwerts an den Betreiber zu zahlen. Die Marktplatzpartner dürfen den Kunden Lieferkosten bis in Höhe eines limitierten Festbetrags berechnen (CIMA, 2021; Wikipedia Atalanda, 2021).

4.4   Digitale Einzelhandelsinitiativen und Förderung

Mittlerweile gibt es unzählige digitale Einzelhandelsinitiativen. Neben lokalen Online-Marktplätzen geht es dabei um alle Themen, welche die Digitalisierung zu bieten hat. Unabhängig von der Corona-Pandemie wurde die eBay-City-Initiative bereits nach dem Projekt Diepholz-bei-eBay ins Leben gerufen. Fast zeitgleich startete auch die staatliche Förderung „Mittelstand Digital", die in das „Mittelstand 4.0 – Kompetenzzentrum Handel" mündete und schließlich Digital-Coaches in NRW beförderte. Alle anderen digitalen Initiativen wurden erst mit dem ersten Shutdown ins Leben gerufen, so Amazon KMU-Impact und die Initiative Zukunft von Google. Darüber hinaus gibt es derzeit rund 400 digitale Einzelhandelsinitiativen, hinter denen nicht selten Einzelhandelsunternehmen stehen.

4.4.1   eBay City-Initiative und „eBay Deine Stadt"

Aus den Projekten in Mönchengladbach und Diepholz, die auch internationale Beachtung fanden, entstand 2017 die deutschlandweite eBay City-Initiative mit dem Namen lokal & digital. Ziel war es, den städtischen Einzelhandel stärker bei der Digitalisierung zu unterstützen. Basis der City-Initiative war die eBay City-Plattform, mit der sich Städte jeder Größe nach dem Vorbild der Pilotprojekte Mönchengladbach und Diepholz ihre individuelle lokale Präsenz bei eBay sichern konnten. Dabei unterstützte eBay die Teilnehmer mit einem umfangreichen Leistungspaket und dem Know-how angesehener Branchenexperten. Den Einzelhändlern sollte so ein leichterer Einstieg in den E-Commerce ermöglicht werden (WFMG JA, 2015; eBay CI, 2017). Aus einem extra für die Initiative angefertigten „Atlas der ungenutzten Chancen" wurde der Digitalisierungsgrad des lokalen Einzelhandels in Deutschland analysiert. Dabei wurde hervorgehoben, welche großen Potenziale das Internet für den stationären Handel noch bereithält. Mit einer engen Verknüpfung von Offline- und Online-Kanälen könne ein Händler beispielsweise sicherstellen, den Kunden im Kaufprozess optimal zu begleiten. Bei der Wahrnehmung dieser Chance sollte die Initiative lokal & digital unterstützen. Demnach bestünde noch erheblicher Online-Nachholbedarf. Deswegen wollte eBay dabei helfen, mehr lokale Händler für die Erwartungen der Kunden von heute fit zu machen. Damit könnte auch ihre Zukunftsfähigkeit und zugleich auch die der Innenstädte als belebte Einkaufszonen gesichert werden – so der Atlas (eBay CI, 2017). In der Tat vollzieht sich nicht erst seit der Corona-Krise durch die Digitalisierung ein Strukturwandel im deutschen Handel, der auch die Innenstädte nachhaltig verändert. Einst belebte Zentren drohen durch zunehmende Leerständen zu veröden. Der Wandel im Kaufverhalten der Kunden macht deswegen den Online-Handel unabdingbar. Mit der Teilnahme an der City-Initiative erhält jede Stadt unter der URL www.eBay-city. de/STADTNAME gegen eine Gebühr eine eigene Präsenz. Damit sichert sie sich eine digitale Visitenkarte für die lokalen Händler und einen individuellen Online-Auftritt bei

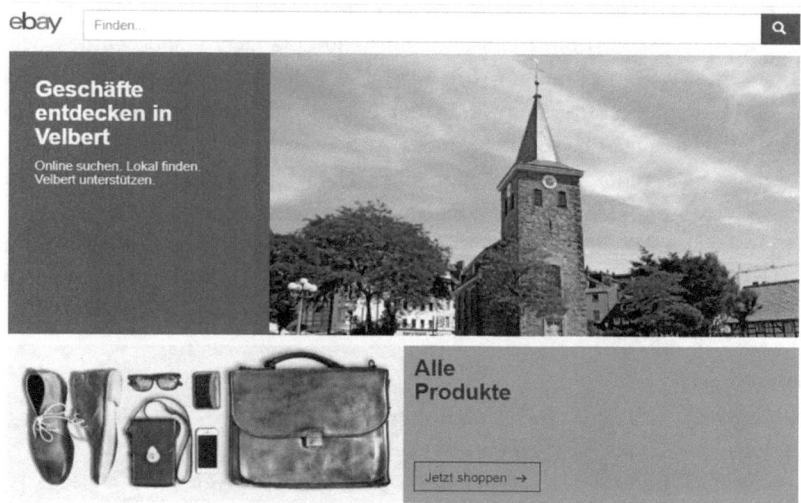

Abb. 4.21 eBay City Velbert. (Quelle: eBay City Velbert, 2021)

eBay. Die regionalen Händler können sich kostenlos anmelden und ihre Reichweite entsprechend vergrößern. Die lokalen Kunden finden dort gebündelt die Händlervielfalt
und den Sortimentsumfang der jeweiligen Stadt. Abgesehen von dem digitalen Auftritt
können die Städte noch 30 kostenfreie eBay Basis-Shops für lokale eBay-Neuhändler
vergeben. Zudem erhalten sie eine exklusive Startberatung von eBay und die Möglichkeit, ein Netzwerk von Experten in Anspruch zu nehmen. Die rechtliche Absicherung
der Marktplatzaktivitäten wird durch die Zusammenarbeit mit Trusted Shops sichergestellt. Nach Mönchengladbach und Diepholz ging Mitte 2018 das nordrhein-west-
fälische Velbert bei eBay online (vgl. Abb. 4.21). Zum Start waren 18 Einzelhändler
dabei, aktuell sind es noch 16 (eBay Velbert, 2018; eBay City Velbert, 2021). Die teilnehmenden Händler decken ein breites Sortimentsspektrum ab und stammen aus den
Branchen Dekoration, Mode, Geschenkartikel sowie Musikinstrumente und Pflege-
bedarf. Die Kunden in Velbert haben dadurch die Möglichkeit, Waren bei ihren lokalen
Lieblingshändlern von zu Hause aus zu bestellen und unabhängig von Lieferzeiten im
Laden abzuholen. Zur Unterstützung hatte sich eBay nicht nur mit dem Aufbau der City-
Plattform befasst, sondern auch die Händler mit Webinaren und Workshops auf den Start
der Website vorbereitet. Mit einer erweiterten Initiative in 2019 gelang es eBay jedoch
nicht, weitere Städte an Bord zu holen (eBay Velbert, 2018; Cutes, 2019).

eBay-Hilfspaket #GemeinsamStärker für die Corona-Krise
Unmittelbar nach Beginn des ersten Lockdowns in 2020 startete eBay ein Hilfsprojekt,
das Online-Händler zunächst für drei Monate unterstützen sollte. Dieses Maßnahmenpaket
wurde für KMU-Einzelhändler bis 31. Dezember 2020 und damit um ein halbes Jahr

verlängert. Nach Angaben von eBay nutzten rund 5000 Unternehmen die einzelnen Maßnahmen, um einen Teil ihrer Umsatzverluste aufzufangen. Dabei wurden den Marktplatzpartnern die Verkaufsgebühren erlassen. Das Maßnahmenpaket umfasste darüber hinaus einen kostenlosen Premium-Shop bei ebay.de und kostenlosen eBay Concierge Premium-Kundenservice für sechs Monate. Auch der Servicestatus-Schutz wurde verlängert, sodass die Händler vor einer möglichen Herabstufung durch Folgen der Corona-Krise geschützt waren. Dennoch konnte eBay Deutschland nicht in dem Ausmaß von der Corona-Krise profitieren, wie es andere Marktplätze taten. Statt des Marktplatz-üblichen Wachstums von mehr als 20 % in 2020 erzielte eBay Deutschland nur 5 % Plus (eBay Corona, 2020; bevh Zahlen, 2021; eBay AR, 2021).

eBay Deine Stadt

Als Weiterentwicklung der eBay City-Initiative startete eBay Deutschland zusammen mit zehn deutschen Städten im April 2021 das Projekt „eBay Deine Stadt" zur Stärkung des stationären Einzelhandels (eBay PM, 2021). Ziel der Initiative ist es, die bereits bei eBay aktiven Marktplatz-Partner mit einer zusätzlichen lokalen Präsenz zu unterstützen. Zudem sollen weitere Einzelhändler für die Initiative gewonnen werden. Allen Einzelhändlern, die über die Initiative neu zu eBay kommen, wird der Einstieg in den Online-Handel durch das „eBay-Durchstarter"-Programm erleichtert. Dieses sieht für Neueinsteiger vor, drei Monate keine Verkaufsprovision zahlen zu müssen. Zugleich profitieren sie von einer halbjährigen Intensivphase mit kostenlosem eBay-Premium-Kundenservice, Premium-Shop sowie individueller Beratung. *Die* Initiative soll es Städten und Kommunen ermöglichen, Online-Marktplätze mit einem Lokalbezug einzurichten. Dort können dann Kunden Angebote finden, die es nur in der Stadt gibt. **Die lokalen Produkte** sind dabei nicht nur auf der lokalen Plattform, sondern auch auf dem nationalen eBay-Marktplatz (www.ebay.de) verfügbar. Damit können die Einzelhändler ihre Sortimente über eBay auch an Kunden in ganz Deutschland und sogar in anderen Ländern vermarkten. Zugleich wird der lokale Einzelhandel online unterstützt, sofern Käufer gerade selbst nicht im jeweiligen Ladengeschäft einkaufen können oder Wollen. Zum Start sind die Städte Nürnberg, Lübeck, Chemnitz, Potsdam, Mönchengladbach, Moers, Gummersbach, Diepholz, Bad Kreuznach sowie die Region Ortenau mit dabei. Bis Ende 2021 möchten eBay und der HDE (Handelsverband Deutschland), der die Initiative mit begleitet, weitere Städte und Kommunen für das Projekt gewinnen. Diese können *eBay Deine Stadt* als „Plug & Play" nutze, indem eBay ihnen den lokal orientierten E-Marktplatz bereitstellt. Alle bereits bestehenden eBay-Partner sind automatisch Teil der neuen Marktplatzseite. So sind bereits zum Start insgesamt über 5000 Händler mit einem Angebot von über 2,5 Mio. Waren aus den ersten zehn Städten mit dabei.

4.4.2 HDE-Google-Initiative Zukunft Handel

In Zuge der Corona-Krise stellten der HDE und Google mit der Gemeinschaftsinitiative „Zukunft Handel" ein digitales Programm für die Installation von Online-Shops sowie Online-Aktivitäten vor, das an KMU-Händler gerichtet war. Ziel der Initiative sollte es sein, das stationäre Geschäft mithilfe von Online-Tools zu stärken und zukunftsfähig zu machen, damit lokale Händler auch vom anhaltenden Online-Boom profitieren können.

Zielgruppe der Initiative waren bzw. sind bewusst kleine Handelsbetriebe und stationäre Händler. Oft fehlt es gerade diesen an Zeit und Know-how, eine eigene Website oder ein E-Commerce-Angebot zu erstellen. Nach Schätzungen des HDE hat jeder zweite Händler in Deutschland noch keine eigene Website. Insofern besteht in der Tat großer Nachholbedarf für die digitale Sichtbarkeit. Genau hier setzt „Zukunft Handel" mit einem niederschwelligen Angebot an. Die betroffenen Händler sollen ohne größere finanzielle Aufwendungen in die Lage versetzt werden, mindestens online präsent zu sein. Dabei soll es den Händlern eine Kooperation mit Ionos und Jimdo ermöglichen, eine Website oder sogar einen einfachen Online-Shop im „Low-Budget-Ansatz" an den Start zu bringen. Zudem ist geplant, dass Google interessierte Handelsbetriebe an die My-Business-Einträge heranführt. Dafür werden kostenlose Daten- und Diagnosetools angeboten. So können lokale Händler, die bereits eine Website haben, ihre Kennzahlen auswerten und Ergebnisse optimieren sowie die Webpräsenz verbessern. Anfänger erhalten ein Werbebudget über 120 €. Darüber hinaus werden zahlreiche virtuelle Kurse angeboten. Zusammen mit dem HDE wurden 27 Kurse entwickelt, einige davon speziell für KMUs. Hinzu kamen weitere 70 unterstützende Trainingsangebote, z. B. zu IT-Sicherheit oder Finanzplanung, die ohnehin im Rahmen der Zukunftswerkstatt angeboten werden (vgl. Abb. 4.22). Insofern knüpft Google in der Initiative Zukunft Handel an die Arbeit seiner Zukunftswerkstatt an, mit dem der Internetgigant zuvor ein Programm zur Förderung von KMU und Handelsunternehmen in Europa eingeführt hatte. Zudem wurden in der Google-Suche und in Google Maps spezifische Veränderungen vorgenommen, die zum Beispiel Online-Buchungen von Terminen für Offline-Dienstleistungen oder Lieferdienste möglich machten. In einer ersten Phase wurden rund 250.000 Einzelhandelsbetriebe postalisch über die Initiative und Teilnahmemöglichkeiten informiert. Zusätzlich wurde die Initiative unter anderem im TV, auf YouTube und über Netzwerke beworben. Im Anschluss folgten in einer zweiten Phase dedizierte Trainings für interessierte Händler. Folgende Elemente zählen unter anderem zur Initiative ZukunftHandel (Google t3n, 2020; HDE Google, 2020):

- eine professionelle Unternehmenswebsite und/oder ein Online-Shop in Kooperation mit IONOS 1&1 und JIMDO,
- 1 × 1 Starter-Paket von Google mit einer Schritt-für-Schritt-Anleitung für den Aufbau und die Erweiterung des Online-Geschäfts,

- passende Online-Trainings u. a. zu Online-Sicherheit (mit TÜV SÜD), Zertifizierungskurse zu Online-Marketing (Google Zukunftswerkstatt) sowie Einstiegskurse in das Thema „Künstliche Intelligenz",
- vereinfachte Funktionen für KMU-Einzelhändler in der Google-Suche und bei Google Maps; zusätzliche Neuerungen wie z. B. Kommunikation von Lieferdiensten oder neuen Produkten mit direkter Online-Buchung von Offline-Dienstleistungen,
- kostenlose Werbung und verstärkte Hinweise auf Einkaufsmöglichkeiten „in der Nähe";
- kostenlose Daten- und Diagnosetools für KMU-Einzelhändler, um bestehende Websites zu optimieren,
- Kurse (27) mit Fokus auf den Handel, davon sieben speziell für KMU; mehr als 70 bestehende Kurse zur digitalen betrieblichen Weiterbildung (u. a. mit Partnern wie HDE, TÜV SÜD, NEW WORK SE),
- telefonische Beratung und Unterstützung über eine eigene Zukunft-Handel-Hotline.

Wissen erweitern: Die Google Zukunftswerkstatt

Nehmen Sie im Rahmen der Initiative ZukunftHandel von HDE und Google an kostenlosen Trainings der Google Zukunftswerkstatt teil

Digitale Chancen für alle

Nutzen Sie Ihre digitalen Chancen

Jetzt loslegen

Lernen Sie, wie Websites funktionieren

Jetzt loslegen

Entwickeln Sie eine effektive Online-Strategie

Jetzt loslegen

Werden Sie produktiver

Jetzt loslegen

Erarbeiten Sie einen Social-Media-Plan

Jetzt loslegen

Lernen Sie Ihr Geschäft international vermarkten

Jetzt loslegen

Abb. 4.22 Beispielhaftes Trainingsangebot in Googles Zukunftswerkstatt. (Quelle: Google 2021)

- Schließlich wurde ein neuer Zukunft-Handel-Award ausgerufen, der in den sechs Kategorien Gründergeist, Netzwerker, Umweltretter, Online-Könner, Marktplatzmacher sowie Durchstarter positive Beispiele prämieren und hervorheben sollte. Mit einem Sonderpreis „Covid-19" wurden Handelsunternehmen ausgezeichnet, die in der Corona-Krise mutige und/oder ungewöhnliche Lösungen im Online-Kontext gefunden hatten (ebd.).

4.4.3   Amazon KMU-Impact

Auch Amazon meldete sich mitten in der Corona-Krise zu Wort und inszenierte sich Mitte November 2020 mit dem Report „KMU Impact Report" als Freund der kleinen und mittelständischen Betriebe (Amazon KMU impact, 2020). Das Papier soll zeigen, wie effektiv Amazon mit seinem Marktplatz vor allem KMU dabei hilft, ihr Online-Business zu gestalten. Mit dem Report preist sich Amazon quasi als eigene digitale Initiative für den gebeutelten stationären Einzelhandel an. Diesbezüglich wurde nicht mit beeindruckenden Zahlen aus dem Berichtszeitraum Juni 2019 – Mai 2020 gespart. In diesen zwölf Monaten erzielten die deutschen Verkaufspartner im Durchschnitt mehr als 120.000 € Umsatz, was einem Anstieg von etwa 30.000 € im Vergleich zum Vorjahrsumsatz entspricht. Mehr als 550 Mio. Produkte verkauften dabei alleine die deutschen Verkaufspartner bei Amazon, also 100 Mio. mehr als im Vorjahr. Dabei erzielten über 3300 deutsche KMU einen Umsatz von jeweils über 1 Mio. US$, was zusammen rund 3,3 Mrd. US$ oder etwa 2,7 Mrd. EUR entspricht. (Lommer, 2020). Als KMU definiert Amazon Unternehmen, die weniger als 250 Mitarbeiter beschäftigen und nicht mehr als 50 Mio. US$ umsetzen bzw. 43 Mio. US$ Bilanzsumme nicht überschreiten. Davon gibt es in Deutschland rund 40.000 als Amazon-Marktplatzpartner mit zusammen rund 4,8 Mrd. EUR „Amazon-KMU-Marketplace"-Umsatz, die sich relativ gleichmäßig nach Einwohnerproporz auf die Bundesländer verteilen (vgl. Abb. 4.23).. Die anderen 92 % bzw. 36.700 KMUs teilen sich etwa 2,1 Mrd. EUR, was einem Durchschnittsumsatz im Marktplatz von weniger als 57.000 € nahekommt. Nach Meinung von Shopanbietern klingt das nicht unbedingt nach der „Freund der KMU-Botschaft, die Amazon eigentlich mit dem Report vermitteln wollte (Shopanbieter AKMU, 2020; Lommer, 2020). Aber immerhin exportieren 80 % der deutschen KMU, die auf Amazon verkaufen, ihre Waren in internationale Märkte. Sie erzielten damit Exportumsätze von 2,75 Mrd. EUR und damit 250 Mio. mehr als im Vorjahr. Sind allerdings diese Exportumsätze in den errechneten 4,8 Mrd. EUR KMU-Gesamtumsatz enthalten, setzen die KMU gerade mal ein Drittel ihrer Umsätze in Deutschland um. Dieses würde den Jahresumsatz der Unternehmen, die nicht ins Ausland exportieren, noch einmal drastisch senken (Lommer, 2020).

Wie auch immer, kleine und mittlere Unternehmen zu stärken, ist im Kern aller Amazon-Aktivitäten – so der „Amazon KMU impact"-Report 2020. Es soll weiterhin in Logistik, Tools und Personal investiert werden, um kleine und mittlere Unternehmen

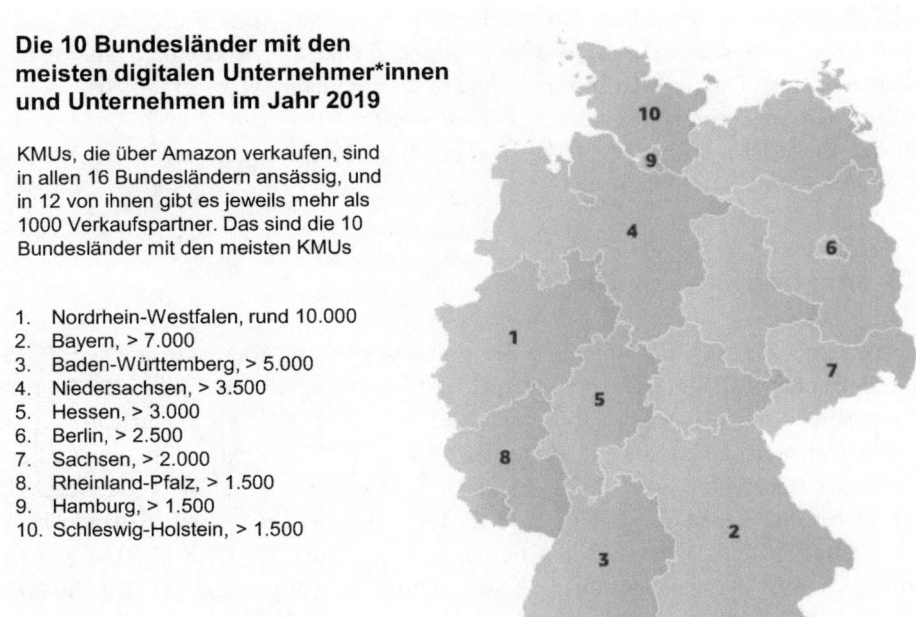

Die 10 Bundesländer mit den meisten digitalen Unternehmer*innen und Unternehmen im Jahr 2019

KMUs, die über Amazon verkaufen, sind in allen 16 Bundesländern ansässig, und in 12 von ihnen gibt es jeweils mehr als 1000 Verkaufspartner. Das sind die 10 Bundesländer mit den meisten KMUs

1. Nordrhein-Westfalen, rund 10.000
2. Bayern, > 7.000
3. Baden-Württemberg, > 5.000
4. Niedersachsen, > 3.500
5. Hessen, > 3.000
6. Berlin, > 2.500
7. Sachsen, > 2.000
8. Rheinland-Pfalz, > 1.500
9. Hamburg, > 1.500
10. Schleswig-Holstein, > 1.500

Abb. 4.23 Bundesländer mit den meisten KMU, die über Amazon verkaufen. (Quelle: Lommer, 2020; Shopanbieter AKMU, 2020; auf Basis von Amazon KMU impact 2020)

zu unterstützen. Das ermögliche es, das beste Einkaufserlebnis für die Kunden und damit Erfolg für die KMU zu schaffen. In Europa arbeitet Amazon mit mehr als 900.000 unabhängigen Partnern zusammen. Das sind nicht nur Verkaufspartner, sondern auch Entwickler, Kreativschaffende, Autoren sowie Lieferpartner (Amazon KMU impact, 2020). Dabei unterstützt sie Amazon, Leistungen online zu vermarkten, Liefer- und Logistikunternehmen zu betreiben, die Amazon-Cloud zum Start und zur Skalierung der Geschäfte zu nutzen, Alexa-Skills zu entwickeln oder eigenen Bücher zu publizieren. Vor allem die Amazon Web Services (AWS) würden mittelständischen Start-ups helfen. Mit dem Launch des AWS Activate-Credits-Programms habe der Internetkonzern zudem hunderte Millionen Euro an AWS-Credits verliehen, um Gründer und KMU beim Aufbau und Betrieb ihrer Unternehmen in Europa zu unterstützen. Alleine in 2019 wurden in Europa mehr 2,2 Mrd. EUR investiert, um den Erfolg der KMUs zu fördern. Die Kooperation der KMUs mit Amazon sei sehr erfolgversprechend und erlaube ihnen, sich damit ein zweites Standbein aufzubauen. Zugleich würden die Kunden durch eine größere Sortimentsvielfalt davon profitieren (Blog Amazon, 2020).

4.4.4   Staatliche Förderung für Mittelstand-Digital und Digital-Coaches

Auch von staatlicher Seite gibt es mittlerweile umfassende Unterstützung für den Mittelstand bei dem Thema Digitalisierung. Mit der übergreifenden Initiative „Mittelstand-Digital" werden mittlerweile alle Schlüsselbranchen inklusive Handel gefördert. Insbesondere für KMUs wird damit eine kostenlose und kompetente digitale Hilfe angeboten. Seit 2015 hat das BMWi dafür insgesamt 26 Mittelstand-4.0-Kompetenzzentren ins Leben gerufen, davon auch das Kompetenzzentrum Handel (Mittelstand-Digital, 2019). Dieses dient als deutschlandweite Anlaufstelle für kleine bzw. mittlere Unternehmen des Groß- und Einzelhandels und gibt praxisnahe Unterstützung bei der Digitalisierung. Dabei werden in Workshops, Veranstaltungen, Informationsbroschüren und Podcasts die neuesten Trends dargestellt. Benötigt ein Einzelhändler konkrete Unterstützung, kann er eine Unternehmersprechstunde mit einem Experten buchen und dort in den direkten Austausch gehen. Ein Digitalmobil (DiMo) ist permanent auf Deutschlandtour und bringt technische Lösungen zur Digitalisierung in die Regionen. Die Themenschwerpunkte des Kompetenzzentrums sind vielfältig und behandeln Themen wie u. a. die Beziehung zum Kunden, das Management der Lieferkette, das Warenwirtschaftssystem, die Zahlungsabwicklung sowie die digitale Kundenbindung. Auch neue Geschäftsmodelle und Absatzmärkte sowie digitale Chancen für kleine Unternehmen stehen im Fokus (Faktenblatt KZH, 2019). Das „Kompetenzzentrum Handel" bietet an den vier Standorten Berlin, Köln, Langenfeld und Regensburg seine Dienste an. Projektpartner des bis Ende 2022 geförderten Projektes sind der Handelsverband Deutschland HDE, der auch Konsortial-Führer ist, sowie das EHI Retail Institute GmbH, das ibi research an der Universität Regensburg GmbH sowie das IFH Köln GmbH. Das Mittelstand 4.0-Kompetenzzentrum Handel ist Teil der Förderinitiative „Mittelstand 4.0 – Digitale Produktions- und Arbeitsprozesse". Diese wird im Rahmen des Förderschwerpunkts „Mittelstand-Digital – Strategien zur digitalen Transformation der Unternehmensprozesse" vom Bundesministerium für Wirtschaft und Energie (BMWi) gefördert.

Nach der offiziellen Kick-Off-Veranstaltung am 22. Oktober 2019 in Berlin stellte sich das Kompetenzzentrum interessierten Händlern und Multiplikatoren aus der Branche an seinen anderen Standorten vor. Dabei wurde klar, dass die digitale Transformation des Handels in vollem Gange ist und das Einkaufen und Bezahlen im Internet längst zum Alltag der Verbraucher gehört. Aber der mittelständische Händler tut sich vielfach mit den gestiegenen digitalen Herausforderungen noch schwer, so auch mit den digitalen Bezahlverfahren. Für das Kompetenzzentrum Handel stellen sich viele Fragen wie u. a., in welche Richtung der kleine und mittelständische Händler digitalisieren soll. Oder welche neuen Bezahlmethoden es gibt. Im Raum steht auch die Frage, welche Möglichkeiten sich dank der Blockchain bieten und was die Einführung eines neuen Kassensystems für den Händler konkret bedeutet.

Zur Beantwortung solcher Fragen erhielt der KMU-Handel in NRW zusätzliche Unterstützung. Dieses liegt auch in der enormen Handelsdichte sowie Bedeutung des stationären Einzelhandels für das Land NRW begründet. Zudem ist das Land Standort vieler großer Handelszentralen. Insofern stellte der Handelsverband Nordrhein-Westfalen vier sogenannte Digital-Coaches ein, die besonders kleine und mittelgroße Händler darin unterstützen sollen, ihren richtigen Weg in die digitale Welt zu finden. Gerade von diesen Händlern werden immer wieder viele Gründe angebracht, weshalb der digitale Weg von so manchem Händler noch nicht beschritten wird. Fehlendes Geld, Know-how, Verständnis oder fehlende Zeit sind die häufigsten Argumente. Oft fehlt aber nur der erste Schritt oder die konkrete Richtung – so der Handelsverband NRW (HNRW, 2019). Vor allem hier sollen die Digital-Coaches Chancen und konkrete Optionen aufzeigen. Sie unterstützen von Düsseldorf, Dortmund, Bielefeld und Köln aus Einzelhändler in ganz Nordrhein-Westfalen bei der Digitalisierung. Diese beinhaltet auch die Orientierung und praktische Umsetzung in der digitalen Welt sowie die Förderung der lokalen Vernetzung von Handel und Dienstleistern. Das Modellprojekt „Digitalcoach NRW" ist auf drei Jahre angelegt und hat ein Gesamtvolumen von rund 1,4 Mio. EUR, an denen sich das Land Nordrhein-Westfalen zu 50 % beteiligt. Die andere Hälfte trägt der Handelsverband NRW (ebd.).

4.4.5   Digitale Erfa- und Selbsthilfegruppen

Mitten im zweiten Lockdown der Corona-Krise wurden im Februar 2021 rund 449 digitale Einzelhandelsinitiativen gezählt, 422 davon in Deutschland (CIMA DI, 2021). Angeboten werden regelrechte „digitale Selbsthilfegruppen" oder digitale Erfa-Gruppen unter anderem zu Themen wie Kundenbindungsprogramme, Einrichtung von Abholservices, Starten mit einem Online-Shop, Social Media im Handel, digitale Förderhilfen, Arbeit mit Daten, neue Kassensysteme und alles, was digitale Weiterbildungsangebote zu bieten haben (Handeln.Digital, 2021). Was diese Initiativen bezwecken und wirklich bringen, soll am Beispiel von „Händler helfen Händlern" und Shopdaheim.de dargestellt werden.

Händler helfen Händlern

Die private Initiative „Händler helfen Händlern" startete praktisch am ersten Tag des ersten Shutdowns 2020, als aufgrund der Corona-Pandemie deutschlandweit die meisten stationären Non-Food-Geschäfte ihre Ladentüren schließen mussten. Das gab den Ausschlag dafür, dass mittelständische Handelsunternehmen auf LinkedIn eine Gruppe ins Leben riefen, die betroffene Unternehmer informiert und untereinander vernetzt. Händler wie Rose Bikes, BabyOne, MediaMarkt-Saturn, TomTailor und Intersport unterstützen die Initiative, die sich über die Karriereplattform austauscht. Zu der Gruppe gehören mittlerweile rund 3000 Mitglieder/Teilnehmer, darunter Händler, Handels- und Wirtschaftsverbände, Journalisten und Handelsexperten (HHH, 2021). Einer der Geschäftsführer der Rose Bikes GmbH, Marcus Diekmann, initiierte maßgeblich die Pro-Bono-Initiative für den nicht digitalisierten stationären Handel, die schnell eine Sofortlösung für die von der Corona-Pandemie stark betroffenen Einzelhändler erarbeitete. Über eine technische Plattform können stationäre Händler ihre Filialbestände hochladen. Die Produkte werden durch Taxen, Lieferdienste, Getränkelieferanten und regionale Logistikdienstleister ausgeliefert. Das Konzept dafür entstand pragmatisch in Zusammenarbeit der beiden Händler Rose Bikes und Visunext Group sowie dem Software-Hersteller Shopware. In einem ersten Schritt erfolgte die Erstellung einer B2B-Sofortlösung unter der Federführung von Shopware in Kooperation mit Netresearch und IT-Systems. Die technische Lösung ist als ein Hilfsangebot an den Handel ohne eigene wirtschaftliche Interessen der Partner zu verstehen. Damit können Händler innerhalb von 14 Tagen eine Verkaufsplattform aufbauen und einen zusätzlichen Verkaufskanal eröffnen. In einem zweiten Schritt erfolgte der Ausbau zu einer Marktplatzlösung für Städte und Gemeinden, wo sich lokale Einzelhandelsgeschäfte synergetisch zusammenschließen können (Internetworld HHH, 2020). „Händler helfen Händlern" wurde im September 2020 von der GS1 und PricewaterhouseCoopers mit dem ECR Award 2020 „Helden der Stunde" ausgezeichnet (HHH, 2021). Leider wurden bisher keine belastbaren Erfolgskennziffern der Initiative veröffentlicht.

Shopdaheim

Fast zeitgleich wie die Initiative „Händler helfen Händlern" starteten die Buchhandelsunternehmen Thalia, Mayersche und Osiander die Initiative Shopdaheim zur schnellen Hilfe des vom Shutdown betroffenen lokalen Handels. Die Gründungspartner brachten neben dem Impuls für die Initiative auch Investitionen in Marketing und Infrastruktur mit ein. Innerhalb von einer Woche wurde die Plattform www.shopdaheim.de bzw. www.shopdaheim.at aufgebaut. Diese soll Kunden den Zugang zum Online-Shop ihrer lokalen Einzelhändler erleichtern. Aus Sicht der Initiatoren war es notwendig, „die Vertriebskanäle online und stationär so miteinander zu vernetzen, dass der Handel in unserer Gegend, der mit attraktiven Läden unsere Innenstädte bereichert, eine erfolgreiche Zukunft hat. Deshalb sollen die Menschen die Buchhandlungen und Läden, in denen sie bisher gerne gekauft haben, auch online erreichen können" – so Michael Busch, CEO von Thalia und Hauptinitiator der Initiative in Buchmarkt (Buchmarkt, 2020; Börsenblatt, 2020; Buchreport, 2020).

Schnell schlossen sich eBuch, KNV Zeitfracht, Umbreit, Libri, Morawa und buchmedia mit an. Bewusst wurde die Plattform für Händler aller Branchen sowie schon bestehende Einzelhandelsinitiativen offen gehalten. Dabei handelt es sich um eine Art nationale Suchmaschine, auf der Kunden lokale Händler und deren Online-Shops finden können. Als Suchkriterien können Ort/Postleitzahl und die Branche verwendet werden. Den Grundstock stellt der Buchhandel mit mehreren 1000 Adressen. Interessierte Händler können sich per E-Mail anmelden, um Teil des nationalen Netzwerks zu werden. Zwar gab es auch schon vor der Corona-Pandemie immer wieder Versuche, Online-Plattformen für lokale Händler einzurichten, allerdings nur mit mäßigem Erfolg. Mittlerweile habe sich sowohl das Umfeld als auch die Bereitschaft der Händler geändert, sodass schnell eine kritische Masse gewonnen werden könne. Auch ginge es um die Rettung des innerstädtischen Einzelhandels. Es geht jetzt darum, gemeinsam alles dafür zu tun, die lokalen Einzelhandelsstrukturen zu erhalten. Durch die Corona-Pandemie wird sich das Einkaufsverhalten der Menschen auch nach der Krise weiterhin verstärkt in Richtung online verschieben. Deshalb ist es notwendig, die Vertriebskanäle online und stationär so miteinander zu vernetzen, dass der Handel, der mit attraktiven Läden unsere Innenstädte bereichert, eine erfolgreiche Zukunft hat. Deshalb sollen die Menschen die Buchhandlungen und Läden, in denen sie bisher gerne gekauft haben, auch online erreichen können. Dieser Gedanke ist Grundlage für die Initiative, wie ichael Busch im Buchreport ausführte (Börsenblatt, 2020; Buchreport, 2020; Buchmarkt, 2020).

Händler, die noch keinen Webshop haben, können sich über ihre Social-Media-Kanäle ebenfalls einklinken. Für die Partnerbetriebe fielen während der Corona-Krise keine Gebühren an, um einen Netzwerkeffekt zu erzielen. Auch ging es zuerst einmal darum, möglichst viele Händler aus unterschiedlichen Branchen und Städten zum Mitmachen zu bewegen. Bei den Kunden bzw. Nutzern sollen klassische Medien und eine virale Social-Media-Verbreitung die Plattform bekannt machen. Lieferung von Content-Produktion sowie Werbung sagten die Funke-Mediengruppe, Springer und Burda zu. Zudem sollten Stadtmarketing-Initiativen und Handelsverbände für die Teilnahme von Händlern sorgen. Insgesamt sah bzw. sieht das Prinzip hinter Shopdaheim die Einbindung möglichst vieler Reichweitenpartner vor, um einen maximalen Leverage-Effekt zu erzielen (Abb. 4.24). Die Entwicklungskosten in sechsstelliger Höhe sowie der laufende Betrieb werden/wurden komplett von Thalia getragen (Shopdaheim, 2021).

Per August 2020 schloss sich der Verband der Deutschen Einkaufszentren (German Council of Shopping Places, kurz GCSP) der Einkaufsplattform shopdaheim an. Der GCSP will die Plattform aktiv mit seinem großen Handels- und Wirtschaftsnetzwerk unterstützen, das aus rund 750 Unternehmen besteht. Diese rekrutieren sich aus den Bereichen Handel und Einzelhandel, Entwicklung und Analyse, Finanzierung, Center-Management, Architektur, Handelsimmobilien und Marketing – sowie viele Kommunen. Bereits ein halbes Jahr nach Gründung von Shopdaheim waren bereits 17.000 Händler aus 84 Branchen angeschlossen, womit shopdaheim die größte Plattform des deutschen Einzelhandels für lokale Händler ist. Dabei sind zahlreiche Einzelhändler mit nur einem Geschäft, aber auch viele große Handelskonzerne wie MediaMarkt-Saturn, Douglas, dm oder Blume 2000 auf shopdaheim präsent. Die größte Gruppe bilden dabei allerdings die 3200 Buchhändler.

4.5   Smart City der Zukunft

Immer mehr Menschen ziehen in urbane Räume. Schon jetzt leben über 50 % der Menschen weltweit in Städten. Vor allem Städte spielen bei den Herausforderungen des Klimawandels und des demografischen Wandels eine zentrale Rolle. Nicht erst seit der Corona-Krise stehen Stadtplaner vor großen Herausforderungen, die sich im Zuge der

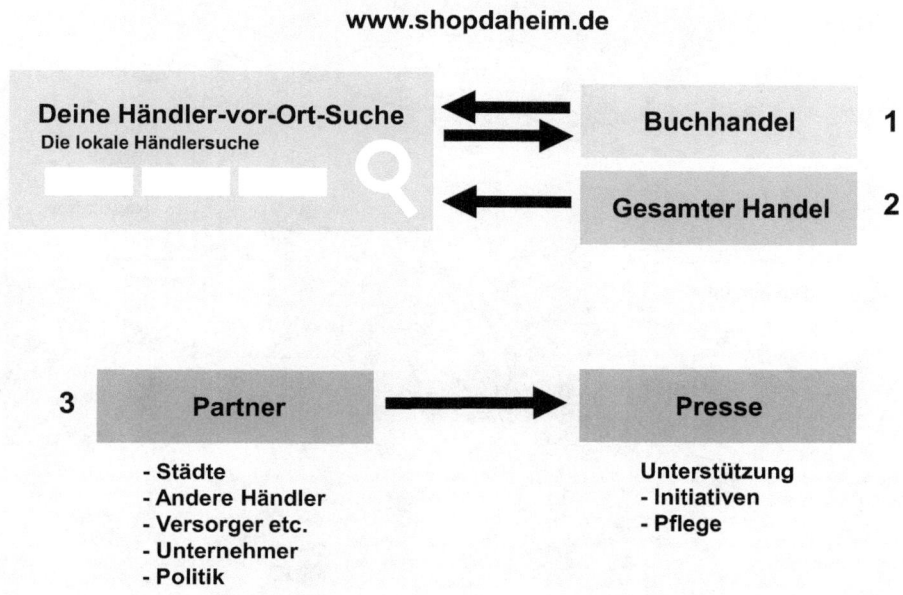

Abb. 4.24 Geschäftsprinzip von Shopdaheim. (Quelle: Börsenblatt, 2020)

Globalisierung und den wachsenden urbanen Bevölkerungszahlen einerseits sowie dem zunehmenden Leerstand andererseits ergeben. Insofern steigt der Bedarf an digitalen und vernetzten Systemen für Mobilität, Energie, Umweltschutz, Kommunikation, urbane Logistik und vor allem Verwaltung. Hier soll die Smart City als Stadt des zukünftigen Zusammenlebens digitalbasiert helfen. Annahme ist, dass intelligente Infrastrukturen einen Mehrwert bieten und das tägliche Leben auf vielfältige Weise erleichtern. Wie weit diesbezüglich Städte sind, zeigt der Smart City Digital Index. Dieser berücksichtigt auch das Thema digitale Verwaltung, das zusammen mit intelligenter Mobilität und urbaner Logistik unmittelbare Relevanz für das „Intelligent Retailing" hat. Was Städte in Zukunft tun können oder müssen, zeigt das Zukunftsprojekt „Vitale Innenstädte" des IFH-Köln.

4.5.1 Smart-City-Konzept

Die Smart City beschreibt Konzepte für urbane Räume, mit denen Städte auf Basis moderner Technologie effizienter und damit klimaschonender sowie lebenswerter werden sollen. Um das zu erreichen, braucht es Leistungen, Prozesse und Infra-strukturen, die digitalbasiert arbeiten. Städte müssen intelligenter werden, indem Systeme in Echtzeit verstehen, wie Milliarden von Vorgängen zustande kommen und

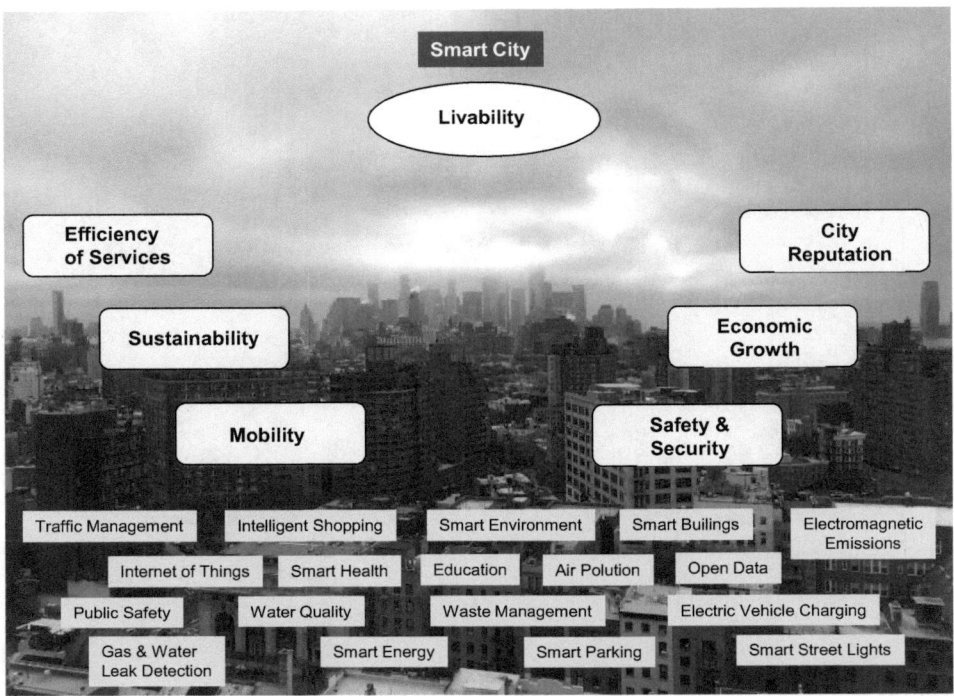

Abb. 4.25 Faktoren und Kernziele einer Smart City. (Quelle: Heinemann 2019 auf Basis von Nesselrooij, 2019)

bestmöglich gesteuert werden können. In Smart Cities ist idealerweise die gesamte städtische Umgebung mit Sensoren versehen, die ein Internet der Dinge (IoT) möglich machen. Dazu werden Daten erfasst und in einer Datencloud verfügbar gemacht. Bereits heute sind Smartphones nutzbar, um Kraftstoff und damit Abgase zu sparen. Damit können informationsgestützt solche Verkehrsmittel kombiniert werden, welche die Bürger schneller, umweltschonender und bequemer befördern. Damit die intelligente Infrastruktur untereinander kommunizieren kann, benötigt es neben Sensoren auch ein eigenes Kommunikationsnetz (enbw, 2021).

Um die Smart City greifbarer zu machen, zeigt Abb. 4.25 eine Reihe von potenziellen Faktoren, die einen Beitrag zu der Entwicklung einer „smarten" Stadt leisten können. Darüber hinaus werden die Kernziele dargestellt, die von Smart-City-Projekten verfolgt werden. Ohne Zweifel geht es dabei um eine Vielfalt an Themen, wie u. a. smartes Parken, smartes Gesundheitswesen, smarte Landwirtschaft, smarten Transport, smarte Regierung, smarte Energie usw. Dennoch ist eine Strukturierung zielführender. Dementsprechend verfolgen Smart-City-Initiativen folgende Ziele (Nesselrooij, 2019):

Effizienz der Dienstleistungen: Hier geht es um eine Optimierung der Nutzung öffentlicher Ressourcen sowie Bereitstellung eines hohen Niveaus an Bürgerdienstleistungen.

Nachhaltigkeit: Diese soll das Wachstum und die Entwicklung einer Stadt unter Berücksichtigung der Umweltauswirkungen sicherstellen.

Mobilität: Den Menschen muss es leicht gemacht werden, sich in einer Stadt zu bewegen, entweder zu Fuß, mit dem Fahrrad, mit dem Auto oder mit öffentlichen Verkehrsmitteln.

Sicherheit & Schutz: Diesbezüglich wird die Verbesserung der öffentlichen Sicherheit im Alltag und bei besonderen Anlässen sowie zur bestmöglichen Vorbereitung auf Notfälle und Katastrophen angestrebt.

Wirtschaftswachstum: Städte sollen attraktiv als Standort für Unternehmen, Investoren, Bürger und Besucher sein.

Image: Auch das Image und der Ruf einer Stadt sind wichtig.

Lebensqualität: Neben den Kernzielen verfolgen erfolgreiche Smart-City-Projekte auch das Ziel, die Lebensqualität der Bürger zu verbessern.

Insofern ist eine Smart City so etwas wie ein „Internet of Things" mit intelligenten Dienstleistungen und Angeboten. Smart Cities verbessern die Beziehung zwischen Bürgern, Verwaltung und Wirtschaft und schaffen wichtige Voraussetzungen zum schonenden Einsatz von Ressourcen (Arnolds Telekom, 2021). Die Umsetzung in der Praxis kann nur im Zusammenspiel von drahtlosen und superschnellen Funknetzen, smarten Endgeräten sowie innovativen Anwendungen erfolgen. Große Hoffnungen liegen diesbezüglich im 5G-Kommunikationsstandard. Smart Cities verfügen über eine technologische Infrastruktur mit drei Bausteinen: Sensoren, Vernetzung und Daten. Smart Cities statten bestehende Strukturen mit Sensoren aus, die Informationen bzw. Daten sammeln und in Echtzeit übertragen, speichern und archivieren. Aufgrund der Vernetzung können die Daten für benötigte Prozesse wieder abgerufen und verarbeitet werden wie z. B. für eine Analyse oder Darstellung von Ereignissen (ebd.)

Beispiele für intelligente Projekte in einer Smart City

Mithilfe einer Smartphone-App des lokalen Verkehrsunternehmens können Bürger oder auch Touristen z. B. den schnellsten Weg zwischen zwei Standorten suchen und digital zugleich das entsprechende Ticket buchen. Bei der Nutzung öffentlicher Verkehrsmitteln muss es darum gehen, Zeit zu sparen und einen Beitrag zum Umweltschutz zu leisten. Gleiches gilt für smarte Parklösungen – oder smarte Parkhäuser, die von stationären Händlern betrieben werden, wie z. B. L+T in Osnabrück. Dabei erfassen Sensoren auf den Parkplätzen den Raum und erkennen, ob der Platz durch ein Fahrzeug belegt oder frei ist. Diese Information kann der Besucher in Echtzeit über eine App abrufen oder über digitale Wegweiser erfassen. Ohne großen Aufwand erhält er die Information, welche Parkplätze in der Nähe noch frei sind. Ähnlich kann auch eine smarte Abfallwirtschaft in einer Stadt funktionieren, falls Mülltonnen und Container mit Sensoren ausgestattet sind. Diese melden dann dem zuständigen Entsorger die Füllmenge. Zusätzlich lassen sich die Routen der Fahrzeuge individuell dem aktuellen Bedarf anpassen. Auch Heizungen oder Lichtquellen in Gebäuden lassen sich über Sensoren smart steuern (Nesselrooij, 2019; Arnolds Telekom, 2021).

Vorteile von Smart Cities

Smart Cities stellen digitale Lösungen für die zukünftigen Aufgaben und Herausforderungen in unserer globalen Gesellschaft dar. Dabei geht es um Projekte wie umweltfreundliche Mobilitätskonzepte oder eine ressourcenschonende Energiewirtschaft. Bereits heute werden in vielen Städten intelligente Verkehrssysteme eingesetzt, die z. B. dem ÖPNV an Kreuzungen durch Grünschaltung der Ampeln eine Vorfahrt ermöglichen. Auch die Installation regenerativer Energiequellen zur Verringerung des Verbrauchs von fossilen Brennstoffen mit Fotovoltaikanlagen auf Dächern von Gebäuden zur Lieferung des Stroms sind Teile der Smart City. Modelle der Share Economy gehören ebenso dazu. Dadurch verbessern sich nicht nur das Lebensklima der Menschen, sondern auch die Beziehungen der Bürger zu ihrer Verwaltung. So bieten in einer Smart City die Behörden zahlreiche Online-Dienste an. Darüber hinaus partizipieren Einwohner transparent an Entscheidungsprozessen, etwa durch die Bereitstellung von Informationen oder Möglichkeiten der Mitbestimmung. Schließlich haben Smart-City-Projekte immer auch positive Effekt auf das Image sowie das Wirtschaftswachstum einer Stad. Das wiederum zieht Unternehmen und Einwohner an und erhöht die Lebensqualität nachhaltig. Städte wie Kopenhagen oder Wien haben z. B. frühzeitig in eine Smart City investiert und gehören mittlerweile zu den Metropolen mit hoher Lebensqualität. Best Practices für die Einbindung von IoT in den Alltag haben auch deutsche Städte zu bieten, so wie die Kommunen Bad Hersfeld, Monheim am Rhein oder Darmstadt zum Beispiel (Arnolds Telekom, 2021).

Voraussetzungen und Best Practices

Wesentliche Voraussetzung für Smart Cities ist die umfassende Datenerhebung und -auswertung. Smartphones, Connected Cars und Wearables erlauben es, sämtliche Daten der Bürger über ihr Verhalten, ihre Präferenzen sowie ihr Wissen zu erheben, sofern sie zustimmen. Das macht dann nicht nur eine zielgenauere Steuerung der Ressourcenverwendung durch Analytics, sondern auch eine rationellere Gestaltung der Rahmenbedingungen für Entscheidungen möglich („architecture of choice"). Dabei muss natürlich der Datenschutz gewährleistet sein. Auch darf es nicht auf einen Überwachungsstaat hinauslaufen. Andererseits wird dieser Ansatz ja von einer demokratisch legitimierten Verwaltung einer Stadt umgesetzt. Deswegen ist der Nutzen von einem derartigen „people-centric design thinking" voll und ganz im Interesse des Einzelnen. Denn auf der Basis kann die „massenhafte" Zusammenarbeit vieler einzelner User viele Probleme besser lösen als die „Top-Down"-Entscheidungen der Stadtplaner. Bereits heute werden vorzeigbare Erfolge erzielt. So basiert die App Waze auf User-generierten Daten und schlägt effiziente Verkehrsverbindungen durch Städte in aller Welt vor. Oder in New York sind im Zusammenhang mit der Kontrolle von Wohnungsbelegungen sowie dem Rückgriff auf das Wissen der Inspektoren „Predictive Polis" möglich. Die Erfolgsquote von Inspektionen erhöhte sich damit um 70 %, was eine massive Verringerung von Todesfällen bei Wohnungsbränden zur Folge hat. Ein ganz anderes Beispiel liefert Boston, wo durch die Kooperation mit einem Bewertungsportal die Steuerung von

Hygienekontrollen in Restaurants verbessert wurde und die Trefferquote rapide anstieg. Dementsprechend gehen Städte und Institutionen zunehmend dazu über, ihre Datenbanken im Sine eines „Open Source Data Access" öffentlich zugänglich zu machen. Weitere Beispiele sind ein Schlagloch-Spotting in Boston oder eine App-gesteuerte Straßenbeleuchtung und Parkplatzmanagement im spanischen Santander. In Argentiniens Hauptstadt Buenos Aires erfolgt das Beschwerdemanagement durch Social-Media-Analysen (Nesselrooij, 2019; Deloitte, 2021).

4.5.2   Digitale Verwaltung und Smart-City-Index

Vor allem die digitale Transformation der öffentlichen Verwaltung bietet enormes Potenzial für Smart Cities. Damit werden Bürger und Unternehmen – also auch stationäre Einzelhändler – entlastet, in dem das Verwaltungshandeln flexibler, nutzungsfreundlicher und transparenter wird. Das Thema E-Government genießt aktuell hohe politische Aufmerksamkeit. Vor allem seit Beginn der Corona-Pandemie gibt es eine Reihe von Initiativen und Modernisierungsvorhaben auf allen föderalen Verwaltungsebenen. Zudem ist bis Ende 2022 das Onlinezugangsgesetz (OZG) zu realisieren. Dieses erfordert nicht zuletzt aufgrund der enormen Komplexität auf allen Ebenen Anstrengungen von Bund, Ländern sowie Kommunen. Oberstes Ziel soll ein nutzerorientiertes und einfach zugängliches Angebot für Bürger und Unternehmen sein. Allerdings endet mit der vollständigen Umsetzung des OZG nicht der Weg zu einem modernen, digitalen und zukunftsfähigen Staat. Vielmehr müssen auch die Verwaltungsprozesse grundsätzlich neu gedacht und ausgerichtet werden. Schlechte Prozesse, die digitalisiert werden, bleiben schlechte Prozesse, die dann nur digitalisiert sind (Bitkom DV, 2021).

Smart-City-Index

Wie weit Deutschlands Städte bei der Digitalisierung sind, untersucht der jährlich erhobene Smart-City-Index. Dieser erstellt ein Digitalranking der deutschen Großstädte, wobei fünf Themenbereiche mit mehr als 11.000 Datenpunkten erfasst, überprüft und qualifiziert werden. Dabei stehen z. B. Online-Bürger-Services, Sharing-Angebote für Mobilität, intelligente Ampelanlagen sowie die Breitbandverfügbarkeit im Fokus. In die Untersuchung gehen alle deutschen Städte ab 100.000 Einwohnern ein, wobei den Indexwerten öffentlich zugängliche Datenquellen zugrunde liegen. Den untersuchten Städten wird zudem die Gelegenheit gegeben, die erhobenen Informationen zu überprüfen und zu erläutern. Davon haben in 2020 rund 70 % der Städte Gebrauch gemacht. Basis der Untersuchung sind 38 Indikatoren aus 136 Parametern pro Stadt mit insgesamt 11.016 Datenpunkten. Diese sind normiert und werden dabei auf eine Skala von 0 bis 100 übertragen. Bei jedem Indikator steht ein Indexwert von 100 für den höchsten erreichten Wert einer Stadt. Hat demnach zum Beispiel Wolfsburg laut amtlicher Zulassungsstatistik einen Anteil von 1,5 % E-Fahrzeugen an allen zugelassenen Fahrzeugen, dann

Abb. 4.26 Faktoren und Kernziele einer Smart City. (Quelle: Heinemann 2019 auf Basis von Nesselrooij, 2019)

ist das der höchste Wert unter allen untersuchten Städten und damit der Maximalwert 100. Für jeden Themenbereich werden auch zusätzliche digitale Projekte außerhalb der festgelegten Indikatoren erfasst, womit noch einmal fünf % der erreichbaren Gesamtpunktzahl je Themenbereich verändert werden kann (ebd.). In Abb. 4.26 sind die Top-10-Städte des Smart-City-Rankings aus 2020 dargestellt.

Beispiel Smart-City-Index für Mönchengladbach
In dem Smart-City-Ranking aus 2020 belegt Mönchengladbach Platz 52 von 81 Plätzen. Damit liegt Mönchengladbach recht weit hinten im Vergleich der deutschen Großstädte. Und das, obwohl die Stadt in 2019 Fördermittel über 15 Mio. EUR für Smart-City-Projekte vom Bundesinnenministerium bekam. Teilbereiche stehen relativ gut da, denn Bestnoten von 100 Punkten kann die Vitus-Stadt immerhin in den Bereichen „Lokaler Handel und Startup-Hubs" und „Parken" erzielen, da es bereits seit 2010 die Möglichkeit gibt, Parkgebühren per Smartphone zu bezahlen. Bei der Online-Terminvergabe kommt Mönchengladbach auf 83,3, was damit einer der stärksten Bereiche der Stadt ist. Dieses betrifft Online-Terminvergaben beim Standesamt, in der Ausländerbehörde, im Bürgeramt, im Gewerbeamt sowie in der Kfz-Zulassungsstelle. Hinsichtlich der Online-Dienstleistungen wurden Aspekte wie Ummeldungen innerhalb der Stadt, Kita-Anmeldungen oder der Antrag auf einen Bewohnerparkausweis getestet. Hierfür gab

es gute 79,3 Punkte. Das ist gut, denn gerade in der Pandemie ist offensichtlich das Interesse der Bürger an digitalen Zugängen zur Verwaltung enorm gestiegen. So nutzten im Oktober 2020 etwa zehnmal mehr Besucher die städtische Website als im gleichen Monat des Vorjahres. Am gefragtesten waren die Leistungen der Stadtbibliothek und im Meldewesen, alle Dienstleistungen rund um Kfz-Zulassung und Führerschein sowie die Online-Terminvergaben. Letztere sind für Bürger meist die direktesten Berührungspunkte mit einer digitalen Stadt. Schwächen zeigen aber solche Punkte wie City-Apps, Smart Waste, intelligente Straßenbeleuchtung oder Digital-Szene. Denn hier gab es nicht einmal einen Punkt (RP Smart City, 2021; Bitkom. SC., (2021)..

Das liegt auch daran, dass zunächst an neuen Backend-Strukturen gearbeitet wird. Diese Strukturen sind die eigentlich Entscheidenden, denn was die Bürger am Ende sehen, eine sprachlich und optisch gute Plattform, macht eigentlich nur zehn bis 15 % der eigentlichen Struktur aus. Wichtiger sind eher die restlichen 85–90 %, die eben die Hintergrundprozesse steuern. Am Ende soll in Mönchengladbach ein für den Bürger ergonomischer, sicherer, schneller und transparenter Service stehen. Aber nicht alles kann eine Stadt online anbieten. So ist für die Beantragung eines Personalausweises gesetzlich die persönliche Vorsprache vorgeschrieben. Hier sind Gesetzesänderungen notwendig, die von Städten nicht beeinflussbar sind. Nicht selten fehlen auch geeignete Online-Schnittstellen. Von dem OZG sind rund 5500 Einzelleistungen, die die Kommunen ihren Bürgern dann auch digital anbieten müssen, betroffen. Zentrales Motto ist hier das EfA-Prinzip („Einer für Alle-Prinzip"). Dabei wird bundesweit an der technischen Umsetzung durch „Digitale Modellregionen" gearbeitet. Demnach wird der Online-Service in einer Stadt entwickelt und alle anderen Kommunen können ihn dann gegen Kostenbeteiligung ebenfalls nutzen. Dementsprechend hat Mönchengladbach ihre Zugriffsstatistiken analysiert und die am häufigsten gesuchten Begriffe identifiziert. In Kürze können deshalb auch einfache Melderegisterauskünfte, Grenzgängerkarten und verschiedene Bürgerkarten online beantragt werden (ebd.).

4.5.3 Intelligente Mobilität und Verkehrsführung

Die intelligente Mobilität entscheidet über die Zukunft unseres gesamten Verkehrswesens. Dazu muss sich der Verkehr auf allen Ebenen vernetzen. Mobilität als Dienstleistung schafft die Möglichkeit, einzelne Verkehrssysteme zu kombinieren. Dadurch rückt der Beförderungswunsch des Kunden in den Vordergrund und nicht mehr das Verkehrsmittel. Effiziente Verkehrsleitsysteme oder sogenannte Intermodal Transport Control-Systemen (ITCS) verbinden dazu die zentralen Computersysteme der einzelnen Verkehrsmittel (Modi). Erst der kommunikative Austausch der Daten ermöglicht effizientere Verkehrsleitsysteme, die den gesamten Verkehrsfluss optimieren. Dieses erfolgt über eine ferngesteuerte Verkehrssteuerung und ein interaktives Verkehrsmanagement, das für ein effektives Ineinandergreifen der einzelnen Verkehrswege sorgt und diese neue Mobilität für den Fahrgast attraktiv macht. Dafür sind moderne IT-Systeme die Basis. Diese ermöglichen den Einsatz von Künstlicher Intelligenz, Big Data und Data Mining, um die Stärken und Schwächen der Verkehrssysteme zu identifizieren. Dazu werden umfangreiche Verkehrsdaten erhoben, als Big Data gespeichert und in speziellen Rechenzentren bereitgestellt. Die Daten machen ein interaktives Verkehrsmanagement möglich, das unter Berücksichtigung der unterschiedlichen Verkehrswege die einzelnen Verkehrsleitsysteme aufeinander abstimmt und ein Straßen-, Schienen-, Flug- sowie Schiffsverkehrsmanagement umfassen. Dieses ermöglicht es anhand von KI, dass die Verkehrsteilnehmer unter Einbezug der aktuellen Verkehrslage oder persönlicher Präferenzen effizient navigiert werden. Der Verkehr wird durch eine zentrale Verkehrssteuerung anhand eines rechnergestützten Betriebsleitsystems (RBL) koordiniert und optimiert. Dieses ist mit anderen rechnergestützten Betriebsleitsystemen verknüpft und damit Teil eines ITCS, das Verkehrsbetrieben und -planern ganz neue Einsatzszenarien ermöglicht. So können zum Beispiel für ein Großereignis Verkehrsdaten live herangezogen werden, um Sonderzüge und -busse zum Transport der Fahrgäste einzuplanen. Sobald der Zugbetreiber seine Verkehrsdatenerfassung mit dem Busbetreiber geteilt hat, kann dieser seine Fahrzeuge anhand des Zug-Fahrzeug-Trackings koordinieren. Dadurch kann eine übermäßige Belastung der Bushaltestellen am Bahnhof minimiert werden (IT-Trans.org, 2021). Mit modernen Fahrzeugkommunikationssystemen können ITCS auch für eine ferngesteuerte Verkehrssteuerung eingesetzt werden. Bei Unfällen sorgt das ITCS zum Beispiel dafür, dass sich der Takt der Lichtsignalanlagen (Ampeln) auf der festgelegten Ausweichstrecke dem erhöhten Verkehrsaufkommen anpasst. Die effiziente Steuerung der Ampelanlagen verbessert den Verkehrsfluss, etwa durch eine „grüne Welle". Eine derartige Ampelsteuerung kann auch im KFZ-Verkehr an Kreuzungen und Einmündungen und dabei gesondert auch für Linienbusse und Straßenbahnen, im Radverkehr, im Fußgängerverkehr sowie im Schienenverkehr eingesetzt werden. Dabei wird stets auch die Verkehrssicherheit berücksichtigt (ebd.).

Innovative Mobilitätslösungen

Neue Mobilitätslösungen wie E-Bike-Sharing, Carsharing oder E-Scooter sorgen für ein aus unterschiedlichen Verkehrsmitteln kombiniertes Reisen. Dabei geht es nicht nur um eine schnelle Beförderung, sondern vor allem um Nachhaltigkeit bei Verkehr und Transport. Hier setzt die Sharing Economy an, bei der nicht mehr die Einzelperson E-Bikes oder Autos kauft, sondern sie gemeinschaftlich und bedarfsgerecht teilt. Das verringert lange Standzeiten und den Bedarf an Parkplätzen. Fahrgemeinschaften lassen sich durch Mitfahr-Apps bilden und reduzieren die Pro-Kopf-Umweltbelastung im Straßenverkehr. Für die Zukunft werden dabei auch autonom fahrende Autos angedacht, die sich in den intermodalen Personenverkehr integrieren lassen. Der Fokus auf einen nachhaltigen Verkehr erfordert dabei neue innovative Mobilitätslösungen, z. B. neben autonomen Fahrzeugen oder Sharing Economy für Fahrzeuge auch neue Anbieter mit Mobility-as-a-Service. Dazu gehören auch Fahrgemeinschaftssysteme wie die Mitfahr-Apps, die ein Beispiel für Mobilität als Dienstleistung ist. Diese bedient sich des multimodalen Verkehrs, also der Verwendung mehrerer Verkehrsmittel (Modi). Dieser kombiniert den öffentlichen Nahverkehr, öffentlichen Fernverkehr, Bike-Sharing-Angebote, Car-sharing, Leihfahrzeuge oder Autovermietung sowie die E-Mobilität. Fahrgäste aus ländlichen Gegenden erhalten dabei Möglichkeiten für Park-and-Ride-Angebote, um in den öffentlichen Nahverkehr wechseln zu können. Die E-Mobilität wiederum sorgt mit Angeboten wie E-Bike-Sharing oder E-Scootern dafür, dass jeder Bürger am inter-modalen Konzept teilnehmen kann. Dieses betrifft auch Kuriere innerhalb von Ballungs-zentren, die z. B. Lastenfahrräder mit E-Antrieb einsetzen (ebd.).

City-Mobility-Index

Weltweit wurde die City-Mobilität von Großstädten gemessen und verglichen, und zwar in der Studie „Mobility Futures" des Marktforschers Kantar. Die Studie basiert auf mehr als 20.000 Interviews mit Bewohnern aus den untersuchten 31 Städten sowie Tiefeninterviews mit 53 Mobilitätsexperten. Sie zielte darauf ab, für die Planung und Entwicklung des städtischen Verkehrs auf der ganzen Welt als Informationsgrund-lage zu dienen. Sie soll ebenfalls zur Entwicklung von Geschäftsstrategien für neue und bestehende Akteure im Verkehrs- und Mobilitätssektor beitragen. In der Erhebung, die 2019 erfolgte, wies Berlin global betrachtet von 31 Großstädten weltweit die beste Mobilitätsinfrastruktur auf. Dabei wurde anhand des sogenannten „City-Mobility-Index" maßgeblich über den Zugang zu einer Vielzahl von öffentlichen Verkehrsmitteln und Mitfahrgelegenheiten bewertet. Die deutsche Hauptstadt erreichte einen Score von 90,7 Punkten und liegt damit knapp vor Auckland in Neuseeland mit einem Score von 90,0. Moskau kam auf Platz drei mit 84,1 Punkten. Mit dem besten Zugang zu städtischer Mobilität für ihre Bürger liegt München auf Platz fünf der Städte. Am schlechtesten schnitten Johannesburg, Sao Paulo und Nairobi ab. Diese drei Städte landeten vor allem aufgrund ihrer begrenzten öffentlichen Infrastruktur auf dem letzten Platz des Rankings (Horizont Mobilität, 2019) (vgl. Abb. 4.27).

Abb. 4.27 The City Mobility Index Top 10. (Quelle: Horizont Mobilität, 2019)

Ranking	City	Score
1	Berlin	90.7
2	Auckland	90.0
3	Moscow	84.1
4	New York	82.9
5	Munich	79.5
6	Milan	79.0
7	Montreal	78.5
8	Warsaw	78.4
9	London	75.1
10	Paris	74.7

Die beiden Top-Platzierungen von Berlin und München werden dabei etwas getrübt durch die Tatsache, dass die beiden deutschen Städte einen überdurchschnittlich hohen Anteil an Einzelfahrern zu verzeichnen haben. Mit 30 % für Berlin und 26 % für München rangieren sie im zweiten Teil der Studie, dem „Green-Commuters-Index", deswegen weiter hinten und nicht mehr in den Top-10. Die „Mobility Futures"-Studie zeigt auf, dass viele Autopendler nach alternativen Wegen suchen, um sich in der Stadt zu bewegen. Andererseits hängt immer noch ein Großteil der Pendler am eigenen Auto, sei es als Statussymbol, aus Bequemlichkeit oder aufgrund fehlender Alternative. Auch löst die Nutzung des öffentlichen Nahverkehrs häufiger negative emotionale Reaktionen aus als die Nutzung anderer Verkehrsmittel. Amsterdam und Kopenhagen sind hingegen die Heimat der „Super-Radfahrer" der Welt und rangieren hier auf Platz eins bzw. zwei. Ein weiteres Ergebnis der Studie ist, dass die Bewohner der Städte Südostasiens besonders viele unterschiedliche Reise- bzw. Verkehrs-Apps nutzen, um in ihrer Stadt mobil zu sein. Insgesamt wird deutlich, wie wichtig es ist, die mit Mobilität verbundenen Bedürfnisse und Emotionen der Bürger zu verstehen, um das als Schlüssel für eine Verhaltensänderung einzusetzen. Menschen nutzen offensichtlich eher Verkehrsmittel, die ihnen Freude bereiten. Das hat vor allem mit Lebensstil zu tun und nicht nur mit der Art, sich zu fortzubewegen (ebd.).

4.5.4 Urbane Logistik der Zukunft

Der Begriff „urbane Logistik" bzw. Urban Logistics fällt immer wieder, wenn es um die Zukunft der Städte geht. Wirtschaft und Bevölkerung der Metropolregionen erleben täglich, dass die Infrastruktur ihre Belastungsgrenzen erreicht hat. Luftverschmutzung, Lärm und Staus fordern die Politik zum Handeln heraus. Fahrverbote und andere Verkehrseinschränkungen bis hin zu autofreien Städten scheinen unvermeidlich. Die Logistikbranche steht hier besonders im Fokus und vor enormen Herausforderungen: Hohe Wachstumsraten im E-Commerce einerseits sowie zunehmend lagerlose und flexible Einzelhandelskonzepte andererseits führen zu immer mehr innerstädtischem Lieferverkehr, der vom ebenfalls wachsenden Individual- und öffentlichen Verkehr als Wettbewerber um knappe Verkehrsflächen wahrgenommen wird (Gerdes und Heinemann, 2019).

Das Ökosystem der urbanen Logistik
Bei der urbanen Logistik handelt es sich um ein Ökosystem, zu dem neben den KEP-Dienstleistern auch Konsumenten bzw. Bürger, Lieferanten, Mitarbeiter, Industrie- bzw. Service- und Handelsunternehmen sowie öffentliche Verwaltung und Politik zählen. Viele Stakeholder verfolgen eigene Agenden bzw. eigene Interessen, die nicht immer konsistent und deckungsgleich sind. Wer umfassende Konzepte zur Urban Logistics entwickeln möchte, muss dessen Komplexität kennen, um Zielkonflikte rechtzeitig zu identifizieren und die daraus resultierenden Risiken handhaben zu können (ebd.).

Zweifelsohne sind die einzelnen Mitglieder der Zivilgesellschaft die komplexesten und widersprüchlichsten Mitglieder des logistischen Ökosystems. Sie bilden die Basis des Geschäftes. Ohne sie gäbe es keine Urbanisierung und keine urbane Logistik. Es sind die Bürger, die einerseits als Kunden die Leistungen nachfragen und andererseits als Mitarbeiter die urbane Logistik sicherstellen. In ihrer Rolle als Verkehrsteilnehmer konkurrieren sie mit der urbanen Logistik um den knappen Verkehrsraum. Der Individualverkehr trägt am meisten zu innerstädtischer Luftverschmutzung und zu Verkehrschaos bei. Bewohner und Wähler fordern in ihren Quartieren einerseits den Schutz vor Verkehr, Lärm und Luftverschmutzung. Andererseits bestehen sie auf freie Fahrt und funktionierende Mobilität (siehe Abschn. 4.5.3). Dieser Widerspruch bildet die Hintergrundkulisse der Politik, und zwar in Bund, Ländern und Kommunen. Vor allem die Kommunalpolitik hat die undankbare Aufgabe, alle Zielkonflikte mit ihren Instrumenten aufzulösen. Angesichts der bestehenden Rahmenbedingungen bleiben ihr dafür eigentlich nur zwei Optionen: Einerseits kann sie die Leistungsfähigkeit der öffentlichen Infrastruktur erhöhen und/oder andererseits deren Nutzung regulieren. Viele der heute diskutierten Instrumente haben einen Schwerpunkt bei der Priorisierung und Regulierung. Das zeigen folgende Beispiele auf (ebd.):

- Lieferzeitbeschränkungen (Fußgängerzonen ab 10:00, Nachtfahrverbote, Fahrverbote an Wochenenden und an Feiertagen),
- Lieferortbeschränkungen (Fahrverbote z. B. durch Gewichtsbeschränkungen und Umweltstandards, Einbahnstraßenführung, Park- und Halteverbote, straßenbauliche Maßnahmen wie Schranken und Poller),
- Gebühren/City-Maut,
- Genehmigungs- und Zertifizierungssysteme.

Gleichwohl gibt es auch Beispiele für zukunftsweisende Projekte, die nicht nur den Mangel verwalten, sondern das Ziel verfolgen, die Effektivität der Verkehrsinfrastruktur und ihren Durchsatz zu erhöhen (ebd.):

- Bereitstellung von Immobilien und Schaffung von Stellflächen für urbane Logistik,
- „Smartifizierung" der Stadt, z. B. durch sensorgesteuerte Parkraumbewirtschaftung, Ampelschaltung, Verkehrsführung usw.,
- Förderung von Kooperation und Konsolidierung bei den KEP-Dienstleistern,
- Verwendung von Steuern und Nutzungsentgelten für den Ausbau der Infrastruktur,
- Vorantreiben einer vernetzten Verkehrspolitik von Stadt und Umland, um die innerstädtische Erreichbarkeit zu erhöhen.

Wirtschaft und Handel stellen wahrscheinlich die entscheidenden Stakeholder für die urbane Logistik dar. Sie definieren Anforderungen an die Servicelevels der Urban Logistics und entscheiden darüber, welcher Dienstleister die Ware zum Endkunden transportiert. Auch die Geschäftskunden der Logistik müssen dazu beitragen, Urban Logistics so effizient und ressourcenschonend wie möglich zu organisieren, z. B. durch

- Abholung und Zuleitung der Lieferungen von und zu Konsolidierungszentren,
- Anlieferungsbereitschaft in der Nacht bzw. am frühen Morgen,
- Einsatz digitaler, mobiler Wareneingangssysteme,
- Nutzung lokaler E-Commerce-Plattformen zur Bereitstellung des Warenangebots,
- Angebot bedarfsgerechter und differenzierter Lieferoptionen.

Logistikunternehmen sind mit hoher Wahrscheinlichkeit das Zünglein an der Waage, denn eine umfassende und nachhaltige Urban-Logistics-Strategie erfordert die Einbindung aller betroffenen Logistikdienstleister. Diese Unternehmen sollten alles dafür tun, ihre Kunden zufriedenzustellen, die eigene Effizienz zu erhöhen und ihre Emissionen zu minimieren. Dabei spricht einiges dafür, dass die logistische Gesamteffizienz durch Kooperation und Nutzung gemeinsamer Plattformen noch erhöht werden kann. Dieses betrifft insbesondere folgende Aspekte (ebd.):

- Maximierung der Zulieferfahrzeugauslastung bei gleichzeitiger Minimierung der Lieferkilometer,
- effiziente Gestaltung der letzten Meile in Bezug auf Umwelt- und Liefereffizienz,
- Angebot einer CO_2-neutralen Lieferkette,
- Entwicklung innovativer Warenübergabesysteme auf der letzten Meile,
- Bereitstellung zusätzlicher Liefer- und Abholstellen in den Städten.

Alle Aufgaben können nur dann flächendeckend erledigt werden, wenn folgende Lösungsansätze gelingen:

- eine differenzierte Preisstruktur zu nutzen, die auch Lieferort und -zeit sowie Umwelteffizienz berücksichtigt,
- die verschiedenen Warenströme (Fracht, KEP etc.) zu konsolidieren,
- digitale Plattformen z. B. für Smart Navigation, Fracht- und/oder Pakettransport und Crowd Transportation zu implementieren und
- eine direkte Kommunikation zwischen Zusteller und Empfänger zu ermöglichen.

Dafür ist es unabdingbar, die erfolgreiche Zusammenarbeit der verschiedenen Stakeholder innerhalb des beschriebenen Ökosystems sicherzustellen. Dieses betrifft das optimale Zusammenspiel bzw. die enge Abstimmung der einzelnen Lösungen und bestimmt maßgeblich über den Erfolg eines einheitlichen urbanen Logistikkonzepts. Die Ergebnisse und Erfahrungen der bisherigen Kooperationen und Pilotprojekten zeigen, dass es nicht eine Universallösung für alle Anwendungsgebiete gibt. Vielmehr müssen die Akteure gemeinsam entscheiden, aus welchen Bausteinen das für die jeweilige Stadt spezifische und am besten geeignete Konzept bestehen soll (ebd.).

Kooperation im Wettbewerb (Coopetition)

Im Grunde genommen ist unstrittig, dass eine effiziente und umweltfreundliche Urban Logistics die Kooperation von Logistikdienstleistern erfordert. Das ist jedoch nicht einfach, da die Logistikunternehmen in einem harten Wettbewerb zueinander stehen und deswegen zunächst nur ungerne kooperieren. Der für eine Kooperation notwendige Austausch von Geschäfts- und Kundendaten birgt strategische Risiken für alle Beteiligten in sich, die zu berücksichtigen sind. Andererseits zeigt die Telekom-Branche, wie ein Markt durch enge Kooperation der Anbieter so stark wachsen kann, dass alle Beteiligten davon profitieren. Die folgenden beiden Erfolgsbeispiele zeigen, wie eine Kooperation auch in der urbanen Logistik funktionieren kann (ebd.):

- **Stadt Göteborg:** Die schwedische Kommune hat im Jahr 2012 unter der Mitwirkung der Handelsverbände und Logistikunternehmen vor Ort ein umfassendes Urban-Logistics-Konzept umgesetzt (Innenstadtladen Göteborg, 2018). Kern ist ein Microhub für das historische Stadtzentrum, der in einem Parkhaus eingerichtet wurde. Dieser dient zunächst als Konsolidierungszentrum zur Belieferung des Handels. Fracht und KEP-Lieferungen erfolgen an den Microhub, von dem aus die Zustellung durch einen lizensierten Zustelldienst vorgesehen ist, der dafür ausschließlich Elektrofahrzeuge und Lastenfahrräder einsetzt. Die Kosten des Konzeptes werden durch den Handel und Werbung getragen. Obwohl der Microhub zunächst nur für die Belieferung der Geschäfte konzipiert wurde, soll der Dienst nun auch auf Zustellungen an Privatpersonen ausgeweitet werden.
- **Heathrow Airport Limited (HAL):** Die HAL hat das Heathrow Retail Consolidation Centre (HCC) implementiert, das die Belieferung der 323 Einzelhandelsgeschäfte und Restaurants auf dem Flughafengelände in London sicherstellt. Dadurch wurden die Transport- und Warenwirtschaftsprozesse derart optimiert, dass die Belastung der Verkaufs- und Betriebsflächen durch Warentransport um 74 % gesenkt werden konnte. Das HCC wird im Auftrag der HAL von der DHL Supply Chain betrieben. Inzwischen gilt das HCC als Vorzeigebeispiel und ist Kern einer umfassenden Strategie für die Heathrow City Logistics (International Airport Review, 2007).

Diese beiden Best Practices unterstreichen, welch wichtige Rolle der Stadtverwaltung zukommt, wenn es um die Entwicklung innerstädtischer Logistikkonzepte geht. Sie belegen zudem, dass lokale Anforderungen unbedingt berücksichtigt werden müssen. Die Altstadt von Göteborg ist in keinem Fall mit dem Flughafenbetrieb in London-Heathrow zu vergleichen (Gerdes und Heinemann 2019).

Erfolgsfaktoren des Urban-Logistics-Konzeptes
Die Erfolgsfaktoren des Urban-Logistics-Konzeptes betreffen die Projektorganisation und Projektausstattung, die Mobilitätsziele, die Nachhaltigkeitsziele sowie die Qualitätsziele.

   Projektorganisation: Diese legt bereits den Grundstein für den Erfolg. Diesbezüglich sollten alle relevanten Stakeholder des Ökosystems so eingebunden werden, dass eine größtmögliche Beteiligung sichergestellt ist. Zudem sollte die Einigungs- und Arbeitsfähigkeit im Projekt noch gegeben sein. Dieses erfordert nicht nur fachliche, sondern auch politische Fähigkeiten. Ein ganzheitliches Urban-Logistics-Konzept muss umsetzbar sein. Es sollte sich sowohl zeitlich als auch inhaltlich auf abgegrenzte und handhabbare Arbeitspakete herunterbrechen lassen. Dabei muss transparent sein, welche Ergebnisse in welcher Stufe erreicht sein müssen, damit die nächsten Schritte gestartet werden. Die hohe Komplexität des Themas erfordert eine ständige Bewertung des Projektumfelds, um das Projekt an geänderte Rahmenbedingungen anzupassen. Die hierfür erforderliche Flexibilität ist ebenfalls ein entscheidender Erfolgsfaktor (ebd.).

Mobilitätsziele: Der Erfolg der Mobilitätsverbesserung lässt sich an einer Reihe von Kriterien feststellen, wobei Personen- und Warenverkehr zu berücksichtigen sind. Diese betreffen zum Beispiel (ebd.):

- Angebot des ÖPNV (Netz, Haltestellen, Frequenz, Kosten, Preise),
- Nutzung des ÖPNV (Fahrgastzahlen, Auslastung, Fahrgastzufriedenheit),
- Effizienz des ÖPNV,
- Verkehrsdichte (Durchschnittsgeschwindigkeit, Staukilometer, Staustunden),
- Verkehrsqualität (Angebot und Auslastung der Parkplätze, Ordnungswidrigkeiten),
- Nutzungsverhältnis von ÖPNV, Wirtschafts- und Individualverkehr,
- Anzahl an Microhubs für Zustelldienste,
- Anzahl an Packstationen,
- gefahrene Lieferkilometer,
- verkehrsbedingte Verluste im Wirtschaftsverkehr,
- Erstzustellungsquoten der Zustelldienste.

Nachhaltigkeitsziele: Die Umweltfreundlichkeit eines Urban-Logistics-Konzepts lässt sich nur indirekt messen, da der Lieferverkehr einen geringen Anteil am Gesamtverkehrsaufkommen hat. Gleichwohl bieten sich Betriebsstatistiken, Verkehrszählungen, Zulassungszahlen und Umweltmesszahlen an, das Zielgebiet Nachhaltigkeit durch konkrete Zahlen zu quantifizieren (ebd.):

- CO_2- und Feinstaubmessungen,
- gefahrene Lieferkilometer (im Verhältnis zur Menge),
- Anzahl der Elektrofahrzeuge in der Logistik,
- öffentliches KEP-Auftragsvolumen, das an Umweltauflagen gebunden ist,
- Anzahl der Verkehrsflächen für elektrisch betriebenen Lieferverkehr.

Qualitätsziele: Auch wenn die subjektiv wahrgenommene Lebensqualität von vielen individuellen Faktoren abhängt und sich nur schwer messen lässt, so kann und sollte der Beitrag der Urban Logistics zur individuellen und allgemeinen Lebensqualität mit folgenden quantitativen Zielen hinterlegt werden (ebd.):

- Erstzustellungsquoten der Zustelldienste,
- Anzahl an Packstationen,

- gefahrene Lieferkilometer (im Verhältnis zur Menge),
- Verkehrsbeeinträchtigungen und Beschwerden über Lieferverkehr,
- Kennzahlen aus E-Commerce und local Commerce,
- Zufriedenheitsumfragen.

Die Erfolgsfaktoren zeigen, dass die Planung, Entwicklung und Umsetzung eines umfassenden Urban-Logistics-Konzepts zwar komplex, aber nicht undurchführbar ist. Die Quantifizierung der Ziele ist ein entscheidender Schritt zur Umsetzung eines solchen Projektes. Erst mit der Definition eines Ziels ist auch die Frage verbunden, wer für die Erreichung des Ziels und die Finanzierung verantwortlich ist. In vielen deutschen und europäischen Städten gibt es bereits zahlreiche Urban-Logistics-Initiativen. Hier arbeiten Städteplaner und Logistiker gemeinsam an Lösungen, mit denen die spezifischen Anforderungen und Probleme gelöst werden sollen. Auch wenn jede Stadt aufgrund ihrer individuellen Besonderheiten ein maßgeschneidertes Urban-Logistics-Konzept braucht, sollte der Blick über die Stadtgrenze hinaus Pflicht sein. Dabei hilft auch ein sorgfältiges Studium der Modellstädte, die gerade in den Vereinigten Arabischen Emiraten, Kanada und USA entstehen. Masdar ist zum Beispiel ein Bauprojekt in den Vereinigten Arabischen Emiraten für eine völlig neue Stadt mit 45.000 Einwohnern, die bis ca. 2030 östlich von Abu Dhabi entstehen soll. Sie wird unter anderem durch den Verzicht auf Autos mit Verbrennungsmotoren sowie ein engmaschiges öffentliches Verkehrsnetz vollständig CO_2-neutral sein. Gesteuert werden soll die innovative Modellstadt über eine sensorgesteuerte Vernetzung. Auch Google und Microsoft planen bereits Modellstädte in Arizona und Toronto. Dort soll in Show-Cases exemplarisch aufgezeigt werden, was heute bereits urbanistisch möglich ist. Dabei werden Themen wie die Smartifizierung, innovative Rohrsystemlösungen für den Transport von Gütern und Abfall, engmaschige und integrierte öffentliche Verkehrsnetze sowie Shared Economy und CO_2-Neutralität pilotiert. Auch wenn die Erkenntnisse dieser Pilotprojekte sich nicht 1:1 auf die historisch gewachsenen Altstädte Europas anwenden lassen, so liefern sie dennoch Inspiration und wertvolle Ideen (ebd.). Erfolgskritisch für die Umsetzung ganzheitlicher Urban-Logistics-Konzepte bleibt die Entwicklung standardisierter Bausteine, mit denen sich schnell erste Erfolge realisieren lassen. Sollte jede Stadt das Rad neu erfinden wollen, werden überregionale oder internationale Logistikanbieter nur schwer zu überzeugen sein. Deswegen wird dringend eine Plattform benötigt, in der Best-Practice-Lösungen ausgetauscht werden. Dazu ist die Koordinierung der Aktivitäten von Bund, Ländern und kommunalen Spitzenverbänden als Partner notwendig (ebd.).

4.5.5 Zukunftsprojekt Vitale Innenstadt

Bei dem Zukunftsprojekt Vitale Innenstadt handelt es sich um Deutschlands größte Innenstadtbefragung. Zwei Jahre nach der letzten Erhebung 2018 wurden auch 2020 wieder Stärken und Schwächen von Standorten analysiert sowie Ideen daraus für die

Welche Schulnote würden Sie der Innenstadt in Bezug auf ihre Attraktivität geben?	Durchschnittsnoten 2018		Top-Performer 2018
	EW	nach Ortsgröße	nach Ortsgröße
	über 500 Tsd.	2,3	Leipzig
	200 Tsd. bis 500 Tsd.	2,5	Erfurt
2,6	100 Tsd. bis 200 Tsd.	2,6	Trier
	50 Tsd. bis 100 Tsd.	2,5	Stralsund
Gesamtdurchschnitt über alle 116 teilnehmenden Städte	bis 50 Tsd.	2,7	Wismar

Welche Schulnote würden Sie dieser Innenstadt in Bezug auf ihre Attraktivität geben? Mittelwerte; Bewertung anhand Schulnoten 1 bis 6, n = 59.434 in 116 Innenstädten

Abb. 4.28 Vitale Innenstädte 2018 – Bewertung der Gesamtattraktivität. (Quelle: IFH Koeln VI, 2018)

Zukunft abgeleitet. In 2018 wurden deutschlandweit knapp 60.000 Passanten in 116 Städten unterschiedlicher Ortsgröße befragt. Es ging darum, wie Bürger die jeweils besuchte Innenstadt bewerten und auf welche Punkte sie besonders Wert legen. Dabei zeigte sich, dass Shopping in allen Altersgruppen das Besuchsmotiv Nummer eins für die City ist. Dabei erhielten die deutschen Städte in puncto Gesamtattraktivität 2018 im Durchschnitt die Schulnote 2,6 (IFH Koeln VI, 2018) (vgl. Abb. 4.28).

Übergreifend zeigte sich, dass als Erfolgsfaktoren einer attraktiven Innenstadt vor allem das „Ambiente/Flair" und „Einzelhandelsangebot" genannt werden. Andererseits sind das auch genau die Faktoren, die kaum oder nur langfristig an den Standorten zu verändern sind. Sehr relevant sind auch der „Erlebniswert" und die „Bequemlichkeit/ Convenience". Hier können vor allem kleine und größere Standorte punkten und beispielsweise die Themen Events oder Gastronomie und Convenience-Faktoren wie Öffnungszeiten oder Erreichbarkeit gut bespielen. In 2020 wurde die Gesamtattraktivität der deutschen Innenstädte erneut untersucht. Dabei stand die Studie unter dem Schwerpunktthema Visitor Journey. Städte, die das an ihrem Standort genau verstehen, finden hier auch gute Ansatzpunkte, um attraktiv zu bleiben. Sie können punkten beim Besuchsimpuls, bei der Information vorab, beim Aufenthalt oder beim Angebot vor Ort. Natürlich beleuchtet die Erhebung in 2020 auch die aktuelle Corona-Krise. Dabei wird untersucht, wie sich das Einkaufsverhalten der Passanten verändert. Vor allem die

Shutdowns zeigten dramatisch die Herausforderung von Städten und Kommunen auf. Es gilt, Lösungsansätze rund um die Entwicklung und Belebung von Standorten zu entwickeln. Immer mehr Kunden kaufen online ein und besuchen deswegen zunehmend seltener die Innenstädte.

In der Studie **„Vitale Innenstädte 2020"** wurde insofern das **Einkaufsverhalten** in Innenstädten analysiert und dabei begutachtet, welchen Einfluss die Mobilität, der demografische Wandel, der Händlermix, die Aufenthalts- und Wohnqualität, der Wohlfühlfaktor sowie die Kundentypologien auf die Anziehungskraft von Innenstädten haben. Dazu wurden im Herbst 2020 rund 58.000 Passanten in 107 deutschen Innenstädten interviewt. Wesentliches Ergebnis der Erhebung in 2020 war, dass neben der Schaffung von Erlebnisräumen vor allem die Rahmenbedingungen für den stationären Handel verbessert werden müssen. Dazu muss aus Kundensicht die Ungleichheit zwischen Online-Handel und örtlichem Handel, etwa durch die Einführung einer Produktversandsteuer, ausgeglichen werden. Zudem werden mehr Gestaltungsmöglichkeiten beim Thema Ladenöffnung gewünscht. Das betrifft sowohl die Öffnung Richtung 24/7 als auch das Angebot zusätzlicher verkaufsoffener Sonntage. Wichtig ist aus Kundensicht auch eine attraktive Mischung aus Einzelhandel, Gastronomie, Kultur- und Freizeitangeboten sowie Wohnen und Arbeiten. Dabei soll sich der Weg in die Innenstadt lohnen und deswegen zum Erlebnis werden! Das erfordert u. a. gestalterisch gelungene Einkaufsstraßen, Plätze mit hoher Aufenthaltsqualität, gute Wegebeziehungen zwischen den Einzelhandelslagen, ein gut ausgebauter ÖPNV, ausreichendes und bezahlbares Parkplatzangebot sowie die Gewährleistung von Sicherheit und Sauberkeit. Grundbedürfnisse wie z. B. Sitzgelegenheiten und ausreichende Toiletten werden ebenfalls erwartet. Zudem sollen digitale Angebote der stationären Händler einschließlich Vor-Ort-Lieferservices zur Verfügung stehen. Ein ganz normaler Einkaufsbummel bleibt jedoch das Hauptmotiv für den Besuch von Innenstädten – vor allem für ältere Personen (65 %) und wesentlicher Faktor auch für jüngere Zielgruppen unter 25 Jahren (50 %) (ebd.) (vgl. Abb. 4.29).

Wie attraktiv und erlebnisorientiert deutsche Städte von ihren Bürgern wahrgenommen werden, bestimmt maßgeblich der stationäre Einzelhandel. Auch Sehenswürdigkeiten sowie Freizeit- und Kulturangebote beeinflussen den Erlebniswert einer Innenstadt stark. Städte und Gemeinden können die aktuellen Herausforderungen nur bewältigen, wenn schnell und unbürokratisch geholfen wird. Ein von der Regierung finanzierter „Innenstadtfonds" könnte helfen. Auch ist ein verbesserter Zugriff bei Schlüsselimmobilien erforderlich. Bei alledem müssen sich Innenstädte und Ortskerne an den Erfordernissen von Nachhaltigkeit und Klimaschutz ausrichten. Dieses bedeutet auch ein Weniger an Asphalt und Beton sowie ein Mehr an Grün und Wasser. Mikroklima und Lebensqualität ist den Bürgern wichtig. Innenstädte sind für die Menschen ein Identifikationsfaktor und Ort der Begegnung (IFH Koeln VI, 2020).

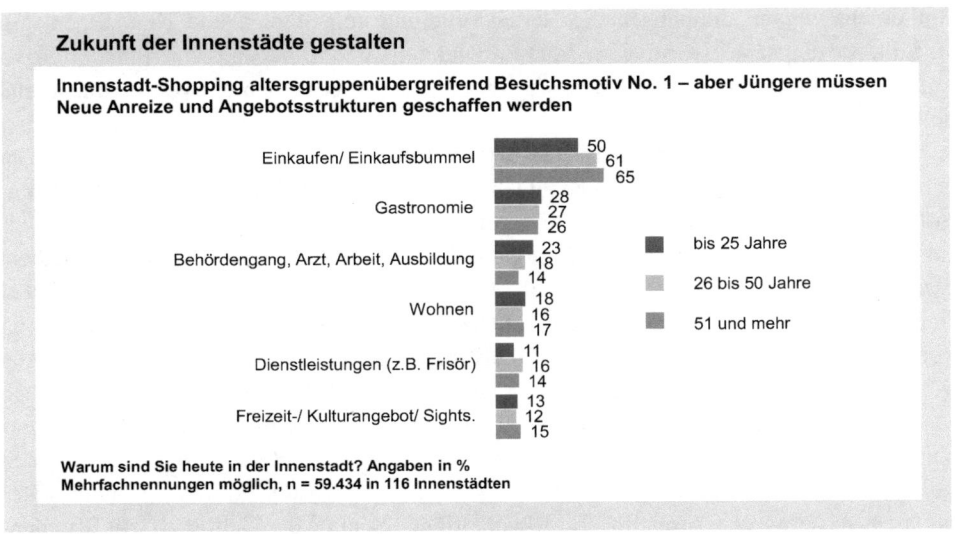

Abb. 4.29 Vitale Innenstädte 2020 – Besuchsmotive Innenstädte. (Quelle: IFH Koeln VI, 2020)

4.6 Intelligente Shoppingcenter der Zukunft

Zweifelsohne verfügen die Shoppingcenter im Hinblick auf den stationären Einzelhandel scheinbar über bessere Voraussetzungen als Innenstädte, da sie professionell geführt werden und nicht dem Entscheidungssumpf der Kommunalpolitik ausgesetzt sind. Aber dennoch sind auch sie von den aktuellen Strukturveränderungen betroffen und müssen sich selbst neu erfinden. Im Gegensatz zu Städten haben sie nur die Option „Shopping" und nicht die Möglichkeit, neue Rollen jenseits des Einzelhandels zu finden. Die Kundenanforderungen an Einkaufscenter stimmen teilweise mit denen überein, die Konsumenten an Innenstädte stellen. Dennoch sind gerade mit dem „One Stop Shopping" in den Malls auch noch andere Erwartungen verbunden. Eine große Chance besteht sicherlich in dem koordinierten Angebot von übergreifenden Services, was Innenstädte so nicht können. Services müssen zunehmend aber auch in Richtung Mieter gedacht werden, die sich bisher eher gegängelt fühlen und anwachsende Probleme mit ihren Gesamtkosten („Total Cost of Ownership") sehen. Deswegen sollten Einkaufszentren diesen Aspekt stärker in ihren Geschäftsmodellen berücksichtigen und sich mehr als Enabler für ihre Mieter sehen. In jedem Fall ist aber eine Evolution von Shoppingcentern hin zu Service- und Lifestyle-Hubs zu beobachten. Darüber hinaus werden verschiedene Revitalisierungsstrategien angedacht, die in jedem Fall aber auch eine stärkere Digitalisierung der Shoppingcenter ins Auge nehmen müssen. Ideal wäre sowohl für Shoppingcenter als auch für Innenstädte eine Verschmelzung beider Standortmodelle wie in Bad Münstereifel (s. Abschn. 4.6.5).

4.6.1   Customer Journey in Shoppingcentern

Seit der vielbeachteten Berger-Studie „Dem Kunden auf der Spur", für die rund 42.000 Konsumenten in 64 Einkaufszentren deutschlandweit zu ihrem Einkaufsverhalten befragt und knapp 2000 Einkaufstagebücher ausgewertet wurden, sind Shoppingcenter im deutschsprachigen Raum kaum noch empirisch untersucht worden (Berger, 2013; Heinemann, 2017). Während empirische Untersuchungen zu Innenstädten einen regelrechten Boom erleben, gab es lediglich in 2017 eine größere Studie vom EHI zum Thema Kundenverhalten unter besonderer Berücksichtigung der Customer Journey (Computerwelt CJ, 2017). Dabei fragte das EHI die aktuelle Meinung der Betreiber von Shoppingcentern zum Thema Analyse des Kundenverhaltens ab. Nach wie vor setzen demnach alle befragten Shoppingcenter-Betreiber auf die etablierten Verfahren wie Kundenzählung und Kundenbefragung. Nur langsam halten digitale Methoden und neue Technologien z. B. zur Nummernschilderkennung am Parkplatz oder das WLAN-Tracking Einzug. Fast alle Shoppingcenter-Betreiber erfassen zwar das Kundenverhalten im Center (75 %) oder planen zumindest, dieses mittelfristig zu tun (25 %), aber nur 63 % der befragten Center-Betreiber werten die Online Customer Journey aus. Die gesamtheitliche Erfassung, Aufbereitung und Verfügbarkeit der Daten wird dabei immer noch stark vernachlässigt. Es wird deutlich, dass die Analyse des Kundenverhaltens eher aus einer stationären Brille im Fokus steht. So liegt das Hauptaugenmerk auf der Erfassung der Hauptein- und -ausgänge sowie der Parkhäuser bzw. Parkplätze (jeweils 63 %). Es folgen die Nebenein- und -ausgänge und die Hauptgänge (jeweils 38 %). Nur die Hälfte der Betreiber erhebt bereits die Daten des gesamten Centers, jedoch auf einer groben Erfassungsebene. Detailliertere Informationen zu einzelnen Themen oder beworbenen Produkten ist offensichtlich nur für 13 % der Shoppingcenter-Betreiber relevant. Das Wissen über den Kunden liegt also – wenn überhaupt – beim Händler. Auch ist nicht bekannt, ob Shoppingcenter überhaupt Kundendaten erheben und für ihre Marketingaktivitäten nutzen. Diese sind jedoch Basis für digitale und damit effiziente Werbeformen. Genau das dürfte eines der größten Dilemmata der Shoppingcenter sein und über ihre Zukunft wesentlich mitentscheiden. Die Analyse bestätigt jedenfalls, dass sich auch für Shoppingcenter Digitalisierungskonzepte durchsetzen, vom Customer-Journey-Tracking bis zum Digital Signage. Um zukünftig die Kunden persönlich ansprechen zu können und ihnen damit ein optimales Einkaufserlebnis zu bieten, greifen Shoppingcenter zunehmend auf Daten zurück, die von Technologien wie Netzwerk-Kameras bereitgestellt werden. Diese Kundendaten sind jedoch anonym und deswegen für echtes Online-Marketing ungeeignet (ebd.).

Dieses ist für Shoppingcenter insofern bedenklich, als dass mehr als 80 % der Konsumenten neben dem Shoppingcenter auch weitere Einkaufsmöglichkeiten in Innenstädten nutzen (Berger, 2013; Heinemann, 2017). Schon die Berger-Studie zeigte auf der einen Seite ganz klar das Bedrohungspotenzial des Online-Shoppings auf, deutet aber auch auf ganz konkrete Chancen hin. Dies betrifft zum Beispiel die Vernetzung mit der Online-Welt. Wie in der Studie richtig gefolgert wird, muss die digitale Welt ins Center geholt werden. Shoppingcenter können und müssen auch für die online-affinen Kunden attraktiv gestaltet werden. So geht es aus Kundensicht darum, den Aufenthalt im Center angenehmer zu machen und sinnvolle Konzepte aus der digitalen Welt in die Ladenstraße zu holen. Wie die Studie zu Recht ausführt, haben gerade Shoppingcenter beste Voraussetzungen, die nützlichen Aspekte der Online-Welt in eine einzigartige Offline-Welt zu überführen und dort die Kunden weiterhin zu begeistern. Darüber hinaus müssen die Mieter darin unterstützt werden, beim Thema Online-Einkauf bzw. Multi-Channeling zukunftsfähig zu werden. Auch kann den Mietern mit digitalen und innovativen Kundenservices eine optimale Rahmenbedingung für den eigenen modernen Auftritt geschaffen werden. Dafür ist es aber wichtig, die Anforderungen der Kunden (und auch Mieter sind Kunden) genau zu kennen. An dieser Stelle soll es unterlassen werden, alle Studienergebnisse zu diesem Thema zu wiederholen. Dennoch sollen in Verbindung mit der Internetnutzung und den bereits dargestellten Hinweisen fünf Kernaspekte dargestellt werden, die sich in der kaufDA-Zeitreihenanalyse zunehmend herauskristallisieren und auch für Shoppingcenter relevant sein dürften (kaufDA, 2018; Heinemann, 2017):

Web to Center: Kunden erwarten alle Informationen im Netz (ebd.), auch über Center und deren Angebot. Die Präsenz des Shoppingcenters in allen relevanten Informationskanälen hat herausragende Bedeutung aus Kundensicht. Dies gilt vor allem für die lokalbezogene Suche auf Google, die Navigation zum Center und die Hinweise auf den generellen Zeitaufwand sowie die Parkplatzsituation im Center und natürlich für das komplette Angebot, also produktbezogene Suchen und alle gängigen Multi-Channel-Standards. Inwiefern die Mieter dazu vertraglich verpflichtet werden können, ist zumindest prüfenswert.

Web in Center: Kunden erwarten Mobile-Nutzungsmöglichkeit „anytime and anywhere". Kostenloses und gutes WLAN ist aus Kundensicht eine Selbstverständlichkeit. Aber auch die Navigationsmöglichkeit im Center, die Interaktionsmöglichkeit bei Rückfragen sowie alle Techniken, die bereits im Zusammenhang mit Digital-in-Store aufgezeigt wurden. Die Kunden benötigen Ladestationen, Terminals, Geräte in Produktnähe, Echtzeitinformationen über Wartezeiten oder besondere Angebote und vor allem Servicepoints, interaktive Informationsflächen, Abholstationen, Retourenstationen usw. (ebd.).

Usability in Center: Der Kunde möchte ultimative Usability und mehr Freiheiten (Heinemann, 2017). Für Shoppingcenter bieten sich große Chancen, wenn neben Cross-Channel-Angeboten auch das Center an sich mit höchstmöglicher Usability für den Kunden gestaltet wird, quasi als „Smart Center": Der Kunde nimmt sich ein Produkt aus dem Regal eines Händlers, geht dann zum nächsten Shop, verlässt den Laden und wird nicht wegen Diebstahls verhaftet, weil er unterwegs per Daumenabdruck auf seinem Smartphone für beide Händler bezahlen konnte. So könnte das Shoppingcenter der Zukunft aussehen. Ohne Grenzen, dafür mit allen Freiheiten (kaufDA, 2018; Heinemann, 2017).

Time with Center: Schnelligkeit ist heute die Messlatte. Kunden erwarten einfache Selbstbedienungsmöglichkeiten und Zeitersparnis (Heinemann, 2017). Dieser Aspekt wird gerade in den Stores der Online-Händler für den stationären Handel erfunden. Ideal wäre eine zentrale Shoppingcenter-App mit Bezahlfunktion – vielleicht kombiniert mit einer virtuellen Center-Kundenkarte oder einem Center-Kundenkonto. Zeitverluste aus Kundensicht sind unbedingt zu vermeiden – auch im oder vor dem Parkhaus. Der Touchpoint von heute ist das Smartphone. Es ist die Fernbedienung des Lebens. Da muss alles zusammenlaufen. Ein Hinweis auf dem Smartphone, „Parkebene A ist voll", wäre zum Beispiel eine sinnvolle Maßnahme. Zeitverlust verzeiht heute kein Kunde mehr (kaufDA, 2018; Heinemann, 2017; NewStore, 2021).

Center to Home: Kunden erwarten alle denkbaren Liefermöglichkeiten nach Hause, also auch „Ship from Center" (kaufDA, 2018; Heinemann, 2017), am besten in gebündelter Form oder vielleicht auch in kooperativer Form mit den Mietern zusammen. Same Day Delivery ersetzt zunehmend den Ladenbesuch. Besonderer Service am Kunden wäre außerdem eine Hilfestellung beim Warentransport: Wenn sein Auto schon im Parkhaus steht, wieso nicht für ihn die Sachen in den Kofferraum packen? Oder schwere Taschen zwischenlagern, bis es nach Hause geht?

4.6.2 Revitalisierung von Shoppingcentern

Das einundzwanzigste Jahrhundert ist mehr denn je geprägt von Veränderungen, die sich in Zyklen mit zunehmender Geschwindigkeit im Markt auswirken. Dieses betrifft vor allem die rasant wachsende Anzahl digitaler Möglichkeiten sowie die veränderten Lebensgewohnheiten der Menschen. Diese Veränderungen wirken sich auch unmittelbar auf Shoppingcenter aus. So stellt der Online-Handel eine immer größere Konkurrenz für die stationären Einzelhändler dar und führt zu Umsatzschwund in Shoppingcentern. Deswegen ist eine endlose Neuentwicklung weiterer Shoppingcenter nicht mehr zielführend. Das gilt vor allem für in die Jahre gekommene Centerflächen und ausgereizte Standort (Bauer und Rock, 2019). Ein Alarmsignal ist, dass die Flächenproduktivität der Einkaufszentren in den letzten 15 Jahren um 10,7 % gesunken ist. Dieser Wert wird sich wahrscheinlich durch die Corona-Krise noch einmal verdoppeln. Bereits 2016 war bei fast der Hälfte der Shoppingcenter Revitalisierungen notwendig und bei nur 46 Shoppingcentern waren in 2018 erst entsprechende Maßnahmen geplant. Ein Mangel an Bewusstsein, knappe Finanzmittel, mangelndes Know-how, schwierige Eigentumsverhältnisse und vor allem Druck auf Immobilienrenditen sind oft die Gründe, warum erforderliche Revitalisierungen nicht erfolgen. Der sich aufbauende Investitionsstau verschlimmert die Situation. Mieter, lokale Einzelhändler und Anleger leiden unter der immer schlechteren Performance und leiten einen typischen Krankheitsverlauf der Shoppingcenter ein. Bei wachsendem Konkurrenzkampf wird die fehlende Anziehungskraft eines Centers zu einem Wettbewerbsnachteil und einer immer größeren Belastung für die Mieter (Bauer und Rock, 2019; Lang, 2017) (vgl. Abb. 4.30).

Abb. 4.30 Krankheitsverlauf eines Shoppingcenters. (Quelle: Lang, 2017)

Revitalisierung versus Redevelopment versus Refurbishment

Eine Befragung bei den Mitgliedsunternehmen der GCSC (German Center of Shopping Center) in 2019 empfanden nicht ohne Grund über 98 % die Revitalisierung von Shoppingcentern im aktuellen Marktumfeld als sehr relevant (84,5 %) oder relevant (13,8 %), was die Dringlichkeit des Problems eindrucksvoll unterstreicht. Allerdings werden die Begriffe „Revitalisierung", „Redevelopment", „Refurbishment" oder „Relaunch" oft synonym und missverständlich genutzt. Der Unterschied liegt insbesondere im Grad und Umfang des Eingriffs in die Gebäudesubstanz (Bauer und Rock, 2019). Dabei ist die Revitalisierung (und das Redevelopment) ein Teilaspekt der Projektentwicklung bei Bestandsimmobilien. Es handelt sich in der Regel um Bestandsentwicklung oder Bauen im Bestand. Unter Redevelopment („Wieder-Entwicklung") wird ein Immobilienvorhaben verstanden. Dabei werden Grundstücke oder Gebäude, die bereits genutzt wurden/werden und nicht mehr ihrer angedachten Zweckbestimmung entsprechen, durch bauliche Maßnahmen an den bestehenden Gebäuden (oder Abriss und Neubau) einer neuen Nutzung zugeführt. Diese zielen darauf ab, die Liegenschaft für eine neue Nutzung baulich umzugestalten, um eine Aufwertung der vorhandenen Bestandsimmobilien sowie eine neue wirtschaftliche Verwertung der Immobilie zu bewirken. Dementsprechend verlängert das Redevelopment durch Effizienzsteigerung der Immobilie deren wirtschaftliche Lebensdauer und damit auch den Nutzungszeitraum. Dabei sollte die Revitalisierung gesondert betrachtet werden, da Shoppingcenter nicht wie andere Nutzungsarten für den Eigennutz oder nur für Mieter gebaut werden, sondern die Besucher maßgeblich über den Erfolg des Centers entscheiden (Bauer und Rock, 2019).

Revitalisierung: Bei der Revitalisierung (Wieder-Belebung) handelt es sich grundsätzlich um eine (meist relativ umfassende) bauliche Anpassung bereits genutzter Objekte an (geänderte) Nutzeranforderungen. Neben der verbesserten (Wieder-) Nutzbarkeit soll die verminderte oder verlorene Marktposition verbessert werden.

Außer dem Erscheinungsbild (innen/außen) sollen sich die technischen, konstruktiven, funktionellen und/oder optischen Maßnahmen positiv auf die Marktposition und den Wert des Objektes auswirken. Die Revitalisierung sieht vor, dass die ursprüngliche Nutzung beibehalten wird. Dem Gebäude wird also seine bestimmungsmäßige Funktion wiedergegeben, wodurch der Lebenszyklus der Immobilie verlängert oder neu ausgelöst wird. Dementsprechend sieht die Revitalisierung von Shoppingcentern vor, nicht mehr zeitgemäße, veraltete, „verbrannte" oder sogar „tote" Shoppingcenter durch Modernisierung und/oder Instandhaltung wieder in den Zustand der Markt- und Konkurrenzfähigkeit zu versetzen. In jedem Fall muss die Revitalisierung aber aus verschiedenen Blickwinkeln betrachtet werden, und zwar aus baulich-technischer, finanzwirtschaftlicher, marktbezogener sowie Management-orientierter Perspektive (Heinemann, 2017; Bauer und Rock, 2019).

Redevelopment: Der wesentliche Unterschied zwischen Revitalisierung und Redevelopment liegt in der Änderung der Nutzung. Diese bleibt im Kern bei der Revitalisierung unverändert, während das Redevelopment eine umfassende Nutzungsänderung vorsieht.

Refurbishment: Beim Refurbishment handelt es sich um eine Revitalisierung mit Schwerpunkt auf baulich-technischen Maßnahmen. Dabei ist die Gebäudestruktur von Shoppingcentern sehr komplex.

Relaunch: Der Relaunch (Neu-Bewerben) betrachtet die Revitalisierung aus marketingtechnischer Sicht. Aufgrund der sehr unterschiedlichen Zielgruppen (Mieter, Eigentümer, Kunden) müssen die Center offen für Veränderungen sein.

Insgesamt sind bei der Revitalisierung größere (bauliche) Eingriffe vorgesehen. Diese betreffen u. a. die Architektur, das Design, den Mieter-Mix, die Kommunikation im Center, das Center-Management, das Layout, den Service, die Kostensituation und die angebotenen Dienstleistungen. Damit soll das Center wieder attraktiver gemacht werden, was die Verweildauer der Kunden erhöht und bestehende Missstände korrigiert. Ergebnis ist im Idealfall eine Werterhaltung oder Wertsteigerung. In der Regel ist mit der Revitalisierung auch eine Neupositionierung des Centers verbunden (ebd.).

Lebenszyklus-Verkürzung der Revitalisierungsbedürftigkeit

Als Problem stellt sich heraus, dass die Zyklen zwischen den Revitalisierungen immer kürzer werden. Nach einer Studie der Gesellschaft für Markt- und Absatzforschung (GMA) aus 2018 liegt der Zyklus zwischen Revitalisierungen aktuell bei durchschnittlich 10,4 Jahren. Die erste Revitalisierung sollte nach rund neun Jahren (9,4) erfolgen, die zweite nach rund acht Jahren (8,5). Demgegenüber lag im Jahr 2006 der Durchschnittswert für die erste Revitalisierung von Shoppingcentern noch bei 17 Jahren, die darauf folgende zweite wurde im Schnitt neun Jahre nach der ersten fällig (Bauer und Rock, 2019). Zweifelsohne ist die Revitalisierungsbedürftigkeit im Einzelfall vom individuellen Objekt abhängig. Eine Revitalisierung wird eigentlich erst notwendig, wenn das Shoppingcenter baulich überaltert ist. Insofern werden im Laufe der Zeit in jedem Center bauliche Abnutzungs- und Alterserscheinungen sichtbar, selbst wenn ein

Center gut läuft. Unabhängig davon kann der Bezug zur Betriebswirtschaft ein stärkerer Auslöser für eine Revitalisierung sein.

Redevelopment zum Freizeitpark

Im „Shoppen" steckt auch immer eine soziale Funktion, denn in den allermeisten Fällen wird entweder mit Freunden oder anderen Familienmitgliedern gebummelt (sozialer Austausch beim Shoppen). Dieser soziale Aspekt kann so nicht über das Internet abgedeckt werden. Im Internet findet zwar auch zunehmend Freizeitbeschäftigung statt, jedoch nur virtuell. Das können Shoppingcenter sicherlich für sich nutzen und ihren Branchenmix durch mehr Freizeitangebote entsprechend attraktiv gestalten. Kunden könnten den Besuch des Einkaufscenters mit Spaß, Freizeitbeschäftigung und Aufenthaltsqualität verbinden. Dazu können regelmäßige Events, die im Center stattfinden, bis hin zu außergewöhnlichen Aktivitäten oder Stores beitragen. Atmosphäre schafft auch eine durchgängige Begrünung, ein vielfältiges Gastronomieangebot, Ruheflächen, Spiel- und Bewegungsflächen, Sitzmöglichkeiten sowie hochwertiges Mobiliar in einem Center. Einkaufszentren können sich mehr als Orte des Zusammentreffens, des Austauschs und der sozialen Interaktion verstehen. Werden diese „Erlebnis"-Faktoren umfassend berücksichtigt, kann ein Center auch zu einer Art „Erlebnispark" werden. Das Einkaufszentrum der Zukunft könnte insofern ein „Treffpunkt und Ort des sozialen Austauschs" sein. So formuliert es auch der Immobiliendienstleister Cushman & Wakefield in einer Studie mit dem düsteren Titel „Survival of the Fittest" (Hall, 2016). Inhaber von rund 1500 Shoppingcentern aus ganz Europa haben dort aufgezeigt, mit welchen Strategien sie ihre Flächen zukunftsfähiger machen wollen. Als wichtigstes Ziel wurde angegeben, mehr Kunden anzuziehen und diese länger im Center zu binden. Das soll durch einen höheren Anteil an Cafés, Bars und Restaurants erfolgen (Hall, 2016; Heinemann, 2017; Lang, 2017). Während Einkaufszentren heute rund 95 % der Flächen vom Handel belegen lassen, könnte dieser Wert künftig eher bei 80 % liegen. Die restlichen 20 % der Fläche sollten für Gastronomie und Freizeiteinrichtungen wie Kinos oder Fitnessstudios reserviert werden. Der Entwickler der „Mall of Switzerland" scheint diese Empfehlungen schon mustergültig umzusetzen. Hier sind rund 40.000 Quadratmeter für den Handel vorgesehen, jedoch soll gleichzeitig ein mehr als 10.000 Quadratmeter großer Freizeitbereich entstehen. Dazu gehören dann ein riesiges Multiplexkino mit über 2000 Plätzen in zwölf Sälen und eine Surfanlage mit der ersten stehenden Wasserwelle in der Schweiz. Andere Konzepte wiederum bringen verstärkt Kulturangebote in das Shoppingcenter ein, wie zum Beispiel bei dem Projekt „Magnete Milano" auf dem ehemaligen Messegelände in Mailand (ebd.). Vorgesehen war unter anderem ein Musikzentrum, Ausstellungsräume für digitale Kunst und innovative Shopformate für Elektronikanbieter (ebd.). Die Anreicherung mit mehr Freizeitatmosphäre bietet sich auch deswegen an, weil Freizeitparks im Trend liegen. In den Abenteuer- und Erlebnisparks, Natur- und Tierparks, Film- und Themenparks, Brandlands („Markenwelten"), Ferienparks sowie Indoor-Attraktionen wurden 2018 mit rund 40 Mio. Besuchern in den über 200 deutschen Freizeitparks deutlich über 1,7 Mrd. EUR Umsatz generiert (Statista Freizeit, 2019). Würden Fitnesscenter und alle sonst noch denkbaren Erlebnisaspekte mit eingerechnet, könnten schnell drei Milliarden Euro Umsatz mit hohem Wertschöpfungsanteil zusammenkommen, die in Relation zu den rund sechs Milliarden Euro Mieteinnahmen aller Shoppingcenter in Deutschland (geschätzt) ein gutes Zusatzpotenzial darstellen.

4.6.3 Evolution der Shoppingcenter zu Service- und Lifestyle-Hubs

Die stolze Zeit der großen Einkaufstempel ist offensichtlich vorbei. Nicht erst seit der Corona-Krise leiden die Shoppingcenter unter Kundenflucht (FAZ Nr. 286 2020). Der Markt für Shoppingcenter stagniert in Europa. Alle Experten sind sich praktisch einig, dass der EKZ-Markt hier den Zenit überschritten hat. Die spannende Frage ist, was Einkaufszentren tun können, um nicht dasselbe Schicksal zu erleiden wie die Warenhäuser in den Innenstädten. In der Strategiefindung ist die Digitalisierung auch für Shoppingcenter zweifelsohne wohl der wichtigste Trend, wenn es um die Zukunft geht. Alle namhaften Shoppingcenter-Betreiber haben hier in den letzten Jahren experimentiert, um die mobilen, digitalen Kunden zu erreichen und sie zum längeren Verweilen einzuladen. Oft blieb dabei blieb allerdings der Aspekt nach den Grundbedürfnissen eines angenehmen Einkaufserlebnisses außen vor. Kunden präferieren digitale Innovationen, die eher im Hintergrund stattfinden. Es geht nicht um digitalen Killefit und Blibbling, sondern Dinge wie u. a. die Informationsübermittlung, Logistik, Bezahlung oder Inspirationen über Social Media. Vor allem bei der Convenience durch Technologie sind zumindest die jüngeren Käufer bisher am wenigsten zufrieden. Dabei ist mittlerweile klar, dass die in Abb. 4.31 dargestellten „Services von Morgen" zukünftiger Standard in Shoppingcentern sein werden.

Die digitale Service-Power im Shopping-Center

Heute	Morgen
Click&Collect Click&Reserve	Click&Get
An der Kasse bezahlen	Selbstbezahl-Stationen Digitale Karte (Kasse) Mobile Bezahlplattform
Verkäufer	Persönlicher intelligenter Berater Mensch oder Roboter
Kundenkarte	Smartes Kundenprofiling

Abb. 4.31 Digitale Services von Morgen im Shoppingcenter. (Quelle: Schleicher, 2017)

Es geht jetzt darum, bestehende Zentren zu optimieren und zu revitalisieren. Nur wer künftig als Shoppingcenter technologische Trends nutzt, um den bestmöglichen, kundenorientierten Service für die Besucher anzubieten, wird weiterhin Zulauf haben. Vor diesem Hintergrund fokussieren sich die Betreiber derzeit auf drei Strategien, die maßgeblich auf neuen Technologien fußen, und einen hohen Entertainment- und Erlebnisfaktor, einen hohen Kundenservice sowie einen hohen Wert an Kundenorientierung und Convenience. Die bisherige Erfahrung sowie Entwicklung der Shoppingcenter zeigt, dass offensichtlich der Entertainment- und Erlebnisfaktor überschätzt wurde. Den Kunden geht es nicht primär um ‚Halligalli‘, sondern einen reibungslosen Einkauf. Im Hinblick auf den Kundenservice sind im Center deswegen durchgängige Serviceleistungen wichtig. Mieter und Shoppingcenter müssen dafür stark miteinander verzahnt werden. Kundenorientierung bedeutet dabei aber auch, die Gesamtkosten des Kunden (Total Cost of Ownership) stets im Blick zu haben. Diese umfassen für die Konsumenten den Aufwand der Anfahrt, die Parkgebühren sowie alle sonstigen Gebühren und Kosten bis hin zur Möglichkeit des kostengünstigen Essens. Für die Mieter ergeben sich die Gesamtkosten aus allen Mietkosten einschließlich Nebenkosten sowie allen sonstigen Gebühren in Relation zum Umsatz sowie im Benchmark zu allen sonstigen Standorten. Im Endeffekt kann Serviceorientierung aber nur aus Sicht der Kunden beantwortet werden, denn sie treiben die Entwicklung (brandeins, 2014; Heinemann, 2017). Sie nutzen neue Technologien und stellen damit immer neue Anforderungen an die Anbieter, für die es um eine neue Art der Kundenorientierung geht, allerdings für einen Kunden, den es so bisher nicht gab. Folgende Aspekte kennzeichnen das Shoppingcenter der Zukunft (Heinemann, 2017; Schleicher, 2017):

Convenience und Zeitvorteile: Die digital verwöhnten Kunden erwartet digitale Zeitvorteile. Diesbezüglich geht es um Schnelligkeit, Zeitzuverlässigkeit und situationsgerechte Angebote. Same Day Delivery (SDD) wurde letztes Jahr bereits als Standard gesetzt und wird sich – vor allem von den Marktführern eBay und Amazon getrieben – weiter verbreiten. Kunden kaufen häufig stationär ein, um die Ware noch am gleichen Tag zu Hause zu haben. Das bekommen sie jetzt auch durch SDD geboten. Wunschterminzustellung oder zuverlässige Zeitfensterbelieferungen für diejenigen, die nicht „auf gut Glück" zu Hause auf die Anlieferung der Produkte warten wollen, werden von den Kunden in Zukunft ebenfalls erwartet. Unabhängig davon sind für die Kunden auch alternative Zustellorte wichtig. Je nach Situation ist dann das eine oder das andere sinnvoll. Hinzu kommt der Wunsch der Kunden nach ständig neuen Angeboten und damit gesteigerter Kollektionsfrequenz. Immer schneller erscheinen neue Kollektionen und diese werden immer schneller geliefert. Für den Mietermix bedeutet das, über innovative und vertikalisierte Geschäftsmodelle entsprechende Angebote bereitzustellen. Das heißt aber auch, Zeitersparnis beim Einkauf durch Empfehlungen oder „tailormade"-Vorauswahlen, wie z. B. beim Curated Shopping, zu ermöglichen. Das betrifft situationsgerechte Angebote, die durch Lokalisierung des Kunden und seiner spezifischen Kaufsituation möglich und bereits in Location-based-Serviceangeboten erfolgreich umgesetzt werden.

VIP-Services: Top-Serviceangebote sind bereits heute essentiell für Kunden beim Besuch eines Einkaufszentrums. Das passende Serviceangebot ist zu einem Hauptkriterium geworden, ähnlich wie die Verfügbarkeit von Produkten und die gute Erreichbarkeit des Centers. Mangelnder und vor allem schlechter Service wird nicht nur als negativ wahrgenommen, sondern gilt als Killerkriterium. Deswegen kommen exklusive Wohlfühlangebote immer stärker zum Tragen, jedes Produkt gibt es auch online zu kaufen (Schleicher, 2017).

Story your Center: Visuelle Geschichtenerzähler bewirken Differenzierung. Kunden erwarten eine klare Geschichte hinter einer Marke und der Einkaufsstätte. Dabei ist Emotionalität Trumpf: Deswegen nutzen auch die Top-Marken individuelle Geschichtenerzähler oder Influencer, um mehr Emotionalität und Authentizität zu erzielen. Dazu passt der Megatrend Nachhaltigkeit. Dieser führt nicht nur zu einer umweltfreundlichen und ressourcenschonenden Bauweise bzw. Instandhaltung, sondern auch zu Veranstaltungen rund um nachhaltige Themen. Dabei sollte der Mieter-Mix diese Werte teilen (ebd.).

Reurbanisation Refined: Lage ist nicht mehr alles und Hyper-Nähe zum neuen Kunden meint keinesfalls die Lage direkt um die Ecke, sondern die soziokulturelle Einbettung in das Umfeld. Dabei geht es nicht mehr um die reine Zentralität. Vielen urbanen Einkaufszentren fehlt allerdings das Alleinstellungsmerkmal. Um zum Beispiel urbane Zugehörigkeit zu unterstreichen, können Shoppingcenter auf Community-Events und -Angebote und/oder Coworking-Spaces setzen. Auch sind lokale und exklusive Supper-Clubs (Kochclubs) denkbar, die die Menschen aus der Region stärker in das Shoppingcenter ziehen. Damit ließe sich das Shoppingcenter lebendiger und integrierter gestalten. Ideal wäre eine für beide Seiten bereichernde Symbiose von Retail und Technologie aus Kundensicht. Dabei kommt es auf die Nähe zum Kunden an. Zukünftige Shopping-Malls fügen sich nicht nur architektonisch in die Umgebung ein, sondern müssen auch mit der lokalen Community in Interaktion treten (ebd.).

Lifestyle Hubs: Shoppingcenter werden zukünftig zu Lifestyle Hubs, sei es in Form von Health-Centern oder Green Buildings (vgl. Abb. 4.32). Genau das sind die Orte, wo Besucher sich mit Freunden und Kollegen treffen. Dort arbeiten auch Menschen, die sich zu Hause fühlen und dort ihren Gesundheitsberater besuchen können. Dort lässt sich leben, essen, einkaufen. Letzteres wird an diesen Lifestyle Hubs jedoch zur Nebensache, denn Shopping ist für die Besucher nur eine Option von vielen. Zukünftige Konsumenten wollen mehr als Shopping und suchen nach Sinn. Ihnen sind gleichgesinnte Communities und zwischenmenschliche Interaktionen wichtiger. Diesbezüglich werden die drei Megatrends Gesundheit, Bildung und Nachhaltigkeit die Evolution der Shoppingcenter hin zu Lifestyle Hubs vorantreiben. Dabei kann die Aufenthaltsqualität durch die Entwicklung von hybriden Konzepten – mit einem Mix von Retail-, Gastro-, Entertainment-, Bildungs- und Gesundheitsangeboten – zukunftsfähiger aufgestellt werden (ebd.).

Es stellt sich die Kernfrage: Wie kann ein Shoppingcenter diese neue Art der Kundenorientierung nutzen? Sie hat Auswirkungen auf Art und Zusammensetzung

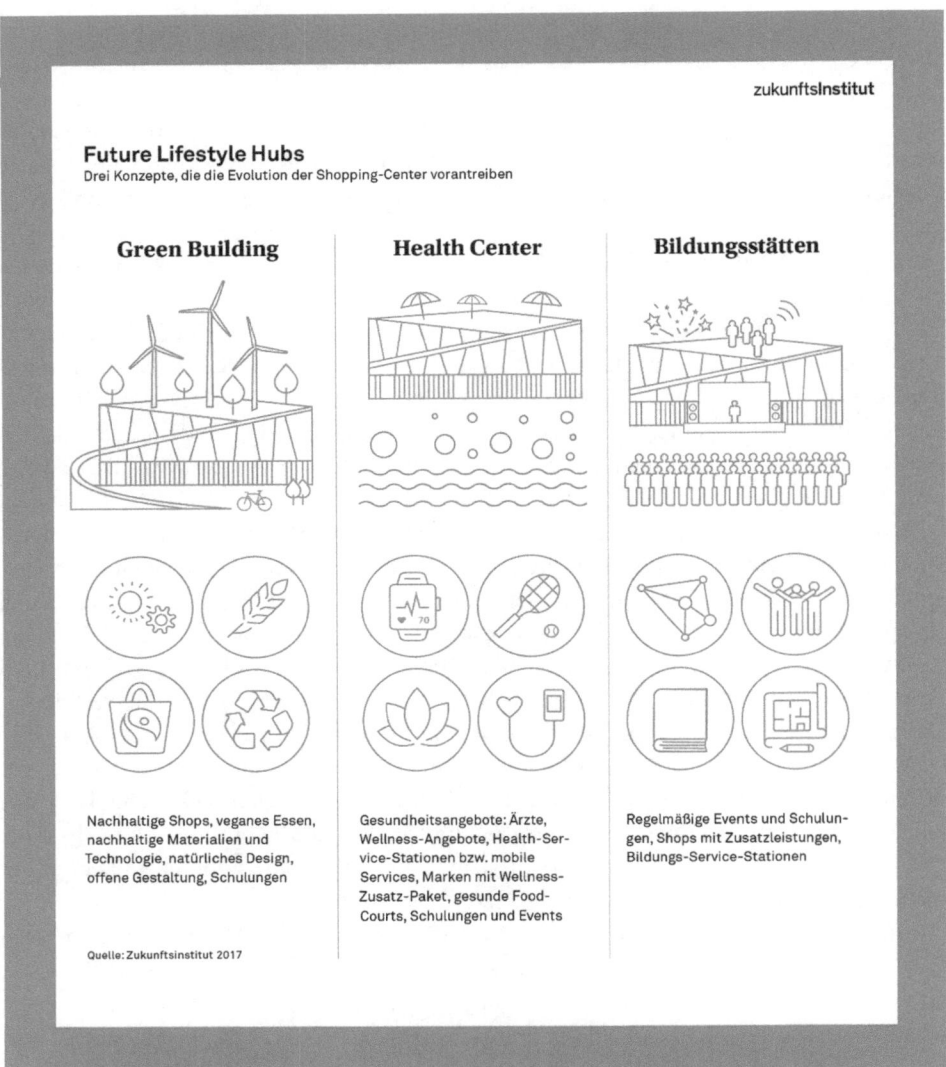

Abb. 4.32 Future Lifestyle Hubs. (Quelle: Schleicher, 2017)

des Angebotsmix, den Sortimentsumfang, das Ausmaß vertikaler Anbieter sowie alle digitalen Themen aus Kundensicht. Es kann nicht sein, dass für den Kunden die digitale Welt des Shoppingcenters an der Tür des Mieters aufhört. Die meisten Flächen eines Shoppingcenters sind immer noch Verkaufsflächen. Deswegen gibt es nur zwei Möglichkeiten: mit den Mietern oder gar nicht. Oder vielleicht gibt es auch neue potenzielle Mieter, die nicht aus dem Einzelhandel kommen (Heinemann, 2017). In jedem Fall aber schlagen sich die Herausforderungen in der Zahl der Shoppingcenter nieder: Nie wieder wird es wohl so viele Center wie heute geben. Bessere Chancen haben offensichtlich die großen Innenstadtcenter der Metropolen und Großstädte, die allerdings häufig ein Problem für die Innenstädte darstellen. Dadurch induziert nimmt auch dort die Besucherfrequenz ab. Haben Shoppingcenter das auf dem Schirm und gelingt es den einzelnen Händlern, die veränderten Kundenbedürfnisse wahrzunehmen und die Chancen der innovativen Technologien zu nutzen, dürften sie durchaus zukunftsfähig sein (ibi EKZ, 2018; Schleicher, 2017).

4.6.4   Digitalisierung von Shoppingcentern

Das ibi research-Center an der Universität Regensburg hat im Rahmen einer Studie untersucht, wie deutsche Shoppingcenter auf die Entwicklungen im Bereich der Digitalisierung strategisch reagieren sollten. Dabei geht es darum, welche Maßnahmen und technischen Innovationen für Center sinnvoll sind und wie Shoppingcenter der Zukunft aussehen könnten. Die Untersuchung zeigt, dass Shoppingcenter bereits auf die technologischen, kundengetriebenen, ökonomischen und rechtlichen Entwicklungen reagieren. Allerdings befinden sich viele Einkaufszentren noch in der Versuchsphase. Derzeit werden insbesondere innovative Technologien eingesetzt, um den stationären Verkauf zu stärken. Als Hygienefaktoren gelten der kostenlose WLAN-Zugang sowie eine Online-Präsenz. Weitere digitale Optionen sollten individuell eingesetzt werden. Jeder Shoppingcenter-Betreiber muss bezogen auf seine Größe, seinen Standort und vor allem seine Kundenstruktur im Einzelfall die Frage beantworten, inwieweit digitale Möglichkeiten eingesetzt werden sollten, um ein schlüssiges digitales Gesamtkonzept zu implementieren. In keinem Fall ist es sinnvoll, digitale Innovationen nur um ihrer selbst willen zu installieren, sondern immer auch den tatsächlichen Mehrwert im Auge zu behalten (ibi EKZ, 2018). Das Spektrum an digitalen Instrumenten ist groß. So können Einkaufszentren mit Erleichterungen beim Parken, Navigation im Center, digitalem Entertainment sowie insbesondere Multi-Kanal-Konzepten punkten. Im Trend liegen vor allem zentrale Abholstationen, die alle Mieter bzw. Händler in Anspruch nehmen können und wo deren Kunden ihre Bestellungen auch nach Ladenschluss noch abholen können. Einige Händler des Shoppingcenters können ihren Kunden damit auch Click&Collect anbieten, sofern sie selbst Online-Shops haben. Eine kooperative, centerweite Online-Plattform für alle Händler mit einer angebundenen Click&Collect-Lösung erscheint durchaus als eine interessante Option, ist allerdings bisher nirgendwo erfolgreich umsetzt.

Lernen von Online-Händlern

Mit Blick auf die erfolgreichen Online Pure Player sollten Shoppingcenter versuchen, erprobte digitale Kundenbindungsprogramme aus dem Online-Handel in die Welt der Shoppingcenter zu übertragen. Hier muss ein Shoppingcenter künftig mindestens genauso gut wie der Online-Handel sein wollen. Wichtig ist für Shoppingcenter auch, sich dabei als Marktplatz zu verstehen und diesen auch digital abzubilden – inklusive Transaktionsmöglichkeit. Markplätze, die mittlerweile mehr als ein Drittel des gesamten Online-Umsatzes auf sich vereinen, sind im Grunde auch nichts anderes als virtuelle Shoppingcenter. Weil jetzt auch Online Pure Players verstärkt in diesen Bereich vorstoßen, sollten Shoppingcenter vielleicht etwas genauer hinschauen. Denn ausgerechnet das Online-Haus Zalando sorgt aktuell mit einem Pilotprojekt und einem vielversprechenden Ansatz für eine sinnige Lösung, sogar im Sinne einer Rettung des stationären Handels. So wird der Berliner adidas-Store ein Teil der Zalando-Plattform. Das ist eine strategische Partnerschaft auf dem Weg zum vernetzten Handel. Der Kunde kann ab sofort bei Zalando Ware bestellen, die von stationären Händlern geliefert wird. Umgekehrt darf der lokale Handel am E-Commerce von Zalando teilnehmen. Für den lokalen Händler bedeutet das bessere Sortimente, bessere Kundenansprache und bessere Produktpräsentation. Mit der hauseigenen App ZipCart können Kunden aus Berlin dabei direkt auf die Lagerbestände im teilnehmenden adidas-Geschäft zugreifen. Bestellt der Kunde bis 15 Uhr, werden die Produkte aus dem Store am selben Tag zwischen 19 und 21 Uhr geliefert. David Schneider, CEO Zalando, ist dementsprechend der Meinung, dass in Zukunft Partner die technischen Komponenten selbst steuern können, um ihre Produkte einzustellen, Preise, Mengen und den Standort auf der Plattform zu definieren. Sie werden außerdem die gesamten Auftragsabwicklungen, Rücksendungen und finanzielle Prozesse, wie zum Beispiel Zahlungen, managen können. Zalando möchte dabei Kunden Zugang zu jedem Modeartikel bieten, egal, wo er sich befindet, und stationäre Händler mit digitalen Kunden vernetzen. (Techtag, 2016; Heinemann, 2017).

Neben Zalando sollten Shoppingcenterbetreiber sich auch einmal Farfetch anschauen. Farfetch (www.farfetch.com) betreibt ein kooperatives Online-Portal, das diversen Partner-Stores ein „Sorglos-Paket" mit Rundumservice von Logistik über Versand bis hin zur Bezahlung bietet. Stationäre Partner müssen ihre Homepage lediglich mit der Farfetch-Plattform verlinken. Bestellt ein Kunde über Farfetch, geht der Auftrag automatisch an den betreffenden Partner-Store. Dieser verpackt die Ware direkt aus dem Lager heraus, versieht das Paket mit dem von Farfetch ausgefüllten Adresslabel und wartet dann auf die Abholung durch den Zustelllogistiker. Farfetch selbst betreibt keinen eigenen Einzelhandel, sondern erzielt Provisionen aus vermittelten Umsätzen sowie Serviceleistungen für die Marktplatzpartner. Das dabei gedrehte Handelsvolumen (GMV) entsprach 2019 rund 2,140 Mrd. US$ (+52 %). Die Provisionsumsätze lagen bei 701 Mio. US$, der Gesamtumsatz inklusive Serviceumsätze bei 829 Mio. US$ (excitingcommerce Farfetch, 2020). Insgesamt hat Farfetch in 2019 gut 1 Mrd. US$ umgesetzt (+69 %), was auch auf die Übernahme von Off-White und Stadium zurückzuführen ist. Farfetch gilt als Paradebeispiel dafür, wie sich ein Omni-Channel-Angebot entwickeln lässt, das die Schnelligkeit, das breite Sortiment und die Bequemlichkeit von E-Commerce mit dem personalisierten Erlebnis eines physischen Stores verbindet. Die 2008 in London gestartete Luxusmodeplattform ist zwar noch nicht profitabel, wird aber inzwischen mit etwa 1,5 Mrd. US$ bewertet. Die jüngsten Investorengelder sollen in erster Linie in die weitere Expansion der Technologieplattform fließen (Textilwirtschaft Farfetch, 2016; Heinemann, 2017; Farfetch, 2020). Im asiatisch-pazifischen Raum werden bereits 14 % der Verkäufe erzielt, davon 12 % in China. Dort wird eine führende Position angestrebt, für die sicherlich auch die Expertise im Luxusmodemarkt hilfreich ist. Inzwischen bieten bereits rund 400 Luxusboutiquen über farfetch. com ihre Sortimente auf internationalen Märkten an. Das renommierte Londoner Modehaus Browns, das im März 2015 übernommen wurde, fungiert zudem als Testlabor für digitale Konzepte, die das In-Store-Erlebnis mit neuen Technologien verbinden. Ziel ist es, getestete Innovationen auch bei anderen Farfetch-Partnern einzuführen.

Wie sich die Stärke von Farfetch für weitere Partner nutzen lässt, zeigt auch der Launch von Black&White im Herbst. Die Mono-Brand-Plattform bietet für Luxusmarken betriebsfertige Online-Lösungen an. Als erster Partner hat der Schuhdesigner Manolo Blahnik dieses Konzept genutzt und damit den ersten von Farfetch betreuten Markenshop gelauncht. Zudem hat Farfetch das Angebot um neue Kategorien wie Beauty und Kidswear erweitert. Mitte 2016 erfolgte der Launch der Luxus-SportswearBoutique Bandier on Farfetch. Weltweit können Kunden in den Luxusboutiquen von Farfetch stöbern und mit einer einzigen Rechnung bezahlen. Mit zehn Länder-Websites verkörpert Farfetch das digitale Dach für Partner-Stores und globale Marken aus über 37 Ländern von Paris, New York und Mailand bis hin zu Bukarest, Kuweit und Tokio. Auch 32 deutsche Boutiquen wie Voo Store, Apropos, Andreas Murkudis, The Corner, Bungalow, Michael Meyer, Sigrun Woehr, Hayashi, August Pfueller, Marion Heinrich und Huesken sind auf der Plattform präsent, die im Schnitt auf zehn Millionen Visits pro Monat und einen durchschnittlichen Auftragswert von 660 € kommt. José Neves, CEO und Gründer, ist besessen von der Idee, digitale Verkaufsfläche für stationäre Händler aus dem Top-Genre aufzubauen, die selber gar nicht die Ressourcen dafür haben. Seiner Meinung nach liegt die Zukunft des Einzelhandels in der Überbrückung der Kluft zwischen online und offline, und zwar durch die nahtlose Zusammenführung eines fantastischen physischen Erlebnisses mit einer leistungsstarken, aber subtilen Technologie. Beide Seiten müssten nebeneinander existieren, um sich gegenseitig zu stärken (Textilwirtschaft Farfetch, 2016; Heinemann, 2017).

4.6.5 Shoppingcenter als Innenstadt – Beispiel Bad Münstereifel

Gab es bisher eher ein Gegeneinander von Innenstadt und Shoppingcenter, deuten sich jetzt Vernunftsehen an, nämlich Innenstädte als Shoppingcenter. Es geht wohlgemerkt nicht um die Empfehlung, ein Shoppingcenter in der Innenstadt anzusiedeln, denn das ist mittlerweile oft der Sargnagel für die Innenstadt. Insbesondere dann, wenn die Größe des neuen Einkaufscenters unterkritisch ist und die Zentralität der Stadt davon unberührt bleibt, was bei weniger als 30.000 Quadratmetern Verkaufsfläche heute schon der Fall ist. Die Innenstadt als Shoppingcenter sieht keinen Bau eines einzelnen Einkaufscenters in der City und auch keine Umwidmung brachliegender Warenhausimmobilien vor, sondern die Verschmelzung von Innenstadt und Einkaufscenter. Hierfür kann Bad Münstereifel mit dem City Outlet Bad Münstereifel GmbH als Vorzeigebeispiel gelten. Das Eifelstädtchen Bad Münstereifel mit seinen rund 17.000 Einwohnern war ursprünglich als typische Mittelstadt massiv von den Strukturveränderungen betroffen. In der Blütezeit von „Krankenkassen und Kuren" zählte Bad Münstereifel als staatlich anerkannter Kneippkurort in jedem Jahr rund 50.000 Übernachtungsgäste (SZ, 2014; Heinemann, 2017). Von den 13 Kurhäusern sind nur noch drei geblieben und von den ehemals 19.000 Einwohnern sind 2000 weggezogen, weil es nicht genügend Jobs gab. Ergebnis war eine Erosion des innerstädtischen Einzelhandels und eine Leerstandsquote von über 30 % in 2008 (ebd.). Damals fingen drei ortsansässige Investoren an, Immobilien zu erwerben und damit den Grundstein für die City Outlet Bad Münstereifel GmbH zu legen, die dann von dem Investorentrio 2011 offiziell gegründet wurde. Gründer waren Dipl.-Kfm. Marc Brucherseifer, Geschäftsführender Gesellschafter der Beteiligungsholding Colonia Private Equity GmbH, Georg Cruse, Mitgeschäftsführer der Robert Ley Damen- und Herrenmoden GmbH & Co. KG, sowie Rainer Harzheim, Geschäftsführer der GftK GmbH. Gründer und Geschäftsführer sind eng mit der Robert Ley-Gruppe verbunden und verfügen über langjährige Erfahrungen im Innovationsinvestment und bei der Sanierung von historischen Immobilien. Zudem unterstützte die Ortskenntnis und lokale Expertise der Investoren die optimale Entwicklung und Umsetzung des City Outlet Bad Münstereifel, das seit dem 14. August 2014 knapp 40 Shops entlang einer 800 m langen Fußgängerzone umfasst. Seitdem vermarktet sich eine ganze Stadt als Fabrikverkaufszentrum, was es noch nirgendwo gegeben hat und insofern einer Pioniertat gleichkommt (ebd.). Die mittelalterliche Romantik ist in Bad Münstereifel authentisch. Zwischen Fachwerkhäusern, Stiftskirche und Wassermühle, umgeben von einer mächtigen Stadtmauer plätschert die malerische Erft (vgl. Abb. 4.33). Der Start war offensichtlich ein Erfolg, denn seit 2016 lockt das Factory-Outletcenter mit neun weiteren Shops von jeweils 50 bis 150 Quadratmetern und zwölf neuen Marken auf einer noch größeren Fläche, die rund 1000 Quadratmeter umfasst. Die Outlets, zu denen mittlerweile unter anderem Outdoor-Spezialist Jack Wolfskin und der Schuhanbieter Marc Shoes zählen, wurden in den ersten drei Quartalen des Jahres 2016 schrittweise eröffnet. Neben den Neueröffnungen haben die Betreiber in enger Kooperation mit der Stadt auch ein neues Eventkonzept entwickelt, bei dem jeweils das Mai- und Oktoberfest eine große Rolle spielen und die örtliche Gastronomie miteinbezogen werden soll. „Wir planen – genau wie im Vorjahr – eine enge Kooperation mit der Stadt", betont Brucherseifer (Koeln.de, 2016; Heinemann, 2017). Aktuell sind in Bad Münstereifel über 50 Fashion- & Lifestyle-Marken vertreten, die zwischen malerischen Fachwerkhäusern zusammen mit vielen gemütlichen Cafés und Restaurants den historischen Stadtkern zu einem Vorzeigebeispiel für andere Städte machen. Die Altstadt steht komplett unter Denkmalschutz und ist eingefasst von einer mittelalterlichen Stadtmauer, die sehr gut erhalten ist und durch den Erft-Durchlauf mitten durch die Stadt einen sehr malerischen Eindruck macht (Cityoutletbadmuenstereifel, 2021; Eifel Info, 2021).

Abb. 4.33 Innenstadt als Shoppingcenter in Bad Münstereifel. (Quelle: Koeln.de, 2016; Heinemann, 2017; Cityoutletbadmuenstereifel, 2021; Schulz, 2021)

4.7 Metropolen der Zukunft

Urbanisierung treibt vor allem das Wachstum der Metropol-Regionen. Etliche Metropolen wachsen um bis zu 1.000.000 Einwohner (netto) jährlich, so die beiden indischen Mega-Ballungsräume Mumbai (oder Bombay) und Delhi. Der neuen chinesischen Super-Metropole „Pearl River Delta City", einem Zusammenschluss u. a. der eng benachbarten Mega-Cities Shenzhen, Guangzhou, Dongguan und Zhongshan, wird jedoch keine Stadt der Welt das Wasser reichen können. Diese "Giga City" wird bald eine Fläche von über 10.000 km^2 einnehmen und ist schon heute mit rund 50 Mio Menschen ein „offener Ballungsraum" im Delta des Perlflusses in Südchina. Schon im Jahr 2030 wird es weltweit 27 Großmetropolen mit jeweils über 18 Mio. Einwohnern geben (vgl. Abb. 4.34). Auffällig ist, dass dort die beiden US-Metropolen New York und Los Angeles nur noch am unteren Ende vertreten sind und keine europäische Stadt auftaucht. Selbst der heutige Spitzenreiter Tokyo-Yokohama (Japan) mit seinen insgesamt 33,8 Mio. Einwohnern im Ballungsraum wird bald überholt. Welche Relevanz das für die deutschen Städte hat, zeigt z. B. der US-Sportanbieter Nike auf, der schon heute kaum noch Städte in Europa mit seinen neuesten Produkten beliefert. Dort fällt bereits Berlin als „relative Kleinstadt" durch das Standortraster. Alleine in Shanghai kommt der US-Konzern auf rund 1,5 Mrd. Umsatz p.a. und fühlt sich deswegen auch durch seine Metropolstrategie bestätigt. Dieses wiederum wird Online-Bestellungen pushen, da viele interessante und für die Kunden begehrliche Waren auf ‚kurz oder lang' nicht mehr stationär zu kaufen sein werden, vor allem in Deutschland und seinen Provinzen nicht (Metropolen der Zukunft, 2020).

Rang	Stadt	Land	Einwohnerzahl 2030	Fläche in km²
1	Pearl River Delta City	(China)	60.000.000	10.380 km²
2	Mumbai	(Indien)	46.430.000	2.000 km²
3	Delhi	(Indien)	46.410.000	3.500 km²
4	Lagos	(Nigeria)	40.000.000	3.600 km²
5	Jakarta	(Indonesien)	38.170.000	4.000 km²
6	Shanghai	(China)	34.800.000	5.180 km²
7	Tokyo	(Japan)	34.500.000	5.100 km²
8	Karachi	(Pakistan)	33.000.000	1.600 km²
9	Dhaka	(Bangladesch)	31.820.000	1.200 km²
10	Manila	(Philippinen)	31.520.000	3.500 km²
11	Kairo	(Ägypten)	31.420.000	6.500 km²
12	Kolkata	(Indien)	28.000.000	1.500 km²
13	Mexiko City	(Mexiko)	26.610.000	3.100 km²
14	Beijing	(China)	26.560.000	6.500 km²
15	Sao Paulo	(Brasilien)	26.300.000	4.000 km²
16	Seoul	(Südkorea)	25.840.000	3.500 km²
17	Kinshasa	(Kongo)	22.500.000	1.800 km²
18	Lahore	(Pakistan)	21.720.000	1.200 km²
19	Bangalore	(Indien)	20.530.000	2.000 km²
20	Istanbul	(Türkei)	20.050.000	1.700 km²
21	Teheran	(Iran)	19.550.000	3.800 km²
22	Haidarabad	(Indien)	19.180.000	2.100 km²
23	New York	(USA)	19.020.000	6.065 km²
24	Moskau	(Russland)	18.390.000	3.000 km²
25	Los Angeles	(USA)	18.330.000	6.070 km²
26	Chongqing	(China)	18.310.000	2.200 km²
27	Buenos Aires	(Argentinien)	18.000.000	3.280 km²

Abb. 4.34 Großmetropolen in 2030. (Quelle: Metropolen der Zukunft, 2020)

Bis 2050 wird es acht Mega-Metropolen mit über 50 Mio. Einwohnern geben. Mumbai und Delhi werden jeweils sogar auf mehr Einwohner kommen, als Gesamt-Deutschland heute hat, nämlich deutlich über 80 Mio. Die Größenverhältnisse einer globalen Migration in die Städte und Metropolen muss schon heute in den Dimensionen ihres Ausmaßes erkannt werden. Dieses bedeutet einen gewaltigen Umbruch durch die globale Urbanisierung sowie das enorme Bevölkerungswachstum. Dieses hat zweifelsohne viele negative Aspekte, aber auch gute Seiten. So ergeben sich die Chancen der Entwicklung urbaner Kultur sowie die Bindung gewaltiger Zahlen von Menschen, die in einer immer enger werdenden Welt auch Freiräume außerhalb der Metropolen auf dem Land ermöglichen. Zugleich ziehen diese Giga-Cities immer mehr

Menschen von überall her an, die sie zu regelrechten urbanen Ungetümen werden lassen. Nach wie vor wächst die gesamte Weltbevölkerung gewaltig. Während Anfang 2020 7,8 Mrd. Menschen auf diesem Planeten lebten, werden es im Jahr 2025 voraussichtlich 8,225 Mrd. Bewohner sein. Dieses entspricht einer jährlichen Netto-Wachstumsrate von 85 Mio. Bereits 2050 werden wahrscheinlich rund 10,3 Mrd. Einwohner auf der Welt leben (Metropolen der Zukunft, 2020).

Der Zuzug vom Land in die Stadt, von der Kleinstadt in die Großstadt, von den ärmeren Weltregionen in die reicheren Weltmetropolen usw. wird allein schon aufgrund des natürlichen Bevölkerungswachstums anhalten. Diese Migration (Wanderbewegung) prägt die nächsten Dekaden. Das wird die wirtschaftlichen Unterschiede zwischen den Regionen erheblich vergrößern. Daraus wird ein Zuzug auch in europäische Regionen erfolgen, weshalb es in Europa mit großer Wahrscheinlichkeit doch nicht zu einem Rückgang der Gesamtbevölkerung kommen wird. Das ist einerseits gut für die stationären Händler, erfordet aber andererseits vielmehr interkulturelle Angebote (ebd.).

Wo das Limit für Stadtgrößen ist, hängt weniger von der „Kapazität" oder der „Belastungsgrenze" einer Metropole ab, sondern von den Bewohnern, die dort bleiben wollen (oder müssen). Selbst „urbane Höllen" wie Lagos (Nigeria) oder Bombay (Indien) erfüllt einen Großteil der Bewohner mit einem gewissen Stolz, dort zu leben. Das gilt auch für die Slums oder die endlosen Häusermeere der Vorstädte. Tokyo/Yokohama mit deutlich über 30 Mio. Menschen, wo die Einwohner nahezu Haus an Haus wohnen, funktioniert erstaunlich gut. Die Mega-City vermag immerhin ein Verkehrsaufkommen von über 12 Mio. Autos in einem hoch effizienten Verkehrsleitsystem zu steuern. Zugleich ist Tokyo/Yokohama eine der sichersten Städte der Welt. Insofern muss eine Giga-City nicht im Widerspruch zu einer niedrigen Kriminalitätsrate stehen (ebd.).

Aktuell gibt es weltweit 32 Metropolen mit über 10 Mio. Einwohnern, davon 13 „Hyper-Cities" mit jeweils einer Bevölkerung von mehr als 20 Mio. Bis 2025 werden es 53 Megastädte sein, von denen 18 über 20 Mio. Einwohner haben. Im Jahr 2050 wird sich das Bevölkerungswachstum bei 105 Megastädten weitgehend stabilisieren. Bis dann werden 40 Metropolen die 20 Mio.grenze erreicht oder überschritten haben, sowie sieben von ihnen den Status „Giga-City" erreichen – also 50 Mio. oder weitaus mehr Bewohner haben. Diese entstehen auch durch den Zusammenschluss benachbarter Gemeinden, die mit der Zeit zu einer sehr großen, weitgehend geschlossenen Siedlungsfläche zusammenwachsen. Los Angeles beispielsweise stellt zwar eine große, nahezu geschlossen bebaute Fläche von fast 6000 km^2 dar, besteht aber noch aus insgesamt 119 selbstverwalteten Ortschaften, in deren Zentrum die eigentliche (Kern)Stadt Los Angeles mit vier Millionen Einwohnern liegt. Inklusive aller umliegenden Gemeinden besteht die Metropole aus 17,0 Mio. Menschen. Nach ähnlicher Betrachtung hat z. B. Paris nicht nur 2,4 Mio. Einwohner im engeren Sinne, sondern inklusive der direkt angrenzenden Vororte insgesamt 9,8 Mio. „Metropol-Bewohner" im Pariser Ballungsraum (ebd.).

Risiken für Intelligent Retail

5

Zusammenfassung

Wo gehobelt wird, da fallen Späne. Gleiches gilt für Intelligent Retail. Auch hier ist aller Anfang schwer, jedoch nicht unmöglich. Die Erfahrung zeigt, dass es besser ist, erst einmal zu beginnen, als den Kopf in den Sand zu stecken. Vieles kann auch erst im Trial- and-Error-Verfahren funktionieren. Darauf verweist vor allem der Hinweis auf die Mythen der Digitalisierung, die häufig eine Ausrede dafür darstellen, digital nicht durchzustarten. Aber dennoch sind rechtliche Risiken zu bedenken, die mit dem Schritt in die Online-Welt verbunden sind.

Wo gehobelt wird, da fallen Späne. Gleiches gilt für Intelligent Retail. Auch hier ist aller Anfang schwer, jedoch nicht unmöglich. Die Erfahrung zeigt, dass es besser ist, erst einmal zu beginnen, als den Kopf in den Sand zu stecken. Vieles kann auch erst im Trial- and-Error-Verfahren funktionieren. Darauf verweist vor allem der Hinweis auf die Mythen der Digitalisierung, die häufig eine Ausrede dafür darstellen, digital nicht durchzustarten. Aber dennoch sind rechtliche Risiken zu bedenken, die mit dem Schritt in die Online-Welt verbunden sind.

5.1 Rechtliche Risiken bei Fernabsatz

Gemäß § 312 g Abs. 1 BGB steht einem Verbraucher bei einem Fernabsatzvertrag ein Widerrufsrecht zu. Ein Fernabsatzvertrag in diesem Sinne ist dabei jeder Vertrag, bei dem der Unternehmer oder eine in seinem Namen oder Auftrag handelnde Person und der Verbraucher für die Vertragsverhandlungen und den Vertragsschluss ausschließlich Fernkommunikationsmittel verwenden, es sei denn, dass der Vertragsschluss nicht im Rahmen eines für den Fernabsatz organisierten Vertriebs- oder Dienstleistungssystems

G. Heinemann, *Intelligent Retail,* https://doi.org/10.1007/978-3-658-34339-2_5

erfolgt (§ 312c Abs. 1 BGB). Verbraucher ist der Vorschrift des § 13 BGB zufolge jede natürliche Person, die ein Rechtsgeschäft zu Zwecken abschließt, die überwiegend weder ihrer gewerblichen noch ihrer selbstständigen beruflichen Tätigkeit zugerechnet werden können. Unternehmer ist nach § 14 BGB eine natürliche oder juristische Person oder eine rechtsfähige Personengesellschaft, die bei Abschluss eines Rechtsgeschäfts in Ausübung ihrer gewerblichen oder selbstständigen beruflichen Tätigkeit handelt (Heinemann OH, 2021).

Um als Verbraucher in den Genuss des Widerrufsrechts zu kommen – bzw. spiegelbildlich als Unternehmer dem Risiko eines Widerrufs durch einen Verbraucher ausgesetzt zu sein –, muss der Vertrag also unter „ausschließlicher Verwendung von Fernkommunikationsmitteln" geschlossen worden sein. Dies ist immer dann der Fall, wenn sowohl für das Vertragsangebot (§ 145 BGB) als auch die damit korrespondierende Annahmeerklärung (§§ 146 ff. BGB) sogenannte Fernkommunikationsmittel eingesetzt werden. Fernkommunikationsmittel sind gemäß § 312c Abs. 2 BGB alle Kommunikationsmittel, die zur Anbahnung oder zum Abschluss eines Vertrags eingesetzt werden können, ohne dass die Vertragsparteien gleichzeitig körperlich anwesend sind, wie Briefe, Kataloge, Telefonanrufe, Telekopien, E-Mails, über den Mobilfunkdienst versendete Nachrichten (SMS) sowie Rundfunk und Telemedien. In Betracht kommen aber beispielsweise auch Nachrichten über WhatsApp und andere Messenger-Dienste oder über soziale Netzwerke (ebd.).

Bei buchstabengetreuer Anwendung dieser Regelungen müsste man zum Beispiel einen Fernabsatzvertrag annehmen, wenn der im Geschäftslokal des Unternehmers anwesende Verbraucher ihm dort im Regal präsentierte Ware mit seinem Handy im vom Unternehmen zusätzlich betriebenen Online-Shop einkauft. Auch müsste man von einem Fernabsatzvertrag ausgehen, wenn ein Verbraucher beispielsweise vor Ort im Geschäft eingekauft hat und nachfolgend dann weitere Käufe derselben Ware im Online-Shop tätigt. Dies könnte etwa beim wiederholten Kauf von Toner für einen Drucker der Fall sein. Allerdings wird man mit solchen Ergebnissen weder den besonderen Gegebenheiten gerecht noch dem Willen des Gesetzgebers (ebd.).

Die deutschen Vorschriften über das Verbraucherwiderrufsrecht basieren letztlich auf der sogenannten Fernabsatzrichtlinie (FernAbsRL) der EU (Richtlinie 97/7/EG des Europäischen Parlamentes und des Rates vom 20. Mai 1997 über den Verbraucherschutz bei Vertragsschlüssen im Fernabsatz). Nach Nr. 14 der Erwägungsgründe soll ein Widerrufsrecht bestehen, weil der Verbraucher bei Fernabsatzverträgen keine Möglichkeit hat, vor Abschluss des Vertrages das Erzeugnis zu sehen oder die Eigenschaften der Dienstleistung im Einzelnen zur Kenntnis zu nehmen. In den Beispielfällen ist dem Verbraucher aber eine Prüfung der Ware möglich bzw. deren Eigenschaften sind ihm aus einem vorherigen identischen Kauf bekannt. Ein Widerrufsrecht wäre demnach eher abzulehnen. Andererseits bezweckt der Gesetzgeber einen möglichst weit gehenden Verbraucherschutz. Dies wiederum kann nur erreicht werden, wenn Einschränkungen des Widerrufsrechts restriktiv gehandhabt werden. Dies spräche wohl eher für eine Annahme eines Widerrufsrechts (Heinemann OH, 2021).

Im Ergebnis wird man daher davon ausgehen müssen, dass nach dem Schutzzweck der gesetzlichen Vorschriften in Fällen, in denen sich der Verbraucher während der Vertragsanbahnung über alle für den Vertragsschluss wesentlichen Umstände informiert hat und der Vertrag im unmittelbaren zeitlichen Zusammenhang mit diesem persönlichen Kontakt zustande kommt, ein Fernabsatzvertrag nicht angenommen werden kann. Anders verhält es sich, wenn der Verbraucher das Geschäft ausschließlich zur Information aufgesucht hat, die weiteren Informationen zum Abschluss und zum Inhalt des Vertrags dann aber über Fernkommunikationsmittel erhält und auch die eigentlichen Vertragsverhandlungen und der Vertragsschluss ausschließlich über Fernkommunikationsmittel erfolgen. Auch wird man keinen Fernabsatzvertrag annehmen können, wenn der Verbraucher die aus seiner Sicht notwendigen Informationen anlässlich eines persönlichen Kontakts bei einem früheren, gleichartigen Vertragsschluss erhalten hat. Somit sollte in allen der gebildeten Beispiele ein Vertragsschluss anzunehmen sein, ohne dass dem Verbraucher ein Widerrufsrecht zustehen kann. Das Problem dürfte in diesem Zusammenhang aber auf der Beweisebene liegen. Der Vertragsschluss unter Verwendung von Fernkommunikationsmitteln dürfte im Wege des Anscheinsbeweises zunächst zulasten des Unternehmers sprechen: Typischerweise handelt es sich bei mittels Fernkommunikationsmitteln geschlossenen Verträgen um Fernabsatzverträge. Der Unternehmer müsste also einen von diesem typischen Geschehensablauf abweichenden Ablauf darlegen und ggf. auch beweisen (ebd.).

Abmahnungen und rechtliche Fallstricke
Kein Online-Händler ist sicher vor Abmahnungen. Deswegen ist es sinnvoll, professionellen und spezialisierten Rechtsbeistand zurate zu ziehen. Das kann zum Beispiel der Händlerbund oder Trusted Shops leisten. Jeder, der eine Internetseite oder einen Online-Shop ins Netz stellt, sollte sich bewusst sein, dass er nie zu 100 % sicher vor Abmahnungen sein kann. Im Online-Handel kommt es auf so viele Kleinigkeiten an, dass schon eine falsche Formulierung in den Allgemeinen Geschäftsbedingungen oder in der Datenschutzerklärung eine Abmahnung zur Folge hat. Sicherlich gilt auch der Spruch: „Wo kein Kläger, da kein Richter!" Dennoch lässt sich das Risiko einer Abmahnung nie ganz ausschließen. Dafür gibt es einfach zu viele mögliche Angriffspunkte. Eines ist allerdings sicher: Ohne einen professionellen Partner wird der Online-Händler viel mehr Fehler machen, als er sich vorstellen kann. Wer sich einmal mit dem Recht im Online-Handel auseinandergesetzt hat, weiß, wie komplex dieses Thema ist (ebd.).

Verbraucherwiderrufsrecht
Mit Wirkung vom 4. August 2011 hat der Gesetzgeber die Musterbelehrung über das Widerrufs- bzw. Rückgaberecht bei Fernabsatzverträgen mit Gesetzesrang versehen. Die gesetzlichen Änderungen im Jahr 2011 haben dazu geführt, dass alle bis dahin gültigen Widerrufsbelehrungen nicht mehr verwendet werden dürfen. Andernfalls droht eine teure Abmahnung (Anwaltskanzlei Heinemann, 2014, 2016). Nur Händler, die zur Erfüllung

ihrer Informationspflichten die in den Anlagen 1 und 2 zu Art. 246a § 1 Abs. 2 Nr. 1 und § 2 Abs. 2 Nr. 2 EGBGB vorgesehenen Muster in Textform verwenden, kommen in den Genuss der sogenannten Privilegierung und der damit verbundenen Rechtssicherheit. Da das Muster Gesetzesrang hat, sind die Gerichte an das gesetzliche Muster gebunden und können es nicht mehr als wettbewerbswidrig einstufen (Anwaltskanzlei Heinemann, 2014, 2016; Heinemann OH, 2021).

Besonders vorsichtig müssen allerdings Händler sein, die in der Vergangenheit bereits abgemahnt worden sind und eine strafbewehrte Unterlassungserklärung abgegeben haben. Denn durch die Änderung der Belehrung könnte ein Verstoß gegen die Unterlassungserklärung erfolgen. Dies hätte dann zur Folge, dass eine Vertragsstrafe fällig wird. Betroffene sollten daher in Erwägung ziehen, ihre Unterlassungserklärung mit Verweis auf die geänderte Rechtslage zu kündigen (Anwaltskanzlei Heinemann, 2014; Heinemann OH, 2021).

Aber auch danach ist der Gesetzgeber nicht untätig geblieben. So ist am 1. August 2012 das „Gesetz zur Änderung des Bürgerlichen Gesetzbuches zum besseren Schutz der Verbraucherinnen und Verbraucher vor Kostenfallen im elektronischen Geschäftsverkehr und zur Änderung des Wohnungseigentumsgesetzes" in Kraft getreten. Danach muss bei sämtlichen Online-Bestellungen eine Schaltfläche mit der Aufschrift „zahlungspflichtig bestellen" oder einer entsprechenden Formulierung vorhanden sein. Der Button soll dem Verbraucher sofort und unmissverständlich klarmachen, dass er durch das Anklicken Zahlungsverpflichtungen eingeht. Fehlt der auf die Kostenpflicht hinweisende Button oder ist er unzulässig beschriftet, kommt kein Vertrag zustande. Der Kunde muss dann auch nicht bezahlen. Bereits vorab muss er zudem klar, verständlich und in hervorgehobener Weise über die wesentlichen Merkmale der Ware oder Dienstleistung, deren Preis, die Lieferkosten sowie eine etwaige Mindestvertragslaufzeit informiert werden. Kosten dürfen nicht mehr im Kleingedruckten versteckt werden. Der neue Schutz greift bei jeder Online-Bestellung von Waren oder Dienstleistungen – egal ob per Computer, Smartphone oder Tablet (Heinemann OH, 2021).

Schließlich ist mit Wirkung vom Freitag, den 13. Juni 2014, das „Gesetz zur Umsetzung der Verbraucherrechterichtlinie" in Kraft getreten. Damit gingen erneut vielfältige Änderungen für Online-Händler einher. Eine bestand darin, dass einheitlich ein 14-tägiges Widerrufsrecht gilt. Das vormals bestehende Rückgaberecht ist abgeschafft – der Widerruf erfordert eine „eindeutige Erklärung" gegenüber dem Unternehmer. Diese Erklärung ist anders als bisher aber nicht mehr an die Textform (z. B. Brief, Fax, E-Mail) gebunden, sondern kann auch telefonisch erfolgen. Eine kommentarlose Rücksendung genügt nicht mehr. Ab dem 13. Juni 2014 musste – unter anderem aufgrund der Neuregelung zum Beginn der Widerrufsfrist – auch die Widerrufsbelehrung (schon wieder) neu gestaltet werden. Der Beginn der Widerrufsfrist richtet sich nun nach der Bestell- und Liefersituation bei der konkreten Bestellung. Für nach dem 13. Juni 2014 geschlossene Verträge gilt dabei grundsätzlich, dass der Verbraucher im Falle des Widerrufs die Kosten der Rücksendung zu tragen hat, sofern er vor Vertragsschluss auf diese Verpflichtung hingewiesen worden ist. Hinsendekosten sind aber nach wie vor zu erstatten. Darüber hinaus ist zu berücksichtigen, dass das Widerrufsrecht gemäß § 356 Abs. 3 S. 2 spätestens 12 Monate und 14 Tage nach dem (für den Beginn des Widerrufsrechts jeweils maßgeblichen Zeitpunkt) erlischt. (ebd.).

5.2 DSGVO – Datenschutzgrundverordnung

Am 24. Mai 2016 ist die neue DSGVO (Datenschutzgrundverordnung) in Kraft getreten und gilt verbindlich seit dem 25. Mai 2018. Sie ist eine Verordnung der Europäischen Union, mit der einerseits der Schutz personenbezogener Daten innerhalb der Europäischen Union sichergestellt, andererseits der freie Datenverkehr innerhalb des Europäischen Binnenmarktes gewährleistet werden soll. Die von der EU erlassenen neuen Datenschutzregeln gelten im Gegensatz zur Richtlinie 95/46/EG des Europäischen Parlaments und des Rates vom 27. April 1995 zum Schutz natürlicher Personen bei der Verarbeitung personenbezogener Daten und zum freien Datenverkehr, die von den Mitgliedsstaaten der EU noch in nationales Recht umgesetzt werden musste, unmittelbar in allen EU-Mitgliedsstaaten. Die DSGVO bringt damit innerhalb der EU eine Vereinheitlichung des Datenschutzniveaus für den privaten und den öffentlichen Bereich. Weiterhin soll der Datenschutz als ein Grundrecht in der EU durchgesetzt werden (Wikipedia DSGVO, 2018). Dementsprechend heißt es schon in der EU-Grundrechtecharta aus dem Jahre 2000, dass jede Person das Recht auf Schutz der sie betreffenden personenbezogenen Daten hat. Die entsprechenden Regeln waren allerdings veraltet und nicht internetbezogen. Damals waren die radikalen Umwälzungen durch die Internetgiganten – also die GAFA's und jetzt auch TAB's – nicht absehbar. Erst in 2016 hatten sich EU-Staaten und das Europaparlament auf die DSGVO geeinigt und beschlossen, dass sich von nun an jedes EU-Land daran halten muss (Heinemann OH, 2021).

Der jüngste Datenskandal von Facebook, von dem nach Unternehmensangaben bis zu 87 Mio. Nutzer betroffen waren, hat damit ein Argument für die neue Verordnung selbst geliefert. Facebook-Chef Mark Zuckerberg kündigte an, die Regeln künftig weltweit anwenden zu wollen, zeigte Reue und wurde zuletzt fast zum Botschafter der EU-Verordnung (Welt DSGVO, 2018). Ihm bleibt aber nichts anderes übrig, denn die neuen Regeln gelten auch für Unternehmen, die außerhalb der EU sitzen, ihre Dienste aber innerhalb der EU anbieten. Deshalb ist natürlich auch Facebook davon betroffen (Heinemann OH, 2021).

Nicht unerwähnt bleiben soll zum Verhältnis der DSGVO zu nationalen gesetzlichen Regelungen des Datenschutzes noch Folgendes: Den EU-Mitgliedstaaten ist es grundsätzlich nicht erlaubt, den mit der DSGVO geregelten Datenschutz abzuschwächen oder zu verstärken. Die Verordnung enthält allerdings verschiedene Öffnungsklauseln, wodurch es den EU-Mitgliedstaaten ermöglicht wird, auch national bestimmte Aspekte des Datenschutzes für sich zu regeln. In diesem Zusammenhang hat der Deutsche Bundestag am 30.06.2017 mit Zustimmung des Bundesrates das Gesetz zur Anpassung des Datenschutzrechts an die Verordnung (EU) 2016/679 und zur

Umsetzung der Richtlinie (EU) 2016/680 (Datenschutz-Anpassungs- und Umsetzungs-gesetz EU – DSAnpUG-EU) beschlossen. Das DSAnpUG-EU wurde am 05.07.2017 im Bundesgesetzblatt veröffentlicht und enthält unter anderem eine Neufassung des Bundes-datenschutzgesetzes (BDSG-neu). Das BDSG-neu ist ebenfalls am 25. Mai 2018 in Kraft getreten und findet neben der DSGVO Anwendung (Heinemann OH, 2021).

Regelung der neuen DSGVO

Im Grunde genommen soll durch die neue Verordnung die Verarbeitung personen-bezogener Daten durch Unternehmen oder Institutionen geregelt werden. Dies betrifft zum Beispiel Name, Adresse, E-Mail-Adresse, Ausweisnummer oder IP-Adresse. Die Art der Speicherung ist egal. Nur in besonderen Ausnahmefällen dürfen empfindliche Daten zu religiösen Überzeugungen, Gesundheit oder Sexualleben verarbeitet werden. Deswegen haben Verbraucher nunmehr das Recht auf Auskunft, wobei Unternehmen und Organisationen ihnen die gespeicherten Daten auf Anfrage zur Verfügung stellen müssen. Bezogen auf ein Kundenkonto dürfen Kunden zum Beispiel erfahren, wie oft sie wo und was eingekauft haben. Darüber hinaus wird dem EU-Bürger ein „Recht auf Vergessenwerden" zugestanden. Dementsprechend sollen Daten, die für den ursprüng-lichen Zweck der Speicherung nicht mehr benötigt werden, gelöscht werden. Weiterhin erhalten Internetnutzer mehr Kontrolle über ihre persönlichen Daten. Auch wenn sie von einem Anbieter zum anderen wechseln, können sie in einem sogenannten Daten-rucksack E-Mails, Fotos oder Kontakte mitnehmen. Schließlich müssen User über Datenschutzverstöße informiert werden – etwa bei Datenlecks oder Hackerangriffen. Sofern dadurch auch ein Risiko für sie entstanden ist, müssen Unternehmen und/oder Organisationen die Verstöße zudem bei nationalen Behörden melden. Grundsätzlich dürfen nur so wenige Informationen wie absolut notwendig gesammelt werden, also nur die Daten, die auch tatsächlich gebraucht werden. Diese müssen dabei allerdings so sicher gespeichert werden, dass Unbefugte keinen Zugriff haben und auch ein ver-sehentlicher Datenverlust nicht möglich ist. Auch dürfen Daten nicht länger gespeichert werden, als sie tatsächlich gebraucht werden. Sie können zudem für keinen Zweck mehr genutzt werden, den Kunden nicht kennen. Den Usern müssen Unternehmen deswegen verständlich und nachvollziehbar erklären, wozu und wie lange sie die Daten benötigen. Große Unternehmen, die viel mit personenbezogenen Daten arbeiten, bedürfen zudem eines Datenschutzbeauftragten. Größe spielt zukünftig auch beim Strafmaß eine Rolle, denn hier sollen Faktoren wie Schwere und Dauer des Verstoßes, die Zahl der Betroffenen und die Vorsätzlichkeit berücksichtigt werden. Und es geht weiter, denn die EU-Kommission hat im vergangenen Jahr weitere Reformvorschläge eingereicht. Diesmal geht es um die elektronische Kommunikation über WhatsApp, Facebook oder Skype. Dabei ist in vielen Fällen die ausdrückliche Einwilligung der Nutzer zur weiteren Verwendung von Informationen wie Inhalt und Metadaten vorgesehen (Internetworld DSGVO, 2018; Welt DSGVO, 2018; Heinemann OH, 2021).

AGB-Relevanz der neuen Datenschutzgrundverordnung

Die weitgehende Neuregelung des Datenschutzrechts durch die DSGVO wirft auch im Zusammenhang mit der Nutzung von AGB im Online-Handel zahlreiche Fragen auf, die bei der Klauselgestaltung zu berücksichtigen sind. So stellt sich die Frage, ob die nach der DSGVO erforderliche Einwilligungserklärung des Verbrauchers wirksam als Bestandteil von AGB eingeholt werden kann. Dies ist mit Blick auf die Regelung in Art. 7 Abs. 2 DSGVO im Grundsatz zu bejahen. Allerdings setzt eine wirksame Einwilligungserklärung voraus, dass die Einwilligung in verständlicher und leicht zugänglicher Form in einer klaren und einfachen Sprache erfolgt. Zudem ist erforderlich, dass sie von den anderen Sachverhalten, die in den AGB geregelt werden, klar zu unterscheiden ist. Bei der Gestaltung der AGB ist also noch stärker als sonst auf eindeutige Formulierungen zu achten. Darüber hinaus muss die Einwilligungserklärung – beispielsweise durch Fettdruck, Einrahmung, farbliche Hervorhebung und ausreichenden Abstand zu den umliegenden Klauseln – ausreichend hervorgehoben werden (Heinemann OH, 2021).

Höchst problematisch und bislang ungeklärt ist die Frage, ob Haftungsbeschränkungsklauseln in Allgemeinen Geschäftsbedingungen in ihrer Gesamtheit als unwirksam anzusehen sind, wenn sich die Haftungsbeschränkung auch auf Verstöße gegen das Datenschutzrecht bezieht. Ein Ausschluss der Haftung ist nämlich dann unzulässig, wenn er auch bei Verletzung einer vertraglichen Hauptpflicht gelten soll. Wenn eine Klausel so ausgelegt werden kann, dass sie auch für den Fall der Verletzung einer vertraglichen Hauptpflicht eine Haftungsfreistellung zur Folge haben soll, führt dies zur Unwirksamkeit der gesamten Klausel. Insoweit ist nicht abschließend geklärt, ob Verstöße gegen den Datenschutz als Verletzung vertraglicher Hauptpflichten anzusehen sind – höchstrichterliche Entscheidungen zu dieser Frage liegen bisher nicht vor. Es wird aber jedenfalls davon auszugehen sein, dass datenbezogene Leistungen bei einem Unternehmen, das sich speziell mit der Erfassung und Verarbeitung der Daten seiner Kunden befasst, Teil der Hauptleistungspflicht dieses Unternehmens sind. Für solche Unternehmen wird eine Verletzung datenschutzrechtlicher Bestimmungen regelmäßig auch eine Verletzung einer vertraglichen Hauptpflicht darstellen. Demgegenüber kann der Datenschutz bei anderen Unternehmen durchaus als vertragliche Nebenpflicht angesehen werden. Andererseits ist es mit Blick auf die besondere Bedeutung, die der Datenschutz (nicht zuletzt durch die Regelungen in der DSGVO) in jüngerer Vergangenheit erlangt hat, ebenso gut vertretbar, die Einhaltung datenschutzrechtlicher Bestimmungen als vertragliche Hauptpflicht einzustufen. Um insoweit zu vermeiden, dass Klauseln, die eine Haftungsbeschränkung enthalten, wegen der Regelungen zum Datenschutz insgesamt unwirksam sind, wird es sich empfehlen, den Datenschutz durch geeignete Formulierungen („Ansprüche wegen der Verletzung datenschutzrechtlicher Bestimmungen werden von dieser Regelung nicht erfasst") ausdrücklich von der Haftungsbeschränkung auszunehmen. Alternativ kann die Haftungsbeschränkung für den Fall der Verletzung datenschutzrechtlicher Bestimmungen in einer eigenen Haftungsbeschränkungsklausel geregelt werden. Dies hätte dann zur Konsequenz, dass im Falle

einer Unwirksamkeit dieser Klausel nur die Haftungsbeschränkung für datenschutz-
rechtliche Anspruchsgrundlagen unwirksam ist, während die „allgemeine Haftungsbeschränkungsklausel" nicht erfasst wird. Allerdings ist auch die Zulässigkeit einer
solchen „Klauseltrennung" noch nicht abschließend geklärt (ebd.).

5.3   Geoblocking-Verordnung

Die neue Geoblocking-Verordnung ist seit dem 3. Dezember 2018 anwendbar und für
Händler bindend. Sie soll das Geoblocking verhindern, dass normalerweise den Zugriff
eines Internetnutzers auf eine bestimmte Website oder auf andere Inhalte aufgrund seines
Aufenthaltsortes beschränkt. Dies erfolgt in der Regel aufgrund der Zugriffsanfrage
von IP-Adressen mit einer bestimmten Länderkennung. Es können aber auch Versand-
adressen beschränkt, ausländische Zahlungsmittel nicht akzeptiert oder Rechnungs-
adressen im Ausland verweigert werden (Internetworld Geo, 2018; Heinemann OH,
2021).

Die neue Geoblocking-VO findet gegenüber Kunden Anwendung, sowohl im B2C
als auch im B2B, wobei Unternehmen nur soweit geschützt sind, wie sie Waren oder
Dienstleistungen erwerben, die nicht wirtschaftlich weiterverwertet werden. Soweit
Online-Shops verschiedene Länderseiten betreiben, auf welche die Nutzer aus den unter-
schiedlichen Ländern automatisch weitergeleitet werden, ist auch dieses – sowie eine
Anpassung hinsichtlich Sprache, Zahlungsarten und Lieferbedingungen – verboten.
Dabei sind zwei Ausnahmen möglich (ebd.):

1. **Erste Ausnahme: Ausdrückliche Zustimmung zur Weiterleitung:** Sofern verschiedene Versionen eines Shops für verschiedene Mitgliedstaaten bestehen, darf
   zum Beispiel ein deutscher Kunde, der einen spanischen Online-Shop aufruft, grundsätzlich nur mit ausdrücklicher Zustimmung auf eine deutsche Version des Shops
   weitergeleitet werden. Die Speicherung einer entsprechenden Angabe als Präferenz
   im Nutzerkonto sollte möglich sein, allerdings mit jederzeitiger Widerrufsmöglich-
   keit. Auch muss der Shop, auf den der Nutzer ursprünglich zugreifen wollte, für ihn
   weiterhin zugänglich bleiben.
2. **Zweite Ausnahme: Weiterleitung ist rechtlich erforderlich:** Sofern eine Weiterleitung erforderlich ist, zum Beispiel um unionsrechtliche Anforderungen zu erfüllen,
   bleibt diese erlaubt. Beispiele sind Werbe- oder Vertriebsverbote für bestimmte
   Produkte (zum Beispiel E-Zigaretten, Heilmittel, Nahrungsergänzungsmittel etc.)
   oder Gründe des Jugendschutzes. Dabei muss der Anbieter aber dann die Gründe für
   eine Sperrung, Beschränkung oder Weiterleitung klar und deutlich erklären sowie in
   der Sprache des ursprünglich aufgerufenen Shops anzeigen.

Abgesehen von den Ausnahmen mit der neuen Geoblocking-VO sind jetzt alle Online-
Händler in der EU dazu verpflichtet, allen Verbrauchern innerhalb der EU den Zugriff

auf ihren Online-Shop zu ermöglichen. Dieser hat unabhängig von der Nationalität der Nutzer zu erfolgen und verbietet die differenzierte Behandlung von Konsumenten wegen ihrer Nationalität, ihres Wohnortes oder anderer Eigenschaften. Kunden aus anderen EU-Ländern sollen in der Lage sein, unter exakt denselben Bedingungen einzukaufen, wie es lokalen Kunden in Deutschland möglich ist. Der Kauf darf jetzt nicht mehr von einem bestimmten Wohnort, einem in einem bestimmten Land originären Bankkonto oder Zahlungsmittel sowie einer bestimmten IP-Adresse abhängig gemacht werden. Dies betrifft vor allem neben dem Weiterleitungsverbot folgende Aspekte (Neuhandeln Geo, 2018; Heinemann OH, 2021):

Zugriff auf Websites: Zugänge zu Online-Shops – auch Shopping-Apps oder andere Online-Benutzeroberflächen – dürfen nicht auf Grundlage von IP-Adressen oder anderen mit dem Aufenthalts- oder Wohnort in Zusammenhang stehenden Parametern blockiert werden. Der Zugriff aus einem bestimmten Land kann nur insofern verweigert werden, als dass nationales Recht dies vorschreibt (zum Beispiel Verbot des Online-Verkaufs von Medikamenten). Dafür muss dem betroffenen Kunden aber durch den betroffenen Online-Händler eine Erklärung gegeben werden.

Ausfüllen von Bestellformularen: Bei der Angabe von Kontaktinformationen oder einer Rechnungsadresse müssen immer sämtliche Adressformate zulässig sein, damit alle Kunden ihre Bestellung einfach aufgeben können. Sämtliche Angaben aus allen EWR-Staaten müssen in die Shop-Formulare eingetragen werden können. Bezüglich der Lieferadresse ist es möglich, nur Adressformate jener Länder zuzulassen, die zum Vertriebsgebiet des Händlers gehören (zum Beispiel nur fünfstellige PLZ).

Preissetzung: Es ist verboten, Konditionen und Preise innerhalb eines einzigen Online-Shops auf Basis der IP-Adresse oder anderer Kennzeichnungen wie Wohnort, Sprachauswahl oder Zahlungsmittel automatisch anzupassen.

Akzeptanz von Zahlungsmitteln: Händlern ist es untersagt, aufgrund der Staatsangehörigkeit, des Wohnsitzes oder des Ortes der Niederlassung des Kunden, des Standortes des Zahlungskontos, des Ortes der Niederlassung des Zahlungsdienstleisters oder des Ausstellungsortes des Zahlungsinstruments innerhalb der EU unterschiedliche Zahlungsbedingungen anzuwenden. Bei Zahlungsmethoden muss der Online-Händler insofern sicherstellen, dass er diese für alle EWR-Länder gleich akzeptiert. Beispielsweise dürfen für Kreditkartenzahlungen keine Zahlungen von in anderen Ländern (zum Beispiel Bulgarien) ausgestellten Kreditkarten des Providers oder den Kreditkarten des Providers von sich in den Ländern befindenden Kunden abgelehnt werden (Neuhandeln Geo, 2018). Es bleibt aber nach wie vor den Händlern überlassen, welche Zahlungsmittel und welchen Kreditkartenanbieter sie akzeptieren.

Alle Kunden in der EU sollen in der Lage sein, Waren genau zu den gleichen Bedingungen zu erwerben, wie es für vergleichbare Kunden mit Wohnsitz in dem betreffenden Staat möglich ist. Die Geoblocking-VO untersagt deswegen eine unterschiedliche Behandlung der Kunden im Hinblick auf den Zugang zu Waren oder Dienstleistungen in AGB, sofern diese auf der Staatsangehörigkeit, dem Wohnsitz oder dem Ort der Niederlassung basiert (Internetworld Geo, 2018). Dieses Verbot bedeutet allerdings nicht, dass der Händler dazu verpflichtet ist, außervertragliche gesetzliche Anforderungen des jeweiligen Mitgliedstaates für die jeweiligen Waren – zum Beispiel Kennzeichnungsvorschriften oder branchenspezifische Anforderungen – zu erfüllen. Unterschiedliche Behandlungen sind möglich, solange sie in nicht diskriminierender Weise erfolgen. Außerdem besteht nach der Geoblocking-VO die Möglichkeit, die Ware bei Vorliegen objektiver Gründe so lange zurückzuhalten, bis der Händler eine Bestätigung erhalten hat, dass der Zahlungsvorgang eingeleitet wurde (Art. 5 Abs. 2). Gründe können zum Beispiel Schwierigkeiten bei der Beurteilung der Kreditwürdigkeit sein. Zudem sollte im Falle des Lastschriftverfahrens erlaubt sein, eine Vorauszahlung mittels Überweisung zu verlangen, bevor die Leistung erbracht wird (Internetworld Geo, 2018; Heinemann OH, 2021).

Alle EU-Mitgliedstaaten sind angehalten, Vorschriften zu erlassen, die Maßnahmen bei Verstößen gegen die Geoblocking-VO enthalten und ihre Umsetzung unterstützen. Diese müssen wirksam, verhältnismäßig und abschreckend sein. Jeder EU-Staat soll eine zuständige Stelle bzw. mehrere Stellen für eine angemessene und wirksame Durchsetzung der Verordnung benennen. Deutschland sieht bereits eine Änderung des Telekommunikationsgesetzes vor. Zuständig ist die Bundesnetzagentur, wobei es sich bei Verstößen gegen die Geoblocking-VO um Ordnungswidrigkeiten handeln wird, die Geldbußen von bis zu 300.000 € vorsehen (ebd.).

5.4   Silo-Controlling statt Netzwerk-Management

Viele Multi-Channel-Systeme haben sich über die letzten Jahre evolutorisch weiterentwickelt und weisen zunehmend virtuelle Organisationsformen auf, die durch die Internettechnologie möglich geworden sind. Als virtuell kann normalerweise eine Organisation bezeichnet werden, die in Form eines Netzwerkes von unabhängigen Akteuren an unterschiedlichsten Plätzen dieser Welt durch einen spezifischen, definierten Marktmechanismus geteilt wird. Es liegen weder interne Integration noch regionale Nähe vor, jedoch ein hoher Grad an Koordination von einem sogenannten „Netzwerk-Führer" wie bei Nike, der normalerweise eher am Ende der Wertschöpfungskette angesiedelt ist (Heinemann, 2011; Heinemann, 2017; Heinemann & Koll, 2020).

Dabei haben sich die virtuellen Pipeline-Konfigurationen in einer spezifischen Wettbewerbsnische positioniert und sind bei Standardqualitäten und kurzer Lebensdauer vorzuziehen, soweit die Marktmechanismen weniger etabliert und vertrauensbasiert arbeiten, also in typischen Konsumgüterbranchen. Die Verbesserungspotenziale liegen dabei vor allem in strategischen Ansätzen, die über die eigene Firma hinausgehen, d. h., sog. „Interfirmen-Strategien" oder Netzwerkverbünden. Die Implementierung derartiger Strategien zielt im Endeffekt darauf ab, in einem Netzwerk einen permanenten Prozess eines „shared knowledge" zu kreieren, der einen kontinuierlichen Innovationsprozess mit sich bringt. Dadurch kann wiederum ein nachhaltiger Wettbewerbsvorteil für das gesamte Netzwerk sichergestellt werden (ebd.). Einen solchen „shared knowledge"-Gedanken haben sich auch die erfolgreichen Multi-Channel-Händler zunutze gemacht. Diesem Gedanken liegt die Erkenntnis zugrunde, dass in einem Multi-Channel-System die Kanäle nicht als separierte Profit-Center agieren dürfen, da dadurch immer wieder einzelne Kanäle infrage gestellt werden. Es geht darum, die Kanäle im Verbund als ein Gebilde zu betrachten, auf der anderen Seite aber durch kanalspezifische Controlling-Instrumente die maximale Effizienz in den einzelnen Absatzkanälen sicherzustellen. Die entsprechende Multi-Channel-Architektur ist erfolgskritisch, um die sogenannte 3E-Falle zu vermeiden, d. h., unprofitable Investments bei gleichzeitigem Versuch „Everything to Everyone Everywhere" zu verhindern. Der Schlüssel, um dieses zu verhindern, liegt zunächst in einer umsichtigen Analyse des wertorientierten Kanalverhaltens bzw. der entsprechenden Kundenpräferenzen einerseits und des bestehenden Multi-Channel-Netzwerkes und seiner Kostenwirkungen andererseits (McKinsey, 2000; Heinemann, 2011; Heinemann, 2017; Heinemann & Koll, 2020). Ein derartiges Vorgehen erfordert im ersten Schritt allerdings eine Umkehr vom gewöhnlich in Multi-Channel-Systemen vorliegenden „Silo-Denken" hin zu einem verlinkten, interdependenten Managementansatz. Dieses bedeutet in der Konsequenz eine Transformation von den eher bottom-up-, kapazitäts- und kosten-getriebenen Controlling-Ansätzen hin zu einem Kunden-fokussierten „Cross-Channel"-Controlling. Dieser Ansatz ist in Abb. 5.1 dargestellt. Die dabei aufgedeckten Lücken oder Überinvestments können dazu genutzt werden, um Migrationsschritte in Richtung einer Kunden-getriebenen, wirklichen Multi-Channel-Architektur einzuleiten.

Erfahrungen besagen, dass mit einem derartigen Netzwerk-Controlling-Ansatz erheb-liche Einsparungen im gesamten Multi-Channel-System möglich sind. Darüber hinaus kann dieses auch zur Schließung von Filialen führen, weil einige der Kunden und dabei

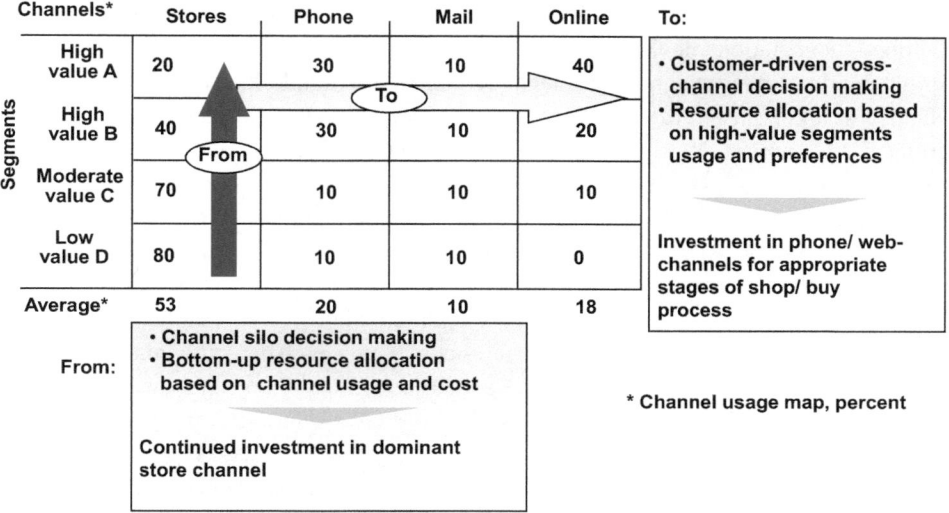

Abb. 5.1 Manage Your Channel as a Network. (Quelle: McKinsey, 2000)

vor allem die „Werthaltigen" dazu tendieren, vom stationären Kauf zum Online-Kauf zu wechseln, wodurch sich die Profitabilitäten zwischen den Kanälen entsprechend verschieben können. Kompetentes Channel-Controlling hat dies im Blick und bereitet die daraus resultierenden Entscheidungen vor (ebd.).

5.5   Mythen und Vorurteile

Ein Risiko stellen auch die Mythen gegen die digitale Transformation dar. Sie lähmen oder verhindern vielfach die erforderliche digitale Neuausrichtung und Transformation. Folgende Mythen lassen sich aufzeigen:

Mythos Non-Profit: Häufigstes Argument, den Schritt in Richtung Online nicht zu wagen, ist die Aussage: „E-Commerce lohnt sich nicht!" (Heinemann, 2017). Bei insgesamt stagnierenden Umsätzen und überproportional steigenden Online-Umsätzen in nahezu allen Branchen ist die Alternative zur Digitalisierung jedoch schlicht und ergreifend Umsatzverlust bis hin zur Existenzgefährdung. Die Digitalisierung wird ganz klar vom Kunden vorangetrieben und gewollt. Sie nutzen mehrheitlich Desktop und Mobiles zur Kaufvorbereitung (kaufDA, 2018). Schon die herausragende Rolle des Smartphones als Zubringer für die anderen Verkaufskanäle beantwortet bereits die Frage, ob sich Online lohnt, vor allem unter dem Aspekt der Marketingwirkung. Zudem zeigt sich, dass Online Pure Players wie Reuter-Badshop oder Zalando & Co. entweder mindestens so profitabel wie bisherige Offline-Anbieter sind oder aber – wie Amazon – ihre hohen Ebitda-Margen zur Wachstumsbeschleunigung reinvestieren.

Mythos Lead Channel: Die immer wieder beschworene These, dass die analogen Absatzkanäle oberste Priorität hätten, folgt eigentlich nur dem Prinzip Hoffnung und ist mit keiner Studie zu diesem Thema zu belegen. Das Festhalten am „Lead Channel Offline" (dem stationären Geschäft als wichtigstem Absatzkanal) steht völlig im Widerspruch zu den Erwartungen der Kunden. Vor allem die mobile Internetnutzung wird die Handelswelt komplett verändern. Und auch das immer wieder sehnsuchtsvoll für beendet erklärte E-Commerce-Wachstum entwickelt sich nach wie vor zweistellig (bevh, 2021). Insofern ist der „Lead-Channel-Mythos" offensichtlich nichts anderes als Ausdruck einer digitalen Allergie und offenbart in erster Linie eine grundsätzliche Verweigerungshaltung, sich mit der digitalen Transformation offensiv und tabulos auseinanderzusetzen.

Mythos Sortiment: „Herz des Handels" ist immer noch das Sortiment. Dieser Erkenntnis wird eigenartigerweise in vielen Online-Shops nicht gefolgt. Skalierungsfähiger Umsatz kann auch hier – wie im stationären Geschäft – nur mit ausreichend großen Sortimenten erzielt werden. Diese sollten im Online-Shop sogar am größten sein, denn immer mehr Kunden erwarten, dass sie alle Produkte im Netz finden und sich beinahe jedes weltweit verfügbare Produkt relativ schnell und einfach beschaffen können. Online muss mindestens das Angebot des stationären Geschäfts angeboten werden. Die Verbraucher erwarten hier aber eher mehr, nämlich dass ein Händler das Angebot seiner Branche in der maximalen Tiefe bereit hält (Category-Killer). Das gilt auch für Hersteller:

So weisen ein Drittel der deutschen Konsumenten eine hohe Markenaffinität auf. Nahezu die Hälfte der Kunden kauft oder recherchiert Markenprodukte in der Regel im Online-Store des Markenherstellers – so das Zukunftsinstitut (2014) und kaufDA (2018).

Mythos Systeme: Stationäre Händler müssen erkennen, dass es ohne nennenswerte Systeminvestitionen nicht gehen wird. So katapultieren derzeit die großen Marken-hersteller, wie z. B. Nike, und ebenfalls die großen Einzelhändler, wie z. B. WalMart, jeweils mit Milliardenaufwendungen ihre E-Commerce-Plattformen in kürzester Zeit zu ernstzunehmenden Amazon-Gegnern, wohingegen viele der deutschen Stationärhändler immer noch mit den Voraussetzungen des E-Commerce beschäftigt sind und die meisten Händler nicht einmal ein elektronisches Warenwirtschaftssystem nutzen. Auch die sich ändernden Kundenerwartungen im Hinblick auf Zeitersparnis und reibungslosen Trans-port erfordern physische Hightech-Logistikzentren mit hochgradig optimierten und automatisierten Abläufen. Wahrscheinlich mit Robotern, so wie sie derzeit von Amazon implementiert werden. Um diese „logistische Automation" zu bewältigen, werden vor allem Megalogistikzentren auf der grünen Wiese als auch lokale Depots in den Städten und/oder in der Nähe der Kunden erforderlich werden, was nicht ohne System-investitionen möglich sein dürfte (Heinemann, 2017).

Mythos Organisation: Bereits seit mehr als zehn Jahren weisen die Erkenntnisse des Business Reengineering darauf hin, dass funktionale Organisationen eher nicht geeignet sind, den Anforderungen des digitalen Zeitalters gerecht zu werden. In funktionalen, angebotsorientierten Führungsstrukturen, in denen Organisationsänderungen im mittleren und für das Tagesgeschäft verantwortlichen Management manchmal jahre-lang beantragt werden müssen, kann die Geschwindigkeit nicht aufkommen, die für das digitale Zeitalter erforderlich ist. Die erforderliche „Kundenzentriertheit" muss das komplette Geschäftssystem des Unternehmens durchdringen und den Mitarbeitern zugleich einen Orientierungsrahmen vorgeben. Dies geht in der Regel mit größeren Leitungsspannen und flacheren Hierarchien einher. Kundenorientierte Rundum-bearbeitung mit minimierter Schnittstellenanzahl ist in funktionalen Organisations-formen kaum möglich (ebd.).

Mythos Harmonie: Die Angst vor Konflikten führt zum Mythos, die digitale Neu-ausrichtung nur in Harmonie erreichen zu können. Kooperative E-Commerce-Geschäfts-modelle stellen allerdings ein Risiko dar: Gelangen Verbundgruppen aufgrund der zu starken Einbindung der Mitgliedsfirmen zu einer Kompromisslösung, ist diese schnell kontraproduktiv. Denn nicht die Kritik der Händler ist das größte Risiko, sondern viel-mehr der faule Kompromiss, zu dem Anbieter aus Rücksicht auf Kunden gelangen. Aber auch auf Mitarbeiterseite bremsen Gewerkschafts- und Betriebsratsandrohungen die digitale Transformation. Groß ist zudem die Angst vor einer Kulturveränderung: Traditionelle Handelskonzerne werden oft hierarchisch und konservativ geführt. Damit fällt es ihnen allerdings immer schwerer, an hochqualifizierte Absolventen heranzu-kommen, die sie vor allem für die digitale Transformation benötigen. High Potentials, die im E-Commerce Karriere machen wollen, suchen ihre Erfahrungen lieber bei Online-Händlern wie Amazon oder Zalando (ebd.).

Mythos Outsourcing: Vor allem Multi-Channel-Anbieter (stationär und online), die niemals ihr stationäres Geschäft an Dritte outsourcen würden, tun dies in der Regel mit dem Online-Kanal und wundern sich dann, dass dieser nicht funktioniert. Die bisher gängige Annahme, dass in jedem Fall Outsourcing-Lösungen vorzuziehen sind, kann schnell in die Renditefalle führen. Denn mit variablen Vergütungsmodellen sind eigentlich keine Skalierungseffekte erzielbar. Oberstes Gebot sollte insofern eine flexible Vertragsgestaltung mit kurzfristigen Ausstiegsmöglichkeiten sein. Zudem sollte genau bekannt sein, welches die wettbewerbsrelevanten Kernkompetenzen der E-Commerce-Aktivitäten sind, und zwar ohne Berücksichtigung der bisherigen Kernkompetenzen im Traditionsgeschäft. Mittlerweile ist unstrittig, dass ein Mindestmaß an Insourcing zur Profitabilität notwendig ist. Vor allem ist es erforderlich, neue digitale Kompetenzen in eigenen schlagkräftigen E-Commerce-Organisationen schnellstmöglich aufzubauen, die alle notwendigen Funktionalitäten und dabei vor allem auch Sourcing und Einkauf professionell abbilden (ebd.).

Mythos Online-Wachstum: Wer wachsen will, sollte einen Online Pure Play (reinen Internet-Shop) gründen. Wer aber die Existenz seines bisherigen Stammgeschäftes nachhaltig sicherstellen will, sollte Kunden binden und Umsatz sichern. Losgelöst vom bisherigen Geschäft lässt sich ohne Zweifel das größte Wachstum mit Online Pure Plays entwickeln: Bei Zalando sitzen zur weiteren Wachstumsgenerierung hunderte Programmierer im Großraumbüro und konzentrieren sich auf die Entwicklung der Website. Beteiligungen an solchen Unternehmen, wie von etlichen Traditionsunternehmen mit eigenen Venture-Abteilungen bereits praktiziert, liegen insofern nahe. Sie lösen damit allerdings nicht das Problem des schleichenden Umsatzverfalls in den stationären Absatzkanälen. Der traditionelle Handel muss sich im Zuge der digitalen Transformation quasi neu erfinden und digitales Wissen ins Haus holen. Bezogen auf das bisherige Stammgeschäft sollte deswegen ein anderes Evolutionsverständnis im Fokus stehen, nämlich aus etwas Bestehendem etwas Besseres zu machen. Und das Bessere sollte zukunftsfähig sein, weswegen es im Hauptfokus der Digitalstrategie liegt und daher neu erfunden werden muss. Das zielt weniger auf Wachstum als auf Stabilisierung und Existenzsicherung ab.

Mythos Innovation: Anders als im stationären Handel sind online sowohl der Shop-Auftritt als auch die -Funktionalitäten permanent zu aktualisieren. Nichts ist schlimmer im E-Commerce als ein über mehrere Jahre unveränderter und damit schnell veralteter Shop-Auftritt. Nicht selten erinnert der Auftritt neuer Online-Shops an die erste Generation von Online-Händlern und ist damit schon bei der Markteinführung veraltet. Der sogenannte Set-up sollte sich kompromisslos an den neuesten Standards orientieren. Auch geht es darum, dem veränderten Nutzungs- und Kaufverhalten der Kunden Rechnung zu tragen: Während die Internetnutzung zu Hause zwar stagnieren mag, explodiert der Gebrauch des mobilen Internets außer Haus. Tendenz stark steigend, wie auch die Rolle des mobilen Netzes zur generellen Kaufvorbereitung im Laden wächst. Insofern ist hier trotz Online-Auftritt bereits erheblicher innovativer Handlungsbedarf gegeben, denn „Mobile Only" erfüllen die wenigsten Händler.

Mythos Erlösung: Die Digitalisierung ist keinesfalls die Lösung aller Probleme, sondern schafft auch völlig neue Herausforderungen. Sie weckt vor allem auch neue Kundenerwartungen. Entsprechend der letzten kaufDA-Studie (2018) betrifft das die Nutzungsmöglichkeit der Smartphones im Laden sowie die Erwartung, WLAN und Empfang für das Smartphone im Laden zu haben, und den Wunsch, über Liefermöglichkeiten informiert zu werden und unaufgeforderte Informationen zu besonderen Angeboten in der Nähe auf das Smartphone gespielt zu bekommen. Auf der anderen Seite schafft die geforderte Datensicherheit neue Probleme. Immerhin noch etliche Internetnutzer schicken wichtige Dokumente lieber per Post statt per Mail. Das Kundenvertrauen gegenüber dem Anbieter im Internet bleibt ein wichtiger Erfolgsfaktor.

Insofern bleibt der Kunde wichtig, egal ob offline oder online. Jeff Bezos, Vorstandsvorsitzender und Gründer von Amazon, ist der festen Überzeugung, dass nur überragender Service am Kunden und genaues Verstehen der Kundenwünsche langfristig Erfolg gewährleisten können. Da Kunden Angebote verschiedener Händler zu einem Produkt vergleichen wollen, hat er anderen Händlern erlaubt, auch bei Amazon anzubieten, selbst auf die Gefahr hin, dass Amazon von anderen Händlern unterboten werden kann. „Tut ihr es nicht, so wird es der Kunde tun", ist dabei sein Motto entsprechend der Kundenzentriertheit. Die Kunst der Kundenzentriertheit liegt in der überragenden Individualisierung oder Personalisierung des Unternehmens und in der richtigen Implementierung, die Chefsache sein muss. Nur wenn die oberste Führung von der Kundenzentriertheit überzeugt ist, wird sie auch bereit sein, dies glaubwürdig vorzuleben und das Unternehmen systematisch kundenzentriert auszurichten. Das ist die wichtigste Voraussetzung für Vertrauen und Erfolg der Digitalisierung im Handel.

Literatur

Accenture. (2020). COVID-19 läutet ein „Jahrzehnt des Zuhauses" ein. Marketing-Börse vom 17. August 2020. https://www.marketing-boerse.de/news/details/2034-covid-19-laeutet-ein-jahrzehnt-des-zuhauses-ein/170191. Zugegriffen: 3. Febr. 2021.

Accenture/eWeb Research Center. (2012). Preisbereitschaften für Multi-Channel-Leistungen, Studie in Kooperation mit dem eWeb-Research-Center der Hochschule Niederrhein.

Adzine. (2018). Digitale Werbeausgaben in Deutschland kratzen an 10-Milliarden-Marke. Vom 23. März 2018. https://www.adzine.de/2018/03/digitale-werbeausgaben-in-deutschland-kratzen-an-10-milliarden-marke/. Zugegriffen: 23. Juli 2018.

Adzine. (2019). Prognose: Werbeausgaben in Deutschland geraten ins Stocken. Jans T. Möller vom 13. Juni 2019. https://www.adzine.de/2019/06/prognose-werbeausgaben-in-deutschland-geraten-ins-stocken/. Zugegriffen: 18. Aug. 2020.

Agentur Handel. (2020). Mittelstand 4.0-Agentur Handel. https://handel-mittelstand.digital/. Zugegriffen: 18. Jan. 2021.

Ahlert, D., Große-Bölting, K., & Heinemann, G. (2009). *Handelsmanagement in der Textilwirtschaft – Einzelhandel und Wertschöpfungspartnerschaften*. Deutscher Fachverlag.

Ahrens, S. (2020). Entwicklung der Verkaufsfläche in Deutschland 1970 bis 2019. https://de.statista.com/statistik/daten/studie/70202/umfrage/entwicklung-der-verkaufsflaeche-im-einzelhandel-in-deutschland-zeitreihe/. Zugegriffen: 1. Jan. 2021.

Amazon Fresh. Exciting. (2020). Amazon nimmt Amazon Fresh heute zwei Tage vom Netz. Jochen Krisch vom 14. Dezember 2020. https://excitingcommerce.de/2020/12/14/amazon-nimmt-amazon-fresh-heute-zwei-tage-vom-netz/. Zugegriffen: 1. Jan. 2021.

Amazon Stores. (2021). Amazon physical store locations. https://www.amazon.com/find-your-store/b/?node=17608448011. Zugegriffen: 12. Febr. 2021.

Amazon. (2020). Amazon.com Inc. Annual report 2019. Form 10-K.

Amazon. (2021). Amazon.com Inc. Annual report 2020. Form 10-K.

Amazon. Fresh-Dash. (2021). The new grocery store offers consistently low prices on freshly prepared foods and favorite items across its aisles. https://www.aboutamazon.com/news/retail/amazon-fresh-now-open-to-everyone-in-woodland-hills-california. Zugegriffen: 12. Febr. 2021.

Amazon. KMU impact. (2020). Amazon für kleine und mittlere Unternehmen. www.aboutamazon.de/unternehmertum-fordern. Zugegriffen: 3. Febr. 2021.

Ambler, T., & Barrow, S. (1996). The employer brand. *Journal of Brand Management, 4*, 185–206.

AMS. (2019). Tesla setzt auf Online-Handel. Stores werden umgewandelt und geschlossen. Auto Motor und Sport vom 1. März. 2019. https://www.auto-motor-und-sport.de/neuheiten/tesla-schliesst-stores/. Zugegriffen: 3. Febr. 2021.

G. Heinemann, *Intelligent Retail*, https://doi.org/10.1007/978-3-658-34339-2

Anwaltskanzlei Heinemann. (2014). Internetrecht. http://raheinemann.de/category/internetrecht/. Zugegriffen: 28. Aug. 2014.

Anwaltskanzlei Heinemann. (2016). Neuste Änderungen im Internetrecht. Interne Unterlage. Magdeburg.

Ao.com. (2021). Hilfe & Service/Lieferung & Service. https://www.ao.de/hilfe-service/lieferung-und-services. Zugegriffen: 3. Febr. 2021.

Arbeitgeberranking. (2021). Top-Arbeitgeber im Bereich Informatik. Top 100 für Studierende. https://www.arbeitgeber-ranking.de/rankings/studenten/bereich/it. Zugegriffen: 6. Febr. 2021

ARD-ZDF-Online. (2020). ARD ZDF Onlinestudie 2020: Zahl der Internetnutzer wächst um 3,5 Millionen. https://www.ard-werbung.de/media-perspektiven/studien/ardzdf-onlinestudie/. Zugegriffen: 2. Jan. 2021.

Arnolds, J. Telekom. (2021). Smart City: Die digitale Stadt der Zukunft. Jennifer Arnolds bei telekom.com. https://www.telekom.com/de/konzern/details/smart-city-stadt-der-zukunft-484878. Zugegriffen: 19. Febr. 2021.

Atalanda. (2021). Die Plattform für stationäre Geschäfte & Online-Marktplätze. https://atalanda.com/. Zugegriffen: 9. Febr. 2021.

Athanas. (2017). Cultural Fit. Kultur schlägt Gehalt um Längen: Neue Studie bestätigt enorme Kraft von Cultural Fit. https://blog.metahr.de/2017/09/22/kultur-schlaegt-gehalt-um-laengen-neue-studie-bestaetigt-enorme-kraft-von-cultural-fit/. Zugegriffen: 1. März 2021.

Baars, J. E. (2017). Die kundenzentrierte Organisation. Kundenzentrierung mit einem KPI effektiv entwickeln. *MRSG Marketing Review St. Gallen , 1–2017*, 36–42.

Bass, D. (2016). Interview vom 11.07.2016 mit Deborah Bass. Amazon.

Bauer, C., & Rock, V. (2019). Die Revitalisierung von Shopping-Centern in Deutschland: Auswirkungen aktueller Trends auf das Shopping-Center-Konzept. Arbeitspapier IIWM Nr. 5. Institut für Immobilienwirtschaft und – management. Technische Hochschule Aschaffenburg, Aschaffenburg.

Baum, M., Gesell, L., & Kabst, R. (2012). Determinanten des Employer Branding in deutschen Unternehmen. *Die Betriebswirtschaft, 72*(3), 235–253.

BBE. (2018). Wissen schafft Zukunft. Räum. Räumliche Auswirkungen des Online-Handels auf Innenstädte, Stadtteil- und Ortszentren. https://www.bbe.de/de/publikationen/standort-und-immobilie/studie-online-handel-2013-moegliche-raeumliche-auswirkungen-auf-innenstaedte-stadtteil-und-ortszentren. Zugegriffen: 18. Jan. 2021.

Behrends, T., & Baur, M. (2016). Employer Branding: Kritische Würdigung eines personalwirtschaftlichen Gestaltungsansatzes. Flensburger Hefte zu Unternehmertum und Mittelstand, Nr. 12.

Benoit, B. (2019). Über den Unterschied zwischen KI, maschinellem Lernen und Deep Learning für Prüfungen in der Industrieatomation. Cognex vom 12. Mai 2019. https://www.cognex.com/de-de/blogs/deep-learning/ai-versus-deep-learning-versus-machine-learning-in-industrial-automation. Zugegriffen: 22. Jan. 2021.

Berger, R. (2013). *Dem Kunden auf der Spur. Think:act-Study für die ECE.* Roland Berger Strategy Consultants.

bevh (2020). 17,5 Prozent Umsatzsteigerung: Weihnachtsgeschäft Im Onlinehandel Deutlich Über Vorjahr. https://www.bevh.org/presse/pressemitteilungen/details/175-prozent-umsatzsteigerung-weihnachtsgeschaeft-im-onlinehandel-deutlich-ueber-vorjahr.html. Zugegriffen: 2. Jan. 2021.

bevh. Zahlen. (2021). E-Commerce beschleunigt Wachstum deutlich auf mehr als 83 Mrd. Euro Warenumsatz in 2020 – bevh fordert Umdenken in der Politik. Pressemitteilung vom 26. Januar 2021. https://www.bevh.org/presse/pressemitteilungen/details/e-commerce-beschleunigt-wachstum-deutlich-auf-mehr-als-83-mrd-euro-warenumsatz-in-2020-bevh-forde.html. Zugegriffen: 15. Febr. 2021.

BI. Live. (2020). Livestream-Shopping. „Wie Teleshopping für die Generation Smartphone": Warum Live-Streams die Zukunft des Online-Shoppings sind. -BI-28-12-2020. https://www. businessinsider.de/wirtschaft/handel/teleshopping-fuer-generation-smartphone-live-streams-zukunft-des-online-shoppings-sind-a/. Zugegriffen: 1. März 2021.

BI. Peterson. (2019). Amazon entwickelt Supermärkte einer neuen Generation, die den übrigen Lebensmittelhandel alt aussehen lassen. Hayley Peterson in Business Insider vom 14. Februar 2020. https://www.businessinsider.de/wirtschaft/amazon-entwickelt-supermaerkte-einer-neuen-generation/. Zugegriffen: 12. Febr. 2021.

Bitkom. (2020). Verbraucher vermissen ein Online-Angebot ihrer Geschäfte vor Ort. Vom 19. November 2020. https://www.bitkom.org/Presse/Presseinformation/Verbraucher-vermissen-ein-Online-Angebot-ihrer-Geschaefte-vor-Ort. Zugegriffen: 2. Jan. 2021.

Bitkom. DV. (2021). Arbeitskreis Digitale Verwaltung. https://www.bitkom.org/Bitkom/ Organisation/Gremien/Digitale-Verwaltung.html. Zugegriffen: 19. Febr. 2021.

Bitkom. SC. (2021). Bitkom Smart City Index 2020: Wie digital sind Deutschlands Städte? https:// www.bitkom.org/Smart-City-Index. Zugegriffen: 19. Febr. 2021.

Bito. (2021). Wie künstliche Intelligenz die Logistik revolutioniert. https://www.bito.com/de-de/ fachwissen/artikel/wie-kuenstliche-intelligenz-die-logistik-revolutioniert/. Zugegriffen: 3. Febr. 2021.

Blickpunktjuwelier. (2018). Studie: 6,7 % Frequenzverlust in Deutschland. https://blickpunkt-juwelier.de/studie-67-frequenzverlust-in-deutschland/. Zugegriffen: 2. Jan. 2021.

Blog Amazon. (2020). Kleine Unternehmen finden Lösungen für große Probleme. Vom 13. Oktober 2020. https://blog.aboutamazon.de/unternehmertum-f%C3%B6rdern/kleine-unternehmen-finden-l%C3%B6sungen-f%C3%BCr-gro%C3%9Fe-probleme. Zugegriffen: 15. Febr. 2021.

Bludau, K. (2017). Datenspezialisten verzweifelt gesucht. In Handelsfakten 2017: Disruption. Der Handel erfindet sich neu. Herausgegeben vom Handelsverband Deutschland (S. 135–136). Düsseldorf.

Böckenholt, I., Mehn, A., & Westermann, A. (Hrsg.). (2018). *Konzepte und Strategien für Omni-channel-Exzellenz. Innovatives Retail-Marketing mit mehrdimensionalen Vertriebs- und Kommunikationskanälen.* Springer-Gabler (BI Live 2020).

Bodmeier, R. (2019). Christoph Behn Kartenmacherei über digitale Hidden Champions. Disrooptive.com vom 28. Okt. 2019. https://disrooptive.com/christoph-behn-kartenmacherei-ueber-digitale-hidden-champions. Zugegriffen: 29. Okt. 2019.

Bohl, O. (2016). Digitale Transformation: Start-up-Qualitäten sind gefragt. http://www. internetworld.de/onlinemarketing/expert-insights/digitale-transformation-start-up-qualitaeten-gefragt-1115686.html. Zugegriffen: 14. Aug. 2016.

Bolz, J., Höhn, J.-F., & (2019). Die Digitalisierung des Vertriebs in der Konsumgüterindustrie. In: Heinemann, G. & M. Gehrckens & T. Täuber & Accenture, (Hrsg.). (2019). *Handel mit Mehrwert. Digitalisierung von Märkten, Geschäftsmodellen und Geschäftssystemen* (S. 183–212). Springer-Gabler.

Börsenblatt. (2020). Neuer Partner bei Shopdaheim. Vom 10. August 2020. https://www. boersenblatt.net/news/buchhandel-news/neuer-partner-bei-shopdaheim-113113. Zugegriffen: 15. Febr. 2021.

Brandeins (2014). Das alles und noch viel mehr. Der Kunde ist ein unangenehmer Geselle. Und das ist gut so. Sagt der Handelsexperte Gerrit Heinemann, Interview. *brandeins, 5*(14), 90–94.

Brandeins. (2018). Anfassen erwünscht, Kaufen nicht nötig. https://www.brandeins.de/magazine/ brand-eins-wirtschaftsmagazin/2018/service/b8ta-anfassen-erwuenscht-kaufen-nicht-noetig. Zugegriffen: 12. Febr. 2021.

Brandeins. (2020). Der direkte Weg zum Kunden. https://www.brandeins.de/magazine/brand-eins-wirtschaftsmagazin/2020/die-neue-konsumgesellschaft/der-direkte-weg-zum-kunden. Zugegriffen: 12. Febr. 2021.

Braun, L., Reinecke, S., & Tomczak, T. (2017). *Kundenbindung durch Loyalitätsprogramme.* IfM-HSG.

Brickwedde, W. (2017a). Auf Bewerber proaktiv zugehen. Handelsfakten 2017 (S. 128–130). Herausgegeben vom Handelsverband Deutschland.

Brickwedde, W. (2017). *ICR Quo Vadis Recruitment Erhebung 2017.* Institute for Competitive Recruiting.

Brickwedde, W. (2018). *ICR active sourcing report 2018.* Institute for Competitive Recruiting.

Brickwedde, W. (2018). *ICR Recruiting Trends 2018: Wissen für erfolgreiches Recruiting.* Institute for Competitive Recruiting.

Brindöpke, M. (2018). Plattformen 2015 – Wie die Goliaths und die Davis kämpfen (müssen). K5 2018, Berlin.

Buchmarkt. (2020). „Damit Handel in den Innenstädten eine erfolgreiche Zukunft hat" – Initiative für den stationären Einzelhandel: Thalia, Mayersche und Osiander starten „Shop daheim" für den stationären Einzelhandel. Vom 30. März 2020. https://buchmarkt.de/corona-2/initiative-fuer-den-stationaeren-einzelhandel-thalia-mayersche-und-osiander-starten-shop-daheim-fuer-den-stationaeren-einzelhandel/. Zugegriffen: 15. Febr. 2021.

Buchreport. (2020). Buchketten starten „Shop daheim". Vom 30. März 2020. https://www.buchreport.de/news/buchketten-starten-shop-daheim/. Zugegriffen: 15. Febr. 2021.

Buchreport. Thalia. (2021). Handel. Thalia Mayersche setz im Lockdown auf „Chatberatung". Buchreport vom 2. Feb. 2021. https://www.buchreport.de/news/thalia-mayersche-setzt-im-lockdown-auf-chatberatung/. Zugegriffen: 3. Febr. 2021.

Buggisch, C. (2017). Social Media und Messenger – Nutzerzahlen in Deutschland 2017. Vom 2. Januar 2017. https://buggisch.wordpress.com/2017/01/02/social-media-und-messenger-nutzer-zahlen-in-deutschland-2017/. Zugegriffen: 12. Mai 2020.

Buhl, A., & Koch, H. (2018). Trendence: Gebrauchsanweisung für digitals. In E. Baran (Hrsg.), *Employer Branding. Komm zu uns, bleib bei uns, binde dich an uns – so bauen Sie eine starke Arbeitgebermarke auf* (S. 117–128). Springer Gabler.

Bundesagentur für Arbeit. (2017). Blickpunkt Arbeitsmarkt-Fachkräfteengpassanalyse. https://statistik.arbeitsagentur.de/Statischer-Content/Arbeitsmarktberichte/Fachkraeftebedarf-Stellen/Fachkraefte/BA-FK-Engpassanalyse-2017-12.pdf. Zugegriffen: 24. Apr. 2018.

Busch, M., & Heinemann, G. (2016). Bücher digital transformiert – das eReading-Konzept der Thalia-Gruppe. In G. Heinemann, M. Gehrckens, U. Wolters, dgroup (Hrsg.), *Digitale Transformation oder digitale Disruption? Vom Point-of-Sale zum Point-of-Decision im Digital Commerce.* Springer-Gabler.

Büttner, A. (2020). 5 Content-Marketing-Trends, die uns 2020 erwarten. Unternehmer.de vom 7. Jan. 2020. https://unternehmer.de/marketing-vertrieb/239990-2020-content-marketing-trends. Zugegriffen: 2. Aug. 2020.

BVDW. (2015). *Social Media Kompass 2014/2015.* Bundesverband Digitale Wirtschaft (BVDW) e. V.

BVDW. (2018). *Digitale Nutzung in Deutschland. Abbildung der aktuellen digitalen Mediennutzung in Deutschland und Darstellung möglicher Trends, sowie Analyse des grundsätzlichen Verständnisses von Digitalisierung.* DCORE GmbH.

Carell, A., & Heinemann, G. (2018). Handel der Zukunft. ON4OFF: Für eine Verschmelzung von On- und Offline-Welt. Vom 29. Okt. 2018. https://www.adesso.de/de/news/aditorial/aditorial-ausgabe-3-2018/handel-der-zukunft.jsp. Zugegriffen: 1. Dez. 2018.

Carpathia. (2018). „Lieber pragmatisch vorwärts kommen als perfekt still stehen!" – Rückblick auf Connect – Digital Commerce Conference, Award und Night [inkl. Video]. Thomas Lang vom 2. Juni 2018. http://blog.carpathia.ch/2018/06/02/digital-commerce-connect-award-night-video-rueckblick/. Zugegriffen: 3. Juni 2018

Carpathia. Live. (2020). Interactives Onlineshopping ist auf dem Vormarsch. David Morant vom 16. Dez. 2020. Carpathia. https://blog.carpathia.ch/2020/12/16/interaktives-onlineshopping-auf-dem-vormarsch/. Zugegriffen: 3. Febr. 2021.

Casey, M. J., & Wong, P. (2017). Global supply chains are about to get better, thanks to blockchain. Harvard Business Review vom 13. März 2017, https://hbr.org/2017/03/global-supply-chains-are-about-to-get-better-thanks-to-blockchain. Zugegriffen: 30. Jan. 2021

Ceconomy. (2020). Investor presentation. January 2020.

Centro. (2021).Centro Oberhausen. https://www.centro.de/centre. Zugegriffen: 2. Jan. 2021.

Chip.de Selfscan. (2020). Neues Scan&Go-Konzept bei Rewe: So soll das Einkaufen viel schneller gehen. Vom 27. Sept. 2020. https://www.chip.de/news/Neues-ScanundGo-Konzept-bei-Rewe-So-soll-das-Einkaufen-viel-schneller-gehen_182972671.html. Zugegriffen: 3. Febr. 2021.

Chip.de. (2020). Smartphone-Besitzer in Deutschland: Wie entwickelt sich die Anzahl in den nächsten Jahren? Sebastian Feurer vom 14. Oktober 2020. https://www.chip.de/news/Smartphones-in-Deutschland-So-soll-die-Zahl-der-Nutzer-steigen_183045919.html#:~:text=Die%20Anzahl%20der%20Smartphone%2DNutzer,iOS%2DGer%C3%A4t%20sein%20Eigen%20nennen. Zugegriffen: 20. Okt. 2020

CIMA. (2009). Leerstandsproblematik in Klein- und Mittelstädten. Interne Präsentation.

CIMA. (2021). Atalanda GmbH. IT-Infrastrukturgeber(City-)Logistik. https://cimadigital.de/organisation/atalanda/. Zugegriffen: 12. Febr. 2021.

CIMA. DI. (2021). Digitale (City-)Initiativen im Überblick. https://cimadigital.de/initiativen/. Zugegriffen: 15. Febr. 2021.

Cisco. (2020). Cisco Digital Readiness Index 2019. Deutschland hat sich verbessert, andere Länder sind schneller. https://www.cisco.com/c/dam/global/de_de/solutions/executive-perspectives/digital-readiness-index-2019.pdf. Zugegriffen: 18. Jan. 2021.

Cityoutletbadmuenstereifel. (2021). City outlet bad Münstereifel. https://www.cityoutletbadmuenstereifel.com/virtual-shopping/. Zugegriffen: 20. Febr. 2021

Computerwelt. CJ. (2017). Customer Journey: So verhalten sich Kunden in Shopping-Centern. Wolfgang Franz vom 9. Mai 2017. https://computerwelt.at/news/customer-journey-so-verhalten-sich-kunden-in-shopping-centern/. Zugegriffen: 20. Febr. 2021.

Computerwoche. (2016). Anbieter und Lösungen. Mobile Payment in Deutschland kommt langsam in Gang. http://www.computerwoche.de/a/mobile-payment-in-deutschland-kommt-langsam-in-gang,3096970. Zugegriffen: 10. Febr. 2016.

Corporate.zalando.com. (2021). Alles Wissenswerte über Zalandos Verbindung von Offline- und Online-Handel. https://corporate.zalando.com/de/newsroom/news-storys/was-ist-connected-retail. Zugegriffen: 9. Febr. 2021.

Criteo. (2019). Criteo Q1 Global Commerce Review.

Cross-Border-Magazin. (2020). AliExpress shortens delivery times in Europe. Sanne Leenders vom 11. Aug. 2020. https://cross-border-magazine.com/aliexpress-shortens-delivery-times-in-europe/?utm_content=buffer21a76&utm_medium=social&utm_source=twitter.com&utm_campaign=buffer. Zugegriffen: 12. Aug. 2020.

Crosscan. (2021). Was sich bewegt, kann sich entwickeln. https://crosscan.com/crosscan/alles-ueber-uns/. Zugegriffen: 3. Febr. 2021

Cutes. (2019). Multichannel-Handel. Ebay erweitert City-Initiative. Vom 16. Januar 2019. https://www.cutes-magazin.de/news/e-business/16-01-2019-ebay-erweitert-city-initiative/. Zugegriffen: 15. Febr. 2021.

Damm, C. (2019). Lidl, Zalando und Co. setzen auf eine Technologie, die am Ende viele Kunden enttäuschen könnte, warnt ein Experte. Vom 11. Juni 2019. https://www.businessinsider.de/lidl-zalando-und-co-setzen-auf-eine-technologie-die-am-ende-viele-kunden-enttaeuschen-koennte-warnt-ein-experte-2019-6. Zugegriffen: 13. Juni 2019.

Deloitte. (2021). Smart Cities: Die Stadt, die mitdenkt. https://www2.deloitte.com/de/de/pages/consumer-business/articles/smart-cities.html. Zugegriffen: 19. Febr. 2021.

Der Handel. (2016). Amazon wird sesshaft. Buchläden sind erst der Anfang. Die schütteln das aus dem Arm. Interview mit Christian Riethmüller. Der Handel Heft Juli-August 2016. Der Handel 7–8 vom 16.07.2016, S. 11–17.

Deutsche Employer Branding Akademie. (2018). Employer branding definition. http://employer-branding.org/about/mission-und-grundsaetze/. Zugegriffen: 1. Febr. 2021.

DGFP/Deutsche Gesellschaft für Personalführung e. V. (Hrsg.). (2013). DGFP Studie: Megatrends und HR Trends. PraxisPapier 3/2013. Düsseldorf.

dgroup. (2012). *Customer-Data-Plattform, Interne Unterlage zum Thema Big Data.* Ehemals Diligenz.

dgroup. (2016). *Von Investoren befeuerte Marktsegmente. Interne und unveröffentlichte Studie.* Hamburg.

DHL 250k NO. (2020). DHL: „Rund 250.000 Einzelhändler sind nicht online". https://www.sazsport.de/handel/e-commerce/dhl-250000-einzelhaendler-online-2606166.html. Zugegriffen: 6. Jan. 2021.

DHL. (2020). DHL: „Rund 250.000 Einzelhändler sind nicht online". Sazsport vom 17. November 2020. https://www.sazsport.de/handel/e-commerce/dhl-250000-einzelhaendler-online-2606166.html. Zugegriffen: 6. Jan. 2021

Dialogplattform. (2015). Handel im digitalen Zeitalter und seine Anforderungen. Dialogplattform Einzelhandel. Zusammenfassung des 1. Workshops der Reihe „Digitalisierung und technologische Herausforderungen" im Rahmen der Dialogplattform Einzelhandel am 28. Mai 2015 im Bundesministerium für Wirtschaft und Energie, Berlin.

Die Welt. (2004). Münster ist die lebenswerteste Stadt der Welt. Die Welt vom 20. Oktober 2004. http://www.welt.de/print-welt/article347240/Muenster-ist-die-lebenswerteste-Stadt-der-Welt.html. Zugegriffen: Aug. 2016.

Die Welt. (2015). Deutschland droht das große Ladensterben. Die Welt vom 4. September 2015. http://www.welt.de/print/die_welt/wirtschaft/article146060584/Deutschland-droht-das-grosse-Ladensterben.html. Zugegriffen: 23. Febr. 2016.

Die Welt. (2016). Supermärkte in Angst. http://www.welt.de/print/welt_kompakt/webwelt/article157216571/Supermaerkte-in-Angst.html. Zugegriffen: 10. Aug. 2016.

Diepholz. (2016). „Diepholz bei eBay". Bewerbungsunterlage der Stadt Diepholz für den Wettbewerb „Die digitale Innenstadt", Diepholz.

Digitalisierungsindex. Mittelstand. (2020). Der digitale Status Quo des deutschen Mittelstands. https://www.digitalisierungsindex.de/studie/gesamtbericht-2019/. Zugegriffen: 1. Apr. 2021.

Digital-Magazin. DH. (2017). Digitale Innenstadt Diepholz – so entwickelt sich das Projekt. Patrick Tarkowski vom 3. April 2017. https://digital-magazin.de/digitale-innenstadt-diepholz/. Zugegriffen: 12. Febr. 2021.

dlv. (2016). Der Store als City-Magnet. Lust auf die Stadt. Interview mit Dr. Kai Hudetz vom IFH. *dlv Insider,* 43(2015), 4–7.

Douglas. HB. (2021). Online-Boom rettet Douglas in der Corona-Krise. Handelsblatt vom 28. Januar 2021. https://www.handelsblatt.com/unternehmen/handel-konsumgueter/parfuemerie-online-boom-rettet-douglas-in-der-coronakrise-konzern-schliesst-dennoch-500-filialen/26857884.html?ticket=ST-547438-IJJyF79nOUlTuIYk4HbT-ap3. Zugegriffen: 3. Febr. 2021.

dpa. (2014). Der Online-Handel bedroht die Innenstädte. dpa-Meldung vom 17.2.2014.

Düthmann, C. (2019). Top-Thema Employer Branding. Dringend gesucht. LZ vom 11. Oktober 2019. https://www.lebensmittelzeitung.net/handel/Top-Thema-Employer-Branding-Dringend-gesucht-142917.

DVZ. (2019). Amazons Geschäft mit der Fracht. DVZ vom 7. Mai 2019. https://www.dvz.de/rubriken/logistik/detail/news/amazons-geschaeft-mit-der-fracht.html. Zugegriffen: 12. Aug. 2020.

eBay enterprise. (2014). *Ship-from-Store versus Click&Collect.* Interne Unterlage.

eBay. (2014). „The Inspiration Store": METRO GROUP, eBay und PayPal stellen Einkaufserlebnis der Zukunft vor. Pressemitteilung vom 22.10.2014. http://presse.ebay.de/pressrelease/4675. Zugegriffen: 19. Febr. 2015.

eBay. (2020). eBay annual report 10K 2019.

eBay. (2021). eBay annual report 10K 2020.

eBay. AR. (2021). eBay annual report 10K 2020.

eBay. CI. (2017). Lokal & Digital: eBay startet City-Initiative zur Digitalisierung des Handels. Vom 8. Juni 2017. https://www.ebayinc.com/stories/press-room/de/lokal-digital-ebay-startet-city-initiative-zur-digitalisierung-des-handels/. Zugegriffen: 15. Febr. 2021.

eBay. City Velbert. (2021). Geschäfte entdecken in Velbert. eBay City Velbert 2021. https://ebay-city.de/velbert/. Zugegriffen: 15. Febr. 2021.

eBay. City-Mönchengladbach. (2021). Geschäfte entdecken in Mönchengladbach. https://ebay-city.de/moenchengladbach/. Zugegriffen: 12. Febr. 2021.

eBay. Corona. (2020). Hilfspaket für Händler bis Jahresende. Onlinehaendler-News vom 5. Juni 2020. https://www.onlinehaendler-news.de/online-handel/marktplaetze/133097-ebay-verlaengert-corona-hilfepaket-jahresende. Zugegriffen: 15. Febr. 2021.

eBay. DH. (2017). „Digitale Innenstadt Diepholz": HDE und eBay ziehen positive Zwischenbilanz. Vom 30. März 2017. https://www.ebayinc.com/stories/press-room/de/digitale-innenstadt-diepholz-hde-und-ebay-ziehen-positive-zwischenbilanz/. Zugegriffen: 12. Febr. 2021.

eBay. Velbert. (2018). Online suchen, lokal finden – Ebay startet City-Initiative Velbert. Vom 14. August 2018. https://www.onlinehaendler-news.de/online-handel/haendler/32231-ebay-startet-city-initiative-velbert. Zugegriffen: 15. Febr. 2021.

ECC-Club. (2021). Roundtable E-Commerce. Microsoft-Teams-Besprechung mit Kai Hudetz vom 23. Februar 2021. Interne Unterlage.

ECC-Koeln. FM. (2016). Fachkräftemangel im Einzelhandel. https://personalmarketing2null.de/2016/10/04/einzelhandel-fachkraeftemangel-oder-ideenlosigkeit/. Zugegriffen: 1. Febr. 2021.

ECE (2016). At Your Service. Die Bedeutung von Services in Shopping-Centern. ECE Market Research Nr. 2/2016. Hamburg.

ECE. (2020). ECE.com Unternehmen. https://www.ece.com/de/unternehmen. Zugegriffen: 31. Dez. 2020.

Eifel. Info. (2021). City Outlet und historisches Bad Münstereifel. https://www.eifel.info/a-city-outlet. Zugegriffen: 20. Febr. 2021

eMarketer. (2019). Global Ecommerce 2019. 27. Juni 2019. https://www.emarketer.com/content/global-ecommerce-2019. Zugegriffen: 2. Aug. 2020.

eMarketer. (2020). Retail sales worldwide 2019–2024. https://www.emarketer.com/chart/242932/retail-sales-worldwide-2019-2024-trillions-change. Zugegriffen: 1. Apr. 2021.

enbw. (2021). Smart cities. https://www.enbw.com/energie-entdecken/gesellschaft/smart-cities/. Zugegriffen: 19. Febr. 2021.

Enzyklo.de. (2021). Nicht stationärer Handel Enzyklo.de 2021 https://www.enzyklo.de/Begriff/nicht_station%C3%A4rer_Handel. Zugegriffen: 2. Jan. 2021.

Erez, R. (2019). Contextual commerce: What it really means and 3 reasons you should care about it. Forbes.com vom 2. Mai 2019. https://www.forbes.com/sites/royerez/2019/05/02/contextual-commerce-what-it-really-means-and-3-reasons-you-should-care-about-it/. Zugegriffen: 20. Juli 2019.

Erhardt, C. (2020). Stadtentwicklung: Zeit der Shoppingcenter ist vorbei. Kommunal.de vom 2. Mai 2020. https://kommunal.de/stadtentwicklung-studie-center. Zugegriffen: 6. Jan. 2021.

Esch, F.-R. (2015). Customer-touch-point management. http://www.eschbrand.com/markenfuehrung/customer-Touch-Point-management.php.pdf.

Esch, F. -R., & Knörle, C. (2016). Omnichannel-Strategien durch Customer Touch-Point-Management erfolgreich realisieren. In L. Binckebanck & R. Elste (Hrsg.), *Digitalisierung im Vertrieb* (S. 123–137). Springer Fachmedien.

eTailment DP. (2019). Dynamic Pricing – So beherrschen Sie die Wunderwaffe ohne Risiko. Stephan Lamprecht vom 24. Jan. 2019. https://etailment.de/news/stories/Dynamic-Pricing--Wunderwaffe-risiko-4220. Zugegriffen: 22. Jan. 2021.

eTailment. AL. (2019). Amazon Lieferung 2019. Amazon – Logistikangriff an allen Fronten. eTailment vom 29. April 2019. https://etailment.de/news/morning_briefing/Amazon-Logistikangriff-walmart-22244. Zugegriffen: 28. Dez. 2019.

eTailment. AR. (2020). AR im Onlinehandel: Einkaufserlebnisse wie im Laden. eTailment vom 27. Oktober 2021. https://etailment.de/news/stories/Handelstrends-2030-AR-im-Onlinehandel-Ein-kaufserlebnisse-wie-im-Laden-23210. Zugegriffen: 3. Febr. 2021.

eTailment. D2C. (2020). Wie Direct-to-Customer Unternehmen ihre Position jetz stärken können. Monique Höll vom 8. Juni 2020. https://etailment.de/news/stories/Corona-Krise-Wie-Direct-to-Consumer-Unternehmen-ihre-Position-jetzt-staerken-koennen-23050. Zugegriffen: 12. Aug. 2020.

eTailment. FS. (2020). Ladenkonzepte im Wandel. eTailment vom 23. Dezember 2020. https://etailment.de/news/stories/Handelstrends-2030-Ladenkonzepte-im-Wandel-23286. Zugegriffen: 3. Febr. 2021.

eTailment. Hema. (2017). Alibaba – Die Neu-Erfindung des Supermarktes. Iki Kühn bei eTailment am 4. Juni 2019. https://etailment.de/news/stories/Alibaba-crosschannel-Mobile-payment-21340. Zugegriffen: 12. Febr. 2021.

eTailment. Key Trends. (2019). Diese 5 Trends verändern den E-Commerce 2020. Felix Schirl vom 20. Dez. 2019. https://etailment.de/news/stories/trends-2020-ecommerce-22747. Zugegriffen: 12. Aug. 2020.

eTailment. KI. (2019). Mit Dynamic Pricing werden Händlerwünsche wahr. Stephan Lamprecht vom 2. Dez. 2019. https://etailment.de/news/stories/KI-dynamic-pricing-21604. Zugegriffen: 22. Jan. 2021.

eTailment. NewStore. (2019). Newstore – so kommt der stationäre Handel ins Smartphone. eTailment vom 7. Februar 2021. https://etailment.de/news/start-ups/NewStore-Omnichannel-Plattfom-22004. Zugegriffen: 3. Febr. 2021.

eTailment. VS. (2017). Seller oder Vendor – welches Amazon-Konzept lohnt sich? Ulrike Sanz Grosson. eTailment vom 8. Okt. 2017. https://etailment.de/news/stories/vendor-seller-amazon-20685. Zugegriffen: 9. Febr. 2021.

Evertz, L., & Süß, S. (2017). Die Bedeutung individueller Motive für die Bewertung von Arbeit-gebern. *Personalquartely, 69*(4), 40–45.

Evertz, L., Kollitz, R., & Süß, S. (2018). Schönheit liegt im Auge des Betrachters: Was Unter-nehmen als Arbeitgeber attraktiv macht. In H. Surrey & V. Tiberius (Hrsg.), *Die Zukunft des Personalmanagements* (S. 71–77). Springer.

excitingcommerce. Farfetch. (2020). Farfetch knackt Umsatzmilliarde – bei $2,1 mrd. GMV (+52 %). Jochen Krisch vom 29. Februar 2020. https://excitingcommerce.de/2020/02/29/farfetch-knackt-umsatzmilliarde-bei-21-mrd-gmv-52/. Zugegriffen: 21. Aug. 2020.

excitingcommerce. FB. (2020). Wie sich Instagram und Facebook Mobile Shopping vorstellen. Jochen Krisch vom 21. Mai 2020. https://excitingcommerce.de/2020/05/21/wie-sich-instagram-und-facebook-mobile-shopping-vorstellen/?utm_source=feedburner&utm_medium=email&utm_campaign=Feed%3A+ExcitingCommerce+%28Exciting+Commerce%29. Zugegriffen: 12. Aug. 2020.

Excitingcommerce. Wish. (2019). Wish macht bei Umsätzen von $1,9 Mrd. $190 Mio. Verlust. Vom 17. März 2019. https://excitingcommerce.de/2019/03/17/wish-macht-bei-umsatzen-von-19-mrd-190-mio-verlust/. Zugegriffen: 24. Juli 2019.

Factbook Einzelhandel. (2019). *Daten, Fakten, Trends, Transformation. Business Handel und bevh.* LPV Verlag.

Faktenblatt. KZH. (2019). Faktenblatt Mittelstand 4.0-Kompetenzzentrum Handel Stand 07 2019. Bundesministerium für Wirtschaft und Energie.

Farfetch. (2020). Farfetch limited. For the love of fashion. Fourth quarter 2019 results.

Fashionretail.Blog. (2019). Fashion Connect: Bonprix Omnichannel concept. Alfonso Segura vom 18. März 2019. https://fashionretail.blog/2019/03/18/fashion-connect-bon-prix-omnichannel-concept/. Zugegriffen: 17. Febr. 2021.

Fashionunited. Live. (2020). Das Jahr des Livestream-Shopping. Fashionunited vom 23. Dezember 2021. https://fashionunited.com/en/news/business/2020-the-year-of-livestream-shopping/2020122237185. Zugegriffen: 3. Febr. 2021.

FAZ. SC. (8. Dezember 2020). Einkaufstempel in der Krise. *Frankfurter Allgemeine Zeitung,* Nr. 286, S. 26.

FAZ Nr. 286 (8. Dezember 2020). Einkaufstempel in der Krise. *Frankfurter Allgemeine,* Nr. 286. S. 26.

Fischer, C, Fiedler, I., & Babenko, L. (2019). Blockchain-Technologie im Handel der zukunft. In G. Heinemann, M. Gehrckens, T. Täuber, & Accenture (Hrsg.), *Handel mit Mehrwert. Digitalisierung von Märkten, Geschäftsmodellen und Geschäftssystemen.* Springer-Gabler.

Fondsprofessional. (2020). Studie zeigt zwiespältige Entwicklung bei Einzelhandelsimmobilien. Fondsprofessional vom 23. Sept. 2020. https://www.fondsprofessionell.de/sachwerte/news/headline/studie-zeigt-zweigespaltene-entwicklung-bei-einzelhandelsimmobilien-200987/. Zugegriffen: 18. Jan. 2021.

Forrester. (2014). US digital marketing forecast 2014–2019 by Shar VanBoskirk, November 4, 2014.

Forrester. (2015). More than half of European retail sales will be touched by digital over the coming five years: New Forrester Study. Internetretailing aus July 2015. http://internetretailing.net/2015/07/more-than-half-of-european-retail-sales-will-be-touched-by-digital-over-the-coming-five-years-forrester/. Zugegriffen am 12. Aug. 2015.

Forrester. (2017). US digital marketing forecast 2016–2021 by Shar VanBoskirk, January 24, 2017.

Frielingsdorf, M. (2019). Das Amazon Hybridmodell: Vendor & Seller Central Kombinieren. Factor-a.de vom 15. März 2019. https://www.factor-a.de/das-amazon-hybridmodell-vendor-seller-central-kombinieren/. Zugegriffen: am 28. Dez. 2019.

Fuchs t3n. (2017). Handelt endlich! Milliardenverluste durch ausländische Onlinehändler bedrohen unser Steuersystem. T3n vom 15. Juni 2017. https://t3n.de/news/umsatzsteuer-martkplaetze-china-e-commerce-830941/. Zugegriffen: 13. Jan. 2021.

Gardt, M. (2020). Social Commerce: Euer Guide zu den Shopping-Funktionen von Instagram. Vom 7. Aug. 2020. https://omr.com/de/instagram-shopping-social-commerce-funktionen-guide/. Zugegriffen: 18. Aug. 2020.

Gassmann, M., & Welt. (2021). Das Apple-Prinzip soll Deutschlands Innenstädte vor der Verödung retten. Die Welt vom 1. Feb. 2021. https://www.welt.de/wirtschaft/article225259259/Baby-Walz-will-mit-Beratungs-Angebot-Innenstaedte-retten.html. Zugegriffen: 12. Aug. 2015.

Geffken, M., & Heinemann, G. (8. Mai 2017). Lokalpatriotismus ist kein Kaufargument. *Frankfurter Allgemeine Zeitung*, Nr. 106, S. 15.

Gehrckens M., & Boersma, T. (2013). Zukunftsvision Retail – Hat der Handel eine Daseinsberechtigung? In G. Heinemann, M. Gehrckens, K. Haug, & dgroup (Hrsg.), *Digitalisierung des Handels mit ePace – Innovative E-Commerce-Geschäftsmodelle unter Timing-Aspekten* (S. 51–76). Springer Gabler.

Gerdes, J., & Heinemann, G. (2019). Urbane Logistik der Zukunft – Ganzheitlich, nachhaltig und effizient. In G. Heinemann, et al. (Hrsg.), *Handel mit Mehrwert – Digitaler Wandel in Märkten, Geschäftsmodellen und Geschäftssystemen*. Springer-Gabler.

Gerth, S. (2017). Wie die Verbundgruppen im E-Commerce Anschluss suchen. 25. Januar 2017. http://etailment.de/news/stories/Player-Wie-die-Verbundgruppen-im-E-Commerce-Anschluss-suchen-20277. Zugegriffen: 20. Apr. 2017.

GfK (2015). *Wandert die Verkaufsfläche vom PoS ins Netz? GfK-Prognose zum Verkaufsflächenbedarf der Warengruppen bis 2015. White Paper von Manuel Jahn.* GfK GeoMarketing GmbH.

GfK Geomarketing. (2019). Mittelstädte als attraktive Einzelhandelsstandorte. Beomarketing-News. https://cdn2.hubspot.net/hubfs/2405078/cms-pdfs/fileadmin/user_upload/dyna_content/de/documents/news/2019/20190724_news_einzelhandelszentralitaet_deutschland_2019_dfin.pdf. Zugegriffen: 22. Jan. 2021.

Gläß, R. (2018). *Künstliche Intelligenz im Handel 2 – Anwendungen*. Effizienz erhöhen und Kunden gewinnen. Essentials. Springer Vieweg.

Global Digital Report. (2020). Global Digital Report 2019. https://wearesocial.com/digital-2020. Zugegriffen: 13. Aug. 2020.

Google. (2021). Gemeinsam unterstützen wir den Einzelhandel. Mit digitalen Möglichkeiten, die lokale Geschäfte stärken. https://grow.google/intl/de/retail-support. Zugegriffen: 17. Febr. 2021.

Google. t3n. (2020). Initiative ZukunftHandel: Google und HDE Programm für Händler vor Ort. Vom 13. September 2020. https://t3n.de/news/initiative-zukunfthandel-google-1320981/. Zugegriffen: 17. Febr. 2021.

Graf, A. Kassenzone. (2017). Wish – Wie Weihnachten, nur ohne wünschen. Kassenzone vom 27. Dez. 2017. https://www.kassenzone.de/2017/12/27/wish-wie-weihnachten-nur-ohne-wuenschen/. Zugegriffen: 28. Dez. 2017.

Greiner, W. (2020). Digitalisierung: Läuft – langsam, aber läuft. Lanline vom 5. Mai 2020. https://www.lanline.de/it-management/digitalisierung-laeuft-langsam-aber-laeuft.251316.html. Zugegriffen: 18. Jan. 2021.

Gründer-Welt. (2017). Multichanneldistribution. http://www.gruender-welt.com/multi-channeldistribution/. Zugegriffen: 14. Apr. 2017.

Gyllensvaerd, S., & Kaufmann, S. (2013). Curated Shopping als Alternative zu ePace getriebenen Category-Killer-Konzepten. In G. Heinemann, M. Gehrckens, K. Haug, & dgroup (Hrsg.), *Digitalisierung des Handels mit ePace – Innovative E-Commerce-Geschäftsmodelle unter Timing-Aspekten* (S. 187–200). Springer-Gabler.

Haendlerbund. (2020). Online-Marktplätze im Vergleich Vergleich. Haendlerbund vom 5. Feb. 2020. https://www.haendlerbund.de/de/wissen/infografik-online-marktplaetze-im-vergleich. Zugegriffen: 9. Febr. 2021.

Hagen.de (2021). Leben in Hagen. Freizeit und Sport. Einkaufszenren & Märkte. https://www.hagen.de/web/de/hagen_de/01/0103/0103.html. Zugegriffen: 6. Jan. 2021

Hall, A. (2016). Wird das Einkaufszentrum zum Freizeiterlebnis. Baumeister. https://www.bau-meister.de/wird-das-einkaufszentrum-zum-freizeiterlebnis-shopping/. Zugegriffen: 18. Aug. 2016.

Handeln.Digital. (2021). Lockdown im handel – das können Sie jetzt tun. https://www.handel.digital/. Zugegriffen: 17. Febr. 2021.

Handelsblatt. Lockdown. (2020). So bereiten sich Einzelhändler auf den Lockdown vor. Handels-blatt 14, Dezember 2020. https://www.handelsblatt.com/unternehmen/handel-konsumgueter/innenstaedte-so-bereiten-sich-die-einzelhaendler-auf-den-lockdown-vor/26714298.html?share=twitter. Zugegriffen: 2. Jan. 2021.

Handelsblatt. Real. (2020). Hinter den Kulissen tobt der Kampf um die Real-Standorte. Handelsblatt vom 18. September 2020. https://www.handelsblatt.com/unternehmen/handel-konsumgueter/lebensmittelhandel-hinter-den-kulissen-tobt-der-kampf-um-die-real-stand-orte/26197866.html?ticket=ST-892033-3OIEm5G3ukKmitcgTyeQ-ap3. Zugegriffen: 6. Jan. 2021

Handelsdaten (2016). Shopping-center in Deutschland. http://www.handelsdaten.de/branchen/shopping-center. Zugegriffen: 27. Juli 2016.

Handelsjournal. B8ta. (2020). Interview mit Philipp Raub. Missionar der Handelswelt. Von Mirko Hackmann. Handelsjournal vom 4. Februar 2020. https://handelsjournal.de/handel/artikel-2020/missionar-in-der-markenwelt.html. Zugegriffen: 12. Aug. 2020.

Handelswissen. Stationärer Handel. (2016). http://www.handelswissen.de/data/handelslexikon/buchstabe_s/stationaerer_Handel.php. Zugegriffen: 23. Juli 2016.

Handelszeitung. Migros. (2021). Ohne Personal: Migros lanciert den Selbstbedienungsladen Voi-Cube. Handelszeitung vom 1. Februar 2021. https://www.handelszeitung.ch/tech/ohne-personal-die-migros-lanciert-den-selbstbedienungsladen-voi-cube. Zugegriffen: 3. Febr. 2021.

Handt, F., & Heinemann, G. (2019). Mehrwert im Handel durch Location-based Platforms am Bei-spiel von Bonial. In G. Heinemann, M. Gehrckens, T. Täuber, & Accenture (Hrsg.), *Handel mit Mehrwert. Digitalisierung von Märkten, Geschäftsmodellen und Geschäftssystemen.* Springer-Gabler.

Handt, F. (2017). Bonial.de. Reinventing shopping to connect consumers to their favorite local stores. Vortrag auf dem Deutschen Handelskongress am 16.11.2017 in Berlin.

Haufe. (2016). Europäischer Einzelhandel: Konsolidierung bis 2030 – Flächenrückgang um zehn Prozent. Studie Catella Research. https://www.haufe.de/immobilien/entwicklung-vermarktung/marktanalysen/prognose-konsolidierung-im-europaeischen-einzelhandel-bis-2030_84324_359254.html. Zugegriffen: 23. Juli 2016.

Haug, K. (2013). Digitale Potenziale für den stationären Handel durch Empfehlungsprozesse, lokale Relevanz und mobile Geräte (SoLoMo). In G. Heinemann, K. Haug, M. Gehrckens, & dgroup (Hrsg.), *Digitalisierung des Handels mit ePace – Innovative E-Commerce-Geschäfts-modelle und digitale Zeitvorteile* (S. 27–49). Gabler.

Hauke, C. (2016): Employer Branding – Vielfältige Mitarbeiter gewinnen und binden. In G. Vedder & F. Krause (Hrsg.), *Personal und Diversität*. Rainer Hampp.

HDE. (2016). E-Commerce-Umsätze. Entwicklung der E-Commerce-Umsätze in Milliarden Euro in den vergangenen Jahren. Februar 2016. http://www.einzelhandel.de/index.php/presse/zahlen-faktengrafiken/item/110185-e-commerce-umsaetze. Zugegriffen: 18. Aug. 2016.

HDE Digitalisierung. (2015). *Themenübersicht. E-Commerce und Digitalisierung*. Positionspapier.

HDE. eBay. PM I. (2016). Startschuss zum Städte-Wettbewerb „Die digitale Innenstadt" von HDE und eBay vom 20. April 2016. Gemeinsame Pressemitteilung von HDE und eBay vom 20. April 2016. http://www.einzelhandel.de/digitale-innenstadt, http://presse.ebay.de/pressrelease/startschuss-zum-st%C3%A4dte-wettbewerb-%E2%80%9Edie-digitale-innenstadt%E2%80%9C-von-hde-und-ebay. Zugegriffen: 18. Aug. 2016.

HDE. eBay. PM II. (2016). Diepholz gewinnt Städte-Wettbewerb „Die digitale Innenstadt" von HDE und eBay. Gemeinsame Pressemitteilung von HDE und eBay vom 6. Juli 2016. http:// www.einzelhandel.de/digitale-innenstadt, http://presse.ebay.de/pressrelease/diepholz-gewinnt-st%C3%A4dte-wettbewerb-%E2%80%9Edie-digitale-innenstadt%E2%80%9C-von-hde-und-ebay. Zugegriffen: 18. Aug. 2016.

HDE. Fakten. (2020). Zahlen – Fakten – Grafiken. https://einzelhandel.de/presse/zahlenfakten-grafiken. Zugegriffen: 6. Jan. 2021

HDE. Google. (2020). Initiative ZukunftHandel: HDE und Google starten breit angelegtes Digitalisierungsprogramm für den deutschen Einzelhandel. Vom 10. September 2020. https:// einzelhandel.de/presse/aktuellemeldungen/12903-pressemeldung-google. Zugegriffen: 17. Febr. 2021.

HDE. Online Monitor. (2020). Online Monitor. Aktuelle Entwicklungen im Onlinehandel 2019. Handelsverband Deutschland vom 5. Juni 2020. https://einzelhandel.de/online-monitor. Zugegriffen: 2. Jan. 2021.

HDE. Prognose. (2020). Prognose Einzelhandelsumsätze 2020. Bekleidungshändler und Innenstädte leiden unter Corona-Krise – Prognose: Einzelhandelsumsätze wachsen 2020 um 1,5 Prozent. https:// einzelhandel.de/presse/aktuellemeldungen/12922-prognose-einzelhandelsumsaetze-wachsen-2020-um-1-5-prozent. Zugegriffen: 2. Jan. 2021.

HDE. Standortmonitor. (2021). Standort-Monitor 2021. Handelsverband Deutschland vom 16. Dezember 2020. https://einzelhandel.de/standort-monitor. Zugegriffen: 2. Jan. 2021.

Heinemann, G., & Boersma, T. (2014). Innovative Formen der Offsite-Downstream-Kundeninter-aktion. In M. Bruhn & K. Hadwich (Hrsg.), *Forum Dienstleistungsmanagement 2015 – Interaktive Wertschöpfung durch Dienstleistungen.* Springer-Gabler.

Heinemann, G., & Kollmann, T. (2020). Neuausrichtung des Multichanneling. Rettungsanker für den stationären Handel? In G. Heinemann & T. Kollmann (Hrsg.), *Handbuch digitale Wirtschaft.* Springer-Gabler.

Heinemann, G., Zarnik, S., (2020). Performance Marketing in der Online-Sphäre – Vom Audience Targeting zum Customer Life Time Value. In: Bruhn, , et al. (Hrsg.). (2020). *Marketing Weiterdenken. Zukunftspfade für eine marktorientierte Unternehmensführung* (2. Aufl.). Springer-Gabler.

Heinemann, G. (1989). *Betriebstypenprofilierung und Erlebnishandel.* Springer-Gabler.

Heinemann, G. (2008). *Multi-Channel-Handel – Erfolgsfaktoren und Best Practices.* Springer-Gabler.

Heinemann, G. (1. November 2010). Das Warenhaus – ein Dino mit Zukunft? *Frankfurter Allgemeine Zeitung*, Nr. 254, S. 12.

Heinemann, G. (2011). *Cross-Channel-Management – Integrationserfordernisse im Multi-Channel-Handel* (3. Aufl.). Springer-Gabler.

Heinemann, G. (2013). *No-Line-Handel – höchste Evolutionsstufe im Multi-Channeling.* Springer-Gabler.

Heinemann, G. (2013b). Digitale Revolution im Handel-steigende Handelsdynamik und disruptive Veränderung der Handelsstrukturen. In G. Heinemann, K. Haug & R. Gehrckens, & dgroup (Hrsg.), *Digitalisierung des Handels mit ePace. Innovative E-commerce Geschäftsmodelle und digitale Zeitvorteile* (S. 3–25). Springer-Gabler.

Heinemann, G. (2017). *Die Neuerfindung des stationären Einzelhandels – Kundenzentralität und ultimative Usability für Stadt und Handel der Zukunft.* Springer-Gabler.

Heinemann, G. (2018). *Die Neuausrichtung des App- und Smartphone-Commerce – Mobile Commerce, Mobile Payment, Social Apps, LBS und Chatbots im Handel.* Springer-Gabler.

Heinemann, G. (2019). *Der neue Online-Handel, Geschäftsmodelle, Geschäftssysteme und Benchmarks im E-Commerce* (10. Aufl.). Springer-Gabler.

Heinemann, G. (2020). *B2B-eCommerce. Grundlagen, Geschäftsmodelle und Best Practices im Business-to-Business Online-Handel.* Springer-Gabler

Heinemann, G. App. (2018). *Die Neuausrichtung des App- und Smartphone-Shopping. Mobile Commerce, Mobile Payment, LBS, Social Apps und Catbots im Handel.* Springer-Gabler.

Heinemann, G. B2B. (2020). *E-Commerce für B2B & B2Me Online-Geschäftsmodelle und Best Practices im Business-to-Business Commerce.* Springer-Gabler.

Heinemann, G. FAZ. (25. Januar 2021). Intelligenter Einzelhandel. *Frankfurter Allgemeine Zeitung*, Nr. 4, S. 22.

Heinemann, G. O. H. (2020). *Der neue Online-Handel: Geschäftsmodelle, Geschäftssysteme und Benchmarks im E-Commerce* (11. Aufl.). Springer-Gabler.

Heinemann, G. OH (2021). *Der neue Online-Handel, Geschäftsmodelle, Geschäftssysteme und Benchmarks im E-Commerce* (12. überarbeitete Aufl., S. 368). Springer-Gabler

Heinemann, G., Gehrckens, M., Täuber, T., & Accenture, (Hrsg.). (2019). *Handel mit Mehrwert. Digitalisierung von Märkten, Geschäftsmodellen und Geschäftssystemen.* Springer-Gabler.

Heinemann, G., Kannen, K., & Bleil, S. (2021). *Plattformökonomie und eCommerce im Banking, Grundlagen, Plattform-Geschäftsmodelle, Optionen und Lösungsansätze.* Springer-Gabler.

Heinemann, G., & Glaser (2019). Zalando wird kooperativ – das Partnerprogramm für Fashion-Marken und -Händler. In G. Heinemann, M. Gehrckens, T. Täuber, & Accenture (Hrsg.), *Handel mit Mehrwert. Digitalisierung von Märkten, Geschäftsmodellen und Geschäftssystemen.* Springer-Gabler.

Heinemann. MCH. (2020). Neuausrichtung des Multichanneling. Rettungsanker für den stationären Handel? In G. Heinemann & T. Kollmann (Hrsg.), *Handbuch digitale Wirtschaft.* Springer-Gabler.

Heise. (2016). Oculus Rift – die Virtual-Reality-Brille. Heise Online vom 22. Februar 2016. http://www.heise.de/thema/Oculus-Rift. Zugegriffen: 22. Febr. 2016.

Heise. AGG. (2020). Amazon Go größer: Erster kassenloser Go Grocery in Seattle eröffnet. Von Oliver Bünte. Heise vom 25. Februar 2020. https://www.heise.de/newsticker/meldung/Amazon-Go-groesser-Erster-kassenloser-Go-Grocery-in-Seattle-eroeffnet-4667589.html. Zugegriffen: 12. Febr. 2021.

Heise. IT. (2020). Unternehmen können offene IT-Stellen nur schwer besetzen. Vom 21. Sept. 2020. https://www.heise.de/news/Unternehmen-koennen-offene-IT-Stellen-nur-schwer-besetzen-4906561.html. Zugegriffen: 1. Febr. 2021.

Hell, M. (2019). Wettbewerb aus Fernost. Händler aus dem Ausland drängen auf den deutschen E-Commerce. Internetworld vom 16. Oktober 2019. https://www.internetworld.de/digitaler-handel/online-handel/haendler-ausland-draengen-deutschen-e-commerce-markt-2138967.html#gref. Zugegriffen: 14. Jan. 2019

Herda, N., Friedrich, K., & Ruf, S. (2018). Plattformökonomie als Game-Changer. Wie digitale Plattformen unsere Wirtschaft verändern: Eine strategische Analyse der Plattformökonomie. Strategie Journal vom 20. November 2018. Sonderausgabe zum Strategie Journal 03/18 zum Thema Digitalisierung.

HHH. (2021). Über Händler helfen Händlern. https://www.haendler-helfen-haendlern.com/. Zugegriffen: 17. Febr. 2021.

Himmel, M. (2018). *Technologien für E-Commerce und Datenmanagement im online-Zeitalter. Auswahl und Implementierung von PIM, Webshop, CRM, etc.* ecom Consulting.

HNRW. (2019). Digitalcoach für den Einzelhandel. Vom 12. November 2019. https://www.handelsverband-nrw.de/digitalcoach/. Zugegriffen: 17. Febr. 2021.

Hollensen, S. (2020). *Global Marketing* (8. Aufl.). Prentice Hall.

Hördt, O., & Brickwedde, W. (2019). Die Bedeutung des Employer Branding für die Gewinnung von Nachwuchskräften im Handel. In G. Heinemann, M. Gehrckens, T. Täuber, T., &

Accenture (Hrsg.), *Handel mit Mehrwert. Digitalisierung von Märkten, Geschäftsmodellen und Geschäftssystemen.* Springer-Gabler.

Horizont. (2019). So dominiert Amazon den Handel. Horzont.net vom 2. Juli 2019. https://www.horizont.net/marketing/nachrichten/studie-so-dominiert-amazon-den-deutschen-handel-175869?utm_source=Browser&utm_medium=Push-Notification&utm_campaign=CleverPush. Zugegriffen: 4. Juli 2019.

Horizont. IN. (2019). MediaMarkt lotst Kunden künftig per Smartphone durch die Läden. Guiseppe Rondinella in Horizont vom 31. Juli 2019. https://www.horizont.net/tech/nachrichten/instore-navigation-media-markt-lotst-kunden-kuenftig-per-smartphone-durch-die-laeden-176498. Zugegriffen: 1. Febr. 2020.

Horizont. Mobilität. (2019). Diese Städte setzen Maßstäbe in Sachen urbane Mobilität. Helena Birkner vom 23. Oktober 2019. https://www.horizont.net/tech/nachrichten/kantar-studie-diese-staedte-setzen-massstaebe-in-sachen-urbane-mobilitaet-178458#:~:text=Berlin%20liegt%20mit%20einem%20Score,f%C3%BCr%20ihre%20B%C3%BCrger%20liegt%20M%C3%BCnchen. Zugegriffen: 19. Febr. 2021.

Hübner, R. (2020). Entwicklung einer Amazon-Strategie. In C. Stummeyer & B. Köber (Hrsg.), *Amazon für Entscheider. Strategieentwicklung, Implementierung und Fallstudien für Hersteller und Händler.* Springer-Gabler.

Hudetz. Otto. (2019). Connected Commerce: Buzzword oder echte Chance? Was Kund*innen vom vernetzten Einkaufen halten. Vom 5. Dezember 2019. https://www.otto.de/newsroom/de/technologie/connected-commerce-ifh-buzzword-oder-echte-chance. Zugegriffen: 15. Jan. 2021.

IAB – Institut für Arbeitsmarkt- und Berufsforschung. (2015). IAB-Forschungsbericht 8/2015: Industrie 4.0 und die Folgen für Arbeitsmarkt und Wirtschaft, Nürnberg.

ibi Handelsstudie. (2020). Der Deutsche Einzelhandel 2020 – zweite IHK-ibi-Handelsstudie. September 2020. https://ibi.de/veroeffentlichungen/IHK-ibi-Handelsstudie2020. Zugegriffen: 6. Jan. 2021

Ibi. (2020). Der Deutsche Einzelhandel 2020 – zweite IHK-ibi-Handelsstudie. September 2020. https://ibi.de/veroeffentlichungen/IHK-ibi-Handelsstudie2020. Zugegriffen: 6. Jan. 2021

Ibi. EKZ. (2018). Digitalisierungsstrategien von Shopping-Centern. Ibi research, Univerität regensburg. https://docplayer.org/38568025-Digitalisierungsstrategien-von-shopping-centern.html, https://www.ecommerce-leitfaden.de/studien/item/digitalisierungsstrategien-von-shopping-centern. Zugegriffen: 20. Febr. 2021.

iBusiness GAFA. (2017). Interaktiv-Trends 2017/2018 (2): GAFA-Dominanz – Der Angriff der Web-Oligarchen. Sebastian Halm in iBusiness vom 19. Dezember 2016. https://www.ibusiness.de/members/aktuell/db/118347sh.html. Zugegriffen: 20. Dez. 2017.

iBusiness. Interactive-Trends. (2019). Interaktiv-Trends 2019/ 2020 (1): Reichweiten-Atomisierung, Deep Learning, GAFA. Susan Rönisch vom 11. Dez. 2018. https://www.ibusiness.de/members/aktuell/db/454455SUR.html?pay=1. Zugegriffen: 19. Juli 2019.

iBusiness. D2C. (2020). Direct-to-Customer Marketing: Warum online allein nicht reicht. Yvonne Göpfert vom 9. Jan. 2020. https://www.ibusiness.de/members/aktuell/db/395814SUR.html. Zugegriffen: 2. Aug. 2020.

iBusiness. Interactive-Trends. (2019). Interaktiv-Trends 2019/2020 (1): Reichweiten-Atomisierung, Deep Learning, GAFA. Susan Rönisch vom 11. Dez. 2018. https://www.ibusiness.de/members/aktuell/db/454455SUR.html?pay=1. Zugegriffen: 19. Juli 2019.

iBusiness. Lokale. (2020). Lokale Online-Marktplätze. Die Zukunft der Nische. https://www.ibusiness.de/aktuell/db/038492frs.html. Zugegriffen: 13. Nov. 2020.

iBusiness. Nischen. (2017). Interaktiv-Trends 2017/2018 (3): E-Commerce in der Nische, Verena Gründel-Sauer in iBusiness vom 20. Dezember 2016. https://www.ibusiness.de/members/aktuell/db/385955veg.html. Zugegriffen: 23. Dez. 2017.

iBusiness. Trends Online-Marketing. (2016). Dmexco: 15 Trends, die das Onlinemarketing 2017 bestimmen werden. Susan Rönisch und Peter Graf in iBusiness vom 30. August 2016. https://www.ibusiness.de/members/aktuell/db/201141SUR.html. Zugegriffen: 15. Jan. 2021.

iBusiness. Trends. (2020). E-Commerce 2021: Neun Trends im deutschen Onlinehandel. Susan Rönisch vom 6. Aug. 2020. https://www.ibusiness.de/members/aktuell/db/454380SUR.html. Zugegriffen: 12. Aug. 2020.

ICR. Active Sourcing Report. (2018). Tools und Trends. https://competitiverecruiting.us4.list-manage.com/subscribe?u=16c8a49ba060de6c7423ad169&id=2f99398e83. Zugegriffen: 1. März 2021.

IFH Handelsszenario. (2020). Wachstumsparadoxon im deutschen Einzelhandel. Vom 19. März 2020. https://www.ifhkoeln.de/handelsszenario-2030-wachstumsparadoxon-im-deutschen-einzelhandel/. Zugegriffen: 6. Jan. 2021.

IFH Köln. NRW. (2019). IFH Köln: „Jedes fünfte Geschäft in NRW wird bis 2013 schließen". Vom 13. Juni 2019. https://www.ifhkoeln.de/pressemitteilungen/details/ifh-koeln-jedes-fuenfte-geschaeft-in-nrw-wird-bis-2030-schliessen/. Zugegriffen: 15. Juni 2019.

IFH Prognose. (2020). Onlineumsatz (inkl. FMCG; in Mrd. Euro). Prognose 2020–2014 in 3 Szenarien. https://twitter.com/ReinartzWerner/status/1347060040092577792/photo/1. Zugegriffen: 11. Jan. 2021

IFH-Köln. (2018). Amazonisierung des Konsums. Eine Studie des IFH Köln.

IFH-Köln. (2019). Gatekeeper Amazon. Studie, Köln IFH Handelsszenario.

IFH-Köln. VI (2018). Vitale Innenstädte. Das sind die Ergebnisse aus den Städten vor Ort. https://www.ifhkoeln.de/vitale-innenstaedte-das-sind-die-ergebnisse-aus-den-staedten-vor-ort/. Zugegriffen: 19. Febr. 2021.

IFH-Köln. VI. (2020). Vitale Innenstädte 2020 – Welche Note erhält Ihre Innenstadt? Visitor Journey im Fokus! https://www.ifhkoeln.de/vitale-innenstaedte-2020-welche-note-erhaelt-ihre-innenstadt-visitor-journey-im-fokus/. Zugegriffen: 19. Febr. 2021.

IHK-Bonn. (2017). IHK Branchenreport Einzelhandel Bonn-Rhein-Sieg. https://www.ihk-bonn.de/fileadmin/dokumente/Downloads/Presse/IHK-Branchenreport_Einzelhandel_2017.pdf.

IHK-Hannover. (2010). Ladenleerstand in der IHK Region Hannover. Daten, Fakten und Gegenmaßnahmen, Hannover.

IHK-ibi. (2017). Der deutsche Einzelhandel 2017 – erste IHK-Ibi-Handelsstudie. https://ibi.de/veroeffentlichungen/der-deutsche-einzelhandel-2017-erste-ihk-ibi-handelsstudie. Zugegriffen: 1. Febr. 2020.

IIHD. (2019). Frequenzentwicklung in deutschen Innenstädten. Oktober 2019. https://iihd.de/portfolio/frequenzentwicklung-in-deutschen-innenstaedten/. Zugegriffen: 6. Jan. 2021.

Innerstaden Göteborg. (2018). Stadsleveransen. http://www.innerstadengbg.se/innerstaden-goteborg/stadsleveransen/. Zugegriffen: 15. Apr. 2018.

International Airport Review. (2007). Heathrow City logistics – An emerging logistic strategy for Heathrow Airport (https://www.internationalairportreview.com/article/1305/heathrow-city-logistics-an-emerging-logistic-strategy-for-heathrow-airport/). Zugegriffen: 15 April 2018.

Internetworld. DSGVO. (2018). Neue Datenschutz-Regeln. DSGVO-Überblick: Das sind die wichtigsten Änderungen. Vom 22. Mai 2018. https://www.internetworld.de/technik/datenschutz/dsgvo-ueberblick-wichtigsten-aenderungen-1539745.html. Zugegriffen: 13. Juli 2018

Internetworld. Interview GH. (2021). Gerrit Heinemann: „Dem Großteil des Einzelhandels geht es richtig gut". Interview Internetworld.de vom 07. Januar 2021. https://www.internetworld.de/digitaler-handel/online-handel/gerrit-heinemann-grossteil-einzelhandels-geht-es-richtig-gut-2618556.html#gref. Zugegriffen: 7. Jan. 2021

Internetworld. Statista. (2019). Die 10 größten Onlineshops in Deutschland. Vom 8. Mai 2019. https://www.internetworld.de/e-commerce/10-groessten-online-shops-deutschlands-1702791.html. Zugegriffen: 1. Juli 2019.

Internetworld. EHI. (2019). Amazon hat den größten, aber China holt auf. Vom 9. September 2019. https://www.internetworld.de/e-commerce/zahlen-studien/amazon-groessten-china-holt-1754398. html. Zugegriffen: 10. Sept. 2019.

Internetworld. Butlers. (2017). Insolventer Multichannel-Händler. Gibt es eine Rettung für Butlers? Laura Melchior in Internetworld vom 31. Juli 2017. https://www.internetworld.de/ digitaler-handel/multichannel/es-rettung-butlers-1241191.html#gref. Zugegriffen: 1. Febr. 2020.

Internetworld. eCommerce Trends. (2020). 10 Marketing-Trends für 2020. Internetworld vom 28. Jan. 2020. https://www.internetworld.de/online-marketing/onlinemarketing/10-marketing-trends-2020-2457148.html?ganzseitig=1. Zugegriffen: 1. Aug. 2020.

Internetworld. Geo. (2018). Die Geoblocking-Verordnung: Was Händler beachten müssen. Vom 4. Dez. 2018. https://www.internetworld.de/e-commerce/online-handel/geoblocking-verordnung-haendler-beachten-1653774.html. Zugegriffen: Am 25. Juli 2019.

Internetworld. HHH. (2020). Corona-Krise. „Händler helfen Händlern" unterstützen Online-Platt-form. Vom 23. März 2020. https://www.internetworld.de/sonstiges/corona-krise/haendler-helfen-haendlern-unterstuetzen-online-plattform-2518639.html. Zugegriffen: 17. Febr. 2021.

Internetworld. POS. (2019). Digitalisierung am PoS: Welche Anwendungen funktionieren wirklich? Internetworld vom 22. Januar 2019. https://www.internetworld.de/sonstiges/ digitalisierung/digitalisierung-am-pos-anwendungen-funktionieren-wirklich-1665089. html#gref. Zugegriffen: 1. Febr. 2020.

Internetworld. Thalia. (2020). Thalia startet einen digitalen Buch-Shop mit Live-Chat. Elisa Kisper in Internetworld vom 25. November 2020. https://www.internetworld.at/online-marketing/ digitalisierung/thalia-startet-digitalen-buch-shop-live-chat-2608824.html. Zugegriffen: 1. Febr. 2021.

Internetworldstats.com. (2020). INTERNET USAGE STATISTICS. The Internet Big Picture. World Internet Users and 2020 Population Stats. https://www.internetworldstats.com/stats.htm. Zugegriffen: 1. Aug. 2020.

isi. muenster. (2021). Willkommen auf den Seiten der Initiative starke Innenstadt in Münster. http://www.isi-muenster.de/startseite/startseite.html. Zugegriffen: 16. März 2021.

IT-Finanzmagazin. (2020). Weil es bequem ist: Die Deutschen setzen beim Bezahlen der Einkäufe auf das Smartphone bzw. Mobile Payment. IT-Finanzmagazin vom 7. Oktober 2020. https:// www.it-finanzmagazin.de/bequem-bezahlen-mobile-payment-112450/#:~:text=Fast%20 die%20H%C3%A4lfte%20der%20Deutschen,das%20Mobilger%C3%A4t%20an%20der%20 Kasse. Zugegriffen: 1. Febr. 2021.

IT-Magazin. Paypal-QR. (2020). Kontaktlose Paypal-Zahlungen per QR-Code. IT-Magazin vom 17. Mai 2020. https://www.itmagazine.ch/artikel/72141/Kontaktlose_Paypal-Zahlungen_per_ QR-Code.html. Zugegriffen: 1. Febr. 2020.

IT-Rebellen. (2020). Digitalisierung: Deutsche Unternehmen sind häufig risikoscheu und visions-los. https://it-rebellen.de/2020/11/17/digitalisierung-deutsche-unternehmen-sind-haeufig-risiko-scheu-und-visionslos/. Zugegriffen: 18. Jan. 2021.

IT-Trans.org. (2021). Intelligente Mobilität – die neue Art des Reisens. https://www.it-trans.org/ de/it-trans/die-fachmesse/themenbereiche/intelligente-mobilitaet/. Zugegriffen: 19. Febr. 2021.

JD. Corporate Blog. (2020). JD experience-shops. https://jdcorporateblog.com/jd-com-provides-glimpse-into-the-future-of-retail-with-expansion-of-offline-experience-shops/. Zugegriffen: 12. Aug. 2020.

JNC. (2020). Everlane – Einsatz für die Zukunft. JNC-Net vom 22. Oktober 2020. https://jnc-net. de/news/everlane-einsatz-fuer-die-zukunft/. Zugegriffen: 12. Febr. 2021.

Jonas, D., Miller, F-J., & Seng, D. (2019). Von gleich auf jetzt – Same Day Delivery am Beispiel von Liefery. In G. Heinemann, M. Gehrckens, T. Täuber, & Accenture (Hrsg.), *Handel mit*

Mehrwert. Digitalisierung von Märkten, Geschäftsmodellen und Geschäftssystemen. Springer Gabler.

Kallerhoff, D. (2020). Die Dekade des SaaS-enabled Marketplaces. Commercecops vom 17. Sept. 2020. https://commerceops.substack.com/p/die-dekade-der-saas-enabled-marketplaces?r=1ygux&utm_campaign=post&utm_medium=web&utm_source=twitter. Zugegriffen: 9. Febr. 2021.

Kanalegal. (2014). Kooperative Geschäftsmodelle für Hersteller im E-Commerce. Gerrit Heinemann vom 31. Oktober 2014. http://www.kanal-egal.de/kooperative-geschaeftsmodelle-fuer-hersteller-im-e-commerce/. Zugegriffen: 1. Nov. 2014.

Kanning, U. (2017). *Personalmarketing, Employer Branding und Mitarbeiterbindung. Forschungsbefunde und Praxistipps aus der Personalpsychologie.* Doi: https://doi.org/10.1007/978-3-662-50375-1_1. Springer.

kaufDA. (2018). Studie zum Thema „Zukunft und Potenziale von Location-based Services für den stationären Handel – Sechste Zeitreihenanalyse im Vergleich zu 2013 bis 2018", Mönchengladbach.

Kingstone, S. (2019). Contextual commerce: Converting more shoppers into buyers. Vom 2. Feb. 2019. https://www.adyen.com/blog/contextual-commerce-converting-more-shoppers-into-buyers. Zugegriffen: 2. Juli 2019.

Koch, O. (2016). Die absolute Macht im Handel: Der Kunde. Vortrag auf dem 12. Online-Handelskongress am 23. Januar 2016, Düsseldorf.

Koeln.Business. (2020). _blaenk Store eröffnet in der Schildergasse. Vom 27. November 2020. https://koeln.business/magazinbeitrag/blaenk-pop-up-store-eroeffnet-in-der-schildergasse. Zugegriffen: 17. Febr. 2021.

Koeln.de. (2016). Das City Outlet Bad Münstereifel wird noch größer. Meldung vom 18. Januar 2016. http://www.koeln.de/koeln/das-cityoutlet-bad-muenstereifel-vergroessert-sich_980044.html. Zugegriffen: 17. Aug. 2016.

Kolbrück, O. Chatbot. (2017). Wie Chatbots gerade den E-Commerce verändern. Olaf Kolbrück in eTailment vom 21. April 2017. http://etailment.de/news/stories/Marketing-Wie-Chatbots-gerade-den-E-Commerce-veraendern-20450. Zugegriffen: 29. Apr. 2017.

Kolbrück, O. Omnichannel. (2017). Die Karstadt-Krankheit – Woran der Omnichannel wirklich leidet. eTailment vom 23. Januar 2017. https://etailment.de/news/stories/Studien-Was-dem-Omnichannel-fehlt-20271. Zugegriffen: 1. Febr. 2020.

Kolf, F. (2020). Modehandel. Bonprix sortiert mit künstlicher Intelligenz die Ladenhüter aus. Handelsblatt vom 8. Sept. 2021. https://www.handelsblatt.com/unternehmen/handel-konsumgueter/modehandel-bonprix-sortiert-mit-kuenstlicher-intelligenz-die-ladenhueter-aus/26164946.html?ticket=ST-465194-Km9pLpKnX5iMy7ldAyOC-ap2. Zugegriffen: 22. Jan. 2021.

Kollmann, T. (2013). *E-Business – Grundlagen elektronischer Geschäftsprozesse in der Net Economy.* Springer-Gabler.

Kollmann, T. (2019). *Business – Grundlagen elektronischer Geschäftsprozesse in der Digitalen Wirtschaft* (7. Aufl.). Springer-Gabler.

Kompetenzzentrumhandel.de. (2021). Was machen wir? https://kompetenzzentrumhandel.de/. Zugegriffen: 18. Jan. 2021.

Kossmann, M. (2020). KI im Marketing: Mehr Relevanz durch Künstliche Intelligenz. Visioneleven vom 1. Okt. 2020. https://www.visioneleven.com/ki-im-marketing/. Zugegriffen: 22. Jan. 2021.

Kreutzer, R. T. (2014). *Praxisorientiertes Online-Marketing, Konzepte – Instrumente – Checklisten* (2. Aufl.). Springer-Gabler.

Kreutzer, R. T. (2016). *Praxisorientiertes Online-Marketing, Konzepte – Instrumente – Checklisten* (3. Aufl.). Springer Gabler.

Kreutzer, R. T. AFM. (2018). Digitale Markenführung. Praxiswissen Marketing. AFM Arbeits-
gemeinschaft für Marketing. Aktualisiert am 6. Feb. 2018 von Ralf Kreutzer.

Kunhardt, F. v. (2012). Aus SoLoMo-Fans werden Kunden. Vortrag auf dem Mobile Gipfel 2012,
managementforum, 27. Juni 2012. Düsseldorf.

Kunz, F. (2018). Diese sind die wichtigsten Social Commerce-Trends für 2019. https://www.
socialcommerce.de/2018/12/diese-sind-die-wichtigsten-social-commerce-trends-fuer-2019/.
Zugegriffen: 2. Juli 2019.

Lamprecht, S. KI. (2018). Wo künsliche Intelligenz heute schon im Handel wirkt. eTailment
vom 11. Okt. 2018. https://etailment.de/news/stories/KI-im%20Handel-Roboter-Dynamic-
Pricing-21672. Zugegriffen: 13. Okt. 2018.

Lamprecht, S., & Personal Shopping. (2019). Amazon startet Personal Shopping für Mode.
Vom 31. Juli 2019. https://locationinsider.de/amazon-startet-personal-shopping-fuer-mode/.
Zugegriffen: 10. Aug. 2019.

Lang, T. (2017). Update: Grösste 10 Onlineshops mit fast gleich viel Umsatz wie grösste
Shopping-Center der Schweiz. Carpathia vom 4. September 2017. https://blog.carpathia.
ch/2017/09/04/update-groesste-10-onlineshops-shoppingcenter-schweiz/. Zugegriffen: 13. Okt.
2018.

Leybold, C. (2010). Erfolgreiche Internationalisierung von Online-Pure-Plays – Konzeption und
Umsetzung am Beispiel der Experteer GmbH. In G. Heinemann & A. Haug (Hrsg.), *Web-
Exzellenz im E-Commerce – Innovation und Transformation im Handel*. Gabler.

Liening, B. (2020). Mehrwert durch Marktplätze. Stores-Shops vom 19. März 2020. https://www.
stores-shops.de/technology/mehrwert-durch-marktplaetze/. Zugegriffen: 9. Febr. 2021.

Locationinsider. (2016). Interview: IfH testet Oculus Rift im Innovation Store. Locationinsider
vom 22. Februar 2016. http://locationinsider.de/kurzinterview-ifh-testet-oculus-rift-im-
innovation-store/. Zugegriffen: 22. Febr. 2016.

Locationinsider. (2017). Adidas: Neue Speedfactory soll dank Robotik und 3D-Druck neue Schuhe
schnell zum Kunden bringen. Locationinsider vom 21. August 2017. http://locationinsider.de/
adidas-neue-speedfactory-soll-dank-robotik-und-3d-druck-neue-schuhe-schnell-zum-kunden-
bringen/. Zugegriffen: 26. Aug. 2017.

Locationinsider. (2018). Wie Baidu,Alibaba und Tencent das Onlinegeschäft in China dominieren.
Locationinsider vom 13. Juli 2018. https://locationinsider.de/wie-baidu-alibaba-und-tencent-
das-onlinegeschaeft-in-china-dominieren/. Zugegriffen: 13. Juli 2018.

Locationinsider. RS. (2021). Retail-as-a-Service – Nische oder Retter des Einzelhandels? Dennis
Kallerhoff vom 18. Februat 2021. Retail-as-a-Service – Nische oder Retter des Einzelhandels?
Location Insider. Zugegriffen: 22. Febr. 2021.

Locationinsider. SP. (2021). Shopify bietet Payment erstmals ausserhalb der Plattform an. Vom 10.
Feb. 2021. https://locationinsider.de/shopify-bietet-payment-erstmals-ausserhalb-der-plattform-
torsten-ahlers-wechselt-zu-media-saturn-migros-startet-take-away-app/. Zugegriffen: 10. Febr.
2021.

Locationinsider. Trends. (2019). Ausblick 2020: Die acht wichtigsten Trends im Einzelhandel und E-Commerce. Mathias Gehrckens und Lisa Babenko vom 19. Dez. 2019. https://
locationinsider.de/ausblick-2020-die-acht-wichtigsten-trends-im-einzelhandel-und-e-
commerce/. Zugegriffen: 1. Aug. 2020.

Lommer, I. (2020). Amazon veröffentlicht Zahlen zum Marktplatz: Die meisten KMUs tun sich
schwer. Shopanbieter vom 10. November 2020. https://www.shopanbieter.de/15190-amazon-
veroeffentlicht-zahlen-zum-marktplatz-die-meisten-kmus-tun-sich-schwer. Zugegriffen: 17.
Febr. 2021.

Luber, S., & Litzel, N. (2016). Definition: Was ist Machine Learning? Bigdata-insider.de vom 1. Sept.
2016. https://www.bigdata-insider.de/was-ist-machine-learning-a-592092/#:~:text=Machine%20

Learning%20ist%20ein%20Teilbereich,k%C3%BCnstliches%20Wissen%20aus%20 Erfahrungen%20generiert. Zugegriffen: 22. Jan. 2021.

LZ Interview. 28. Februar. (2014). Noch muss sich niemand vor Amazon fürchten. Interview in der Lebensmittelzeitung LZ9 vom 28. Februar 2014, S. 3.

LZ Lebensmittel Zeitung. (Hrsg.). (2016a). Amazon startet Employer Branding. Nr. 28 vom 15.07.2016, Frankfurt a. M., S. 42. http://www.wiso-net.de/document/LMZ__20170512405442 %7CLMZA__20170512405442. Zugegriffen: 1. Febr. 2021.

LZ Lebensmittel Zeitung. (Hrsg.). (2016b). Handelstalente intensiv umworben. Nr. 42 vom 21.10.2016, Frankfurt a. M., S. 44. http://www.wiso-net.de/document/LMZ__20161021380438 %7CLMZA__20161021380438. Zugegriffen: 1. Febr. 2021.

LZ Lebensmittel Zeitung. (Hrsg.). (2016c). Talente wollen nicht in den Handel. Nr. 41 vom 13.10.2017, Frankfurt a. M., S. 42. http://www.wiso-net.de/document/LMZ__20171013425552 %7CLMZA__20171013425552. Zugegriffen: 1. Febr. 2021.

Mahr, I. (2019). Cross-Border E-Commerce – 8 hilfreiche Tipps zur Internationalisierung. Vom 24. Oktober 2019. https://www.netz98.de/blog/ecommerce-trends/internationalisierung-im-e-commerce-8-hilfreiche-tipps/. Zugegriffen: 14. Jan. 2021.

Maier, E., & Kirchgeorg, M. (2016). *Wie reagiert der Offline- auf den Online-Handel? Die Verbreitung von Reaktionsstrategien im deutschen Handel.* Studie HHL.

Malcher, W. (2017): Ständig auf dem Laufenden bleiben. In Handelsfakten 2017: Disruption. Der Handel erfindet sich neu. Herausgegeben vom Handelsverband Deutschland. Düsseldorf, S. 137–141.

Marquart, M. (2018). Im Bann der Amazonisierung. Spiegel vom 27. Dez. 2018. http://www.spiegel.de/wirtschaft/unternehmen/handel-2019-warum-amazon-kleine-laeden-vernichtet-und-retten-kann-a-1243886.html. Zugegriffen: 2. Jan. 2019.

Martin, G., Gollan, P. G., & Grigg, K. (2011). Is there a bigger and better future for employer branding? Facing up to innovation, corporate reputations and wicked problems in SHRM. *The International Journal of Human Resource Management, 22*(17), 3618–3637.

Mashable.com. (2013). Signature Neiman Marcus. http://mashable.com/2012/07/06/signature-neiman-marcus/. Zugegriffen: 31. Jan. 2013.

Mauer, B., & Schol, K. (2013). Fördern, Fordern, Führen. TextilWirtschaft, Nr. 01 vom 03.01.2013, S. 48–51.

Mc Laggen, W. (2020). Top 10 trends in digital advertising in 2020. Insights. Marinsoftware vom 26. Nov. 2019. http://insights.marinsoftware.com/trends/top-10-trends-in-digital-advertising-in-2020/. Zugegriffen: 1. Aug. 2020.

McKinnon, T. (2019). The future of retail: 9 ways Alibaba is redefining retail stores. A Hema Supermarket in China.https://www.indigo9digital.com/blog/futureofretailalibaba. Zugegriffen: 12. Febr. 2021.

McKinsey. (2000). *Multi-channel marketing, making „bricks and clicks" stick.* McKinsey.

McNair, M. P. (1931). Trends in large scale retailing. *Harvard Business Review, 10*(1), 30–39.

MediaMarkt. IN. (2019). Per App zum Wunschprodukt. https://www.mediamarktsaturn.com/top-stories/app-zum-wunschprodukt. Zugegriffen: 1. Febr. 2020.

Meffert, H., Burmann, C., & Kirchgeorg, M. (2018). *Marketing, Grundlagen marktorientierter Unternehmensführung* (13. Aufl.). Gabler.

Meier, T. (2021). Digitale Transformation Blockchain im Handel. Digital Commerce vom 12. Januar 2021. https://digital-commerce.post.ch/de/pages/blog/2021/blockchain-im-handel?utm_content=buffer4923f&utm_medium=social&utm_source=twitter.com&utm_campaign=buffer. Zugegriffen: 26. Jan. 2021.

Menzel, A. (2012). Führungsrolle – Middleware im eCommerce. In Shopmacher (Hrsg.), *eCommerce lohnt sich nicht.* Shopmacher.

Metropolen der Zukunft. (2020). Metropolen der Zukunft. https://www.metropolen-der-zukunft. com/de/start. Zugegriffen: 20. Febr. 2021.

MG.Retail2020. (2015). Maßnahmenprogramm und Guidelines – Auswirkungen des Online-Handels auf Städte und Gemeinden in NRW und Handlungsperspektiven für den innerstädtischen stationären Einzelhandel. http://mgretail2020.de/fileadmin/user_upload/documents/ mgretail2020_Massnahmenprogramm.pdf. Zugegriffen: 31. Dez. 2015.

Mi. (2016). Amazon Bookstore „der Buchladen der Zukunft"?, Interview Prof. Dr. Gerrit Heinemann, Chantal Tessmann-Wagner, in: Markt Intern vom 4.02.2016. http://www.markt-intern.de/online/interview-prof-heinemann/. Zugegriffen: 5. Febr. 2016.

Mittelstand-Digital. (2019). Strategien zur digitalen Transformation der Unternehmensprozesse. Stand Juli 2019. Bundesministerium für Wirtschaft und Energie. https:// www.bmwi.de/Redaktion/DE/Publikationen/Mittelstand/mittelstand-digital.pdf?__ blob=publicationFile&v=14. Zugegriffen: 17. Febr. 2021.

Morschett, D. (2020). Vertikalisierung: Was Händler tun können – online und stationär. eTailment vom 1. Dezember 2020. Handelstrends 2030: Vertikalisierung: Was Händler tun können – online und stationär (etailment.de). Zugegriffen: 12. Febr. 2021.

Müller. SM. (2020). Employer Branding – wie Du Social Media für Erfolgreiches Employer Branding verwendest. Nina Müller in Weboundmarketing vom 4. Mai 2020. https://www. weboundmarketing.com/de/employer-branding-wie-du-social-media-fur-erfolgreiches-employer-branding-verwendest/. Zugegriffen: 1. Febr. 2021.

Münster. (2006). Dokumentation der erfolgreichen Teilnahme Münsters am internationalen LivCom-Award 2004 und ihrer Folgen (Stand Dezember 2006). http://www.muenster.de/stadt/ livcom/. Zugegriffen:18. Aug. 2016.

Münster. (2021). Münster im Portrait. https://www.muenster.de/muenster_im_portraet.html. Zugegriffen: 18. Jan. 2021.

Mussmann, K. (2016). Bekanntheit Top – Attraktivität Flop: Der Einzelhandel als Arbeitgeber. Zukunft des Einkaufens. Düsseldorf. https://zukunftdeseinkaufens.de/bekanntheit-top-attraktivitaet-flop-der-einzelhandel-als-arbeitgeber/. Zugegriffen: 1. Febr. 2021.

Neimanmarcus.com. (2021). Connect. Neiman Marcus App 2021. https://www.neimanmarcus. com/en-de/c/NM/Other/NM-App-cat33900734. Zugegriffen: 1. Febr. 2021.

Nesselrooij, E. (2019). Smart City – was bedeutet das eigentlich? Vom 5. August 2019. https:// www.axis.com/blog/secure-insights-de/was-ist-eine-smart-city/. Zugegriffen: 19. Febr. 2021.

Netzwerkreklame. (2017). Werbespendings 2017: Digitale Werbung steigt erstmals über 9 Milliarden Euro. Wolfgang Thomas vom 2. März 2017. https://www.netzwerkreklame.de/ digitalspendings2017/. Zugegriffen: 1. Juli 2018.

Neuhandeln. (2017). Handelsexperte Heinemann: „Marktplatz-Fieber vernebelt die Sinne". Neuhandeln,de vom 26. Juni 2017. https://neuhandeln.de/handelsexperte-heinemann-markt-platz-fieber-vernebelt-die-sinne/. Zugegriffen: 9. Febr. 2021.

Neuhandeln. Geo. (2018). Geoblocking-Verordnung: Worauf Händler jetzt achten müssen. Vom 7. Dez. 2018. https://neuhandeln.de/geoblocking-verordnung-worauf-haendler-jetzt-achten-muessen/. Zugegriffen: Am 25. Juli 2019.

Neuhandeln. Randler. (2013). Praxis-Test. So funktioniert die Video-Beratung von Butlers. Stephan Randler in Neuhandeln vom 26. Sept. 2013. https://neuhandeln.de/praxis-test-so-funktioniert-die-video-beratung-von-butlers/. Zugegriffen: 1. Febr. 2020.

NewStore. (2021). Omnichannel just became essential. https://www.newstore.com/. Zugegriffen: 1. März 2021.

Nike. (2021). Nike Unite Stores. What to Know about Nike Unite. https://news.nike.com/news/ nike-unite-retail-concept. Zugegriffen: 12. Febr. 2021.

Nowak, T. (2020). Do we have a VC-buzzword for marketplaces with vertical SaaS for the supply side yet? Invested in a bunch of those this past year. Tweet von Turner Nowak vom 17. Sept. 2020. @TurnerNowak. Zugegriffen: 9. Febr. 2021.

NOZ. (2018). Zehn Geschäfte machen mit. In Osnabrück einkaufen und mit dem Lastenrad liefern lassen. Neue Osnabrücker Zeitung vom 5. Sept. 2018. https://www.noz.de/lokales/osnabrueck/artikel/1517119/in-osnabrueck-einkaufen-und-mit-dem-lastenrad-liefern-lassen#gallery&0&0&1517119. Zugegriffen: 18. Jan. 2021.

NRF Satya Nadella. (2020). Satya Nadella of Microsoft opens NRF 2020 Vision: Retail's Big Show. https://nrf.com/blog/satya-nadella-microsoft-opens-nrf-2020-vision-retails-big-show. Zugegriffen: 1. Apr. 2021.

NRF. (2020). National retail federation. Retailer's Big Show. nrf.com/retail-events. Zugegriffen: 1. Febr. 2020.

ON4OFF. (2019). Pressemitteilung ON4OFF: Hochschule Niederrhein ist Entwicklungspartner in neuem Forschungsprojekt zur Zukunftssicherung des Einzelhandels. www.on4off.de. Jülich und Krefeld.

ON4OFF. (2021). Machine Learning im stationären Einzelhandel. http://www.on-4-off.de. Zugegriffen: 26. Jan. 2021.

ON4OFF. Projektantrag. (2019). ON4OFF. Stärkung des Kundendialogs im regionalen Einzelhandel durch Machine Learning. Bewerbungsbogen zum Leitmarktwettbewerb IKT.NRW. Unveröffentlichter Projektantrag.

One-to-One. (2020). Corona-Pandemie als Turbo: Digitalisierung der Kommunikation massiv beschleunigt. Vom 16. Juli 2020. https://www.onetoone.de/artikel/db/731138cr.html. Zugegriffen: 1. Aug. 2020.

Onlinehändler News. (2019). MediaMarktSaturn-Filialen sollen kleiner werden. Onlinehändler News vom 10. Dezember 2019. https://www.onlinehaendler-news.de/online-handel/haendler/132130-mediamarktsaturn-filialen-kleiner-werden.. Zugegriffen: 5. Jan. 2021

Osnabringts.de. (2021). Osnabrücker Unternehmer. Osnabrück bringt es. https://www.osnabringts.de/. Zugegriffen: 1. Febr. 2021.

Osnabrueck24.de. (2021). Liefer- und Abholservice. https://osnabrueck24.de/. Zugegriffen: 1. Febr. 2021.

Osterloh, M., & Frost, J. (2003). *Prozessmanagement als Kernkompetenz – Wie Sie Business Reengineering strategisch nutzen können* (4. Aufl.). Gabler.

Otto Group. (2020). Otto Group. Hallo Mensch. Geschäftsbericht 2019/20.

Otto. Connected. (2019). Connected Commerce. Welche Shopper-Mehrwerte hat die Verknüpfung von Onlinemarktplätzen mit stationären Geschäfte? Eine Studie des IFH-Köln. https://www.ifhkoeln.de/produkt/connected-commerce/. Zugegriffen: 14. Jan. 2021.

OVK. (2018). *OVK-Report für digitale Werbung 2018/01. Online und Mobile – Zahlen und Trends im Überblick.* BVDW.

Peppers, D., & Rogers, M. (1997). *Enterprise one to one: Tools for competing in the interactive age.* Crown Publishing Group.

Peters, T. J., & Watermann, R. H. (1982). *In search of excellence. Lessons form Americas best-run companies.* . Harper & Row.

Petkovic, M. (2007). Employer Branding – ein markenpolitischer Ansatz zur Schaffung von Präferenzen bei der Arbeitgeberwahl. *Hochschulschriften zum Personalwesen.* Rainer Hampp Verlag

Planettoys. (2020). Handel muss datenbasiert arbeiten. Interview des Monats mit Gerrit Heinemann. *Planettoys, 12–2020,* 12–14.

Pomare, M. (2019). Erlebnisorientierter Einzelhandel erwacht zum Leben. Retailtailment Futureofretail vom 29. April 2019. http://www.futureofretail.de/erlebnisorientierter-einzelhandel-erwacht-zum-leben/. Zugegriffen: 13. Jan. 2021.

Pro Optik. (2021). Revolution im Augenoptik-Markt: Pro Optik eröffnet ersten Onlineshop mit qualifizierter Liveberatung. PM Pro-Optik vom 27. Januar 2021. https://www.presseportal.de/pm/143310/4821116. Zugegriffen: 1. Febr. 2021.

Prozesstechnik. (2019). Blockchain in der Logistik. Prozesstechnik vom 1. Feb. 2019 https://prozesstechnik.industrie.de/pharma/verpacken-pharma/blockchain-in-der-logistik/. Zugegriffen: 26. Jan. 2021.

pubiz. (2016). Mikroreichweiten: So finden Marken auch künftig noch ihre Zielgruppe. http://www.pubiz.de/home/marketingwerbung/marketingwerbung_artikel/datum/2016/12/20/mikroreichwei-ten-so-finden-marken-auch-kuenftig-noch-ihre-zielgruppe.htm. Zugegriffen: 13. Mai 2017.

PWC (PricewaterhouseCoopers AG) und Wifor (Wirtschaftsforschungsinstitut Darmstadt). (2016). Der Einfluss der Digitalisierung auf die Arbeitskräftesituation in Deutschland. Berufs- und branchenspezifische Analyse bis zum Jahr 2030. https://www.pwc-wissen.de/pwc/de/shop/?shop_category=basket. Zugegriffen: 1. Febr. 2021.

Quantum. (2015). Focus No. 18. Expansion ohne Grenzen? Die Internationalisierung deutscher Einzelhandelslagen. 4. Quartal 2015.

Relexsolutions. (2021). Douglas digitalisiert Supply Chain mit KI-Technology. Vom 7. Jan. 2021. https://www.relexsolutions.com/de/news/douglas-digitalisiert-supply-chain-mit-ki-technologie/. Zugegriffen: 29. Jan. 2021.

Remdisch, S., & Petzel, T. (2019). Digital Culture Fit – Merkmale einer zukunftsfähigen Digitalen Kultur. Leadershipgarage vom 14. März 2019. https://leadershipgarage.de/2019/digital-culture-fit. Zugegriffen: 22. Jan. 2019.

Retail Innovation. (2014). Macy's in store navigation. http://retail-innovation.com/macys-in-store-navigation/. Zugegriffen: 15. Aug. 2016.

Reyes, C. (2017). Portal vs. website: What's the difference? Liferay vom 7. Juli 2017. https://www.liferay.com/de/blog/en-us/digital-strategy/portal-vs-website-when-to-use-each. Zugegriffen: 13. Juli 2019.

Rheinische Post. HMM. (2020). Liefer- und Abholservices in Mönchengladbach. Einzelhändler machen mobil. Rheinische Post vom 30. März 2020. https://rp-online.de/nrw/staedte/moenchengladbach/liefer-und-abholservices-in-moenchengladbach_aid-49723415. Zugegriffen: 1. Febr. 2021.

Riedel, M. (2019). ON4OFF: Referenzmodell – Use Cases. Interne Unterlage im Rahmen des Projektes ON4OFF.

Rinsum, H. (2020). Internationaler Rollout. Erste Shops nutzen Instagram. Internetwiorld vom 7. Aug. 2020. https://www.internetworld.de/online-marketing/instagram/shops-nutzen-instagram-reels-2561724.html. Zugegriffen: 1. Aug. 2020.

Ritschel, U. (2020). Digitale Preisschilder – das neue Gesicht des Einzelhandels. Channelpartner vom 9. September 2020. https://www.channelpartner.de/a/das-neue-gesicht-des-einzelhandels,3045460. Zugegriffen: 1. Febr. 2021.

Rose. (2020). Accenture: COVID-19 läutert ein Jahrzehnt des Zuhauses ein. One-to-One vom 18. August 2021. https://www.onetoone.de/artikel/db/735930cr.html. Zugegriffen: 14. Jan. 2021.

Rosebikes. Corona. (2021). Unser Service im Lockdown. https://www.rosebikes.de/corona-services. Zugegriffen: 1. Febr. 2021.

Rotax, O. (2010). Neue Internet-Service-Geschäftsmodelle revolutionieren den E-Commerce-Markt – Zappos war nur der Anfang. In G. Heinemann & A. Haug (Hrsg.), *Web-Exzellenz im E-Commerce – Innovation und Transformation im Handel* (S. 189–206). Gabler.

Rotax, R., Marcone, A., & Felsmann, D. (2019). ExO – exponentielle Organisationen als Beschleuniger der Transformation. In G. Heinemann, M. Gehrckens, T. Täuber, & Accenture,

(Hrsg.), *Handel mit Mehrwert: Digitalisierung von Märkten, Geschäftsmodellen und Geschäftssystemen* (S. 379–396). Springer-Gabler.

Roth, M. (2018). Auswirkungen von Shopping-Centern auf die Innenstadt in Mittelstädten mit 50.000 bis 100.000 Einwohnern. Dissertation von der Fakultät VI Planen Bauen Umwelt der Technischen Universität Berlin. https://depositonce.tu-berlin.de/bitstream/11303/8133/7/roth_marianne.pdf. Zugegriffen: 1. Apr. 2020.

Röthlin, D. (2015). Mit „Digital POS" vom Single-Player zum Mix-Champion, Präsentation anlässlich des Omni-Channel Forums 2015. *Conference Center Des Verkehrshauses Der Schweiz in Luzern, 11*(11), 2015.

RP (2013). „Tote Innenstadt": Händler protestieren, Rheinische Post vom 5. Juli 2013. http://www.rp-online.de/nrw/staedte/willich/tote-innenstadt-haendler-protestieren-aid-1.3514203. Zugegriffen: 27. Juni 2016.

RP Interview GH. (2020). Gerrit Heinemann: „Verkaufsoffene Sonntag werden den Handel nicht retten". Interview vom 7. Dezember 2020. https://rp-online.de/nrw/staedte/moenchengladbach/einkaufen-in-moenchengladbach-verkaufsoffene-sonntage-retten-handel-nicht_aid-54782393. Zugegriffen: 8. Jan. 2021.

RP Scharrenbach. (2020). Interview. NRW-Kommunalministerin Ina Scharrenbach (CDU) über Leerstände in Innenstädten, die Umwidmung von Gewerbe- in Wohnimmobilien, Kommunalbeamte am Limit und eine Frau an der Spitze der NRW-CDU. RP-Online vom 30. Dez. 2020. https://rp-online.de/nrw/landespolitik/nrw-kommunalministerin-nur-restaurants-und-cafes-retten-keine-fussgaengerzone_aid-55359649. Zugegriffen: 18. Jan. 2021.

RP. Smart City. (2021). Wie digital ist Mönchengladbach im Städtevergleich? Rheinische-Post vom 22. Jan. 2021. https://rp-online.de/nrw/staedte/moenchengladbach/moenchengladbach-was-kann-man-online-bei-der-stadt-beantragen_aid-55556285. Zugegriffen: 19. Febr. 2021.

SAZSport. HDE. (2021). HDE Blitzumfrage-Staatshilfe. HDE-Trendumfrage 13.01.2021. https://www.sazsport.de/handel/hde/80-prozent-einzelhaendler-reichen-corona-hilfsmassnahmen-2621801.html. Zugegriffen: 14. Jan. 2021.

Schader, P. (2020). Größerer Lieferradius, lokales Sortiment: Gorillas erweitert die Lebensmittel-Blitzlieferung in Berlin. Supermarktblog vom 7. Aug. 2020. https://www.supermarktblog.com/2020/08/07/groesserer-lieferradius-lokales-sortiment-gorillas-erweitert-die-lebensmittel-blitzlieferung-in-berlin/. Zugegriffen: 1. Aug. 2020.

Schallmo, D. (2020). Was Digital Leadership ausmacht. Springerprofessionals vom 7. Dez. 2020. https://www.springerprofessional.de/digital-leadership/transformation/was-einen-echten-digital-leader-ausmacht/17649142. Zugegriffen: 22. Jan. 2020.

Schleicher, T. (2017). Die Zukunft der Shopping-Center. Zukunftsinstitut. https://www.zukunfts-institut.de/artikel/handel/die-zukunft-der-shopping-center/. Zugegriffen: 20. Febr. 2021.

Schleusener, M. (2012). Pricing im Multi-Channel-Handel – Herausforderungen und Chancen für Multi-Channel-Händler. In G. Heinemann, M. Schleusener, & S. Zaharia (Hrsg.), *Modernes Multi-Channeling im Fashion-Handel* (S. 165–181). Deutscher Fachverlag.

Schneider, A. (2019). *Showrooming im stationären Einzelhandel: Entwicklung eines Erklärungs-modells des opportunistischen Konsumentenverhaltens.* Springer-Gabler.

Scholz, H. (2018). Click & Collect Statistik: Ist den Kunden egal. Zukunftdeseinkaufens vom 16. Februar 2018. https://zukunftdeseinkaufens.de/click-collect-ist-den-kunden-egal/. Zugegriffen: 13. Juli 2018.

Scholz, H. AFS. (2018). Amazon 4 Star: Gemischtwarenladen auf Datenbasis. Heike Scholz. https://zukunftdeseinkaufens.de/amazon-4-star/. Zugegriffen: 12. Febr. 2021.

Schramm-Klein, H. (2020). Megatrend Plattformen. Chance oder Bedrohung? eTailment vom 11. Nov. 2020. https://etailment.de/news/stories/Handelstrends-2030-Megatrend-Plattformen-Chance-oder-Bedrohung-23231?utm_source=%252Fmeta%252Fnewsflash%252FmorningBrie

fing&utm_medium=newsletter&utm_campaign=long%2Fnl3343&utm_term=aeda4e5a3a22f
1e1b0cfe7a8191fb21a. Zugegriffen: 9. Febr. 2021.

Schramm-Klein, H., & Wagner, G. (2017). Disruption im Mehrkanalhandel: Transformation von
Multi- über Cross- zu Omni-Channel-Retailing. In G. Heinemann, M. Gehrckens, U. Wolters,
& dgroup, (Hrsg.), *Digitale Transformation oder digitale Disruption? Vom Point-of-Sale zum
Point-of-Decision im Digital Commerce.* Springer-Gabler.

Schubert, C. (2020). Schwierige Nachverhandlungen: Covid-19 als Hindernis für Übernahmen.
Faz.net vom 19. August 2021. https://www.faz.net/aktuell/finanzen/finanzmarkt/die-corona-
krise-erschwert-uebernahme-von-unternehmen-16909235.html. Zugegriffen: 1. Apr. 2021.

Schulz, A. (2021). Privates Foto, mit freundlicher Genehmigung.

Seattlemag. (2018). Hointer: German Robots Make Shopping Fun for Men. Vom 27. November
2018. Seattlemag.com/hointer-german-robots-make-shopping-fun-man. Zugegriffen: 1. Febr.
2020.

Sermon, E. (2019). Customization steht bei Online.-Shoppern hoch im Kurs. Twitter vom 3. Juli
2019. https://twitter.com/ebenlcs/status/1146443102909063168. Zugegriffen: 4. Juli 2019.

Shopanbieter. AKMU. (2020). Amazon veröffentlicht Zahlen zum Marktplatz: Die meisten
KMUs tun sich schwer. Ingrid Lommer vom 10. November 2020. https://www.shopanbieter.
de/15190-amazon-veroeffentlicht-zahlen-zum-marktplatz-die-meisten-kmus-tun-sich-schwer.
Zugegriffen: 17. Febr. 2021.

Shopdaheim. (2021). Solidarität ist stärker als jedes Virus. https://shopdaheim.de/ui/de/index.html.
Zugegriffen: 17. Febr.

Shopmacher. (Hrsg.). (2012). *E-Commerce lohnt sich nicht.* Shopmacher.

Sinnschrader. (2015). Kanal egal: Stationärer Handel vs. E-Commerce. Vom 23. Juni 2015. https://
sinnerschrader.news/de/stationarer-handel-e-commerce/. Zugegriffen: 15. Jan. 2021.

Snacks. (2020). D2C glasses pioneer Warby Parker is worth $3B after a fresh funding round.
Robinhood Snacks August 28, 2020. https://snacks.robinhood.com/newsletters/1sZSwbS9b5D
XGz9TyTXaej/articles/1NmRKis5b1s58Tf5t6L1vO/. Zugegriffen: 12. Febr. 2021.

Sodano, S. (FAZ 2020). Neue Konzepte im Einzelhandel. Das Geschäft der Zukunft. FAZ.net vom
8. Februar 2020. https://www.faz.net/aktuell/stil/mode-design/neue-konzepte-im-einzelhandel-
das-geschaeft-der-zukunft-16616891.html?printPagedArticle=true#pageIndex_2. Zugegriffen:
12. Febr. 2021.

Sommer, L. P., Heidenreich, S., & Handrich, M. (2017). War for talents – How percevied
organizational innovativeness affects employer attractiveness. *R & D Management., 47*(2), 299–
310.

Spoenle, J. (2017). Einkaufszettel auf dem Smartphone. Mobile Einkaufsliste: Einkaufsplaner-
Apps im Vergleich. Connect.de vom 5. Oktober 2017. https://www.connect.de/vergleich/
einkaufsliste-app-android-ios-vergleich-test-3197701.html. Zugegriffen: 1. Febr. 2020.

Stackoverflow. (2017): Einführung in das IT-Recruiting. https://www.stackoverflowbusiness.com/
de/talent/ressourcen/einfuehrung-in-das-it-recruiting. Zugegriffen: 1. Febr. 2021.

Stadt + Handel. (2014). *Experimenteller Wohnungs- und Städtebau (ExWoSt). Mögliche räumliche
Auswirkungen von „Online-Shopping" auf Innenstädte, Stadtteil- und Ortszentren. Projektantrag für das BBSR – Bundesinstitut für Bau-, Stadt- und Raumforschung vom 1. September
2014.* Dortmund.

Starfinanz. (2019). Whitepaper 02. Digitalisierung im deutschen Mittelstand. https://www.star-
finanz.de/presse-2/grafiken-whitpaper/. Zugegriffen: 18. Jan. 2021.

Statista auf Basis EHI. (2019). Zahl der Shopping Center stagniert. https://de.statista.com/info-
grafik/13007/zahl-der-einkaufszentren-in-deutschland/. Zugegriffen: 3. Jan. 2021.

Statista EH-Fläche. (2021). Entwicklung der Verkaufsfläche im Einzelhandel in Deutschland
in den Jahren 1970 bis 2019. https://de.statista.com/statistik/daten/studie/70202/umfrage/

entwicklung-der-verkaufsflaeche-im-einzelhandel-in-deutschland-zeitreihe/. Zugegriffen: 5. Jan. 2021.

Statista EW. (2019). Verkaufsfläche pro EW in Europa Statista 2018. https://de.statista.com/statistik/daten/studie/261800/umfrage/verkaufsflaechen-im-einzelhandel-in-europa-nach-laendern/. Zugegriffen: 3. Jan. 2021.

Statista SC. (2019). Zahl der Einkaufszentren in Deutschland stagniert. Aus Basis EHI Retail Institut. https://de.statista.com/infografik/13007/zahl-der-einkaufszentren-in-deutschland/. Zugegriffen: 5. Jan. 2021.

Statista EH. (2020). Anzahl der Beschäftigten im Einzelhandel in Deutschland nach Beschäftigungsform in den Jahren 2004 bis 2019. https://de.statista.com/statistik/daten/studie/6306/umfrage/entwicklung-der-beschaeftigtenzahl-im-einzelhandel-seit-2000/. Zugegriffen: 1. Apr. 2021.

Statista. Freizeit. (2019). Umsatz der Vergnügungs- und Themenparks in Deutschland 2003 bis 2018. https://de.statista.com/statistik/daten/studie/234606/umfrage/unternehmen-im-schaustellergewerbe-vergnuegungsparks/#:~:text=Umsatz%20der%20Vergn%C3%BCgungs%2D%20und%20Themenparks%20in%20Deutschland%20bis%202018&text=Die%20Statistik%20bildet%20den%20Umsatz,rund%201%2C7%20Milliarden%20€. Zugegriffen: 20. Febr. 2021.

Statista. Spendings. (2020). Ausgaben im Markt für Digitale Werbung nach Segmenten in Deutschland in den Jahren 2017 und 2019 sowie eine Prognose bis 2014. https://de.statista.com/prognosen/456157/umsaetze-im-markt-fuer-digitale-werbung-in-deutschland#:~:text=Diese%20Statistik%20zeigt%20die%20Ausgaben,1%2C26%20Milliarden%20Euro%20liegen. Zugegriffen: 18. Aug. 2020.

Statistisches Bundesamt WH. (2020). Warenhäuser statistisches Bundesamt 1999–2019. Pressemitteilung Nr. N 063 vom 5. Oktober 2020. https://www.destatis.de/DE/Presse/Pressemitteilungen/2020/10/PD20_N063_45212.html. Zugegriffen: 3. Jan. 2021.

Stein, C. (2017). Wie weit darf Personalisierung gehen? http://www.ottogroupunterwegs.com/blog/blog/posts/Hyperpersonalisierter-Webshop-Wie-weit-sollte-Personalisierung-gehen.php. Zugegriffen: 13. Aug. 2017.

Steinmüller, T. (2021). Hol- und Pringprinzipien im Einzelhandel.@CapTen. https://twitter.com/CapTenAG/status/134668799008147. Zugegriffen: 5. Jan. 2021.

Steireif, A., Rieker, R., & Bückle, M. (2015). *Handbuch Online-Shop. Strategien, Erfolgsrezepte, Lösungen*. Rheinwerk Computing.

Stepper, M. (2016). Innenstadt und stationärer Einzelhandel – ein unzertrennliches Paar? Was ändert sich durch den Online-Handel? https://link.springer.com/article/10.1007/s13147-016-0391-x. Zugegriffen: 18. Jan. 2021.

Stilwerk. (2016). Homepage. http://www.stilwerk.de. Zugegriffen: 10. Aug. 2016.

Stores-Shops.de. (2015). Lokal einkaufen – online und offline. Stefanie Hütz vom 10. September 2015. https://www.stores-shops.de/konzept/draht-schutz/. Zugegriffen: 12. Febr. 2021.

Studitemps GmbH & Maastricht University. (2015). Fachkraft2020- 5. und 6. Erhebung zur wirtschaftlichen und allgemeinen Lebenssituation der Studierenden in Deutschland, Köln/Maastricht. http://fachkraft2020.de/wp-content/uploads/2013/08/2015-Fachkraft2020.pdf. Zugegriffen: 24. Apr. 2018.

Studitemps GmbH & Maastricht University. (2017). Fachkraft2020- 7. und 8. Erhebung zur wirtschaftlichen und allgemeinen Lebenssituation der Studierenden in Deutschland.

Stumpf, M. (2016). Employer Branding – Arbeitgeberattraktivität erfolgreich umsetzen. In M. Stumpf (Hrsg.), *Die 10 wichtigsten Zukunftsthemen im Marketing*. Haufe.

Süddeutsche.de. (2014). Der Online-Handel bedroht die Innenstädte. Süddeutsche.de vom 17. Februar 2014. http://www.sueddeutsche.de/news/wirtschaft/verbraucher-der-online-handel-bedroht-die-innenstaedte-dpa.urn-newsml-dpa-com-20090101-140217-99-02325. Zugegriffen: 20. Febr. 2014.

SZ. (2014). Eine Stadt wird zum Outlet. Süddeutsche Zeitung vom 18. Juli 2014. http://www. sueddeutsche.de/wirtschaft/bad-muenstereifel-eine-stadt-wird-zum-outlet-1.2050970. Zugegriffen: 18. Aug. 2016.

SZ 21. Februar. (2014). Eier sind keine Bücher. Lebensmittel online kaufen. Warum der Handel mit dem Vertrieb über das Internet nur so langsam vorankommt. Süddeutsche Zeitung vom 21. Februar 2014, Nr. 43, S. 18.

SZ Interview GH. (2020). „Das wird eine Nische bleiben". Interview mit Gerrit Heinemann. Süddeutsche Zeitung Nr. 295 vom 19. Dezember 2020, S. 2.

T3n. APS. (2019). Amazon Books: Ein Rundgang durch Amazons ersten Buchladen. T3n vom 3. November 2015. https://t3n.de/news/amazon-books-buchladen-652864/. Zugegriffen: 12. Febr. 2021.

t3n. Online-Umsätze. (2019). Wie groß ist der Onlinehandel in Deutschland 2019 wirklich? Vom 25. April 2019. https://t3n.de/news/e-commer-onlinehandel-umsatz-2019-1158861/. Zugegriffen: 3. Juli 2019.

Talin, B. (2019). Das Veränderte Einkaufsverhalten – Showrooming Und Webrooming Erklärt. Wie verändert sich das Kundenverhalten beim Einkauf? Was bedeutet eigentlich Webrooming und Showrooming? Vom 5. Januar 2019. https://morethandigital.info/das-veraenderte-einkaufsverhalten-showrooming-und-webrooming/. Zugegriffen: 3. Jan. 2021.

TAZ. (2010). Facebook-Gründer Zuckerberg: „Privatsphäre ist überholt". Interview vom 31. März 2010. https://taz.de/Facebook-Gruender-Zuckerberg/!5149667/. Zugegriffen: 15. Jan. 2021.

Techtag. (2016). Tot der Innenstadt? Nein, sagt Zalando! Kommentar von Markus Henkel vom 14. August 2016. http://www.techtag.de/kolumnen/wort-zum-sonntech/kommentar-tod-der-innenstadt-nein-sagt-zalando/. Zueggriffen: 18. Aug. 2016.

Telecom-Handel. (2020). Diese Initiativen und Plattformen unterstützen den Handel in Corona-Zeiten. Vom 3. April 2020. https://www.telecom-handel.de/point-of-sale/corona-krise/initiativen-plattformen-unterstuetzen-handel-in-corona-zeiten-2524525.html. Zugegriffen: 9. Febr. 2021.

Textilwirtschaft. (2016). Die digitale Aufholjagd. Heft Nr. 18 2016, S. 14–17.

Textilwirtschaft. Farfetch. (2016). Eine Adresse, 400 Läden. Textilwirtschaft vom 23. Juni 2016. http://www.textilwirtschaft.de/suche/show.php?src=40&ids[]=365019&a=1. Zugegriffen: 3. Juli 2016.

Transportlogistik. (2021). Künstliche Intelligenz in der Logistik: Aktueller Stand & Potenziale. https://www.transportlogistic.de/de/messe/industry-insights/kuenstliche-intelligenz/kuenstliche-intelligenz-revolutioniert-die-logistik/. Zugegriffen: 29. Jan. 2021.

Trendence. (2017). Young professional barometer. https://www.trendence.com/arbeitgeber-rankings/young-professionals.html. Zugegriffen: 1. Apr. 2018.

Trost, A. (2018). Die Rolle von Employer Branding bei der Gewinnung von Führungsnachwuchskräften. In C. von Au (Hrsg.), *Anreizsysteme für Leadership-Organisationen, Leadership und Angewandte Psychologie.* D © Springer Fachmedien. https://doi.org/10.1007/978-3-658-17991-5_1.

TW. (2020). Finanzen. Wie hilft der Staat. Textilwirtschaft Nr. 51_2020, 26–30.

TW. (2021). Jahresauswertung Besucherfrequenz 2020: Besucherfrequenz nach Einkaufsstraßen. Textilwirtschaft vom 13. Jan. 2021. https://twitter.com/stewenz/status/1349066639464128516. Zugegriffen: 14. Jan. 2021.

TW. Vaund. (2020). „Showrroming ist unser Geschäftskonzept". Melanie Gropler. TW vom 29. Dezember 2020. https://www.textilwirtschaft.de/business/news/interview-mit-vaund-gruender-michael-volland-wir-erzaehlen-die-geschichten-hinter-den-marken-und-artikeln-228598. Zugegriffen: 12. Febr. 2021.

Twillo. (2020). Covid-19 digital engagement report. https://www.twilio.com/covid-19-digital-engagement-report. Zugegriffen: 1. Aug. 2020.

Uvillage. (2016). University village. https://uvillage.com/. Zugegriffen: 15. Aug. 2016.

Viewneo. (2017). Interaktives Schaufenster: DieZukunft des Einzelhandels? Wiewneo.com vom 12. Januar 2017. https://blog.viewneo.com/de/blog/interaktives-schaufenster-die-zukunft-des-einzelhandels/. Zugegriffen: 1. Febr. 2020.

Vogue. (2020). Einkaufen der Zukunft: Diese Trends erwarten uns (früher oder später). Kati Chitrakon. Vom 27. Juli 2020. https://www.vogue.de/mode/artikel/einkaufen-der-zukunft-trends-einkaufsverhalten-post-corona. Zugegriffen: 12. Febr. 2021.

Vranken, U. (2020). Digital Leadership: 7 Kompetenzen, die Führungskräfte beherrschen sollten. Digitalpeoplemanagement vom 2. Mai 2020. https://digitalpeoplemanagement.de/digital-leadership-7-kompetenzen-fuehrungskraft/. Zugegriffen: 22. Jan. 2020.

Walle, T. (2017). How Snapchat's, Facebook's location capabilities change the game for small businesses. Adweek.com vom 9. August 2017. http://www.adweek.com/digital/thomas-walle-unacast-guest-post-snapchat-facebook-location-capabilities-small-businesses/. Zugegriffen: 15. Aug. 2017.

Webdata-Solutions. (2019). Grenzenloser Handel in der EU: Erfolgreich mit Cross-Border E-Commerce. https://webdata-solutions.com/2019/09/19/cross-border-e-commerce/. Zugegriffen: 13. Jan. 2021.

Weforum.org. (2019). This is what happens in a minute on the internet. Vom 15. März 2019. https://www.weforum.org/agenda/2019/03/what-happens-in-an-internet-minute-in-2019/. Zugegriffen: 20. März 2019.

Wegener, M. (2004). Erfolg durch kundenorientiertes Multichannel-Management. In H.-C. Riekhoff (Hrsg.), Retail Business in Deutschland, Perspektiven, Strategien, Erfolgsmuster (S. 197–218). Gabler.

Welt. Cash. (2019). Die deutsche Liebe zum Bargeld verblasst – wegen nur einer Karte. Vom 7. Mai 2019. https://www.welt.de/wirtschaft/article193063435/Zahlungsmittel-Karte-schlaegt-in-Deutschland-erstmals-Bargeld.html. Zugegriffen: 1. Febr. 2021.

Welt. DSGVO. (2018). Zahl der Datenschutzbeschwerden explodiert. Karsten Seibel vom 30. Juni 2018. https://www.welt.de/wirtschaft/article178537272/DSGVO-Zahl-der-Beschwerden-im-ersten-Monat-bis-zu-zehn-Mal-so-hoch.html. Zugegriffen: 13. Juli 2018.

Welt. Ladensterben. (2020). „Geschäfte werden sterben wie die Fliegen". Die Welt vom 7. Nov. 2021. https://www.welt.de/wirtschaft/article219468368/Digitalisierung-Tausenden-Geschaeften-ohne-Online-Handel-droht-das-Aus.html. Zugegriffen: 8. Nov. 2020.

Welt. Systemrelevanz. (2020). Amazons neue Systemrelevanz wird für Deutschland gefährlich. Die Welt vom 20. April 2020. https://www.welt.de/wirtschaft/article207360065/Amazon-Die-Krise-katapultiert-den-Konzern-in-eine-neue-Dimension.html. Zugegriffen: 20. Apr. 2020.

Weser-Kurier. KMU. (2021). Online-Shops bedeuten für kleine Händler viel Aufwand. Irene Niehaus vom 27. Januar 2021. https://www.weser-kurier.de/region/wuemme-zeitung_artikel,-onlineshops-bedeuten-fuer-kleine-haendler-viel-aufwand-_arid,1956197.html. Zugegriffen: 1. Febr. 2021.

WFMG. (2015). Wirtschaftsförderung Mönchengladbach. Kunden erwarten vom Handel mehr und bessere Online-Präsenz –Projekt mg.retail2020: Auswirkungen des Online-Handels auf den stationären Handel/WFMG und Hochschule Niederrhein legen Ergebnisse einer Kunden- und Händlerumfrage vor. Pressemitteilung. https://www.moenchengladbach.de/index.php?id=95&tx_ttnews[tt_news]=10658&tx_ttnews[year]=2015&tx_ttnews[month]=07&cHash=266bea98a45a58b18bf754b2afca3373. Zugegriffen: 18. Aug. 2016.

WFMG. JA. (2015). Wirtschaftsförderung Mönchengladbach GmbH. Jahresabschluss. Vom 31. Dezember 2015. https://www.wfmg.de/wp-content/uploads/WFMG-Jahresabschluss-2015.pdf. Zugegriffen: 17. Febr.

Whitepaper API First. (2021). Öffne Dein Unternehmen. Mit Apis auf dem Weg ins Datenzeitalter. Locationinsider vom 14. Jan. 2021. https://www.kernpunkt.de/api-first/?utm_source=locationinsider&utm_medium=article&utm_campaign=api-first. Zugegriffen: 22. Jan. 2020.

Wiehler, C. (2016). Fachkräftemangel. Deutschlands größte Einzelhändler sind als Arbeitgeber unsichtbar. https://www.employer-branding-now.de/fachkraeftemangel-deutschlands-groesste-einzelhaendler-sind-als-arbeitgeber-unsichtbar. Zugegriffen: 1. Febr. 2021.

Wikipedia. Amazon Go. (2021). Amazon Go. https://de.wikipedia.org/wiki/Amazon_Go. Zugegriffen: 12. Febr. 2021.

Wikipedia. Atalanda. (2021). Atalanda. https://de.wikipedia.org/wiki/Atalanda. Zugegriffen: 18. Febr. 2021.

Wikipedia. Ausstellungsraum. (2021). Ausstellungsraum. https://de.wikipedia.org/wiki/Ausstellungsraum. Zuggriffen: 23. März 2021.

Wikipedia. Centro. (2021). Centro. https://de.wikipedia.org/wiki/CentrO. Zugegriffen: 3. Jan. 2021.

Wikipedia DSGVO. (2018). Datenschutz-Grundverordnung. https://de.wikipedia.org/wiki/Datenschutz-Grundverordnung. Zugegriffen: 13. Juli 2018.

Wikipedia. Einkaufszentrum. (2020). Einkaufszentrum. https://de.wikipedia.org/wiki/Einkaufszentrum. Zugegriffen: 3. Dez. 2020.

Wikipedia. Einzelhandelszentralität. (2021). https://de.wikipedia.org/wiki/Einzelhandelszentralit%C3%A4t. Zugegriffen: 18. Jan. 2021.

Wikipedia. OCW. (2021). Online City Wuppertal. https://de.wikipedia.org/wiki/Online_City_Wuppertal. Zugegriffen: 18. Febr. 2021.

Wikipedia. Offline. (2021). https://de.wikipedia.org/wiki/Offline. Zuggriffen: 23. März 2021.

Wikipedia. Online. (2021). https://de.wikipedia.org/wiki/Online. Zuggriffen: 23. März 2021.

Wikipedia. Trabantenstadt (2021). https://de.wikipedia.org/wiki/Trabantenstadt Zugegriffen: 18. Jan. 2021.

Wikipedia. Trading Down. (2020). Trading-Down (Raumplanung). https://de.wikipedia.org/wiki/Trading-Down_(Raumplanung). Zugegriffen: 18. Jan. 2021.

Wikipedia. Verkaufsfläche. (2021). Verkaufsfläche. https://de.wikipedia.org/wiki/Verkaufsfl%C3%A4che. Zugegriffen: 3. Jan. 2021

Wiltscheck, R. (2017). Ergebnisse einer Bitkom-Befragung Multi-Channel-Händler erzielen ein Viertel ihrer Umsätze online. Channelpartner 17. Juli 2017. https://www.channelpartner.de/a/multi-channel-haendler-erzielen-ein-viertel-ihrer-umsaetze-online,3050553. Zugegriffen: 18. Juli 2016.

Wirtschaft. NRW. (2021). Innovation. Digitalisierung. Energie. https://www.wirtschaft.nrw/. Zugegriffen: 1. Apr. 2021.

Wirtschaftslexikon. SB. (2021). Selbstbedienung. https://wirtschaftslexikon.gabler.de/definition/selbstbedienung-sb-45562. Zugegriffen: 23. März 2021.

Wirtschaftslexikon24.com Wheel. (2020). Stationärer Einzelhandel. http://www.wirtschaftslexikon24.com/e/station%C3%A4rer-einzelhandel/station%C3%A4rer-einzelhandel.htm. Zugegriffen: 5. Jan. 2021.

Wirtz, B. W. (2013). *Multi-Channel-Marketing, Grundlagen – Instrumente – Prozesse* (2. Aufl.). Springer-Gabler.

WiWo. (2014). Shopping Center. Einkaufszentren in der Krise. Wiwo.de/Wirtschaftswoche vom 25. April 2014. http://www.wiwo.de/unternehmen/handel/shopping-center-das-aussterben-der-einkaufs-saurier/9804602-2.html. Zugegriffen: 23. Juli 2016.

WiWo. (2017). ALDI, LIDL, DM, ROSSMANN, KIK. Warum deutsche Händler im Ausland so erfolgreich sind. Henryk Hielscher vom 14. Juni 2017. https://www.wiwo.de/unternehmen/handel/aldi-lidl-dm-rossmann-kik-warum-deutsche-haendler-im-ausland-so-erfolgreich-sind/19934084.html. Zugegriffen: 13. Jan. 2021.

WiWo. (2020). Sportartikelhersteller Nike übertrifft Erwartungen deutlich – Online-Boom in Coronakrise. Vom 19. Dezember 2020. https://www.wiwo.de/unternehmen/handel/sportartikelhersteller-nike-uebertrifft-erwartungen-deutlich-online-boom-in-coronakrise/26735334.html. Zugegriffen: 12. Febr. 2021.

Wolfram, G. Bonprix. (2019). Fashion Connect – Bonprix Future Store in Hamburg. Gerd Wolfram in Zukunftdeseinkaufens vom 14. Februar 2019. https://zukunftdeseinkaufens.de/bonprix-future-store/. Zugegriffen: 12. Febr. 2021.

Wolfram, G. Nike. (2018). Neuer Nike Concept-Store basierend auf Retail Analytics. Gerd Wolfram. Zukunftdeseinkaufens vom 27. November 2018. https://zukunftdeseinkaufens.de/nike-retail-analytics/. Zugegriffen: 12. Febr. 2021.

Wolter, A. (2012). Desktop war gestern – Mobile ist die Gegenwart! – Auch für die Zukunft? Vortrag auf dem Mobile-Gipfel 2012 am 26.06.12 in Düsseldorf.

Womack, J. P., & Jones, D. T. (2003). *Lean thinking – Banish waste and create wealth in your corporation*. Free Press.

Worldsites-Schweiz. (2019). Audience targeting. https://worldsites-schweiz.ch/audience-targeting.htm. Zugegriffen: 12. Juli 2019.

Worldsites-Schweiz. (2019). Audience targeting. https://worldsites-schweiz.ch/audience-targeting.htm. Zugegriffen: 12. Juli 2019.

Worldstream. (2019). 10 companies using machine learning in cool ways. Dan Shewan vom 12. Aug. 2019. https://www.wordstream.com/blog/ws/2017/07/28/machine-learning-applications. Zugegriffen: 29. Jan. 2021.

Wortmann, M. (2010). Einzelhandel – eine äußerst begrenzte Europäisierung. EU-Binnenmarkt. Wirtschaftsdienst 2010 Sonderheft, 65–70.

Wuppertal.de. OCW. (2021). Online City Wuppertal. https://www.wuppertal.de/wirtschaft-stadt-entwicklung/einzelhandel/online-city-wuppertal.php. Zugegriffen: 18. Febr. 2021.

Wuppertaler. Rundschau. OCW. (2020). „Dürfen die lokalen Händler nicht vergessen". Vom 15. Dezember 2020. https://www.wuppertaler-rundschau.de/lokales/online-city-wuppertal-duerfen-die-lokalen-haendler-nicht-vergessen_aid-55226319. Zugegriffen: 18. Febr. 2021.

WuV. Vaund. (2019). Neuartiges Shoppingkonzept VAUND: „Der Handel muss gute Gründe liefern, um neben dem E-Commerce zu bestehen". Interview mit Michael Volland. Julia Gundelach. WuV vom 2. Dezember 2019. https://www.wuv.de/marketing/der_handel_muss_gute_gruende_liefern_um_neben_dem_e_commerce_zu_bestehen. Zugegriffen: 12. Febr. 2021.

WZ. Velbert. (2018). Stadt Velbert erwirbt das Hertie-Haus. WZ vom 3. März 2018. https://www.wz.de/nrw/kreis-mettmann/velbert-neviges-und-wuelfrath/stadt-velbert-erwirbt-das-hertie-haus_aid-25836903. Zugegriffen: 18. Jan. 2021.

Xu, C. (2020). Practical tips for SME: Unifying the online and offline retails. Blog. virtuemediatech vom 28. April 2020. https://blog.virtuemediatech.com/blog/practical-tips-for-sme-brands-unifying-the-online-and-offline-retails. Zugegriffen: 14. Jan. 2021.

Yannick, D. (2017). Darauf kommt es 2017 in Onlineshops an. Internetworld.de vom 3. Januar 2017. http://www.internetworld.de/e-commerce/online-handel/darauf-kommt-es-2017-in-online-shops-an-1178099.html?ganzseitig=1. Zugegriffen: 29. Jan. 2021.

Zalando. (2020). Zalando SE. Geschäftsbericht 2019.

Zalando. Connectedretail.de. (2021). Connectedretail. https://www.connectedretail.de/. Zugegriffen: 2. Febr. 2021.

ZDF. (2020). ZDF spezial – Corona-Krise – Wer rettet den Einzelhandel? ZDF spezial vom 8. April 2020. https://www.zdf.de/nachrichten/zdfspezial/zdf-spezial---corona-krise-112.html. Zugegriffen: 3. Mai 2020.

ZDF CC. (2020). Abholung im Einzelhandel – Wo ist „Click-und-Collect" erlaubt? Vom 17. Dezember 2020. https://www.zdf.de/nachrichten/wirtschaft/corona-click-collect-einkaufen-100.html. Zugegriffen: 3. Jan. 2021.

Zenithmedia.com. (2020). Zalando-Nike. Stuart Johnston & Victoria Delaney. Global Commerce Directors. https://www.zenithmedia.com/nike-amazon-is-over-enter-stage-right-zalando/. Zugegriffen: 1. März 2021.

Zentes, J., Morschett, D., & Schramm-Klein, H. (2017). *Strategic retail management. Text and international cases* (3. Aufl.). Springer-Gabler.

Zentes, J., & Schramm-Klein, H. (2006). Status quo des Multi-Channel-Managements im deutschen Einzelhandel. *Thexis, Fachzeitschrift Für Marketing, 4*(2006), 6–10.

Zoll, S., Marks, S. (2016). Mönchengladbach bei eBay – Wie Online-Marktplätze dem Handel helfen, den digitalen Wandel zu meistern. In: Heinemann, G., Gehrckens, M., Wolters, U., dgroup (Hrsg.), *Digitale Transformation oder digitale Disruption? Vom Point-of-Sale zum Point-of-Decision im Digital Commerce.* Springer-Gabler

Zukunftdeseinkaufens. (2018). Ropo-Effekt richtig nutzen: 3 Must-Dos für Händler. Vom 16. Januar 2018. https://zukunftdeseinkaufens.de/ropo-effekt-richtig-nutzen-3-must-dos-fuer-haendler/#. Zugegriffen: 15. Jan. 2021.

Zukunftdeseinkaufens. BID. (2019). BID – Nusiness Improvement District: Impulse für die Stadtentwicklung. Zukunftdeseinkaufens vom 10. Jan. 2019. https://zukunftdeseinkaufens.de/bid-business-improvement-district/. Zugegriffen: 18. Jan. 2021.

Zukunftsinstitut. (2014). *Sales Trends – Strategien für den erfolgreichen Handel von Morgen.* Frankfurt a. M.: Studie der zukunftsinstitut GmbH.